Castoriadis

DU MÊME AUTEUR

L'Histoire en miettes. Des Annales *à la « nouvelle histoire »*, La Découverte, Paris, 1987, 2005.

Histoire du structuralisme, tome 1 : *Le champ du signe*, La Découverte, Paris, 1991 ; tome 2 : *Le chant du cygne*, La Découverte, Paris, 1992.

L'Instant éclaté, entretiens avec Pierre Chaunu, Aubier, Paris, 1994.

L'Empire des sens. L'humanisation des sciences humaines, La Découverte, Paris, 1995.

Paul Ricœur. Les sens d'une vie, La Découverte, Paris, 1997 ; La Découverte/Poche, 2008.

L'Histoire ou le temps réfléchi, Hatier, Paris, 1999.

Les Courants historiques en France, XIXᵉ-XXᵉ siècle (avec Christian Delacroix et Patrick Garcia), Armand Colin, Paris, 1999 ; Folio Gallimard, 2007.

L'Histoire ou le temps réfléchi, Hatier, 1999.

L'Histoire, Armand Colin, Paris, 2000, 2010.

Michel de Certeau. Les chemins d'histoire (dir. avec Christian Delacroix, Patrick Garcia et Michel Trebitsch), Complexe, Bruxelles, 2002.

Michel de Certeau. Le marcheur blessé, La Découverte, Paris, 2002 ; La Découverte/Poche, 2007.

La Marche des idées. Histoire des intellectuels, histoire intellectuelle, La Découverte, Paris, 2003.

Histoire et historiens en France depuis 1945 (avec Christian Delacroix, Patrick Garcia), ADPF, Paris, 2003.

Le Pari biographique. Écrire une vie, La Découverte, Paris, 2005 ; La Découverte/Poche, 2011.

Paul Ricœur, Michel de Certeau ; l'histoire entre le dire et le faire, L'Herne, Paris, 2006.

Paul Ricœur et les sciences humaines, (dir. avec Christian Delacroix et Patrick Garcia), La Découverte, Paris, 2007.

Gilles Deleuze et Félix Guattari. Biographie croisée, La Découverte, Paris, 2007 ; La Découverte/Poche, 2009.

Gilles Deleuze et les images (dir. avec Jean-Michel Frodon), Cahiers du cinéma, Paris, 2008.

Historicités (dir. avec Christian Delacroix et Patrick Garcia), La Découverte, Paris, 2009.

Renaissance de l'événement. Un défi pour l'historien, entre sphinx et phénix, PUF, Paris, 2010.

Historiographies (dir. avec Christian Delacroix, Patrick Garcia et Nicolas Offenstadt), 2 vol., « Folio », Gallimard, Paris, 2010.

Pierre Nora. Homo historicus, Perrin, Paris, 2011.

Paul Ricœur, un philosophe dans son siècle, Armand Colin, Paris, 2012.

Paul Ricœur. Penser la mémoire (dir. avec Catherine Goldenstein), Le Seuil, Paris, 2013.

Les Hommes de l'ombre. Portraits d'éditeurs, Perrin, Paris, 2014.

François Dosse

Castoriadis

Une vie

La Découverte
9 bis, rue Abel-Hovelacque
75013 Paris

Si vous désirez être tenu régulièrement informé de nos parutions, il vous suffit de vous abonner gratuitement à notre lettre d'information par courriel, à partir de notre site

www.editionsladecouverte.fr

où vous retrouverez l'ensemble de notre catalogue.

ISBN   ISBN 978-2-7071-7126-9

Remerciements

Je remercie vivement tous ceux qui ont eu l'amabilité de m'apporter leur témoignage au cours d'entretiens réalisés entre décembre 2011 et octobre 2013. Leur contribution a été essentielle. Elle a constitué un des matériaux majeurs pour réaliser cette biographie de Cornelius Castoriadis :

Miguel Abensour, Suzi Adams, Étienne Anheim, Johann Arnason, Helen Arnold, Danièle Auffray, Vincent Azoulay, André Bercoff, Daniel Blanchard, François Bordes, Dominique Bouchet, Alain Caillé, Marie-Claire Caloz-Tschopp, Michel Casevitz, Janine Casevitz-Weulersse, Robert Castel, Cybèle Castoriadis, Sparta Castoriadis, Zoé Castoriadis, Philippe Caumières, Marie-Claire Célérier, Claude Chabrol, Jean-Pierre Chartier, Antoine Chollet, Eduardo Colombo, Simone Debout, Gil Delannoi, Fabien Delmotte, Christian Descamps, Vincent Descombes, Sébastien de Diesbach, Michalis Dimitrakopoulos, Jean-Luc Donnet, Jean Dubost, Pierre Dumesnil, Jean-Pierre Dupuy, Eugène Enriquez, Enrique Escobar, Daniel Ferrand, Olivier Fressard, Jeanne-Marie Gagnebin, Marcel Gauchet, Jacques Gautrat (Daniel Mothé), Florence Giust-Deprairies, Myrto Gondicas, Christos Grammatikas, Francis Guibal, Jean-Claude Guillebaud, Claude Helbling, Robert-William Higgins, Dick Howard, Nicos Iliopoulos, Marcel Jaeger, Mikko Keinänen, Serge Latouche, Jean-Pierre Le Goff, Pierre Lévy, Pierre Manent, Stella Manet, Eleni Mangriotis, Sophia Mappa, Catherine May, Jean-Claude Métraux, Sophie de Mijolla, Rafael Miranda Redondo, Claudia Moatti-Borer, Olivier Mongin, Edgar Morin, Jean-Paul Moreigne, Konstantinos Nassikas, Didier Nordon, Christophe Pébarthe, Georges Petit, Alice Pechriggl, Jean Peuch-Lestrade, Nicolas Poirier, Krzysztof Pomian, Anna Potamianou, Jean-Louis Prat, Christophe Premat, Lakis Proguidis, Philippe Raynaud, Marc Richir, Gabriel Rockhill, Pierre Rosanvallon, Mats Rosengren, Agnès Rosenstiehl, Jacques Sédat, Jacques Signorelli, Kostas Spanditakis, Gerassimos Stephanatos, Jean-Claude Stoloff, Ingerid Straume, Elie

Theoflakis, Paul Thibaud, Alain Touraine, Laurent Van Eynde, Pascal Vernay, Stéphane Vibert, Rilka Walter, Heinz Wismann, Jean-Louis Zanda.

En outre, je remercie particulièrement Olivier Fressard, qui a été le premier à m'orienter vers ce projet de réalisation d'une biographie de Castoriadis, Zoé Castoriadis, qui m'a accueilli avec une grande générosité à son domicile pour consulter les archives une journée par semaine durant toute une année, François Bordes, qui, responsable des archives Castoriadis à l'IMEC, a préparé et facilité mon travail de recherche, Brigitte Mazon, qui m'a ouvert les archives de l'EHESS concernant l'élection et l'activité de Castoriadis comme directeur d'études.

Je remercie également vivement ceux à qui j'ai confié la lourde tâche de me relire avant publication et dont les conseils éclairés m'ont été des plus utiles : François Bordes, Marie-Claire Célérier, Christian Descamps, Enrique Escobar, Olivier Fressard et Gerassimos Stephanatos.

Enfin, *last but not least*, je remercie celle qui reste ma styliste, mon épouse Florence Dosse, qui, comme d'habitude, a considérablement transformé le manuscrit initial, ainsi que mon éditeur, Rémy Toulouse, qui en a aussi beaucoup amélioré la lisibilité.

Introduction

Cette biographie de Cornelius Castoriadis naît d'un paradoxe. Comment expliquer qu'un intellectuel d'une telle ampleur soit resté à ce point marginal, négligé par l'Université jusqu'à la fin de sa vie ? Pourquoi un tel déficit de reconnaissance ? Pourquoi cette traversée du désert au cours de laquelle il a prêché, avec une poignée de ses compagnons de Socialisme ou Barbarie, sans jamais être vraiment entendu ? Ce marginal, cet *outsider*, a pourtant été qualifié de « génie » par l'historien helléniste Pierre Vidal-Naquet, qui voyait en lui un grand philosophe avec lequel il pouvait parler à égalité de la Grèce antique, dont il était spécialiste. Edgar Morin n'a cessé de le considérer comme un frère d'armes dans leur combat commun pour un monde meilleur. Il voyait en son ami un « Titan de l'esprit » et un « Aristote en chaleur ». Le psychanalyste André Green, pourtant peu enclin à l'emphase, a confié à sa confrère grecque Eleni Mangriotis n'avoir jamais rencontré « un homme aussi intelligent ». L'écrivain mexicain Octavio Paz a avoué, de son côté, au moment de sa disparition en 1997 : « L'éclat de son intelligence et la force de son raisonnement n'ont jamais cessé de me surprendre. » Dans un courrier du milieu des années 1970 qui faisait suite à la parution de son maître ouvrage, *L'Institution imaginaire de la société*, Marcel Gauchet reconnaissait avec générosité sa dette vis-à-vis de lui : « Vous lire m'a fait "bouger" à la fois en me plongeant dans l'incertitude à l'égard de choses dont je me tenais pour sûr, et à l'inverse en me rendant claires des idées dont je n'avais qu'une appréciation diffuse. Surtout, il m'a apporté sur un point décisif : l'indécidable constitutif du fait humain social. » Jacques Ellul, avec lequel Castoriadis partageait la critique de l'autonomisation de la technoscience, lui a écrit : « Je suis toujours saisi, lorsque je vous lis, non seulement par la profondeur et la richesse de la pensée, mais aussi par la beauté de la forme. » Quant au philosophe Vincent Descombes, il tient son œuvre pour essentielle et préside aujourd'hui l'Association Castoriadis.

On pourrait multiplier ainsi à l'infini les effets de sidération qu'a provoqués l'œuvre de Castoriadis chez ses contemporains et qu'elle continue de susciter dans la nouvelle génération. On ne peut qu'être stupéfait et intimidé par la richesse de ce travail porté par un intellectuel qui fut d'abord et avant tout philosophe, mais qui est aussi devenu, en 1973, psychanalyste, puis directeur d'études à l'EHESS au début des années 1980 ; sans oublier qu'il fut un temps économiste professionnel, occupant un poste de fonctionnaire international à l'OCDE de l'après-guerre jusqu'en 1970. Il avait par ailleurs une vraie sensibilité historienne et un souci des logiques diachroniques et de la singularité des situations historiques. Il a également – ce qui est davantage connu et reconnu – renouvelé la philosophie politique par son analyse précoce de la nature du régime soviétique comme système bureaucratique.

Comment, donc, expliquer un tel paradoxe ? On ne peut qu'émettre des hypothèses. La première renvoie au caractère inclassable de son œuvre. Dans la mesure où Castoriadis s'est donné le projet prométhéen de penser tout ce qui est pensable et de ne délaisser aucun des continents du savoir, il n'a pu être rangé dans aucune case ; ce qui peut expliquer qu'il ait été négligé par chacune des disciplines qu'il a pourtant traversées avec la plus grande rigueur.

La deuxième hypothèse pouvant expliquer cette marginalité tient sans doute au caractère labyrinthique de son œuvre, pour reprendre le titre générique de ses recueils d'articles et de contributions, *Les Carrefours du labyrinthe*. La dissémination de ses écrits masque l'extraordinaire cohérence de sa philosophie, laquelle ne peut être vraiment appréhendée qu'en un bloc indivisible. Il est donc difficile, sinon impossible, de rentrer dans l'œuvre de Castoriadis par un bout plutôt que par un autre ; il faut l'envisager comme un tout et y consacrer énormément de temps, tant elle est vaste et proliférante. Castoriadis lui-même n'a rien fait pour faciliter les choses à ses lecteurs puisqu'il n'a pas rédigé de synthèse de son œuvre. Il a en revanche tenu à ce que l'intégralité de ses écrits soit accessible et publiée, au risque de lasser son lecteur par la répétition du propos.

La troisième hypothèse me semble tenir au caractère intempestif de son œuvre, produite dans une époque qui a connu un changement de régime d'historicité en basculant dans le présentisme – un rapport au temps et à l'histoire où le présent apparaît comme le seul horizon possible. Il a très bien compris, et très tôt, cette rupture. Et il fut l'un des rares intellectuels à résister contre vents et marées à la condamnation de la perspective révolutionnaire et à poursuivre coûte que coûte sa réflexion sur la construction de l'autonomie sociale et politique. Il s'est trouvé confronté, et de plus en plus au fil du temps, à un moment historique marqué par une crise de l'espérance en l'avenir et par un repli de l'individu sur la sphère privée ; un moment historique de moins en moins disposé à l'entendre. Il fut ainsi le « sacrifié » du couple intellectuel de l'antitotalitarisme qu'il formait avec Claude Lefort, ce dernier ayant pris ses distances avec l'idée de révolution.

Qu'est-ce qui a fait courir Castoriadis dans cette inlassable poursuite du savoir, qui, si elle a commencé au sein d'un groupe politique et intellectuel, s'est terminée en solitaire ? Là encore, on en est réduit à des conjectures. Certes, il y a – on le mesurera en prenant connaissance de la singularité de son itinéraire – le traumatisme vécu dans son adolescence et sur lequel il restera très discret, mais qui le marquera physiquement (la perte subite de son système pileux). Cette épreuve intense, qui aurait pu faire prévaloir des forces mortifères, a suscité au contraire un élan vital sans limites, une puissance d'être quasi héroïque. Comme l'a souligné son ami Edgar Morin, c'est dans sa propension à défier les forces du mal et de la mort que Castoriadis relève de la catégorie des Titans. Il y a aussi, bien sûr, la tragédie collective, avec son expérience précoce de résistant grec. Il s'est alors retrouvé dans une situation sans issue entre deux forces adverses, la droite réactionnaire et le stalinisme, qui toutes deux ont manqué de peu de l'éliminer dès sa prime jeunesse. C'est sur ce terrain grec qu'il a fait l'expérience du caractère contre-révolutionnaire du régime russe et de l'Internationale communiste.

Arrivé en France en 1945, alors que l'engouement pour l'URSS était à son zénith, il a contribué à « déniaiser » le petit nombre de ceux qui ont pu accéder à son travail de démystification de l'Est communiste. Cette situation d'exilé a favorisé son regard critique sur la *doxa* dans une France où le PCF restait le parti des « 75 000 fusillés ». Elle lui a permis d'être plus lucide, plus ferme dans ses dénonciations, illustrant à merveille ce qu'Enzo Traverso a appelé le « privilège épistémologique de l'exil [1] », une sorte de compensation intellectuelle aux privations de la perte et du déracinement liés à la condition de l'exil : « L'existence de l'intellectuel en exil porte les traces d'un déchirement, d'un trauma profond qui, très rapidement, le prive de son contexte

---

1. Enzo Traverso, *L'Histoire comme champ de bataille. Interpréter les violences du XXᵉ siècle*, La Découverte, Paris, 2011, p. 227.

social et culturel, de sa langue, de ses lecteurs, de son métier et de ses sources de subsistance[2]. »

Ce vécu de résistant grec révolutionnaire, menacé de mort par les staliniens, l'a prédisposé à ne pas assimiler le prêt-à-penser de l'après-guerre qui opposait de manière binaire les « méchants » Américains aux « bons » Soviétiques. Sur ce plan, son expérience grecque aura été déterminante et aura irrigué, avec discrétion – Castoriadis n'évoquait guère son passé grec dans le groupe –, la destinée de Socialisme ou Barbarie. L'exil et cette expérience traumatique furent la source d'un écart avec le monde intellectuel français. Ils auront été à la fois le fondement d'un discernement précoce et, plus tard, celui d'un raidissement de ses positions, lorsque, alors que le monde soviétique implosait à la fin des années 1980, il continuait à dénoncer, contre l'évidence de l'histoire réelle, la puissance militaire soviétique. Son antitotalitarisme farouche l'a conduit à une longue cécité face aux bouleversements qui affectaient ce monde et le bloc de l'Est en général.

La restitution de cet itinéraire hors norme ne vise pas simplement à rendre justice à un grand intellectuel qui a contribué à faire triompher davantage de clairvoyance. Certes, il n'est pas inutile de redonner à cette œuvre la place qu'elle aurait dû avoir dans le Panthéon de la pensée, mais l'intérêt d'un tel détour tient surtout à ce qu'il permet de reformuler les cadres d'un horizon d'espérance. Sur ce plan, essentiel pour rouvrir les possibles de notre imaginaire social, l'œuvre de Castoriadis est une ressource précieuse. Elle permet de renouer avec un avenir aujourd'hui forclos, non sur le mode périmé d'une utopie, mais sur celui d'un agir collectif et réflexif, d'une *praxis* qui permette l'approfondissement de la démocratie.

Son œuvre est une pierre d'angle, une source d'inspiration en attente, moins derrière nous que devant nous. Elle offre un apport épistémologique majeur, un combat contre tous les réductionnismes, y compris le réductionnisme marxiste qui fut un temps celui de Castoriadis, en articulant philosophie et psychanalyse, sujet individuel et sujet collectif. Il s'agit de penser ensemble ce qui les anime : l'« imagination radicale » du sujet et l'« imaginaire social » du *socius*, dimensions qui, si elles ne se recouvrent jamais, forment ce que Castoriadis appelle l'« imaginaire radical ».

---

2. *Ibid.*

C'est notamment dans cette articulation entre l'analyse historienne et le regard psychanalytique que la pensée de Castoriadis reste d'une actualité saisissante pour retrouver les voies d'une société plus conviviale, fondée sur l'intensité du lien social et non sur la maximisation du profit. C'est ce désir et cette tentative d'articulation qu'il reconnaît lui-même comme la part majeure de son apport, au soir de sa vie, en 1996 : « Ce dont je m'enorgueillis dans ce que j'ai pu faire dernièrement, à part la philosophie pure, est d'avoir réussi à rétablir un lien entre l'individu et la société, c'est-à-dire d'avoir réussi à faire une sorte d'anthropologie concrète, y compris politique [3]. »

Cette biographie s'efforce de suivre l'aventure de Castoriadis au cœur du labyrinthe où il a cheminé et des rencontres qu'il y a faites. On n'y trouvera aucun système achevé, mais une pensée roborative qui contribue fortement à représenter notre monde à partir de l'écheveau qu'il nous donne à voir : « À partir du moment où l'on commence à penser vraiment, on entre dans un labyrinthe. On ne sait plus où est l'issue. On se trouve à des carrefours et on prend tel chemin, ne sachant pas si c'est le bon et, après avoir tourné en vain, on essaie de retrouver le point de départ. Parfois, on saisit des lumières sans savoir si ce sont de vraies lumières ou des feux follets plantés là pour égarer. Ce que je ressens maintenant, c'est que j'ai arpenté une bonne étendue, sans l'épuiser, il y a pas mal de recoins qui me sont familiers, et je peux dire que quelques voies ne mènent nulle part et d'autres quelque part [4]. »

---

3. Castoriadis, « Club de la presse », émission de Pascale Casanova, France Culture, 30 avril 1996.

4. Castoriadis, « Du jour au lendemain », émission d'Alain Veinstein, France Culture, 29 mai 1996 ; repris dans Cornelius CASTORIADIS, *Quelle démocratie ?*, t. II, Éditions du Sandre, Paris, 2013, p. 594.

1

Le héros grec : naissance d'un Eros

Cornelius Castoriadis voit le jour à Constantinople, l'actuelle Istanbul, le 11 mars 1922 : c'est une force de la nature qui vient au monde. Sa famille quitte subitement la ville ottomane, où elle logeait au Pera Palace Hôtel, et émigre à Athènes dès le mois de juillet, alors que le nouveau-né n'a encore que trois mois. Son vrai berceau sera donc la capitale grecque, où il résidera jusqu'à son départ définitif pour la France en décembre 1945, à l'âge de vingt-trois ans. Avec humour, il racontera plus tard, en 1987, comment son nom de baptême l'avait d'emblée placé sous de bons auspices. Baptisé dans la religion chrétienne orthodoxe, il doit avoir un saint éponyme. Le nom que lui donnent ses parents, Cornelius, renvoie à un *aghios Kornélios* de la *gens Cornelia*. Ce *Kornélios* fut sanctifié à partir d'une scène racontée dans les Actes du Nouveau Testament (10-11). Centurion vivant à Césarée, il était réputé pour ses larges aumônes au peuple. Il invita un jour chez lui Simon, le surnommé Pierre, qui accepta de dîner chez un *goy*, ce qui selon la loi était une abomination. Or, pendant qu'il prenait la parole, l'Esprit saint, à la surprise générale des compagnons de Pierre, se répandit y compris sur les non-circoncis. Le pardon fut ainsi pour la première fois accordé aux « nations » : « Cette histoire a évidemment de multiples significations. C'est la première fois dans le Nouveau Testament qu'est affirmée l'égalité des "nations" devant Dieu, et la non-nécessité du passage par le judaïsme pour devenir chrétien [1]. »

---

1. Castoriadis, « Réflexions sur le racisme », exposé au colloque de l'ARIP, Inconscient et changement social, 9 mars 1987, *Connexions*, n° 48, 1987 ; repris dans Cornelius CASTO-

Son père, César Castoriadis, voue une passion à la chose intellectuelle et politique. Selon lui, la nation qui incarne le mieux ses valeurs, c'est la France, rejoignant là le sentiment des élites grecques tournées vers la langue et la culture françaises. Mais il ne peut véritablement se consacrer à ce qui l'intéresse : il entre dans la vie active dès la sortie de ses études secondaires alors qu'il souhaitait intégrer l'Université. Portant la France aux nues, il enseigne à son fils les valeurs selon lui intangibles et universelles de la République, celles de la Révolution de 1789. Laïc et voltairien, il vit intensément son engagement politique, au point de se dire prêt à y risquer sa vie.

Son fils Cornelius a raconté, des années après, une scène mémorable qui s'est déroulée en 1928 et est restée séminale pour le futur militant alors âgé de six ans. Tandis qu'une manifestation de droite hostile à la proclamation de la jeune République grecque a lieu dans le centre d'Athènes, un ami de son père vient le chercher pour se rendre à une contre-manifestation républicaine. Aussitôt, le père de famille se précipite pour aller récupérer son revolver. « Ma mère lui dit : "César, tu ne vas pas faire ça ?" Il l'a gentiment repoussée et il est parti. Cela reste pour moi une image de l'engagement politique qui est prêt à payer de son sang[2]. » La figure paternelle restera pour Cornelius emblématique d'une passion politique qui ne le quittera jamais. Il devra néanmoins composer avec un père particulièrement exigeant, autoritaire et souvent autocratique. Ainsi doit-il par exemple lui répéter tous les matins ses déclinaisons grecques et latines avant de se rendre à l'école pendant que ce dernier se rase. Il est par ailleurs inscrit dans une école traditionnelle anglaise très stricte où l'on pratique les châtiments corporels. Le jeune Cornelius, qui a deux à trois années d'avance sur ses congénères, n'a pas grand-chose à se reprocher sur le plan scolaire. Un jour, pourtant, à l'âge de huit ans, il se retrouve puni par son maître et contraint de copier des lignes qu'il ne réussit pas à finir à temps. Son père lui interdit de le faire durant la nuit et lui confisque son cartable en l'envoyant se coucher. Après avoir essayé en vain de récupérer son cartable à l'insu de son père, constatant qu'il se retrouverait au petit matin sans avoir fait son devoir, exposé aux humiliations de la discipline scolaire, il est à ce point désespéré qu'il tente de se suicider dans sa salle de bains en essayant de s'électrocuter avec

---

RIADIS, *Le Monde morcelé. Les Carrefours du labyrinthe*, t. III, Le Seuil, « Points », Paris (1990) 2000, p. 31.

2. Castoriadis, « Le bon plaisir », France Culture, 20 avril 1996.

un fil électrique. Son père entre en pleine scène tragique et, pour une fois, compatit, décidant d'aller voir le lendemain le directeur de l'école avec son fils pour lui expliquer qu'il serait sage de passer l'éponge. Mais, le plus souvent, Cornelius souffre de l'autoritarisme et des inconséquences de son père[3].

César est en effet un homme à femmes, qui néglige son épouse au point que, lorsqu'il contracte la syphilis, il lui transmet la maladie. Si lui prend alors la peine de se soigner, elle ne bénéficiera d'aucun soin. La mère de Cornelius en mourra en 1938, à l'issue d'une longue maladie qui l'aura finalement plongée dans la folie et l'incontinence. Devenue prématurément grabataire, elle est prise en charge par Cornelius qui n'a alors que seize ans. Il s'occupe d'elle, la soigne, la nettoie, pendant que son père est en train de conter fleurette à la voisine. Cornelius, qui traverse très difficilement cette période, va voir son corps réagir à l'insupportable, au non-dicible. Lorsque sa mère disparaît, il est victime d'une spectaculaire alopécie, perdant d'un seul coup ses cheveux et l'intégralité de son système pileux. Il ne cessera plus, dès lors, de nourrir du ressentiment pour son père, tout en restant attaché à la force de cette figure paternelle : « Mon père a pleuré quand il est mort et il est allé pleurer dans les bras de ma mère », se souvient Sparta, sa fille aînée[4].

Sofia, la mère de Cornelius, représente le pôle, qui restera central pour lui, de la sensibilité, des affects, de la création artistique, au travers notamment de sa pratique du piano. Cornelius voue à sa mère un amour filial particulièrement intense : « Ma mère était une personne indescriptiblement gentille. Une beauté. Elle avait été une des beautés d'Athènes dans sa jeunesse. Elle jouait du piano. Mon amour de la musique est enraciné là. Je me souviens des après-midi que je passais assis sur un grand coussin près du piano pendant qu'elle jouait du Mozart ou du Chopin[5]. » Elle est issue d'une grande famille du Péloponnèse, la famille Papachelas : « Une amie de Castoriadis, Marika Apostolopoulou, devenue philologue, disait que lorsque la mère de Cornelius entrait dans une salle, le soleil entrait dans la maison tant elle était belle[6]. » Alors qu'elle avait nombre de prétendants dans la bonne société athénienne à laquelle elle semblait

---

3. Sparta Castoriadis, entretien avec l'auteur.
4. *Ibid.*
5. Castoriadis, « Le bon plaisir », France Culture, entretien cité.
6. Kostas Spanditakis, entretien avec l'auteur.

destinée, elle fait la rencontre de César Castoriadis, issu de la petite
bourgeoisie commerçante. Le futur gendre n'est pas du goût de la
famille de Sofia. Dans un geste théâtral, le prétendant signifie son
amour en enlevant la belle et en renvoyant ses vêtements à sa famille
pour lui signifier qu'il la prend dans sa nudité : « Du coup, elle a été
déshéritée et ses parents, qui roulaient sur l'or, ne lui ont laissé qu'une
rangée de cyprès dans leur propriété[7]. » Après une période idyllique,
Sofia subit la brutalité de son mari, ses infidélités, son refus d'un autre
enfant, les avortements à répétition : « Mon père m'a raconté qu'il
avait des souvenirs de son enfance où ma grand-mère était dans sa
chambre allongée sur le lit, avec une cuvette de sang au pied du lit[8]. »

Passionné de musique grâce à sa mère, Cornelius veut un temps
en faire son métier. Il compose des œuvres personnelles dès l'âge de
quatorze ans et se montre plein d'admiration pour son grand ami,
Michalis Dinopoulos, qui est dans la même classe que lui et étudie la
musique au conservatoire d'Athènes : « J'allais souvent chez lui, rue
Didimou […] et pendant des après-midi entiers, l'hiver, il me jouait
ses compositions[9]. » Cet amour de la musique est encouragé par la
vogue que connaissent alors à Athènes les films musicaux. Le père de
Cornelius, constatant sa passion musicale, le conduit chez Alex Thur-
neyssen, pianiste réputé et enseignant au Conservatoire, qui lui donne
des cours : « À la fin, nous ne faisions même plus cours – il savait que
je m'intéressais à la composition, je lui avais montré deux ou trois
essais –, nous nous asseyions et discutions, il jouait pour moi[10]. »
Parallèlement, Castoriadis suit des cours d'harmonie avec le musicien
Vargolis. Il se lance dans l'écriture de partitions qui, à ses yeux, ne sont
pas assez originales : « Je faisais au mieux du Ravel, Bartók, Scriabine,
que je ne connaissais pas à l'époque car on n'avait pas de disques[11]. »
Abandonnant l'idée de faire carrière, il restera toute sa vie passionné
de musique, très attaché à son piano sur lequel il n'a jamais cessé de
jouer au milieu de ses amis.

Un jour de novembre 1944, à la sortie de la guerre, Castoriadis,
jeune homme de vingt-deux ans, rentre chez lui à pied, vers deux

---

7. Cybèle Castoriadis, entretien avec l'auteur.
8. Sparta Castoriadis, entretien avec l'auteur.
9. Castoriadis, entretien avec la pianiste grecque Dora Bakoapoulos pour une radio
grecque, traduit par Cybèle Castoriadis et Myrto Gondicas. Consultable sur www.casto-
riadis.org.
10. *Ibid.*
11. Castoradis, « Le bon plaisir », France Culture, entretien cité.

heures du matin, après une soirée passée avec des amis à Kolonaki, lorsque, au coin d'une rue déserte il entend un piano jouer les *Impromptus* de Schubert. Il reste en arrêt, émerveillé, planté là, debout dans la ruelle. Un homme se penche vers lui de son balcon pour lui demander s'il aime la musique : « C'est ma vie », lui répond le jeune Castoriadis. Invité à monter, il se retrouve au milieu d'un bel appartement où trône un piano à queue sur lequel joue une femme magnifique. Bercé par la musique de Chopin ou Schubert, il y restera jusqu'au lever du jour.

Dans les années d'avant guerre, la ville d'Athènes, qui n'accueille qu'environ 600 000 habitants en 1940, vibre d'un foisonnement d'activités artistiques et a su conserver les charmes de son passé antique. De cette ville entourée de pins et de cyprès et de moyennes montagnes – l'Hymette, le Pentélique, le Parnès –, où il passe ses jeunes années, Castoriadis conservera toujours un souvenir nostalgique et magnifié : « De presque tous les points de la ville, on pouvait voir l'Acropole et le Lycabette. L'atmosphère était diaphane et certaines rues sentaient les poivriers, d'autres parfois le basilic ou le jasmin. Se promener à midi dans les deux grandes avenues du centre de la ville était une volupté physique[12]. » Non seulement il profite de l'effervescence culturelle d'Athènes, des concerts, du théâtre, de la diffusion des livres et des revues littéraires, mais il goûte aussi au charme d'excursions dans les environs et vit surtout une culture d'amitié dans un univers aux dimensions humaines : « Du début de mes études universitaires jusqu'à la fin de l'occupation, en se promenant entre l'université et la place de la Constitution, on était certain de rencontrer dix à vingt personnes amies[13]. »

C'est dans cet univers que Castoriadis se lance dans le militantisme politique. Au couple parental, qui a eu sur ce plan une forte influence sur lui, il faut ajouter un troisième personnage, étrange, qui le marque profondément alors qu'il n'a qu'une douzaine d'années. Il s'agit d'une gouvernante française d'origine grecque, née en 1905 à Lyon, Maximine Portas. Invitée à Athènes par César Castoriadis pour s'occuper de son fils et poursuivre ses recherches en Grèce, elle prépare alors une double thèse sur les mathématiques et sur le *Théétète* de Platon. Sa fascination pour la Grèce est telle qu'elle s'habille avec les mêmes vêtements que les Grecs de l'Antiquité. Chargée d'approfondir

---

12. Castoriadis, entretien avec François Marie, archives Castoradis, *s. d.*
13. *Ibid.*

la connaissance du français du jeune Castoriadis, elle lit avec lui *La Vie de Tolstoï* de Romain Rolland et, en lui parlant de Spinoza et des Védas, se trouve être la première à répondre à ses interrogations philosophiques. En cet été 1934, cette relation est si forte que l'enfant enfreint l'interdit familial de circuler seul pour aller retrouver à pied sa gouvernante à l'autre bout de la ville.

Bien plus tard, en 1969, Maximine Portas écrira à son ancien élève pour lui demander s'il se souvient d'elle : « Corneille, mon enfant chéri. Te souviens-tu de moi ? Ta première maîtresse de français quand tu avais sept ans, mademoiselle Portas. Moi, je ne t'ai pas oublié. Tu avais pris de ta mère la beauté, une intelligence et une soif de savoir exceptionnelles. Je te vois encore comme si c'était hier et tu n'avais même pas huit ans, montrant sur la carte d'Amérique du Sud les limites de l'Empire des Incas ; Tu connaissais beaucoup de choses et tu aimais tout savoir [14]. » Et comment ! Son ancien élève se souvient parfaitement de celle qui a incarné un double éveil à la vie, à la fois intellectuel et sensuel. Il lui avoue d'ailleurs dans sa réponse qu'elle a été l'objet de sa première passion adolescente : « Ce qui fait que depuis, j'ai toujours cru que j'aurais pu écrire *Le Banquet* si ce n'était déjà fait et bien fait. Vous avez été, tu as été, comme une Diotime pour moi et un de mes grands regrets a toujours été que notre relation ait été si brève [15]. »

Après avoir été le professeur de Castoriadis de 1929 à 1934, Maximine Portas reviendra en France en 1935 pour y soutenir une thèse de doctorat en lettres sur la logique mathématique. Elle soutiendra par ailleurs une thèse secondaire sur les critiques de Théophile Kaïris, éducateur pieux, réformateur et philosophe de la première moitié du XIXᵉ siècle. Elle changera ensuite d'objet de fascination, troquant la Grèce pour l'Inde, et deviendra Savitri Devi. Fixée à Calcutta à partir de 1936, elle épousera un brahmane, Asit Krishna Mukherji, avant de connaître un parcours empreint de folie, puisqu'elle se vantera jusqu'à la fin de ses jours d'avoir été la prêtresse de Hitler. Pendant le second conflit mondial, sa sympathie pour les puissances de l'Axe ne se démentira pas et elle se rendra, après la guerre, en pèlerinage sur les « lieux saints » de la barbarie nazie,

---

14. Maximine Portas, lettre à Castoriadis (traduit du grec par Zoé Castoriadis), archives Castoriadis, 22 août 1969.

15. Castoriadis, lettre à Maximine Portas, archives Castoriadis, 27 septembre 1969.

poursuivant son activisme politique dans les milieux néonazis en Inde [16]. Sa fascination pour l'Inde est en effet inspirée par sa quête de l'origine aryenne des Indo-Européens.

Étonnant personnage que cette Maximine, qui maîtrise l'épistémologie des sciences – George Boole, Gottlob Frege, Bertrand Russell, Henri Poincaré, Alfred North Whitehead – mais qui connaît aussi le monde de la spiritualité, ainsi qu'un nombre invraisemblable de langues dans lesquelles elle s'exprime à la perfection. Son œuvre est une célébration de la supériorité aryenne qui révèle un profond antisémitisme. Ses écrits sur Paul de Tarse mettent en doute la judéité de Jésus, au motif qu'il ne s'est pas fait le défenseur de l'argent (*sic*)…

Elle défend par ailleurs une conception cyclique de l'histoire selon laquelle il y aurait une succession immuable de quatre âges selon des lois intangibles, et divise, dans son livre *The Lightning and the Sun*, les grands hommes qui font l'histoire en trois catégories, en fonction du rapport à l'époque qu'ils traversent : les hommes dans le temps, les hommes au-dessus du temps et les hommes contre le temps – elle y fait notamment l'apologie de son héros de prédilection, Hitler. Des années plus tard, dans une lettre adressée à son ancien élève Castoriadis, elle évoquera ce dernier sans toutefois le nommer : « Un chef du XXe siècle que je préfère ne pas nommer dans une lettre, et qui me semble le type de l'homme contre le Temps ; contre le courant de l'Histoire, l'homme qui a essayé d'imposer un idéal de perfection (idéal d'âge d'or) avec les seules méthodes qui soient possibles dans l'âge sombre : la violence, mais qui a échoué, non parce qu'il était "trop" violent, mais parce qu'il s'est heurté à *plus* violent que lui [17]. »

C'est peu dire que la maîtresse et son élève ont évolué aux antipodes de l'échiquier politique. Maximine Portas n'en a pas moins recherché les traces de son ancien élève chaque fois qu'elle revenait en Europe, pensant en 1953, puis en 1961, le retrouver à Athènes, ne le sachant pas à Paris. Ce n'est qu'en 1969 qu'elle parvient à trouver ses coordonnées parisiennes et qu'un échange épistolaire se noue entre eux. Ils se reverront à quelques reprises en 1970 puis, beaucoup plus tard, en 1982. Maximine viendra revoir, avant de mourir à la fin de l'année, son ancien élève alors marié avec Zoé dans leur appartement de la rue de l'Alboni, accompagnée d'un dirigeant de l'extrême droite grecque.

---

16. Voir Nicholas GOODRICK-CLARKE, *Savitri Devi. La prêtresse d'Hitler*, Akribeia, Saint-Genis-Laval, 2000.

17. Maximine Portas, lettre à Castoriadis, archives Castoriadis, 11 octobre 1969.

Dans ses lettres, Maximine Portas est bien consciente que ses positions choquent Castoriadis, mais elle entend placer leurs relations sur le terrain de la vérité et ne pas lui cacher ses convictions. Elle ne peut s'empêcher de continuer à s'adresser au jeune élève qu'il a été : « Mon cher enfant, je ne peux pas m'imaginer que j'écris à un monsieur de quarante-cinq ans. Je te vois devant moi comme tu étais dans le salon de ta maison... J'avais espéré recevoir une lettre de toi après la longue lettre que je t'ai envoyée, avec l'article sur Paul de Tarse. Est-ce que cet article t'a chiffonné ? Si oui, écris-moi cela clairement. Je ne m'offusque de rien. De toute façon, tu seras pour moi le beau garçon dont j'admirais déjà l'intelligence il y a quarante et un ans [18]. »

Cette femme au parfum sulfureux a malgré tout beaucoup compté dans l'éveil intellectuel de Castoriadis. En 1986 encore, alors que son ancienne maîtresse de français n'est plus de ce monde depuis quatre ans, il se réveille un matin et, à peine debout, exprime à son épouse Zoé le souhait de consulter *La Cantinière* : « Je lui dis : "Qui ? Quoi ?", et il répète : "*La Cantinière*, c'est le livre que Maximine m'avait apporté quand j'étais petit, avec de si belles images" [19] », et voilà son épouse Zoé courant les bouquinistes à la recherche de ce vieux livre illustré de Georges Montorgueil sur la France de 1789 à 1815, qu'elle finit par trouver.

Si l'ancien élève de Maximine Portas lui sera politiquement radicalement opposé, elle aura réussi à lui transmettre sa passion pour la philosophie : « J'ai été subjugué par la philosophie dès que je l'ai connue, à treize ans. (Une vente de livres d'occasion à Athènes m'avait permis d'acheter avec mon maigre argent de poche une *Histoire de la philosophie* en deux volumes, honnête démarquage d'*Uberweg* et de Bréhier. Puis, en même temps que Marx, étaient venus Kant, Platon, Cohen, Nastorp, Rickert, Lask, Husserl, Aristote, Hegel, Max Weber, à peu près dans cet ordre) [20]. » Avant 1940, Castoriadis traduit en grec la première section de *Wirtschaft und Gesellschaft* dans laquelle Max Weber pose les définitions fondamentales des faits sociaux, texte que Castoriadis publie dans une petite revue qu'il crée avec quelques amis, *Archives de sociologie*. Outre la philosophie et la sociologie, il découvre

---

18. Maximine Portas, lettre à Castoriadis (traduit du grec par Zoé Castoriadis), archives Castoriadis, 5 novembre 1969.

19. Zoé Castoriadis, entretien avec l'auteur.

20. Cornelius CASTORIADIS, *Fait et à faire. Les Carrefours du labyrinthe*, t. V, Le Seuil, « Points », Paris (1989) 1997, p. 24.

de manière précoce la littérature et lit d'une traite dès 1939, à dix-sept ans, *À la recherche du temps perdu*. Dans la foulée, il ébauche quelques romans et poèmes qu'il fait lire autour de lui. Alors qu'il a à peine plus de vingt ans, pendant la guerre, il traduit Rilke en grec, ainsi qu'un certain nombre d'autres écrits littéraires dont le *Magellan* de Stefan Zweig, qui donnera lieu à une publication avant son départ de Grèce en 1945.

En 1938, Cornelius Castoriadis passe en seconde au lycée Léonin d'Athènes avec la note maximale de 10 et l'appréciation « parfait » pour sa conduite. C'est autour de sa quinzième année qu'il fait ses premiers pas en politique. Il achève alors le cycle d'enseignement de son lycée et adhère à la cellule des Jeunesses communistes de sa classe. Tout en militant, il reste un très bon élève. Alors que les trois autres membres de sa cellule sont arrêtés en fin d'année scolaire, il aura la chance de ne pas avoir été dénoncé, malgré la pression physique exercée sur ses camarades [21]. Il adhère au PC grec au début de l'occupation nazie : « Il n'y a pas d'intérêt à relater ici comment un adolescent, découvrant le marxisme, pensait lui être fidèle en adhérant aux Jeunesses communistes sous la dictature de Metaxas, ni pourquoi il a pu croire, après l'occupation de la Grèce et l'attaque allemande contre la Russie, que l'orientation chauvine du PC grec et la constitution d'un Front national de libération (EAM) résultaient d'une déviation locale qui pouvait être redressée par une lutte idéologique à l'intérieur du Parti. La réduction des arguments à des gourdins et la radio russe se sont vite chargées de le détromper [22]. » Ce court moment de proximité avec les staliniens a failli lui coûter la vie. Convoqué, avec l'un de ses camarades, par le dirigeant local du Parti pour s'expliquer sur son éloignement vis-à-vis de celui-ci, il choisit de ne pas y aller et de donner la priorité à un rendez-vous galant. Son ami, qui s'y rendra, sera liquidé physiquement sur une des collines qui surplombent Athènes.

Ayant achevé ce que l'on appelle le Gymnase en 1938, Castoriadis s'oppose à la volonté de son père de faire de lui un médecin et s'inscrit à la faculté de droit de l'université d'Athènes. Il suit un double cursus de droit et de sciences économiques et politiques et, en dehors des cours, se plonge dans des livres de philosophie, trouvant dans l'enseignement

---

21. Il s'agit de Theodore Koskinas, Angelo Doddopoulos et Antonis Stratis.

22. Cornelius CASTORIADIS, « Introduction générale à la réédition en 10/18 », 1973 ; repris dans Cornelius CASTORIADIS, *Quelle démocratie ?*, t. I, Éditions du Sandre, Paris, 2013, p. 330.

de la philosophie du droit de Constantin Tsatsos un prolongement de ses questionnements qui partent de ses lectures de Kant, Husserl, Hegel, sans oublier le versant sociologique de Max Weber, Georg Simmel et Karl Mannheim. La fille de Constantin Tsatsos, un des meilleurs spécialistes au monde de la philosophie du droit, raconte que lorsque Castoriadis, jeune étudiant, venait chez elle, il s'enfermait avec son père dans son bureau et n'en sortait plus, pratique peu courante à une époque encore très mandarinale [23]. À l'Université, Castoriadis noue une relation de forte amitié avec un autre étudiant en droit et avec celle qui deviendra son épouse, alors étudiante en philologie classique, Vassilis et Héro Gondicas. Ils resteront liés toute leur vie.

De 1941 à 1944, la Grèce traverse ce que Churchill a nommé la « longue nuit de la barbarie ». Auparavant, depuis 1936, la Grèce a subi la dictature de Métaxas, admirateur du IIIe Reich, qui meurt en janvier 1941. Sous la dictature de Métaxas, Cornelius Castoriadis est arrêté, obligeant son père à ravaler sa fierté en s'adressant à sa belle-famille. Il se trouve qu'un des frères de son épouse est alors ministre du gouvernement : « Il est allé frapper à la porte en demandant de l'aide pour que l'on libère son fils et il a entendu de l'extérieur : "Il n'est pas question que je reçoive ce maquereau" [24]. » Trois mois après la disparition de Métaxas, les troupes nazies pénètrent sur le sol grec, instituant un régime d'occupation implacable. Les Allemands donnent ordre à la population de déclarer la nourriture qu'elle possède et le pays entre dans une cruelle période de disette. Chaque famille essaie de répartir ce qu'elle a et, une fois le partage effectué, décide de jeter le reste pour qu'il ne tombe pas entre les mains des Allemands. Très rapidement, les familles se retrouvent sans réserves : « Ma famille avait conservé un sac de haricots et de farine. Cela a duré presque deux ans. Je me rappelle les soupes aux haricots pleines de bestioles noires [25]. »

En ce milieu du XXe siècle, la famine frappe surtout les villes grecques et notamment la première d'entre elles, Athènes, où l'on

---

23. Il est aussi l'élève de Constantin Despotopoulos à qui il dédiera plus tard *Figures du pensable*, et suit le cours d'un philologue très érudit qui va marquer l'intelligentsia d'Athènes de l'époque, Ioannis Sykroupris, qui a fait une bonne partie de sa carrière en Allemagne, se consacrant à la traduction des textes anciens. Le spectre d'intérêts culturels de Ioannis Sykroupris, particulièrement large, éveille ses étudiants au monde de la création artistique ; il se suicidera en 1937 suite à une campagne de calomnies contre lui.

24. Cybèle Castoriadis, entretien avec l'auteur.

25. Nikos KARAKOSTAS, entretien, dans Guillaume MALAURIE, *La Nef des Grecs*, diffusé sur « Les chemins de la connaissance », France Culture, novembre 1980.

entend, la nuit, les gens hurler à la mort : « J'ai faim, j'ai faim », et où des camions ramassent le matin les morts de faim et de froid gisant sur les trottoirs : « Des queues de 300 à 400 personnes se formaient devant les magasins, de moins en moins nombreux, qui avaient encore quelque chose à vendre[26]. » Les ouvriers sont plus particulièrement touchés : la moitié d'entre eux se retrouve sans emploi et deux tiers des familles ouvrières pointent aux soupes populaires où l'on ne peut espérer manger que deux à trois fois par semaine. On estime que la famine a provoqué dans le quartier du Pirée plus de 40 000 morts en une seule année à partir d'octobre 1941. Entre cette date et 1943, le nombre des victimes de la famine s'élève à 250 000, selon la Croix-Rouge : « Un des premiers communiqués de la Résistance, daté d'octobre 1941 : "La famine et la misère ont atteint leur stade final. [...] Toute notre race est menacée d'extinction." [...] On était persuadé à l'époque que la famine faisait partie d'un génocide savamment planifié par les Allemands[27]. »

Avant même l'arrivée des Allemands, le jeune Castoriadis s'engage aux côtés des trotskistes. Arrêté en 1939, il est vite relâché. C'est dans cette situation désespérée qu'il fonde, quelques mois après l'occupation allemande de la Grèce, avec deux de ses camarades, dont un ancien cadre des Jeunesses communistes, Giorgos Lianopoulos, une revue et un groupe clandestins. La ligne défendue par cette petite revue, *Nea Epoki,* outre la résistance à l'occupant, se démarque de celle du PC en soulignant son chauvinisme et son caractère fondamentalement bureaucratique. La revue acquiert une certaine influence auprès de la mouvance communiste. Mais le succès du PC grec dans l'organisation de la résistance nationale éloigne les sympathisants qui rejoignent massivement ses rangs. Castoriadis prend acte de cette situation difficile et adhère à l'aile la plus à gauche du trotskisme grec, dirigée alors par Spiros Stinas, qui devient jusqu'à son départ de Grèce la référence politique de Castoriadis. Il le rencontre durant l'hiver 1942-1943 par l'intermédiaire de Lefteris Hieropoulos : « J'ai été très impressionné par l'acuité et l'intransigeance de sa pensée politique et j'ai immédiatement adhéré à l'organisation qu'il animait[28]. »

---

26. Mark MAZOWER, *Dans la Grèce d'Hitler. 1941-1944,* Les Belles Lettres, Paris, 2002, p. 33.

27. *Ibid.,* p. 45.

28. Cornelius CASTORIADIS, « Spiros Stinas », *Anti,* n° 395, 24 février 1989 ; repris dans Cornelius CASTORIADIS, *Quelle démocratie ?,* t. II, *op. cit.,* p. 345.

Stinas a rompu avec le PC grec en 1931. Devenu leader trotskiste, il intègre la IVᵉ Internationale avec le petit groupe de l'Union communiste internationaliste (KDEE), qu'il anime avec quelques camarades, Dimitris Voursakis et Yannis Tamtakos entre autres, et qui dénonce la stratégie stalinienne de défense de la patrie. Dès 1937-1938, il affiche pourtant son désaccord avec Trotski sur la question de la défense de l'URSS. Il paiera au prix fort son engagement politique, passant des années en prison à Acronauplie et à Égine, en exil dans les îles ou à l'hôpital d'Athènes, dans le département des condamnés de Sotiria pour y soigner la tuberculose dont il est atteint. Il passe le début de l'occupation dans un camp, dont il s'évadera à l'automne 1942. Il rejoint aussitôt Athènes, où il reconstitue avec quelques évadés le groupe de militants trotskistes, lance un journal, *Front ouvrier* (*Ergatiko Metopo*), qui appelle à la fraternisation des ouvriers grecs, allemands et italiens pour renverser le capitalisme et sauver la paix. « La vie intérieure du groupe était absolument démocratique, avec des assemblées hebdomadaires régulières où nous rendions compte de notre activité et la critiquions [29]. » Stinas réussit alors à recruter quelques jeunes militants de dix-huit, vingt ans, dont Cornelius Castoriadis.

C'est dans ce groupe trotskiste qui restera extrêmement marginal que Castoriadis découvre le rejet du mot d'ordre de la « défense de l'URSS ». À l'époque, la force qui a réussi à fédérer l'ensemble de la résistance grecque contre l'occupant nazi est incontestablement le PC grec (le KKE), qui a créé avec l'EAM/ELAS [30] un rassemblement national ayant vocation à regrouper des milieux de sensibilités différentes. Ce Front national de libération est même parvenu à contrôler des régions entières et à gouverner toute une partie de la « Grèce libre ». Cette organisation se présente comme le lieu de fédération de tous les partisans d'une « Laocratie », perspective qui transporte les Grecs d'enthousiasme et d'espoir par l'idée qu'elle promeut d'un gouvernement direct du peuple libéré de l'occupation. Dans les montagnes, les résistants (*Andartes*) tiennent tête aux forces occupantes et sont pour l'essentiel contrôlés par l'ELAS. Apparaissent aussi des forces de résistance plus traditionnelles, comme l'EDES, dont le

---

29. Agis STINAS, *Mémoires. Un révolutionnaire dans la Grèce du XXᵉ siècle*, La Brèche-PEC, Paris, 1990, p. 236.

30. EAM : Front national de libération. ELAS : Armée populaire de libération nationale.

leader, Napoleon Zervos, reçoit davantage de subsides et d'armes des Britanniques malgré son infériorité numérique.

Face à cette résistance, la Wehrmacht réagit par une âpre campagne d'antiguérilla au terme de laquelle plus d'un millier de villages sont rasés : « Un million de Grecs auront vu piller et incendier leur maison, détruire leur récolte et saccager leur église. Plus de 20 000 civils auront été tués ou blessés, fusillés, pendus ou battus par les soldats de la Wehrmacht [31]. » En 1943, la nomination par Himmler du SS Jürgen Stroop, boucher du ghetto de Varsovie, comme nouveau responsable de la Grèce plonge un peu plus le pays dans l'enfer. Stroop s'emploie notamment à accélérer le rythme de déportation des juifs dans les camps d'extermination. Si cette traversée du tragique est commune à tous les peuples qui ont à subir l'occupation nazie, le sort de la Grèce est particulièrement dramatique. Et lorsque les nazis plient bagage, la paix reste un horizon lointain tant la guerre civile fait rage entre l'ELAS et les forces hostiles aux communistes.

Par deux fois, le jeune militant trotskiste Castoriadis manque de peu d'être assassiné par les nazis. Une première fois, alors qu'il revient d'une réunion secrète avec une sacoche pleine de documents politiques compromettants, son bus est arrêté par la Gestapo. Un officier entre et fouille un à un les passagers. Miraculeusement, il s'arrête alors qu'il contrôle les deux personnes qui se trouvent devant Castoriadis, dont le compte aurait été bon s'il avait dû ouvrir sa sacoche. Une autre fois, la Gestapo fait une descente dans l'appartement de la famille Castoriadis, traquant ce qui pourrait être caché dans les commodes, ouvrant les tiroirs... Là encore, la chance lui sourit : le seul tiroir préservé est justement celui où se trouve le matériel de propagande politique.

Le sort du pays est scellé après la visite de Churchill à Moscou en octobre 1944 pour négocier avec Staline alors que la Grèce se libère d'elle-même de sa triple occupation allemande, italienne et bulgare. La scène du troc est racontée sans fard par Churchill dans ses *Mémoires* : « Le moment étant venu de parler affaires, je déclarais donc : "Réglons nos affaires des Balkans. Vos armées se trouvent en Roumanie et en Bulgarie. Nous avons des intérêts, des missions et des agents dans ces pays. Évitons de nous heurter pour des questions secondaires. En ce qui concerne la Grande-Bretagne et la Russie, que

31. Mark MAZOWER, *Dans la Grèce d'Hitler, op. cit.*, p. 169.

diriez-vous d'une prédominance de 90 % en Roumanie pour vous, d'une influence de 90 % en Grèce pour nous, et de l'égalité, 50/50 en Yougoslavie ?" [...] Je poussais le papier vers Staline, qui venait d'entendre l'interprétation. Il y eut un léger temps d'arrêt, puis il prit son crayon bleu, cocha le papier d'un grand trait en signe d'approbation et nous le rendit ; tout fut réglé en moins de temps qu'il ne faut pour l'écrire[32]. » Staline a réussi à troquer sa domination unilatérale sur l'Europe centrale contre l'abandon de la Grèce au camp occidental.

Pour les Grecs, il en résulte une situation de guerre civile désespérée, sans issue. D'un côté, l'ELAS entend conquérir des responsabilités politiques à la hauteur de ce qu'il a représenté dans la résistance à l'occupant, de l'autre, des escadrons de la mort sont recrutés pour faire barrage au communisme et, sous ce prétexte, font régner la terreur dans les campagnes en perpétrant de multiples massacres. Dans les villes, on met en place des points de blocage (*bloca*), qui permettent aux hommes cagoulés des bataillons de la sécurité d'arrêter et d'exécuter sans autre forme de procès quiconque est soupçonné de résistance : « Les chambres de torture du QG de la Sécurité spéciale rue Stournari étaient aussi célèbres que celles des SS. Tous les matins, on découvrait de nouveaux cadavres d'hommes assassinés par les forces de Lampou puis abandonnés dans les rues[33]. » Les quartiers populaires d'Athènes sont passés au tamis par les *bloca* et les nuits sont rythmées par le crépitement incessant des mitrailleuses : « En été 1944, la ville était pratiquement en proie à l'anarchie. "Quand on n'entend pas tirer, cela nous semble louche", disait un Athénien[34]. »

En même temps qu'il mène une vie militante engagée et périlleuse, Castoriadis se retrouve dans des cercles d'amis où son rayonnement est déjà grand, comme l'atteste aujourd'hui une de ses amies de l'époque, Anna Potamianou, devenue psychanalyste : « Son souvenir est lié pour moi aux secousses, aux attentes, à la violence et aux déceptions d'une époque de première jeunesse sur laquelle l'occupation ennemie pesait d'un poids très lourd. L'appartenance politique de Cornelius à un groupe de trotskistes était éloignée de la mienne, mais l'admiration pour la vigueur et la rigueur de sa pensée, et en plus

---

32. Winston CHURCHILL, *Mémoires de guerre. 1941-1945*, t. II, Tallandier, Paris, 2010, p. 514-515.
33. Mark MAZOWER, *Dans la Grèce d'Hitler*, *op. cit.*, p. 369.
34. *Ibid.*, p. 372.

– il faut le dire – une certaine envie pour la place privilégiée qu'il occupait dans le quotidien d'amis qui m'étaient chers ont vite établi en moi une filiation… Cela n'a pas été sans influencer mes lectures. La poursuite d'études en philosophie doit certainement beaucoup à Castoriadis. Il a constitué pour moi un idéal d'identification, mais je crois qu'on peut dire la même chose de plusieurs personnes, et pas seulement de ceux de ma génération. La preuve en est que, dans les années à venir, chaque fois que sa présence était annoncée à Athènes, les jeunes affluaient aux lieux où ils savaient pouvoir l'entendre et le rencontrer[35]. »

Au printemps 1944, les forces communistes de l'EAM créent un Comité politique de libération nationale (PEEA) dans le but d'élargir et de structurer la lutte de libération nationale. Churchill considère que ce pouvoir potentiel est une atteinte à l'autorité du gouvernement en exil : « Une seconde administration, contrôlée par les communistes, s'est ainsi constituée comme point de ralliement de tous les Grecs[36]. » Churchill vient ainsi au secours de l'autorité purement virtuelle du gouvernement en exil dirigé par Tsouderos. Mais il n'y a pourtant pas péril en la demeure, car le PEEA ne réclame rien d'autre qu'un gouvernement d'union nationale. Tsouderos est remplacé par Sophocle Venizelos, puis par Georges Papandreou, qui devient le Premier ministre en titre le 27 avril 1944. Il a l'avantage d'être un excellent orateur et l'une des rares personnalités à s'être engagées dans la résistance et d'avoir été emprisonnées : « Quand il devient Premier ministre, Papandreou exposa ses intentions avec une clarté peu commune : son gouvernement avait pour but de réaliser l'unité nationale, mais sans céder aux communistes sur quelque point que ce soit[37]. » Une partie de bras de fer s'engage à propos de la composition du futur gouvernement et de la part occupée par l'EAM-ELAS dans sa composition. Les communistes, qui réclament à cor et à cri 50 % des postes ministériels, acceptent en définitive, le 3 septembre, de n'avoir que six représentants à des postes subalternes.

À la fin de l'été 1944, les Allemands quittent la Grèce et les Britanniques prennent le relais. Le 12 octobre, la capitale est évacuée par les

---

35. Anna Potamianou, entretien avec l'auteur.
36. Winston CHURCHILL, *Mémoires sur la Deuxième Guerre mondiale*, t. X, Plon, Paris, 1953, p. 192 (5 avril 1944).
37. Constantin TSOUCALAS, *La Grèce. De l'indépendance aux colonels*, Maspero, Paris, 1970, p. 64.

troupes allemandes, remplacées trois jours après par les troupes britanniques placées sous le commandement du général Scobie. Celles-ci sont accueillies avec enthousiasme par la population athénienne. Quant au roi, il ne reviendra qu'en janvier 1945, une fois le peuple maté par la répression. Lorsque Papandreou s'installe au pouvoir, il ne maîtrise vraiment que la région d'Athènes. Le reste du pays est entre les mains des communistes de l'EAM. La tension reste donc très vive : « Je m'attends à un affrontement avec l'EAM, et nous ne devons pas le refuser, à condition de bien choisir le terrain », écrit Churchill à Eden le 7 novembre [38].

Dès leur arrivée, les Britanniques exigent le désarmement des partisans dans une situation où l'ELAS contrôle 99 % du territoire. Dans ce contexte paradoxal du début décembre 1944, l'EAM démissionne du gouvernement et appelle à manifester place Syntagma : « Le 3 décembre, une manifestation monstre a lieu – puissante protestation contre le désarmement des partisans ; elle est attaquée à main armée par les gouvernementaux [39]. » Lorsque le PC grec manifeste en décembre 1944, ce qui est le lot de tous les PC d'Europe, c'est finalement pour envoyer ses troupes dans le mur car « ils ne veulent ni la réforme ni la révolution. Dans cette double négation se trouve la contradiction mortelle de ce mouvement grec [40] ». Devant l'ampleur de la manifestation, les forces policières prennent peur et tirent dans la foule. On relève au moins une dizaine de morts et plus de cinquante blessés parmi les manifestants. Le 4 décembre, les forces de la résistance déclenchent une grève générale. Une énorme procession populaire accompagne les morts de la veille, et le cortège est de nouveau attaqué par la police. Le général Scobie proclame la loi martiale, la spirale de la violence est enclenchée.

L'affrontement entre les gouvernementaux et l'ELAS va durer plus d'un mois ; ce qui est absurde, dans la mesure où il n'est pas question pour le PC de prendre le pouvoir. Le premier jour de l'insurrection, le gouvernement Papandréou et les Anglais n'ont pour eux, dans toute la Grèce, que la place de la Constitution à Athènes, coupée de la mer. L'opération qui aurait consisté à se diriger vers l'hôtel Grande-Bretagne, centre de l'état-major anglo-grec et lieu de refuge du pouvoir et

---

38. Winston CHURCHILL, *Mémoires sur la Deuxième Guerre mondiale*, t. XI, *op. cit.*, p. 254.

39. Kostas AXELOS, « La guerre civile en Grèce », *Arguments d'une recherche*, Minuit, Paris, 1969, p. 126.

40. Nicolas Svoronos, dans Guillaume MALAURIE, *La Nef des Grecs*, reportage cité.

de son représentant, le Premier ministre, « aurait pu être mené par quinze hommes, mais ils se sont contentés de tirer des coups de feu[41] ». Ce constat de Castoriadis est confirmé par Constantin Tsoucalas : « Les premiers jours, cependant, l'ELAS remporta des succès considérables, puisqu'elle enferma les Britanniques dans un petit secteur de moins de 3 km², situé au centre de la ville, et comprenant Colonaki, l'équivalent athénien du XVIe arrondissement. Mais, au lieu de lancer contre les positions britanniques une attaque définitive qui aurait pu aboutir à l'élimination de leur tête de pont, l'ELAS dispersa ses efforts sur des objectifs périphériques[42]. » Castoriadis est arrêté par les forces de droite en ce mois de décembre. Miraculeusement, ceux qui mettent la main sur lui ne se rendent pas compte qu'il figure parmi les premiers de la liste des gens recherchés et le libèrent après l'avoir interrogé. La répression va attiser la détestation des forces de sécurité, qui se sont déjà illustrées par leur monstruosité dans les *bloca*, et entraîner une réaction du peuple, qui s'en prend aux postes de police.

Ces affrontements de décembre s'achèvent début janvier par la défaite de la gauche et la conviction de Churchill qu'il a évité un coup d'État communiste. L'ELAS abandonne le terrain le 5 janvier, laissant Athènes dévastée. Les forces communistes font retraite vers le nord, vers les montagnes, pour une guerre civile sans issue qui durera jusqu'en décembre 1949. Entre-temps, l'accord de Varkiza, signé le 12 février 1945, prévoit une démocratisation de l'armée et des élections démocratiques ; il ne sera pas respecté. À la phase hégémonique de l'ELAS sur les forces résistantes, succède une terreur blanche à la faveur de laquelle nombre de collaborationnistes reviennent aux responsabilités politiques. En juin 1945, les dirigeants des partis du centre signent une déclaration affirmant : « La terreur instaurée après les événements de décembre par l'extrême droite, dans tout le pays, s'amplifie tous les jours[43]. »

Nombre de résistants sont traqués, incarcérés et condamnés à mort. C'est ainsi qu'Aristide Zizikas, ingénieur civil, officier sorti à un rang élevé de l'école polytechnique, se présente aux autorités à la suite de l'accord de février : « Je suis arrêté et je me retrouve en prison dans

---

41. Castoriadis, dans *ibid.*
42. Constantin TSOUCALAS, *La Grèce de l'indépendance aux colonels, op. cit.*, p. 76.
43. Nicolas SVORONOS, *Histoire de la Grèce moderne*, PUF, « Que sais-je ? », Paris, 1980, p. 113.

une île où je retrouve des centaines d'amis dans les mêmes conditions. Ils montaient de faux dossiers avec de faux témoignages pour inculper et condamner les gens [44]. »

Le petit groupe trotskiste de Stinas, secondé par Castoriadis, reprend la publication de *Front ouvrier*. L'analyse de la situation que fait ce groupe est exprimée plus tard par Castoriadis : « Ce qui se passa en décembre 1944 ne pouvait en aucune façon être compris à l'aide des schémas trotskistes ou même marxistes. D'un côté, les masses populaires, ou une part significative d'entre elles, participent au conflit et soutiennent le PC en pensant que la victoire du PC va changer le régime... De l'autre, il sautait aux yeux – pour moi au moins – que le PC changerait vraiment le régime en cas de victoire, n'établissant sûrement pas le socialisme, mais instaurant sa dictature – baptisée "démocratie populaire" – et commençant à transformer le pays en une société de type russe [45]. » Même si cette analyse, que partage son ami Stinas, est largement postérieure aux événements, elle traduit bien l'impasse devant laquelle se trouvent les forces de gauche grecques en 1944, qui souhaitent la réussite de la révolution socialiste, mais ne veulent à aucun prix d'une dictature stalinienne.

Isolés, ces « communistes internationalistes » sont pourchassés et liquidés lorsqu'ils sont identifiés. Ils risquent autant s'ils sont arrêtés par la police officielle que par les forces de l'ELAS. Beaucoup des camarades de Castoriadis n'auront pas sa chance. Stinas cite quelques cas, parmi bien d'autres, de ces militants assassinés par les staliniens : « Ils ont tué, après lui avoir crevé les yeux, l'étudiant Thanassis Ikonomou, qui, de l'EPON de Ghyzi, était passé dans nos rangs avec un certain nombre d'autres. Ils ont tué Thymios Adramytidis, militant des plus purs et des plus modestes, dans la cour de l'hôpital... Ils ont égorgé au couteau, comme on égorge les agneaux, Panayotis Tsingélis, ouvrier, évadé des îles, juste après l'avoir capturé à Vathis. Ils ont tué Nikos Aravantinos, vieux communiste internationaliste bien connu dans toute l'île de Céphalonie pour ses combats dans le mouvement ouvrier et paysan [46]. »

En 1945, au sein du petit groupe trotskiste, le débat est vif pour déterminer la nature de l'URSS. Avec un autre de ses camarades,

---

44. Aristide ZIZIKAS, entretien, dans Guillaume MALAURIE, *La Nef des Grecs*, reportage cité.

45. Cornelius CASTORIADIS, « Le problème révolutionnaire aujourd'hui » (en grec), octobre 1976 ; cité par Agis STINAS, *Mémoires, op. cit.*, p. 265.

46. Agis STINAS, *Mémoires, op. cit.*, p. 267.

Stam, Castoriadis défend fermement la thèse selon laquelle on ne peut plus accepter l'idée trotskiste d'une URSS qui serait restée un État ouvrier. Précurseur en la matière, encore très isolé, il n'est pas suivi par son organisation, qui reste fidèle aux thèses du « Vieux » (Trotski) : « L'ensemble du groupe ne se rangea à cette thèse qu'en septembre 1947[47]. » En 1945, la situation est désespérée pour le groupe, traqué par les staliniens comme par les forces de droite. Le nombre de prisonniers dans les geôles du pouvoir s'élève à 16 000, sans compter le nombre de résistants condamnés à mort : « Le KKE ne peut que durcir le ton[48]. » Le secrétaire général du PC, Nikos Zachariadis est alors contraint de s'engager dans une véritable guerre civile, sans préparation ni assentiment d'un Staline qui a concédé la Grèce à la sphère d'influence occidentale. C'est dans cette situation sans issue que le jeune Castoriadis va décider de poursuivre le combat politique et ses études universitaires sous d'autres cieux, trouvant dans la France libérée une terre d'accueil.

---

47. *Ibid.*, p. 289.

48. Christophe CHICLET, *Les Communistes grecs dans la guerre*, L'Harmattan, Paris, 1987, p. 153.

2

La « Nef des Grecs » et les débuts de la vie parisienne

Avec un certain nombre d'autres étudiants, Cornelius Castoriadis quitte le chaos grec sur un bateau devenu depuis objet de culte. Traqué par les deux camps, anglais et communiste, caché dans une cave, Castoriadis attend depuis le mois de septembre l'arrivée au port du paquebot qui doit le tirer de ce piège. Un jour de décembre, son père vient le prévenir que le *Mataroa* est au Pirée ; il sort alors de sa planque avec un sac de vêtements à la main. Cent quatre-vingts boursiers montent sur le paquebot qui quitte la Grèce en décembre 1945 et débarque à Tarente la veille de Noël. Les jeunes exilés prennent ensuite le train pour la France et arrivent à Paris le 29 décembre, après une semaine de voyage : « Il est minuit. Le front collé contre la vitre, nous interrogeons l'obscurité. Rien. Très loin, ici et là, une lumière, encore plus muette que le noir. Où se trouve Montmartre ? Et l'Étoile ? Et le bois de Boulogne ? Et tout ce que nous connaissons par les livres ? On ne voit que les rails qui courent côte à côte du train... Nous sommes à Paris. Cela est tellement surnaturel que, ivres de fatigue comme nous sommes, il nous est impossible de le réaliser [1]. »

Du fait de sa participation active aux transports maritimes pendant la Seconde Guerre mondiale, notamment dans l'acheminement des

---

[1]. Mimica Cranaki, « Journal d'exil », *Les Temps modernes*, nº 58, août 1950, p. 328 ; repris dans Mimica Cranaki, *« Mataroa » à deux voix. Journal d'exil*, éditions du Musée Benaki, Athènes, 2007 (édition bilingue français-grec).

troupes américaines vers l'Irlande en préparation du jour J en Normandie, ce paquebot est déjà auréolé de gloire. Il vient également de convoyer des rescapés de la Shoah vers la Palestine[2]. Plus tard, un groupe de jazz se baptisera même de son nom. Bref, ce navire est devenu un mythe, et l'histoire a laissé de cette « nef des Grecs » l'image d'un périple confortable, voire d'un exil doré. Il en est en réalité allé tout autrement, et les conditions du voyage ont été celles de la pénurie propre à cette année 1945 · « Les conditions sur le bateau étaient infectes, nous transportions tout seuls tous nos bagages – et il y avait parmi nous une vingtaine de sculpteurs. Nous avions pris tout ce que nous pouvions : des manuscrits, des livres, etc. Les sculpteurs, eux, avaient pris les empreintes de leurs sculptures et on les transportait pour eux, comme dans une coopérative. La pianiste, elle, avait un petit piano… un piano muet, pour faire ses exercices. Seulement ce piano avait beau être muet, il était extrêmement lourd. Je nous revois dans le port de Tarente, penchés d'un côté du bateau, et nos amis qui essayaient de descendre le piano par l'escalier latéral[3]… » Le témoignage de la philosophe Mimica Cranaki confirme celui de Castoriadis quant à la précarité des conditions du voyage : « Nous couchons sur des bras, des jambes, des restes de repas, cela ressemble étrangement à une débâcle. Très peu d'entre nous possèdent de vraies valises qui, d'ailleurs, arriveront à Paris en lambeaux. La plupart voyagent avec des sacs, des paniers, une couverture cousue, tout ce qu'ont pu inventer la pauvreté et la tendresse de ceux qui sont restés sur le quai du Pirée à remuer des mouchoirs[4]. »

Le 21 décembre 1945, l'odyssée commence par l'embarquement des boursiers grecs, après un contrôle de police qui dure toute la journée : « Nos bagages prenaient une place considérable, des caisses, des valises en papier mâché renforcées par des cordes, des baluchons pleins à craquer, il ne manquait plus que les meubles[5]. » Sur le *Mataroa*, conduit par un équipage anglais, prennent aussi place

---

2. Voir à ce sujet François BORDES, « *Désespérer du faux* ». *Histoire d'une critique du communisme soviétique : Michel Collinet, Kostas Papaïoannou et les anticommunistes de gauche en France de 1944 à 1972*, vol. 1, thèse dirigée par Jean-François Sirinelli, IEP de Paris, 2008, p. 41.

3. Castoriadis, entretien avec la pianiste grecque Dora Bakoapoulos pour une radio grecque, traduit par Cybèle Castoriadis et Myrto Gondicas. Consultable sur www.castoriadis.org.

4. Mimica CRANAKI, « Journal d'exil », *loc. cit.*, p. 327-328.

5. Nelly Andrikopoulou, témoignage dans « L'Odyssée du Mataroa », 2010. Consultable sur <www.dailymotion.com>.

quelques familles, comme celle d'Eleni Mangriotis, qui n'a alors que quatorze ans et deviendra psychanalyste, voyageant avec son père médecin, sa mère et ses deux frères. Eleni abandonne son école, ses amies, et pleure en quittant Athènes : « Les gens avaient l'impression de partir pour toujours, apportant leur vélo avec eux, leurs malles. L'une est tombée à terre. Il y avait dedans une trentaine de volumes de Zola traduits en grec[6]. » Ce petit incident révèle bien la fascination qu'exerce la culture française sur ces Grecs en partance pour Paris. On indique à la jeune Eleni que ce curieux compagnon de voyage à la fois jeune et chauve, sans cils ni sourcils, Castoriadis, est un trotskiste : « On l'appelait "le trotskiste" et j'ai cru que cela voulait dire monstrueux et chauve[7]. »

Le bateau ne lèvera l'ancre que le lendemain à l'aube, laissant aux passagers bannis et recherchés une nuit entière à craindre de se faire arrêter ; et ce d'autant plus que la police présente sur le quai veille à ce que ces exilés ne partent pas avec des documents de la résistance pour diffuser une mauvaise image du pouvoir grec. Beaucoup passent leur nuit par terre sur le pont, collés les uns aux autres… Le voyage se révélera ensuite propice aux aventures sentimentales. Tout en ayant une relation amoureuse avec Nelly Andricopoulou, le jeune Castoriadis renoue alors avec Mimica Cranaki, qui a été sa compagne à Athènes et qui continue d'exercer sur lui une réelle fascination. Maîtrisant plusieurs langues, elle traduira plus tard Marcuse, enseignera la philosophie à l'université de Nanterre et sera célèbre grâce à son petit livre sur la Grèce paru en 1955 dans la collection « Petite Planète », au Seuil, que dévoreront des générations successives de touristes français se rendant dans ce pays.

Au début du voyage, l'équipage anglais veut apprendre aux passagers d'infortune les exercices de secours en cas de problème, mais leur indiscipline transforme ces exercices en parties de rigolade qui poussent le commandement à y renoncer. En revanche, les passagers sont prompts à se jeter sur la nourriture dès leur réveil et dévorent leur petit déjeuner pour pallier leurs carences en calories. Beaucoup plongent les morceaux de sucre dans la marmelade et avalent le tout à grandes cuillerées, au grand étonnement d'Eleni Mangriotis qui, du haut de ses quatorze ans, vient d'un milieu bourgeois peu coutumier

---

6. Eleni Mangriotis, entretien avec l'auteur.
7. *Ibid.*

de ce type de pratiques. Sur le pont, des jeunes troquent un kilo d'oranges contre trois cigarettes…

Arrivés à Tarente, accueillis par une foule parsemée de poings levés en hommage à la lutte finale, les exilés de Grèce apprennent que la ville est en proie à une épidémie de peste. Une fois débarqués, ils se rendent à la gare pour prendre le train, ne trouvant comme moyen de locomotion que deux wagons à bestiaux sans eau ni électricité où ils sont entassés, encombrés par leurs lourds bagages : « Le train avançait comme un escargot et comme l'unique toilette était bouchée, le train s'arrêtait en rase campagne pour nos besoins[8]. » Cette longue procession dure vingt-quatre heures, jusqu'à l'arrivée à Rome, où les passagers prennent un autre train pour Bologne. Cette première grande ville européenne suscite l'admiration des exilés grecs, qui se trouvent ainsi en contact avec la riche histoire italienne et une aisance jusque-là insoupçonnée : « On a été impressionnés par le niveau de vie des Italiens, bien habillés, une richesse que l'on ne connaissait pas[9]. » Puis le train repart vers le nord : « Quand on s'arrêtait, il y avait sur le quai toutes ces valises, au milieu de meubles, de fauteuils… Les gens n'étaient pas vraiment tristes, mais excités, maniaques[10]. »

Parvenus le 27 décembre à la frontière suisse, à Chiasso, ces Grecs sales et hirsutes apprennent des autorités suisses qu'ils ne pourront traverser le pays à cause du risque de contamination par la peste qui sévit à Tarente. Après des négociations sous haute tension, il est décidé d'acheminer les passagers jusqu'à la ville de Bâle pour les décontaminer : « On nous a chargés sur des camions et amenés dans un bâtiment triste où nous attendaient des matrones habillées en blanc pour la quarantaine. Après plusieurs injections, on nous a pulvérisé du DDT partout sous les jupes et dans les pantalons. Ils avaient peur que des poux entrent en Suisse[11]. » Puis le périple reprend son cours avec un nouveau changement de train à Mulhouse le 28 décembre.

Épuisés et misérables, ces exilés parviennent enfin à la gare de l'Est, à Paris, par une température glaciale. Ils sont accueillis vers minuit par le directeur de la Fondation hellénique et des représentants du ministère des Affaires étrangères. Une partie d'entre eux est emmenée à la Fondation hellénique pendant que les autres se dirigent vers l'hôtel

8. Nelly Andrikopoulou, témoignage cité.
9. Nicolas Svoronos, entretien, dans Guillaume MALAURIE, *La Nef des Grecs*, reportage cité.
10. Eleni Mangriotis, entretien avec l'auteur.
11. Nelly Andrikopoulou, témoignage cité.

Lutetia. Si ce voyage est demeuré si fameux jusqu'à aujourd'hui, cela tient au fait que le *Mataroa* a transporté vers la France trois philosophes grecs appelés à devenir célèbres – Kostas Axelos, Cornelius Castoriadis et Kostas Papaïoannou –, ainsi que nombre d'intellectuels et artistes qui vont acquérir une certaine notoriété, comme les peintres et sculpteurs Kostas Coulentianos, Constantin Byzantios, Constantin Andreou et Memos Makris, la philosophe Mimica Cranaki, les architectes Nikos Karakosta et Georges Candilis, l'historien professeur au Collège de France Nicolas Svoronos, ou encore le chef d'orchestre Dimitri Chorafas. Un vrai bouillon de culture.

Le mythe né de ce voyage d'exil du *Mataroa* provient surtout du télescopage de plusieurs temporalités : celle, contemporaine, d'intellectuels à jamais coupés de leur terre natale, et celle de l'âge héroïque de l'*Iliade*. La rencontre de ces deux événements, antique et moderne, a alimenté l'imaginaire grec : « Le voyage des boursiers grecs venus en France fin 1945 à bord du *Mataroa* est devenu un lieu de mémoire [12] », symbole de son histoire intellectuelle. Cette traversée de la Méditerranée, qui est aussi une traversée du temps, un passage entre l'Antiquité et la contemporanéité, peut être perçue comme la métaphore même du travail philosophique qui va occuper Castoriadis. Bien qu'ayant pris un aller simple, sans espoir de retour, il ne renoncera à aucun moment à sa grécité. Pour beaucoup, cet exil est le passage d'un horizon mortifère à la lumière de la création et de la notoriété. Nombreux sont ceux qui deviendront célèbres. Cet afflux d'intellectuels en France aura pour conséquence d'hybrider deux cultures caractérisées par leur fascination réciproque, avec un sentiment philhellène très fort côté français et, côté grec, l'adhésion à une France perçue comme l'incarnation des valeurs universelles portées par la Révolution.

Il ne fait en tout cas guère de doute que Castoriadis a fécondé l'intelligentsia française de son savoir sur le phénomène stalinien. En cette année 1945, la France est encore sous le charme du PCF, auréolé de sa résistance active et porteur d'avancées sociales grâce à sa présence dans le gouvernement d'union nationale, sous la présidence du général de Gaulle. De leur côté, les Grecs viennent de faire

---

12. François BORDES, « Exil et création. Des penseurs grecs dans la vie intellectuelle française », dans Servanne JOLLIVET, Christophe PREMAT et Mats ROSENGREN (dir.), *Destins d'exilés. Trois philosophes grecs à Paris. Kostas Axelos, Cornelius Castoriadis et Kostas Papaïoannou*, Le Manuscrit, Paris, 2011, p. 63.

l'expérience de ce dont est capable un parti stalinien, et Castoriadis mettra celle-ci à profit pour accélérer en France un processus de prise de conscience. S'il prêchera d'abord dans le désert, il surfera ensuite sur la vague de l'antitotalitarisme à un moment où ses thèses sur le mythe soviétique se transformeront en *doxa* : « L'expérience du PC en Grèce était la vérification expérimentale de ce que Ciliga, de ce que Barmine disaient, de ce que Souvarine disait. L'appareil totalitaire vous le voyiez en activité [13]. »

Par l'intermédiaire de son professeur de droit, A.G. Ligeropoulo, Castoriadis, qui cherche à obtenir une bourse, s'adresse au Comité pour l'attribution des bourses accordées par le gouvernement français. Titulaire des deux licences délivrées par la faculté de droit, en droit et en sciences politiques et économiques, il est appuyé avec ferveur par son professeur : « Déférant au désir qu'il m'a exprimé, je le recommande à votre attention. Il a été parmi mes élèves les plus assidus. J'ai eu plus d'une fois l'occasion d'apprécier ses capacités [14]. » Il obtient ainsi la bourse et s'inscrit dans le cadre d'une politique cohérente menée par l'Institut français d'Athènes, qui travaille de concert depuis la libération du pays avec la Ligue franco-hellénique des jeunes (fondée en 1936), multipliant les occasions de manifestations culturelles pour entretenir la francophilie de la jeunesse grecque.

La réussite de cette opération d'exfiltration tient aussi à la personnalité du directeur de l'Institut français, Octave Merlier, ainsi qu'à celle du directeur adjoint de l'Institut français d'Athènes, Roger Milliex, qui a transformé l'Institut en refuge lorsque Octave Merlier était assigné à résidence en France. Après des études littéraires, Octave Merlier passe l'agrégation de grammaire en 1928. Nommé professeur de l'Institut, il en devient le directeur à partir de 1936. Résistant de la première heure, il est arrêté par la Gestapo, et le régime de Vichy le rappelle en France, où il est assigné à résidence dans le Cantal. Réintégré dans ses fonctions à la fin de la guerre, il retrouve Athènes en juillet 1945 : « Marié, qui plus est avec une écrivaine grecque, lui-même néo-helléniste distingué, Octave Merlier était sans aucun doute, en 1945, l'un des intellectuels étrangers les mieux intégrés à la société hellénique [15]. »

---

13. Castoriadis, entretien, dans Guillaume MALAURIE, *La Nef de Grecs*, reportage cité.

14. Al. G. Ligeropoulo, lettre au Comité pour l'attribution des bourses accordées par le gouvernement français. Légation de France, archives Castoriadis, 20 août 1945.

15. Nicolas MANITAKIS, « L'exil des jeunes grecs et le rôle de l'Institut français : un exil doré ? », dans Servanne JOLLIVET, Christophe PREMAT et Mats ROSENGREN (dir.), *Destins d'exilés*, *op. cit.*, p. 54.

Octave Merlier a organisé l'exil sur le *Mataroa* et fait en sorte que les boursiers grecs soient hébergés à la Cité universitaire de Paris. Avant leur départ, il a pris soin de téléphoner à l'ambassadeur pour l'informer du départ du paquebot, et a insisté auprès de lui pour qu'ils bénéficient d'un « accueil amical à la frontière française et à Paris [16] », ajoutant : « L'enthousiasme de ces jeunes gens est tel que je crains la moindre déception dès leur entrée en France. Je les ai mis en garde contre de trop grandes illusions et je leur ai rappelé souvent que la France est encore dans la période de reconstruction. Cela ils le savent bien, et ils seront intelligents pour beaucoup de choses qu'ils verront et qui seront loin d'être parfaites, mais le Grec est sentimental, et il convient de les accueillir à Mulhouse et à Paris avec des paroles à la fois amicales et confiantes [17]. » Octave Merlier, accusé par le gouvernement grec, qui a bien l'intention de reprendre la main sur le choix des boursiers, d'avoir attribué des bourses d'études à des communistes, paiera cet acte de bravoure de sa disgrâce au début des années 1960, comme Roger Milliex d'ailleurs, qui sera « promu » à Chypre en 1959. Il aura entre-temps permis à ces cent quatre-vingts boursiers grecs de sortir d'un pays exsangue en proie à une sanglante et longue guerre civile qui durera quatre ans. Maître d'œuvre d'un plan de sauvetage héroïque, il a saisi une opportunité qui ne se reproduira pas.

L'arrivée en France n'a cependant rien d'une sinécure, et Castoriadis ne peut compter que sur sa maigre bourse de 4 500 francs par mois pour l'année 1945-1946. Alors qu'il réside encore à la Cité universitaire, il prend contact avec le PCI, la section française de la IVᵉ Internationale, à laquelle il adhère. Il attire tout de suite l'attention d'une militante trotskiste qui deviendra sa compagne, Rilka Walter. À l'époque, cette dernière vit rue Falguière, dans le XVᵉ arrondissement, avec Claude Lefort. Quand elle entend cet exilé grec prendre la parole, elle conseille à ses proches de constituer une tendance avec ce type qu'elle estime aussitôt génial. Comme le trotskisme est particulièrement prompt à se subdiviser, le courant Chaulieu (Castoriadis)/Montal (Lefort) est aussitôt créé, donnant naissance à une relation amicale entre Castoriadis et le couple Lefort-Rilka Walter : « On a invité Chaulieu à venir vivre chez nous car il habitait à la Cité universitaire, trop loin pour rentrer des réunions qui se terminaient tard dans le IVe arrondissement[18]. »

Dans ce petit deux pièces appartenant à la mère de Rilka Walter, situé au 5e étage sans ascenseur et sans chauffage, le couple installe Castoriadis à côté de la chambre à coucher où il dispose d'un petit lit à une place. À l'occasion d'une virée à quatre à Honfleur et au casino de Deauville pour un week-end en compagnie de leur camarade et ami Robert Bailhache, membre lui aussi du PCI, Rilka Walter passe des bras de Claude Lefort à ceux de Cornelius Castoriadis. « [De retour à Paris] Je suis allée dans la chambre de Corneille. Après trois ou quatre nuits, Montal est reparti chez sa mère, pas vraiment content[19]. » Cet épisode va peser sur les relations entre Lefort et Castoriadis qui resteront ambivalentes, faites à la fois d'une grande proximité et d'une rivalité, jusqu'à leur rupture définitive en 1980. Leur caractère très affirmé leur donne à l'un et à l'autre un charisme certain qui va devenir entre eux une source de frictions : « Les deux hommes étaient aussi différents que l'eau et le feu. L'eau, c'était Lefort : profond, silencieux, cachant des fonds jamais explorés, échappant à toute main qui veut la saisir. Le feu, c'était Castoriadis : consumant tout matériau qui pût mettre l'incendie au monde, totalement identifié à un projet unique, allant toujours sur sa voie. Lefort était du côté des questions, Castoriadis de celui des réponses[20]. »

Rilka Walter, qui a déjà une fille issue de son premier mariage, Dominique, aura sa seconde fille avec Castoriadis en 1947, Sparta. Pendant près de trois ans, le couple vit dans des conditions précaires. Castoriadis, ne pouvant se contenter de sa modeste bourse d'études, y adjoint de petits travaux de traduction. De son côté, Rilka Walter trouve un emploi et devient institutrice en maternelle à Châtenay-Malabry. Le mobilier est des plus rudimentaires, et le couple prend ses repas sur une grosse caisse en bois. Du fait de sa brouille avec son père, Castoriadis se refuse à lui demander de l'aide. Mais lorsque César apprend que sa petite-fille manque de vêtements, il décide tout de même de donner de l'argent à son fils.

La vie quotidienne du couple est quelque peu décalée : Rilka se lève à six heures du matin pour prendre en charge ses élèves tandis que

---

18. Rilka Walter, entretien avec l'auteur.
19. *Ibid.*
20. Sébastien DE DIESBACH, *La Révolution impossible. Mes années avec Socialisme ou Barbarie*, L'Harmattan, Paris, 2013, p. 44.

Cornelius émerge à onze heures, après avoir veillé jusqu'à deux ou trois heures du matin dans ses réunions politiques ou après avoir travaillé à taper ses textes sur sa Remington qui fait grand bruit dans le petit appartement, au grand déplaisir de sa compagne qui peine à dormir : « Je lui rapportais tout mon salaire. C'est lui qui gérait l'argent du ménage [21]. » Dans ce quartier du XVe arrondissement, Castoriadis transpose ses habitudes méditerranéennes. Il entretient d'excellentes relations avec les commerçants du voisinage, dont le boucher du coin qui lui réserve de bons morceaux à bas prix. Il devient un des piliers du café tenu par un ancien gangster de Barbès, repenti et reconverti, véritable colosse capable d'envoyer dans l'outre-monde trois adversaires d'un simple coup de poing. Castoriadis l'apprécie et l'homme le lui rend bien. Il lui ouvre grand les portes de son café, d'où il peut téléphoner à loisir et jouer au poker toutes les fins d'après-midi avant ses réunions politiques. Il lui vend deux chaises et lui rend quelques services bien utiles, comme lorsque la fille de Rilka, Dominique, fait une chute et se casse l'avant-bras. Le propriétaire du café prend les choses en main et lui donne l'adresse d'un des plus grands chirurgiens de Neuilly. Après trois heures d'opération, Rilka demande au chirurgien combien elle lui doit et s'entend répondre qu'on ne fait pas payer les amis : « Il pensait peut-être que j'avais fait le tapin toute ma jeunesse entre Barbès et Pigalle [22]. » À l'époque, Castoriadis mange seul à midi dans un petit restaurant du boulevard Pasteur et prépare le dîner du couple, où se joignent en général quelques camarades-amis. Ne payant pas le loyer de leur appartement, ils parviennent tant bien que mal à faire face à leurs dépenses.

Si l'équilibre financier du couple est aussi fragile, c'est aussi parce que Castoriadis a une vraie passion du jeu que partage sa compagne Rilka. Ainsi, par exemple, traversant la France pour aller dans le Pays basque voir Sparta au Cap-Ferré, le couple s'arrête jouer au casino de Saint-Jean-de-Luz. Castoriadis, qui compte sur la martingale pour gagner, perd tout ce qu'il a. Le couple demande de l'aide à la mère de Rilka qui leur envoie de l'argent, aussitôt joué au casino et aussitôt perdu. Sans aucune ressource, ils ne payent ni leurs repas au restaurant de leur hôtel ni leur chambre. Tous deux partent à la cloche de bois, de nuit, quittant discrètement l'hôtel de Guéthary : « Corneille me dit : "Tu pars avec les valises à travers champs en prenant l'escalier

---

21. Rilka Walter, entretien avec l'auteur.
22. *Ibid.*

de derrière pendant que je prends l'apéritif et que je parle avec les patrons de l'hôtel" [23]. » Et voilà Rilka traînant deux valises alourdies par des livres, jusqu'à la gare, où son compagnon la rejoint juste à temps, sans avoir les moyens de se payer un titre de transport. Là encore, Castoriadis s'en tire au prix d'un stratagème. Après avoir installé ses bagages dans un compartiment, il fait asseoir Rilka non loin des toilettes, sur des journaux, avec comme consigne de s'y enfermer dès qu'il la préviendra de l'arrivée des contrôleurs. À leur arrivée à Paris, nos deux « voleurs à la tire » font néanmoins savoir aux patrons de l'hôtel de Guéthary qu'ils recevront ce qui leur est dû dès qu'ils le pourront.

Le philosophe Heinz Wismann, qui fut proche de Castoriadis, rapproche ce goût immodéré du jeu d'une attitude mystique également présente chez Walter Benjamin. Ce dernier jouait aussi en cherchant « l'instant pur que l'on peut éprouver lorsque l'on perd de l'argent. C'est l'excitation à son comble. L'amour du jeu n'est pas dans le désir de gagner, mais dans le goût de perdre. La vraie excitation est là, dans la perte. La femme de Gershom Scholem s'était insurgée contre son mari qui envoyait de l'argent à Benjamin à Nice pour qu'il puisse manger et qui le claquait au jeu, alors qu'ils n'avaient à Jérusalem que très peu d'argent. L'important est alors que le temps s'arrête, que les ouvriers tirent sur les horloges. La vraie révolution est là, lorsque le temps s'arrête. Le révolutionnaire fait en sorte que le train s'arrête en tirant sur l'alarme. C'est ce que j'ai perçu chez Castoriadis, ce goût pour le surgissement, c'est une approche mystique du temps [24] ».

Dans ces années d'après guerre, la Grèce, la mer, ses îles, la chaleur et le bleu de la Méditerranée manquent à Castoriadis, qui passe des vacances avec Rilka en Corse pour retrouver un peu de sa terre natale. Comme son père, Castoriadis est un homme à femmes, « un coureur de fond », selon l'expression de Rilka. En Corse, pendant que celle-ci apprend sans succès la natation, lui s'occupe de sa maîtresse. Pour se consoler, elle prend pour amant un jeune et beau garçon de vingt-trois ans, d'une riche famille juive du Faubourg Saint-Honoré, Michel Weitz, dont le père vient de mourir et qu'elle sauve de ses intentions suicidaires. En 1997, en réponse à l'envoi du cinquième volume des *Carrefours du labyrinthe*, Rilka Walter se souvient avec quelque nostalgie du temps de sa jeunesse passée avec Castoriadis : « Mon cher

___

23. *Ibid.*
24. Heinz Wismann, entretien avec l'auteur.

Corneille, Merci beaucoup pour ton livre dont j'ai lu l'introduction avec énormément d'intérêt car le moins que l'on puisse en dire c'est que tu as fait montre d'une grande honnêteté, ce qui pourrait paraître banal si ce n'était devenu en matière d'écrit une *rareté*. Là où la plupart des "penseurs" font semblant de penser ! [...] J'ai relu les textes rédigés entre août 1946 et mars 1949 comme on feuillette un album de photos ! Ça m'a fait un effet extraordinaire parce que je n'y perçois plus les thèses et les idées, mais je revois des cafés et des jours précis (je revois même les vêtements ! grâce au fait aussi qu'il n'y en avait pas des quantités !), la chambre d'hôtel aux Tuileries avec la machine portative de Ria Stone, Moreno partant pour Buenos Aires du restaurant du boulevard Pasteur, Magnin et Guillaume permanents au Théâtre avec moi, chez Naudin, le poêle de Descartes et celui de la rue Falguière et le reste de robe de chambre verte que tu avais en arrivant d'Athènes ; les Philip Morris et les Lucky Strike, le congrès en face de l'église de Saint-Germain. Sans parler de Raoul et des pommes de terre sautées à la margarine avec Fabre. [...] Quant au texte "Contre la défense de l'URSS", alors ça c'est un véritable western qui se déroule entre le théâtre – je me souviens même de la place où les copains étaient assis – et la rue Falguière. À cette époque-là tu répétais tout le temps : "Quelle histoire !" [25]. » Avec ses maigres ressources, Castoriadis parvient à acheter un petit appartement rue du Cherche-Midi, qui a encore à l'époque un côté « populaire ». Il accède ainsi à un certain confort, avec une grande pièce, une chambre-bureau et une chambre pour Sparta, une salle à manger et une grande salle de bains, le tout situé au deuxième étage. Ayant cependant le plus grand mal à faire face aux dépenses alimentaires de base, il doit réitérer sa demande de bourse jusqu'à son engagement à l'OECE (actuelle OCDE) en novembre 1948, comme économiste, grâce à la recommandation de son camarade de « SouB », Philippe Guillaume (de son vrai nom, Cyril Rousseau de Beauplan), qui y travaille déjà.

Castoriadis consacre une bonne part de son temps parisien à militer, nous y reviendrons, mais contrairement à ce qu'une légende voudrait laisser croire, il est dès cette période plongé dans des recherches philosophiques, ce qu'atteste son rapport de boursier de 1947. Il suit les cours de philosophie et de sociologie à la faculté de lettres de Paris, de René Poirier, Gaston Bachelard, Henri Bréhier, Henri Gouhier, Jean Wahl, Gustave Guillaume, Albert Bayet et

---

25. Rilka Walter, lettre à Castoriadis, archives IMEC, 1er avril 1997.

Georges Davy. Pris de passion pour la logique et l'épistémologie, Castoriadis se porte volontaire pour faire un exposé sur « Logique et Histoire » dans le cours du logicien René Poirier et lui soumet un projet de thèse que ce dernier accepte, sous le titre provisoire de « Vers une logique axiomatique. Introduction philosophique ». Il dépose ce projet de doctorat, mais sa curiosité le pousse déjà vers un savoir encyclopédique, sans limites. Il participe activement à des groupes de travail sur la sociologie allemande et à un groupe d'étude sur la philosophie pratique de Karl Jaspers : « Ma préoccupation principale a été la préparation et la composition de mes thèses pour le doctorat d'État (thèse principale : "Introduction à la logique axiomatique", thèse complémentaire : "Introduction à la théorie des sciences sociales") [26]. »

Castoriadis se donne tout de suite des projets prométhéens et demande à son directeur de thèse de ne pas sourire lorsqu'il lui soumet l'idée de réaliser, en toute simplicité, la synthèse « entre la logique philosophique et la logique mathématique [27] ». Il entend démontrer que la logique est axiomatique ou n'est pas, et il distingue cette logique pure de la logique à l'œuvre dans l'histoire, qui relève d'une phénoménologie selon les principes de Husserl. Dès ses premières esquisses, Castoriadis s'appuie sur Kant et les néokantiens pour établir une distinction entre connaissance de fait et connaissance de valeur, écartant toute réduction psychologisante, mais récusant en même temps l'absolutisation de cette coupure qui aboutit selon lui à une aporie : « Il n'existe pas, selon cette conception, de pont entre l'idéal et le réel [28]. » La connaissance historique ne peut relever de la déductibilité dans la mesure où elle comporte une pluralité de facteurs. Castoriadis situe son projet dans la lignée de ce qui a été initié par Kant avec la *Critique de la raison pure* et de la théorie des ensembles de Cantor.

Après les deux étapes du criticisme avec Kant, puis du panlogicisme avec Hegel, son ambition est de démontrer que la logique peut échapper à son état préscientifique grâce à l'apport de la logistique et de la théorie des ensembles. Avancer un tel projet présuppose une distance critique vis-à-vis de la logique hégélienne, qui se présente

---

26. Castoriadis, « Rapport sur les études du boursier C. Castoriadis », archives Castoriadis, 19 octobre 1947.

27. Castoriadis, lettre à René Poirier, entre 1946 et 1948 ; repris dans Cornelius CASTORIADIS, *Histoire et création. Textes philosophiques inédits (1945-1967)*, réunis, présentés et annotés par Nicolas Poirier, Le Seuil, Paris, 2000, p. 25.

28. Cornelius CASTORIADIS, « Sur la relativité de la logique », manuscrit, entre 1946 et 1948 ; repris dans *ibid.*, p. 34.

comme un savoir absolu. Castoriadis s'emploie dans ses textes préparatoires à une critique de l'hégélianisme qu'il qualifie d'immanente,
car de l'intérieur de la dialectique hégélienne, dont il s'éloignera plus
tard. Il oppose au système hégélien l'effectuation historique elle-
même, que Hegel a cru pouvoir enfermer dans le savoir absolu : « La
continuation de l'histoire depuis 1830 est la seule réfutation de l'hégélianisme : la suprême et la seule, parce qu'elle est la réfutation de
l'hégélianisme par lui-même, ou mieux par l'histoire qu'il a voulu
absorber et qui se révolte contre lui [29]. » Faudrait-il conclure de cette
critique un nécessaire retour à Kant ? Ce n'est pas le chemin emprunté
par Castoriadis, qui considère légitime l'ambition de Hegel de
dépasser le criticisme kantien dont les insuffisances tiennent, selon lui,
à son anthropologisme et à son mélange entre le niveau subjectif et
objectif de l'entendement.

Ce projet de dépassement est motivé, à la manière du Husserl de la
Krisis, par le fort sentiment de crise que ressent Castoriadis dans les
relations contemporaines entre sciences et philosophie, cette dernière ne
tenant pas assez compte des avancées scientifiques ou se contentant,
dans le meilleur des cas, de les enregistrer. Du côté des sciences positives,
la situation est encore pire car elles cultivent « le mépris systématique,
l'ignorance voulue de l'acquis philosophique [30] ». Par ailleurs, Castoriadis s'intéresse précocement, bien avant sa remise en question du
marxisme, à la psychanalyse. En 1945, il conçoit que la relation entre
marxisme et freudisme est nécessaire pour dépasser l'opposition
communément admise entre logiques individuelles et logiques
collectives.

À partir du moment où Castoriadis commence à travailler comme
fonctionnaire international à l'OCDE, il ne manque plus d'argent, ce
qui ne veut pas dire que sa famille en bénéficie. La plus grande part
de ses ressources est en effet destinée à faire vivre la revue créée avec
Lefort en 1949, *Socialisme ou Barbarie.* Cependant, au grand étonnement de ses camarades, il s'offre une grosse voiture américaine, une
Pontiac, achetée d'occasion à l'OCDE, bénéficiant par sa fonction de
bons d'essence gratuits. L'heure est à la croyance en l'imminence de
la révolution, celle-ci devant être la source de tous les sacrifices et la

29. Cornelius CASTORIADIS, « Quelques remarques critiques sur la logique hégélienne » ;
repris dans *ibid.,* p. 55.

30. Cornelius CASTORIADIS, « La crise de la science contemporaine » (1946-1948) ; repris
dans *ibid.,* p. 85.

préoccupation de tous les instants. C'en est au point où Castoriadis entre dans une rage folle lorsque Rilka renonce par lassitude à traduire des textes allemands sur le prolétariat et préfère consacrer ce temps gagné pour aller acheter des vêtements dans les surplus américains, y découper des morceaux, et faire des manteaux pour ses filles. Pour le militant révolutionnaire qu'il est, les soins et l'éducation de sa fille Sparta ont tendance à passer au second plan.

Très tôt pourtant, Sparta manifeste son existence : « À l'âge de deux mois j'étais un bébé très revendicatif, cela m'a sauvé de la psychose. Je hurlais tout le temps et mon père n'a pas pu le supporter[31]. » Dans le réduit de leur petit appartement, la vie commune devient de plus en plus difficile et Castoriadis supporte de plus en plus mal ces cris. Les deux filles, Sparta et sa demi-sœur Dominique, sont envoyées en nourrice : Sparta ne vivra pas vraiment avec ses parents avant l'âge de sept ans. Pendant plus de trois ans, elles passent d'une famille nourricière à une autre jusqu'à ce qu'on décide de les séparer. Sparta est alors envoyée dans un home d'enfants dans les Alpes, où cela se passe très mal, avant de trouver enfin un équilibre dans un second home où elle reste jusqu'à ses sept ans. Elle est alors accueillie par sa mère Rilka avec sa demi-sœur, revenue de chez sa nourrice de Gisors. À cette date, en 1954, Rilka ne vit plus avec Castoriadis, mais avec un jeune peintre abstrait, juif originaire de Constantinople, Albert Bitran, dans un petit deux pièces situé dans le square Gabriel Fauré dans le XVIIe arrondissement. Vivre à quatre et sans moyens étant un pari difficile, Castoriadis vient chercher sa fille pour l'installer chez lui, dans son appartement de la rue du Cherche-Midi : « Mon père est quelqu'un qui ne peut absolument pas vivre seul en général, et sans femme en particulier[32]. »

Sparta va alors vivre le défilé de ses maîtresses. Lorsqu'elle arrive rue du Cherche-Midi, il s'agit d'une certaine Mireille, après une relation interrompue avec Marie-Pierre Nora, la première épouse de Simon Nora. Castoriadis courant d'une réunion politique à l'autre en plus de son activité professionnelle à l'OCDE, c'est surtout la bonne qui s'occupe de Sparta, une bonne portugaise qui dort dans le salon, avant d'avoir sa chambre dans l'immeuble. Sparta cohabite ainsi avec les compagnes de son père, dont une poétesse grecque, Hadji Lazaru, dite Maxi, de dix ans plus âgée que Castoriadis, avec lequel elle restera

---

31. Sparta Castoriadis, entretien avec l'auteur.
32. *Ibid.*

trois ans, après avoir été la compagne du neveu de Picasso, Javier Vilato. Sparta partage ses repas du midi avec son père, qui revient exprès du bureau de l'OCDE. Les soirées sont consacrées aux camarades et à la tenue des réunions politiques à la maison. Sparta passe le week-end chez sa mère avec Dominique, qui vient la rejoindre chez son père le mercredi soir, la veille du jour de congé scolaire. En ces occasions, Castoriadis joue les pédagogues, interrogeant les filles sur leur travail scolaire et multipliant les digressions sur l'histoire grecque, romaine, sur l'URSS, répondant aux questions incessantes de sa fille Sparta, à la curiosité insatiable : « Comme l'a écrit Edgar Morin, mon père est l'homme le plus complexe qu'il ait rencontré et cela le résume très bien. Il était d'une patience incroyable avec moi qui était particulièrement agitée, et pourtant c'était quelqu'un de très nerveux[33]. » Castoriadis sait être à l'écoute de sa fille mais peut aussi s'emporter et se laisser aller à d'énormes colères. Alors que Sparta n'est encore qu'en CM2, ulcéré par une nouvelle explosion colérique de sa fille, il s'en prend à ses cahiers de classe qu'il déchire un à un. Sinon, leur vie est très ritualisée. À cette époque, le schéma des soirées est intangible. Après son retour du bureau de l'OCDE vers 19 heures, il se met au piano pendant une heure et demie, puis il s'enquiert au cours du dîner des activités scolaires de sa fille. À 21 heures, chacun se retire, et Castoriadis s'enferme dans sa chambre-bureau où il se met au travail. S'il est peu disponible pour la vie familiale, il ne manque jamais les anniversaires qui ont pour lui un caractère sacral. Même séparé de son ancienne compagne Rilka, il le lui souhaitera chaque année.

La scolarité de Sparta est plus que chaotique, à l'image de la vie peu rassurante qu'elle mène par ailleurs et des responsabilités qui lui incombent et qui ne sont pas de son âge. Après une année de seconde désastreuse au lycée de Pontoise, elle revient à Paris, où aucun établissement n'accepte de l'inscrire au vu de ses bulletins scolaires. Son père réussit néanmoins à la faire entrer au collège Sévigné, où elle manque de se faire exclure avant de décrocher la première partie de son baccalauréat en première : « J'ai retrouvé une lettre de mon père suppliant la directrice du collège de Sévigné de me garder au moins jusqu'aux épreuves du baccalauréat[34]. » Elle redouble sa première, passe en terminale en sciences expérimentales et échoue à la session de juin pour

---

33. *Ibid.*
34. *Ibid.*

ne décrocher le bac qu'au rattrapage de septembre. Pendant ces années de lycée, la fille de Castoriadis est confrontée à la rude tâche d'assurer le rôle de maîtresse de maison, épaulée par Pamela, une femme de ménage anglaise qualifiée de perle par Castoriadis, à laquelle succédera une Allemande, Erika, qui aura pour particularité de très bien jouer du piano.

Pendant toute l'adolescence de Sparta, son père consacre l'essentiel de son temps à *Socialisme ou Barbarie*, tout en jouissant du statut de fonctionnaire international grâce à son poste à l'OCDE. Grec avant tout dans cet exil conçu comme sans retour, Castoriadis entend assumer ses tâches d'intellectuel : « Un vrai intellectuel pour les Grecs depuis Aristote, c'est un intellectuel tous azimuts[35] », et Castoriadis, qui se donne pour ambition de ne pas limiter l'ordre du pensable, a fait totalement sien ce costume grec. Pétri de culture française depuis l'enfance, il n'adoptera que beaucoup plus tard, au début des années 1970, la nationalité française, mais s'accordera volontiers avec les lieux communs qui circulent sur les Grecs dans sa manière d'affectionner un rapport solitaire avec la nature comme avec la pensée, tout en cultivant une sociabilité particulièrement passionnée avec les autres. Son attachement à une posture critique tient aussi, entre autres, à son identité grecque.

---

35. Elie Theoflakis, entretien avec l'auteur.

3

Naissance de Socialisme ou Barbarie

Lorsque Castoriadis arrive à Paris, il a bien l'intention de poursuivre le combat trotskiste sous la bannière de l'internationalisme. Il adhère donc logiquement à la section française de la IVᵉ Internationale, le PCI. En cet immédiat après-guerre, alors que le PCF est fort d'une popularité acquise dans et par la Résistance et se réclame d'une Union soviétique ayant joué un rôle déterminant dans l'échec du nazisme, le courant trotskiste ne rassemble qu'une petite poignée de fidèles autour de quelques compagnons d'armes, comme Pierre Frank. Comme le dit la légende, avec trois trotskistes, on construit déjà deux tendances. Ce courant cumule donc son isolement sur la scène politique et une réalité organisationnelle particulièrement fragmentée. En 1944, trois de ces groupuscules se réunissent pour former, dans le climat porteur de la Libération, une seule organisation, le PCI : le Parti communiste internationaliste (PCI), dans lequel on retrouve, entre autres, David Rousset, Yvan Craipeau, Louis Rigal, Marcel Hic ; le Comité communiste internationaliste (CCI), dont la direction est assurée par Pierre Lambert et qui donnera plus tard le courant lambertiste ; et enfin le petit Groupe Octobre emmené par Henri Claude.

Sous la conduite de leur nouveau secrétaire général, Marcel Bleibtreu, le PCI et son organe, *La Vérité*, s'engagent dans une ligne politique qui entend sortir le trotskisme du sectarisme et s'ouvrir à une plus large audience. Aux élections de 1946, le PCI présente des candidats dans une vingtaine de circonscriptions et réalise en certains cas des scores modestes mais qui vont quand même de 1 % à 5,5 %. Les

Jeunesses socialistes subissent même fortement leur pouvoir d'attraction et sont alors considérées comme un possible ancrage du trotskisme dans les masses : « Leur hebdomadaire, *Le Drapeau rouge* reprend [alors] les mots d'ordre de *La Vérité*[1]. » Les grandes grèves de l'automne 1947 offrent aux militants trotskistes un climat favorable aux ambitions révolutionnaires et le PCI, qui joue un rôle non négligeable dans le bastion ouvrier de Renault, compte alors jusqu'à 700 adhérents[2].

À ce moment, la direction du PCI est accusée de droitisation par une série d'opposants qui contestent sa ligne. Parmi eux se trouvent justement Castoriadis (sous le pseudonyme de Chaulieu) et son camarade Claude Lefort (sous le pseudonyme de Montal), qui mettent en cause la qualification de l'URSS comme État ouvrier dégénéré, car pour eux l'État soviétique ne peut en aucun cas être qualifié d'État ouvrier. En 1942, Claude Lefort, qui a alors dix-huit ans, noue ses premiers contacts avec le courant trotskiste à l'occasion d'une rencontre avec un dirigeant du CCI (Courant communiste internationaliste) : « J'étais en 1941-1942 dans la classe de Merleau-Ponty au lycée Carnot. Il savait établir des rapports personnels avec certains de ses élèves. Un jour, à la fin de l'année scolaire, il me demanda si je m'intéressais à la politique, puis, plus précisément, ce que je pensais du PC. Étonné par mes réponses, il me demanda encore si je connaissais Trotski. Je lui répondis que non et il fit cette remarque que je ne devais pas, bien sûr, oublier : "Il me semble que si vous le connaissiez, vous seriez trotskiste"[3]. » Dès 1943, Claude Lefort monte un petit groupe trotskiste dans les classes de khâgne du lycée Henri IV. Sa rencontre avec Castoriadis au PCI en 1946 est décisive : « Je l'entendis pour la première fois dans une conférence interne, destinée à la préparation du 3e Congrès (si ma mémoire est bonne : le sujet était l'URSS). Son analyse me subjugua. J'étais peut-être gagné d'avance à ses conclusions, mais je ne me les étais jamais formulées et j'aurais été incapable de leur donner le fondement économique qu'il

---

1. Yvan CRAIPEAU, *Le Mouvement trotskiste en France*, Syros, Paris, 1971, p. 201.

2. Chiffre avancé par Castoriadis, dans Cornelius CASTORIADIS, « Pourquoi je ne suis plus marxiste », entretien réalisé par l'équipe de l'Agence de Presse Libération (APL), le 26 janvier 1974, publié comme supplément du *Bulletin hebdomadaire* de l'Agence ; repris dans Cornelius CASTORIADIS, *Une société à la dérive*, Le Seuil, « Points », Paris, 2011, p. 38.

3. Claude LEFORT, entretien, *L'Anti-Mythe*, n° 14, 19 avril 1975 ; repris dans Claude LEFORT, *Le Temps présent*, Belin, Paris, 2007, p. 223-260.

apportait. L'argumentation de Castoriadis me parut digne du meilleur Marx[4]. »

À partir d'août 1946, Lefort et Castoriadis constituent une tendance à l'intérieur du PCI avec quelques dizaines de camarades. Ils dénoncent la contradiction logique dans laquelle s'enferme la direction du PCI, qui dénonce quotidiennement et avec virulence la stratégie du PCF comme l'expression de la trahison des intérêts des ouvriers et de sa subordination à la bureaucratie soviétique, alors qu'elle en appelle en même temps à un gouvernement PC/SFIO. Cette tendance fait valoir que l'Union soviétique a donné naissance à une nouvelle classe parasitaire qui occupe un pouvoir devenu totalitaire, et qui ne peut justifier en aucune manière la fameuse règle sacrée de la « défense de l'URSS ». La première expression de cette tendance a lieu dans un bulletin intérieur du PCI paru en août 1946, affirmant déjà le caractère totalitaire du régime soviétique : « Quant au régime politique, son caractère totalitaire a été tant de fois décrit, qu'il est superflu d'insister là-dessus. Il faut simplement mentionner que ce régime, à côté de la dictature policière, comporte une emprise idéologique sur les masses[5]. » La société soviétique est analysée comme ne relevant ni du capitalisme ni du socialisme, mais d'une forme historiquement nouvelle dont la singularité aura été de générer une classe dominante qui s'est accaparé tous les pouvoirs et dont les intérêts sont à l'opposé de ceux du prolétariat. L'impératif révolutionnaire est donc devenu de renverser cette classe bureaucratique. De cette caractérisation découle le rejet radical de l'URSS : « C'est ce qui dicte aujourd'hui impérieusement l'abandon du mot d'ordre de la "défense de l'URSS"[6]. » Une autre tendance, animée par Marcel Pennetier, va encore plus loin en qualifiant le régime soviétique de « capitalisme d'État » : « Or ça c'est pire que l'hérésie : l'apostasie ! Comme l'avait prévu Marcel Bleibtreu, le débat provoque une explosion chez les droitiers. Laurent Schwartz continue de saluer Staline comme le génie de la guerre, Craipeau hésite encore à renier son trotskisme fondamental, Castoriadis et Lefort sont isolés, Pennetier mis à l'écart, tandis que les bolcheviks purs et durs serrent les rangs, en gardiens du temple[7]. » Comme Trotski, le courant dominant du PCI

---

4. *Ibid.*

5. « Sur le régime et contre la défense de l'URSS », *Bulletin intérieur du PCI*, n° 31, août 1946 ; repris dans Cornelius CASTORIADIS, *La Société bureaucratique*, Christian Bourgois, Paris, 1990, p. 60.

6. *Ibid.*, p. 62.

7. Christophe NICK, *Les Trotskistes*, Fayard, Paris, 2002, p. 343.

continue de considérer que l'URSS est un État bureaucratiquement dégénéré, mais qu'il est aussi la résultante de la révolution d'Octobre qui a jeté les bases d'un mode de production socialiste et d'un pouvoir ouvrier. Selon ce schéma, seule la superstructure politique est à transformer radicalement, car pour ce qui est de l'infrastructure, un progrès décisif a été accompli par rapport au capitalisme. Il résulte de cette analyse que tous les militants communistes dans le monde doivent se porter garants de l'existence et de la défense de ce pays ouvrier.

Au cours de l'année 1947, la tendance Chaulieu/Montal radicalise ses positions critiques à l'intérieur du PCI dans le cadre des discussions qui accompagnent la préparation du IIe Congrès de la IVe Internationale. Elle stigmatise la ligne officielle qui est devenue un dogme intangible sourd et aveugle aux changements en cours. Contre les dirigeants de l'Internationale, la tendance se réclame de son père fondateur, Trotski, qui ne s'appuie pas sur une conception linéaire de l'histoire en postulant le caractère inéluctable de l'avènement du socialisme : « Le dilemme posé par Trotski : "Socialisme ou barbarie ?" reconnaît explicitement que le socialisme n'est ni fatal ni inéluctable, qu'il est simplement possible[8]. » Selon la tendance, l'URSS n'est plus un État ouvrier dégénéré car le processus analysé par Trotski s'est poursuivi jusqu'à en faire une société bureaucratique de la base au sommet, de ses soubassements économiques à ses strates politiques, donnant lieu à l'émergence d'une nouvelle classe dominante forte d'une stratégie spécifique de défense de ses intérêts de classe. La tendance affirme : « Le caractère de classe de la bureaucratie découle de son rôle spécifique dans l'économie[9]. » Durant l'été 1947, elle revient sur la question en interpellant la direction sur les révisions radicales qu'une telle analyse implique : « La IVe Internationale ne saurait se construire aujourd'hui sans faire une autocritique sérieuse de ses perspectives passées. [...] En tout premier lieu nous nous sommes mépris sur la nature, le rôle et le poids du stalinisme[10]. » Assassiné en 1940, Trotski n'a pu connaître les effets du second conflit mondial, qui a considérablement amplifié la puissance stalinienne dans le monde. Il est temps de comprendre, selon Lefort et

---

8. « Le problème de l'URSS et la possibilité d'une troisième solution historique », février 1947 ; repris dans Cornelius CASTORIADIS, *La Société bureaucratique, op. cit.*, p. 66.

9. *Ibid.*, p. 74.

10. *Bulletin intérieur du PCI*, n° 41, août 1947 ; repris dans Cornelius CASTORIADIS, *La Société bureaucratique, op. cit.*, p. 78.

Castoriadis, que la bureaucratie soviétique est une classe exploiteuse devenue le fossoyeur des espérances révolutionnaires à l'échelle mondiale. Opposant implicitement Marx aux analyses des dirigeants trotskistes, la tendance considère que la question majeure est de savoir qui détient les moyens de production ; la réponse est qu'ils sont entre les mains d'une nouvelle classe de dirigeants, la bureaucratie.

L'autre singularité de la tendance Chaulieu/Montal est d'étayer son analyse par des informations statistiques sur la situation économique et ses soubresauts, ses crises liées à la modernisation accélérée ainsi qu'à un nouveau partage des richesses à l'échelle mondiale à la suite de la guerre. Contrairement à la direction du PCI, la tendance n'analyse pas la situation de crise économique que traverse la France en 1947 comme le résultat de quelque ralentissement conjoncturel. Elle ne relèverait pas non plus d'une classique crise de surproduction, mais d'une dislocation de l'unité de l'économie mondiale marquée par la conquête d'une position hégémonique de l'économie américaine : « Quels sont les moteurs de la crise ? Le moteur principal est le déclin de l'Europe, accéléré terriblement par la guerre, et la montée en flèche des États-Unis [11]. » Le diagnostic économique est plus en phase avec la nouvelle donne internationale que celui de la direction du PCI, même si les schémas classiques du trotskisme sont encore largement utilisés dans l'analyse livrée par la tendance. Ainsi, par exemple, considère-t-elle le Plan Marshall comme irréalisable car il ne pourra manquer de se briser sur l'impossibilité de juguler la crise des ciseaux qui voit les prix des produits primaires monter plus vite que ceux des produits manufacturés. Sur le front de l'Est, la tendance met en garde la direction du PCI contre la croyance ingénue d'un écroulement rapide de l'économie soviétique minée par ses contradictions. Tout au contraire, elle fait le diagnostic d'une stabilisation de ce système grâce à « son caractère totalitaire [12] ».

La conséquence que tirent Chaulieu et Montal de ces mutations internationales est l'imminence d'une troisième guerre mondiale si une révolution n'éclate pas à court terme. Ils s'opposent autant à la majorité du PCI, qualifiée de droitière et accusée de s'adapter au stalinisme en

---

11. Pierre CHAULIEU, « La crise du capitalisme mondial et l'intervention du parti dans les luttes » (projet de rapport pour le IVᵉ congrès du Parti communiste internationaliste), *Bulletin intérieur du PCI*, octobre 1947 ; repris dans Cornelius CASTORIADIS, *Capitalisme moderne et révolution*. t. I, *L'impérialisme et la guerre*, 10/18, Paris, 1979, p. 26-27.

12. *Ibid.*, p. 37.

cherchant simplement à en « gauchir » l'orientation, qu'à la minorité représentée par Pierre Frank, avec sa stratégie de débordement des appareils du PCF et de la CGT par les masses. Aux yeux de Castoriadis et Lefort, ce dernier confond le PC avec un parti simplement réformiste, passant à côté de la nature du stalinisme comme greffe extérieure au mouvement ouvrier : « Le PC est-il encore un parti ouvrier ? Nous répondons : si par parti ouvrier vous entendez un parti composé en majorité par des ouvriers et que ceux-ci considèrent comme tel, alors incontestablement le PC est un parti ouvrier. Mais la question posée de cette manière n'a qu'une valeur scolastique [13]. » Ce qui fonde l'espérance de la tendance est l'émergence des comités de lutte qui se sont multipliés à la faveur des grèves de l'automne 1947. Ces organisations spontanées dont se dotent les ouvriers apparaissent comme une virtuelle avant-garde capable de devenir un pôle de regroupement des forces révolutionnaires en un nouveau parti.

À la fin de l'année 1947, la direction du PCI est renversée par la coalition des oppositions, et nombre d'entre elles se retrouveront dans les rangs du RDR (Rassemblement démocratique révolutionnaire) autour de David Rousset, Georges Altman et Jean-Paul Sartre. Frank et Lambert sont appelés à prendre la tête du PCI, mais la tendance Castoriadis/Lefort reste dans l'opposition et décide, durant l'été 1948, de quitter le parti. La rupture est motivée par la réaction du PCI à l'opposition entre le dirigeant de la Yougoslavie, Tito, et le Kominform : « Les trotskistes se sont mis à crier : vive Tito, vive la révolution yougoslave, et à écrire au PC yougoslave pour lui proposer le Front unique (*sic*). [...] L'absurdité de ces raisonnements est telle que l'on ne sait par quel bout les prendre [14]. » Il ne peut être question pour Castoriadis et Lefort de prendre parti pour une bureaucratie contre une autre : « Cette fonction objective de la "IVe Internationale" comme instrument supplémentaire de la mystification des masses est apparue dans toute la clarté possible lorsque a éclaté l'affaire Tito. [...] Cette ligne voulait se justifier par une série de mensonges, plus cyniques les uns que les autres, et par l'idéalisation honteuse du régime d'exploitation que Tito et sa clique bureaucratique imposent aux ouvriers et paysans yougoslaves [15]. »

---

13. *Ibid.*, p. 77-78.
14. Castoriadis, entretien APL, déjà cité, p. 39.
15. « Lettre ouverte aux militants du PCI et de la IVe Internationale », *Socialisme ou Barbarie*, n° 1, mars 1949 ; repris dans Cornelius CASTORIADIS, *La Société bureaucratique, op. cit.*, p. 154.

L'enthousiasme des dirigeants du PCI pour Tito a été pour Castoriadis et ses compagnons la preuve même de l'aveuglement du trotskisme.

Claude Lefort enseignant en province, à Nîmes, Castoriadis lui écrit pour avoir son avis sur cette question dans le cadre de la préparation des assemblées à venir du PCI : « Nous discuterons sur les événements yougoslaves. Je voudrais beaucoup connaître ton idée sur ce dernier point. Imagine-toi que les trotskistes sont assez cons pour hurler que l'idée de l'assimilation structurelle est démolie ! Je crois qu'il nous faudra prendre très agressivement l'initiative des opérations sur ce terrain, montrer que les événements sont absolument incompréhensibles sur la base de leurs schémas […], que la compréhension de la crise présuppose la compréhension de l'élimination aussi bien de la bourgeoisie que du prolétariat de la scène politique yougoslave qui permet aux bureaucrates de régler entre eux leurs affaires […], que la crise est une crise entre vassal et suzerain, pour ainsi dire, le premier luttant pour l'extension du fief, pour plus de droits dans les limites de son fief […] [16]. »

Dès avant la création de *Socialisme ou Barbarie*, Castoriadis est déjà très critique vis-à-vis de la *doxa* qui prévaut au PCI et ses questionnements visent non seulement la question de la défense de l'URSS, mais les soubassements marxistes de cette position. C'est ce qu'il explique à l'un de ses premiers compagnons d'armes, Cyril Rousseau de Beauplan, membre du PCI et qui prendra le pseudonyme de Philippe Guillaume : « Dans les réunions trotskistes, on entend toujours les mêmes dogmatismes. […] Par le terme "exploitation", les trotskistes entendent certainement l'exploitation économique. Mais si l'indivisible n'a pas le sens que nous venons de lui donner (indivisibilité des conditions objectives de l'abolition de l'exploitation), comment peut-on justifier la distinction entre l'exploitation économique et les autres formes d'injustice sociale [17] ? » Pour la tendance qui se constitue autour de Chaulieu et Montal, l'URSS incarne un régime d'exploitation et tout le mouvement communiste international se trouve donc dans le camp de l'adversaire, incarnant la possibilité d'une domination bureaucratique à caractère totalitaire.

Une autre conception spécifique de la tendance Chaulieu/Montal est de considérer que la concentration des forces productives dans le monde est source d'une guerre inévitable entre les deux blocs qui se

---

16. Castoriadis, lettre à Claude Lefort, archives Castoriadis, 30 juin 1948.
17. Castoriadis, lettre à Philippe Guillaume, archives IMEC, 17 mars 1947.

disputent la position hégémonique. Au terme de la confrontation, le vainqueur absorbera le vaincu pour assurer le règne de la barbarie : « Le rapport entre les deux systèmes s'exprimera sous la forme la plus directe et la plus immédiate de la comparaison de la productivité du travail, c'est-à-dire sous la forme de la guerre [18]. » La tendance entend transformer cette confrontation en situation révolutionnaire. Elle se fait le chantre d'une prophétie catastrophiste selon laquelle la guerre froide, qui débute dans cette fin des années 1940, ne peut avoir pour issue qu'une guerre chaude, une nouvelle déflagration planétaire, une troisième guerre mondiale. En outre, la tendance porte ses critiques sur la stratégie d'intervention en France suivie par le PCI. Chaulieu (Castoriadis) s'en prend au « schématisme » de la tendance Frank, et à sa mythologie de la radicalisation permanente aveugle aux évolutions en cours. La spécificité de la France tient à l'importance de l'implantation stalinienne. Or le PCF ne joue pas vraiment un rôle de frein, comme le pense la direction trotskiste, mais un rôle contre-révolutionnaire. Dans l'après-guerre, le PCF n'a pas, pour des raisons géopolitiques évidentes tenant au fait qu'il se situe dans la zone occidentale, les moyens de jouer un rôle autonome. S'il avait eu cette possibilité, « cette situation n'aurait pu évoluer, dans le cas le plus "favorable", que vers une dictature stalinienne, telle qu'on l'a vue dans les pays du glacis [19] ».

La tendance Chaulieu/Montal entend radicaliser son opposition au PCF en dénonçant plus ouvertement son lien organique avec le système bureaucratique international instauré par le Kremlin, qui selon elle se trouve à l'origine de sa trahison de classe : « La IIe Internationale trahissait à cause de sa liaison sociale définitive avec le capitalisme. La IIIe à cause de sa liaison avec la classe bureaucratique en URSS et avec les embryons de cette classe dans les autres pays [20]. » Il convient donc de pratiquer une politique de démystification systématique pour faire apparaître l'irréductibilité des intérêts des travailleurs par rapport à ceux de la bureaucratie, surtout lorsque cette dernière prétend incarner la parole ouvrière. Le lien organique entre le PCF et l'URSS fait de la question soviétique un problème français. Au lieu de

---

18. « Lettre ouverte aux militants du PCI et de la IVe Internationale », *loc. cit.* ; repris dans Cornelius CASTORIADIS, *La Société bureaucratique, op. cit.*, p. 92-93.

19. Pierre CHAULIEU, « La situation française et la politique du PCI », texte rédigé en avril 1947, publié dans le *Bulletin Intérieur du PCI*, n° 42, octobre 1947 ; repris dans Cornelius CASTORIADIS, *La Société française*, 10/18, Paris, 1979, p. 17.

20. *Ibid.*, p. 33.

pousser le PCF à prendre la direction des mouvements sociaux pour ensuite espérer déborder son appareil, il faut creuser la brèche entre les ouvriers et le PCF en dénonçant avec vigueur la nature du régime soviétique, alors que Frank et sa tendance réclament un gouvernement PC-PS-CGT.

Au printemps 1948, Castoriadis rédige un rapport politique dans le cadre de la préparation du Ve Congrès du PCI, prévu pour l'automne de la même année[21]. Au cœur de cette contribution, il affirme la nécessité impérieuse de doter le parti d'une doctrine ferme, étayée et scientifique. La direction du PCI y est dénoncée comme « centriste-bureaucratique » et, pour la première fois, l'alternative entre « socialisme ou barbarie » est posée de manière affirmative. Les deux blocs sont considérés comme incapables de stabiliser leurs zones d'influence respectives et cette incapacité les conduira à s'engager dans un affrontement bloc contre bloc. La gravité de la situation internationale rend encore plus urgente la construction d'un parti révolutionnaire clairvoyant. Une première divergence apparaît cependant entre ses deux leaders, mais elle est d'ordre purement tactique : Castoriadis préconise de rester au sein du PCI encore un moment pour « capitaliser » le travail effectué ; Lefort considère qu'il n'a plus rien à faire dans ce parti et le quitte effectivement, vite rejoint par son camarade.

La rupture intervient à l'occasion de la session du Comité central du PCI de janvier 1949. La tendance Chaulieu/Montal, qui représente suivant les votes entre trente et quarante militants, annonce son départ et son intention de publier sa propre revue, *Socialisme ou Barbarie*. Le premier numéro paraît au printemps 1949 avec une « Lettre ouverte aux militants du PCI et de la IVe Internationale » affirmant clairement le caractère radical de cette rupture, qui ne s'inscrit pas dans la lignée des multiples scissions antérieures dont les trotskistes se sont fait une spécialité : « Nous avons le sentiment que pour la première fois se détache du trotskisme un groupe qui prend conscience de la mystification de celui-ci sur un plan total et qui se cristallise non pas sur une analyse de détail mais sur une conception d'ensemble de la société actuelle et de la dynamique historique[22]. » Dans sa

---

21. Ce texte va circuler sous le titre « Rapport politique pour le Ve Congrès, présenté par les camarades Chaulieu, Fabre, Marc, Marchesin, Mercier, Montal, Paget, Seurel, Tève », au printemps 1948.

22. « Lettre ouverte aux militants du PCI et de la IVe Internationale », *loc. cit.* ; repris dans Cornelius CASTORIADIS, *La Société bureaucratique, op. cit.*, p. 158.

« Présentation », le nouveau groupe rend publique sa rupture avec la *doxa* trotskiste. Il s'y réclame par ailleurs expressément d'une analyse marxiste : « Nous pensons que nous représentons la continuation vivante du marxisme dans le cadre de la société contemporaine[23]. »

La nouvelle revue *Socialisme ou Barbarie* se présente comme l'incarnation d'une ligne cohérente et non comme le réceptacle d'opinions. Son objectif premier est de sauver l'espérance socialiste de ce destin funeste qui a vu triompher un régime englobant désormais 400 millions d'habitants condamnés à la surexploitation et aux camps de concentration. Sortir de cette mystification en 1949, alors que l'URSS est au faîte de la gloire, n'est pas un message facile à faire passer, et présuppose de la part des créateurs de la revue une bonne dose de volontarisme. S'inscrivant dans la filiation du *Manifeste communiste* de Marx, qui date de 1848, *Socialisme ou Barbarie* entend pendre en compte la rupture historique essentielle depuis l'œuvre de Marx qu'est l'avènement de la bureaucratie au pouvoir comme substitut à une bourgeoisie traditionnelle en période de déclin du capitalisme. L'enjeu de 1949 est dramatisé par le courant Chaulieu/Montal, qui annonce la guerre imminente et estime que seul le prolétariat peut éviter qu'un des deux Molochs ne referme son emprise sur l'ensemble de l'humanité. Un premier déplacement essentiel par rapport aux analyses de Marx est opéré dès la naissance de cette revue et va servir de nouvelle grille de lecture de la société pour le courant Socialisme ou Barbarie. Il ne suffit plus de proclamer l'abolition de la propriété privée, qui permet au régime stalinien de se parer des atours du socialisme, il faut supprimer la distinction « fixe et stable entre dirigeants et exécutants dans la production et dans la vie sociale en général[24] ».

Le projet est ambitieux puisqu'il s'agit de refonder une organisation révolutionnaire en la dotant des armes de la critique qui sont alors essentiellement d'ordre théorique. Avec la publication, dès la deuxième livraison de la revue, d'un texte fleuve de soixante-six pages sur « Les rapports de production en Russie », Castoriadis joue un rôle majeur dans cette nouvelle aventure. Il y dénonce la mystification d'une Russie socialiste : « Identifier tacitement propriété et production, confondre volontairement la propriété étatique en tant que

---

23. « Présentation », *loc. cit.* ; repris dans Cornelius CASTORIADIS, *La Société bureaucratique*, *ibid.*, p. 107.
24. « Socialisme ou Barbarie », *Socialisme ou Barbarie*, n° 1, mars 1949 ; repris dans Cornelius CASTORIADIS, *La Société bureaucratique*, *ibid.*, p. 139.

telle avec le caractère "socialiste" des rapports de production n'est qu'une forme élaborée de crétinisme sociologique [25]. » On ne peut considérer sans plaisanter que les rapports de répartition ne sont pas socialistes, alors que les rapports de production le seraient. Cela relève d'un sophisme. Castoriadis s'appuie même sur Lénine pour considérer que l'étatisation peut devenir, lorsque le socialisme n'est pas réalisé, la forme la plus achevée de l'exploitation dans l'intérêt de la classe dominante : « Il y a une division de la société russe tout d'abord en deux catégories : ceux qui sont bureaucrates et ceux qui ne le sont pas et ne le deviendront jamais [26]. » D'un côté, la bureaucratie dispose des moyens de production, de l'autre, les ouvriers ne disposent de rien d'autre que de leur force de travail. En passant, Castoriadis égratigne celui qui défend alors le caractère socialiste du mode de production soviétique, l'économiste Charles Bettelheim, qui s'est fait le chantre des bienfaits de la planification socialiste soviétique, avant de se convertir au maoïsme.

Avec la question yougoslave, la rupture avec le trotskisme officiel atteint un point de non-retour et, dès 1950, la revue se consacre, encore sous la plume de Chaulieu, à une analyse sans complaisance du régime de Tito, dénoncé comme une simple variante du système bureaucratique. On est alors loin des louanges adressées par les militants trotskistes aux avancées démocratiques de l'autogestion yougoslave. Certes, la violence de la rupture entre l'URSS et la Yougoslavie a pu faire croire à l'émergence d'une autre voie. Le Kominform, et avec lui tous les partis communistes, accuse le titisme d'être une variante du fascisme conduite par une « bande d'espions, traîtres et assassins ». La bureaucratie yougoslave ainsi stigmatisée se trouve acculée à trouver une voie nationale spécifique pour sortir de l'isolement auquel Staline la condamne. Mais voir dans son orientation l'expression d'une volonté de se défaire du carcan bureaucratique relève pour Chaulieu d'une pure mystification.

Castoriadis retrace la manière dont Tito est parvenu au pouvoir à l'occasion de l'accord réalisé en 1944 avec le gouvernement royal de Londres représenté par Choubachitch, qui a conduit à un gouvernement d'union en 1945 : « Le compromis provisoire conclu avec la bourgeoisie royaliste par Tito est un modèle de tactique bureaucratique

---

25. Pierre CHAULIEU, « Les rapports de production en Russie », *Socialisme ou Barbarie*, n° 2, mai 1949 ; repris dans Cornelius CASTORIADIS, *La Société bureaucratique, ibid.*, p. 160.
26. *Ibid.*, p. 193.

d'accession au pouvoir[27]. » Sitôt parvenus à leurs fins, dans la pure tradition stalinienne, Tito et son parti ont liquidé tous les représentants des forces politiques traditionnelles, faisant place nette pour leur régime totalitaire. Depuis la rupture avec Moscou, l'épuration des cadres et les aveux et repentirs « spontanés » des adversaires du régime ne trompent pas Chaulieu et son groupe sur la pérennité des mœurs bureaucratiques chez les titistes. À la base de la rupture avec Moscou se trouve un simple conflit d'intérêts entre deux fractions bureaucratiques, et notamment la peur du Kremlin de voir renaître un panslavisme du Sud, comme dans l'ancien Empire austro-hongrois, qui menacerait la position dominante de Moscou en Albanie et en Bulgarie. Du côté yougoslave, on est de moins en moins enclin à « payer au Kremlin le tribut que versent les pays satellites[28] ». La singularité de la situation yougoslave tient surtout au fait que la population s'est libérée du joug nazi sans avoir besoin de l'Armée rouge. La bureaucratie titiste entend parler d'égal à égal avec le grand frère soviétique, mais c'est sans compter avec la conception monolithique en vigueur en cette fin des années 1940. Il ne s'agit donc pas de se leurrer sur la capacité d'émancipation que représente le régime de Tito : « Le titisme n'est qu'une forme particulière de bureaucratie stalinienne, profondément identique à celui-ci[29]. »

Dès 1949, le courant Socialisme ou Barbarie (SouB) corrige son catastrophisme sur l'imminence de la guerre, dont la perspective semble s'éloigner après l'« année terrible » de 1947, même si la tension reste vive entre les deux superpuissances : « Il apparaît maintenant clairement que la confirmation absolue de l'inéluctabilité de la guerre ne se traduit pas par une accélération uniforme du processus menant au conflit total et ouvert[30]. » Néanmoins, SouB continue d'affirmer qu'aucune véritable stabilisation de la situation n'est à attendre et que l'horizon reste bel et bien la troisième guerre mondiale : « Ni les impérialistes yankees n'ont renoncé à mettre la main sur les immenses ressources du monde oriental, ni les bureaucrates russes à s'emparer du capital et de la

---

27. Pierre CHAULIEU, « La bureaucratie yougoslave », *Socialisme ou Barbarie*, n° 5-6, mars 1950 (texte écrit en collaboration avec Georges Dupont) ; repris dans Cornelius CASTORIADIS, *La Société bureaucratique, ibid.*, p. 262.

28. *Ibid.*, p. 279.

29. *Ibid.*, p. 290.

30. Pierre CHAULIEU, « La consolidation temporaire du capitalisme mondial », *Socialisme ou Barbarie*, n° 3, juillet 1949 ; repris dans Cornelius CASTORIADIS, *Capitalisme moderne et révolution*, t. I, *op. cit.*, p. 218.

technique de l'Europe et de l'Amérique[31]. » SouB continuera à brandir la menace imminente, à se faire Cassandre pour mieux incarner le sursaut nécessaire. Castoriadis va même, dans cet article de 1949, jusqu'à prophétiser que la conflagration universelle à venir est une question de mois, sinon de semaines ! L'éclatement en 1950 de la guerre de Corée entre les deux blocs semble temporairement lui donner raison, avant que l'on ne conceptualise la notion de guerre froide. De la guerre locale à la guerre totale, il n'y a qu'un pas selon SouB, qui réitère au printemps 1952 sa conviction, en pleine guerre de Corée, de l'imminence de cette alternative frontale. La guerre sera d'autant plus universelle que chacun des deux blocs entraînera derrière lui tous ses satellites, ainsi que des pays qui sont restés dans sa sphère d'exploitation. Quant à l'issue du conflit, elle se traduira par la victoire de l'un des deux camps, transformant radicalement et définitivement la carte du monde selon le modèle de la société du vainqueur, réussissant à faire de la planète un monde uniformément totalitaire. Mais devant un tel péril pour l'humanité, SouB considère qu'on assistera en même temps à l'exacerbation des potentialités révolutionnaires existantes dans les deux camps. L'imminence de la guerre se trouve donc être en même temps un danger majeur et une chance à saisir pour faire advenir la révolution souhaitée, le *kairos*, l'occasion à ne pas manquer : « Les potentialités révolutionnaires atteindront leur apogée au cours de cette guerre. Jamais la société capitaliste n'aura créé des conditions plus favorables à la révolution prolétarienne[32]. »

Il a cependant fallu se résoudre à l'évidence : la guerre en Corée n'a pas dégénéré en conflit mondial. Elle est restée au contraire très localisée et s'est stabilisée autour du 38ᵉ parallèle jusqu'à ce que soit signée en 1953 la reconnaissance d'une partition du pays par les deux parties. Castoriadis doit convenir, au nom de SouB, que l'année 1953 marque un tournant dans la situation internationale. Dans l'éditorial de la revue en janvier 1954, il concède que la perspective révolutionnaire s'éloigne puisque son processus de maturation reste fondamentalement lié à la perspective d'une guerre mondiale[33]. La révolution russe n'est-elle pas fille de la Grande Guerre ?

---

31. *Ibid.*, p. 275.

32. Pierre CHAULIEU, « La guerre et la perspective révolutionnaire », *Socialisme ou Barbarie*, n° 9, avril 1952 ; repris dans *ibid.*, p. 357.

33. Éditorial rédigé par Pierre CHAULIEU, « 1953 et les luttes ouvrières », *Socialisme ou Barbarie*, n° 13, janvier 1954 ; repris dans *ibid.*, p. 375-377.

Pourtant, l'année 1953 révèle un certain regain de la combativité ouvrière, et la revue salue avec ferveur la révolte de juin 1953 en Allemagne de l'Est contre la bureaucratie stalinienne, et les grandes grèves de l'été 1953 dans la fonction publique en France. En 1954, Castoriadis admet enfin la perspective d'un compromis possible entre Américains et Russes : « On a vu qu'une stabilisation véritable, même provisoire, des rapports des deux blocs était impossible. En même temps, leur situation interdit actuellement et continuera pendant quelque temps à interdire aussi bien aux Russes qu'aux Américains de revenir à une préparation accélérée de la guerre. L'apaisement se prolongera donc [34]. »

Le petit groupe né en 1949 sous le nom de Socialisme ou Barbarie appartient pour l'essentiel au monde intellectuel. La plupart ont suivi un cursus universitaire. C'est le cas pour Castoriadis bien sûr, mais aussi pour Claude Lefort, qui obtient l'agrégation de philosophie cette année-là. On compte aussi parmi leurs compagnons de combat Jean Laplanche, qui deviendra un des psychanalystes les plus importants de l'après-guerre, et qui prépare lui aussi en 1949 l'agrégation de philosophie, tout en s'occupant d'un des meilleurs terroirs viticoles de Bourgogne dans son château de Pommard. Donald Simon vise également l'agrégation de philosophie. Jean Léger est un ancien élève de l'École normale supérieure de Saint-Cloud qui passera l'agrégation d'histoire. De son côté, l'ancien membre du CC du PCI, Jean Seurel a achevé son cursus de formation de juriste et sera avocat. Quant à Philippe Guillaume, il travaille à l'OCDE. On compte donc parmi ces fondateurs « un niveau de compétence universitaire et culturelle déjà relativement élevé [35] ». Il ne faut pourtant pas extrapoler à partir de ce seul comité de rédaction, comme le fait justement remarquer Philippe Gottraux : « Quelques militants dotés d'une formation plus modeste participent à l'expérience et franchissent le pas de la scission, notamment une modiste, Marie-Rose Berland, un employé d'assurance, Guy Gély, un ouvrier de l'usine Chausson, G. Vivier, un jeune d'une vingtaine d'années qui bourlingue de petit boulot en petit boulot après avoir terminé un apprentissage de joaillier, Maurice Rajsfus [36]. »

---

34. Pierre CHAULIEU, « Situation de l'impérialisme et perspectives du prolétariat », *Socialisme ou Barbarie*, n° 14, avril 1954 ; repris dans *ibid.*, p. 423-424.

35. Marie-France RAFLIN, *« Socialisme ou Barbarie ». Du vrai communisme à la radicalité*, thèse de doctorat, IEP de Paris, 26 novembre 2005, p. 239.

36. Philippe GOTTRAUX, *« Socialisme ou Barbarie ». Un engagement politique et intellectuel dans la France de l'après-guerre*, Payot, Lausanne, 1997, p. 28.

Le départ de ces militants affaiblit le PCI et suscite une vive réaction de son dirigeant, Pierre Frank, qui s'attaque vertement à celui qui lui semble le mieux correspondre au profil professoral, éloigné des préoccupations ouvrières : Claude Lefort, proche de Maurice Merleau-Ponty et qui écrit dans la revue de Sartre *Les Temps modernes*. Il se livre dans les colonnes de *La Vérité* à une violente diatribe sous le titre « Les mains sales », accusant Lefort de n'avoir jamais vraiment milité à la base du parti, et de se considérer comme étant au-delà des contingences matérielles. Il n'aurait quitté le PCI que pour fuir la lutte révolutionnaire, par lâcheté. Après avoir dénoncé de manière stalinienne un petit-bourgeois qui a enfin retrouvé le confort qui lui convient, Pierre Frank entend mettre les rieurs de son côté, et répète à satiété : « Le Fort ? Ah, pas si fort que ça ! » Castoriadis propose immédiatement de répondre à l'attaque et demande à *La Vérité* de publier une rectification au nom du collectif SouB. Venu au secours de son camarade et ami Lefort, il n'y va pas de main morte. Il donne le ton de la polémique, dont il saura user et abuser en bien des circonstances, qualifiant celui qui avait signé son article P. F. (Pierre Frank) de « petite fiente », après avoir fait semblant d'ignorer qui pouvait être ce « P. F. ».

Régulièrement, les militants de SouB organisent des réunions publiques avec des lecteurs de la revue pour se faire connaître et discuter de leurs thèses. Le 10 juin 1949, une réunion se tient à la Mutualité avec vingt-cinq personnes extérieures au groupe ; Chaulieu, animateur de la séance, introduit la discussion en rappelant rapidement les principales idées qui caractérisent la nouvelle revue. Il termine son exposé en définissant le but de ces réunions de lecteurs : établir un contact régulier, après chaque numéro, recueillir des appréciations, des critiques, des suggestions pour les numéros à venir. À partir de la fin de l'année 1949, Castoriadis inaugure une série de dix-sept conférences sur Lénine. Le groupe voit ainsi venir à lui quelques nouvelles recrues qui permettent d'élargir un peu la base sociale du mouvement naissant.

Le problème du nécessaire élargissement de ce petit cénacle d'intellectuels, qui ne pouvait en rester là, se pose, puisque SouB entend bâtir les bases d'une véritable organisation révolutionnaire. Certes cet élargissement sera toujours très limité, mais le groupe compte malgré tout quelques ouvriers, comme Georges Petit (pseudos : Petro, Michel), cheminot et fils de cheminot, qui a été résistant et déporté près de Buchenwald, dans le camp de Langenstein, où il est resté un an et demi [37] : « Devant l'avancée des Russes et des Américains, les détenus valides furent conduits le long des routes pour aller où même leurs gardiens ne le savaient pas ; Petit sauta dans un bois, s'aplatit dans le fossé et, la misérable cohorte étant passée, s'en alla, libre [38]. » Après la guerre, il s'engage dans les milieux ajistes (Mouvement des Auberges de jeunesse, très influent à l'époque) et devient trotskiste : « Mais j'étais contre la défense de l'URSS qui me semblait inacceptable [39]. » Selon lui, les trotskistes tiennent un discours différent, plus intelligent et « les filles étaient plus belles, je ne saurais pas très bien l'expliquer [40] ». Une fois le lien noué avec SouB, Georges Petit ne quittera plus le groupe.

Des discussions sont très vite engagées avec la Fraction française de la gauche communiste (FFGC), où se trouvent davantage de militants ouvriers, pour l'essentiel de militants italiens bordiguistes ayant appartenu à l'opposition de gauche dans le Parti communiste italien, aux côtés de Bordiga, et ayant dû s'exiler en France au moment de la victoire du fascisme. Depuis les années 1930, ils ont été rejoints par des militants français ainsi que par quelques réfugiés espagnols séduits par l'intransigeance de leurs positions internationalistes, leur refus de la défense de l'URSS, qualifiée de capitalisme d'État, et convaincus par un sens de l'organisation léniniste. Si ce courant composite a des positions en bien des points différentes de celles de SouB, des négociations s'ouvrent en vue d'une éventuelle fusion.

Les contacts entre les deux groupes datent de 1948 et précèdent donc la sortie du courant Chaulieu/Montal du PCI. Du côté du FFGC, il semble bien que ce soit Gaston Davoust (pseudo : Chazé) qui en prenne l'initiative. Il informe Castoriadis des conditions difficiles dans lesquelles les discussions s'engagent : « La situation de liquidation de notre groupe place votre organisation au centre du regroupement à faire. Il était probable que la tendance bordiguiste de notre organisation n'aurait pas accepté de se fondre dans une nouvelle organisation de l'avant-garde en France. C'est maintenant une certitude et cette tendance ne participera aux discussions communes que

37. Georges PETIT, *Retour à Langenstein. Une expérience de la déportation*, Belin, Paris, 2001, préface de Claude Lefort.
38. Sébastien DE DIESBACH, *La Révolution impossible*, *op. cit.*, p. 121.
39. Georges Petit, entretien avec l'auteur.
40. *Ibid.*

parce qu'elle ne peut s'y refuser [...] [41]. » À l'issue de ces laborieux échanges, seuls sept jeunes militants bordiguistes adhèrent en 1950 à SouB, mais ce sont des recrues précieuses car liées à l'action et au monde ouvrier. Certains joueront un rôle de poids. Parmi eux, Alberto Maso (pseudos : Albert Véga, R. Maille), né à Barcelone en 1918, et engagé dès l'âge de seize ans dans l'action militante. Il soutient la grève générale des Asturies aux côtés du Bloc ouvrier et paysan (BOC), un petit groupe marxiste catalan, et participe à la création du POUM. En juillet 1936, il fait partie de la riposte barcelonaise au *Pronunciamiento* militaire de Franco, mais il doit finalement fuir l'avancée des troupes franquistes et se réfugier en France. Il a vingt ans au moment de l'effondrement du *Frente Popular*. Comme beaucoup de réfugiés espagnols, il est interné dans le camp d'Argelès, d'où il finit par s'évader. « C'était un homme mince, au visage fin et à la parole rare, d'un caractère spartiate, inflexible, tout entier tendu vers un but unique, la révolution. [...] Ses propos étaient sévères, ses jugements définitifs (à la fin de nos relations, j'en fis l'objet), mais la souffrance, peut-être ramenée d'Espagne, dont rarement son visage ne se défaisait, était adoucie par le timide sourire qui illuminait son visage lorsqu'il lui fallait accueillir de jeunes recrues comme moi-même [42]. »

SouB gagnera aussi un militant ouvrier bordiguiste, fraiseur chez Renault, Jacques Gautrat. Plus connu par son pseudo, Daniel Mothé, il ne rejoindra le groupe qu'en 1952, après avoir beaucoup hésité à rompre avec son passé bordiguiste. Avec cette dernière adhésion, le courant peut se prévaloir d'une vraie recrue ouvrière au cœur de la « classe ». Daniel Mothé commence à travailler dès l'âge de quinze ans comme OS pour fabriquer des sommiers. Parti en 1943 à Bordeaux pour s'employer dans les mines d'Albi, puis à Mazamet, il s'engage dans la Résistance, fabrique de faux papiers et cache des juifs. À la fin de la guerre, il est docker à Marseille, puis, après la guerre, il décide d'aller chercher du travail à Paris où il trouve un poste d'employé grâce à de faux diplômes. Licencié par son patron, il renoue avec sa condition d'ouvrier en devenant métallurgiste : « J'ai donc fait une formation professionnelle accélérée et je suis sorti fraiseur. Mais il a fallu que je travaille encore comme OS pendant un an et demi avant

---

41. Gaston Davoust, lettre à Chaulieu, archives *Socialisme ou Barbarie*, IMEC, 1er décembre 1949.
42. Sébastien DE DIESBACH, *La Révolution impossible, op. cit.*, p. 58.

d'entrer chez Renault comme professionnel [43]. » Militant trotskiste pendant la guerre, il traverse plusieurs scissions et affiche dès 1944 son opposition à l'URSS, partageant alors le point de vue du RKD, parti d'extrême gauche allemand dont une petite fraction de militants vivent en France.

Il fait ensuite la rencontre décisive de militants bordiguistes : « Je trouvais les militants italiens bordiguistes formidables ; c'étaient des gens remplis d'histoire, des ouvriers qui portaient avec eux une expérience très riche, des militants héroïques en quelque sorte. Et puis ils avaient une certaine cohérence, pour ne pas dire rigueur, qui allait dans la droite ligne des écrits de Marx, Lénine. C'était cette cohérence qui rassurait et sécurisait le jeune militant que j'étais [44]. » Cet attachement n'est pas pour rien dans sa position d'expectative critique lorsque son groupe se rapproche de SouB. Daniel Mothé insiste d'ailleurs dans les discussions préparatoires entre les deux groupes sur des divergences fondamentales, comme celle qu'il voit entre la conception du parti chez Chaulieu, qu'il estime trop sociologique, et la sienne, qui fait prévaloir l'expérience historique du léninisme : « J'ai affirmé ma position qui est celle-ci : je pense fermement que les divergences avec Chaulieu sont des divergences sur les questions fondamentales défendues par la gauche. [...] Je pense pour le moment que même cette perspective d'isolement est plus souhaitable qu'une fusion avec Chaulieu [45]. » Mais il finit par adhérer à SouB, et apporte ainsi au groupe une présence chez Renault. Il est proche d'un autre militant qui a fait partie du RKD et qui travaille dans le même atelier que lui, Raymond Hirzel (pseudo : Gaspard). Les deux compagnons de route de SouB créent ensemble et animent *Tribune ouvrière* chez Renault.

Un autre militant, qui sera un fidèle des fidèles dans le groupe et qui vient lui aussi du courant bordiguiste, Jacques Signorelli (pseudo : André Garros), est d'origine italienne : « C'était l'un de ces hommes tenaces, attentifs, réservés, sur lesquels toutes les organisations se reposent pour l'accomplissement des tâches d'ordonnance. Le groupe, c'était lui : il était là au début et sera là à la fin. Cet homme pratique avait aussi la passion des idées. Les intellectuels, les Castoriadis, les Lefort, les Lyotard le fascinaient et l'agaçaient : pourquoi parlaient-ils

---

43. Daniel MOTHÉ, entretien avec *L'Anti-Mythes*, n° 18, septembre 1976, p. 1-16.
44. *Ibid.*
45. Daniel Mothé, lettre à Lucien Laugier, mars 1950, archives *Socialisme ou Barbarie*, IMEC.

tant ? Pourquoi ne sont-ils pas plus clairs ? Mais il étudiait attentivement nos théoriciens [46]. » L'adhésion au bordiguisme de Signorelli ne doit rien à son italianité, car son père, ouvrier bottier, l'aurait plutôt conduit vers Malatesta ou Bakounine ; elle tient surtout à sa rencontre avec Véga. Signorelli découvre avant guerre le marxisme avec ferveur, mais il est tôt informé sur les procès de Moscou par un résistant qui sera tué par la milice en 1942, Roland Juresthal. La rencontre avec Chaulieu et son courant est décisive. Pour lui, l'article de Chaulieu paru dans le n° 2 de *Socialisme ou Barbarie* sur les rapports de production en URSS s'est révélé particulièrement important : « Ce texte de Corneille a été un choc extraordinaire, éclairant sur ce qu'était devenue l'URSS [47]. » Le groupe fait une autre nouvelle recrue en la personne de Jean Dubost, jeune trotskiste d'un peu plus de vingt ans, venu de Lyon où il avait adhéré à la JCI, puis au PCI, qu'il quitte en 1948. Jean Dubost, alors engagé dans un cursus de recherche auprès de Guy Palmade dans le domaine de la psychosociologie clinique, rejoint le groupe en 1949, nouant une longue relation d'amitié avec Castoriadis : « Castoriadis était dès 1946 très intéressé par la psychosociologie, notamment clinique [48]. »

Le nom de « Socialisme ou Barbarie » est significatif de la conviction du courant Chaulieu/Montal que l'on se trouve à la veille d'une troisième guerre mondiale : il ne peut y avoir d'autre alternative que la victoire de la révolution socialiste ou la grande régression dans la barbarie. En 1950, cette vision quelque peu apocalyptique de la catastrophe à venir n'est pas sans fondements et constitue pour Castoriadis une inquiétude qui ne le quittera jamais. On le verra dans le diagnostic qu'il fera trente ans plus tard, en 1980, sur la suprématie de la stratocratie soviétique qui ne peut conduire qu'à une guerre mondiale [49]. Dans la situation de 1950, bipolarisée entre les deux grandes puissances, la porte est étroite pour ouvrir une perspective socialiste qui ne soit pas inféodée au monde soviétique. Il y a bien ceux qui rejettent cet affrontement entre blocs au nom de la défense d'une ligne de non-alignement, mais tel n'est pas le point de vue des « socio-barbares », qui rejettent avec la même radicalité toute tentation

---

46. Sébastien DE DIESBACH, *La Révolution impossible*, *op. cit.*, p. 170.
47. Jacques Signorelli, entretien avec l'auteur.
48. Jean Dubost, entretien avec l'auteur.
49. Cornelius CASTORIADIS, *Devant la guerre*, Fayard, Paris, 1980 ; voir le chapitre « La guerre mondiale : c'est maintenant ! ».

neutraliste. Les espérances d'une révolution imminente de l'après-guerre s'éloignant, SouB connaît, en ce début des années 1950, une phase difficile de « basses eaux [50] ». Le groupe paye son isolement d'une hémorragie constante de ses maigres effectifs militants, au point que « vers la fin de 1952, il se trouve réduit à une dizaine de camarades, et les numéros de la revue sont peu fréquents et maigres [51] ». Jean Laplanche quitte le navire sur la pointe des pieds, laissant une grosse somme provenant de son Pommard. Maurice Rajsfus profite de son départ en province pour abandonner ses camarades. C'est pourtant dans ce reflux généralisé que le groupe accueille Daniel Mothé.

La même année, un autre militant, Henri Simon (pseudo : Roger Berthier), membre de la CGT, adhère au groupe. Il jouera un rôle important dans son secteur d'activité, les compagnies d'assurances. Fils d'un père artisan et d'une mère institutrice en province, Henri Simon débarque à Paris en 1945 et prend des responsabilités dans sa section CGT. C'est là qu'il rencontre un militant de la première heure de SouB, ancien de la tendance Chaulieu/Montal, Guy Gély (pseudo : Henri Collet). Menant de concert une longue grève de trois semaines en mars 1950 dans le secteur des assurances, Henri Simon adhère dans la foulée à SouB : « Je suis tombé dans ce petit groupe où on se retrouvait au maximum à quinze, c'était alors la période de reflux total… La seule chose à faire, c'était la revue : le plus gros boulot était fait par Castoriadis essentiellement [52]. »

Plus les militants désertent, plus le groupe est exposé aux ravages des divisions internes et des débats qui font rage. Une première bagarre interne, à rebondissements, s'engage en 1951 sur la question de l'organisation. Celle-ci fait suite aux premières escarmouches sur le sujet qui remontent à la création du groupe en 1949 et seront rendues publiques en 1952 [53]. La controverse oppose les deux leaders du groupe, Castoriadis et Lefort. Ce dernier reproche à la conception dominante du groupe, celle de Castoriadis, de faire la part trop belle à l'idée d'un parti qui découlerait encore trop largement de sa matrice léniniste : « SouB se serait arrêté en chemin [54]. » Claude Lefort, qui

50. Philippe GOTTRAUX, « Socialisme ou Barbarie », op. cit., p. 47.

51. Cornelius CASTORIADIS, « Pourquoi je ne suis plus marxiste », entretien cité, p. 41 ; repris dans Cornelius CASTORIADIS, Une société à la dérive, op. cit., p. 31.

52. Henri SIMON, entretien, L'Anti-Mythes, n° 6, octobre 1975.

53. Socialisme ou Barbarie, n° 10, juillet-août 1952, p. 10-27.

54. Philippe GOTTRAUX, « Socialisme ou Barbarie », op. cit., p. 51.

n'en reconnaît pas moins la nécessité d'une avant-garde, dénonce la contradiction qu'il y a à se battre pour un pouvoir ouvrier dans une organisation dont la composition sociale n'a rien de prolétarien. Castoriadis insiste au contraire sur la nécessité d'un parti capable d'incarner la ligne à suivre pour réussir la révolution et éviter sa dégénérescence. Il définit ainsi les tâches du groupe : « Seul le groupe peut actuellement – et il est le seul à le faire dans le monde, sauf erreur – poursuivre l'élaboration d'une idéologie révolutionnaire, définir un programme, faire un travail de diffusion et d'éducation qui sont précieux même si leurs résultats n'apparaissent pas immédiatement [55]. »

Castoriadis entretient au même moment une correspondance avec Anton Pannekoek, qui lui écrit en novembre 1953 à propos de la nature du régime soviétique : « Parce que la révolution russe et ses idées ont encore une influence tellement puissante sur les esprits, il est nécessaire de pénétrer plus profondément son caractère fondamental. Il s'agissait, en peu de mots, de la dernière révolution bourgeoise, mais qui fut l'œuvre de la classe ouvrière [56]. » Compte tenu du prestige dont jouit alors Pannekoek, devenu le leader des partisans d'un « communisme des conseils », des négociations se nouent avec lui au cours de l'année 1954. SouB récuse malgré tout la caractérisation de la révolution d'Octobre comme révolution bourgeoise, alors que Pannekoek tient fermement à cette analyse, rejoint sur ce plan par Maximilien Rubel et Louis Janover. Mais la correspondance fait apparaître une certaine proximité, et Pannekoek, s'adressant à Castoriadis, l'appelle « Cher camarade Chaulieu », lequel fait une présentation laudative de Pannekoek dans la revue : « Il est, certes, superflu de rappeler à nos lecteurs la longue et féconde activité de militant et de théoricien d'Anton Pannekoek, sa lutte contre l'opportunisme au sein de la IIe Internationale déjà avant 1914, l'attitude résolument internationaliste que le groupe animé par lui et Gorter a eue en 1914-1918, sa critique du centralisme bureaucratique naissant du parti bolchevik dès 1919-1920 [57]. » Mais, outre une

---

55. Pierre CHAULIEU, « La direction prolétarienne », *Socialisme ou Barbarie*, n° 10, juillet-août 1952, p. 17-18 ; repris dans Cornelius CASTORIADIS, *La Question du mouvement ouvrier*, t. I, Éditions du Sandre, 2012, p. 405.

56. Anton Pannekoek, lettre reprise dans Cornelius CASTORIADIS, *L'Expérience du mouvement ouvrier*, t. I, 10/18, Paris, 1974, p. 266-267 ; puis dans Cornelius CASTORIADIS, *La Question du mouvement ouvrier*, t. I, *op. cit.*, p. 112.

57. « Une lettre d'Anton Pannekoek », *Socialisme ou Barbarie*, n° 14, avril-juin 1954, p. 39 ; repris dans Cornelius CASTORIADIS, *La Question du mouvement ouvrier*, t. I, *op. cit.*, 2012, p. 111.

différence d'appréciation sur la nature de l'URSS, les deux courants divergent sur la question du parti, dont Pannekoek récuse la légitimité, y voyant le fondement même de la dégénérescence bureaucratique. Dans sa « Réponse à Pannekoek », publiée dans la revue, Castoriadis réaffirme les thèses de son courant : « Ce qui fait de la révolution russe une révolution prolétarienne, c'est que le prolétariat y est intervenu comme la force dominante avec son propre drapeau, son visage, ses revendications, ses moyens de lutte, ses propres formes d'organisation. Tout cela fait à jamais de la révolution russe une révolution prolétarienne, quel qu'ait pu être son sort ultérieur – de même que ni ses faiblesses, ni sa confusion, ni sa défaite finale n'empêchent la Commune de Paris d'avoir été une révolution prolétarienne[58]. »

Jusqu'à la première grande fracture, qui conduira Claude Lefort et sa tendance à quitter le groupe en 1958, les divergences entre Castoriadis et Lefort restent latentes. Une embellie pointe à l'horizon à partir de la fin de l'année 1953. Les premiers craquements du bloc monolithique de l'Est se font sentir, encore timidement, à la mort de Staline : un mouvement ouvrier d'opposition au pouvoir bureaucratique se déclenche à Berlin-Est. Dès la disparition du dictateur soviétique, Chaulieu et Montal saluent une situation nouvelle marquée par la réhabilitation des médecins arrêtés à la fin de son règne : « La large publicité donnée à cet événement indique la volonté des dirigeants d'affirmer un changement radical dans la politique intérieure[59]. » Ils constatent que si le régime reste une dictature, celle-ci tend à adopter des méthodes plus souples. L'arrestation de Beria et l'accusation à laquelle il doit répondre d'être un agent de l'impérialisme en sont un symbole fort. Chaulieu et Montal mettent en garde ceux qui tendent à croire que ces luttes de factions au sein de la bureaucratie seraient l'émanation des aspirations des couches populaires, ouvriers et paysans, alors qu'elles ne sont révélatrices que d'ambitions contradictoires à l'intérieur de la classe bureaucratique : « C'est une lutte de clans, non une rivalité entre couches sociales[60]. » Loin d'y voir un signe de fragilité, ils y discernent plutôt un symptôme de force d'une

---

58. Pierre CHAULIEU, « Réponse au camarade Pannekoek », *Socialisme ou Barbarie*, n° 14, avril 1954 ; repris dans Cornelius CASTORIADIS, *La Question du mouvement ouvrier*, t. I, *op. cit.*, p. 106-107.

59. « La situation internationale », *Socialisme ou Barbarie*, n° 12, août 1953, écrit en collaboration avec Claude Lefort ; repris dans Cornelius CASTORIADIS, *La Société bureaucratique*, *op. cit.*, p. 318.

60. *Ibid.*, p. 321.

classe consciente de ses intérêts, et capable de contester certains de ses représentants au sommet, alors que le système paranoïaque n'offrait jusque-là aucune garantie aux bureaucrates de l'appareil, qui pouvaient être destitués à tout moment. Chaulieu et Montal établissent cependant un lien entre ces remous au sommet de l'État soviétique et une fragilisation du système bureaucratique au niveau international, avec les soubresauts du glacis en RDA. On assiste là-bas à un réveil de la résistance ouvrière contre le système de domination, résistance qui nécessite l'intervention de l'armée soviétique. Un début de politique de détente viserait à colmater les brèches ouvertes par ces contestations montantes au sein du bloc de l'Est, qui a déjà connu le schisme du titisme. Cette analyse des contradictions internes, qui trouve son pendant dans les tensions internes au bloc occidental, conduit Chaulieu et Montal à prendre quelque distance avec leur vision catastrophiste de 1949. En 1953, ils prennent acte des premiers pas de ce qu'on appellera la Détente : « Pas plus hier qu'aujourd'hui nous ne croyons que le prolétariat est complètement dominé à l'échelle internationale. Les derniers mois nous ont toutefois enseigné que le développement des contradictions des deux blocs peut ne pas mener aussi vite que nous le pensions à la guerre [61]. »

À propos de la situation en RDA, Castoriadis et Lefort bénéficient de l'analyse très informée de leur camarade Benno Sternberg-Sarel (pseudo : Hugo Bell), d'origine roumaine. Réfugié en France en 1936, il fera un long séjour à Berlin dans l'après-guerre, entre 1946 et 1952. Il se convainc alors de l'impasse des catégories trotskistes pour analyser le régime communiste. À son retour en 1952, il adhère à SouB, publiant plusieurs contributions sur l'Allemagne de l'Est en 1950 et 1952 [62] qui trouveront leur prolongement dans la publication d'un livre [63]. À sa disparition en 1971, Castoriadis lui rend un bel hommage dans *Les Temps modernes* – ce sera d'ailleurs sa seule contribution à la revue de Sartre. Rappelant à quel point ses analyses précoces sur la fracture opposant la bureaucratie allemande et les ouvriers ont été confirmées par les faits, Castoriadis s'attache surtout à rappeler les qualités humaines de Benno Sarel : « Presque tous ceux

---

61. *Ibid.*, p. 332.
62. Hugo BELL, « Le stalinisme en Allemagne orientale », *Socialisme ou Barbarie*, n° 7, août-septembre 1950, et n° 8, janvier-février 1951 ; repris dans *Socialisme ou Barbarie. Anthologie*, Acratie, La Bussière, 2007, p. 53-62.
63. Benno SAREL, *La Classe ouvrière d'Allemagne orientale*, Éditions Ouvrières, Paris, 1958.

qui ont milité avec Benno étaient devenus ses amis. Sa bonne foi et la nécessité inscrite dans sa nature d'essayer de comprendre ce que l'autre disait avant de le contrer, ne lui ont jamais fait abandonner son sens critique, encore moins approuver par complaisance ou paresse d'esprit ce dont il n'était pas convaincu. L'humour affleurait souvent dans ses propos, et il aimait rire, d'un rire franc et exubérant[64]. »

C'est au moment même où le bloc soviétique commence à se fissurer que Sartre décide de devenir compagnon de route du PCF. Il publie « Les communistes et la paix », texte dans lequel il prétend que l'Union soviétique s'est prise d'un amour immodéré pour la paix et qu'il faut donc suivre l'orientation du mouvement communiste international, à défaut de quoi l'on deviendrait immanquablement un « salaud » : « Le lecteur, même passionnément sartrien comme je l'étais encore, se frottait les yeux. Les communistes, eux aussi : Sartre est des nôtres ! Le Mouvement de la paix (organisation de front des communistes) lui ouvre aussitôt ses portes, il y adhère, se rend au Congrès de la paix à Vienne[65]. »

Cette conversion de Sartre à la fin de l'année 1952 suscite la rupture avec Claude Lefort et une prise de position de Castoriadis d'une violence exceptionnelle. Sartre connaît une série de ruptures aussi douloureuses que dramatiques qui vont au fil des années l'isoler, malgré son inépuisable succès public. Outre Lefort, Camus et Merleau-Ponty, ses amis intimes, en seront victimes. Une des raisons de ces déchirements tient peut-être à la volonté de Sartre d'effacer ses années d'apolitisme, de cécité, dans lesquelles il s'était, selon la bonne tradition khâgneuse, enfermé et qui l'ont rendu sourd et muet devant la montée de l'horreur nazie, inattentif et indifférent aux luttes sociales des années 1930. Mordu à la nuque par sa propre histoire, Sartre essaierait de surmonter ces lacunes passées en se liant de près au PCF, au cœur de la guerre froide, alors même que toute une génération d'intellectuels commence à s'en distancer chaque jour davantage devant les révélations successives sur ce qui se passe en URSS. La belle unité du temps du Rassemblement démocratique révolutionnaire – qui avait permis de réunir à la même tribune de la salle Pleyel, le 13 décembre 1948, sur le thème « L'internationalisme de l'esprit »,

---

64. Cornelius CASTORIADIS, « Benno Sternberg-Sarel », *Les Temps modernes*, n° 299-300, juin-juillet 1971 ; repris dans Cornelius CASTORIADIS, *Quelle démocratie ?*, t. I, *op. cit.*, p. 322.
65. Sébastien DE DIESBACH, *La Révolution impossible, op. cit.*, p. 112.

André Breton, Albert Camus, David Rousset, Jean-Paul Sartre et plusieurs autres intellectuels – va éclater[66].

Les turbulences de la guerre froide vont en effet affecter l'équipe des *Temps modernes*. Son mot d'ordre, « Ne pas désespérer Billancourt », sera chèrement payé par Sartre, qui se sépare en 1953 de Claude Lefort, collaborateur essentiel de la revue, dans une polémique acerbe[67]. Cette rupture fait suite à deux autres séparations importantes, avec Camus d'abord, puis avec Etiemble, et précède celle qui va opposer Sartre à un de ses plus proches amis, membre des *Temps modernes* dès la première heure, Maurice Merleau-Ponty. Le couple Sartre-Merleau-Ponty avait fonctionné sans nuages jusque-là, à tel point qu'ils « furent même, un temps, pratiquement interchangeables[68] ». Ils sont liés depuis 1926, lorsqu'ils étaient condisciples à l'École normale supérieure de la rue d'Ulm. Au départ, ils se fréquentent peu, Sartre est pensionnaire et athée, tandis que Merleau-Ponty est externe et va à la messe tous les dimanches. Sous l'Occupation, ils se retrouvent et cherchent une troisième voie entre gaullisme et communisme, créant un petit groupe de résistance qui ne fera pas long feu, « Socialisme et Liberté ». À la Libération, ils créent ensemble avec Simone de Beauvoir, Raymond Aron, Albert Ollivier, Michel Leiris et Jean Paulhan la grande revue qui marque ce moment existentialiste, *Les Temps modernes*. Merleau, refusant la co-direction que Sartre lui propose, en prend la direction effective et signe la plupart des éditoriaux de la revue. À la fin des années 1940, il est la cheville ouvrière de la revue et définit sa ligne politique.

Merleau-Ponty critique avec lucidité la réalité soviétique avant Sartre. Dès 1947, il publie *Humanisme et Terreur*, dénonçant les procès de Moscou des années 1930 qui ont éliminé successivement tous les leaders du parti bolchevique, tant son aile dite de gauche que son aile dite de droite. Il récuse néanmoins le dilemme de Koestler entre le yogi, le sage, la belle âme d'un côté, et le commissaire pragmatique de l'autre : « Est-il vrai que nous ayons à choisir d'être commissaire – c'est-à-dire d'agir pour les hommes du dehors et en les traitant comme des instruments – ou d'être yogi – c'est-à-dire d'inviter les

---

66. Pascal ORY et Jean-François SIRINELLI, *Les Intellectuels en France. De l'affaire Dreyfus à nos jours*, Armand Colin, Paris, 1986, p. 166.

67. Claude LEFORT, « Le marxisme de Sartre », suivi de Jean-Paul SARTRE, « Réponse à Claude Lefort », *Les Temps modernes*, n° 89, avril 1953. Claude LEFORT reprendra son texte dans la 1re édition des *Éléments d'une critique de la bureaucratie*, Droz, Genève, 1971.

68. Annie COHEN-SOLAL, *Sartre*, Gallimard, Paris, 1985, p. 447.

hommes à une réforme tout intérieur[69] ? » Selon Merleau-Ponty, l'existentialisme protège le marxisme de ses caricatures mécanistes et scientistes, mais reste cependant l'horizon « indépassable ». Il radicalise sa critique au rythme des révélations sur le monde concentrationnaire qui prévaut à l'Est, ce qui suscite sa rupture définitive avec Sartre, qui intervient en 1952 en pleine guerre de Corée. Sartre écrit dans *Les Temps modernes* qu'il faut rejoindre le camp de la paix, représenté par le mouvement communiste international. Merleau-Ponty entend publier une « tribune » pour exprimer son désaccord, mais Sartre refuse et somme Merleau de choisir entre la philosophie et la politique. La rupture est consommée. Merleau, censuré, quitte la revue durant l'été 1952 et publie *Les Aventures de la dialectique* en 1955, dans lequel il dénonce le volontarisme « ultrabolchéviste » de Sartre. Si d'autres aventures se préparent sans Sartre, la fascination que celui-ci exerce sur la jeune génération reste très forte : « Nous étions plus d'un dans mon lycée des années 50 à qui *L'Être et le Néant* faisait battre le cœur », écrira Régis Debray à la mort du philosophe[70].

La rupture avec Claude Lefort intervient après sa critique de l'article de Sartre « Les communistes et la paix », publié en juillet 1952. Sartre ne le supporte pas et met Lefort à la porte des *Temps modernes*. À travers lui, c'est SouB qui perd une tribune qui aurait pu le sortir de son isolement. Le dépit de voir le grand philosophe se faire caution du stalinisme triomphant et d'être condamnés au silence suscite la colère des membres du groupe, qui vont trouver sous la plume de Castoriadis la possibilité de s'exprimer avec une extrême violence polémique.

En août 1953, sous le titre « Sartre, le stalinisme et les ouvriers », Chaulieu règle son compte à Sartre dans la revue[71]. Pour lui, il n'y a rien d'inattendu dans la mobilisation du PCF ni dans la riposte du pouvoir : « L'inattendu, si l'on préfère, l'irrationnel, est arrivé sous forme d'une série d'articles de Sartre. Ayant épuisé le savoir comme Faust, et dissipé sa jeunesse comme César, celui-ci se sent de plus en plus travaillé par le démon de l'action et décidé, tel Platon, à quitter les prés de Saint-Germain pour la Sicile chaque fois qu'il y a un Congrès

---

69. Maurice MERLEAU-PONTY, *Humanisme et Terreur*, Gallimard, Paris, 1947, p. 28.

70. Régis DEBRAY, *Le Nouvel Observateur*, 21 avril 1980.

71. Pierre CHAULIEU, « Sartre, le stalinisme et les ouvriers », *Socialisme ou Barbarie*, n° 12, août 1953 ; repris dans Cornelius CASTORIADIS, *La Question du mouvement ouvrier*, t. I, *op. cit.*, p. 55-100.

à Vienne. Une première "prière d'être inséré dans l'Histoire" par le truchement du RDR ayant été refusée il y a quatre ans, Sartre en avait aussitôt tiré la leçon : en politique, de "gauche" non moins que de "droite", ce qui compte ne sont pas les idées mais le succès ; comme il l'écrira élégamment, "l'idée vraie c'est l'action efficace"[72]. » Castoriadis demande à Sartre de faire un meilleur usage de son temps en allant se coucher et conseille aux éventuels acheteurs de sa revue de ne pas dilapider leur argent et de s'acheter des caramels mous. Alors que Sartre s'aligne en prétextant que c'est aux côtés du PCF que se trouvent les larges masses des travailleurs, Castoriadis rappelle dans sa charge que seule une détermination inébranlable contre le stalinisme peut sortir les ouvriers de l'ornière. Puis il soutient son ami Claude Lefort : « Lefort avait montré que Sartre n'arrivait à défendre et à justifier le stalinisme qu'en déformant constamment le marxisme et en le ravalant au niveau d'un empirisme rationaliste. La réponse de Sartre, deux fois plus longue que la critique, fourmille d'inepties, de non-sens, de grossièretés personnelles, d'erreurs de vocabulaire et apparaît surtout comme une explosion d'hystérie ; car en suivant les "démonstrations" de Sartre on s'aperçoit que, saisi d'une curieuse ataxie syllogistique, il prouve tantôt trop, tantôt pas assez[73]. »

Castoriadis donne un dernier coup de pied de l'âne au grand philosophe en lui appliquant ses propres catégories philosophiques de l'en-soi et du pour-soi : « Sartre est bourgeois (l'a-t-il assez répété !). Non pas, comme il le croit, parce qu'il "vit des revenus du capital". Cela c'est l'extériorité bourgeoise, être bourgeois par accident, comme on est grand ou petit, brun ou blond. Sartre est bourgeois parce qu'il a intériorisé la bourgeoisie, parce qu'il a choisi d'être bourgeois, et il a choisi le jour où il a définitivement accepté cette conviction constitutive de la bourgeoisie : l'incapacité des ouvriers à réaliser le communisme. Il se lamente comme une dame patronnesse sur leur sort ; il pense qu'ils mériteraient mieux, qu'ils mériteraient même le pouvoir ; mais que voulez-vous, les sentiments c'est beau, mais on n'y peut rien : ils n'en sont pas capables. Quelqu'un doit faire le bien pour eux[74]. »

C'est aussi au cours de cette année 1953 qu'un long conflit embrase le secteur public en France. Celui-ci permet de croire à un regain de combativité sociale après le reflux consécutif à l'échec des

---

72. *Ibid.* p. 58.
73. *Ibid.* p. 63.
74. *Ibid.* p. 91.

grèves de 1947. Par ailleurs, si la guerre froide se poursuit, la fin de la guerre de Corée suscite un petit répit dans la tension bipolaire entre les deux blocs. De plus, à la fin de l'année 1954, la situation française est fragilisée par le début de la guerre d'Algérie. C'est dans ce contexte que SouB, qui ne compte plus que dix membres, se remet à recruter, dans des proportions certes modestes, mais qui lui permettent de doubler de taille, et de réunir une vingtaine de militants. Le groupe recrute Jean-François Lyotard, agrégé de philosophie, Pierre Souyri, historien, Hubert Damisch, philosophe travaillant pour les services des publications de l'UNESCO, et Yvon Bourdet, agrégé de philosophie qui deviendra sociologue et spécialiste de l'autogestion. Ces nouvelles adhésions renforcent le caractère de cercle intellectuel du groupe, qui échoue par contre à s'implanter dans le milieu ouvrier.

L'événement qui résonne le mieux avec les thèses du groupe est incontestablement la révolte des ouvriers de Berlin-Est, qui atteste l'opposition potentiellement frontale entre la bureaucratie et la classe ouvrière ainsi que la possible résistance de celle-ci au système d'oppression qui lui est imposé. Pour SouB, c'est la matérialisation concrète, dans les manifestations historiques, de ses thèses... Castoriadis exprime alors avec lyrisme les espoirs qu'il fonde sur cette brèche dans le système stalinien. Selon lui, ces événements « sont destinés à rester un des moments culminants de l'histoire de la classe, où celle-ci a démontré dans l'action son dépassement de la mystification bureaucratique stalinienne et sa capacité à mettre en question l'ordre établi des exploiteurs même dans les conditions de la dictature totalitaire la plus moderne[75] ». SouB espère que le contexte rendra ses thèses plus audibles et augmentera ses capacités de diffusion. Chez Renault, Daniel Mothé et Gaspard animent *Tribune ouvrière* à partir de 1954, dont la teneur reste hésitante entre le journal politique d'usine et un organe d'expression ouvrière sur le quotidien de l'exploitation[76]. En 1955, par le biais d'Henri Simon et Guy Gély, SouB est présent dans la constitution d'un Conseil du personnel des compagnies d'assurances qui arrive en tête aux élections professionnelles en février 1956 et publie un *Bulletin employé*. Malgré ces frémissements, il faut bien se rendre à l'évidence : le groupe reste isolé et la revue n'a qu'une audience très faible, même dans les milieux intellectuels. Cette

---

75. « 1953 et les luttes ouvrières », *Socialisme ou Barbarie*, n° 13, janvier-mars 1954, p. 1 (texte non signé, mais de la plume de Castoriadis).

76. Voir Philippe GOTTRAUX, « *Socialisme ou Barbarie* », *op. cit.*, p. 67.

situation suscite des débats internes sur le dosage dans la revue de la part attribuée aux réflexions théoriques et celle consacrée aux enjeux du quotidien des luttes. Certains, comme Garros, mettent en garde contre les tentations d'un trop grand éloignement des milieux militants du fait d'un contenu trop intellectualisant. Quant à Castoriadis, il dénonce la « conspiration du silence[77] » de la gauche classique, expliquant que les thèses défendues par le groupe constituent une violente rupture pour l'univers idéologique des intellectuels de gauche.

Les énergies du groupe se concentrent alors sur la réflexion autour de ce que pourrait être, après le renversement du système stalinien ou capitaliste occidental, le « contenu du socialisme ». Castoriadis a déjà jeté quelques bases programmatiques en 1952[78], mais en 1955, avec l'optimisme qui résulte des événements de Berlin-Est, il développe ce qui lui apparaît comme le versant positif de SouB, complémentaire du versant critique de l'état existant des choses de l'autre côté du rideau de fer : « Partis de la critique de la bureaucratie, nous sommes parvenus à formuler une conception positive du contenu du socialisme[79]. » La rupture avec le schéma léniniste tient surtout au fait que le parti ne doit plus être en position de se substituer au prolétariat pour lui imposer une ligne politique. Cela ne conduit cependant pas Castoriadis à nier son rôle, mais à le déplacer vers une fonction de facilitateur de l'auto-organisation des masses. Un tel décentrement induit une remise en question de la conception étatiste du socialisme, qui voit en la planification et la nationalisation ses deux mamelles. Tout au contraire, cette perspective est conçue comme confiscatoire du vrai pouvoir ouvrier : « Le programme de la révolution socialiste ne peut être autre que la gestion ouvrière. Gestion ouvrière du pouvoir, c'est-à-dire pouvoir des organismes autonomes des masses (soviets ou conseils) ; gestion ouvrière de l'économie, c'est-à-dire direction de la production par les producteurs, organisés aussi dans des organismes de type soviétique. L'objectif du prolétariat ne peut pas être la nationalisation et la planification sans plus, parce que cela signifie remettre la domination de la société à une nouvelle couche de dominateurs et

---

77. PV de la séance de SouB du 29 mars 1956, cité par Philippe GOTTRAUX, *ibid.*, p. 75.
78. Pierre CHAULIEU, « Sur le programme socialiste », *Socialisme ou Barbarie*, n° 10, juillet-août 1952, p. 1-9 ; repris dans Cornelius CASTORIADIS, *La Question du mouvement ouvrier*, t. II, *op. cit.*, p. 173-187.
79. Pierre CHAULIEU, « Sur le contenu du socialisme », *Socialisme ou Barbarie*, n° 17, juillet-septembre 1955, p. 10, repris dans Cornelius CASTORIADIS, *ibid.*, p. 30.

d'exploiteurs. [...] La révolution prolétarienne ne réalise son programme historique que dans la mesure où elle tend dès le départ à supprimer cette division, en résorbant toute couche dirigeante particulière et en collectivisant, plus exactement en socialisant intégralement les fonctions de direction [80]. » Pour SouB, la construction de la société socialiste ne peut être considérée comme l'aboutissement inéluctable de la marche de l'histoire, ni comme l'application par un parti d'une théorie détentrice de la vérité. Si elle peut être facilitée par l'existence d'un parti, elle ne peut résulter que de l'émergence de la mobilisation créatrice des masses.

Dès ce texte de 1955, alors qu'il n'a pas encore le rapport de proximité avec la psychanalyse, qui deviendra son activité principale dans les années 1970, Castoriadis établit déjà une corrélation majeure entre le *socius* et l'individu : « Il y a en effet de toute évidence une équivalence dialectique entre les structures sociales et les structures "psychologiques" des individus. Dès ses premiers pas dans la vie, l'individu est soumis à une pression constante visant à lui imposer une attitude donnée vis-à-vis du travail, du sexe, des idées, à le frustrer des objets naturels de son activité et à l'inhiber en lui faisant intérioriser et valoriser cette frustration. La société de classe ne peut exister que dans la mesure où elle réussit à imposer cette acceptation à un degré important. C'est pourquoi le conflit n'y est pas un conflit purement extérieur, mais il est transposé au cœur des individus eux-mêmes [81]. »

Poursuivant sa réflexion sur le contenu du socialisme en un second long article paru dans la revue en 1957, soit juste après l'écrasement de l'insurrection hongroise, Castoriadis définit la société socialiste comme la capacité d'organisation par les hommes de tous les aspects de leurs activités sociales. Il en résulte la suppression de la division de la société en une classe de dirigeants et une classe d'exécutants : « Le contenu de l'organisation socialiste de la société est tout d'abord la gestion ouvrière. Cette gestion, la classe ouvrière l'a revendiquée et a lutté pour la réaliser aux moments de son action historique : en Russie en 1917-1918, en Espagne en 1936, en Hongrie en 1956. La forme de la gestion ouvrière, l'institution capable de la réaliser, c'est le Conseil des travailleurs de l'entreprise. La gestion ouvrière signifie le pouvoir des Conseils d'entreprise et finalement, à l'échelle de la société entière, l'Assemblée centrale et le Gouvernement des Conseils.

---

80. *Ibid.* ; repris dans Cornelius CASTORIADIS, *ibid.*, p. 29.
81. *Ibid.*, p. 46.

Le Conseil d'usine ou d'entreprise, assemblée de représentants élus par les travailleurs, révocables à tout instant[82]. »

Dans la société socialiste définie par Castoriadis, chaque citoyen, chaque travailleur doit être en mesure de décider des orientations de la société et de son entreprise selon un régime de démocratie directe. La leçon qu'il tire de la dérive totalitaire des régimes bureaucratiques est une défiance vis-à-vis de tout système de représentation. La démocratie qu'il entend promouvoir doit s'appuyer sur des collectivités concrètes, sur un ancrage social authentique, permis par l'existence de petites communautés ayant la même tâche : « La collectivité de l'entreprise sera le terrain fécond de la démocratie directe, comme le furent en leur temps et pour des raisons analogues la cité antique, ou les communautés démocratiques de fermiers libres aux États-Unis du XIXᵉ siècle[83]. »

Dès ces années 1950, pour définir la société de demain, l'horizon socialiste, Castoriadis avance une notion qui sera le creuset de sa philosophie, celle de l'autonomie, qui présuppose la capacité des acteurs sociaux de s'autogérer et que le socialisme doit développer. Prenant appui sur un certain nombre de mouvements sociaux, aussi bien en France que dans les pays de l'Est, qui s'en sont pris à la hiérarchisation des salaires ou qui ont réclamé des augmentations uniformes pour tous, Castoriadis avance un principe intangible, qui doit être celui d'un salaire égal pour tous, quel que soit le degré de qualification de chacun.

On a opposé à cette perspective de démocratie directe définie par Castoriadis l'argument du nombre : dans les sociétés modernes, on ne peut plus réunir tous les citoyens sur l'Agora afin de décider ensemble des affaires de la Cité. Un tel fonctionnement apparaît *a priori* impensable pour des sociétés qui comptent plusieurs millions d'habitants. Castoriadis récuse cet argument numérique : « L'époque moderne a créé de nouveau le milieu organique dans lequel il faut recommencer par instaurer cette démocratie, à savoir l'entreprise ; ensuite, elle a créé et peut encore développer indéfiniment les moyens d'une démocratie véritable à l'échelle de dizaines de millions. Aux problèmes d'une société supersonique, on ne voit de réponse que dans cette diligence

---

82. Cornelius CASTORIADIS, « Sur le contenu du socialisme II », *Socialisme ou Barbarie*, nᵒ 22, juillet 1957 ; repris dans Cornelius CASTORIADIS, *La Question du mouvement ouvrier*, t. II, *op. cit.*, p. 56.

83. *Ibid.*, p. 62.

postale de la machinerie politique qu'est le Parlement – et on en conclut que la démocratie est devenue impossible. On prétend faire une analyse "nouvelle" – et on ignore ce qu'il y a de vraiment nouveau dans l'époque actuelle : la liberté de transformation du monde matériel, la technique, et son porteur vivant, le prolétariat[84]. » Dans la société moderne, il faudra bien sûr résoudre le passage d'une échelle à l'autre en dialectisant la nécessaire décentralisation que présupposent l'autogestion et la non moins nécessaire centralité des décisions à prendre et des impulsions à donner. *A contrario* des sociétés totalitaires, le socialisme qu'envisage Castoriadis intègre le pluralisme des points de vue et la pluralité des partis. La démocratie directe qu'il appelle de ses vœux est une démocratie de débats, de confrontations. La vie démocratique aura, selon lui, deux milieux dans lesquels elle pourra se déployer : celui des conseils, dans lesquels se regrouperont les travailleurs sur leur lieu de travail, et celui des associations, des regroupements par affinité rassemblant des citoyens en accord sur un certain nombre d'orientations stratégiques. Quelles que soient les tensions entre ces deux sources de légitimité, c'est une condition pour que la démocratie ne soit pas confisquée. Dans un tel schéma, la prise de pouvoir par un parti seul devient inconcevable.

Pour ce qui est de l'analyse du système capitaliste, Castoriadis s'inspire en partie de Lukács et des recherches de l'école dite des « relations humaines », centrées sur une analyse psychosociologique du monde du travail. Pour montrer que la rationalité capitaliste n'est que formelle, il s'appuie aussi sur les apports de la sociologie industrielle américaine et sur les publications d'Elton Mayo, notamment sa célèbre enquête dans les ateliers d'une usine de la Western Electric Company. Ce sociologue américain a montré, à partir d'études de terrain, que l'irrationalité des processus de production tient à la méconnaissance par ses dirigeants des conditions subjectives du travail humain, à l'existence de solidarités élémentaires, de groupes informels, de refus parcellaires de se conformer à la norme : « On rencontre ainsi, au sein du processus de production une antinomie interne aux projets de rationalisation de type "tayloriste" : plus la direction cherche à contrôler les conditions de travail, plus les exécutants affirment leur autonomie par une résistance informelle[85]. »

---

84. *Ibid.*, p. 131.
85. Philippe RAYNAUD, « Société bureaucratique et totalitarisme. Remarques sur l'évolution du groupe Socialisme ou Barbarie », *Revue européenne des sciences sociales*, t. XXVII,

Cela étant, Castoriadis se tient à distance de la sociologie nord-américaine qu'il considère comme trop psychologisante, s'inscrivant dans une perspective « viciée à la base par l'optique d'ensemble de ses auteurs [86] ».

---

n° 86, 1989, p. 262 ; repris dans Philippe RAYNAUD, *Autonomie et autotransformation de la société. La Philosophie militante de Cornelius Castoriadis*, Droz, Genève, 1989.

86. Cornelius CASTORIADIS, *L'Expérience du mouvement ouvrier*, t. II, *op. cit.*, p. 41.

4

Socialisme ou Barbarie et les enfants de 1956

Ce qui n'était jusque-là que supputations conceptuelles et pari aven-
tureux sur l'avenir devient soudain réalité avec les événements de
Budapest de 1956. Socialisme ou Barbarie avait beau répéter jusque-là
sur tous les tons que, sous le discours égalitariste, deux classes s'oppo-
saient à l'Est – les dirigeants et les exécutants –, cette analyse restait
inaudible à gauche où l'on persistait à voir dans le pouvoir soviétique
un État ouvrier. Ce qui se passe en Pologne, et plus encore en
Hongrie, donne raison aux thèses du groupe énoncées depuis 1946.
Non seulement ces événements témoignent d'une véritable opposition sociale et révèlent un régime d'oppression dénoncé par SouB,
mais ils ont pour aile marchante les ouvriers eux-mêmes, qui s'auto-
organisent, plongeant momentanément le PC hongrois et les Soviétiques dans le désarroi.

Cet affrontement direct entre la bureaucratie et les ouvriers
mobilisés fait naître chez les militants de SouB toutes les espérances
possibles. Le réveil des ouvriers hongrois permet au groupe de
Castoriadis de sortir du désert et de diffuser ses thèses dans les milieux
intellectuels ébranlés par ces événements. Socialisme ou Barbarie
apparaît alors comme précurseur, ayant analysé avec justesse, et avant
tout le monde, l'univers bureaucratique et surtout la nécessaire
rupture révolutionnaire avec ces régimes d'oppression. Mais cette
prise de conscience ne touche encore qu'un public très restreint. Il
faudra attendre 1973-1975 pour qu'une frange plus large des

intellectuels français reconnaisse la pertinence et la précocité des thèses de SouB...

Le récit que fait Lefort de l'insurrection hongroise est révélateur de l'enthousiasme collectif que ressent tout le groupe pour cette révolution. Dans son commentaire, il insiste sur le caractère essentiellement ouvrier du mouvement, habituellement présenté comme une révolte nationaliste contre l'emprise russe. Après avoir rappelé l'enchaînement des événements ayant conduit de la manifestation du cercle Petöfi du 23 octobre à des affrontements armés et à des fraternisations de soldats hongrois contre la police de sécurité, Lefort souligne : « Ce sont les ouvriers des usines Csepel qui sont à l'avant-garde et qui créent le comité central de l'insurrection [1]. » Si le pouvoir en place cède en partie à la pression de l'insurrection, et si Nagy donne des assurances d'un changement tangible, le vrai ressort de cette révolution est la création des conseils ouvriers dans toutes les grandes villes hongroises. L'affrontement se joue en fait entre une puissante armée russe stationnée sur le territoire de la Hongrie et le mouvement ouvrier, avec un pouvoir en place réduit à des gesticulations. Ce sont les conseils qui définissent un programme économique et politique, qui arment les combattants et organisent le ravitaillement : « L'image qu'a composée la presse bourgeoise d'une simple participation ouvrière à un soulèvement national est évidemment artificielle [2]. »

Lefort, comme tous ses camarades, voit dans cette révolution la concrétisation de la nouvelle opposition binaire au niveau social, qui ne se situe plus tant, pour SouB, entre les détenteurs des moyens de production (la bourgeoisie) et les détenteurs de leur seule force de travail (les prolétaires), mais entre les classes dirigeantes et les classes exécutantes. Pour Castoriadis, cette brèche de la révolution hongroise écrasée par l'armée russe dévoile les failles internes du système : « Par leur action, les ouvriers polonais et hongrois ont également montré la fragilité extrême de ce régime. Le "bloc" russe n'est pas moins fait de pièces et de morceaux que le "bloc" américain ; l'un comme l'autre sont incapables d'organiser leur domination sur leurs satellites [3]. » Castoriadis va jusqu'à considérer que le prolétariat

---

1. Claude LEFORT, « L'insurrection hongroise », *Socialisme ou Barbarie*, n° 20, décembre 1956-février 1957 ; repris dans *Socialisme ou Barbarie. Anthologie, op. cit.*, p. 130.
2. *Ibid.*, p. 133.
3. Pierre CHAULIEU, « La révolution prolétarienne », *Socialisme ou Barbarie*, n° 20, décembre 1956, p. 135.

d'Europe orientale devient alors l'avant-garde de la révolution mondiale : « Pendant les années à venir, toutes les questions qui comptent se résumeront à celle-ci. Êtes-vous pour ou contre l'action et le programme des ouvriers hongrois [4] ? » Dans les pays de l'Est, après le temps de la glaciation, l'histoire semble reprendre ses droits, et avec elle les espoirs d'une sortie du stalinisme.

Dans les colonnes de *Socialisme ou Barbarie*, Castoriadis interpelle les militants du PCF en stigmatisant la manière dont *L'Humanité* a rendu compte de la révolution hongroise. Le quotidien communiste a en effet titré : « Les graves émeutes contre-révolutionnaires mises en échec à Budapest » et : « L'émeute contre-révolutionnaire a été brisée » [5]. Dans son article, Castoriadis met en évidence la pratique du mensonge systématique pour discréditer cette révolution, présentée durant les quinze premiers jours comme l'œuvre de « provocateurs payés par les Américains », s'appuyant sur des « bandes fascistes ». Aux yeux de Castoriadis et de ses camarades, il s'agit en fait d'une renaissance du mouvement de résistance du prolétariat européen face à l'oppression bureaucratique, et son effet de choc est de dimension mondiale : « La révolution hongroise est la pointe la plus avancée de ce combat. [...] Sa signification est absolument universelle. Ses causes profondes se retrouvent dans tous les pays dominés par la bureaucratie soi-disant "communiste" – comme dans les pays capitalistes occidentaux [6]. »

Cette révolution hongroise est, pour Castoriadis, une « divine surprise » et un événement majeur : « Ses répercussions, qui ne font que commencer, auront transformé le monde en cette seconde moitié du XXᵉ siècle. Pour la première fois, un régime totalitaire moderne est mis en morceaux par le soulèvement des travailleurs [7]. » Les masques tombent et les travailleurs hongrois mettent à bas la plus grande mystification de l'histoire, tout en démontrant l'extrême fragilité de ce système qui semblait tout-puissant. Dans le même temps, ils font la démonstration de la supercherie que représente la pseudo-déstalinisation : « Aujourd'hui,

---

4. *Ibid.*, p. 139.

5. « L'insurrection hongroise : questions aux militants du PCF », *Socialisme ou Barbarie*, n° 20, décembre 1956 ; repris dans Cornelius CASTORIADIS, *La Société bureaucratique, op. cit.*, p. 353-370.

6. Pierre CHAULIEU, « La révolution prolétarienne contre la bureaucratie », *Socialisme ou Barbarie*, n° 20, décembre 1956 ; repris dans Cornelius CASTORIADIS, *La Société bureaucratique, op. cit.*, p. 371.

7. *Ibid.*, p. 372.

c'est le prolétariat d'Europe orientale qui est à l'avant-garde de la révolution mondiale[8]. » La planification et la nationalisation des moyens de production, base même de l'économie bureaucratique, qui ont été présentées comme un acquis fondamental du socialisme, n'ont rien changé à la condition ouvrière : « L'ouvrier est resté un simple exécutant, à qui les méthodes bureaucratiques de direction de la production non seulement dénient toute initiative, mais qu'elles transforment en pur et simple appendice de la machine[9]. » Réduits à ce rôle et prisonniers par un système de surveillance policier, les ouvriers ne peuvent ni s'organiser ni s'opposer aux injonctions bureaucratiques. En cette année 1956, certains d'entre eux résistent cependant en faisant baisser la productivité du travail qui a toujours été très faible dans le bloc de l'Est.

Juste avant l'insurrection hongroise, il y eut pendant l'été les émeutes ouvrières de Poznan, en Pologne. De juin à octobre 1956, l'effervescence est à son comble, les ouvriers défient les blindés, réussissent à mettre une bonne partie de l'armée de leur côté, menacent les centres du pouvoir, réclament du pain et la liberté. La bureaucratie polonaise, sur la défensive, rappelle une victime des purges staliniennes en la personne de Gomulka. Le Kremlin gère la crise en acceptant le compromis avec la nouvelle direction polonaise. L'enthousiasme est tel dans les rangs de SouB que leur première analyse à chaud, publiée en décembre 1956, crédite le Parti communiste polonais de la capacité à faire sortir le pays du carcan bureaucratique. Quelques mois plus tard, cette appréciation est rectifiée : SouB considère que le régime a simplement initié une nouvelle forme de bureaucratie : « Il était faux de croire et de laisser croire que le parti polonais pouvait changer jusqu'au point de devenir lui-même un des instruments de transformation révolutionnaire de la société[10]. » Dans la même livraison de la revue, Claude Lefort fait part de son voyage en Pologne et revient sur cette première analyse du gomulkisme[11] : partout les comités ouvriers ont été démantelés, la censure rétablie et

---

8. *Ibid.*, p. 376.

9. *Ibid.*, p. 383.

10. Pierre CHAULIEU, « La voie polonaise de la bureaucratisation », *Socialisme ou Barbarie*, n° 21, mars 1957 ; repris dans Cornelius CASTORIADIS, *La Société bureaucratique, op. cit.*, p. 407-408.

11. Claude LEFORT, « Retour de Pologne », *Socialisme ou Barbarie*, n° 21, mars-mai 1957, p. 1-58 ; repris dans Claude LEFORT, *Éléments d'une critique de la bureaucratie, op. cit.*, p. 221-259 ; le texte, qui n'a pas été repris dans la réédition de Gallimard, « Tel », l'a été dans *L'Invention démocratique*, Fayard, Paris, 1981.

l'autorité des dirigeants du Parti, réaffirmée, ne souffre plus la moindre critique. L'heure est simplement à la démultiplication des variantes des régimes bureaucratiques : après la voie titiste en Yougoslavie et la voie maoïste en Chine, la déclinaison gomulkiste en Pologne s'invite au festin bureaucratique dont le menu économique et politique reste inchangé, celui d'un implacable système d'exploitation.

Le choc suscité par l'insurrection hongroise et sa répression va provoquer deux adhésions à SouB dans la nouvelle génération d'étudiants, celles de Daniel Blanchard et de son ami Sébastien de Diesbach, qui se rendent à une réunion d'information sur la Hongrie : « Une affichette, collée contre un mur, signée d'un nom bizarre, Socialisme ou Barbarie, annonçait une conférence qui expliquerait le vrai sens de la lutte des ouvriers hongrois : j'y allai. C'est ainsi que je connus le groupe. La salle où se tenait la réunion se trouvait rue des Écoles. Je m'assis avec d'autres, intimidé, osant à peine lever les yeux vers la tribune. Quelque chose me disait qu'il ne s'agissait pas, ici, d'une de ces tentatives d'embauchage dont j'avais fait l'expérience chez les catholiques et les communistes. Ce jour-là, les hommes graves qui montèrent sur la modeste estrade se dispensèrent de mots d'accueil : l'on venait de connaître, en Hongrie, une révolution ouvrière [12]. » Sébastien de Diesbach, emporté par le souffle romantique qu'il ressent profondément, s'imagine devenir le héros de *Moby Dick*, Ismaël, lâchant les amarres pour s'embarquer. Il écoute, médusé, les orateurs, voyant en eux la réincarnation de héros bolcheviques préparant la prise du Palais d'hiver : « À la fin de la réunion, ma décision était prise, j'étais certain de faire le choix le plus important de ma vie. Avec un autre étudiant, qui devint par la suite un excellent ami, Daniel Blanchard, je vainquis ma timidité, m'approchai des organisateurs et pris rendez-vous pour un autre contact [13]. » À la faveur des événements hongrois et de l'opposition à la guerre d'Algérie, Daniel Mothé et ses amis sortent de l'isolement et commencent à se faire entendre sur le terrain privilégié de la classe ouvrière, dans le fief de Renault-Billancourt : « Quelques amis et moi, nous avons décidé de distribuer un tract place Nationale. Contre la guerre en Algérie, la guerre en Égypte et contre la dictature communiste. Le ton est violent, mais les ouvriers l'accueillent avec sympathie. Il exprime ce que

---

12. Sébastien DE DIESBACH, *La Révolution impossible*, op. cit., p. 79.
13. *Ibid.*, p. 90.

beaucoup ont sur le cœur. De petits groupes d'ouvriers sont prêts à protéger les diffuseurs : très peu parmi eux dépassent la trentaine [14]. »

1956 est aussi l'année du fameux XXᵉ congrès du PCUS et des révélations du Rapport Khrouchtchev sur les crimes de Staline. Ce rapport, d'abord secret, produit un véritable séisme, même s'il se contente d'une analyse superficielle du phénomène totalitaire en le limitant aux excès du culte de la personnalité. Castoriadis considère qu'avec ce XXᵉ Congrès, « la bouillie idéologique de la bureaucratie a tourné [15] ». Il s'élève avec véhémence contre cette conception désuète de l'histoire qui se contente d'une critique de la seule personne de Staline. Il dénonce une stratégie qui vise à exonérer l'ensemble de la classe dirigeante : « Pour mieux sauver le système lui-même, il ne pouvait s'en tirer autrement qu'en les présentant [les crimes] comme accidentels. Et l'accident dans l'histoire a nom individu [16]. » À partir des révélations partielles et euphémisées du nouveau chef du Kremlin, Khrouchtchev, Castoriadis dévoile le véritable mécanisme à l'œuvre dans tous les procès staliniens. Il a lu très tôt Alexander Barmine, Boris Souvarine et Arthur Koestler, et n'a pas de peine à montrer que les accusations qui y avaient cours n'étaient étayées que sur l'aveu d'une culpabilité fantasmatique extorquée sous la torture. Selon lui, ces procès ont une fonction sociale fondamentale, celle de l'exercice d'une terreur qui a cimenté la bureaucratie et soumis le peuple à l'obéissance par la crainte. Bien avant *L'Aveu* d'Arthur London, Castoriadis a compris le mécanisme en cours dans les procès de Moscou : « On n'amenait aux procès que ceux dont on était sûr. [...] La "solidarité" des condamnés avec le système qui allait les fusiller, il faut la chercher ailleurs : dans leur capitulation, dans leur participation à l'idéologie et à la mentalité bureaucratiques [17]. » Il y a eu identification de la victime et du bourreau. Mais plus encore, souligne Castoriadis, la plupart des intellectuels de gauche dans le monde ont été complices de ces crimes. La période de « déstalinisation » qui s'ouvre ne doit pas déboucher sur un nouveau leurre : elle ne change pas fondamentalement la nature du régime d'oppression et la mystification qu'il entretient.

---

14. Daniel MOTHÉ, *Journal d'un ouvrier (1956-1958)*, Minuit, Paris, 1959, p. 89.

15. Pierre CHAULIEU, « Khrouchtchev et la décomposition de l'idéologie bureaucratique », *Socialisme ou Barbarie*, n° 19, juillet 1956 ; repris dans Cornelius CASTORIADIS, *La Société bureaucratique, op. cit.*, p. 334.

16. *Ibid.*, p. 340.

17. *Ibid.*, p. 347.

Pour nombre d'intellectuels français qui retrouvent leur esprit critique et leur liberté de parole, le temps des révisions déchirantes est venu. C'est l'heure de la rupture avec le PCF ou l'abandon de leur statut de compagnons de route. Pour SouB, le contexte est alors propice à une véritable sortie de l'isolement. En cette même année 1956 naît la revue *Arguments*, qui se propose de réviser le marxisme et de mettre en évidence les contradictions propres à la modernité. Elle est fondée par Edgar Morin et animée par Kostas Axelos, Jean Duvignaud, Colette Audry, François Fejtö, Dionys Mascolo, Roland Barthes et Pierre Fougeyrollas. Sans totem ni tabou, elle se veut ouverte à toutes les révisions nécessaires. *Arguments* entend sortir de la *doxa* et se présente comme ouverte à une libre réflexion et à des remises en question radicales des dogmes auxquels les intellectuels ont trop longtemps cru. Entre les ténors des deux revues, des liens se nouent. Claude Lefort fait un voyage d'étude en Pologne à la fin de l'année 1956 en compagnie d'Edgar Morin ; Robert Antelme et Dionys Mascolo sont aussi du voyage, dont Lefort rapporte un long article d'analyse de la situation pour *Socialisme ou Barbarie*[18]. Edgar Morin se souvient : « Quand j'ai constitué la revue *Arguments*, j'aurais bien aimé que Lefort en fasse partie de façon permanente, mais il m'a dit être trop lié à *Socialisme ou Barbarie*. J'aurais volontiers fait la même proposition à Corneille[19]. »

1956 est aussi le moment où les Français veulent en finir avec la guerre d'Algérie, qui a débuté en 1954. Les électeurs portent la gauche au pouvoir et Guy Mollet, alors secrétaire de la SFIO, prend la tête du nouveau gouvernement. Mais au lieu de s'engager dans la voie de la paix, Mollet donne carte blanche à l'armée après avoir fait voter les « pouvoirs spéciaux ». Le projet de loi adopté par l'Assemblée prévoit l'envoi massif de rappelés en Algérie pour y procéder à des opérations militaires. L'engrenage de la guerre coloniale devient alors inéluctable. Cette fois, la fracture affecte la SFIO qui se coupe de nombreux militants et sympathisants ne se reconnaissant pas dans cette politique. Une large partie de la jeunesse française n'accepte pas cette guerre qui n'ose dire son nom, et se radicalise politiquement. Cette situation permet de conforter la sortie de l'isolement de SouB. En 1957, Castoriadis dénonce dans la revue la confusion qui règne et la crise profonde que traverse la IVe République finissante : « On aurait

---

18. Claude LEFORT, « Retour de Pologne », *Socialisme ou Barbarie*, *op. cit.*
19. Edgar Morin, entretien avec l'auteur.

tort de croire que la "crise gouvernementale" ouverte par la chute de Guy Mollet n'est qu'un gag de plus dans l'interminable farce de la IVᵉ République. [...] Le départ de Mollet ouvre une nouvelle phase dans l'histoire de la France d'après guerre : celle où la guerre d'Algérie et ses conséquences deviendront une préoccupation quotidienne et directe de la société [20]. » Et Castoriadis de considérer qu'il n'y a pas d'issue militaire à cette guerre. Dès l'été 1957, il établit avec clairvoyance un lien entre la continuation de la guerre et le renforcement de l'État, prophétisant un possible retour du général de Gaulle : « On en est déjà au point où des gens "de gauche" réclament de Gaulle au pouvoir [21]. »

C'est dans le cadre de la lutte contre la guerre d'Algérie que Castoriadis fait lui aussi la rencontre d'Edgar Morin : « Il s'est formé un comité contre la guerre en Afrique du Nord, créé par Mascolo, Antelme, Louis-René des Forêts et moi-même et, au moment de la répression de la révolution hongroise, le groupe s'est trouvé divisé entre ceux qui disaient ne vouloir s'occuper que de l'Algérie et faire silence sur la Hongrie et ceux qui pensaient, dont j'étais avec Mascolo, qu'on ne pouvait combattre le colonialisme en laissant faire ce qui se passait en Hongrie. Les réunions devenaient houleuses et Claude Lefort a fait une magnifique intervention. C'est comme cela que j'ai fait sa connaissance. On s'est liés, et au cours d'une réunion que l'on a organisée contre l'intervention soviétique, Lefort a amené Corneille [22]. »

La proximité des membres d'*Arguments* et de *Socialisme ou Barbarie* donne lieu en 1957 à la publication d'un dossier consacré aux idées de SouB dans les colonnes de la nouvelle revue d'Edgar Morin [23]. C'est l'occasion rêvée de sortir de l'isolement dans lequel étaient confinés les amis de Castoriadis. Le linguiste Gérard Genette, alors membre de SouB, présente les thèses majeures de son courant. Il rappelle le déplacement réalisé par rapport à l'analyse marxiste classique selon laquelle tout se joue dans la contradiction majeure entre le caractère de plus en plus social de la production et le caractère toujours privé de la

20. Pierre CHAULIEU, « La situation française », *loc. cit.* ; repris dans Cornelius CASTORIADIS, *La Société française, op. cit.*, p. 97, et dans Cornelius CASTORIADIS, *La Question du mouvement ouvrier*, t. I, *op. cit.*, p. 277.

21. *Ibid.* ; repris dans Cornelius CASTORIADIS, *La Société française, op. cit.*, p. 103, et dans Cornelius CASTORIADIS, *La Question du mouvement ouvrier*, t. I, *op. cit.*, p. 281.

22. Edgar Morin, entretien avec l'auteur.

23. *Arguments*, nᵒ 4, juin-septembre 1957.

propriété. Il évoque une grande devancière particulièrement lucide sur le caractère bureaucratique du monde contemporain : Rosa Luxemburg. Tout en se réclamant du marxisme, Gérard Genette affirme que le mérite des analyses de *Socialisme ou Barbarie* réside surtout dans le fait de lever « de façon radicale les équivoques et les contradictions de l'idéologie stalinienne et de ses diverses variantes[24] ». De son côté, Edgar Morin salue une excellente entreprise de « dépétrification » et se reconnaît dans cette double posture qui consiste à mener une critique sans concession de la bureaucratie, tout en ne cédant en rien sur l'exigence socialiste. Il prend cependant ses distances vis-à-vis du courant de Castoriadis lorsqu'il considère que la critique de la bureaucratie n'a été faite qu'au plan extensif, alors qu'il convient de passer à un niveau intensif et de faire apparaître l'hétérogénéité sociale que recouvre ce concept qui, à force d'être utilisé, finit par aveugler : « L'analyse du complexe technocratie-bureaucratie-appareil doit être nécessairement entreprise si l'on veut enfin commencer à éclairer le phénomène dit bureaucratique. C'est sur ce point que *Socialisme ou Barbarie* a failli à sa tâche. Cette faiblesse théorique s'est inévitablement répercutée en faiblesse politique[25]. » Edgar Morin juge en effet que les analyses de SouB sur l'URSS restent tributaires et prisonnières du monolithisme stalinien, qui occulte les différenciations entre des couches sociales et des stratégies très différenciées. Mais il reconnaît à ce courant l'immense mérite d'avoir sorti le marxisme de l'économisme et d'avoir fait l'effort d'adapter la pensée marxiste aux évolutions de la société contemporaine. Il n'adopte pas pour autant des positions qui relèvent selon lui d'une forme de millénarisme, avec sa propension à faire de la classe ouvrière un absolu aux dépens des autres catégories sociales : « En un mot *Socialisme ou Barbarie* va à l'essentiel, mais pour l'isoler et l'hypostasier[26]. »

C'est à Lefort que revient la responsabilité de répondre aux critiques de Morin. Il y récuse la qualification de millénarisme qui présuppose un attentisme, contraire à ce que pratique son courant, plutôt volontariste depuis sa naissance en 1949. Par ailleurs, il réaffirme fermement la conception de la bureaucratie défendue par SouB : « La

---

24. Gérard GENETTE, « Notes sur *Socialisme ou Barbarie* », *Arguments*, n° 3, avril 1957 ; repris dans *Arguments 1956-1962*, t. I, Privat, Toulouse, 1983, p. 8-13.

25. Edgar MORIN, « Solécisme ou Barbarisme », *Arguments*, n° 3, avril 1957, p. 13-19.

26. *Ibid.*

bureaucratie est un phénomène social total qui n'est intelligible que dans la perspective de l'histoire moderne de la lutte des classes [27]. »

À la faveur de leurs analyses respectives de l'URSS et d'une position commune de distance critique vis-à-vis du FLN, mais de soutien à la cause algérienne, on pourrait penser que les deux revues sont en cette fin des années 1950 dans une parfaite proximité. Il subsiste cependant des controverses, dont l'une va faire grand bruit. *Arguments* consacre à la question décisive de l'analyse de la nature de la classe ouvrière un de ses numéros du début de l'année 1959 [28]. Le dossier s'appuie essentiellement sur les analyses des sociologues du monde du travail Alain Touraine et Serge Mallet, qui perçoivent l'émergence d'une nouvelle classe ouvrière plus proche du secteur tertiaire et bénéficiaire de la société de consommation, ouvrant la voie à une stratégie réformiste de conquêtes partielles à l'intérieur du système. Ce constat, qui supplante l'idée de révolution, n'est pas du goût de SouB qui réagit avec véhémence et organise le 24 avril 1959 une réunion à la Salle des sociétés savantes, près de l'Odéon, pour stigmatiser ce qui lui apparaît comme une trahison. Dans la revue, ce sont Castoriadis (sous le pseudo cette fois de Jean Delvaux) et Daniel Blanchard (Canjuers) qui s'en prennent frontalement à Alain Touraine et à Serge Mallet. Et l'attaque est frontale. Daniel Blanchard s'en prend à un « commando de sociologues » transformé en « rêveurs érudits » [29]. Castoriadis n'est pas plus tendre avec Alain Touraine : « On peut raconter n'importe quoi, extrapoler et généraliser sans souci… bref pisser de la copie à droite et à gauche. Ce sera toujours assez bon pour des ouvriers. Le numéro en question d'*Arguments* fourmille d'exemples de ce comportement [30]. »

À la faveur de ces rapprochements et malgré ces polémiques, SouB devient plus audible et recommence à recruter, notamment en milieu étudiant. Viennent à lui deux jeunes intellectuels engagés contre le colonialisme et enseignants en Algérie, Jean-François Lyotard (pseudo : François Laborde), agrégé de philosophie, et Pierre Souyri (pseudo : Pierre Brune), professeur d'histoire. Pierre Souyri jouera un

---

27. Claude LEFORT, « Sur l'article de Morin », *Arguments*, n° 3, avril 1957.

28. « Qu'est-ce que la classe ouvrière », *Arguments*, n° 12-13, janvier-février-mars 1959.

29. Pierre CANJUERS (Blanchard), « Sociologie-fiction pour gauche-fiction (à propos de Serge Mallet) », *Socialisme ou Barbarie*, n° 27, avril-mai 1959, p. 15 et 24.

30. Jean DELVAUX (Castoriadis), « Les classes sociales de M. Touraine », *Socialisme ou Barbarie*, n° 27, avril-mai 1959, p. 36 ; repris dans Cornelius CASTORIADIS, *La Question du mouvement ouvrier*, t. II, *op. cit.*, p. 367.

grand rôle dans le groupe par sa lucidité précoce sur la nature du régime chinois. Dès 1958, il dénonce avec vigueur les charmes discrets de la mystification maoïste, à laquelle nombre d'intellectuels français vont succomber, bien avant la publication du livre de Simon Leys [31]. C'est leur commune opposition à la guerre d'Algérie qui conduit Lyotard et Souyri en 1954 vers SouB, et avec ces deux recrues, la « génération algérienne » fait son entrée dans le groupe, jusque-là focalisé sur le bloc soviétique et sur la condition ouvrière dans les sociétés capitalistes occidentales.

Jean-François Lyotard donne toute la place qu'elle mérite à la très douloureuse question algérienne. Pleinement engagé dans le combat mené par le FLN pour l'indépendance de l'Algérie, il a été nommé au lycée de Constantine où il a enseigné de 1950 à 1952, jouant un rôle actif dans le soutien au FLN en rejoignant les porteurs de valises. Les positions de Lyotard suscitent des débats dans le groupe, car beaucoup expriment leurs réticences vis-à-vis d'un mouvement qui n'a rien d'ouvrier et dont le mode de fonctionnement a un double caractère bourgeois et bureaucratique. Dans ses analyses, Lyotard partage ce diagnostic, tout en considérant qu'il est impératif d'être aux côtés du FLN pour faire gagner la cause de l'indépendance : « Il m'est arrivé comme à beaucoup (et cela n'alla pas sans discussions dans le groupe) de "soutenir" pratiquement des militants du FLN en France alors même que je faisais la critique théorique de leur organisation dans la revue… Ce différend intime *devait* rester irrésolu, sauf à accréditer l'idée fausse et dangereuse que partout l'histoire marche du même pas, dans les Aurès et à Billancourt [32]. » Selon Lyotard, s'il y a bien en Algérie un processus de bureaucratisation du FLN qui s'est coupé du reste de la société algérienne, il se refuse à tout fatalisme et compte sur la dynamique du combat mené et des compromis à passer : « La bureaucratie ne pourra pas continuer à se consolider comme elle le faisait à la faveur de la guerre. Le seul fait qu'il y ait compromis signifie en effet qu'il faudra accepter, par exemple sous forme d'élections, un nouveau type de rapport avec la population algérienne [33]. » Si Lyotard est à la pointe de la mobilisation contre la

31. Simon LEYS, *Les Habits neufs du président Mao*, Champ libre, Paris, 1971.

32. Jean-François LYOTARD, *La Guerre des Algériens. Écrits 1956-1963*, Galilée, Paris, 1989, p. 36-37.

33. Jean-François LYOTARD, « Le contenu social de la lutte algérienne », *Socialisme ou Barbarie*, n° 29, décembre 1959-février 1960 ; repris dans *Socialisme ou Barbarie. Anthologie*,

guerre d'Algérie, la majorité du groupe, dont Castoriadis et Véga, considère que l'on ne peut mettre SouB en danger pour une organisation bureaucratique et militarisée. De plus, Véga comme Castoriadis sont alors des étrangers et peuvent, du jour au lendemain, être reconduits à la frontière (Véga restera d'ailleurs un étranger jusqu'à la fin de ses jours ; il n'a en effet jamais demandé sa naturalisation). Certains membres se situent dans l'entre-deux, dont Daniel Blanchard, qui portera quelques valises avec Jean-François Lyotard et son épouse Andrée.

L'intensification de la guerre, la crise politique de mai 1958, le retour du général de Gaulle, les équivoques sur la politique suivie, tous ces événements vont favoriser le rayonnement croissant du groupe, qui recrute dans ces années 1950 une brassée de nouveaux militants. Le 13 décembre 1958, la revue organise une réunion publique à laquelle participent une soixantaine de personnes. Après un exposé de Guillaume sur la situation de la classe ouvrière depuis le 13 mai et la signification du référendum, Daniel Mothé intervient dans le même sens. Daniel Blanchard est à la recherche d'une autre voie politique. Il a en tête le parcours de son père, d'abord membre du PCF et dirigeant de la résistance locale de la région de Barcelonnette, qui a rompu brutalement avec le parti en 1945 jusqu'à basculer dans ce que son fils a jugé être un anticommunisme primaire. Daniel Blanchard a alors pour compagne Catherine May, qui deviendra la première femme de Castoriadis, et découvre *Socialisme ou Barbarie* avec son analyse de l'invasion de la Hongrie : « Cela a été mon chemin de Damas. J'avais enfin trouvé ma voie[34]. » Apprenant que les animateurs de la revue tiennent une réunion publique, il décide de s'y rendre avec son ami Sébastien de Diesbach. Il y entend avec beaucoup de plaisir une intervention de Lefort de retour de Pologne, appréciant autant la qualité de ses analyses que son éloquence. Il décide d'adhérer : « Le camarade Véga me donne un rendez-vous dans un bistrot et me fait prendre tout un itinéraire pour me conduire à l'endroit de la réunion. Il y avait là une grande salle, une grande table autour de laquelle se tenaient une quinzaine de personnes[35]. » L'intégration dans ce cercle semi-clandestin passe par le choix d'un pseudonyme. Pour le trouver,

---

op. cit., p. 250 ; repris dans Jean-François LYOTARD, *La Guerre des Algériens. Écrits 1956-1963*, *op. cit.*, p. 121-163

34. Daniel Blanchard, entretien avec l'auteur.

35. *Ibid.*

Daniel Blanchard, amoureux du Sud-Est de la France, prend une carte, met son doigt sur une ville, Canjuers ; ce sera son nom de guerre. Bien qu'agrégatif en histoire à la Sorbonne, il passe son temps en réunions, distributions de tracts, essayant de convaincre les militants de l'UEC (Union des étudiants communistes) inscrits en philosophie, comme Pierre Clastres, Lucien Sebag, Michel Cartry, qui ont fait le choix de l'anthropologie, manifestant leur accord avec les analyses de SouB, sans vouloir encore sortir de leur organisation communiste.

La Hongrie aura marqué le groupe jusque dans la vie personnelle de ses membres. Catherine Preiser, dont le père est hongrois, va devenir la compagne de Daniel Mothé, puis de Daniel Blanchard après sa rupture avec Catherine May. Lorsque ce dernier se rend dans la famille de sa compagne en Hongrie en 1959, il y fait la connaissance de l'oncle de sa femme, architecte et vieux militant communiste qui a quitté la France où il a vécu dans la clandestinité pendant la guerre. Après avoir rejoint à pied son pays libéré par l'Armée rouge pour participer à l'édification du socialisme, il est arrêté, jeté en prison, torturé lors du procès Rajk en tant que communiste ayant frayé avec l'étranger. Libéré en 1955, il croit encore, lorsque Daniel Blanchard le rencontre, qu'en 1956 ce sont des fascistes qui ont failli prendre le pouvoir à Budapest !

Parmi ces enfants de 1956, les jeunes Casevitz, frère et sœur, issus d'une famille juive communiste, ont été cachés en Haute-Loire pendant la guerre par l'historien Jean Bruhat et sa femme après l'arrestation de leur grand-père. C'est par son ami d'enfance, Sébastien de Diesbach, que Janine Casevitz-Weulersse, qui n'a jamais accepté de se faire enrôler par le PCF malgré son environnement familial, entre à Socialisme ou Barbarie à la fin de l'année 1957. Déjà mère de deux enfants, elle poursuit ses études universitaires à Marie-Curie en dilettante, et se plonge alors dans l'activisme. Elle est, comme la plupart de ces jeunes adhérents, sous le charme de Castoriadis : « Il nous mettait sur le même pied que lui, hommes et femmes. Il ne m'intimidait pas, car on avait l'impression avec lui d'être intelligent. Il vous considérait et avait une vision passionnante des choses avec une énorme culture[36]. » Maîtrisant la frappe, Janine Casevitz rend bien des services au groupe, et notamment à Véga, chez qui elle se trouve régulièrement pour taper ses textes. Elle le juge, comme beaucoup,

---

36. Janine Casevitz-Weulersse, entretien avec l'auteur.

trop austère et favorise parmi ses nouveaux camarades tout ce qui peut sensibiliser aux problèmes que rencontrent les jeunes, ainsi qu'aux manifestations culturelles et artistiques : « Il y a eu à ce moment-là un début de critique des mœurs sociales, des critiques de films [37]... » Elle écrit un article non signé dans la revue pour réagir contre la montée de la haine des jeunes issus des classes populaires, qualifiés de manière répétée de « blousons noirs » [38].

Son frère Michel adhère un peu plus tard, en 1958, après le départ de Lefort. Il quitte les rangs du PCF, et c'est dans les réunions dites de « socialisation » qu'il fait la connaissance de son épouse, France-Marie Casevitz-Renard, ethnologue, qui vient d'adhérer avec d'autres étudiants de propédeutique, sous l'influence de leur professeur Jean-François Lyotard. Arrivé dans le groupe alors qu'il n'a que vingt ans, il vit un peu difficilement le charisme prononcé de Castoriadis dans les réunions : « Il manifestait un impérialisme pseudo-démocratique, un peu à la Périclès. Il terrorisait avec sa formule "S'il y en a ici qui pensent que..., alors c'est à désespérer". Évidemment, dans ces conditions, personne ne pensait cela [39]. » Michel Casevitz, qui deviendra un éminent philologue spécialiste de la langue grecque antique, est malgré tout stupéfait par l'étendue du savoir de Castoriadis. À l'occasion d'un dîner chez lui rue du Cherche-Midi le 13 juillet 1961, alors qu'il revient de son épreuve de version grecque d'agrégation, Castoriadis lui demande quel texte il a eu à traduire, un texte de Lysias qu'il ne connaissait pas, sur les marchands de blé accaparant les céréales pour faire monter les prix : « Il s'est mis à me réciter le texte par cœur [40] ! » Issu du PCF mais devenu critique de ses positions, Michel Casevitz reste attaché à un parti qui est pourtant la cible privilégiée du groupe. Il va vivre ses années à Socialisme ou Barbarie en léger décalage avec le reste de ses camarades.

Parmi ceux qui seront attirés par le charisme du professeur de philosophie Jean-François Lyotard, se trouve le futur sémiologue Claude Chabrol : « Lyotard est un grand séducteur, un beau parleur, d'un charme absolu et son pouvoir d'attraction est alors extraordinaire [41]. » Pour autant, Chabrol, qui intègre le groupe en 1959, ne le suit pas sur

---

37. *Ibid.*

38. « Tragique méprise, ils l'avaient pris pour un blouson noir », *Socialisme ou Barbarie*, n° 30, avril-mai 1960.

39. Michel Casevitz, entretien avec l'auteur.

40. *Ibid.*

41. Claude Chabrol, entretien avec l'auteur.

le terrain, qu'il juge aventuriste, du soutien effectif aux combats du FLN. Un autre public privilégié se montre réceptif aux thèses du courant : l'aile gauche, trotskisante et libertaire, des syndicats enseignants, regroupée dans « L'École émancipée ». C'est à leur attention que Castoriadis écrit dans leur journal un article qui s'attaque de nouveau au mythe de l'État ouvrier dégénéré[42], comme il l'avait fait dès 1946. Cette fois, sa démonstration est plus audible du fait des soulèvements ouvriers en Pologne, en Hongrie, de la révélation des crimes de Staline et de tout un système qui a beaucoup perdu en dix ans de son aura conquise dans les combats de la Seconde Guerre mondiale.

Après la vague des adhésions post-56, de nouveaux jeunes militants dont la prise de conscience politique s'est en général construite sur la base de leur opposition à la guerre d'Algérie adhéreront encore au début des années 1960. Cette génération n'a, à la différence des anciens, pas connu la guerre : Paul Hanappe (pseudo : Paul Tikal), Jean-Louis Tristani, Helen Arnold, Danièle Auffray, France-Marie Casevitz, Claude Chabrol (pseudo : Claude Martin), Enrique Escobar, Alain Guillerm, Christian Descamps (pseudo : Serge Mareuil), Christiane Nivet, Sylvie Salgo.

Alors que le groupe ne rassemblait pas tout à fait une vingtaine de membres en 1957, il en compte quarante-cinq à l'automne 1959, dont dix-huit à Paris, puis, au printemps 1961, quatre-vingt-sept, dont quarante-quatre à Paris divisés en deux cellules[43]. Devant cette montée en nombre, pour éviter d'être repéré comme agitateur professionnel par les renseignements généraux en alerte en pleine guerre d'Algérie, Castoriadis décide de changer de pseudo et signe, à partir de 1959, du nom de Paul Cardan : « Cyrile Rousseau de Beauplan (« Philippe Guillaume »), directeur officiel de la publication, avait été convoqué à la préfecture ; interrogé, il a estimé habile de livrer quelques vérités pour donner le change. Corneille m'a raconté un jour en riant que, questionné sur un certain Chaulieu, il avait dit à peu de chose près... "qu'il était économiste, petit et chauve"[44]. »

---

42. Pierre CHAULIEU, « Sur la dégénérescence de la révolution russe », *L'École émancipée*, avril 1958 ; repris dans Cornelius CASTORIADIS, *La Société bureaucratique*, op. cit., p. 424-433.

43. Le groupe est présent dans sept villes : cinq à Saint-Lô, treize à Caen, sept à Lyon, deux à Lille, quatre au Mans, cinq à Montpellier, sept à Nîmes. Voir Philippe GOTTRAUX, « *Socialisme ou Barbarie* », op. cit., p. 104.

44. Enrique Escobar, entretien avec l'auteur. Castoriadis a un autre pseudo, à usage purement interne, celui de Barjot.

Parmi ces nouveaux adhérents du début des années 1960, Helen Arnold est une Américaine arrivée de New York en France à l'âge de dix-huit ans. Un de ses amis lui dit avoir lu un tract intéressant, très actuel, annonçant une réunion publique. Son ami de l'époque étant malade le jour de la réunion, elle s'y rend seule et, ne voyant que des hommes dans la grande salle, elle prend peur et s'en va. Son ami l'accompagnera plus tard dans les réunions de « socialisation », où les membres de SouB écoutent du jazz, discutent, devisent sur la marche du monde autour d'un verre de whisky, en même temps qu'on se livre à de petits jeux pour mieux se connaître, comme le portrait chinois. Helen Arnold retourne une année aux États-Unis, revient en 1961 et cette fois adhère à Socialisme ou Barbarie. Le groupe, qui a déjà son ouvrier en la personne de Daniel Mothé aura donc désormais son Américaine : « On était tous passionnés par les États-Unis, ce qui faisait un clivage avec le reste de la gauche. On s'ouvrait à la sociologie, au jazz, à la modernité et au cinéma américain [45]. » Helen Arnold traduira en anglais, beaucoup plus tard, un certain nombre des publications de Castoriadis [46].

Pour une bonne partie de l'intelligentsia française, l'année 1956 est celle de toutes les ruptures, et cette nouvelle situation aura permis à SouB de sortir quelque peu de son isolement. Le séisme n'atteint pourtant pas la forteresse de la classe ouvrière à Renault-Billancourt, où le PCF et la CGT restent maîtres. En revanche, cette année ouvre pour nombre d'intellectuels une période de deuil des espérances perdues. Roger Vailland s'éloigne et décroche de son bureau le portrait de Staline. Claude Roy est chassé du PCF pour « avoir fait le jeu de la réaction, des ennemis de la classe ouvrière et du peuple [47] ». Même Sartre, stigmatisé par Castoriadis pour avoir été, depuis le début des années 1950, un compagnon de route irréprochable du PCF, publie dans L'Express du 9 novembre 1956 un article incendiaire sur la Hongrie qui provoque un divorce sans recours.

Toute une série de jeunes historiens novateurs quittent le PCF, avec à leur tête François Furet. C'est aussi le cas de Mona Ozouf, Denis Richet et Emmanuel Le Roy Ladurie. Comme l'a exprimé ce dernier, le

---

45. Daniel Blanchard, entretien avec l'auteur.
46. Notamment *Une société à la dérive*, qui paraîtra à New York chez Fordham, et *Les Figures du pensable*, chez Stanford University Press.
47. Cité par Pascal ORY et Jean-François SIRINELLI, *Les Intellectuels en France, op. cit.*, 1986, p. 188.

réveil est souvent brutal et douloureux : « Au terme de cette phase ultra-dogmatique, qu'interrompait définitivement la mort du dictateur, il me paraît important de poser une question que d'aucuns pourront trouver saugrenue : étions-nous des fascistes [48] ? » Le Roy Ladurie découvre avec bonheur les thèses de SouB : « Je fus très heureux, intellectuellement, dans mes contacts avec le groupe Socialisme ou Barbarie. Ce mouvement dominé par la haute intelligence de Chaulieu-Castoriadis, était allé jusqu'à la pointe la plus extrême de l'analyse trotskiste, de façon à la dépasser, voire à l'annuler totalement [49]. » Il dévore les numéros de la revue, même s'il ne se reconnaît pas vraiment dans ce petit groupe qui tourne trop le dos au passé pour mieux porter toutes ses espérances dans un futur communiste. Intrigué par ce qui peut émaner des débats internes sur l'organisation, il décide de faire le voyage Montpellier-Paris pour se renseigner sur les critiques contre un certain Chaulieu, stigmatisé comme un « Stalinicule » en herbe, et pour se rendre compte sur place de la réalité de ce groupe. Il débarque dans le bel appartement parisien de Marcel Bataillon, le beau-père de Lefort : « J'y trouvai le leader du sous-groupe oppositionnel de Socialisme ou Barbarie au milieu d'un océan de valises. Il me reçut avec courtoisie et m'annonça qu'il ne pouvait me consacrer que quelques minutes car il partait dans une demi-heure pour Saint-Tropez où il allait passer ses vacances annuelles. Le prolétariat mondial attendrait donc la rentrée de septembre et la fermeture des plages à la mode pour bénéficier des lumières de Soc ou Bar. Déçu, je ne pus que m'incliner. Je laissai Lefort s'éloigner vers la gare de Lyon [50]. »

Pour d'autres, la rencontre en ces temps de rupture et de désarroi avec le groupe de Castoriadis est plus fructueuse. C'est le cas du sémiologue Gérard Genette, qui quitte aussi le PCF en 1956 : « J'ai subi une cure de désintoxication pendant trois ans à Socialisme ou Barbarie où j'ai côtoyé Claude Lefort, Cornelius Castoriadis, Jean-François Lyotard. Pour devenir non marxiste après avoir été stalinien pendant huit ans, il fallait une forte centrifugeuse et Socialisme ou Barbarie en était une qui raclait à fond [51]. » Cette nouvelle période de dégel idéologique fait éclater la vulgate qui prévalait jusque-là.

---

48. Emmanuel LE ROY LADURIE, *Paris-Montpellier PC-PSU. 1945-1963*, Gallimard, Paris, 1982, p. 123.

49. *Ibid.*, p. 196.

50. *Ibid.*, p. 198.

51. Gérard Genette, entretien, dans François DOSSE, *Histoire du structuralisme*, t. I, La Découverte, Paris, 1991, p. 203.

5

Un groupe castoriadocentré

Socialisme ou Barbarie, comme toute organisation de petite taille, est aussi un lieu de regroupement fondé sur le plaisir d'être ensemble, dans un attachement affectif autant qu'intellectuel à une aventure commune. Ce sentiment prend dans ce groupe une dimension particulière et revêt une forte intensité, à la mesure de l'ambition démesurée que s'est donnée cette poignée de compagnons, persuadés que la justesse de leur analyse parviendra à secouer le joug à la fois de l'impérialisme et de la bureaucratie stalinienne pour assurer l'émancipation des peuples dans le monde. On conçoit, à distance, à quel point cette tâche requiert une forte dose de volontarisme et d'optimisme.

Tous les membres de SouB sont farouchement convaincus des potentialités émancipatrices que recèle l'avenir, même s'ils considèrent que des régressions sont possibles. Il faut beaucoup d'abnégation pour tenir l'étendard d'une ligne politique peu audible et quasi impossible à diffuser tant ses thèses apparaissent hétérodoxes. Cet état d'isolement renforce encore les liens entre les membres du groupe, pour lesquels l'engagement et l'ancrage dans le collectif militant donnent sens à leur vie personnelle. Une barrière dans les relations entre les membres reste pourtant intangible, celle qui sépare vie privée et vie militante. On ne se connaît que par son pseudo et on ignore le plus souvent la véritable identité de ceux que l'on retrouve plusieurs fois par semaine dans des arrière-salles de cafés enfumés, comme *Le Tambour*, à la Bastille. Certes, quelques relations amicales privilégiées peuvent naître ici ou là entre deux ou trois camarades. C'est le cas de Georges Petit avec le couple Alex et Denise Laforgue, qu'il a connus dans les milieux ajistes (créateurs des Auberges de jeunesse) d'après guerre et avec lesquels il passe régulièrement des vacances sous la tente, dans les campings. Jacques Signorelli et sa femme Louisette sont de leur côté très liés à Benno Sternberg (pseudo : Hugo Bell), journaliste et sociologue qui a vécu six ans en Allemagne de l'Est[1]. Jacques Signorelli a pris l'habitude de raccompagner Philippe Guillaume, militant de la première heure du groupe, dans le XVe arrondissement : « On quittait la réunion à minuit, mais on n'arrivait pas chez nous avant 1 heure du matin car on s'arrêtait biberonner deux ou trois fois en route. Il m'apprenait plein de choses, un vrai ivrogne pédago[2]. »

On l'a déjà évoqué à propos de Georges Petit, les milieux ajistes ont joué un grand rôle dans les débuts du groupe. Jacques Signorelli y a rencontré sa femme Louisette, choriste dans ce milieu de jeunes familiers des Auberges de jeunesse, qui va devenir une militante de SouB. D'autres membres, comme Maurice Rajsfus, André Neuvil et Georges Petit viennent également de là : « Arrivé d'Allemagne en 1945, je découvre les actions des Auberges de jeunesse qui étaient une organisation autogestionnaire, très politique[3]. » Ces membres de SouB resteront en contact avec ce milieu, participant à des randonnées pédestres et à des réunions de discussions. Jacques Signorelli fait venir Castoriadis à Étréchy, près d'Étampes, pour rencontrer quelques ajistes proches de lui : « Il est venu et certains avaient fait des farces car il était chauve. Quand j'ai revu mes copains, je leur ai demandé ce qu'ils pensaient de Corneille : "Oh, quelle grosse tête !", m'ont-ils répondu. Pourtant il avait fait de gros efforts[4]. »

Dans le petit noyau permanent du groupe, Castoriadis ne joue pas seulement un rôle majeur, il est la colonne vertébrale, l'étoile autour de laquelle tourne cette galaxie. Il n'y a pas par principe de hiérarchisation des fonctions, pas de secrétaire général ni de directeur de la revue. Mais son charisme naturel, son passé de militant expérimenté ayant traversé l'épreuve grecque (sur laquelle il reste néanmoins discret), et son insatiable curiosité lui confèrent une prééminence que personne ne lui conteste, sinon par bouffées passagères de ressentiment : « Quand on

---

1. Hugo BELL, « Le stalinisme en Allemagne orientale », *Socialisme ou Barbarie*, nº 7, août-sept. 1950, p. 21-33 et 42-45 ; nº 8, janvier-février 1951, p. 34.
2. Jacques Signorelli, entretien avec l'auteur.
3. Georges Petit, entretien avec l'auteur.
4. Jacques Signorelli, entretien avec l'auteur.

entre dans ce groupe, on est ébloui. On assiste à de beaux débats. C'est un peu le Roland Garros de la politique et Castoriadis, contrairement aux Français, ne laisse pas retomber sa voix, il la remonte en fin de phrase et redémarre, ce qui donne à son style oral un caractère tout à fait extraordinaire[5]. » Tous les témoignages concordent : « Castoriadis s'est imposé à nous comme quelqu'un capable de nous entraîner plus loin qu'on aurait pu le faire dans un milieu ordinaire. J'ai eu la chance, ayant abandonné l'école à dix-sept ans, d'être à l'université jusqu'à trente ans car SouB était une vraie université. On lisait les livres qu'il nous conseillait et on devenait plus riche qu'avant[6]. » Si, après chaque réunion, chacun retourne dans sa sphère privée, Castoriadis raccompagne parfois quelques camarades qui peuvent s'entasser jusqu'à une dizaine dans sa grosse Buick. Mais le plus souvent la complicité s'arrête là : « Personne ne se connaissait personnellement. Certains petits groupes se formaient par affinité, mais en fait, moi j'ai vécu, je crois, quelque chose comme seize ans, à côté, une ou deux fois par semaine, de Corneille sans jamais savoir qui il était réellement, où il vivait[7] », se souvient René Caulé (pseudo : René Neuvil), ancien résistant FTP ayant adhéré dans l'après-guerre au courant bordiguiste avant de rejoindre SouB en 1950.

Pour Sébastien de Diesbach, engagé en 1960 dans une double licence de sociologie et de philosophie à la Sorbonne, « Corneille, c'était Platon, Socrate, le pouvoir ne l'intéressait pas[8] ». Ébloui par son charisme et ses qualités d'orateur, il se souvient d'une réunion de SouB du début de l'année 1957 dans un café de la place Saint-Michel : Claude Lefort y rend compte de son voyage en Pologne et met en pièces les certitudes de son auditoire en démontrant savamment la complexité de la situation. Castoriadis l'écoute en prenant fébrilement des notes, se grattant le crâne de temps à autre : « Sous son allure bonasse, l'homme est puissant, nous le savons, ses bras, que les manches de chemise toujours relevées exposent, sont musclés, sa main, lorsqu'elle prend la vôtre, l'écrase sans façon. Lorsqu'il était entré dans la salle où nous attendions, cela avait été au pas de charge ; l'air s'était chargé d'électricité ; de grandes décisions allaient être prises ; des vues d'une

5. Claude Chabrol, entretien avec l'auteur.
6. Jacques Signorelli, entretien avec l'auteur.
7. René Neuvil, entretien avec Marie-France RAFLIN, *Socialisme ou Barbarie, op. cit.*, p. 428.
8. Sébastien de Diesbach, entretien avec l'auteur.

profondeur indicible seraient exposées ; rien ne serait plus comme avant. Notre héros (je n'étais certes pas le seul parmi les nouveaux à l'admirer), notre Achab, cet "homme hors du commun", qui avait en lui "de la grandeur, du blasphème et du divin" (Melville), ne pouvait être vraiment satisfait des propos du cofondateur : le gris n'était pas sa teinte favorite ni la complexité sa tasse de thé. Son habitude étant de parler le dernier, il laissa d'autres exprimer leur inquiétude... Enfin, posant son stylo et s'étant à nouveau frotté le crâne, Castoriadis, tournant rapidement les mains l'une autour de l'autre (un de ses tics que nous, les jeunes, copiâmes aussitôt), se mît à reformuler l'exposé de Lefort à sa manière ; la bureaucratie est en crise, ses membres et porte-parole reculent pas à pas, l'autonomie de la classe ouvrière polonaise s'affirme, les conseils ouvriers se multiplient... Nos doutes, alors, se sont dissipés, sous le chaud rayonnement de la conviction de Castoriadis, dont la rotation répétée des mains nous rechargeait d'énergie : l'Histoire reprenait sa marche en avant [9]. »

Paradoxalement, les membres de SouB se nourrissent peu d'apports extérieurs et se reposent pour l'essentiel sur les compétences internes. Au cours des années 1950, l'analyse de Hannah Arendt sur le totalitarisme est publiée en anglais (*The Origins of Totalitarianism* date de 1951), mais elle n'est diffusée que de manière confidentielle en France (*via* la revue *Preuves* et la critique qu'en a fait Raymond Aron [10]), et SouB en ignore simplement l'existence : « Pendant tout le temps que j'ai appartenu au groupe, à partir de 1956, et jusqu'à la fin, je n'ai jamais entendu parler des *Origines du totalitarisme*, ni même de Hannah Arendt [11]. » Arendt est longtemps restée une pestiférée pour les groupes et intellectuels d'extrême gauche à cause de son introduction en France par Raymond Aron, et son concept de totalitarisme est alors considéré comme marqué à droite. De plus, l'analyse du totalitarisme par Castoriadis et SouB ne s'intéresse qu'au régime soviétique et à son devenir stalinien. Au sortir de la guerre, le régime nazi est anéanti, alors que l'URSS s'affirme comme puissance mondiale. Et cette puissance prétend porter le drapeau de la révolution socialiste. Il

---

9. Sébastien DE DIESBACH, *La Révolution impossible, op. cit.*, p. 93.

10. Il faut attendre 1973 pour que la première partie de l'ouvrage de Hannah Arendt, *Les Origines du totalitarisme* (Calmann-Lévy), soit traduite en français.

11. Sébastien DE DIESBACH, *La Révolution impossible, op. cit.*, p. 85. Enrique Escobar mentionne que l'ouvrage en anglais de Hannah Arendt figure bien dans la bibliothèque personnelle de Castoriadis, et est particulièrement abondamment annoté, mais il a pu se procurer le livre plus tard. Il consacrera en effet de nombreuses études à l'œuvre d'Arendt par la suite.

s'agit donc, en dénonçant la logique infernale de ce régime bureaucratique, de dissiper les tromperies et les illusions. Ce n'est que beaucoup plus tard que Castoriadis et Lefort seront associés au courant de la pensée antitotalitaire. Et jamais ils ne se sont confrontés, comme Arendt, à la critique du régime nazi et à la question juive.

Il est néanmoins quelques rares exceptions à la fermeture du groupe sur l'extérieur : « Il y a un livre qui a beaucoup influencé le groupe, c'est celui de J.A.C. Brown[12], qui récapitulait tout l'apport de la sociologie industrielle et démontrait l'importance de ce qui se passait à la base. Corneille a beaucoup parlé de ce livre qui recoupait l'expérience de Daniel Mothé chez Renault[13]. » À cela, il faut ajouter une ouverture sur la situation américaine dès les débuts du groupe, ouverture contrastant avec la vision très négative qu'auront les intellectuels français du monde américain durant toute cette période. Les membres du groupe feront alors assez vite la connaissance de personnalités étonnantes comme Cyril Lionel Robert James, Raya Dunayevskaya, Charles Wright Mills ou encore Lewis Mumford, ainsi que des travaux des anthropologues culturalistes américains.

Selon Enrique Escobar, dans les réunions de SouB, le plus remarquable est la capacité de synthèse exceptionnelle de Castoriadis. Par-delà ses emportements, il est capable de faire une analyse claire d'une situation d'une extrême complexité en exposant ses diverses facettes. Il suscite immédiatement la fascination chez ses interlocuteurs : « L'autre face – moins plaisante, sans doute, pour la victime –, c'était l'impressionnante efficacité de la machine à hacher menu l'adversaire que pouvait être Castoriadis dans une polémique. J'ai vu jouer vingt fois la même pièce. L'admiration extrême, surtout chez des adolescents ou de très jeunes gens, en faisait rapidement pour certains une figure paternelle. Comme il n'aimait pas du tout, me semble-t-il, le rôle, et qu'en tout état de cause il pouvait difficilement accorder à chacun l'attention et le temps réclamés par chaque "enfant", au bout de quelques mois l'enfant passait du "papa ne s'occupe pas de moi", "papa ne m'aime pas (ou ne m'aime pas assez)" à "je le déteste"[14]. »

---

12. J.A.C. Brown, *The Social Psychology of Industry*, Penguin, Londres, 1954 ; traduction française, *Psychologie sociale de l'industrie*, Éditions de l'Épi, 1961.

13. Sébastien de Diesbach, entretien avec l'auteur.

14. Enrique ESCOBAR, « Notes pour un portrait de Castoriadis », inédit communiqué à l'auteur.

Avant la plupart des réunions, Castoriadis prépare un texte qu'il soumet à ses camarades pour discussion : « Il argumentait beaucoup, jusqu'à assommer l'adversaire[15]. » Toujours présent d'une réunion l'autre, il prend systématiquement en notes tout ce qui se dit et peut ainsi assurer le suivi entre les réunions sur les positions de chacun : « Il était à la fois le secrétaire, l'animateur et celui qui apportait les idées[16]. » Son rôle central est d'autant mieux accepté qu'il déploie une chaleur humaine toute méditerranéenne dans les rapports avec ses camarades : « C'était un type gentil. J'ai envie de dire simple, mais c'est un peu ridicule[17]. » S'il est affable, il vaut pourtant mieux éviter de lui porter la contradiction ; c'est en effet un polémiste redoutable qui adore la confrontation et s'y adonne sans retenue : « C'est un Grec à l'ancienne, il faut en découdre[18]. » Sa forte personnalité peut susciter l'adhésion éblouie, mais aussi une certaine distance, comme c'est le cas pour Daniel Ferrand, étudiant en mathématiques, qui arrive dans le groupe en 1959 : « Extrêmement extraverti et je ne dirai pas tribun car ce serait sous-entendre qu'il était manipulateur, il exprimait des idées de façon volcanique. On n'avait pas l'impression qu'il voulait nous convaincre. C'est assez bizarre. Une personnalité écrasante, c'est sûr. Si je l'ai peu fréquenté après la fin du groupe, c'est que je me méfiais de cette personnalité trop forte[19]. »

Avec Lefort, le groupe compte un autre leader dont le talent est lui aussi unanimement reconnu, et comme le dit Georges Petit, il y avait bien dialogue et confrontation entre Castoriadis et Lefort, mais « quand ce dernier était là, car il jouait les courants d'air[20] ». Lefort est en effet très souvent absent de Paris. Il part enseigner à Nîmes, puis au Brésil et quitte même le comité de rédaction en 1952 pour n'y revenir qu'en 1955. Dans la mesure où Lefort entend peser autant que son camarade Castoriadis sur la destinée de SouB, son éloignement est source de ressentiment et d'incessantes récriminations vis-à-vis de son ami. Toujours en attente d'informations sur la vie du groupe, il est frustré de n'en avoir pas assez : « Ma vie ici est aussi peu attrayante que possible. Nîmes est immonde. [...] J'ai appris, mais tu dois le savoir, que Merleau avait été élu à la Sorbonne. [...] J'aimerais bien savoir ce

15. Georges Petit, entretien avec l'auteur.
16. *Ibid.*
17. *Ibid.*
18. Jacques Signorelli, entretien avec l'auteur.
19. Daniel Ferrand, entretien avec l'auteur.
20. Georges Petit, entretien avec l'auteur.

que tu fais et comment vit le groupe [21]. » « Triste con, je ne boude pas. Je suis fou furieux contre tes conceptions – ce qui est différent !! [...] Ceci dit, et pour la 101ᵉ fois, si tu peux passer quelques jours ici, je serais extrêmement heureux de te voir et de discuter avec toi, hors de toute atmosphère de compétition, car je pense que tu te trompes sur plusieurs points – ou sur *un*, absolument fondamental, notre rapport avec la classe [...] [22]. » « J'ai fortement besoin de tes lettres. [...] Je ne fais pas encore un complexe d'exilé, mais il se passe si peu de choses ici et j'ai l'impression qu'il s'en passe tant à Paris que je me sens frustré cruellement. [...] Je me sens en marge de moi-même [23]. »

Au début des années 1960, avec l'arrivée d'une nouvelle génération radicalisée par la lutte contre la guerre d'Algérie, le caractère quelque peu écrasant de la personnalité de Castoriadis, qui a tendance à transformer les réunions en cours magistraux suivis d'explosions de colère mémorables lorsque tel ou tel exprime quelque réticence sur ses positions, commence à susciter des critiques, d'abord voilées, puis de plus en plus ouvertes. Les éruptions de Castoriadis donnent lieu à un spectacle impressionnant. Il devient rouge vif, ses veines gonflées semblent au bord de la rupture : « Sa façon de gesticuler, comme un boxeur, déconcerte d'emblée l'adversaire. Il caresse lentement son crâne lisse comme une boule de billard : "Mes cheveux se dressent sur ma tête – excusez-moi – quand j'entends le camarade machin dire que..." [24]. » Au bout de deux années de sourde contestation, il est décidé de mettre à l'ordre du jour le « problème Barjot » : la discussion porte sur la personnalité de Castoriadis et les problèmes suscités par sa propension à tout régenter : « Il a dit être en train de faire un travail sur lui-même, une psychanalyse, et pensait avoir fait des progrès [25]. »

En 1953, alors qu'il n'avait que trente et un ans, Castoriadis s'était fait faire un « portrait graphologique » par un professionnel qui ne connaissait de lui qu'un spécimen de son écriture. L'analyse qui en a résulté est sidérante de justesse. Elle commence par ce constat : « Cet homme est intelligent, il le sait, mais ce qu'il ignore sans doute, c'est à quel point le rendement de son intelligence est parfois compromis par

21. Claude Lefort, lettre à Castoriadis (de Nîmes), archives Castoradis, *s. d.*

22. Claude Lefort, lettre à Castoriadis, archives Castoriadis, 26 février 1949.

23. Claude Lefort, lettre à Castoriadis de São Paulo, archives Castoriadis, 15 septembre 1953.

24. Enrique ESCOBAR, « Notes pour un portrait de Castoriadis », inédit communiqué à l'auteur.

25. Enrique Escobar, entretien avec l'auteur.

ses troubles affectifs[26]. » Sa capacité à résoudre les problèmes par la cérébralité est mentionnée, mais aussi sa puérilité affective demeurée en lui depuis l'enfance, continuant « à la façon des enfants à exiger de recevoir plus qu'il ne donne[27] ». Son écriture témoignerait par ailleurs d'une forte dose de narcissisme et d'un orgueil supportant mal les échecs ou la désapprobation : « L'idée de pouvoir se tromper et du même coup perdre la face lui est insupportable[28]. » Il y est noté aussi son impulsivité, son impatience, l'absence de maîtrise de ses réactions affectives, son esprit de synthèse, son intelligence vaste, vive et souple. Quant à son rapport aux autres dans le groupe, il est évoqué en ces termes : « Sa volonté sur autrui se manifeste sans brutalité, il préfère séduire et convaincre qu'imposer. Cependant, sur le plan des idées, il aime dominer et se montre finalement tyrannique ; on peut difficilement discuter avec lui, car il s'entête dans son raisonnement, croyant détenir la vérité[29]. »

Socialisme ou Barbarie a pris pour habitude de se réunir dans de grands cafés du centre de Paris. C'est dans ces bistrots que l'on refait le monde. Pour certaines réunions intermédiaires, il arrive que les militants se retrouvent chez Georges Petit, rue de Savoie, au cœur du quartier Latin, chez ce pilier de SouB, un des rares compagnons dont le domicile est connu. Le groupe, pendant longtemps limité à une vingtaine de personnes, se contente alors de ces séances plénières, mais lorsqu'il atteint un volume supérieur et s'implante en province, il se divise en cellules et se dote d'un bulletin intérieur[30].

L'activisme, la réunionite et le sacrifice de la vie privée ne sont pas sans poser des problèmes de disponibilité à chacun, ce qui limite le nombre d'adhésions à SouB et crée un cercle vicieux dans la mesure où la faiblesse des effectifs oblige chacun à s'occuper de multiples tâches. D'où de constants problèmes d'ajustement organisationnel. En 1952, le groupe renonce à ses activités de conférences autour d'une œuvre et abandonne ses cycles d'études : « La réduction de notre groupe a imposé une révision des tâches que nous nous étions fixées. Nous ne sommes pas en mesure cette année d'organiser un cercle d'études

---

26. « Portrait graphologique », archives Castoriadis, IMEC.
27. *Ibid.*
28. *Ibid.*
29. *Ibid.*
30. Le *Bulletin* n° 26 de l'été 1961 fait état des activités du groupe à Paris, Montpellier, Caen, Lyon, Lille, Le Mans. SouB fonctionne comme une école de formation interne, et Castoriadis se trouve là encore à l'épicentre de ce travail.

régulier, comme les deux années précédentes[31]. » Le 26 octobre 1961, le rapport présenté par Daniel Mothé à l'AG se demande si un militant peut passer vingt-six heures par semaine à militer et préconise de restreindre le nombre de réunions, de ne plus investir des forces militantes dans des activités inutiles, d'espacer le nombre des AG, de supprimer les cellules et le bulletin intérieur et d'éviter la « tractomanie[32] ». De plus, toutes ces activités et publications ont un coût assumé par chacun des membres, qui doivent payer leur quote-part au prorata de leurs revenus et de leurs dépenses familiales[33]. Dans les premières années, les modestes cotisations des militants n'auraient pas permis à la revue d'avoir un rythme de parution régulier, et il faut surtout compter sur Castoriadis, qui bénéficie d'un revenu confortable à l'OCDE et verse à la revue bien davantage que ne le prévoient les règles instituées, sans vraiment que cela se sache. Parmi les ressources, il faut ajouter les abonnés, dont le nombre est resté longtemps très limité : autour de 160 dans les années 1950, puis de 200 à 300 au début des années 1960. Après 1956, avec les ventes au numéro, la revue connaît une sensible progression. Son rythme de croisière est alors de 700 exemplaires vendus par numéro, pouvant atteindre 1 000 pour certains d'entre eux. La diffusion, assurée par les Messageries, coûte cher, mais permet une présence nationale de la revue. Là encore, les militants sont mobilisés pour déposer eux-mêmes les revues dans les bonnes librairies de Paris.

L'écoute est particulièrement attentive lorsque des ouvriers ou employés du groupe font part de leur expérience de terrain. Jacques Signorelli exprime son enthousiasme à vivre cette réelle communication entre intellectuels et ouvriers qui aura beaucoup compté dans la qualité des analyses proposées par SouB : « Ils étaient très préoccupés d'entendre Mothé ou Gaspard. Ils avaient vraiment une honnêteté, un souci extraordinaire de savoir comment ils vivaient dans l'usine, ce qu'il se passait dans les rapports de production. Tous les textes

---

31. « La vie de notre groupe », *Socialisme ou Barbarie*, n° 9, avril-mai 1952, p. 28.

32. Daniel Mothé, Rapport à l'AG de SouB, 26 octobre 1961, archives SouB, IMEC.

33. Le barème des cotisation de SouB en 1962 est le suivant : un minimum de cotisation de 500 francs. Puis, pour la plus haute tranche : pour un revenu mensuel de 150 000 francs, une cotisation de 25 000 francs pour une personne seule et de 6 250 francs pour un ménage avec un enfant. Pour la tranche basse d'un revenu mensuel de 60 000 francs, 4 000 francs pour une personne seule et 1 000 francs pour un ménage avec un enfant. Informations archives SouB, IMEC.

fondamentaux ont été écrits par Chaulieu. On les discutait ensemble, mais il les avait écrits. C'était lui le moteur, incontestablement[34]. »

Le tempérament, la détermination et le volontarisme sans limites de Castoriadis viennent à bout de toutes les résistances. Sans en avoir le titre, il est le véritable organisateur, le concepteur du programme, celui qui définit le calendrier des tâches. Ce faisant, il donne peu la possibilité à d'autres de s'épanouir et d'exprimer leur singularité : « Il était très impérieux. Il avait un tel dynamisme chez lui que c'était difficile de le réfréner... C'était même une personnalité un peu forte qui écrasait un petit peu le groupe[35]. »

Dès le départ, Socialisme ou Barbarie s'est voulu connecté à un réseau international, ce qui allait de soi pour une organisation issue du trotskisme. Une rubrique régulière de la revue est d'ailleurs consacrée à la « situation internationale ». Dès sa création en 1949, SouB répond à un Appel à la constitution d'une organisation ouvrière mondiale signé par le Comité international de la gauche marxiste et où l'on trouve des Espagnols du Groupe communiste-internationaliste de S. Bilbao et G. Munis, ainsi que des Italiens du Parti ouvrier communiste de Roméo Mangano et Rosa Gaudino. Mais Castoriadis constate avec dépit le manque de sérieux de ceux qui ont pris cette initiative : « Nous avons, il y a environ un mois, reçu une convocation de vous pour une réunion du Comité pour l'organisation d'une conférence internationale, réunion qui devait se tenir un dimanche matin rue Clavel. Nous étant rendus au lieu désigné pour la réunion nous n'y avons trouvé personne. [...] Nous nous étonnons fort de ce manque de sérieux élémentaire, en contradiction manifeste avec la volonté de fonder un parti ouvrier mondial [...][36]. »

Castoriadis cherche par ailleurs à conserver le contact avec Natalia Sedova, épouse de Trotski, qui réside dans le quartier de Coyoacan, à Mexico : « Vous devez avoir reçu le premier numéro de la revue de notre groupe Socialisme ou Barbarie, qui a paru fin mars. [...] Nous avons quitté le PCI et la IVᵉ Internationale depuis janvier 1949. Nous serions heureux de connaître le jugement que vous portez sur le contenu de la revue, sur nos positions et notre effort en général. Le courage moral et la clairvoyance avec lesquels vous avez pris plusieurs

---

34. Jacques Signorelli, entretien avec Marie-France RAFLIN, *Socialisme ou Barbarie, op. cit.*, p. 424.

35. Georges Petit, entretien avec Marie-France RAFLIN, dans *ibid.*, p. 432.

36. Pierre Chaulieu, lettre pour SouB, archives SouB, IMEC, 16 novembre 1949.

fois position contre l'opportunisme de la direction actuelle de la IVe Internationale nous font attribuer une importance exceptionnelle à vos appréciations et nous permettent d'espérer que nous aurons votre soutien dans notre lutte [37]. »

SouB, qui entend secouer la *doxa* et s'intéresser à toutes les manifestations de la modernité, est réceptif aux transformations en cours de la société américaine. La revue accorde ainsi la plus grande importance au récit de la condition ouvrière américaine. Dès son premier numéro (et jusqu'au numéro 5-6 [38]), elle donne à lire le témoignage fleuve d'un ouvrier américain de la tendance Johnson-Forest (branche dissidente du Socialist Workers Party, la section américaine de la IVe Internationale), Paul Romano (pseudo de Phil Singer), ancien trotskiste, qui sera membre d'un petit groupe constitué en 1951, *Correspondence*. L'apport majeur de ce témoignage, qui va servir de modèle pour rendre compte des transformations qui touchent les ouvriers, est de se situer au cœur du quotidien et d'accorder une attention particulière au vécu et aux pratiques les plus infimes de résistance ouvrière à l'oppression. Par-delà les informations collectées sur les difficultés des conditions de travail soumises à des cadences de plus en plus infernales, la force de ce récit réside dans le fait qu'il met en relation cet effort constant avec l'absence de sens existentiel pour l'ouvrier, réduit à des tâches basiques d'exécution. La valorisation de ce témoignage par *Socialisme ou Barbarie* correspond à une volonté de donner la priorité à l'expérience elle-même pour mettre la théorie à l'épreuve des faits. Cet exercice coïncide en cette fin des années 1940 avec le succès du programme phénoménologique de Husserl, porté en France par le maître de Lefort, Maurice Merleau-Ponty.

Les liens sont restés importants entre SouB et les militants oppositionnels du Socialist Workers Party. Dès 1940, la tendance Johnson-Forest considérait que l'URSS était devenue un pays capitaliste d'État. Elle a donc récusé très tôt, du vivant même de Trotski, la doctrine de la défense de l'URSS comme État ouvrier. Le premier contact avec cette tendance date de début 1948, moment où Ria Stone (pseudo de Grace Lee-Boggs), une des animatrices de ce courant dit « johnsonite » (de « Johnson », pseudo de l'historien britannique d'origine

---

37. Pierre Chaulieu, lettre à Natalia Sedova Trotski, archives Castoriadis, 28 mai 1949.

38. Paul ROMANO, « L'ouvrier américain », *Socialisme ou Barbarie*, n° 1, p. 78-89 ; n° 2, p. 83-94 ; n° 3, p. 68-81 ; n° 4, p. 45-57 ; n° 5-6, p. 124-135. On peut trouver maintenant la version anglaise, *The American Worker*, sur Internet.

trinidadienne, C.L.R. James) vient à Paris et rencontre Castoriadis. Brillante doctorante en philosophie, d'origine chinoise, dont les parents tiennent un restaurant à New York, Ria Stone vient s'installer à Paris pendant six mois dans le cadre de la préparation du IIe congrès de la IVe Internationale. Trotskiste américaine, elle milite dans les usines d'automobiles de Détroit et entretient alors des relations avec la tendance Chaulieu/Montal, passant de longs moments avec Castoriadis, dont elle tombe amoureuse. Rilka Walter se souvient : « On s'est retrouvés comme cela place Clichy à danser sur des rythmes modernes que je ne connaissais pas [39]. » Ria Stone ne cesse durant son séjour de soumettre des textes de projets politiques à Castoriadis, qui fera plus tard état de la fécondité de ces échanges théoriques et lui rendra un bel hommage : « Les discussions avec Ria Stone [Grace Boggs] ont joué un rôle décisif à une étape où ma pensée se formait, et je lui dois en partie d'avoir dépassé le provincialisme européen [40]. » La tendance américaine ayant décidé de rester dans le SWP, les relations se distendront, mais reprendront au début des années 1960 : « Dans l'économie des échanges internationaux du groupe, l'expérience américaine est couramment sollicitée afin d'appuyer une orientation en cours ou projetée par le groupe français [41]. »

Si le groupe cherche à développer son réseau international, il reste pour l'essentiel replié sur ses propres productions, puisant dans la publication des grands classiques pour élaborer ses propres thèses. Seul Castoriadis alimente de ses lectures tous azimuts les réflexions du groupe. Dans l'analyse castoriadienne du système totalitaire soviétique, le témoignage du Yougoslave Ante Ciliga, paru en deux temps, en 1939 et en 1949, a beaucoup compté [42]. Originaire de Croatie, Ciliga est l'un des fondateurs du PC yougoslave, ce qui lui a valu d'être expulsé de son pays en 1925. Réfugié dans sa terre promise à Moscou en 1926, il découvre une réalité qui ne correspond guère à ses rêves et rejoint un groupe trotskiste dissident. Arrêté en 1930 par la Guépéou, il est incarcéré trois ans, puis déporté deux années en

39. Rilka Walter, entretien avec l'auteur.

40. Cornelius CASTORIADIS, « Avertissement », 1973 ; repris dans Cornelius CASTORIADIS, *La Société bureaucratique, op. cit*, p. 18 ; puis dans Cornelius CASTORIADIS, *Quelle démocratie ?*, t. I, *op. cit*, p. 381.

41. Philippe GOTTRAUX, *« Socialisme ou Barbarie »*, *op. cit.*, p. 243.

42. Ante CILIGA, *Au pays du grand mensonge*, Gallimard, Paris, 1939 ; *Au pays du mensonge déconcertant*, Des îles d'or, Paris, 1949 ; repris aux éditions Champ libre, Paris, 1977.

Sibérie. Personnalité connue à l'extérieur du pays, il bénéficie d'une expulsion en 1935 et se rend à Paris, où il publie un premier ouvrage, *Au pays du grand mensonge*, en 1938. Dès cette époque, il montre que l'Union soviétique est un système bureaucratique dont le peuple n'est pas dupe : « Les ouvriers et les paysans russes, victimes des nouveaux privilèges bureaucratiques, se rendent parfaitement compte de l'état social et politique réel du pays et opposent, à l'oppression bureaucratique, une sourde résistance, invisible de loin mais profonde [43]. » Ciliga dénonce la mise en place d'une dictature bureaucratique totalitaire, un nationalisme farouche, ainsi qu'un impérialisme d'un type nouveau : « Tout vrai progrès social et humain demande, comme première prémisse, que le mouvement social progressif se débarrasse de la tutelle de Staline, du communisme soviétique [44]. »

La vie de Castoriadis ne se réduit cependant pas, même si cela l'occupe fortement, à son activité militante. Il a aussi une vie sentimentale, qui reste cependant très liée au groupe et aux femmes qui en sont membres, en tout cas jusqu'à la rencontre avec Piera Aulagnier. On se souvient qu'il a rencontré sa première compagne, Rilka Walter, au PCI. Sa première épouse officielle, Catherine May, est aussi une militante qu'il côtoie à Socialisme ou Barbarie. Étudiante quelque peu dilettante en biochimie lorsqu'elle intègre le groupe en 1958, elle est en couple avec Daniel Blanchard. Elle se décide à rejoindre son compagnon à SouB pour des raisons qui ne sont pas vraiment politiques : à force d'entendre parler de la compagne de Daniel Mothé (qui deviendra celle de Daniel Blanchard), une Hongroise du nom de Catherine Preiser, elle décide un jour, poussée par la curiosité, d'aller voir à quoi ressemble celle dont on lui parle tant. Elle se prend au jeu et intègre l'organisation : « Je suis allée aux réunions et, surprise, je me suis dit que ces gens parlaient mon langage [45]. » Issue d'une famille juive assez aisée, Catherine May dispose d'un deux pièces au bout de l'appartement de ses grands-parents et y installe la ronéo qui sert à la revue et au bulletin distribué par Daniel Mothé chez Renault : « Mes grands-parents, de grands bourgeois, avaient une bonne qui leur disait : "Mais vous savez Madame, ce ne sont pas des étudiants qui vont chez madame Catherine, ce sont des durs." En effet, c'étaient les

---

43. *Ibid.*, p. 9.
44. *Ibid.*, p. 12.
45. Catherine May, entretien avec l'auteur.

rares ouvriers du groupe[46]. » La nouvelle recrue, très attirée par Sébastien de Diesbach, qui passe alors pour le dauphin de Castoriadis, décide de quitter son compagnon Daniel Blanchard. Lorsque Castoriadis lui demande pourquoi elle n'est plus en couple, elle lui explique son dilemme – que ce dernier va trancher en se jetant dans ses bras. Catherine May vient alors le rejoindre dans son appartement de la rue du Cherche-Midi après qu'il eut signifié sa rupture à Hadji Lazaru (Maxi). Castoriadis insiste pour se marier avec elle, et leur union, célébrée à la mairie du VIe arrondissement, va durer trois années. Elle commence sous des auspices peu favorables puisque à l'occasion de la fête de mariage, Catherine May flirte avec un de ses cousins, provoquant une scène qui a failli tourner au divorce immédiat.

Sparta vivant avec son père, se met en place rue du Cherche-Midi une vie réglée à trois. En général, Castoriadis se replie dans la soirée dans sa chambre-bureau pour travailler en s'installant devant sa grande table. De temps en temps, Catherine May, réclamant d'aller au cinéma, réussit à le divertir de son activité intellectuelle et l'entraîne au Mac Mahon ou au Napoléon voir un western ou un film de science-fiction, dont il est particulièrement friand, au point d'être abonné à une revue spécialisée de langue anglaise.

L'arrivée de Catherine May à SouB change un peu la donne dans la vie du groupe. Insatisfaite par les réunions rituelles du mercredi, elle considère qu'il faut doubler ces réunions politiques de réunions plus ludiques, les « réunions de socialisation », que nous avons déjà évoquées. Ainsi, plusieurs membres de SouB se retrouvent régulièrement autour d'un verre, d'un buffet, de la musique, et notamment du piano de Castoriadis. On y danse et l'on devise librement selon son inspiration du jour, pratiquant, selon le vœu de Castoriadis qui y tient particulièrement, une série de jeux dits éducatifs, des jeux de rôles, des mimes, ou encore le très prisé portrait chinois : « On jouait à des jeux qui pouvaient être épouvantables, du genre jeu de vérité. Quelqu'un devait sortir et l'assemblée disait ce qu'elle pensait de lui. Une fois rentré, on lui signifiait ce qui avait été dit. Une fois, un jeune a quitté l'appartement et l'on s'est demandé s'il n'allait pas se jeter dans la Seine[47]. » Il pouvait y avoir aussi des exercices pour favoriser l'inspiration créatrice en jouant sur les analogies – « Si c'était une

---

46. *Ibid.*
47. *Ibid.*

fleur, qu'est-ce que ce serait ? » – ou visant à préparer l'action militante, comme la simulation du renvoi d'un ouvrier qui réussit à faire
débrayer toute son usine...

Bien évidemment, Castoriadis fait connaître la Grèce à sa jeune
épouse et l'emmène dans un premier voyage initiatique sur l'île de Ios,
qui n'est à l'époque pas encore envahie par le tourisme. Partis à trois
avec Sparta, ils arrivent dans un port désert et cheminent jusqu'à
l'autre bout de l'île, où se trouve le supposé tombeau d'Homère.
L'année suivante, le même trio se rend à Milos, où Castoriadis
s'adonne à son sport préféré, la natation : « Quand on allait nager,
c'était fabuleux. Il nage vraiment comme un dauphin, avec sa grosse
tête, les épaules assez larges et le reste du corps qui s'amenuise, un peu
comme les silhouettes des vases grecs[48]. » Il est ainsi capable
d'enchaîner plusieurs kilomètres dans un crawl parfait. De son côté,
Catherine May réussit à faire pratiquer le ski alpin à un Castoriadis
très sportif mais totalement novice.

La rupture du couple sera radicale et expéditive. Lorsque en 1963
Catherine May noue une relation amoureuse avec un membre du
groupe, Alain Girard, Castoriadis la somme de partir sur-le-champ.
Elle doit quitter le domicile conjugal et se retrouve sans le sou, hormis
sa maigre bourse de troisième cycle et ce que lui rapporte son stage
de recherche dans le domaine des enquêtes sociologiques. Castoriadis
commence alors une nouvelle idylle avec Kenizé Mourad, fille d'une
princesse née dans un palais d'Istanbul, Selma, descendante des
sultans, dont elle racontera dans un livre le destin tragique[49]. Étudiante en sociologie à la Sorbonne, en quête de ses origines et sou-
cieuse de trouver les moyens d'une reconstruction de son identité
familiale perdue, elle est invitée un jour de 1963 à une réunion de
« socialisation » de SouB[50]. Pensant se rendre à une banale surprise-
partie, elle apprend vite qu'il n'en est rien : « Beaucoup plus qu'une
distraction, me fit-on remarquer, il s'agissait d'une sorte de psychothé-
rapie intragroupe qui permettait à chacun d'exprimer sa vision de
l'autre et de comprendre comment celui-ci le percevait[51]. »

Kenizé Mourad a à peine vingt ans lorsque Castoriadis lui déclare
son amour et l'amène dans un hôtel près des Champs-Élysées. Il

---

48. *Ibid.*
49. Kenizé MOURAD, *De la part de la princesse morte*, Robert Laffont, Paris, 1987.
50. Kenizé MOURAD, *Le Jardin de Badalpour*, Fayard, Paris, 1998.
51. *Ibid.*, p. 108.

l'invite à s'installer chez lui alors que Catherine May n'a pas encore définitivement quitté les lieux : « Lorsque, à l'heure convenue, je sonnai à la porte de Ménéchal (Castoriadis), ce fut sa femme qui vint m'ouvrir. Le visage bouffi de larmes, elle était en train de faire ses valises. Abasourdie, je bafouillais et m'apprêtais à tourner les talons lorsqu'elle insista pour me faire entrer, s'excusant d'être en retard. S'excuser, elle[52] ! » À son tour, Kenizé s'installe en couple avec Castoriadis et partage sa vie avec Sparta, qui n'a que quatorze ans. Cette dernière vit douloureusement ce changement sans transition. Éblouie par la nouvelle compagne de son père qui incarne pour elle la féminité absolue, Sparta se révèle plus mûre qu'elle : « Pour moi, c'était la catastrophe, car Kenizé était très fragile, malade. Belle femme, elle est arrivée avec ses bijoux, ses cachemires, ses talons à aiguille, ne sachant rien faire dans une maison[53]. » Sparta exprime alors son souhait de quitter les lieux. Devant le refus de son père, elle cohabitera encore un an avant d'intégrer le lycée de Pontoise comme pensionnaire en classe de seconde. De son côté, Kenizé Mourad n'est pas à l'aise dans ce rôle de belle-mère : « C'était moi l'enfant. [...] Toujours est-il qu'elle [Sparta] se montra charmante. Ce fut même elle qui m'initia, avec un sérieux d'adulte, à ma nouvelle fonction de maîtresse de maison[54]. » Kenizé Mourad ne se sent pas plus à sa place à la Sorbonne, où elle suit de loin des études de psychologie, ou dans SouB, qu'elle trouve trop sérieux alors qu'elle souhaite surtout s'amuser, danser, sortir. Elle conservera un souvenir plutôt sombre de cette période, malgré la fascination qu'exerce alors sur elle son Pygmalion, Castoriadis.

Rapidement, elle vit cette relation avec un fort sentiment d'étouffement et d'irréalité. À l'occasion d'un voyage d'études de Castoriadis, Kenizé Mourad décide de combler sa solitude en appelant un jeune camarade de SouB qui lui a fait la cour auparavant ; elle passe une soirée en sa compagnie et finit au lit avec lui. Lorsque Castoriadis revient et apprend cette infidélité, il explose de rage, au grand désarroi de Kenizé, qui lui oppose la vision du couple qu'il prétend défendre. Le lendemain même, après une soirée de psychodrame, elle est congédiée séance tenante et doit faire ses bagages : « Comme une somnambule, je rassemblai mes affaires. Il me fit monter dans sa

---

52. *Ibid.*, p. 113.
53. Sparta Castoriadis, entretien avec l'auteur.
54. Kenizé MOURAD, *Le Jardin de Badalpour, op. cit.*, p. 114.

grosse voiture américaine et me déposa devant un hôtel de la rue des Saints-Pères. Pétrifiée, ma valise à la main, je regardai la voiture s'éloigner. Mon univers s'écroulait[55]. » Très entourée, elle se remettra vite de cette rupture, intégrant *Le Nouvel Observateur* à partir de 1970 comme grand reporter avant de devenir un auteur à succès dans les années 1980. Sparta, qui se trouve aux premières loges de ces coups de foudre et de ces ruptures alors qu'elle n'est qu'une pré-adolescente, émettra plus tard une hypothèse psychanalytique (elle est devenue psychanalyste professionnelle) sur le mode de fonctionnement de son père : « Chez mon père, il y a quelque chose que j'ai un peu compris. Il ne supportait absolument pas la solitude et n'a d'ailleurs jamais vécu seul. C'est quelqu'un de profondément abandonnique au sens psychanalytique, de la chute, de l'angoisse de ne pas être tenu par quelque chose, par quelqu'un, ce que l'on appelle le *holding*. Cela renvoie à ce qu'a décrit Spitz dans les années 1950, ces enfants de prisonniers américains abandonnés dans les orphelinats ; ils sombraient du fait de la carence de présence paternante[56]. »

Les difficultés de sa vie sentimentale sont cependant compensées par le charisme qu'il exerce sur le groupe par sa culture, son érudition dans tous les domaines, auxquelles il ajoute sa joie de vivre, son plaisir à évoluer au milieu de ses cercles d'amis, une passion pour la musique et pour le jeu : « Pendant plusieurs années, Castoriadis illumina ma vie par sa capacité à lier tout à tout : son appétit de connaissances, qui l'amenait à explorer toutes les disciplines, de la psychanalyse aux mathématiques, de la linguistique à l'ethnologie, de la musique classique au jazz et au blues, m'encouragea à faire, plus modestement et avec moins de succès, certainement les mêmes explorations et surtout me convainquît que rien de ce qui sortait d'un cerveau humain n'était sans intérêt. L'esprit de Castoriadis, plus léger que sa main sur les touches du piano, bondissait, léger, au-dessus de toutes les frontières[57]. »

---

55. *Ibid.*, p. 127.
56. Sparta Castoriadis, entretien avec l'auteur.
57. Sébastien DE DIESBACH, *La Révolution impossible, op. cit.*, p. 120.

6

Quelle organisation ? La scission

À la fin des années 1950, Socialisme ou Barbarie est traversé par une opposition entre ses deux leaders, Castoriadis et Lefort, qui va conduire à la scission de 1958. Si leur différend remonte à la fondation du groupe, en 1949, les désaccords ont jusque-là toujours été relégués au second plan. Aussi longtemps que SouB a fonctionné en un petit cénacle d'une dizaine de personnes, cela n'a pas porté à conséquence. Mais le relatif développement du groupe qui, après 1956, a des antennes en province et constitue plusieurs cellules à Paris, bénéficiant de davantage d'audience, pose avec plus d'acuité le problème de son organisation. Cet enjeu devient vite clivant et conduit les deux leaders du groupe, *via* leurs partisans respectifs, à une bataille frontale.

Il serait simpliste de réduire ce débat à une lutte fratricide entre un Castoriadis resté fidèle à une conception encore très léniniste du parti et un Lefort acquis à des méthodes organisationnelles plus démocratiques. Dès 1948, Castoriadis est bien conscient que le système de délégation que présuppose l'organisation interne d'un parti ouvrier crée des processus dangereux de bureaucratisation qui ont toutes les chances de constituer un pouvoir séparé[1]. Il en résulte de sa part une critique radicale du modèle bolchevique, perçu comme le cadre même

---

1. « Phénoménologie de la conscience prolétarienne », 1948 ; repris dans Cornelius CAS-TORIADIS, *La Société bureaucratique*, t. I, *op. cit.*, p. 115-129 ; puis dans Cornelius CASTO-RIADIS, *La Question du mouvement ouvrier*, t. I, *op. cit.*, p. 363-377.

de reproduction du pouvoir bureaucratique, jusque dans le courant trotskiste pourtant conscient des risques encourus.

Le premier conflit sur l'organisation remonte à 1951 et trouve son expression publique dans la revue en 1952. Sous le nom de Chaulieu, Castoriadis publie un article sur « La direction prolétarienne » auquel répond Lefort par « Le prolétariat et le problème de la direction révolutionnaire »[2]. Selon Lefort, le groupe ne va pas assez loin dans sa rupture avec la conception léniniste du parti dont il reste prisonnier, et il invite ses camarades à être conséquents avec leur critique radicale du modèle dirigeants/exécutants en sapant les bases de l'organisation du parti. Dans l'entretien qu'il donnera plus tard à *L'Anti-Mythe*, Lefort invoquera trois événements qui ont accentué son détachement par rapport à l'orientation générale de SouB. En premier lieu, la relation avec le petit mouvement américain d'origine trotskiste déjà évoqué, connu sous le nom de tendance Johnson-Forest. Ces militants américains proches des thèses de SouB ont été aux yeux de Lefort d'un apport fécond grâce à leur conception de la résistance quotidienne des ouvriers dans leurs entreprises ; mais il « reste que le dogmatisme, la systématisation mégalomaniaque de ces théoriciens, prétendant inscrire dans un hégélianisme primaire une analyse qui rendait compte et de l'histoire universelle et du détail de la vie sociale me parurent faire de leur mouvement un pôle d'attraction néfaste pour notre propre groupe. L'entente étroite de Castoriadis avec Ria Stone me donna l'impression, pour la première fois, qu'il y avait entre lui et moi, par-delà nos divergences politiques, une opposition profonde de pensée[3] ». En second lieu, Lefort invoque le rôle dogmatique joué à SouB par sa composante bordiguiste, et notamment par son représentant le plus militant, l'ancien militant du POUM, Véga, qui aurait accentué les tendances « organisationnalistes » du groupe. Lefort incrimine également l'arrivée de Jean-François Lyotard et de son ami Pierre Souyri, qui « voyaient dans le groupe l'embryon d'un parti et

---

2. Tous deux publiés dans *Socialisme ou Barbarie*, juillet-août 1952.

3. Claude LEFORT, entretien, *L'Anti-Mythe*, n° 14, avril 1975 ; repris dans Claude LEFORT, *Le Temps présent*, *op. cit.*, p. 223-260. À propos de ce que dit Lefort de la relation entretenue avec Ria Stone, Enrique Escobar signale une confusion faite par Lefort entre deux militantes : « Il y a une étrange confusion de Lefort (*Temps présent*, p. 231) entre « Dunnaskaya » (*sic* = Dunayevskaya) et Grace Lee (qui signait non pas « Rya Stone » mais « Ria Stone »... Ce qu'il dit (« systématisation mégalomaniaque », « hégélianisme primaire ») pourrait à la rigueur s'appliquer à Dunayevskaya – mais *pas* à « Ria Stone » (Grace Lee). Or l'« entente étroite », c'était entre Castoriadis et Grace Lee, pas entre Castoriadis et Dunayevskaya. Il lui fallait donc, pour les besoins de sa démonstration, prendre l'une pour l'autre.

dans le travail théorique la préparation d'un programme[4] ». Lefort reconnaît la nécessité du regroupement d'une avant-garde, mais assignée à des tâches circonscrites : « Il serait stérile d'appeler parti un tel regroupement qui n'aurait pas la même fonction. [...] Son but ne pourra être dès l'origine que de s'abolir au sein du pouvoir représentatif de la classe[5]. »

Au contraire, Castoriadis et ses partisans insistent sur la nécessité de pérenniser l'avant-garde avant la rupture révolutionnaire, pour la préparer à répondre aux exigences des violents antagonismes et des décisions à prendre dans l'urgence des combats à mener. Ils critiquent ainsi la conception de Lefort, jugée trop spontanéiste et illusoire.

Ce premier débat n'a encore que peu de conséquences car en 1951-1952 le groupe est dans de si basses eaux que cette controverse n'a d'enjeux que conceptuels. À en lire la présentation dans la revue, il apparaît que les divergences sur la question ne se limitent d'ailleurs pas à l'opposition Chaulieu/Montal. D'autres points de vue singuliers se sont exprimés, comme celui de Véga, qui accordent au parti un rôle beaucoup plus grand que ne lui attribue Castoriadis. En 1958, en revanche, la bipolarisation entre les deux tendances est très affirmée et se cristallise autour de deux textes, l'un de Lefort, l'autre de Castoriadis[6]. Juste après le 13 mai 1958 et le retour du général de Gaulle au pouvoir, une partie des militants de SouB ressent le besoin de mettre à l'ordre du jour les questions organisationnelles pour faire face aux nouveaux défis que pose le changement de République. Le 6 juin, ils présentent une résolution qui doit être débattue en Assemblée générale[7]. Jugeant le moment propice pour dénoncer le rôle négatif des partis traditionnels, ils lui donnent pour objectif de définir les bases de la construction d'une organisation révolutionnaire.

En attendant que les militants se déterminent sur de nouveaux statuts, des mesures de transition sont prises pour assurer davantage de cohérence à SouB, qui doit réussir sa mutation en devenant un parti

---

4. *Ibid.*

5. Claude LEFORT, *Socialisme ou Barbarie*, juillet-août 1952, p. 25.

6. Claude LEFORT, « Organisation et parti », *Socialisme ou Barbarie*, n° 26, novembre-décembre 1958, p. 120-134 ; Paul CARDAN (nouveau pseudo de Castoriadis), « Prolétariat et organisation », *Socialisme ou Barbarie*, n° 27, avril-mai 1959, p. 53-88, et n° 28, juillet-août 1959, p. 41-72 ; repris dans Claude LEFORT, *Éléments d'une critique de la démocratie, op. cit.* ; également repris dans Cornelius CASTORIADIS, *La Question du mouvement ouvrier*, t. II, *op. cit.*, p. 273-357.

7. Résolution signée par Castoriadis, Georges Petit, Philippe Guillaume, Daniel Mothé et Véga.

potentiel. On définit plus strictement le statut de membre, lequel doit accepter la discipline collective, payer régulièrement ses cotisations et se sentir en accord avec la ligne générale. Pour faire face à la montée en puissance des effectifs, on décide la division en cellules et la mise en place d'un Comité responsable appelé à devenir l'exécutif du groupe entre les sessions des assemblées générales. Malgré les réticences de plusieurs militants du groupe, la résolution dite Chaulieu-Garros est adoptée le 6 juin 1958 : « Les personnes en désaccord avec cette résolution produisent en catastrophe un contre-texte qui est exposé oralement le 6 juin. Ce contre-texte est voté par quatorze personnes, et est soutenu sur le fond par neuf autres militants absents le 6 juin[8]. » Prise de vitesse, la minorité dénonce dans une lettre interne un véritable coup de force et réclame une autonomie complète de chaque cellule de l'organisation, ainsi qu'une pleine liberté à la minorité : « Notre texte n'a pu être diffusé avant la réunion du 6 juin en raison des délais très brefs. [...] Le 6 juin, nous avons protesté contre la hâte avec laquelle on voulait faire adopter des règles dites provisoires d'organisation. L'une des conséquences désastreuses de la résolution Chaulieu/Garros, c'est qu'en affirmant le principe de la stricte discipline dans l'action, elle mettait en demeure les camarades en désaccord sur les principes d'organisation de quitter SouB. [...] Nous refusons cette résolution et ses conséquences[9]. » Pour la minorité, le vote provoque une scission de fait, et elle décide de fonctionner de manière autonome tout en continuant à participer aux assemblées générales.

La situation devient de plus en plus tendue. Dans le bulletin intérieur de septembre 1958, Castoriadis publie « Sur la minorité », un texte qui met le feu aux poudres et est considéré comme l'acte de rupture décisif. La minorité annonce qu'elle ne participera pas au débat prévu en septembre. Désormais, la confrontation est passionnelle et violente entre les deux courants. Les majoritaires sont dénoncés comme des bureaucrates, et la scission est annoncée dans la revue de la fin de l'année 1958. Le texte de Lefort est précédé de cette mention : « Le texte ci-dessous exprime les vues d'un certain nombre de collaborateurs de la revue sur le problème de l'organisation révolutionnaire. Ces camarades ont jugé les divergences sur cette question

---

8. Philippe GOTTRAUX, « *Socialisme ou Barbarie* », *op. cit.*, p. 90.
9. Texte transmis en réponse à la résolution Chaulieu/Garros, archives SouB, IMEC.

assez profondes pour se séparer de Socialisme ou Barbarie[10]. » La rupture une fois consommée, Lefort exprime son point de vue dans l'article qui paraît dans la même livraison. Il reconnaît que depuis le début une divergence de fond oppose certains membres de SouB à d'autres sur le problème organisationnel, et dénonce l'illusion de la majorité du groupe qui croit que l'organisation révolutionnaire serait capable d'assurer une coordination rigoureuse des décisions à prendre : « La fonction de coordination et de centralisation ne motive donc pas l'existence du parti ; elle revient à des groupes d'ouvriers ou d'employés minoritaires qui, tout en multipliant les contacts entre eux ne cessent pas de faire partie des milieux de production où ils agissent[11]. » Selon Lefort, les militants ne doivent pas s'ériger en direction et participer à ce qui est présenté comme la mythologie du parti. Pour la minorité, le groupe ne peut se doter d'un programme car il serait en contradiction avec lui-même lorsqu'il préconise l'auto-nomie des forces sociales. Selon Lefort, le désir de représentation porte en lui-même la menace de l'usurpation. La tâche militante consiste pour la minorité à être à l'écoute, à diffuser le savoir accumulé par les témoignages, les situations concrètes, et à favoriser le regroupement des éléments les plus conscients, les plus politisés. Au terme de sa démonstration, Lefort annonce la création, avec Henri Simon et une vingtaine de leurs camarades, d'un nouveau groupe, Informations et liaisons ouvrières (ILO) qui se transformera plus tard en Informations et correspondances ouvrières (ICO).

La position de la majorité, qui se trouve exprimée dans le long article de Castoriadis publié sur deux livraisons de la revue, renvoie les minoritaires à leur « défaitisme » et à leur abdication face aux res-ponsabilités au nom des risques encourus. Castoriadis récuse toutes les allégations qui le présentent, lui et ses camarades, comme l'embryon de la bureaucratie future et maintient l'impératif d'une action générale qui ne peut être que le fait d'une organisation struc-turée. Il récuse la coupure sous-jacente dans les thèses adverses entre le monde de l'entreprise et le reste de la société, et s'en prend à cette « philosophie de l'immédiat » qui « oppose l'expérience directe du milieu productif, seule féconde et à glorifier, à une expression univer-selle de l'expérience sociale, entachée d'artifices et condamnable.

---

10. Note dans *Socialisme ou Barbarie*, n° 26, novembre-décembre 1958, p. 120-134.
11. Claude LEFORT, « Organisation et parti », *loc. cit.* ; repris dans *Socialisme ou Barbarie. Anthologie, op. cit.*, p. 216.

Depuis quand l'humanité peut-elle progresser sans donner à son expérience des expressions qui se veulent universelles et qui, certes, ne valent qu'un temps, mais sans lesquelles il n'y aurait pas de temps [12] » ? Il retourne l'argument de l'élitisme en considérant que c'est ce refus d'intervenir dans « la classe » qui relève d'une telle posture.

En définitive, Castoriadis voit dans les positions de la minorité la volonté conservatrice de maintenir Socialisme ou Barbarie au niveau du simple cercle de discussion qu'il a été pour l'essentiel depuis 1949. Par-delà les vives tensions entre les deux camps et la polémique dans laquelle se vit la rupture, Castoriadis rejoint les positions de Lefort sur la nécessité d'une approche phénoménologique du vécu des ouvriers et de l'ensemble des salariés : « La politique révolutionnaire doit constamment montrer comment les problèmes les plus généraux de la société se retrouvent dans l'activité et la vie quotidienne des travailleurs, et inversement, comment les conflits qui déchirent cette vie sont en dernière analyse de même nature que ceux qui divisent la société [13]. » En revanche, il ne suit pas Lefort lorsqu'il affirme que toutes les organisations ayant dégénéré, il faut y renoncer et trouver autre chose. Il n'y a pas d'inéluctabilité de la dérive bureaucratique ; elle tient surtout, selon Castoriadis, à la défaite des forces révolutionnaires. La dégénérescence n'est pas le propre de l'organisation en soi, mais la manifestation de la survie du capitalisme en tant qu'idéologie chez des individus encore marqués par les catégories mentales du monde dans lequel ils ont évolué. Paradoxalement l'emprise bureaucratique, renforcée aux lendemains de la Seconde Guerre mondiale, peut favoriser un processus de conscientisation sur les risques encourus de confiscation des aspirations à l'émancipation.

Selon Castoriadis, il est plus impératif que jamais de s'organiser pour démontrer, sur la base d'expériences concrètes, les méfaits de la bureaucratie. La fracture d'intérêt entre les ouvriers, leurs espérances et la gestion bureaucratique est devenue flagrante, surtout depuis que des mouvements sociaux se sont frontalement opposés à la classe dirigeante. Le contexte n'est donc pas si mauvais pour l'émergence d'une organisation d'un nouveau type, véritablement démocratique. Non pas une organisation qui s'autoérigerait en organe de direction des

---

12. Paul CARDAN, « Prolétariat et organisation », *Socialisme ou Barbarie*, n° 28, juillet-août 1959, p. 59-60 ; repris dans Cornelius CASTORIADIS, *La Question du mouvement ouvrier*, t. II, *op. cit.*, p. 341.

13. Paul CARDAN, repris dans *ibid.*, p. 304.

masses, parlant à leur place et pensant pour elles, mais qui assurerait une circulation de l'information utile, jouant le rôle de catalyseur, d'échange des expériences de luttes, décloisonnant et ouvrant sur des perspectives positives d'avenir. Castoriadis s'en prend à un « primitivisme » anti-organisation qui traverse selon lui SouB et se fourvoie en considérant la question de l'organisation comme une entité extérieure et comme un facteur indépendant du processus historique. Castoriadis considère que les événements de 1956 en Hongrie et de 1958 en France rendent impératif de dessiner des perspectives claires.

De leur côté, Lefort et ses camarades défendent l'idée d'une organisation aux frontières labiles, dont les décisions prises à la majorité ne contraindraient pas la minorité, chacun pouvant défendre en public le point de vue qui lui semble le meilleur. Alors que Lefort distingue les petits groupes nés dans les entreprises pour les nécessités de leurs combats locaux et les militants engagés pour des causes plus larges, Castoriadis réfute la validité d'une telle distinction. Il rappelle l'expérience de certains comités devenus célèbres, comme celui de 1947 dans l'usine Renault, dont l'existence n'a été que fugitive : « Le processus décrit par Lefort est donc purement imaginaire et inventé pour les besoins de sa théorie. Il n'y a pas, en France, des éléments "de loin les plus nombreux" qui tendent à se rassembler au sein des entreprises en se distinguant des autres qui "élargissent leurs horizons" [14]. » Selon Castoriadis, l'organisation doit propager l'idée d'autonomie, sans laquelle la bureaucratie confisque toute velléité d'émancipation, alors que Lefort n'en dit mot parmi les tâches qu'il assigne à l'organisation : « Lefort postule en fait, comme le Lénine du *Que faire ?*, 1/ que le prolétariat, de par son expérience propre, ne s'intéresse qu'à l'immédiat – la seule différence étant que cet immédiat n'est plus défini comme "les intérêts économiques" mais comme "l'entreprise" ; 2/ qu'il n'y a qu'un seul type de théorie, celui qu'on peut exemplifier sur les écrits de Marx, Lénine, Trotski et leurs resucées de vulgarisation. [...] Lénine trouvait la première chose mauvaise et la deuxième bonne ; pour Lefort, c'est le contraire, mais l'analyse est la même. Ses positions ne sont que les positions du *Que faire ?* avec les signes de valeur inversés [15]. »

Ce débat aura permis un certain nombre de déplacements par rapport au discours tenu au début des années 1950. Il en est ainsi,

---

14. *Ibid.*, p. 331.
15. *Ibid.*, p. 328.

comme le souligne à juste titre Marie-France Raflin[16], de l'assimilation de la théorie révolutionnaire à une science, ce qui va jusqu'à mettre en question l'idée même d'une théorie qui serait extérieure au monde ouvrier : « La conception de la théorie révolutionnaire qui a prévalu pendant longtemps – science de la société et de la révolution, élaborée par des spécialistes et introduite dans le prolétariat par le parti – est en contradiction avec l'idée même d'une révolution socialiste comme activité autonome des masses[17]. »

L'assemblée générale du groupe réunie les 27 et 28 septembre 1958 prend acte de la scission et du départ du courant minoritaire : « À la racine de cette crise il y a deux conceptions théoriques divergentes, non seulement sur le problème de l'organisation révolutionnaire, mais plus largement, sur la lutte des classes dans la société et le rôle du prolétariat dans cette lutte. Ces divergences se cristallisant autour de la question de l'organisation de l'avant-garde. […] Ils tentent [les minoritaires] de présenter les camarades "majoritaires" comme des bureaucrates et de vulgaires manœuvriers. Toute polémique à ce sujet serait complètement stérile. L'entrée en mai dans le groupe de nouveaux camarades a fait sentir de façon pressante la nécessité d'adopter une certaine structure. À la première AG de mai, il a été décidé de constituer plusieurs cellules et de nommer un comité responsable formé par les délégués des cellules[18]. » Le groupe sort évidemment affaibli de cette scission, qui entraîne, outre le départ de Lefort, celui d'une vingtaine de camarades, dont Henri Simon, qui a une réelle implantation dans le milieu des employés des compagnies d'assurances. Ce dernier met en question la propension « dominatrice » de Castoriadis et s'étonne qu'il « se retrouve aux côtés des éléments les plus traditionnels[19] ».

Malgré cette rupture, Socialisme ou Barbarie continue de constituer un pôle qui gagne en influence dans l'après-mai 1958. Bon nombre de nouveaux membres et sympathisants se reconnaissent dans ses positions et se sentent motivés pour faire barrage à ce qui apparaît à certains comme un danger fasciste : le retour du général de Gaulle. Ce n'est pourtant en rien l'analyse que fait SouB, *a contrario* d'une bonne

---

16. Marie-France RAFLIN, *Socialisme ou Barbarie*, *op. cit.*, p. 803.
17. Paul CARDAN, « Prolétariat et organisation », *loc. cit.*, p. 305.
18. *Bulletin intérieur*, n° 6, archives SouB, IMEC, septembre 1958.
19. Henri SIMON, « De la scission avec Socialisme ou Barbarie à la rupture avec ICO : une critique de l'avant-gardisme », entretien, *L'Anti-Mythes*, n° 6, décembre 1974

partie de la gauche classique qui dénonce dans le gaullisme des ferments de dictature militaire. Dans le dénouement de la crise de mai 1958, Castoriadis voit essentiellement l'expression d'une crise structurelle subie par le capitalisme français depuis 1945, aggravée par la guerre d'Algérie. Elle tient à la juxtaposition de deux France, la France traditionnelle côtoyant celle de 1958, emportée dans une modernisation accélérée depuis la fin du second conflit mondial. À marche forcée, l'économie française a dû se transformer et la concentration des entreprises a suscité un fort exode rural et une crise des petits secteurs de l'industrie et de l'artisanat. Le phénomène n'a pas affecté la seule industrie, mais l'ensemble des activités agricoles, de service et de commerce. Menacés de disparition, les représentants de ces secteurs traditionnels ont réussi à bloquer le fonctionnement économique et politique de la République.

Castoriadis souligne les atouts majeurs du général de Gaulle, capable de relever les deux grands défis qui se trouvent posés à la France : « Il s'agissait de liquider la république parlementaire ingouvernable, de préparer une "solution" au problème algérien, et finalement, à plus long terme, de procéder à une certaine rationalisation des structures économiques, politiques, sociales et coloniales[20]. » Loin de considérer le gaullisme comme la réincarnation du fascisme, Castoriadis le voit comme une forme de « mendésisme autoritaire ». Avec lucidité, Castoriadis affirme que l'appui de l'armée à de Gaulle sera indexé sur sa volonté affirmée de conserver l'Algérie française : « Qu'une divergence *réelle* apparaisse, et Alger se comportera face à de Gaulle comme face à Pflimlin[21]. » Ce qui sera le cas en 1961 lorsqu'un « quarteron » de généraux tentera un putsch, menaçant Paris pour s'opposer à la perspective de l'autodétermination. Dans ce contexte périlleux, Castoriadis enfonce le clou face à la minorité du courant : « L'autre tâche qui est devant nous dans la période qui vient, c'est la construction d'une organisation révolutionnaire. Les possibilités de cette construction existent maintenant pour la première fois dans la France d'après guerre à une échelle considérable[22]. »

20. Pierre CHAULIEU, « Perspectives de la crise française », *Socialisme ou Barbarie*, n° 25, juillet 1958 ; repris dans Cornelius CASTORIADIS, *La Société française*, op. cit., p. 115 ; puis dans Cornelius CASTORIADIS, *La Question du mouvement ouvrier*, t. I, op. cit., p. 291.
21. *Ibid.*, p. 294.
22. *Ibid.*, p. 307.

À la fin de l'année 1958, Castoriadis fait le bilan de ce moment riche en rebondissements politiques et pose frontalement la question de la nature du nouveau régime gaulliste : « Que représente ce régime ? Le pouvoir, plus direct et plus nu qu'auparavant, des couches les plus concentrées et les plus modernes de la finance et de l'industrie ; le gouvernement du pays par les représentants les plus qualifiés du grand capital, libérés pour l'essentiel du contrôle parlementaire. Quelle est son orientation ? La remise en ordre, dans l'optique et les intérêts du grand patronat, du fonctionnement du capitalisme français. Ne pouvant plus faire marcher sa machine politique par le moyen de partis morcelés, déconsidérés, décomposés, le capitalisme français les met hors circuit, en rendant le gouvernement indépendant en fait du Parlement[23]. » Pour l'heure, Castoriadis constate que le capitalisme français sort victorieux de l'épreuve, qu'il a réussi à devancer les événements dramatiques et qu'il est parvenu à ressouder les rangs autour d'une « République » oligarchique lui permettant de ne plus transiger dans des compromis oiseux avec les forces d'opposition. Si le nouveau pouvoir peut revêtir pour certains un aspect dictatorial, ce n'est selon Castoriadis qu'une apparence : « C'est la population française, dans sa grande majorité, qui s'est retirée de la politique, tacitement depuis des années, explicitement depuis le 13 mai, bruyamment enfin le 28 septembre. L'approbation de la Constitution, l'octroi de tous les pouvoirs à de Gaulle signifiaient, précisément : nous ne voulons plus nous en occuper, vous avez carte blanche[24]. » Les événements récents confirment encore Castoriadis dans sa conviction qu'il faut une organisation capable de sortir les gens de leur torpeur, de contribuer à leur désaliénation et de dissiper leurs illusions : « C'est donc la première tâche aujourd'hui que d'entreprendre la construction d'une organisation ouvrière révolutionnaire, sur des bases idéologiques excluant tout compromis, toute confusion, toute imprécision[25]. »

La guerre d'Algérie qui fait rage suscite de nouvelles vocations militantes, et les mobilisations du début des années 1960 sont vivement soutenues par SouB. Jean-François Lyotard est sur la brèche. La manifestation du 27 octobre 1960 autour de la Mutualité, qui réunit

---

23. Pierre CHAULIEU, « Bilan », *Socialisme ou Barbarie*, novembre 1958 ; repris dans Cornelius CASTORIADIS, *La Question du mouvement ouvrier*, t. II, *op. cit.*, p. 249.

24. *Ibid.*, p. 251.

25. *Ibid.*, p. 261.

quelque 15 000 manifestants, est saluée par Lyotard comme un réel pas en avant : « Le point le plus fort de la manifestation est qu'elle a existé, autrement dit que, pour la première fois depuis des années, une fraction de la population et surtout de la jeunesse montrait sa volonté de ne plus subir passivement le sort que lui prépare le gouvernement [26]. »

Socialisme ou Barbarie, fort d'un afflux de militants, crée un mensuel, *Pouvoir ouvrier*, présenté comme un supplément de la revue qui se donne pour objectif d'être au plus près du vécu des ouvriers. Rendant compte de leur quotidien et répercutant leurs préoccupations, leurs aspirations, leurs combats, ce nouveau périodique ne connaîtra pourtant pas un succès marquant, ne réunissant au début 1962 que deux cents abonnés [27].

26. Jean-François LYOTARD, « Le gaullisme et l'Algérie », *Socialisme ou Barbarie*, n° 31, décembre 1960-février 1961, p. 30.
27. Nombre d'abonnés à la revue : mai 1957 : 157 ; décembre 1958 : 185 ; mai 1959 : 220 ; mai 1960 : 220 ; mars 1961 : 322. Archives SouB, IMEC.

7

Le marxisme à l'épreuve de la critique : nouvelle scission

La différence d'appréciation sur les événements de 1958 entre un PCF qui dénonce une forme de fascisation du régime et Socialisme ou Barbarie qui y voit plutôt une forme de modernisation du capitalisme avec la mise de place de la Ve République, conduit Castoriadis à approfondir l'analyse de la situation française pour en redéfinir les enjeux majeurs. Son diagnostic l'éloigne de plus en plus radicalement d'un certain nombre d'aspects fondamentaux de la *doxa* marxiste. Cette mise à l'épreuve de la théorie par l'analyse de la situation concrète sera porteuse de révisions déchirantes pour beaucoup, provoquant de nouveaux départs et une nouvelle scission.

La volonté de Castoriadis de réviser le marxisme et d'adopter à son égard une démarche résolument critique s'exprime dès octobre 1959 dans un texte du bulletin intérieur soumis à discussion avant publication. Il suscite de telles réserves que sa diffusion est repoussée de plus d'un an, ce qui donne le temps à Castoriadis de retravailler son argumentation et d'accentuer son éloignement du marxisme. Son article-fleuve est publié sur trois livraisons successives, entre 1960 et 1962 [1]. Castoriadis conserve un regard des plus critiques sur les évolutions sociales en cours, stigmatisant la « privatisation » croissante des

---

1. Paul CARDAN, « Le mouvement révolutionnaire sous le capitalisme moderne », *Socialisme ou Barbarie*, n° 31, décembre 1960-février 1961, p. 51-81 ; n° 32, avril-juin 1961, p. 84-111 ; n° 33, décembre 1961-février 1962, p. 60-85 ; repris dans Cornelius CASTORIADIS, *La Question du mouvement ouvrier*, t. II, *op. cit.*, p. 403-528.

individus, leur désocialisation et la perte de sens qui en résulte. Le capitalisme ne cesse selon lui, au rythme de la concentration du capital, de se bureaucratiser et devient une société sans boussole qui a perdu le peu de rationalité qu'elle avait pour s'engager dans une course folle à la productivité, dénuée de perspective autre que de produire pour produire. Ces transformations ne sont plus appréhendables par le marxisme orthodoxe. Il en résulte une nouvelle configuration pour les perspectives révolutionnaires, qui doivent se détacher des analyses de Marx et des marxistes. Du fait de cette évolution, le prolétariat perd sa position de sujet du processus révolutionnaire, lequel s'étend désormais à l'ensemble de la société.

Castoriadis se fait également très critique de la philosophie marxiste de l'histoire, qui présente cette dernière comme une nécessité dont le sens échappe aux acteurs. Il considère que le marxisme est porteur d'une antinomie fondamentale, entre le pôle de la dynamique endogène et impersonnelle du capitalisme et le pôle de l'action révolutionnaire, qui traverse toute l'œuvre de Marx, de ses écrits de jeunesse à ceux de la maturité. Ce sont ses derniers écrits qui ont prévalu dans le courant marxiste, selon Castoriadis, qui ne partage pas pour autant les analyses althussériennes sur la « coupure épistémologique » au sein de l'œuvre de Marx : « Pour retrouver Marx, c'est Marx lui-même qu'il faut casser. Telle est la situation historique paradoxale de cet homme, qui n'a voulu être ni Newton ni Mahomet, mais n'est pas étranger au fait qu'il est devenu les deux à la fois ; telle est la rançon de son destin, à nul autre pareil, de Prophète scientifique[2]. » Cette révision radicale du marxisme et ses conséquences – renoncer à le considérer comme *la* théorie devant guider la pratique – suscitent de fortes réactions négatives parmi les membres de Socialisme ou Barbarie, notamment, mais pas exclusivement, dans le courant issu du bordiguisme. Véga, qui ne peut accepter de voir ainsi restreint le rôle historique dévolu à la classe ouvrière, prend la tête de l'opposition à Castoriadis ; mais il n'est pas le seul. Il peut compter sur le soutien de Philippe Guillaume, un membre de SouB de la première heure, ainsi que sur celui de Jean-François Lyotard, qui n'est pas le moins critique vis-à-vis des nouvelles analyses de Castoriadis. Lyotard l'accuse ainsi de conduire à la liquidation de toute activité révolutionnaire : « C'est l'existence même non de la "politique" entre guillemets, mais

---

2. Cornelius CASTORIADIS, « Introduction », *La Société bureaucratique, op. cit.*, p. 47 ; repris dans Cornelius CASTORIADIS, *Quelle démocratie ?*, t. I, *op. cit.*, p. 365.

de la politique sans phrase, c'est-à-dire de la politique révolutionnaire qui est en question. C'est donc aussi l'existence du groupe lui-même comme "organisation révolutionnaire" qui est en question[3]. » L'historien du groupe, Pierre Souyri, fait part à son ami Lyotard de sa perplexité depuis 1959 devant les thèses énoncées par Castoriadis : « Il me mettait en garde : "Mesures-tu bien ce que signifie en regard de la tradition marxiste la conception que développe Castoriadis sur le capitalisme ? Il en dit assez pour m'épouvanter, pas assez pour me convaincre [...]" et tout à trac, il ajoutait : "Faut-il démissionner ?"[4]. » Lyotard, qui rompra pourtant radicalement avec toute forme d'eschatologie marxiste, s'érige alors en défenseur de l'orthodoxie et s'interroge : « L'idée d'une crise permanente de la société nous oblige à reposer le problème des rapports de notre organisation avec toute l'histoire du mouvement ouvrier dans cette phase du capitalisme. L'exploitation s'accroît, mais il y a un mouvement de transition vers la stabilisation. Alors où sont les perspectives de crise révolutionnaire[5] ? » Jean-François Lyotard essaiera en 1990 de comprendre comment il a pu se retrouver dans le camp de l'orthodoxie, alors qu'il adhérait plutôt sur le fond au regard nouveau préconisé par Castoriadis : « Il ne manquait rien à la panoplie argumentative de ces camarades [Castoriadis et sa tendance], et pourtant cette saturation révélait un manque, le même que le philosophe ressent à la lecture de certains textes de Hegel, la déception par le comble[6]. » Cette réflexion en dit long, révélant clairement que le conflit qui l'oppose à Castoriadis tient moins au contenu théorique qu'au malaise de Lyotard, qui n'a jamais réussi à trouver sa place dans un groupe trop « castoriadocentré ».

De son côté, Philippe Guillaume s'en prend avec véhémence à l'analyse de Castoriadis : « On raisonne dans ce texte avec une mentalité de précepteur[7]. » Le ton est donné, et il est âpre, à la mesure de l'enjeu. Castoriadis se dit stupéfait de la violence des critiques qui lui

---

3. François LABORDE (pseudo de Jean-François Lyotard), « Critique du texte de Barjot », *Bulletin intérieur*, n° 16, janvier 1960, p. 12.

4. Jean-François LYOTARD, « Mémorial pour un marxisme. À Pierre Souyri », *Pérégrinations*, Galilée, Paris, 1990, p. 108-109.

5. François LABORDE, *Bulletin intérieur*, n° 13, octobre 1959, p. 4, archives Jean-François Lyotard ; cité par Marie-France RAFLIN, *Socialisme ou Barbarie*, *op. cit.*, p. 902-903.

6. Jean-François LYOTARD, « Mémorial pour un marxisme. À Pierre Souyri », *op. cit.*, p. 113-114.

7. Philippe GUILLAUME, « Critique du texte de Barjot », *Bulletin intérieur*, n° 15, p. 9.

sont adressées : « Je n'ai pas été le seul dans l'organisation à être étonné du ton violemment polémique de ces deux textes. [...] Le ton employé par Guillaume et Laborde serait justifié s'il s'agissait de préparer une rupture politique ou une scission[8]. » Le tir de barrage contre les thèses hétérodoxes de Castoriadis touche même la province. La cellule de Lyon exprime non seulement son opposition à ses analyses, mais refuse que ce texte soit publié dans la revue, au point que Castoriadis doit faire prévaloir le droit d'expression des minorités au sein du groupe. Sa contribution paraît enfin à la fin de 1960, présentée avec les plus grandes réserves comme un point de vue qui n'engage que son auteur : « Le texte ci-dessous, dont les idées ne sont pas nécessairement partagées par l'ensemble du groupe Socialisme ou Barbarie, ouvre une discussion sur les problèmes de la politique révolutionnaire dans la période actuelle qui sera poursuivie dans les numéros à venir de cette revue[9]. » Les membres de SouB qui sont en désaccord avec Castoriadis contestent notamment son analyse selon laquelle le capitalisme avancé serait capable d'élever le niveau de vie des travailleurs. Quant à l'apathie constatée, elle relèverait plutôt, selon eux, de raisons conjoncturelles et non d'un ressort structurel propre à la modernité.

Si, dans la revue, la controverse se déploie à fleurets mouchetés, ce n'est pas le cas côté cour, où les attaques personnelles et les rancœurs s'expriment à cœur ouvert, comme l'atteste cette lettre acrimonieuse adressée à Castoriadis par Philippe Guillaume qui fut l'un de ses compagnons de la première heure : « J'ai hautement apprécié le classicisme dont tu as fait preuve, dimanche dernier, dans le maniement des méthodes qui sont elles-mêmes et malheureusement très classiques dans le mouvement ouvrier. Tu ne t'étonneras pas que tout soit fini entre nous. [...] Ce n'est pas une question personnelle, c'est une question objective. [...] Tu es possédé par un rare délire, et maintenant rien ne t'arrêtera plus dans cette voie. Ta destinée, ta tragique destinée, je la connais comme si j'y étais déjà ; elle est de faire le vide autour de toi. [...] Ce délire [...] je le conçois dans le sens antique du terme. Celui où les dieux aveuglent ceux qu'ils veulent perdre. Ta grave manie consiste à vouloir jouer et gagner sur tous les tableaux à la fois. [...] Toujours est-il que le résultat logique est que tu as été amené à construire *a priori* un monde historique et social imaginaire,

---

8. *Bulletin intérieur*, n° 17, mai 1960, p. 23.
9. Présentation de « Le mouvement révolutionnaire sous le capitalisme moderne », *loc. cit.*, p. 51.

parallèle au monde réel, d'une structure évidemment analogue, mais sans aucun contact avec le monde réel lui-même. C'est en cela que je dis que tu es possédé par un délire. Avec l'âge le délire devient fureur. [...] Je ne relèverai pas ici les monstruosités auxquelles cela aboutit. [...] Ton système, c'est le terrorisme idéologique, c'est-à-dire très concrètement, l'accroissement constant de ta puissance de "feu", c'est-à-dire du volume de tes écrits. Tu es totalement perdu pour moi, parce que tu es un être totalement perdu pour toi-même. Je te laisse à ta sombre destinée [...] [10]. »

La réponse de Castoriadis est immédiate : « Je regrette beaucoup que les choses en soient arrivées là, mais je n'y peux rien pour ma part. Sur le plan personnel, j'ai essayé à plusieurs reprises, tu en conviendras, depuis deux ans, de discuter avec toi, de te faire comprendre ce que je disais, d'essayer de comprendre ce que tu voulais dire et d'éliminer cette atmosphère de mauvaise passion que tu ne peux t'empêcher d'introduire dès que tu es en désaccord avec quelqu'un. Il faut être aveugle pour ne pas voir à travers ce que j'écris, ce que je dis, que les masses feront la révolution parce que le capitalisme les aliène et les opprime. [...] On ne peut discuter avec toi ; à vrai dire personne ne l'a jamais pu en dehors de moi et il a fallu une patience infinie depuis quatorze ans que je te connais [...] [11]. » Dans ce climat quelque peu délétère de règlement de comptes, Castoriadis adopte une position d'ouverture. Sa sortie du marxisme dogmatique se double d'une tentative, pas toujours suivie, vers l'extérieur : « Sur la conférence internationale des "revues socialistes" organisée à Bruxelles récemment par l'Institut Imre Nagy, j'ai l'intention de demander un nouveau vote sur la question lors du CR du 3 juillet. La conférence en question (27 et 28 mai) visait à organiser une coopération et une confrontation "entre un certain nombre de revues". J'ai défendu l'idée d'y participer, puisque cela nous permet de faire connaître nos idées à un public plus large. [...] Une fois de plus, je me demande, de qui et de quoi avons-nous peur [12] ? »

La crise ouverte à propos de la révision du marxisme s'accentue et divise douloureusement Socialisme ou Barbarie jusqu'au moment de la scission de juillet 1963. À l'automne 1962, une dizaine de militants

---

10. Philippe Guillaume, lettre à Barjot (Castoriadis), archives SouB, IMEC, 1963.

11. Castoriadis, lettre à Philippe Guillaume, archives SouB, IMEC, 1963.

12. Lettre de Barjot : 18 juin 1961 à Alain, Garros, Janine, Pierre, Mothé, Véga, archives IMEC.

de Paris se regroupent dans une tendance autour de Castoriadis pour préconiser avec lui une « nouvelle orientation ». Chaque membre de SouB est sommé de choisir son camp dans un contexte de plus en plus clivé. Certains vont vivre là un drame existentiel insupportable. C'est notamment le cas de Jacques Signorelli, un fidèle des fidèles de Castoriadis depuis son adhésion. Peu préparé à faire son deuil du marxisme, il se retrouve dans une situation de choix impossible entre les deux courants : « Croiser le fer avec le Dieu barbu, Karl Marx, il fallait avoir des munitions pour le faire et Corneille part au feu. Ses premiers articles nous déstabilisent ma femme, Mothé et moi [13]. » Jacques Signorelli laisse d'abord passer l'orage, pensant qu'un accord sera trouvé entre les deux tendances, puis vit comme une catastrophe la scission entre les deux courants, se reconnaissant à la fois dans l'un et dans l'autre. Il sombre dans une dépression temporaire : « J'ai perdu les pédales. Je suis parti quelques mois dans l'Yonne me refaire la cerise. Je ne voulais voir personne. Quand je suis revenu, j'ai repris les textes et me suis trouvé en accord avec Corneille. Cela a aussi été le cheminement de Georges Petit [14]. »

Dans une tentative désespérée pour éviter la scission, certains essayent de jouer les « Casques bleus » entre les deux tendances, jouant la carte du dialogue et du compromis, dans une position de plus en plus inconfortable. Ce sera le cas de Daniel Mothé, Georges Petit, Jacques Signorelli, Maximilienne Levet-Gautrat (Maxie) : « Si nous sommes dans l'ensemble plutôt favorables aux idées de la Tendance, ou tout au moins aux directions dans lesquelles elle cherche, nous sommes par contre totalement opposés à la méthode et aux procédés qui ne pouvaient donner d'autres fruits que ceux qu'ils ont engendrés, c'est-à-dire : confusion, stérilité, barrage intellectuel et climat d'hostilité réciproque [15]. »

Le débat fait rage à l'intérieur du groupe et un certain nombre de nouveaux membres se regroupent autour de Véga et Lyotard, qui jouent un rôle actif dans l'animation du mensuel *Pouvoir ouvrier*. Dans une antitendance qui conteste vivement les analyses de Castoriadis, sa mise en cause du marxisme et la confiance qu'il manifeste

---

13. Jacques Signorelli, entretien avec l'auteur.
14. *Ibid.*
15. « Lettre ouverte à la Tendance », non datée, autour de mars 1963 ; citée par Philippe GOTTRAUX, « *Socialisme ou Barbarie* », *op. cit.*, p. 149.

vis-à-vis des nouveaux mouvements sociaux, ils réaffirment le rôle majeur du prolétariat dans le processus révolutionnaire[16].

La fracture définitive a lieu en juin 1963. L'antitendance propose à la discussion trois textes, non signés, présentés séparément, sous le titre général « Pour une organisation prolétarienne révolutionnaire » : le premier, « Nos tâches actuelles », est écrit par Véga, les deux autres ont pour titre commun « Marxisme et théorie révolutionnaire » – avec une « première partie » de Pierre Souyri (« I. Sur l'histoire du marxisme », « II. Sur les rapports de la théorie et de la pratique), et une « deuxième partie » de François Lyotard : « Sur une idéologie "nouvelle" ». L'un et l'autre réaffirment leurs désaccords avec les révisions préconisées par Castoriadis et lui opposent l'attachement à un certain nombre de principes intangibles de la tradition marxiste, dénonçant au passage les tentations de fuir les vrais problèmes dans un révisionnisme qui débouche sur la liquidation et l'inaction. En outre, Lyotard et Souyri contestent la substitution de la notion d'exploitation par celle d'aliénation, qui aboutit selon eux à un brouillage des frontières entre classes et à une déréalisation du capitalisme. Si la controverse a été longue et douloureuse, son dénouement en juin 1963 est finalement plutôt apaisé. La tendance regroupée autour de Castoriadis conserve la revue *Socialisme ou Barbarie*, tandis que les partisans des thèses de Véga, Souyri et Lyotard se regroupent autour du mensuel *Pouvoir ouvrier*.

Cette nouvelle scission affaiblit encore un peu plus le groupe, qui se retrouve diminué de moitié. Évalué à quarante membres en 1963, il se retrouve à son étiage, avec une vingtaine de membres. Le groupe aura échoué à se transformer en une organisation avec une implantation réelle. La révision déchirante du marxisme suscite aussi des remous polémiques à l'extérieur de SouB. C'est ainsi qu'Yvon Bourdet, membre de Socialisme ou Barbarie de 1954 à 1958, date à laquelle il est parti avec Lefort et Simon, écrit en 1962 dans *Arguments* un article virulent, « Critique des articles de Cardan », pour dénoncer l'abandon du marxisme et la place exorbitante prise par Castoriadis dans le groupe. Agrégé de philosophie, Yvon Bourdet, qui deviendra sociologue spécialiste au CNRS de la question de l'autogestion, se livre à une charge sévère contre Castoriadis, accusé de « bureaucratisme ». Il serait

---

16. Voir Amparo VÉGA, *Le Premier Lyotard. Philosophie critique et politique*, L'Harmattan, Paris, 2010 ; et « Socialisme ou Barbarie et le militantisme de Lyotard », *Cités*, n° 41, 2011/1, p. 31-43.

devenu la raison d'être d'une revue dans laquelle seuls ses articles comptent, les autres n'étant que des exercices d'application.

Castoriadis ne laissera pas cette accusation sans réponse : « Je ne savais pas quant à moi que nous étions à couteaux tirés ou en état de guerre déclarée, et j'ai été sincèrement peiné d'abord, et assez fâché ensuite, de constater aussi bien dans ton texte que surtout dans tes lettres, une hargne, un dénigrement, un mépris et on dirait même de la haine que je me demande franchement pourquoi diable tu nous choisis nous pour envoyer ton texte. Je ne t'en garde pas rancune, au nom de la camaraderie et de l'amitié qui nous lient depuis plus de quatre ans, et que je voudrais beaucoup pour ma part préserver. Mais je te convie à essayer de comprendre que ces manières sont absolument inacceptables. Je n'accepterai pas que quelqu'un me traite de voleur, sans essayer de lui faire rentrer ses mots dans la gorge et tu comprendras aisément que pour moi l'injure de "bureaucratisme" ou de "méthodes staliniennes" est dix ou cent fois plus grave que l'accusation de vol. [...] Les articles de Cardan ne sortent pas tout armés de la tête de Cardan, mais procèdent d'une discussion et d'un échange d'expérience dont Cardan a beaucoup appris et dont il continuera (espère-t-il) à apprendre [17]. »

Là où Yvon Bourdet touche juste, c'est sur les excès de Castoriadis dans la polémique, dans son mépris des positions d'autres intellectuels transformés en ennemis à pourfendre, caricaturés sans nuances et injuriés sans retenue. C'est ce qui arrivera à Deleuze et Guattari – « Il avait été horrifié par la lecture de *L'Anti-Œdipe* [18] » –, qualifiés d'imposteurs et de pillards qui « ricanent aujourd'hui sur "papa-maman" (sans doute, les enfants de l'avenir auront librement accès au désir si seulement ils apprennent à babiller "dédé-guagua") [19]. » Yvon Bourdet commente sur le même ton : « Si on lui répondait par un "chau-chau-caca", la discussion en serait-elle bien avancée [20] ? » Castoriadis utilisera le même type de jeux de mots douteux avec tous les maîtres-penseurs des années 1960-1970 et le paiera d'un splendide isolement. Malgré son caractère chaleureux, son sens de l'amitié, sa générosité, il use et abuse d'insultes alimentant les polémiques, porté

---

17. Castoriadis, lettre à Yvon Bourdet, 12 mai 1962, archives SouB, IMEC.

18. Enrique Escobar, entretien avec l'auteur.

19. Cornelius CASTORIADIS, *L'Institution imaginaire de la société*, Le Seuil, Paris, 1975, p. 417, note 38.

20. Yvon BOURDET, « Marxisme et théorie révolutionnaire. Lecture de Cardan, relecture de Castoriadis », *Autogestion et Socialisme*, janvier-mars 1976, n° 33-34, p. 160.

par l'époque, qui conforte ce genre de posture guerrière de l'intellectuel soucieux de faire la démonstration de sa puissance et de dénoncer la faiblesse de l'adversaire. André Gorz avait lui aussi protesté de son côté dans *Le Nouvel Observateur* contre cette manière de faire de Castoriadis, qu'il imputait à son désir d'incarner à lui seul la pensée critique.

Alors que la scission s'opère sur fond de remise en question du marxisme orthodoxe, SouB croise la route de l'*Internationale situationniste*. Cette revue, qui publie son troisième numéro en 1959, exerce aussitôt une véritable fascination sur Daniel Blanchard : « Un jour que nous nous partagions à quelques-uns le dépouillement du courrier hebdomadaire, mon regard s'est trouvé capté par cette mince et élégante publication[21]. » Se sentant même dépassé dans l'expression de l'avant-garde, séduit par la critique de l'urbanisme qu'il y trouve, il écrit à Guy Debord, avec lequel il va nouer une relation d'amitié. Ils se rencontrent régulièrement : « Toutes les semaines on se voyait dans un bistrot de la Montagne-Sainte-Geneviève, discutant de nos positions respectives, et on a abouti à l'idée d'élaborer un texte commun à nos deux groupes[22]. » Après de longues discussions, ces « ambassadeurs » de leur groupe respectif signent le 20 juillet 1960, dans un restaurant de la rue Mouffetard, un texte qui entend incarner les deux branches de l'avant-garde culturelle et politique[23]. Le lien entre eux s'interrompt cependant car Daniel Blanchard, reçu au Capes d'histoire, doit prendre en charge son poste d'enseignement en Afrique. À son retour, il s'étonne d'apprendre que Debord a adhéré à SouB, mais n'est pas vraiment surpris qu'il en ait déjà démissionné. Debord a tenté, sans succès, de soulever la fronde d'un certain nombre de jeunes gens du groupe, notamment Alain Girard, Richard Dabrowski et Béchir Tlili.

Castoriadis a en effet mis bon ordre à cette nouvelle tentative de déstabilisation. L'Américaine sympathisante de SouB, Helen Arnold, de retour des États-Unis où elle était repartie un an, qui est alors la compagne d'Alain Girard, se souvient des manœuvres de Debord pour l'exfiltrer du groupe et le convaincre de rejoindre l'IS : « Quand je suis revenue, Alain Girard est venu me chercher à l'aéroport et m'a

---

21. Daniel BLANCHARD, *Debord, « dans le bruit de cataracte du temps »*, Sens & Tonka, Paris, 2005, p. 13-14.

22. Daniel Blanchard, entretien avec l'auteur.

23. « Préliminaires pour une définition de l'unité du programme révolutionnaire par G.-E. Debord et P. Canjuers », dans Daniel BLANCHARD, *Debord, « dans le bruit de cataracte du temps »*, *op. cit.*, p. 41-57.

conduite chez Debord, dont je n'avais jamais entendu parler. Il y avait chez lui la plupart des jeunes de Socialisme ou Barbarie assis par terre et buvant ses paroles. Je ne comprenais absolument pas la fascination qu'il exerçait et il y a eu entre Debord et moi une inimitié immédiate[24]. » Sitôt sorti de SouB, Guy Debord devient très acerbe vis-à-vis de ce courant et dénonce une bouillie psychologique et anthropologique qui a rompu avec l'idée de totalité, une volonté d'harmoniser le système existant, considérant le courant représenté par Castoriadis comme « l'expression de la frange la plus gauchiste et la plus fantaisiste de ces managers et cadres moyens de la gauche qui veulent avoir la théorie révolutionnaire de leur carrière effective dans la société[25] ». Castoriadis, de son côté, est toujours resté à distance d'un Debord dont il a tout de suite perçu la mégalomanie ; il a même tenu à dissiper tout malentendu sur ce passage furtif du leader de l'Internationale situationniste à Socialisme ou Barbarie. Ainsi, dans sa réponse à une lettre que lui envoie en 1975 Jordi Torrent Bestit, militant catalan qui s'étonne de voir Castoriadis évoluer vers le « situationnisme », il remet les pendules à l'heure : « Vous dites que la lecture de mes textes vous a à la fois éclairé et déconcerté, et que vous ne voyez pas comment on pourrait remplacer Marx par... Debord. Premièrement, Guy Debord est un tout petit imposteur et falsificateur, qui a pillé Socialisme ou Barbarie. [...] L'idée que j'aurais pu "évoluer vers le situationnisme" ne peut que me faire rire[26]. »

Dans ces années 1960, le groupe, privé de son mensuel, réduit à une vingtaine de membres, voit ses activités proprement militantes réduites à la portion congrue. Contraint à n'être qu'un organe de réflexion, il n'en poursuit pas moins ses interventions publiques, organisant entre la fin 1963 et le printemps 1964 un cycle de discussions. C'est dans ce moment de creux que SouB recrute encore un petit nombre de très jeunes lycéens qui n'ont que dix-sept, dix-huit ans, avec un quatuor constitué par deux couples : Alain Guillerm et Danièle Auffray ; Christian Descamps et sa compagne Jeanne Rémond. Guillerm et Descamps sont alors au bureau politique des JSU (l'organisation de jeunesse du PSU). Ils découvrent avec le plus grand intérêt *Socialisme ou Barbarie* et prennent contact avec ses

---

24. Helen Arnold, entretien avec l'auteur.
25. *Internationale situationniste*, n° 9, août 1964.
26. Castoriadis, lettre à Jordi Torrent Bestit, 19 juillet 1975 ; repris dans Cornelius CASTORIADIS, *Quelle démocratie ?*, t. I, *op. cit.*, p. 611.

membres : « On est invités à dîner avec Castoriadis et on discute jusqu'à 4 heures du matin, décidant de ne pas jouer l'efficacité du nombre, encore qu'il était très relatif, et de rentrer individuellement à Socialisme ou Barbarie[27]. » Comme tous les nouveaux membres, ils doivent subir un petit examen de passage au cours duquel on leur demande ce qu'ils pensent du contenu de la revue, de l'URSS, de Marx et ce que signifie pour eux l'engagement politique.

Danièle Auffray se souvient d'un moment épique, lorsque Maximilienne Gautrat, compagne de Daniel Mothé, venue du christianisme social, a mis en avant la question de l'existence de Dieu dans une recension d'ouvrage pour la revue[28]. Ne cachant pas ses convictions chrétiennes, elle y évoque en passant le « Royaume de Dieu ». Cette allusion fait bondir la jeune garde de SouB, qui trouve en Girard son porte-parole lorsque celui-ci déclare que « la critique de la religion est la première de toutes les critiques ». Castoriadis vient alors au secours de Maximilienne en défendant la légitimité de sa position, tout en établissant un parallèle qui ne fut sans doute pas de son goût. Il affirme en effet qu'« un groupe révolutionnaire pouvait intégrer des *lumpen* ; mais à partir d'une certaine masse critique, la chose devenait impossible parce que [ce groupe] devenait tout simplement la couverture d'une bande de délinquants. Il en était de même en ce qui concernait les chrétiens. La chose ne pouvait susciter un débat qu'à partir d'un certain seuil, il ne voyait pas en quoi *un* chrétien dans le groupe pouvait créer un problème. Il fallait laisser Maxie s'exprimer comme elle l'entendait[29] ».

Si ce renfort apporté par de nouveaux membres est précieux pour la survie d'un groupe affaibli par la scission, le décalage générationnel n'est pas toujours bien vécu par eux ; ils trouvent la vieille garde certes très formatrice, mais par trop sérieuse. Ces jeunes recrues ont envie de vivre des choses nouvelles et trouvent en Alain Girard, le psychiatre du groupe avec lequel ils deviennent très amis, une occasion de le faire. Ensemble, ils allient le souci scientifique d'étude du mode de fonctionnement des sociétés dites « primitives » dans la voie tracée par Lévi-Strauss et celui de privilégier les expériences vécues. Le groupe qu'ils créent, les « Bororos », du nom d'une des tribus indiennes décrites par Lévi-Strauss dans *Tristes Tropiques*, se réunit à demi-nu,

---

27. Christian Descamps, entretien avec l'auteur.
28. Maximilienne LEVET-GAUTRAT, *Socialisme ou Barbarie*, n° 36, avril-juin 1964.
29. Enrique ESCOBAR, « Notes pour un portrait de Castoriadis », *op. cit.*

peinturluré, dans les sous-sols de l'hôpital psychiatrique d'Étampes où travaille Alain Girard, et se livre aux pratiques du don et du contre-don comme aux rituels d'intronisation de cette société amérindienne : « Si on avait croisé un infirmier psychiatrique, il nous aurait tous enfermés et pourtant on était très sérieux dans ce qui était pour nous une expérience ethnographique[30]. » L'idée vient de Christian Descamps, intrigué par le fait que les Bororos sont divisés en trois clans et que chacun des groupes se doit de servir au mieux les intérêts des deux autres groupes. Cela lui semble tellement contraire à la logique du système capitaliste – la concurrence exacerbée, la guerre de tous contre tous –, et conforté par l'idée qui circule dans SouB que les rapports entre ses membres doivent préfigurer la société à construire, qu'il propose de tenter cette expérience : « J'ai suggéré de prendre le modèle de la société bororo et d'essayer de jouer des situations non au sens théâtral, mais en se mettant en situation pour entretenir entre les membres du groupe des relations désaliénées[31]. » Par-delà la dimension ludique de cette expérience, ils cherchent une expérience sociale féconde dans ces contraintes nouvelles.

C'est aussi durant cette période de relance que Georges Lapassade fait un éphémère passage dans SouB. Spécialiste de la dynamique de groupe, dont il a fait sa compétence universitaire, il ne supporte pas longtemps le charisme de Castoriadis et décide de « casser la baraque ». Il arrive aux réunions avec des gens recrutés quelques heures avant dans les bistrots alentour et s'installe avec eux au beau milieu du collectif pour papoter de choses et d'autres qui n'ont rien à voir avec l'ordre du jour. Le sang grec de Castoriadis ne fait qu'un tour, et même si l'exclusion n'existe pas à SouB, Lapassade est mis hors du « parti » : « Au bout d'un an, quelqu'un a proposé que le camarade Lapassade envisage de prolonger ses rapports avec le groupe sur un autre mode et cela a été adopté à l'unanimité. C'était la première fois que l'on arrivait à un tel consensus[32]. »

Socialisme ou Barbarie cherche aussi à se faire entendre auprès d'un certain nombre de personnalités extérieures à la revue. À l'occasion du cycle de conférences-débats de 1964-1965, le groupe sollicite Edgar Morin, Michel Crozier, Serge Mallet, Daniel Guérin, François Châtelet, ainsi qu'un des fondateurs du mouvement, mais qui n'en est

---

30. Danièle Auffray, entretien avec l'auteur.
31. Christian Descamps, entretien avec l'auteur.
32. Enrique Escobar, entretien avec l'auteur.

plus, Claude Lefort[33]. SouB vient d'accueillir en son sein de jeunes recrues qui pour beaucoup ont été attirées par Jean-François Lyotard, mais ne l'ont pas suivi dans la scission. Alain Guillerm, Christian Descamps et leurs compagnes avaient, eux, connu SouB par la lecture de la revue. De son côté, Daniel Ferrand fréquente au début des années 1960 un groupe d'étudiants qui préparent l'ENS, dans lequel se trouve le futur animateur de radio Philippe Alfonsi. Ses camarades lui signalent un cours à suivre absolument à la Sorbonne, celui de Jean-François Lyotard. Dans ce climat très politisé, en pleine guerre d'Algérie, il finit par se retrouver dans les réunions de SouB : « À l'époque circulaient toutes sortes de tracts. La plupart ne contenaient que quelques slogans et un appel à réunion. Or, à la sortie du restaurant universitaire de la rue Saint-André-des-Arts, on m'a distribué un tract de Socialisme ou Barbarie avec un vrai texte. Cela changeait ; enfin des gens qui avaient des choses à dire et que j'ai pris au sérieux[34]. »

De son côté, Enrique Escobar arrive d'Espagne en 1962 à dix-sept ans, après des études au lycée français de Madrid où il a adhéré au Parti communiste espagnol : « J'entre au groupe par l'intermédiaire d'Alain Guillerm, qui était en propédeutique avec moi[35]. » Il rencontre pour la première fois Castoriadis dans un café de Montparnasse, La Marine, à l'occasion d'un rendez-vous pris par son ami. Enrique Escobar est alors membre d'un petit groupe de six ou sept réfugiés espagnols, dont quelques ouvriers de chez Citroën. On ne mégote pas quand il s'agit de la classe ouvrière ! Quant à la revue elle-même, elle s'ouvre encore timidement à quelques collaborations extérieures, attestant une volonté d'ouverture qui tranche avec la tradition théorique du courant. Dans ce contexte, parmi ces nouvelles contributions, Edgar Morin publie un article dans l'avant-dernière livraison de la revue, au printemps 1965[36].

Ami du sémiologue Claude Chabrol, qui est membre de SouB, le philosophe Vincent Descombes souhaite entrer dans le groupe mais doit attendre que le vif débat interne qui débouche sur la scission de 1963 soit terminé pour l'intégrer. Il n'y fera qu'un passage éphémère

---

33. Informations reprises à Philippe GOTTRAUX, « *Socialisme ou Barbarie* », *op. cit.*, p. 160.
34. Daniel Ferrand, entretien avec l'auteur.
35. Enrique Escobar, entretien avec l'auteur.
36. Edgar MORIN, « L'homme révolutionné et l'homme révolutionnaire », *Socialisme ou Barbarie*, n° 39, mars-avril 1965, p. 1-15.

car, tout en restant en accord avec les positions de SouB, il demande assez vite un congé militant pour préparer l'agrégation. Plongé dans un petit univers d'une vingtaine de personnes, il constate immédiatement le rôle central joué par Cardan, ainsi que l'intensité des discussions, qui lui seront très utiles : « J'ai économisé là toute une série de phases par lesquelles sont passés les gens de ma génération. J'en étais vacciné intellectuellement. Dans ce groupe très égalitaire, on bénéficiait de l'explosion d'énergie intellectuelle de Castoriadis, comme si nous produisions nous-mêmes les idées[37]. » Vincent Descombes, qui n'a alors guère plus de vingt ans, est sidéré de voir un aîné, avec sa prestance intellectuelle et ses responsabilités, consacrer ses soirées à de tout jeunes nouveaux adhérents comme lui. Il comprendra d'autant mieux la fin de l'aventure de la revue : « Pour Corneille, c'était une dépense d'énergie beaucoup trop grande pour un groupe qui n'avançait pas[38]. » Vincent Descombes se souvient qu'à la parution de *Le Visible et l'Invisible* de Merleau-Ponty, Castoriadis l'a lu sous ses yeux : « Pour moi, il apparaissait bien comme merleau-pontien, mais porté vers les mathématiques ; il ne réduisait pas ses positions à la phénoménologie et a dû s'instruire en logique pour penser les mathématiques[39]. »

Castoriadis écrit un nouvel article-fleuve de 189 pages publié dans les cinq derniers numéros de la revue, dont il constitue à lui seul plus du tiers du nombre total de pages, « Marxisme et théorie révolutionnaire[40] ». Il exprime cette fois plus qu'un éloignement : une rupture avec l'héritage marxiste – le titre de l'article témoigne à lui seul de la distinction entre les deux perspectives. Voulant faire le bilan du marxisme, il suit une voie différente de celle empruntée en ce milieu des années 1960 par Louis Althusser, qui est parti en quête d'un vrai Marx, d'un Marx épuré, libéré du destin funeste des divers marxismes.

Castoriadis s'emploie à une confrontation serrée entre la philosophie originelle de Marx et les usages dont celle-ci a fait l'objet jusque-là. Cette relecture le conduit, sur nombre de points, à prendre ses distances avec Marx. Il ne le suit plus sur l'« économisme », qui a

---

37. Vincent Descombes, entretien avec l'auteur.
38. *Ibid.*
39. *Ibid.*
40. Cornelius CASTORIADIS, « Marxisme et théorie révolutionnaire », *Socialisme ou Barbarie*, n° 36, p. 1-25 ; n° 37, p. 18-53 ; n° 38, p. 44-86 ; n° 39, p. 16-66 ; n° 40, p. 37-55. Ce texte sera repris en 1975 et constituera la première partie de Cornelius CASTORIADIS, *L'Institution imaginaire de la société, op. cit.*, p. 13-229.

imprégné tous les courants se réclamant de sa pensée, à savoir l'idée que l'économique serait toujours déterminant et aurait une existence en soi par rapport aux autres strates de la société ; ce qui explique par exemple que le courant trotskiste continue à défendre le caractère socialiste du mode de production soviétique. Il invalide également toute la sophistique althussérienne des jeux et rejeux de l'infrastructure sur la superstructure : « Il n'y a pas dans l'histoire, encore moins qu'il n'y a dans la nature ni dans la vie, de *substances* séparées et fixes agissant de l'extérieur les unes sur les autres. On ne peut pas dire qu'en général "l'économie détermine l'idéologie", ni que "l'idéologie détermine l'économie" [41]. » Castoriadis oppose à cet économisme, qui privilégie les facteurs technico-économiques comme moteur de l'histoire, les études des ethnologues qui démontrent le contraire pour la plus grande partie de l'humanité. Il y dénonce une forme de déterminisme réducteur arasant la complexité des processus historiques.

Face à cette prétention à détenir la clé et le secret de l'histoire, Castoriadis suggère de s'interroger sur le sujet de la connaissance historique dans son rapport à son objet, rappelant que tout discours historique est situé dans un moment précis, lié à la singularité de celui qui l'écrit et qui en conditionne le contenu et l'empêche de prétendre à une posture de surplomb. Tout en précisant qu'il ne défend pas là une position relativiste, Castoriadis affirme que « le discours sur l'histoire est inclus dans l'histoire [42] ». Dans ce rapport de circularité entre passé et présent Castoriadis situe ce qu'il qualifie de « paradoxe de l'histoire », qui tient au fait que chaque époque, marquée par ses obsessions singulières, dévoile et projette sur le passé des significations nouvelles. La tentative prométhéenne de Hegel puis de Marx aura été de tenter de dépasser ce « paradoxe de l'histoire » par la dialectique, selon laquelle le présent comprend le passé comme moment dont les contradictions ont été dépassées, et un présent qui s'achemine dans une direction toute tracée selon le déploiement d'une essence dans le temps. Une telle vision présuppose une rationalité inhérente au processus historique qui fait problème, surtout en ce milieu du XXᵉ siècle où il est devenu particulièrement délicat de défendre cette idée après la barbarie nazie et les méfaits du totalitarisme bureaucratique. Castoriadis en tire la conséquence suivante : « Nous ne pouvons

41. *Ibid.*, p. 34.
42. *Ibid.*, p. 46.

plus maintenir la philosophie marxiste de l'histoire[43]. » Il faut sortir de son rationalisme causaliste qui enferme la réalité dans des schémas systématiques.

Alors que le marxisme entend rendre rationnelle la totalité de la réalité historique dans des ensembles de causalité, Castoriadis considère que nombre de significations échappent à cette réduction causale et n'en sont pourtant pas moins essentielles. Au nom de la nécessité historique, le marxisme répète, dans une version matérialiste, l'hégélianisme, qui voit se révéler par étapes la Raison dans l'histoire. L'homme total de Marx s'inscrit ainsi en continuité avec le « savoir absolu » de Hegel. Castoriadis rappelle le contexte d'émergence et de diffusion du marxisme dans la seconde moitié du XIXᵉ siècle, marqué par le positivisme triomphant et par un scientisme fort de ses découvertes et de leurs applications dans la société. Le marxisme est né sur ce terreau qui portait à l'optimisme ; la déchéance du marxisme ne vient pas, selon Castoriadis, de quelque erreur conceptuelle, mais se situe bien dans l'histoire réelle, dans son destin funeste qui en invalide les présupposés.

Récusant le déploiement d'une logique transcendante de l'histoire portée par le marxisme, échappant aux acteurs, Castoriadis lui substitue une approche fondamentalement pragmatique : « Le monde historique est le monde du *faire* humain[44]. » La politique relève de la pratique, de ce qu'on appelle alors la *praxis*, soit toutes les formes d'intervention qui favorisent l'épanouissement de l'autonomie de l'individu et des collectifs. Si celle-ci est bien en rapport avec la sphère du savoir, elle n'en découle pas mécaniquement comme simple terrain d'application. Castoriadis exprime la globalisation de ces pratiques créatrices d'autonomie sous la forme d'un projet révolutionnaire. Ce projet présuppose que tout ne soit pas déjà programmé ; il s'inscrit sur la crête mouvante des lignes de force du possible.

Loin d'être l'émanation d'une théorie systématique, ce projet s'enracine fondamentalement dans l'expérience historique elle-même. Si Castoriadis s'éloigne de Marx pour définir les voies de passage vers l'accomplissement de l'autonomie de l'homme, il se rapproche de Freud, qui deviendra au fil des années sa source d'inspiration et constituera même à partir des années 1970 la base de sa nouvelle profession de psychanalyste. Cette appropriation du savoir

---

43. *Ibid.*, p. 51.
44. *Ibid.*, p. 98.

psychanalytique conduit Castoriadis à changer d'échelle pour se pencher sur la nature de ce qui se passe au plan individuel. Il estime qu'il faut se poser la question de savoir ce qu'est le désir révolutionnaire, non plus seulement au niveau collectif, mais d'interroger le « Je » du désir.

S'appuyant sur Lacan et sa définition de l'inconscient comme « discours de l'Autre », Castoriadis découvre ce qui sera son chantier privilégié avec le domaine de l'imaginaire : « La caractéristique essentielle du discours de l'Autre, du point de vue qui intéresse ici, c'est son rapport à l'*imaginaire*. […] Le sujet est dominé par un imaginaire vécu comme plus réel que le réel [45]. » Ce faisant, il s'écarte déjà quelque peu des thèses lacaniennes. L'existence de zones d'opacité révélées par Freud rend aporétique le rêve de Marx d'une société communiste ayant réussi à surmonter tous les conflits et à établir un système général d'accord entre toutes ses composantes, donc totalement transparente à elle-même.

Cette rupture consommée avec l'héritage marxien, rendue publique avec sa publication dans la revue en 1964 et 1965, est à la source de sérieux remous au sein du groupe, déjà affaibli par la scission de 1963. La plupart des membres sont plongés dans la plus grande perplexité : « Un jour (Castoriadis n'était pas là) j'ai entendu "Michel" (Georges Petit), l'un des "vieux", dire : "Bon, maintenant, il faut que Castoriadis mette tout ça au point, *il faut que tout soit à nouveau clair*" [46]. » Enrique Escobar, jeune recrue, partage cette nostalgie d'une théorie explicative de l'ensemble du processus historique et se sent d'autant moins prêt à en faire son deuil qu'il découvre avec enthousiasme les écrits d'un marxisme qui lui semble encore un étayage possible pour une théorie renouvelée, apportant des réponses face aux mutations en cours. En même temps qu'il lit le texte de Castoriadis, il est plongé dans la lecture des *Aventures de la dialectique* de Merleau-Ponty, de Lukács et de Korsch. S'il n'ose contredire ouvertement Castoriadis en réunion, il fait état dans ses notes personnelles prises en 1964 de ses doutes, de sa perplexité, de son sentiment que Castoriadis semble aller trop vite et simplifie à l'excès : « Il me fallut dix ans de lecture attentive de Marx, Hegel et quelques autres, et d'observations du monde dans lequel je vivais, pour comprendre à quel point

---

45. *Ibid.*, p. 140-141.
46. Enrique ESCOBAR, « Notes pour un portrait de Castoriadis », *op. cit.*

Castoriadis ne simplifiait pas du tout, ou alors en un sens très particulier : il condensait, retenait l'essentiel [47]. »

Dans la seconde moitié des années 1960, de plus en plus replié dans un travail d'approfondissement théorique et critique du marxisme et dans la quête parallèle de formulation d'une autre voie, Castoriadis ne joue plus avec autant de ferveur ce rôle d'animateur du collectif de la revue et le groupe se réunit de moins en moins. Après en avoir été la cheville ouvrière, il ne consacre plus autant de temps à SouB et les dernières publications perdent un peu de leur cohérence. Sébastien de Diesbach, qui publie un long article dans deux livraisons de la revue sur la hiérarchie [48], contestant implicitement les positions de Castoriadis sur la question, s'étonne de ne susciter aucune réaction de ce dernier, en général prompt à vouloir que l'on partage son point de vue : « Pendant cette période, la revue était devenue un foutoir total [49]. »

L'hypothèse selon laquelle Castoriadis aurait dans cette ultime période délaissé la revue est cependant démentie par Claude Chabrol, qui écrit en 1964 un article qu'il juge, à distance, très dogmatique. Il essaye alors de démontrer que la révolte étudiante qui gronde sur les campus du monde entier ne peut être qu'illusoire, car seule la classe ouvrière est vouée à faire la révolution. Castoriadis signifie à son jeune camarade qu'il lui faut reprendre sa contribution et s'emploie lui-même à totalement la réécrire, tout en la laissant signée Claude Chabrol (Claude Martin) [50]. Cet article montre que la jeunesse scolarisée est en train de devenir un groupe social autonome mais très hétérogène, qui tend à se reconnaître comme tel par-delà les oppositions de classe et se révèle très sensible à l'actualité et à ses enjeux.

C'est dans ces milieux estudiantins que l'on voit apparaître de véritables oppositions à la guerre d'Algérie. Castoriadis et Chabrol constatent d'ailleurs que le phénomène est loin de se limiter à la France, et que l'on assiste à une agitation grandissante sur les campus, aussi bien aux États-Unis que dans les pays du tiers monde, ainsi qu'au Japon. Le

---

47. *Ibid.*

48. Sébastien CHATEL (pseudonyme de Sébastien de Diesbach), « Hiérarchie et gestion collective », *Socialisme ou Barbarie*, n° 37, juillet-septembre 1964, p. 1-17 ; et *Socialisme ou Barbarie*, n° 38, octobre-décembre 1964, p. 1-43.

49. Sébastien de Diesbach, entretien avec l'auteur.

50. Claude MARTIN (pseudonyme de Claude Chabrol), « La jeunesse étudiante », *Socialisme ou Barbarie*, n° 34, mars 1963 ; repris dans Cornelius CASTORIADIS, *Capitalisme moderne et révolution*, t. II, *op. cit.*, p. 259-278 sous son nom propre, en indiquant : « Écrit en collaboration avec Claude Chabrol » ; repris dans Cornelius CASTORIADIS, *Quelle démocratie ?*, t. I, *op. cit.*, p. 167-182.

phénomène ne se réduit pas non plus à un rituel conflit des générations, car ce n'est pas la place occupée par les aînés qui est contestée, mais le système lui-même. L'article perçoit bien la remise en cause croissante des modes de transmission du savoir, le rejet du cours magistral, qui réduit l'étudiant à la passivité et le frustre d'un vrai dialogue avec ses enseignants. Cette réduction au rôle d'exécutant qui doit ingurgiter le savoir n'est pas sans faire penser à la dichotomie mise en lumière par SouB depuis ses débuts entre dirigeants et exécutants, dichotomie propre à la société bureaucratique comme à la société capitaliste occidentale. Castoriadis et Chabrol se font presque prophétiques : « Il y a donc une probabilité, et qui va croissant, pour que l'étudiant, de par son contact même avec l'Université, soit amené à mettre en question la culture qui lui est fournie, sa relation avec la société, et la structure de cette société elle-même [51]. » L'année suivante, en 1964, c'est Christian Descamps qui prend la plume, sous le pseudo de Mareuil, pour faire le portrait de la jeunesse comme couche sociale singulière dépassant les frontières du monde scolarisé pour se reconnaître dans un certain nombre de manifestations musicales qui déplacent des foules tanguant entre révolte et conformisme [52] : « J'ai commis ce petit article sur les jeunes et l'explosion du rock, du yéyé. J'avais alors dix-huit ans et quand j'ai écrit cela, il y a eu des résistances dans le groupe, avec discussion pour savoir si c'était important, s'il fallait en parler [53]. »

La revue publie son dernier numéro en juin-août 1965, sans annoncer la fin de l'aventure puisqu'il fait référence à un numéro à venir qui ne paraîtra jamais. C'est une mort en douceur, et le groupe poursuit encore quelque temps son existence. Au cours de ces deux dernières années, le nombre des membres de SouB se restreint à un tout petit cénacle de rescapés. Castoriadis, plongé dans son travail d'approfondissement théorique et d'apprentissage d'une nouvelle discipline, la psychanalyse, a de plus en plus l'impression de perdre son temps, ce qu'il dira clairement lors d'une des dernières réunions. Le 11 mai 1967, il est décidé de mettre un terme à l'aventure, justifiant le sabordage du courant par l'accentuation de la « privatisation » en cours des individus, le reflux du collectif et l'échec de la tentative de constitution d'une organisation révolutionnaire. Il en résulte qu'une

---

51. *Ibid.*, p. 178.

52. Serge MAREUIL (pseudonyme de Christian Descamps), « Les jeunes et le yéyé », *Socialisme ou Barbarie*, n° 36, avril-juin 1964, p. 26-39.

53. Christian Descamps, entretien avec l'auteur.

activité politique, « même embryonnaire, est impossible aujourd'hui, cette réaction ne parvient pas à prendre forme. Elle est condamnée à rester individuelle, ou bien dérive rapidement vers un folklore délirant qui n'arrive même plus à choquer. La déviance n'a jamais été révolutionnaire ; aujourd'hui elle n'est même plus déviance, mais complètement négatif indispensable de la publicité "culturelle" [54] ».

L'autodissolution de 1967 ne fait pas l'unanimité. En effet, une bonne partie des militants, dont un des membres de la première heure, Benno Sarel, et trois nouveaux – Alain Guillerm, Danièle Auffray et Christian Descamps – considèrent qu'il faut poursuivre. Si la publication de la revue est interrompue depuis 1965, et s'il n'y a plus qu'une dizaine de membres, Castoriadis n'est suivi que par une très étroite majorité, grâce à l'appui des « anciens » : Jacques Signorelli, Garros et son épouse Louise, Georges Petit, Sébastien de Diesbach (Chatel) mais aussi par Enrique Escobar, plus jeune : « Quand est venue l'heure du vote qui a décidé la fin du groupe, je me suis retrouvé tout naturellement du côté de Castoriadis. Je pensais et je pense toujours qu'il avait mieux à faire que de porter à bout de bras ce groupe squelettique [55]. » De l'autre côté, la jeune garde des nouveaux adhérents est convaincue que la situation en 1967 est porteuse de nouvelles formes de contestation, notamment sur les campus universitaires, où la révolte couve en France et a déjà explosé aux États-Unis. Ces jeunes de SouB créent un nouveau groupe qu'ils nomment Communisme ou Barbarie, et entrent en contact avec les frères Cohn-Bendit, Gabriel et Daniel, et quelques militants de Noir et Rouge, mais son existence éphémère d'une année passera inaperçue. Ce point final, à un an seulement de l'explosion de Mai 68, sonne comme un paradoxe étonnant, quand on sait que ce qu'avaient pressenti les membres de SouB à propos de la jeunesse scolarisée est en train d'embraser les campus à l'échelle internationale. La contestation de la guerre menée au Vietnam n'a jamais été aussi vive qu'en cette année 1967, et c'est au moment même où l'espérance révolutionnaire semble souffler le plus fort que Socialisme ou Barbarie, qui pouvait en être un des supports théoriques, disparaît de la scène.

---

54. « La suspension de la publication de *Socialisme ou Barbarie* », circulaire adressée aux abonnés et lecteurs de *SouB*, juin 1967 ; repris dans Cornelius CASTORIADIS, *L'Expérience du mouvement ouvrier*, t. II, *op. cit.*, p. 422 ; repris dans Cornelius CASTORIADIS, *Quelle démocratie ?*, t. I, *op. cit.*, p. 272-273.

55. Enrique ESCOBAR, « Notes pour un portrait de Castoriadis », *op. cit.*

8

Le relais psychanalytique : de Marx à Freud

Dans les années 1960, Castoriadis substitue un nouveau maître à l'ancien. Il passe de Marx à Freud, même si son intérêt pour l'œuvre de ce dernier remonte à plus loin dans le temps : « Très jeune, j'étais intéressé, même passionné par Freud. Il y a des textes relativement anciens comme "Sur le contenu du socialisme, I", en 1955, où je souligne la nécessité de prendre en compte la dimension psychosexuelle de l'individu dans tout ce qui se fait ou se pense dans le domaine politique[1]. » Le père de la psychanalyse prendra une place grandissante dans ses réflexions jusqu'à ce qu'il s'installe comme psychanalyste en 1973. Ayant rompu depuis déjà longtemps avec l'économisme marxiste, il découvre la force de la dimension imaginaire, notamment à l'occasion de ses voyages en Inde et en Asie du Sud-Est (Indonésie et Thaïlande). Ce qu'il y découvre le met dans un état de sidération, notamment la beauté et l'inventivité de ce qu'il découvre à Bangkok, ses quatre cents somptueux temples bouddhistes et ses magnifiques palais. Il l'interprète comme une confirmation de ses analyses sur les limites des explications historiques en termes de forces productives[2].

Castoriadis entreprend une première analyse, qui va durer six ans, de 1960 à 1966, avec Irène Perie Roubleff, alors épouse de François

---

1. Cornelius CASTORIADIS, « De la monade à l'autonomie », entretien avec Jean-Claude Pollack et Sparta Castoriadis, 15 juin 1991, *Chimères*, n° 14, hiver 1991-1992 ; repris dans *Les Carrefours du labyrinthe*, t. V, *op. cit.*, p. 102.

2. Sparta Castoriadis, entretien avec l'auteur.

Perrier et membre de l'École freudienne de Paris. Il participe aux débuts de l'aventure lacanienne en y adhérant dès sa constitution en 1964. Il suit le séminaire d'une psychanalyste de grand talent, Piera Aulagnier, et de Jean Clavreul, ainsi que ceux de Serge Leclaire, de François Perrier et bien évidemment ceux de Jacques Lacan lui-même, qui sont alors le *must* de la vie parisienne. En 1966, il reçoit les *Écrits*, ainsi dédicacés : « À Cornelius Castoriadis, aussi scintillant que ses noms, pour qu'il fasse jouer sur mes charbons ses lumières. » Castoriadis répond à cette dédicace ironique par une lettre de remerciements en grec ancien qui, de manière non moins ironique, affirme que le maître de la psychanalyse en France a surpassé l'affirmation d'Héraclite selon laquelle on ne peut atteindre les limites de l'âme, quel que soit le chemin emprunté, aussi profond soit-il.

À la jonction d'un travail sur soi engagé depuis 1960 en tant qu'analysant et d'un travail critique sur la *doxa* marxiste, Castoriadis se plonge dans l'œuvre de Freud et fréquente de plus en plus les hauts lieux de l'élaboration psychanalytique sur la place de Paris. En 1968, il se marie avec Piera Aulagnier. Italienne ayant vécu son enfance en Égypte, Piera, née Spairani en 1923, a le même âge que Castoriadis. Elle a fait ses études de médecine à Rome et émigré en France au début des années 1950. Elle a épousé un ingénieur français, Aulagnier, avec lequel elle a eu un fils, Claude. Piera Aulagnier a fait son analyse chez Lacan en personne entre 1955 et 1961 et anime à Sainte-Anne un séminaire avec Jean Clavreul depuis 1962. De son enfance en Égypte, Piera Aulagnier conserve des souvenirs qui la mettront définitivement à distance de la politique, qu'elle juge dangereuse, et qui constituera un sujet inabordable avec Castoriadis [3]. Elle a en effet vécu dans sa jeunesse une expérience traumatique. Alors qu'elle était dans un train avec sa mère juste après l'expédition de Mussolini en Éthiopie, en 1936, des inconnus s'en sont pris à elles et ont menacé de les violer. Grâce au sang-froid et à la détermination de Piera, qui n'avait pourtant que dix-sept ans, le viol collectif a été évité de peu. Si les motivations des agresseurs sont restées inconnues, il est possible qu'elles aient été en partie de nature politique, comme représailles à l'agression mussolinienne.

Le père de Piera est mort jeune et sa mère s'est remariée avec un milliardaire libanais propriétaire de grandes exploitations de coton en

---

3. Informations communiquées par Sparta Castoriadis, entretien avec l'auteur.

Égypte, contraint à l'exil à l'arrivée de Nasser[4]. C'est à ce richissime beau-père que Piera Aulagnier doit son aisance financière et son appartement de toute beauté, d'environ 380 m² quai Anatole-France, où elle s'installe avec Castoriadis et sa mère. Magnifique appartement d'angle, donnant sur le Palais Bourbon et la Seine, il se déploie sur plusieurs niveaux et abrite Dialo, le serviteur noir qui y vit à demeure. On imagine la stupéfaction des camarades de SouB qui viendront rendre visite à leur ancien camarade à la fin des années 1960, en plein Mai 68 !

Qui plus est, Piera acceptera d'acheter, à la demande de Castoriadis, une maison sur une île grecque pour y passer l'été, ce qu'ils feront chaque année dans les Sporades du nord, à Skopelos. C'est l'unique occasion pour le couple de décrocher de ses obligations et de se livrer à des activités sportives et ludiques, avec baignades et plaisirs de la table : « Corneille était très sportif et compétitif. Il y avait une table de ping-pong. Notre niveau respectif s'équilibrait, mais il n'était jamais content de perdre. Sur la plage, on faisait de la lutte gréco-romaine, là, c'est incontestable, il gagnait à tous les coups. Sinon on faisait des compétitions aquatiques, se donnant pour objectif de nager d'une plage à une autre et là il râlait car je parvenais toujours au but avant lui[5]. » Pour son ami, le psychosociologue Eugène Enriquez, Castoriadis est un tempérament singulier correspondant parfaitement à la définition de Buffon selon laquelle le style, c'est l'homme : « Il n'existe *aucune scission entre son être et son œuvre*… Autrement dit, il n'a pas seulement une pensée cohérente, sa vie est cohérente (congruente) avec sa pensée[6]. »

Piera Aulagnier, au départ totalement dans l'orbite lacanienne, a pour second analyste Serge Viderman, qui contribue à l'éloigner de ses premières orientations. La révolte couve déjà depuis un moment à l'intérieur de l'École lacanienne. En décembre 1966, François Perrier démissionne du directoire de l'École freudienne sur un désaccord à propos des modalités de la formation-habilitation. Il est suivi de peu par Jean-Paul Valabrega en 1967. Piera Aulagnier est d'autant plus sensible à cette question décisive de la transmission, de la formation, qu'elle est en charge du département de l'enseignement de

---

4. *Ibid.*
5. Eugène Enriquez, entretien avec l'auteur.
6. Eugène ENRIQUEZ, « Cornelius Castoriadis : un homme dans une œuvre », *Revue européenne des sciences sociales*, décembre 1989, p. 30.

l'EFP à partir du début de 1967. Elle donne aussi sa démission à la fin 1967.

Pour faire face à cette crise, Lacan prend les devants et présente un projet de rénovation des statuts en introduisant la procédure de la « passe ». Il s'agit de codifier le passage de l'analysant au statut d'analyste. En octobre 1967, Lacan propose une nouvelle organisation selon laquelle le candidat souhaitant se faire adouber comme analyste doit comparaître devant trois « passeurs » qui devront rendre compte de son expérience analytique devant un jury d'agrément composé de sept membres. Ce comité décide *in fine* si l'impétrant est ou non capable de renouveler le capital théorique de la société psychanalytique. Dans le même temps, Lacan avance une formule qui fera l'objet de vives controverses : « Le psychanalyste ne s'autorise que de lui-même [7]. » Sur le fond, ce jury d'agrément renforce en fait les prérogatives du maître de l'EFP, soit Lacan en personne. Élisabeth Roudinesco, qui présente pourtant cette réforme institutionnelle comme une révolution majeure et positive, reconnaît : « Piera Aulagnier a raison de souligner que, malgré le tirage au sort, la majorité des membres du jury d'agrément sera toujours favorable à l'avis de Lacan [8]. » La pratique ne démentira pas les préventions émises contre la procédure de la « passe », car la plupart des « passants » nommés viendront directement du divan de Lacan.

Le mouvement de Mai 68, qui ébranle tous les pouvoirs constitués, ne va pas épargner l'EFP et les pratiques autocratiques de son chef. Certes, Lacan est alors une figure quasi chamanique, adulée par le tout-Paris intellectuel, icône de la modernité psychanalytique. Si Castoriadis, comme beaucoup, suit avec assiduité son séminaire, sa sensibilité antibureaucratique fait de lui un auditeur qui n'est pas dupe de la part de théâtralisation, car comme dit le maître : « Seuls les non-dupes errent. » Manifestement, le souffle de la jeunesse contestataire de 68 ébranle ce petit monde psychanalytique et contribue fortement à provoquer la scission. C'est en effet le 25 janvier 1969, au Lutetia, qu'un certain nombre de membres de l'EFP signifient à Lacan leur démission par un télégramme [9]. En février 1969, à l'occasion

7. Jacques LACAN, « Proposition du 9 octobre », *Scilicet*, nº 1, 1968, p. 14-15.

8. Elisabeth ROUDINESCO, *Histoire de la psychanalyse*, t. II, Le Seuil, Paris, 1986, p. 460.

9. Parmi ces démissionnaires : François Perrier, Piera Aulagnier, Jean-Paul Valabrega, Jean-Paul Moreigne, Micheline Enriquez, Antoinette Logier-Mitchell, Nathalie Saltzman, Évelyne-Anne Gasquères, Gabrielle Dorey, Paulette Dubuisson, Charles Zygel, André Missenard.

d'une session d'un séminaire au pavillon d'Ermenonville, les démissionnaires fondent le Quatrième Groupe – il s'agit de la quatrième scission. Le lendemain, les initiateurs de cette nouvelle organisation psychanalytique invitent leurs conjoints et quelques amis à fêter l'événement : « C'est comme cela que je suis venu à cette soirée avec Corneille et le mari d'Évelyne-Anne Gasquères [10]. »

Castoriadis, qui ne sera jamais membre du Quatrième Groupe, est néanmoins proche du noyau fondateur en tant que compagnon de Piera Aulagnier. Engagé dans un travail analytique depuis une petite dizaine d'années, il s'accorde avec son ami Eugène Enriquez pour analyser l'institution psychanalytique d'un point de vue critique afin d'éviter toutes les déformations bureaucratiques. Cet apport, à la fois sociologique avec Enriquez et philosophique avec Castoriadis, aura très certainement eu quelque influence sur les principes fondateurs adoptés par la nouvelle organisation.

Le soir au cours duquel est fêtée cette naissance, François Perrier demande à la femme d'Eugène Enriquez, Micheline, une des fondatrices du groupe, d'intervenir sur la question institutionnelle. Cet exposé fait l'objet d'un long échange préparatoire dans le couple ; les thèses antibureaucratiques de Castoriadis et de son ancien courant Socialisme ou Barbarie ne sont pas loin. On y retrouve toute la dialectique de l'instituant qui crée et de l'institué qui fige [11], et la préoccupation d'éviter toute forme de fossilisation en relançant sans cesse les forces, les processus instituants. Cet exposé liminaire sera retravaillé par le couple et publié plus tard sous leur signature commune dans la revue dirigée par Piera Aulagnier, *Topique* [12]. La société psychanalytique y est présentée comme relevant de la conjonction de trois ordres distincts : institutionnel, productif et volontaire. Le couple Enriquez vise bien les risques d'une « tendance au totalitarisme qui peut régner (et dont on a pu repérer des exemples clairs dans le fonctionnement de sociétés psychanalytiques) dans le monde des organisations qui finissent par développer un univers clos sur lui-même [13] ».

---

10. Eugène Enriquez, entretien avec l'auteur.

11. Le couple instituant/institué est fondamental chez Castoriadis ; d'un côté le pôle des transformations, des mutations, du changement, celui de l'instituant ; de l'autre ce qui est déjà là comme institution reconnue et légitime, l'institué. Un pôle ne pouvant être pensé sans l'autre.

12. Micheline et Eugène ENRIQUEZ, « Le psychanalyste et son institution », *Topique*, n° 6, mai 1971, p. 29-64.

13. *Ibid.*, p. 63.

Piera Aulagnier, qui signe alors Piera Castoriadis-Aulagnier, critique dans la même perspective antibureaucratique la pratique de la « passe », et lui oppose les règles nouvelles de l'organisation naissante : « Il ne s'agit plus de la reconnaissance entre analystes d'un *savoir analyser* [...] mais bien de la distribution (bureaucratisée ou à l'opposé totalement arbitraire) d'un *pouvoir analyser*[14]. » Pour atténuer les risques de l'institué et sa sclérose, Piera Aulagnier oppose les logiques processuelles, les dynamismes : « La psychanalyse est un *mouvement*, elle est un discours dont la clôture signifierait la mort. [...] Du côté des analystes, peut se développer silencieusement une tendance à la stagnation. [...] Du côté de la société, au sens large du terme, on assiste par contre à une tendance opposée qui s'exprime par une demande de plus en plus étendue non pas de savoir mais de formules et de fonctionnaires dits analytiques[15]. » Jean-Paul Moreigne, qui a été sur le divan de François Perrier, conçoit les nouveaux statuts du Quatrième Groupe, officialisés le 17 mars 1969[16] : « Quand j'ai créé les statuts, je les ai soumis à Piera, qui ne m'a pas fait de remarques. Je pense qu'elle les a fait lire à Castoriadis[17]. » Le nombre impressionnant de femmes à la direction de ce nouveau groupe fait dire à François Perrier qu'il est entouré par le « clan des ovaires », attestant une vraie emprise matrilinéaire sur la destinée de ce mouvement.

Les règles adoptées sont assez largement inspirées des thèses antibureaucratiques et antiacadémiques qui se sont exprimées en mai 1968. Le Quatrième Groupe est en fait conçu comme un non-groupe qui ne se dote que d'une institution minimale, avec plusieurs « secrétariats » destinés à disséminer tout pouvoir potentiel : « Je me souviens de l'opposition catégorique de Jean-Paul Valabrega lorsqu'il a été question de trouver un local[18]. » Il ne pouvait en être question sans déroger aux sacro-saintes nouvelles règles. Le Quatrième Groupe supprime les seuils hiérarchiques trop tranchés. Ses concepteurs lui

---

14. Piera CASTORIADIS-AULAGNIER, « Sur les critères de formation et leur application dans une société psychanalytique », pour la réunion du 22 au 22 février 1969. Consultable sur <www.quatrieme-groupe.org>.

15. *Ibid.*

16. Le premier bureau comprend un président – François Perrier –, un vice-président – Jean-Paul Valabrega –, un secrétaire psychanalytique – Piera Castoriadis-Alagnier –, un secrétaire scientifique – Évelyne-Anne Gasquières –, un secrétaire administratif – Jean-Paul Moreigne – et une trésorière – Gabrielle Dorey.

17. Jean-Paul Moreigne, entretien avec l'auteur.

18. Sophie de Mijolla, entretien avec l'auteur.

ont donné ce nom en référence à la nécessité de passer, selon eux, du nombre limité de possibles offert par le chiffre 3 en usage dans l'école lacanienne, à la pluralité de possibles qu'autorise le chiffre 4 : « À partir du moment où il y a un quadrilatère, il y a six relations possibles entre les termes [19]. » Jean-Paul Valabrega donne encore une autre explication, celle d'une nouvelle conception du processus de formation et d'habilitation de l'analyste, contraire à la « passe » et différente du rituel classique de validation de la formation par les sociétés de l'IPA. En prenant le nom d'« analyse quatrième », le contrôle classique est théorisé comme une procédure analytique qui met en scène le patient, le candidat souhaitant devenir membre du groupe qui est l'analyste de ce patient, l'analyste du candidat et un autre analyste, le quatrième. Cette nouvelle pratique « tend à déconseiller en principe la pratique du contrôle collectif[20] ». Elle fonctionne sur le principe de l'écart, sur la prise en compte du résiduel qui doit mettre au jour l'interprétation latente. Un des fondateurs du Quatrième Groupe, François Perrier, a sa propre version sur cette dénomination : « C'est sur la plage de Saint-Tropez, où je me rendais chaque année, que naquit l'idée de notre groupe sous l'égide d'Évelyne-Anne Gasquères, l'une de mes anciennes élèves. Puisqu'il y en avait déjà trois, nous l'appellerions le *Quatrième*. La gestation du Quatrième Groupe prit trois bons mois. Nous travaillâmes plusieurs jours durant au pavillon d'Ermenonville, dans l'enthousiasme[21]. »

Cette même année 1969, Piera Castoriadis-Aulagnier crée sa propre revue, *Topique*, qui succède à *L'Inconscient*, et dont le premier numéro est consacré tout naturellement à la formation. Outre les psychanalystes qui ont créé le Quatrième Groupe, Piera Aulagnier recrute un sociologue, Robert Castel, qui s'intéresse à la psychiatrie et à la santé mentale en général : « Piera a souhaité qu'il y ait dans la revue *Topique* un œil sociologique, un regard décalé et elle m'a proposé de faire partie du comité de la revue[22]. » Cette greffe sociologique indique assez clairement le souci de connexion avec le monde social et historique, ce qui est rare de la part d'une analyste, cette greffe sociologique restera

19. Jean-Paul Moreigne, entretien avec l'auteur.

20. Jean-Paul Valabrega, « Le fondement théorique de l'analyse quatrième », exposé devant le Quatrième Groupe, 12 décembre 1976 ; repris dans Jean-Paul VALABREGA, *La Formation du psychanalyste*, Belfond, Paris, 1979, p. 113.

21. François PERRIER, *Voyages extraordinaires en Translacanie*, Lieu Commun, Paris, 1985, p. 66.

22. Robert Castel, entretien avec l'auteur.

éphémère. Souhaitant exprimer dans la revue son désaccord avec un point de vue qu'il juge trop exclusivement psychanalytique, celui de Jean-Paul Valabrega, Robert Castel se voit invité à lui répondre dans les colonnes de *Topique*. Piera Aulagnier « a trouvé que mon article était trop critique vis-à-vis de la psychanalyse. Je n'ai pas insisté et, en accord avec elle, j'ai quitté la revue [23] ». Robert Castel transforme cette tentative avortée de critique interne en critique externe, qui prend cette fois la forme d'un ouvrage polémique rencontrant un vif succès, *Le Psychanalysme* [24], dans lequel il dénonce une discipline qui s'arroge le droit de tout interpréter, y compris ce qui n'est pas interprétable. Il déplore l'« avenir d'une illusion », tout en saluant au passage Piera Aulagnier, qui a eu le mérite d'interroger l'antagonisme existant entre le message de l'inconscient et la manière dont il se trouve piégé dans des structures organisationnelles. Elle a en effet restitué l'implication de ce qui est considéré comme hors-champ, de l'ordre d'une extra-territorialité du savoir proprement analytique en pointant le rapport qui existe « entre la société, prise ici au sens large, et la fonction du psychanalyste à laquelle elle fait appel [25] ». Robert Castel y perçoit l'ouverture de certains milieux analytiques, mais regrette qu'elle se restreigne au seul domaine analytique à l'exclusion de la dimension sociale [26].

À partir de la fin des années 1960, Cornelius Castoriadis et Piera Aulagnier fréquentent beaucoup Eugène et Micheline Enriquez, et leurs discussions en ce moment majeur de rupture avec Lacan tournent souvent autour de ce lien entre la dimension psychanalytique et la dimension sociale, mettant à profit la spécialité professionnelle de chacun des membres des deux couples. Si Eugène Enriquez a fait la connaissance de Castoriadis grâce à son épouse Micheline, une amie de Piera Aulagnier, il connaissait Chaulieu et Cardan en tant que lecteur de *Socialisme ou Barbarie*, qu'il citait sans savoir qu'il s'agissait de Castoriadis. Eugène Enriquez est alors responsable d'un groupe de psycho-sociologues, l'ARIP [27], et son nouvel ami Castoriadis accepte de participer à des tables rondes et à des conférences organisées par lui, avec des représentants de l'analyse institutionnelle comme Georges Lapassade ou René Lourau.

---

23. *Ibid.*
24. Robert CASTEL, *Le Psychanalysme*, Maspero, Paris, 1973.
25. Piera CASTORIADIS-AULAGNIER, « Société de psychanalyse et psychanalyste de société », *Topique*, n° 1, octobre 1969.
26. Robert CASTEL, *Le Psychanalysme*, *op. cit.*, p. 129.
27. ARIP : Association pour la recherche et l'intervention psycho-sociologique.

Les interrogations majeures d'Eugène Enriquez, comme de Casto-riadis, sont d'ordre civilisationnel. D'origine sépharade, Eugène Enriquez s'est tôt demandé comment sa famille a pu échapper à la bar-barie : « De là, date la grande question qui a innervé tous mes travaux : comment des nations dites civilisées peuvent-elles engendrer autant de barbarie ? Quel est le rapport entre civilisation et barbarie [28] ? » Cette question se trouve au cœur de son ouvrage *De la horde à l'État*[29]. La psychosociologie telle que la conçoit Enriquez s'interroge sur les ressorts de la démocratie afin d'en consolider les soubassements. Son horizon est éminemment politique, et elle doit servir à lutter contre les dérives bureaucratiques. En cela, Enriquez se retrouve à l'unisson des préoccupations de Castoriadis, à l'intersection de l'instituant et de l'institué, et au croisement de l'individuel et du collectif, considérant ces deux pôles comme complémentaires : « Les institutions sont, d'une part, ce qu'il y a de plus extérieur à l'individu, car la société ne nous a pas attendus. [...] D'autre part et en même temps, les insti-tutions sont nichées au plus intime de l'individu [30]. »

Au plan de l'organisation, la création de ce Quatrième Groupe peut être considérée comme la réalisation en acte des idées de Castoriadis et d'Enriquez. C'est d'ailleurs ainsi que l'envisage une analyste de ce groupe, Marie-Claire Célérier, qui en est la première habilitée en 1972, selon les nouveaux préceptes de la « session interanalytique ». Le can-didat à l'habilitation doit y convoquer plusieurs analystes pour débattre devant lui de son aptitude à devenir analyste membre du Quatrième Groupe en assurant, outre son travail d'analyste, la transmission de l'analyse : « Je trouve pour ma part, à distance, que l'aptitude à être analyste et l'aptitude à l'enseigner correspondent à deux capacités et à deux vocations différentes [31]. » Marie-Claire Célérier présidera le Qua-trième Groupe à partir de 1982 : « Pour moi, la formation du Qua-trième Groupe était une application concrète de l'utopie castoriadienne. Trente ans plus tard, on se rend compte malheureu-sement que c'était une utopie qui ne marche pas [32]. » On y retrouve en effet le thème, fondamental chez Castoriadis, de l'autonomie : « Faire advenir un sujet autonome dans une société autonome, le projet

---

28. Eugène ENRIQUEZ, *Désir et résistance. La construction du sujet. Entretiens avec Joël Birman et Claudine Haroche*, Parangon, Lyon, 2011, p. 6.
29. Engène ENRIQUEZ, *De la horde à l'État*, Gallimard, Paris, 1983.
30. Eugène ENRIQUEZ, *Désir et résistance, op. cit.*, p. 85.
31. Marie-Claire Célérier, entretien avec l'auteur.
32. *Ibid.*

de Castoriadis est aussi celui des psychanalystes. Plus particulièrement de ceux qui ont fondé le Quatrième Groupe en rupture avec l'École freudienne de Lacan [33]. » La visée d'autonomisation passe par une remise en question des hiérarchies habituelles et par une réinstitution régulière de la société analytique nécessaire pour empêcher sa fossilisation. La pluriréférentialité dans la vie de l'institution est un moyen de déjouer le discours du Maître, le pouvoir étant détenu par l'Assemblée générale, dont la convocation est préparée par une session réinstituante. Entre autres innovations, le Quatrième Groupe substitue à la procédure dite des « contrôles » menée par les autres institutions analytiques ce qu'il est convenu d'appeler l'« analyse quatrième », qui se donne pour ambition de pointer ce qui a pu échapper au cours de l'analyse didactique du jeune analyste du Groupe. Si, au plan des principes, la démocratie semble pleinement garantie, Marie-Claire Célérier constate à ses dépens que la pratique n'est pas à la hauteur de ces idéaux. Lorsqu'elle devient présidente du groupe, elle constate avec amertume qu'elle est essentiellement perçue comme l'émanation de celle qui a été son maître, Piera Aulagnier, se retrouvant avec une marge de manœuvre très limitée par rapport aux fondateurs.

Suivant avec régularité le séminaire de Piera Aulagnier où il se rend avec Lefort deux lundis soir par mois à l'amphithéâtre Magnan, de Sainte-Anne, Castoriadis y est plutôt discret, se permettant de poser ici ou là quelques questions pour élucider certains concepts. Il y participe néanmoins activement par des exposés sur l'imaginaire social en 1969 et sur le principe économique chez Freud en 1971. Il participe aussi assez souvent aux travaux du petit groupe fermé de recherche sur la psychose qui a lieu chez lui et Piera Aulagnier, quai Anatole-France, aux côtés de Micheline Enriquez, Nathalie Saltzman, la seconde épouse de François Perrier, Marie-Claire Célérier, Paulette Dubuisson et Jacques Sédat.

Castoriadis se trouve par ailleurs conforté dans sa volonté de corréler la psyché avec le social-historique lors de l'arrivée en France d'un psychanalyste argentin, Eduardo Colombo, qui s'intègre dans le Quatrième Groupe avec de fortes convictions politiques. Animateur en Argentine d'une revue anarchiste, *La Protesta*, il prend connaissance avec le plus grand intérêt des thèses de Socialisme ou Barbarie, et se sent proche des positions antitotalitaires de Castoriadis, même si ce dernier ne partage

---

33. Marie-Claire Célérier, « Psychanalyse et autonomie », communication dactylographiée communiquée à l'auteur, à l'occasion de la rencontre organisée après la disparition de Castoriadis en 1997.

pas son engouement pour les théoriciens de l'anarchisme. Par son passé de militant en Argentine qui l'a conduit à faire plusieurs années de prison, Colombo conçoit sa pratique dans le sens d'une critique institutionnelle radicale : « C'est ce climat qui a donné naissance au Quatrième Groupe. C'est aussi la source d'un des problèmes du groupe, qui a des difficultés à maintenir une structure qui reste hétérogène par rapport à la société globale. Mais il y a eu une aperture à ce moment-là qui a permis de tenir vivace l'instituant [34]. » Colombo crée en France une revue anarchiste, *Lanterne noire*, et s'appuie largement sur les analyses de Cardan (Castoriadis) parues dans son premier article pour *Socialisme ou Barbarie*, « L'intégration imaginaire du prolétariat ».

Castoriadis est à la fois intégré dans le milieu psychanalytique et en situation d'extériorité, essentiellement perçu par les analystes comme un philosophe étranger à la profession : « Ce qui me frappe quand je repense à la manière dont j'ai rencontré Cornelius Castoriadis, c'est qu'il est apparu dans le milieu psychiatrique et psychanalytique qui était alors le mien comme quelqu'un venu d'ailleurs. Avec l'effet de choc, l'effet d'éblouissement aussi, devant l'étendue de ce qu'il pouvait couvrir [35]. »

La première incursion publique de Castoriadis dans le domaine de la psychanalyse est un article publié en octobre 1968 dans *L'Inconscient*, dont s'occupent Piera Castoriadis-Aulagnier et Jean Clavreul, à la veille de la création du Quatrième Groupe [36]. Il y pose en philosophe le statut épistémologique de la psychanalyse, soit ses conditions de scientificité. Il rappelle l'ancrage scientifique, et même positiviste, de Freud, qui a néanmoins reconnu, au terme de son parcours, l'impossible rabattement du psychologique sur le physiologique. Le régime de scientificité de la psychanalyse est singulier en ce qu'elle se donne pour visée la question du sens, qui n'est que marginale pour les autres sciences : « Là où les médecins de l'époque ne voyaient que des déchets du fonctionnement psychique produits par la maladie, le génie de Freud a vu le sens, et que ce sens était visée d'un sujet [37]. » Ce recentrage sur le sujet, son

---

34. Eduardo Colombo, entretien avec l'auteur.

35. Jean-Luc Donnet, entretien, dans l'émission « Le bon plaisir » consacrée à Castoriadis, France Culture, 20 avril 1996 ; repris dans *Cornelius Castoriadis, Post-Scriptum sur l'insignifiance : entretiens avec Daniel Mermet*, suivi de *Dialogue*, Éd. de l'Aube, La Tour-d'Aigues, poche, 2004, p. 75.

36. Cornelius CASTORIADIS, « Épilégomènes à une théorie de l'âme que l'on a pu présenter comme science », *L'Inconscient*, n° 8, octobre 1968 ; repris dans Cornelius CASTORIADIS, *Les Carrefours du labyrinthe*, t. I, *op. cit.*, p. 33-80.

37. *Ibid.*, p. 43.

dire et son faire, rend caduc le recours à des chaînes causales externes. Avec une prudence qui ne lui est pas coutumière, se limitant essentiellement au corpus freudien, Castoriadis réagit en réalité à l'évolution formaliste de l'École lacanienne, qui tend en cette fin des années 1960 à privilégier les figures topologiques, les nœuds borroméens, les graphes. Tout au contraire, la définition que Castoriadis donne de l'analyse trouve sa source dans une traversée expérientielle, dans une pratique qu'il définit comme « activité pratico-poïétique », ajoutant pour ceux qui, comme Lacan, verraient la vérité au bout du graphe : « Formalisei le sens, pourquoi ne pas vider la mer avec une épuisette [38] ? »

Castoriadis définit une tout autre voie pour la psychanalyse, celle d'une exploration plus systématique d'un domaine délaissé par les héritiers de Freud, celui des affects, dont Freud déplorait qu'ils soient si mal connus. Par son irrréductibilité à des causalités simples, la psychanalyse ne peut pas se couper de l'interrogation philosophique sur le sens, ni de la réalité sociale qui engendre les systèmes de représentation. Savoir inachevé et inachevable, la psychanalyse doit s'articuler au social-historique et « accepter d'affronter la dialectique historique, ses obscurités, ses indéterminations ; s'assumer aussi comme sujet social et historique, dans un projet de transformation qui ici encore pourrait se formuler : où Personne n'était, Nous devons devenir [39] ». La marque lacanienne, encore forte, se révèle dans la manière dont Castoriadis articule le symbolique à l'imaginaire. Certes, il parle d'imaginaire social depuis 1964, mais il lie alors « fortement l'imaginaire à la problématique de l'aliénation [40] », sans pour autant identifier ces deux dimensions l'une à l'autre.

Lorsque Castoriadis prépare son maître-ouvrage, *L'Institution imaginaire de la société*, il cherche à articuler la pensée de l'institution avec le social-historique et avec l'individu. Sa démonstration est nourrie par son nouveau rapport à la psychanalyse. Dans le même temps, son épouse, Piera Aulagnier, travaille à un ouvrage important, *La Violence de l'interprétation* : « Ils écrivaient leur livre en même temps et ils en parlaient tout le temps, s'échangeant leur manuscrit respectif, s'en lisant des passages et ne cessant d'en discuter. Ils ont même tenu à publier leurs deux livres la même année [41]. » Les deux livres paraissent en effet

---

38. *Ibid.*, p. 46 et 48.
39. *Ibid.*, p. 80.
40. Olivier FRESSARD, « Castoriadis, le symbolique et l'imaginaire », *Cahiers Castoriadis*, n° 1, 2006, p. 126.
41. Eugène Enriquez, entretien avec l'auteur.

en 1975, l'un au Seuil, celui de Castoriadis, et l'autre aux PUF, celui de Piera Castoriadis-Aulagnier : « Pour moi, il y a une très sensible évolution chez Piera au regard de ses premiers écrits qui sont encore sous l'influence de Lacan. Dans *La violence de l'interprétation*, on sent encore le phrasé de Lacan, mais c'est déjà très différent [42]. »

Durant l'été 1975, Castoriadis relit les épreuves de son manuscrit dans leur maison de vacances à Skopelos. Il y a retrouvé son ancien camarade de SouB Christian Descamps et en profite pour lui faire lire les épreuves avant publication : « Ils avaient un petit jardin avec une assez belle vue sur la mer. Ce qui lui plaisait surtout dans cette île, c'était la présence d'un boulanger qui faisait la même quantité de pain que ses ancêtres depuis des générations, un anticonsommateur qui considérait qu'avec cela il faisait assez d'argent [43]. » Christian Descamps, plongé dans la lecture de l'historien allemand spécialiste de la Grèce antique, Gustave Glotz, est alors sidéré par la mémoire de Castoriadis. Il lui parle de Glotz au fur et à mesure de sa lecture le lendemain : « Il me répondait comme s'il l'avait découvert la veille [44]. »

En 1975, la rupture est bel et bien consommée avec Lacan. Castoriadis prend une posture ouvertement critique vis-à-vis de ceux qui, comme Lacan, ont voulu remplacer les concepts freudiens de condensation et de déplacement par la métaphore et la métonymie sous prétexte que l'inconscient serait structuré comme un langage. Alors que Lacan privilégie de plus en plus, en ce début des années 1970, le symbolique aux dépens de la dimension imaginaire dans sa trilogie RSI (Réel-Symbolique-Imaginaire), et s'oriente vers une formalisation toujours plus poussée, jusqu'au mathème, Castoriadis de son côté donne le primat à la dimension imaginaire, tant au niveau de l'individu qu'à celui, collectif, de la société.

L'imaginaire tel que le conçoit Castoriadis n'est pas assimilable au spéculaire, comme chez Lacan. Si l'image, en tant qu'elle représente quelque chose qui n'est pas présent, présuppose le symbolique, l'inverse est vrai, « car il présuppose la capacité de voir dans une chose ce qu'elle n'est pas, de la voir autre qu'elle n'est [45] ». Dans les deux cas de figure, c'est de l'imaginaire que va surgir la dimension instituante, créative. Castoriadis distingue la logique ensembliste-identitaire – qui

42. Sophie de Mijolla, entretien avec l'auteur.
43. Christian Descamps, entretien avec l'auteur.
44. *Ibid.*
45. Cornelius CASTORIADIS, *L'Institution imaginaire de la société, op. cit.*, p. 177.

correspond à la part instituée, fondée sur l'universalité et qui consiste à pouvoir distinguer, poser, rassembler, compter, et dont le modèle le plus pur est la science mathématique – de la logique instituante, créative. À ce niveau, la déterminité, la causalité règnent en maître absolu. Mais, à côté de cette logique, il en est une autre qui consiste à assembler, ajuster, fabriquer, construire, « faire être comme… ». Ces deux dimensions sont à l'œuvre dans l'institué et se renvoient l'une l'autre de manière circulaire. D'un côté, les contraintes, de l'autre le domaine non déductible, celui des schémas du possible, du faisable : « Comme le *legein* incarne et fait être la dimension ensembliste-identitaire du langage, et plus généralement du représenter social, le *teukhein* incarne et fait être la dimension identitaire-ensembliste du faire social[46]. » Dans le langage de Castoriadis, le *legein* est en effet la dimension qui concerne le représenter, le dire social, alors que le *teukhein* correspond à la dimension du faire social ; mais les deux dimensions appartiennent à l'organisation ensembliste-identitaire du monde.

C'est le rapport dialectique entre ces deux dimensions qui est à l'origine de la créativité, du mouvement, de la dynamique historique. Cette création se réalise, selon Castoriadis, à partir d'un *magma* sur lequel s'effectue un étayage qui permet l'institution. Là encore, Castoriadis emprunte à Freud tant le concept de *magma* que celui d'étayage. Ce *magma*, qualifié aussi de chaos, manifeste sa présence en tant que source d'altération, en tant que temporalisation. Si Freud n'avait pas vraiment parlé de *magma*, il aurait exprimé sensiblement la même chose dans *L'Interprétation des rêves* avec sa notion de conglomérat. C'est là l'objet de la psychanalyse dans la mesure où l'inconscient ne se situe pas du côté du *legein* : « L'inconscient ne relève pas de la logique identitaire et de la déterminité. Produit et manifestation continuée de l'imagination radicale, son mode d'être est celui d'un *magma*[47]. » Le point de départ des représentations se trouve lové là, dans la psyché de l'individu, comme imaginaire radical.

L'imaginaire radical est la condition d'accès de la pulsion à l'existence psychique. Il ne relève pas seulement du fantasme originaire, comme chez Jean Laplanche. Il est susceptible de se manifester tout au long de la vie de la psyché : « Si, comme le rappellent justement Laplanche et Pontalis, "loin de chercher à fonder le phantasme sur les pulsions, Freud ferait plutôt dépendre le jeu pulsionnel des structures

---

46. *Ibid.*, p. 359.
47. *Ibid.*, p. 381.

phantasmatiques antécédentes", on doit admettre que la phantasmatisation originaire, ce que j'appelle l'imagination radicale, préexiste et préside à toute organisation, même la plus primitive, de la pulsion, qu'elle est la condition d'accès de celle-ci à l'existence psychique [48]. » Selon Castoriadis, l'imaginaire radical dans la société agit comme *imaginaire social instituant* ; chez l'être humain singulier, il se manifeste comme *imagination radicale*. Comme psyché/soma, il est flux représentatif/affectif/intentionnel ; comme social-historique, il est fleuve ouvert du collectif anonyme. C'est à ce niveau, dans la région du psychisme, que Castoriadis situe la potentialité créative de l'homme. Tout le processus de socialisation de la psyché part de cet imaginaire radical. Castoriadis s'appuie ici sur l'analyse de son épouse [49] : « Si le nouveau-né devient individu social, c'est pour autant qu'à la fois il subit cette rupture et qu'il parvient à lui survivre [50]. » L'activité de représentation est au cœur de la démonstration de Piera Aulagnier. Il en est de même chez Castoriadis.

Selon Piera Aulagnier, le processus de métabolisation se fait en trois étapes : on passe de la représentation pictographique à la représentation fantasmatique, puis à la représentation idéique. Le renouvellement majeur de son approche par rapport à celles de Freud et de Lacan tient à ce qu'elle discerne un processus originaire qui est celui du pictogramme, conçu comme condition de possibilité pour l'existence même de la psyché. Ce processus précède le stade du miroir, qui avait valeur structurante originaire chez Lacan. Le phénomène de spécularisation précède ce stade et se traduit par le fait que le monde environnant n'a pour le sujet d'autre existence que sa représentation pictographique : « Il s'ensuit que la psyché rencontre le monde comme un fragment de surface spéculaire, dans laquelle elle mire son propre reflet [51]. » Alors que pour Lacan l'inconscient est structuré comme un langage, Piera Aulagnier redonne au sensoriel, aux affects, toute leur place, soit l'antériorité et l'originaire de la psyché : « Le *pictogramme* de Piera Aulagnier – entendu à la fois comme inscription psychique originaire et produit du processus psychique originaire – correspond justement à cette image fondatrice et matrice de ce qui fera

---

48. *Ibid.*, p. 388.
49. *Ibid.*, p. 407, note 33 : « On trouvera dans *La Violence de l'interprétation* de Piera Castoriadis-Aulagnier une conception analogue, dans la perspective propre de l'auteur, nullement divergente de celle adoptée ici. »
50. *Ibid.*, p. 407.
51. Piera AULAGNIER, *La Violence de l'interprétation*, PUF, Paris, 1975, p. 58.

sens par la suite[52]. » C'est le rapport sein-bouche et la capacité à figurer la sensation qu'il procure qui devient essentiel à l'originaire et ses inscriptions pictographiques. Il engage tous les sens – l'audible, le visible, le tactile, l'olfactif – et l'activité du nourrir devient alors la source de tous les plaisirs et de tous les déplaisirs du nourrisson : « La mise en forme du pictogramme s'étaye sur le modèle du fonctionnement sensoriel[53]. »

Castoriadis reprend à son compte cette conception d'un proto-sujet, ou sujet originaire, qui fonctionne comme une monade fermée sur elle-même dans l'indistinction entre soi et le monde extérieur. À ce stade, « le sein maternel ou ce qui en tient lieu fait partie, sans être partie distincte, de ce qui deviendra par la suite le "corps propre", et qui n'est évidemment pas encore un "corps". La libido qui circule entre l'*infans* et le sein est libido d'auto-investissement[54] ». C'est à partir de là que s'opère un processus de socialisation de la psyché qui va peu à peu s'ouvrir au social-historique. Cette socialisation est l'aboutissement de l'émergence d'une séparation entre le soi et le monde, qui équivaut à une rupture violente de la situation originaire autocentrée vers la réalisation du plaisir immédiat : « Le déplaisir est rupture de la monade autistique[55]. » Ce noyau originaire ne peut être refoulé, il est dans l'autoréférence. La psyché, selon Castoriadis, n'est pas subordonnée à un Signifiant pur, comme le considère Lacan, elle est confrontée radicalement à la séparation et au manque, à cet état d'ultra-narcissisme qui n'est plus ni dans le présent ni dans quelque projection future : « Ce qui manque et manquera à jamais, selon Castoriadis, c'est l'irreprésentable de l'état premier, l'avant de la séparation et de la différenciation. Soit une protoreprésentation que la psyché n'est plus capable de produire, qui aimantera pour toujours le champ psychique comme présentification d'une unité indissociable de la figure, du sens et du plaisir. La psyché donc est à jamais orientée par ce qu'elle n'est plus et qui ne peut plus être, la psyché est son propre objet perdu[56]. »

---

52. Gerassimos STEPHANATOS, « Repenser la *psyché* et la subjectivité avec Castoriadis », *Cahiers Castoriadis*, n° 3, 2007, p. 126.

53. Piera AULAGNIER, *La Violence de l'interprétation*, op. cit., p. 77.

54. Cornelius CASTORIADIS, *L'Institution imaginaire de la société*, op. cit., p. 397.

55. *Ibid.*, p. 409.

56. Gerassimos STEPHANATOS, « Repenser la *psyché* et la subjectivité avec Castoriadis », *loc. cit.*, p. 130.

Pour ce qui est de la relation entre la psyché et le social, Piera Aulagnier renvoie à la lecture de *L'Institution imaginaire de la société*[57], seule référence explicite dans son ouvrage aux travaux de Castoriadis. Sa démonstration est riche de leur dialogue, tout en restant dans l'implicite et la discrétion. On peut émettre l'hypothèse d'influences croisées entre ces deux pôles que sont, d'un côté, la monade individuelle, peu propice au départ à la vie sociale, enfermée sur elle-même dans un imaginaire radical non socialisé et, de l'autre côté, le pôle du social-historique : « L'institution sociale de l'individu doit faire exister pour la psyché un monde comme monde public et commun. Elle ne peut pas résorber la psyché dans la société. Société et psyché sont inséparables, et irréductibles l'une à l'autre[58]. »

Cette irréductibilité se réfère chez Castoriadis à une conception de l'être comme être stratifié, dans la mesure où chaque strate est irréductible aux autres, tout en restant fermement enracinée. Lorsque Piera Aulagnier, à l'orée de sa démonstration, pose comme troisième postulat l'impossibilité d'analyser la fonction du « Je » sans tenir compte du champ socioculturel, on ne peut pas ne pas penser à l'influence de ses échanges avec Castoriadis sur l'importance du social-historique dans la compréhension de la psyché. Il y a là un point majeur dans leur élaboration commune, dans le domaine philosophique chez Castoriadis, psychanalytique chez Piera Aulagnier. Psyché et monde naissent selon elle l'un de l'autre, de leur point de rencontre : « Le Je de Piera Aulagnier se sépare du Moi de Freud dans la mesure où il n'existe pas de Je-ça indifférencié. Il y a pour elle une coupure radicale entre le registre de l'originaire avec ses pictogrammes et le registre secondarisé du Je[59]. » Cependant, le psychanalyste grec du Quatrième Groupe Stéphanatos Gérassimos précise qu'« il y a une alimentation permanente du système représentationnel par l'activité pictographique originaire, puisqu'il y a un traitement de tout événement psychique, simultanément, par les trois registres du fonctionnement psychique (pictogramme, fantasme, je). Cela permet une circularité possible de l'information sensorielle-érogène-affective et du "message" correspondant entre des espaces psychiques hétérogènes,

---

57. Piera AULAGNIER, *La Violence de l'interprétation, op. cit.*, p. 182, note 1.
58. Cornelius CASTORIADIS, *L'Institution imaginaire de la société, op. cit.*, p. 431.
59. Hélène TROISIER, *Piera Aulagnier*, PUF, Paris, 1998, p. 31.

qui inaugurent des nouveaux moments de rencontre avec soi-même, son corps, l'autre et le monde [60]. »

La scène extra-familiale, celle du monde social, est fondamentale, selon Piera Aulagnier, dans ce qu'elle qualifie de « contrat narcissique », et elle reconnaît qu'elle s'aventure là dans des zones peu fréquentées par la psychanalyse lorsqu'elle évoque le discours sur l'institution : « Ce discours désigne pour nous le discours idéologique. Il est évident qu'en parlant d'institution et d'idéologie nous faisons appel à des concepts qui débordent de loin notre discipline, en admettant qu'ils y aient jamais eu place [61]. » Piera Aulagnier situe, comme Castoriadis, l'espace où le « Je » peut advenir du côté des énoncés, de la langue conçue comme une institution fondamentale pourvoyeuse de certitudes. D'où le rôle du discours sacré, qui énonce l'originaire de la société et qui est au fondement de la pensée héritée, comme l'analyse Castoriadis, affectant ce discours à ce qu'il appelle l'« hétéronomie », qu'il oppose aux logiques propres à l'autonomie.

Le couple Castoriadis se trouve encore à l'unisson sur l'importance des processus d'inscription dans une dynamique historique indéterminée, au plan tant de l'évolution de l'individu que du collectif : « L'accès à une historicité est un facteur essentiel dans le processus identificatoire, elle est indispensable pour que le Je atteigne le seuil d'autonomie exigé par son fonctionnement [62]. » Lorsque Piera Aulagnier souligne le rôle majeur de la « réalité historique [63] », qui se trouve impliquée à tous les niveaux, aussi bien discursif que corporel, dans la construction du sujet, on a là une affirmation assez rare chez les psychanalystes de profession qui, surtout à l'époque, ont plutôt tendance à s'enfermer dans des chaînes signifiantes qui ont peu à voir avec le référent concret de la réalité sociale.

Pour Piera Aulagnier, la réalité est signifiante dès la naissance dans la construction de la psyché, et l'on comprend ici à quel point ses positions ne peuvent que conforter ce que recherche Castoriadis lorsqu'il étaye l'individu sur le social-historique. Le Je, selon elle, est inscrit dans une histoire, et il est donc pleinement engagé dans une dialectique entre passé, présent et futur. Il est conduit à articuler des

---

60. Stéphanatos GÉRASSIMOS, « Donner forme à l'Abîme », *Actes du Quatrième Groupe*, n° 3, 2014, p. 62.

61. Piera AULAGNIER, *La Violence de l'interprétation, op. cit.*, p. 183.

62. *Ibid.*, p. 189.

63. *Ibid.*, p. 191.

aspects fragmentaires de lui-même pour les transformer en sentiment de continuité. Piera Aulagnier fait des dysfonctionnements dans cette relation entre le Je et le monde extérieur le creuset même de ses recherches sur la psychose : « C'est bien entre le moi et le monde extérieur, comme dit Freud, qu'éclate le conflit dans la psychose, mais non pas à cause de la "surpuissance" de l'influence du ça mais à cause d'une impuissance dans le discours de l'Autre et d'une surpuissance dans son désir de s'approprier ce qui lui "manque", en faisant siens l'espace psychique et le travail de penser de l'enfant lui-même [64]. »

Pour avancer dans l'élucidation du défi que représente pour la pratique analytique la psychose, Piera Aulagnier suit le fil rouge de la problématique identificatoire, qui l'a éloignée des réponses lacaniennes : « Si Piera Aulagnier s'est intéressée au réel, familial et sociologique, il me semble que c'est du fait de son travail sur la psychose. Selon elle, le déclenchement d'un épisode psychotique peut provenir d'une collusion entre le réel et l'imaginaire lorsque le psychotique trouve dans la réalité comme une preuve de ce qu'il imaginait [65]. » Selon Piera Aulagnier, les potentialités de devenir psychotique sont multiples : « Là où Piera me semble très proche de Castoriadis, et qui est sa pensée centrale, c'est autour du risque de l'aliénation. Cela renvoie à toute sa théorie sur la psychose, c'est de cela dont il est question dans son second livre sur la passion [66]. » Pour illustrer ce que peut être le refoulement psychotique, elle donne pour exemple un ouvrage aussi essentiel pour elle que pour Castoriadis dans son approche de la bureaucratie totalitaire, le livre d'Orwell, *1984*. La « novlangue » de la mère du psychotique exclut toute relation de compréhension entre son désir de mère et ce qu'éprouve son enfant : « L'interdit de comprendre peut alors devenir l'interdit de mémoriser ; ce qui amène des "trous de mémoire" pouvant effacer des pans entiers de l'histoire du sujet [67]. »

La journée d'études et d'hommage organisée par l'École de propédeutique à la connaissance de l'inconscient après la disparition de Piera Aulagnier, le 3 octobre 1992, est consacrée à son apport dans le domaine de la psychose. Castoriadis y prononce une conférence [68] dans laquelle il reprend la posture interrogative qui leur a toujours été

---

64. *Ibid.*, p. 362.
65. Marie-Claire Célérier, entretien avec l'auteur.
66. Sophie de Mijolla, entretien avec l'auteur.
67. Hélène TROISIER, *Piera Aulagnier, op. cit.*, p. 58.
68. Cornelius CASTORIADIS, « La construction du monde dans la psychose », 1992 ; repris dans Cornelius CASTORIADIS, *Les Carrefours du labyrinthe*, t. V, *op. cit.*, p. 130-146.

commune pour se demander pourquoi situer la psychose non sur le terrain de l'organique mais sur celui du psychique, et pourquoi la placer aussi à l'intérieur du champ psychanalytique : « Dire que la psychose fait partie du champ psychanalytique, c'est-à-dire que les phénomènes psychotiques font sens, c'est donc se placer devant la formidable obligation de faire sens du délire qui signe l'aliénation, l'*estrangement*, la séparation du monde commun du sens [69]. »

Ce défi à la compréhension que constitue la psychose, et qui a relégué ses deux figures schizophrénique et paranoïaque aux limites de la psychanalyse alors que les diverses formes de la névrose en occupaient le centre, a été relevé par Piera Aulagnier, qui déclarait dans son séminaire à Sainte-Anne en 1975-1976 : « Si nous ne comprenons pas la psychose, cela signifie que nous ne comprenons pas quelque chose d'essentiel dans le fonctionnement de la psyché en général [70]. » Castoriadis et Piera Aulagnier se retrouvent encore pour situer la psychose du côté du créatif, à partir d'un non-sens pour les autres qui est pourtant bien sens pour le psychotique : « La psychose se caractérise par la force d'attraction exercée par l'originaire, attraction à laquelle elle oppose cet "en-plus" représenté par la création d'une interprétation "délirante" rendant "dicibles" les effets de cette violence [71]. »

Stéphanatos Gérassimos, qui a fait son analyse avec Castoriadis et a bien connu Piera Aulagnier, atteste cette proximité théorique dans le couple : « Deux auteurs majeurs qui s'influencent mutuellement, tout en gardant chacun sa propre perspective. Ces deux perspectives, à mon sens convergentes, et d'une certaine façon complémentaires, signent la défaite de l'hégémonisme du signifiant structuraliste [72]. » Castoriadis échappe en effet aux catégories transcendantes de Lacan, comme le Signifiant maître ou la Loi, lorsqu'il défend un processus de socialisation de la psyché qui se présente comme « l'intériorisation des significations imaginaires sociales de l'*infans*, à travers l'investissement du premier Autre maternel, qu'Aulagnier appelle *porte-parole* de l'ensemble [73] ».

Piera Aulagnier réintroduit le corps dans la mesure où le Grand Autre s'incarne dans le corps de la mère. En même temps, elle ne

---

69. *Ibid.*, p. 132.

70. Piera Aulagnier, séminaire de Sainte-Anne ; citée par Cornelius CASTORIADIS, *ibid.*, p. 133.

71. Piera AULAGNIER, *La Violence de l'interprétation, op. cit.*, p. 20.

72. Gerassimos STEPHANATOS, « Repenser la *psyché* et la subjectivité avec Castoriadis », *loc. cit.*, p. 117.

73. *Ibid.*, p. 134.

rompt pas totalement avec les inflexions lacaniennes, car il s'agit d'un corps parlé. Son concept d'« ombre parlée » renvoie au discours tenu par la mère sur le corps de l'enfant qu'elle porte en elle avant sa naissance. Le langage reste donc essentiel dans les processus identificatoires. Il vient garantir ce qu'elle appelle le « discours de l'ensemble » qui est en fait sa manière de dénommer le discours social environnant : « C'est l'institution social-historique qui garantit le discours de l'autre. Piera Aulagnier affirme sans cesse que le discours du porte-parole maternel doit être conforme aux significations de l'ensemble. Cela renvoie aux significations imaginaires sociales de Castoriadis[74]. » La nomination des affects ainsi que le symbolique sont toujours historicisés. Castoriadis reprend à son compte les déplacements réalisés sur les plans clinique et épistémologique par Piera Aulagnier. Il confère à la psychanalyse une dimension ontologique fondée sur un être stratifié en constante évolution, et non plus sur un manque à être comme dans la conception lacanienne. Castoriadis n'envisage nul enfermement dans quelque synthèse harmonieuse ; il souligne une indétermination, un inachèvement par lequel l'effet dépasse toujours les causes. Le sujet en analyse reste donc une source interminable de significations. Si les positions de Castoriadis rejoignent pour l'essentiel celles de Piera Aulagnier, une différence sensible subsiste néanmoins sur la place à attribuer au « manque » lacanien, auquel sont restés fidèles les membres du Quatrième Groupe, alors que Castoriadis en dénie la place centrale dans le processus de construction de la psyché.

Le « psychanalysme », au sens où le critique le sociologue Robert Castel[75], récusant la prétention de certains psychanalystes à avoir réponse à toutes les questions sociales, est une perspective que n'approuve pas Castoriadis qui, après avoir beaucoup emprunté à la psychanalyse, affirme que cette discipline ne peut en aucun cas rendre compte à elle seule de la formation de l'individu social ni du processus de socialisation de la psyché. Il décèle chez les psychanalystes professionnels une propension à l'occultation de la dimension social-historique, ainsi que la volonté d'éliminer l'imaginaire social. Pour souligner les limites de la perspective psychogénétique, il invoque la diversité civilisationnelle, qui ne peut être expliquée par une même matrice causale à valeur universelle.

---

74. Gerassimos Stephanatos, entretien avec l'auteur.
75. Robert CASTEL, *Le Psychanalysme, op. cit.*

9

Profession psychanalyste

Le passage de Marx a Freud n'est pas seulement une mutation théorique pour Castoriadis, puisqu'il suscite sa reconversion professionnelle. Fonctionnaire international à l'OCDE depuis 1948, Castoriadis n'a cessé de monter dans la hiérarchie, atteignant les plus hautes responsabilités dans cet organisme de gestion économique. Assistant, il devient chef de section en 1950. En 1960, il se voit promu au poste de chef de la Division des études nationales. En 1968, il est nommé au poste de directeur de la branche des statistiques et comptes nationaux dans le Département des affaires économiques et statistiques [1]. Il dirige alors un service de cent vingt personnes, dont une cinquantaine d'économistes et informaticiens professionnels. Cette fonction sociale dans une éminente institution chargée d'accentuer la libéralisation du système économique dans l'Europe d'après guerre aura été assumée avec compétence par Castoriadis. Ce qui ne l'empêche pas, par ailleurs, de conserver la radicalité de ses positions révolutionnaires ; ce qui n'a sans doute pas été chez lui sans une certaine dose de schizophrénie, assumée sans état d'âme. Dans ses nouvelles fonctions, il s'occupe de l'analyse des problèmes de conjoncture économique et de croissance à long terme, privilégiant l'analyse et la critique de la politique économique suivie par les gouvernements membres de l'OCDE. À ce titre, Castoriadis conçoit et rédige avec son

---

1. Ses émoluments sont alors portés à la coquette somme, pour l'époque, de 1 132 679 francs brut par mois.

équipe les rapports annuels publiés par l'OCDE sur la situation économique des pays membres. Il est également conduit à diriger des missions de discussion dans les pays concernés, précédant la rédaction des rapports[2]. Parmi ces missions, il en est une qui l'enthousiasme particulièrement, celle qu'il mène en Yougoslavie. Même s'il n'est pas dupe sur la nature du régime titiste, qui lui fait d'ailleurs quitter le PCI dès 1948, il n'est pas insensible aux expérimentations autogestionnaires dans ce pays dans les années 1960[3] : « Il s'est trompé sur la Yougoslavie. Quand il revient de Yougoslavie, où il se rend souvent, il nous dit que c'est très intéressant, qu'il se passe vraiment quelque chose là, il est passionné par la situation yougoslave[4]. » Cela dit, Castoriadis ne s'illusionne jamais sur l'autogestion façon Tito. Il reconnaît que les ouvriers yougoslaves ont en principe la possibilité de pousser l'autogestion plus loin que dans les autres régimes bureaucratiques, mais qu'ils ne le font pas. Il incite ainsi SouB à réfléchir à cet état de fait qui remet en question la posture classique de dénonciation de la trahison et de la manipulation des dirigeants. Il n'en stigmatise pas moins la logique du pouvoir titiste, qui n'est jamais sorti d'une logique totalitaire. Il différencie ainsi la gestion proprement ouvrière, qui présuppose la destruction de l'ordre existant, notamment l'abolition de la séparation entre l'État et la société, et les mystifications qui, depuis quelques années, circulent sous ce vocable d'autogestion. Il est conscient des « efforts du maréchal Tito [pour] extraire davantage de production des ouvriers yougoslaves par le moyen d'un salaire au rendement collectif et par l'utilisation de leur capacité d'organiser leur travail[5] ».

Alors qu'il a atteint de hautes responsabilités à l'OCDE, il annonce subitement sa décision, depuis longtemps réfléchie, de quitter ses fonctions de haut fonctionnaire international en décembre 1970, dès qu'il obtient la nationalité française, pour mieux se concentrer sur son travail d'approfondissement théorique et s'engager sur la voie d'une véritable formation en tant qu'analyste professionnel. Il demande à ses

---

2. Castoriadis aura été particulièrement missionné durant ses fonctions à l'OCDE en France, Italie, Espagne, Portugal, Suisse, Grèce, Turquie, Yougoslavie, Japon, Belgique et Pays-Bas.

3. Note de Castoriadis : « Economic trends in the period of January-May of 1965 in Yougoslavia », archives IMEC.

4. Claude Chabrol, entretien avec l'auteur.

5. Cornelius CASTORIADIS, « Introduction générale à la réédition en 10/18 », *loc. cit.* ; repris dans Cornelius CASTORIADIS, *Quelle démocratie ?*, t. I, *op. cit.*, p. 339.

patrons de bien vouloir lui régler en une fois la somme versée généralement par mensualités sur une longue période, à la manière d'une
retraite. Castoriadis se retrouve alors à la tête d'un pécule d'autant plus
conséquent qu'il travaille dans cet organisme depuis l'immédiat après-
guerre et qu'il a atteint un salaire plus que confortable. Il dispose ainsi
des moyens nécessaires pour prendre tout le temps nécessaire pour se
former comme psychanalyste. En outre, la richesse de Piera Aulagnier lui permet de voir venir et de se consacrer exclusivement, dans
ces années 1970-1973, à la mise en place de ce qui sera sa nouvelle
activité professionnelle.

En réalité, la somme qu'il retire de l'OCDE ne servira pas vraiment
à sa reconversion professionnelle : pris par sa passion du jeu, il pense
pouvoir s'improviser en spéculateur judicieux, et place l'essentiel de
son avoir en Bourse, auquel il ajoute, pour faire bonne mesure, une
partie du capital de la mère de Piera Aulagnier. Castoriadis perd toute
sa mise avec des investissements qui se révèlent désastreux. Il n'a pas
prévu en effet le choc pétrolier qui se révélera, comme pour beaucoup
de spéculateurs, fatal à ses placements.

En 1973, il décide de franchir le pas et de s'installer comme psychanalyste quai Anatole-France : « Un jour, alors que mon père travaille
dans son bureau, Piera m'annonce qu'il va s'installer comme psychanalyste. C'est un choc pour moi. Je me dis qu'il ne va pas réussir à se taire
et à écouter ses patients, qu'il ne va pas pouvoir les comprendre. On se
rend au salon et mon père confirme d'un ton grave qu'il s'installe et
vend son piano [6]. » L'appartement est à ce point spacieux qu'il comporte
désormais une salle d'attente commune et deux cabinets d'analyste qui
se font face, celui de Piera Aulagnier et celui de Castoriadis.
Entre-temps, ce dernier, après sa première analyse avec Irène Roubleff,
a entrepris une seconde analyse avec Michel Renard, de la SPP (Société
psychanalytique de Paris), puis il entame une analyse de contrôle de
deux années avec un des fondateurs du Quatrième Groupe, Jean-Paul
Valabrega, entre 1975 et 1977. Il continue parallèlement à suivre le
séminaire de Piera Aulagnier à Sainte-Anne et cherche à s'engager dans
un travail de terrain pour se confronter à des cas cliniques.

Son épouse demande à un de ses amis, confrère au Quatrième
Groupe, Jean-Pierre Chartier, de prendre contact avec une institution pouvant l'engager. Celui-ci pense à un organisme de soins situé
dans les Yvelines qui accueille des adolescents en difficulté et parle de

---

6. Sparta Castoriadis, entretien avec l'auteur.

Castoriadis au responsable. Il s'entend répondre qu'il n'y a pas de problème, mais qu'il n'est pas question de parler de psychanalyse dans cette institution. Jean-Pierre Chartier le rassure en lui affirmant qu'il n'en sera pas question : « Je lui amène ensuite Castoriadis et, sur le chemin, je le préviens de ne surtout pas parler de psychanalyse, ce qui ne l'empêchera pas ensuite de faire ce qu'il veut. On arrive chez le directeur et à la première question sur la nature de son orientation, il répond : "Moi, c'est la psychanalyse pure et dure"[7]. » Il n'y aura évidemment aucune suite à ce rendez-vous. Finalement, Castoriadis trouve un terrain clinique à l'hôpital Maison-Blanche en tant que psychothérapeute-psychanalyste, dans le service du docteur Bernard Noël, de 1974 à 1976. Pendant une année (1974-1975), il aura également un travail de psychothérapeute à l'Institut médico-psychologique de Compiègne. De 1976 à 1979, il est embauché à l'hôpital Henri-Rousselle, à Sainte-Anne, dans le service du docteur Daumézon, où travaille aussi Piera Aulagnier avant de rejoindre le service du docteur Caroli.

Très intéressé par les psychotiques, il essaie de les traiter par la psychanalyse, tout en étant conscient de ses limites : « Un traitement psychanalytique de la psychose n'est pas vain, tout au contraire, mais ne passe pas et ne peut pas passer par cette compréhension complète du contenu du délire[8]. » À Maison-Blanche, il demande à Bernard Noël de lui confier des patients hors du cadre de la formation psycho-clinique. On le charge de suivre les trois patients avec lesquels l'institution n'arrive à aucune avancée. Lors d'une journée d'étude consacrée à Piera Aulagnier et à la psychose, le 3 octobre 1992, il évoque le cas d'une patiente schizophrène, internée depuis de longues années, qui vient chez lui deux fois par semaine en analyse. Il confesse son éblouissement devant le génie de certaines de ses réparties, qui peuvent « parfois rivaliser avec celui d'un Emmanuel Kant[9] ». Cette patiente lui raconte un jour un « souvenir épouvantable » qui remonte à quelques années. Elle avait été avec son compagnon dans une chambre d'hôtel pour faire l'amour et cela s'est très mal passé car, dit-elle, « les draps étaient tellement sucrés qu'ils brûlaient » : « À ma question, stupide je l'admets, comment des draps pouvaient-ils être

---

7. Jean-Pierre Chartier, entretien avec l'auteur.

8. Cornelius CASTORIADIS, « La construction du monde dans la psychose », 1992 ; repris dans Cornelius CASTORIADIS, *Les Carrefours du labyrinthe*, t. V, *op. cit.*, p. 146.

9. *Ibid.*, p. 146.

sucrés et pourquoi cela les faisait-il brûler, elle avait répondu à juste titre et sur le ton d'un grand philosophe reprenant un élève demeuré : "Monsieur Castoriadis, si vous n'aviez jamais rêvé, est-ce que je pourrais vous expliquer ce que c'est qu'un rêve et ce que c'est que rêver ?" [10]. »

Certains voient dans cette nouvelle vie de psychanalyste l'abandon de son identité de militant, de son engagement politique. Il n'en est rien, et si évidemment l'activité politique n'a plus l'intensité de l'époque de Socialisme ou Barbarie, Castoriadis reste toujours en alerte. Il est notamment passionné par l'expérience autogestionnaire des ouvriers de chez Lip : « Il allait voir les Lip sans arrêt et en revenant il ne parlait que de cela [11] », se souvient son ami et confrère psychanalyste Robert-William Higgins, qui en est à ce point intrigué qu'il passe par Besançon pour s'acheter une montre Lip [12]. Comme Castoriadis et au même moment, en 1974, Higgins se reconvertit dans la psychanalyse, et Piera Aulagnier fait appel à lui pour devenir secrétaire de la revue *Topique*. Il devient familier du couple Castoriadis et participe souvent aux dîners du quai Anatole-France où se retrouve un petit cénacle de psychanalystes et de psychiatres, parmi lesquels Marcel Czermak et Michel Neyraut. Ce dernier partait même en vacances avec le couple Castoriadis dans les Sporades, à Skopelos : « Un jour, Neyraut, en vacances en Grèce, ne retrouve pas son rasoir. Il croise Piera au petit déjeuner et demande si Castoriadis ne pourrait pas lui prêter le sien. Il s'entend répondre sur un ton tranchant et peu amène : "Il est imberbe !" [13]. » Participait aussi souvent à ces dîners chez les Castoriadis, la veuve de Maurice Merleau-Ponty, amie de Piera Aulagnier.

Une fois installé comme analyste, et après avoir publié son ouvrage majeur, *L'Institution imaginaire de la société*, Castoriadis donne en 1977 une tournure plus radicale et polémique à sa critique du lacanisme. Certes, la rupture est consommée depuis la création du Quatrième Groupe en 1969, mais jusque-là le ton était resté mesuré sur

---

10. *Ibid.*, p. 146.
11. Robert-William Higgins, entretien avec l'auteur.
12. Fils du directeur de *France-dimanche*, Robert-William Higgins se lance dans le journalisme après des études de philosophie et il se retrouve dans l'équipe de « Cinq Colonnes à la Une » en 1964 ; puis il jouera avec Max-Pol Fouchet un rôle d'instigateur de la grève de l'ORTF en 1968.
13. Robert-William Higgins, entretien avec l'auteur.

l'appréciation de la place de Lacan ; il en va désormais autrement [14]. Son intervention se situe dans un contexte de contestation grandissante de la position de Lacan, jusque dans l'école lacanienne elle-même, l'École freudienne de Paris (EFP). Ainsi François Roustang publie en 1976 *Un destin si funeste*, dans lequel il dénonce de manière radicale une psychanalyse « menacée de devenir une religion, la seule religion possible aujourd'hui à l'Ouest [15] ». En fait de construction scientifique, la trilogie « Symbolique, Imaginaire, Réel » renvoie selon Roustang à la théologie trinitaire ; le Nom du Père au Christ, et le recours à l'Écriture, à la tradition chrétienne. Roustang voit notamment cette religiosité à l'œuvre dans ce temps fort de l'analyse qu'est la relation transférentielle. Si le rapport analytique chez Freud est bien fondé sur le transfert, il se donne pour objectif de défaire celui-ci, alors que Lacan joue à la pérennisation du transfert. Il retient ainsi ses disciples dans un rapport de dépendance totale qu'évoque la théorisation du transfert de travail, ou encore la pratique de la revue de Lacan, *Scilicet*, où seul le maître a le droit de signer les articles de son nom propre. Charles Melman, dans la revue de l'École freudienne de Paris, *Ornicar ?*, contre-attaque au nom du maître dans son « Festin pas honnête [16] ». Il reproche à Roustang d'avoir confondu le dessein et le destin en s'appuyant sur une coquille des *Écrits*. Derrida répond à son tour en qualifiant Melman de facteur : « Dans la langue anglaise, [...] facteur, c'est *mailman* [17]. »

Pour Castoriadis, la publication du livre de François Roustang est le symptôme même de la faillite du lacanisme : « Les idéologies qui ont infesté, depuis une quinzaine d'années, la scène parisienne – et dont la "psychanalyse" à la Lacan a été un ingrédient essentiel – sont entrées dans leur phase de décomposition [18]. » Il salue au passage l'honnêteté de Roustang et considère que les problèmes qu'il soulève dépassent la question du lacanisme. S'il suit Roustang lorsqu'il assimile le lacanisme au délire théorique d'un seul, il reste insatisfait par une critique qui continue à faire l'impasse sur la dimension

---

14. Cornelius CASTORIADIS, « La psychanalyse, projet et élucidation », *Topique*, n° 19, avril 1977 ; repris dans Cornelius CASTORIADIS, *Les Carrefours du labyrinthe*, t. I, *op. cit.*, p. 81-157.

15. François ROUSTANG, *Un destin si funeste*, Minuit, Paris, 1976, p. 41.

16. Charles MELMAN, *Ornicar ?*, n° 10, 1977.

17. Jacques DERRIDA, *La Carte postale*, Flammarion, Paris, 1980, p. 543.

18. Cornelius CASTORIADIS, « La psychanalyse, projet et élucidation », dans *Les Carrefours du labyrinthe*, t. I, *op. cit.*, p. 81.

social-historique : « Point aveugle pour Roustang, comme pour tous les psychanalystes, l'appartenance de la psychanalyse à la société et à l'histoire [19]. » Il lui reproche aussi de ne pas mettre en cause les pratiques des séances courtes qu'ont systématisées les lacaniens et qui sont à ses yeux un vrai scandale.

Castoriadis n'est pas en reste pour qualifier Lacan : « Une chose est certaine : depuis de longues années, Lacan est malfaisant [20]. » Il dénonce aussi la règle dite du silence qu'il qualifie de mystification : « Il y a pour l'analyste *tâche d'interprétation* – ce qui veut dire, *œuvre de parole* [21]. » De plus, Lacan fait l'impasse complète sur l'histoire, faisant comme si elle n'existait ni au plan collectif ni au plan individuel, au point qu'on peut se poser la question de savoir comment le travail entre analyste et patient peut s'altérer mutuellement, comme le prévoit le dispositif de la cure analytique. Il rappelle la dimension politique du mythe construit par Freud dans *Totem et Tabou*, qui ne renvoie pas seulement au meurtre du père, mais s'ouvre sur le pacte de fraternité à base égalitaire, sur une société des égaux. Lacan a substitué à cet idéal une société qu'il dirige en maître, n'assignant à sa cohorte de disciples que le choix entre se transformer en êtres-muets et celui de devenir des êtres-perroquets, ce qui a été très répandu au cours de ces années où le fait de singer la parole du maître, ses tics langagiers, était le signe le plus sublime de la distinction.

Castoriadis s'élève tout aussi vivement contre l'affirmation de Lacan selon laquelle l'analyste ne « veut » rien pour son patient. Il n'est pas question d'imposer une grille d'interprétation au patient, tout le travail analytique est tendu vers la réalisation d'un *faire* par lequel le patient est invité à conquérir son autonomie, et l'analyste est là pour l'accompagner dans cette réalisation et « co-opérer » à son advenue. Faute de quoi, Castoriadis conseille au psychanalyste de changer de métier. Si la situation de la psychanalyse en France semble alors à Castoriadis aussi « funeste » qu'elle l'est aux yeux de Roustang, il ne s'agit pas d'un destin inéluctable. Elle connaît en effet un processus de diffusion jamais atteint qui se double d'une déperdition presque intégrale de sa substance, mais il n'y a là aucune fatalité, et Castoriadis d'en appeler à « casser l'isolement schizoïde dans lequel, systématiquement et répétitivement, les analystes s'enferment », car

19. *Ibid.*, p. 86.
20. *Ibid.*, p. 91
21. *Ibid.*, p. 92.

« la psychanalyse elle-même, comme pensée et comme activité, ne peut être que sociale[22] ».

Il s'ensuit pourtant un échange épistolaire peu amène entre François Roustang et Castoriadis : « Votre critique mi-miel, mi-vinaigre m'a réjoui par sa force, par sa vitalité, sa faconde. Vous avez des formules magnifiques qui ne peuvent pas ne pas faire fuser les rires. Et puis j'ai toujours rêvé, étant gosse, de parler et d'écrire le grec. [...] Ce qui me réjouit aussi, mais avec un peu plus de perfidie, c'est que je vous vois harnaché comme le dernier des lacaniens, le plus magnifiquement obstiné, c'est-à-dire casqué de la théorie, la vraie, la vraie-vraiment freudienne, armé de la haine insurmontable, et revêtu de la tunique sur laquelle est écrit en lettres d'azur sur fond de gueule : "Nous, on n'est pas comme les autres." Simplement pour vous dire que nous sommes tous les mêmes et que nous pouvons toujours, c'est notre jeu qui n'est plus secret, faire retour à l'envoyeur de ses petits cadeaux[23]. » Ce à quoi Castoriadis rétorque : « Merci de votre lettre et de vos compliments sur ce que vous appelez ma vitalité et ma faconde. Que n'avez-vous pas aussi considéré mon texte comme venant d'un psychotique. Cela vous aurait peut-être conduit à y détecter quelques idées. Ce que vous appelez votre perfidie (mais pourquoi donc ? Ce que vous dites est tout à fait franc) me semble manquer quelque peu son objet. Rassurez-vous, je ne risque pas d'être confondu avec un lacanien, ni le dernier ni le premier d'entre eux. Loin d'être "casqué de la théorie, la vraie", j'ai critiqué depuis fort longtemps l'illusion. Mais je ne publierais pas, si je ne pensais – en quoi, certes, je suis faillible, comme tout le monde – que ce que j'écris a un certain rapport à la vérité. [...] Le "nous" de votre "nous ne sommes pas comme les autres", ne me concerne pas. Il y a belle lurette que j'écris : je, et cela à propos de sujets et d'enjeux quelque peu plus risqués que la question de la formation des psychanalystes. [...] Je ne connais qu'un seul lieu, hors le cadre de la séance psychanalytique, où les "retours à l'envoyeur" soient admissibles : l'école maternelle ("c'est celui qui le dit qui l'est")[24]. »

Assez vite, Castoriadis se constitue une solide clientèle en tant qu'analyste. Il consacre tous ses après-midi à recevoir ses patients, d'abord quai Anatole-France, puis, lorsqu'il vivra avec sa nouvelle

22. *Ibid.*, p. 157.
23. François Roustang, lettre à Castoriadis, archives Castoriadis, 11 mai 1977.
24. Castoriadis, lettre à François Roustang, archives Castoriadis, 4 juin 1977.

épouse Zoé, rue de l'Alboni dans le XVIᵉ arrondissement. Parmi ses patients, on compte non pas exclusivement mais beaucoup de Grecs d'origine. Parmi eux, Gerassimos Stephanatos arrive à Paris en 1976 après un cursus de formation de médecine suivi à Athènes. Venu en France pour s'orienter vers la psychiatrie et la psychanalyse, il commence par prendre contact avec un analyste de l'école lacanienne qui ne le satisfait pas. Dans sa recherche d'analyste, il décide finalement d'aller voir Castoriadis : « Il était lié pour moi à mon passé politique d'étudiant mobilisé contre le régime des colonels[25]. » Il restera sur son divan jusqu'en 1989 avant de s'installer comme analyste à Athènes, où, membre du Quatrième Groupe, il exerce toujours. Le souvenir qu'il conserve de Castoriadis comme praticien est celui d'un analyste classique qui reçoit son patient trois fois par semaine à raison de séances de quarante-cinq minutes : « Il respectait le cadre analytique et était assez silencieux, interprétant peu, sinon les rêves mais en même temps très présent et très attentif[26]. »

Sophia Mappa, autre analysante de Castoriadis, arrive en France en 1971 et s'inscrit comme étudiante au Centre expérimental universitaire de Vincennes en sociologie, tout en suivant un cursus de recherche à l'EHESS en histoire sociale. Devenue présidente de l'Association hellène des universitaires grecs, elle invite Castoriadis en 1977, au nom de cette association, pour y prononcer une conférence sur la guerre civile qui a opposé les Grecs dans l'après-guerre : « Cela s'est passé dans un amphithéâtre universitaire plein de Grecs qui l'ont insulté, le traitant en grec d'un mot intraduisible qui est l'équivalent de proxénète. Le climat était très hostile et il leur a répondu que la plus belle fille du monde ne peut donner que ce qu'elle a. Ils l'ont interprété comme s'il traitait leur femme de putain[27] ! » Sophia Mappa est d'autant plus embarrassée qu'elle est à l'initiative de cette invitation, et qu'elle préside cette séance houleuse. Quelques années plus tard, en 1985, elle décide d'aller revoir Castoriadis comme analyste. Elle restera sept années et demie sur son divan avec un Castoriadis très attentif, ne cessant de prendre des notes durant les séances : « Je peux dire qu'il m'a sauvée. Je lui dois la vie. J'ai eu ensuite d'autres analystes, je n'ai jamais vu depuis une telle pertinence dans l'intervention. Il ne laissait rien passer. La moindre parole qui était significative pour

---

25. Gerassimos Stephanatos, entretien avec l'auteur.
26. *Ibid.*
27. Sophia Mappa, entretien avec l'auteur.

lui, il la soulignait. Dans son analyse des rêves, il ne laissait passer aucun fil[28]. » Elle fait aussi l'expérience d'un analyste qui n'intervient pas dans la cure de manière intempestive, mais toujours pour souligner ce que dit son patient, pour lui en faire saisir le sens. La seule intervention directe et fondamentale que s'est permise Castoriadis sur la vie de sa patiente a consisté à la conforter dans son désir d'adoption : « Il m'a dit : "Oui, je ne peux pas imaginer que vous ne laisserez pas derrière une petite Sophia"[29]. » De son côté, Castoriadis se conçoit dans la pratique de son métier comme un analyste interventionniste, assumant pleinement le bien-fondé de ses commentaires : « Non pas que je donne des injonctions, des conseils ou des interdictions, mais rarissimes sont les séances où je suis tout à fait silencieux[30]. » Sans s'ériger dans quelque posture de maîtrise, il considère simplement que son rôle consiste à aider son patient à déchiffrer, à rendre plus intelligibles ses constructions fantasmatiques.

Sophia Mappa, qui travaille à l'OCDE dans les années 1980, met sur pied une ONG d'intellectuels, d'économistes, d'anthropologues, de sociologues et de psychologues qui prend le nom de Forum de Delphes et se présente comme une organisation partisane et tiers-mondiste. Elle fait appel, entre autres, à Samir Amin, Immanuel Wallerstein, André Gunder Frank, André Nicolaï, Eugène Enriquez et Alain Lipietz, qui en assure un temps la présidence. Elle organise la première rencontre internationale en 1984 et est évincée de l'OCDE dès 1985. Contestée à propos de ses positions qui valorisent les différences culturelles, elle trouve en Castoriadis un point d'appui fondamental : « Il m'a dit ne pas comprendre pourquoi l'on refuse les différences culturelles. Il m'a indirectement confortée et j'ai pensé de plus en plus en termes psychanalytiques[31]. » Sophia Mappa invite Castoriadis à intervenir dans le cadre des rencontres du Forum de Delphes : « Avec ce Forum j'avais l'illusion que les Grecs pouvaient jouer le rôle d'intermédiaires, mais j'ai vite perdu mes illusions. La première chose que les Grecs ont demandée à l'Union européenne a été d'arrêter l'aide aux pays méditerranéens. Castoriadis m'a aidée, car je pouvais discuter avec quelqu'un qui connaissait la Grèce de l'intérieur[32]. »

---

28. *Ibid.*
29. *Ibid.*
30. Cornelius CASTORIADIS, « De la monade à l'autonomie », *loc. cit.*, p. 128.
31. Sophia Mappa, entretien avec l'auteur.
32. *Ibid.*

Le psychanalyste Michalis Dimitrakopoulos est étudiant à Athènes à la fin des années 1980, inscrit dans un cursus de philosophie politique et de sociologie. Comme beaucoup d'étudiants de l'université, il se précipite à la conférence de Castoriadis annoncée sur le campus universitaire, d'autant qu'au-delà de la réputation d'excellent orateur du conférencier, il a lu et fortement apprécié *L'Institution imaginaire de la société*. En 1993, il prend la décision de partir pour Paris suivre un cursus qui lui permette de devenir psychanalyste. Arrivé en France, il se rend tout naturellement sur le divan de Castoriadis, qui devient son analyste jusqu'à sa disparition en 1997. Dimitrakopoulos fait lui aussi l'expérience d'un analyste qui met sa personnalité de côté pour être au service de son patient, toujours très attentif aux propos qu'il lui tient [33] : « J'ai connu une personne psychotique qui était en analyse avec Castoriadis et qui avait l'autorisation de l'appeler si elle tenait à être rassurée. Elle l'appelait souvent dans la soirée et une fois Castoriadis lui a répondu : "Si vous continuez à m'appeler comme cela, je ne finirai jamais le film que j'ai commencé." Cela a marché. Une autre fois, elle lui a dit être collée à sa chaise, paralysée, ne pouvant se lever. Castoriadis lui a dit : "Écoutez, cela suffit ce scénario : levez-vous et dansez." Elle s'est en effet levée et a dansé. Il travaillait avec la psychose [34]. »

Castoriadis a fortement marqué une de ses amies grecques, Anna Potamianou, qu'il a connue dans sa jeunesse en Grèce, et qui est devenue psychanalyste à Athènes, membre de la Société hellénique de psychanalyse et de la Société psychanalytique de Paris. Elle le perd de vue lorsqu'il émigre en France, mais le retrouve plus tard lorsqu'il épouse Piera Aulagnier, qui est une de ses amies. Son divorce provoquera un nouvel éloignement, mais leur relation se poursuivra par voie épistolaire sur les questions de psychanalyse : « De ce cheminement où rencontres et brisures se sont succédé, je garde surtout la résonance d'une pensée dont les vibrations pouvaient soit créer des oppositions torrentielles, soit pousser à l'exploration des labyrinthes du mental en tenant le fil de démarches liantes [35]. » Anna Potamianou s'interroge sur la possibilité d'articuler, comme le fait Castoriadis,

---

33. Outre l'origine commune grecque entre l'analyste et l'analysant, Dimitrakopoulos a eu un oncle maternel qui a joué un rôle essentiel pour lui et qui a été assassiné à New York alors qu'il n'avait que six ans. Or cet oncle portait le nom de Castor, qui a donc été tôt signifiant pour lui.

34. Michalis Dimitrakopoulos, entretien avec l'auteur.

35. Anna Potamianou, entretien avec l'auteur.

philosophie et psychanalyse. Certes, selon elle, la psychanalyse a ouvert à Castoriadis une meilleure compréhension de l'imaginaire et du fantasme, mais il a fait le choix de s'en tenir à un seul aspect qui est celui de la création, de l'énergie porteuse et structurante de l'*Eros*. Il a préféré délaisser sa part d'ombre, qui est le lot plus commun des analystes, celui de la perte, de l'absence, du trauma, du travail du négatif sous la forme de la déliaison, comme elle a pu le faire de son côté [36] : « Je me dis qu'en tant que philosophe, Cornelius ne pouvait que se vouer à la *Sapientia*, à l'acquis de ces connaissances qui permettent parfois à l'homme de se vivre en démiurge. L'au-delà de la psychanalyse dérange cet aménagement, mais, bien sûr, ne réduit en rien les mérites du labeur, du travail soutenu, souvent lourd, qui fait le soubassement des nouvelles créations [37]. »

À de nombreuses occasions dans les années 1980 et 1990, Castoriadis insiste sur la liaison nécessaire entre la psychanalyse et la société, entre la psyché et la *polis*. Dans un entretien de 1981 [38], il exprime son souci de comprendre un certain nombre de phénomènes politiques, comme le fait de déléguer l'initiative à des leaders charismatiques, sous l'angle de cette articulation entre la psyché et le social-historique. C'est essentiellement à partir du binôme entre l'hétéronomie et l'autonomie qu'il situe la possibilité de cette compréhension, avec l'idée selon laquelle la psychanalyse contribue à élargir la sphère de l'autonomie individuelle. Pour souligner ce lien avec le social, Castoriadis rappelle que l'homme, cet *Homo sapiens*, est proprement inapte à la vie sur tous les plans, à l'inverse de l'animal qui a l'avantage d'être dès sa naissance porté par un instinct de survie le conduisant assez vite à s'alimenter par lui-même : « Ce qu'on a initialement est une sorte de monade psychique asociale et antisociale. Je veux dire que l'espèce humaine est une espèce monstrueuse, inapte à la vie, aussi bien du point de vue psychologique que du point de vue biologique [39]. »

---

36. Anna POTAMIANOU, *Les Enfants de la folie*, Privat, Toulouse, 1989 ; *Un bouclier dans l'économie des états-limites*, PUF, Paris, 1992 ; *Le Traumatique. Répétition et élaboration*, Dunod, Paris, 2001.

37. Anna Potamianou, entretien avec l'auteur.

38. Cornelius CASTORIADIS, « Psychanalyse et société I », 1981 ; repris dans Cornelius CASTORIADIS, *Domaines de l'homme. Les Carrefours du labyrinthe*, t. II, Le Seuil, « Points », Paris, 1999, p. 41-59.

39. *Ibid.*, p. 48.

Le processus de socialisation de la psyché n'en est que plus déterminant. Il se déploie en premier lieu dans un moment que Castoriadis qualifie de phase triadique qui se joue entre l'*infans*, l'objet partiel qu'est le sein et la mère. À ce stade, celui du nourrisson, l'autre n'existe pas en tant qu'autre, mais pour autant qu'il satisfait à ses besoins. Au cours de cette phase, le nourrisson découvre qu'il y a une faille dans sa toute-puissance du fait du pouvoir que détient sa mère par sa capacité nourricière et la possibilité de répondre négativement à la demande. Il s'instaure alors tout un jeu de déplacements de cette toute-puissance projetée vers la mère, « mais en même temps il y a – et cela est essentiel – des processus d'introjection. Sans l'introjection, le sujet resterait enfermé dans le solipsisme. L'introjection est à la base de la socialisation [40] ». Plus même qu'une socialisation, on peut parler dans le schéma de Castoriadis de processus d'humanisation. Ce qui définit selon lui la coupure entre le monde animal et humain se situe au niveau de la prédominance du plaisir de représentation par rapport au plaisir d'organe, ce qui le conduit à une conception élargie de la sublimation.

Ce lien entre psyché et société est sans cesse réaffirmé. Dans un entretien de 1983, Castoriadis fait le constat que le profil des analysants qu'il reçoit ne correspond plus à celui des patients de Freud dans les années 1930. La symptomatologie de la névrose a changé : de la névrose obsessionnelle ou de l'hystérie auxquelles était confronté Freud, on est passé dans les années 1980 à des patients demandeurs d'une analyse pour désorientation dans leur vie, pour instabilité et propension à la dépression : « Cette série de phénomènes me semble établir une homologie entre un processus en cours, de relative déstructuration de la société, et une déstructuration ou moindre structuration de la personnalité, y compris dans sa pathologie [41]. »

La crise qui affecte les normes de conduite de la société moderne semble susciter des effets délétères sur les individus, ce qui n'implique pourtant chez Castoriadis aucun sentiment de nostalgie. Il est bien conscient qu'un certain nombre de piliers de la psyché n'étaient obtenus qu'au prix de structures sociales oppressives. La perte de

---

40. Cornelius CASTORIADIS, « À nouveau sur la *psyché* et la société », 1996 ; repris dans Cornelius CASTORIADIS, *Figures du pensable. Les Carrefours du labyrinthe*, t. VI, Le Seuil, « Points », Paris (1999) 2009, p. 303.

41. Cornelius CASTORIADIS, « Psychanalyse et société II », 1984 ; repris dans Cornelius CASTORIADIS, *Les Carrefours du labyrinthe*, t. II, *op. cit.*, p. 112.

capacité structurante de la famille, ainsi que des institutions essentielles de la formation des individus comme l'école, sont des buttestémoins qu'il faut prendre en considération pour mieux saisir le sens
des pathologies nouvelles qui se manifestent au plan psychique ; ce qui
revient à inviter la corporation des psychanalystes à se tenir plus à
l'écoute de l'univers social, au lieu d'insister sur la coupure entre la
pratique analytique et le monde environnant. Castoriadis ne va pas
pour autant dans le sens d'un réductionnisme. Il considère, comme
nous l'avons déjà dit, qu'il y a irréductibilité entre les deux
dimensions.

De la même manière, Castoriadis constate une modification fondamentale de notre rapport au passé, qui selon lui est devenu de type
touristique, alors qu'auparavant les modes d'identification à la tradition fonctionnaient. Désormais, « on visite l'Acropole comme on va
aux Baléares [42] ». Il discerne sur ce plan quelque chose de très juste qui
sera théorisé plus tard lorsque François Hartog parlera de changement
de régime d'historicité et de présentisme lié à la crise de l'avenir, à un
futur forclos [43]. Il en diagnostique déjà l'avènement en 1983 : « Cette
société vit dans l'instant. Il faut insister sur un point : tout cela est profondément lié à l'effondrement des perspectives d'avenir. Jusqu'aux
débuts des années soixante-dix, et malgré l'usure manifeste des
valeurs, cette société soutenait encore des représentations de l'avenir,
des intentions, des projets... Presque d'un coup, on a découvert que
c'était du papier peint – et l'instant d'après même ce papier peint s'est
déchiré. La société s'est découverte sans représentation de son avenir,
et sans projet – et cela aussi c'est une nouveauté historique [44]. »

La visée de Castoriadis insiste sur la part d'autonomie à redonner à
la société globale, qui doit sortir de son hétéronomie, ou à l'individu,
qui doit être capable de changer sa vie. En cela, il n'est guère éloigné
de Paul Ricœur, dont tout le geste philosophique a été de sortir de la
culpabilité pour faire valoir la capabilité de l'homme. Castoriadis ne
dit pas autre chose lorsqu'il affirme : « Ma visée, c'est que l'on passe
d'une culture de la culpabilité à une culture de la responsabilité [45]. »
À la question de savoir si son engagement psychanalytique et son

42. *Ibid.*, p. 119.

43. François HARTOG, *Régimes d'historicité. Présentisme et expériences du temps,* Le Seuil,
Paris, 2003.

44. Cornelius CASTORIADIS, « Psychanalyse et société II », *in Les Carrefours du labyrinthe,*
t. II, *op. cit.,* p. 119.

45. *Ibid.*, p. 120.

engagement politique sont de même nature, Castoriadis répond de manière affirmative : « Je ne pourrais pas les soutenir ensemble si je ne pensais pas la chose ainsi [46]. » Dans ce souci d'articuler la psyché et la société, Castoriadis est suivi avec le plus grand intérêt par Gladys Swain, psychiatre et compagne de Marcel Gauchet : « Je suis passionnée par ce que vous faites et par votre double effort de penser le social-humain-historique dans sa face sociale comme dans sa face psychique individuelle [47]. »

En établissant ce lien entre société et psychanalyse, Castoriadis se situe dans la lignée de Freud lui-même qui, à plusieurs reprises, a rapproché la psychanalyse, la pédagogie et la politique en les caractérisant comme trois professions impossibles. Il définit en effet ces trois activités par leur volonté de changement, le processus qu'elles enclenchent, leur caractère indéfini, inéluctablement inachevé. La psychanalyse ne peut être assimilée à une simple technique ; elle est en effet, selon Castoriadis, « une activité pratico-poïétique » car créatrice, qui vise à l'autoaltération de l'analysant : « Je l'appelle pratique, car j'appelle *praxis* l'activité lucide dont l'objet est l'autonomie humaine [48]. » L'ambition de ces trois activités est bien d'œuvrer à élargir la sphère de l'autonomie de l'individu et de la collectivité. Mais cette autonomie n'est pourtant pas une fin en soi ; elle ne vaut que si elle débouche sur un faire, si elle s'accompagne d'un projet culturel substantiel. Entre la gouvernementalité politique, la *paideia* qu'est l'éducation non mutilante, et la cure analytique, doit se tisser un cercle vertueux qui renforce la démocratie comme « régime de la réflexivité collective [49] ».

Ce que la philosophie dite « héritée » n'a pas perçu renvoie à ce processus originaire du pictogramme, décelé par Piera Aulagnier, signe d'une imagination déjà-là, créatrice d'images qui sont le répondant du monde extérieur sur le sujet : « Elle est défonctionnalisée et perpétuellement créatrice chez l'être humain [50]. » À partir de ce postulat, Castoriadis conteste le binarisme entre nature et culture, corps et esprit, qui se retrouve à la base de la philosophie, y compris de la philosophie critique kantienne qui invoque la « passivité des

---

46. *Ibid.*, p. 127.
47. Gladys Swain, lettre à Castoriadis, archives Castoriadis, 24 mai 1986.
48. Cornelius CASTORIADIS, « Psychanalyse et politique », 1989 ; repris dans Cornelius CASTORIADIS, *Les Carrefours du labyrinthe*, t. III, *op. cit.*, p. 179.
49. *Ibid.*, p. 184.
50. Cornelius CASTORIADIS, « De la monade à l'autonomie », *loc. cit.*, p. 109.

impressions » de son imagination transcendantale. Même Freud reste tributaire de cette approche binaire dans sa conception de l'inconscient : « On retrouve chez lui le dualisme du corps et de l'âme[51]. » Cette imagination radicale ne se réduit pas non plus à sa dimension scopique, comme chez Lacan, qui privilégie la visualisation des images, à partir du stade du miroir. La référence dont se dote Castoriadis fait plutôt appel à toutes les formes de créativité mobilisant les cinq sens. L'imagination est alors définie par sa capacité de faire exister ce qui n'est pas. Il prend l'exemple des compositeurs de musique qui ne créent pas en visualisant leur partition, mais en transcrivant ce qui se passe dans leur tête au niveau des sensations auditives.

En 1991, Castoriadis se donne pour projet – tout en étant conscient de son caractère audacieux – de dépasser la conception freudienne de l'inconscient. Il s'agit d'intégrer cette dernière dans une approche globale de l'inconscient humain dont les topiques freudiennes ne seraient qu'un sous-ensemble. Castoriadis perçoit les prolégomènes possibles d'un tel dépassement du côté de la réflexion philosophique, et notamment du côté de Leibniz et de son concept de monade et de ses « perceptions infinitésimales ». Non seulement Castoriadis récuse l'approche en termes d'individualisme méthodologique, mais il juge que la référence à la notion d'individu reste factice dans les sociétés de l'hétéronomie. La notion d'individu ne vaut qu'à l'horizon d'un devoir être, d'une avancée vers l'autonomie : « Mais pour créer des individus individués, il faut une société individuante. Les sociétés hétéronomes et traditionnelles ne sont pas individuantes. Elles sont uniformisantes, collectivisantes[52]. » En ce sens, il se situe bien à l'intérieur du processus de modernisation de la société, de son approfondissement démocratique auquel la psychanalyse participe, et non du côté de quelque nostalgie de l'ordre institutionnel ancestral.

Aux analystes qui tournent le dos aux enjeux sociétaux, Castoriadis rappelle l'apport de Freud dans la compréhension du fonctionnement de la société, sa quête des origines du lien social qu'il a étudiées dans toute une partie de son œuvre[53]. Freud a construit en effet ce qu'il a qualifié lui-même de « mythe scientifique » dans lequel

---

51. *Ibid.*, p. 107.
52. *Ibid.*, p. 125.
53. Sigmund FREUD, *Totem et Tabou*, 1913 ; *Psychologie des foules et analyse du Moi*, 1921 ; *L'Avenir d'une illusion*, 1927 ; *Malaise dans la civilisation*, 1930 ; *Moïse et le Monothéisme*, 1939.

la horde primitive tue le père tyrannique et noue un pacte permettant aux frères de renoncer aux meurtres intraclaniques ainsi qu'aux femmes de leur propre clan, et de substituer à la figure paternelle une figure totémique fondant l'unité retrouvée autour d'un culte commun et de tabous acceptés. Si les travaux de l'anthropologie ont démontré le caractère purement fantasmatique de cette construction, il n'en reste pas moins, aux yeux de Castoriadis, qu'elle représente une manière de « jeter une forte lumière sur les tendances de la psyché qui constituent l'étayage de la socialisation des individus [54] ». La psychanalyse, telle que conçue par Freud, a-t-elle un message de type politique, se demande Castoriadis, qui rappelle que Freud a été en son temps très critique vis-à-vis des institutions autoritaires contemporaines et de leur répression des pulsions au nom d'une morale officielle. Freud attend « un nouveau sursaut d'Eros contre Thanatos, contre l'agressivité et la destructivité caractérisant les relations intra et inter-sociales [55] ». Le mythe totémique débouche sur une société des frères qui se veut égalitaire. La question qu'ajoute Castoriadis à celle de Freud est de savoir comment ne pas totémiser les institutions dont se dote la société. Sur ce plan, il apporte une réponse en regardant du côté du germe grec, du côté de l'Athènes de l'époque classique, au Ve siècle avant J.-C., et du côté de l'Occident moderne. Si Freud assigne bien une visée d'autonomie au sujet grâce à la cure analytique, ce sujet n'est pas désocialisé et ce projet d'autonomisation doit donc être aussi un projet social.

Un thème d'articulation possible du social et du psychique retiendra Castoriadis dans le milieu des années 1990 : celui du défi que pose à la rationalité la persistance des pulsions agressives et de la haine qui génèrent la permanence historique des massacres [56]. Il souligne une similitude, dans l'explication de ces pulsions de haine, entre leur origine dans la psyché et leur origine dans l'institution sociale. Castoriadis distingue deux formes psychiques de manifestation de la haine : d'une part la haine de l'autre réel qui est le revers de l'amour de soi, d'un égocentrisme « inéradicable » – il peut s'y ajouter la haine de soi, « car le Moi est un des premiers étrangers qui se présentent à la

---

54. Cornelius CASTORIADIS, « Freud, la société, l'histoire » ; repris dans Cornelius CASTORIADIS, *La Montée de l'insignifiance. Les Carrefours du labyrinthe*, t. IV, Le Seuil, « Points », Paris (1996) 2007, p. 172.

55. *Ibid.*, p. 181.

56. Cornelius CASTORIADIS, « Les racines psychiques et sociales de la haine », 1995 ; repris dans Cornelius CASTORIADIS, *Les Carrefours du labyrinthe*, t. VI, *op. cit.*, p. 221-237.

psyché[57] » ; d'autre part, la haine située au niveau social, qui renvoie en fait au mode de socialisation de la psyché. Toutes les sociétés se sont constituées autour de l'idée de la clôture, de la distinction entre une collectivité qui se situe à l'intérieur de cette clôture et qui définit par elle-même une extériorité. Ce qui fait sens pour l'individu se trouve au cours de son processus de socialisation dans les valeurs instituées du monde social où il s'intègre. Il va s'identifier à elles, et plus la clôture sera forte, plus le processus d'identification personnel sera intense : « Le sauvage *est* sa tribu, le fanatique *est* son Église, le national *est* sa nation[58]. » Ces identifications sont à comprendre au plan psychique comme autant de compensations à la perte de la toute-puissance de la monade psychique. Elles expliquent l'adhésion à des pulsions guerrières, à des déchaînements meurtriers comme autant de réactivations de ce rejet de l'autre que soi, de ce que l'on considère comme étranger en soi ou en l'autre. Ce constat ne pousse cependant pas Castoriadis à ne voir dans le phénomène de guerre qu'une résultante du fonctionnement psychique, mais la guerre présuppose l'existence de ce sentiment de haine et sa transformation, son passage d'une situation dormante, latente, en expression publique.

Castoriadis intervient une dernière fois sur la psychanalyse aux États-Unis un mois avant sa mort, alors qu'il est hospitalisé. Son intervention, rédigée durant l'été 1997, est lue à New York par Joel Whitebook en novembre 1997[59]. En cette ultime occasion, il insiste pour le public américain sur l'épistémologie singulière de la psychanalyse, soulignant le fait que Freud n'a pas parlé d'explication des rêves, mais d'interprétation des rêves, situant ce travail à l'intérieur d'une démarche herméneutique compréhensive peu propice à des causalités simples du fait des deux niveaux, manifeste et latent, de la signification. Par ailleurs, la psychanalyse ne limite pas sa tâche à un travail interprétatif d'un matériau livré par la cure, mais doit rendre compte du mode de fonctionnement de la psyché.

Depuis le début des années 1980, Castoriadis enseigne comme directeur d'études à l'EHESS et y donne une place croissante à la psychanalyse, à laquelle il consacre deux années de son séminaire entre 1992 et 1994. Il y discute les conceptions de Freud sur les

---

57. *Ibid.*, p. 225.
58. *Ibid.*, p. 230.
59. Cornelius CASTORIADIS, « La psychanalyse. Situation et limites » ; repris dans *ibid.*, p. 269-288.

liaisons du somatique et du psychique, et précise la manière dont Freud pense la socialisation de la psyché à partir de facteurs psychiques, comme dans *Totem et Tabou*. Tout en reconnaissant là un apport essentiel, il critique Freud pour avoir délaissé la part positive de l'institution, considérée comme étant unilatéralement du côté de l'interdit. Au cours de la première année du séminaire, cette critique débouche sur une tentative de reprise de la conception de la psyché à partir de son concept de monade psychique, d'imagination radicale.

L'année qui suit, 1993-1994, est encore davantage axée sur une réflexion qui tourne autour de la psychanalyse ; le séminaire est dorénavant intitulé : « La psyché et le social-historique ». Il y affirme cet irréductible à toute reprise de sens, par l'individu comme par la société, qu'est l'imaginaire de la psyché avant sa socialisation. Cet imaginaire radical est la source, la matrice d'un noyau monadique rompu qui se poursuit comme flux de représentations, intentions et affects.

En 1994-1995, Castoriadis reprend à sa manière la question de l'angoisse et de la pulsion de mort au-delà des positions de Freud. Il renverse, entre autres, sa proposition selon laquelle l'angoisse de mort serait le tenant-lieu de l'angoisse de castration et fait l'hypothèse que ce serait l'inverse. Il y discute aussi les positions des sciences cognitives en critiquant la séparation postulée entre activité psychique et fonctions cognitives. Une bonne part de cette dernière année d'enseignement aura été consacrée à la nature des flux représentatifs. Les nouveaux doctorants du début des années 1990, pour la plupart des étrangers, dont beaucoup viennent d'Amérique latine, prennent pour objet de recherche des thématiques d'ordre psychanalytique [60]. Mais à partir de l'année 1995-1996, l'enseignement de Castoriadis à l'EHESS est suspendu, et ce qui ne devait être que provisoire se révélera définitif puisque ce programme d'exploration de la création humaine sera définitivement interrompu par sa disparition à l'automne 1997.

---

60. C'est le cas de Sarmiento Gricelda, psychanalyste argentin qui prend pour thème « Pulsions de vie… Pulsions de mort ? », ou du Brésilien, professeur de sociologie à Bragança, Antonio Ribeiro de Almeida qui travaille sur « Sujet et Corps ».

10

Une ressource pour les analystes

Si Castoriadis est resté un marginal dans le milieu des psychanalystes qui n'a cessé de le considérer comme extérieur à la corporation, il n'en a pas moins joui d'une solide réputation chez un certain nombre de maîtres de la psychanalyse contemporaine au-delà du Quatrième Groupe. Eleni Mangriotis se souvient : « André Green m'a dit un jour n'avoir jamais rencontré un homme aussi intelligent que lui[1]. » Lorsque André Green, membre de l'IPA, invite Castoriadis à intervenir dans son séminaire en 1995[2], il lui manifeste son admiration : « Tu es un des penseurs les plus importants de ce temps et il est essentiel que tu sois aussi psychanalyste, il n'y en a pas d'autres. C'est important pour nous et pour le mouvement des idées[3]. » Castoriadis développe ce jour-là une conception des rapports de la psyché et du temps proche de celle d'André Green[4], qu'il rejoint dans sa critique d'un structuralisme déconsidérant les logiques temporelles. Il en profite pour réaffirmer son principe d'inséparabilité et d'irréductibilité de deux dimensions à penser ensemble, sans les confondre : celle des représentations, des affects et des désirs, d'une part ; celle des significations sociales, d'autre part. En mars 1988, Castoriadis

1. Eleni Mangriotis, entretien avec l'auteur.
2. Cornelius Castoriadis, « Le temps et l'histoire », communication au séminaire d'André Green, archives orales Castoriadis, 22 février 1995.
3. André Green, communication au séminaire d'André Green.
4. André GREEN, *Le Temps éclaté*, Minuit, Paris, 2000 ; *La Diachronie en psychanalyse*, Minuit, Paris, 2000.

participe aux côtés d'André Green, de René Thom, d'Henri Atlan et de Jean-Pierre Dupuy à un colloque organisé par Roger Dorey à l'UNESCO sur le thème « L'inconscient et la science », où il prononce une conférence : « Logique, imagination et réflexion. À propos de l'inconscient ».

Présentant en 2002 ce qu'il considère comme les idées directrices de la psychanalyse contemporaine, André Green rend un hommage appuyé à Castoriadis, dont il souligne l'apport décisif à sa discipline. Selon lui, Castoriadis a eu le courage de faire l'expérience de la pratique analytique et d'en découvrir la puissance et les limites. Il aura innové en mettant en avant la postulation d'un imaginaire radical comme source de signification, doublant ainsi l'hypothèse pulsionnelle de Freud. Exemplaire par sa sortie du marxisme positiviste, il l'est aussi par sa volonté d'articuler la dimension de l'inconscient et du conscient, en faisant place à l'altérité : « Il a indiqué comment le dédoublement cogitatif peut se comprendre comme analogue au dédoublement du Je et de l'autre ou comme division du sujet (conscient-inconscient) – présupposé par la conscience. En outre, il prend position contre la formalisation sans limites et fait intervenir l'imagination et la passion humaines. Enfin, il a permis une rencontre entre valeur psychanalytique et valeur sociale à travers le concept d'autonomie, qu'il a proposé comme critère d'analyse sociale. On ne peut que faire le rapprochement avec le même concept, au niveau individuel, proposé par Winnicott et que l'auteur oppose à la dépendance, en psychopathologie. Enfin, le Moi n'est plus conçu comme possesseur de la vérité mais comme source et capacité incessamment renouvelée de création où le passé rejoint Eros [5]. » Gerassimos Stephanatos se souvient que dans une rencontre avec André Green à Athènes, ce dernier lui avait raconté que Castoriadis – qui avait fait une deuxième analyse avec Michel Renard, membre de la Société psychanalytique de Paris – n'avait pas accepté sa proposition d'adhérer à la SPP, probablement à cause du processus exigé, vis-à-vis duquel il gardait une position critique.

En 1996, lorsque France Culture consacre son émission « Le bon plaisir » à Castoriadis [6], ce dernier invite le psychanalyste Jean-Luc Donnet, disciple de Serge Viderman, membre de l'officielle Société

---

5. André GREEN, *Idées directrices pour une psychanalyse contemporaine*, PUF, Paris, 2002, p. 339.

6. « Le bon plaisir », France Culture, entretien cité.

psychanalytique de Paris. Donnet, l'un des principaux instigateurs de la contestation au sein de l'institution analytique en mai 1968, a noué des relations avec l'AFP et avec le Quatrième Groupe après 1969. Devenu avec André Green un des piliers de la SPP, il trouve chez Castoriadis des arguments pour critiquer le lacanisme. Ami de Piera Aulagnier, il fait la connaissance de Castoriadis autour de 1975 et découvre *L'Institution imaginaire de la société*, qui paraît cette année-là : « J'ai été saisi par toute sa dénonciation du caractère identitaire et déterministe de toute la métaphysique occidentale[7]. » Cette critique rejoint à ses yeux la règle fondamentale instituée par Freud dans la cure au nom de laquelle il n'y a pas d'objet prédéterminé : « L'objet de l'analyse, c'est la parole qui vient, l'événementialité de la séance qui devient simultanément investigation et objet d'investigation[8]. » La conviction selon laquelle le travail analytique se situe sur un horizon indéfini trouve chez Castoriadis des points d'appui essentiels pour Jean-Luc Donnet, conforté dans la relation qu'il établit entre la force et le sens dans la filiation des travaux de Serge Viderman[9]. Jean-Luc Donnet défend la fonction du cadre analytique comme instituant l'espacement nécessaire entre force et sens, « entre la contrainte à symboliser et le pouvoir du symbolique[10] ». Les logiques temporelles jouant dans ce cadre le rôle de l'envers de la cure, garant d'une psychanalyse non sauvage qui puisse assurer le billet aller-retour de la cure analytique pour le « voyage » du patient.

Au début des années 1970, le psychanalyste Jean-Claude Stoloff travaille avec Piera Aulagnier, qui se charge de son analyse de contrôle en 1973. Il croise souvent Castoriadis chez lui. En tant que secrétaire scientifique du Quatrième Groupe, Stoloff invite Castoriadis à prendre la parole devant le Groupe, ce qui donnera lieu à une de ses interventions majeures dans le champ analytique[11]. Pour Jean-Claude Stoloff, particulièrement intéressé par les questions épistémologiques posées à la psychanalyse[12], les premiers textes de Castoriadis sur la

---

7. Jean-Luc Donnet, entretien avec l'auteur.

8. *Ibid.*

9. Serge VIDERMAN, *La Construction de l'espace analytique*, Denoël, Paris, 1987.

10. Jean-Luc DONNET, *Le Divan bien tempéré*, PUF, Paris, 1995, p. 109.

11. Cornelius CASTORIADIS, « La psychanalyse, projet et élucidation » ; repris dans Cornelius CASTORIADIS, *Les Carrefours du labyrinthe*, t. I, *op. cit.*, p. 81-157. Voir *infra*, chapitre « Profession : psychanalyste ».

12. Jean-Claude STOLOFF, *L'Interprétation. De la rationalité à l'éthique de la psychanalyse*, Bayard, Paris, 1993.

psychanalyse, qu'il découvre au début des années 1970, sont essentiels : « Son idée d'une psychanalyse comme activité pratico-poïétique est importante, car c'est à la fois une *praxis*, au sens grec du terme, une activité qui consiste à faire advenir quelque chose qui est déjà dans le sujet, mais c'est aussi une poïésis, car il y a de la construction, de la création, ne serait-ce que par le dialogue entre le patient et l'analyste [13]. » Cette conception constructiviste de la cure développée chez Freud au fil de l'élaboration de son œuvre, est devenue dominante dans la pratique analytique contemporaine. Jean-Claude Stoloff est par ailleurs en accord avec le positionnement de Castoriadis, considérant que l'objectif de la psychanalyse est d'élargir la capacité du « Je » en s'appropriant des éléments de son monde inté-rieur pour en faire des outils de réflexivité. Il suit aussi la critique que fait Castoriadis de Lacan sur l'imaginaire spéculaire perçu comme un leurre, et sa conception d'un imaginaire originaire et créatif qui prend ses distances par rapport à la notion de désir pur auquel accéderait le patient après sa traversée du fantasme : « Ce désir pur s'appuie toujours sur quelque chose, des images, des sensations corporelles, le *Wunsch* freudien qui est très loin du désir pur de Lacan [14]. » À la suite des travaux de Charles-Sanders Pierce, Jean-Claude Stoloff suggère d'envisager le raisonnement analytique comme différent à la fois de l'induction et de la déduction. Il le qualifie d'abduction : « L'abduction suppose que l'on puisse s'écarter d'une première hypo-thèse, qui néanmoins n'est pas totalement abandonnée et reste en réserve pour formuler une nouvelle hypothèse qui s'en écarte (abduction). La seconde hypothèse peut contredire la première, la rendant caduque, fausse ou périmée. Elle peut aussi la compléter [15]. » Il partage aussi avec Castoriadis une vision de la psychanalyse comme relevant d'un horizon qui n'est ni celui du mythe ni celui de la science expérimentale, mais un entre-deux qui permet une forme de « sédi-mentation d'acquis [16] ». Et il s'appuie sur les analyses de Castoriadis pour affirmer que la communauté analytique doit prendre la mesure de ce qu'est la communication, car « comme l'affirme Cornelius Cas-toriadis : *le logos est toujours relié à un faire* [17] ».

---

13. Jean-Claude Stoloff, entretien avec l'auteur.
14. *Ibid.*
15. Jean-Claude STOLOFF, *L'Interprétation, op. cit.*, p. 38.
16. *Ibid.*, p. 46.
17. *Ibid.*, p. 132.

Pour son ancien patient, Michalis Dimitrakopoulos, devenu analyste, l'apport de Castoriadis est fondamental au niveau de la dimension ontologique de l'analyse, lorsqu'il restitue l'institution imaginaire dans son rapport à une conception monadique de la psyché. Il adhère à sa conception de la psyché comme représentation, mais il considère qu'il ne prend pas vraiment en compte le sentiment de détresse nécessaire à l'hallucination du nourrisson lorsqu'il est confronté à une demande non assouvie : « Pour halluciner, pour fantasmer, il faut supporter ce sentiment de détresse ainsi qu'un certain masochisme [18], une espèce de mariage entre pulsion de mort et de vie [19]. » La théorie du sujet de Castoriadis – le sujet comme concrétion de significations qui obéiraient à des cercles de renvois – rencontre un écho certain jusque dans les rangs de la SPP, où François Richard s'y réfère [20].

Selon Marie-Claire Célérier, qui fut proche de Piera Aulagnier, l'influence de Castoriadis sur le milieu analytique s'est davantage portée sur son fonctionnement institutionnel que sur la théorie analytique elle-même. Le Quatrième Groupe, ayant eu pour ambition de fonctionner sur le mode de l'autonomie, rejoint les analyses du philosophe. Lors de la décade de Cerisy organisée en juillet 1990 autour de l'œuvre de Castoriadis, Marie-Claire Célérier est invitée à intervenir pour donner son point de vue de psychanalyste [21] : « C'est l'homme que j'ai rencontré dans ma vie personnelle et professionnelle qui m'a le plus marquée comme intelligence, comme force de caractère et de persuasion. Du fait de sa personnalité, on est avec ou contre lui [22]. » À cette occasion quelque peu solennelle, Marie-Claire Célérier rappelle que la démarche de Castoriadis a été inverse à celle des psychanalystes. Il est parti du champ social pour s'intéresser dans un second temps à la psyché, ce qui atteste une démarche originale dans la manière d'interroger l'articulation entre le sujet et le social : « Comment les forces pulsionnelles irréductibles qui animent l'inconscient du sujet peuvent-elles coexister avec la pression

---

18. Voir Benno ROSENBERG, *Masochisme mortifère et Masochisme gardien de vie*, PUF, Paris, 2003.

19. Michalis Dimitrakopoulos, entretien avec l'auteur.

20. François RICHARD, *Le Processus de subjectivation de l'adolescence*, Dunod, Paris, 2001.

21. Marie-Claire Célérier, « L'imaginaire radical entre corps et significations imaginaires sociales », communication en juillet 1990 à Cerisy lors de la décade « Autour de Castoriadis », texte dactylographié communiqué à l'auteur.

22. Marie-Claire Célérier, entretien avec l'auteur.

ensembliste-identitaire que la société fait peser sur lui[23] ? » La réponse suggestive que donne Castoriadis est de situer ce point d'articulation dans la sphère de l'imaginaire, lieu de rencontre entre le sujet et son imaginaire radical étayé sur ses sources pulsionnelles et entre les significations imaginaires de la société. Il en résulte un processus d'appropriation ou de refus plus ou moins intense qui aura pour effet de conforter l'hétéronomie existante ou de développer les forces agissantes vers davantage d'autonomie.

Néanmoins, selon Marie-Claire Célérier, Castoriadis ne va pas jusqu'au bout de sa logique d'articulation du fait de son « anthropomorphisme[24] », qui l'oblige à avoir recours à un mythe d'origine selon lequel il y aurait trois entités radicalement hétérogènes : le corps, qui viendrait de l'animalité, la monade psychique comme source des représentations, et la société constituée. Marie-Claire Célérier considère que pour réussir à retrouver le lien qui articule ces niveaux, il convient de revenir sur le moment où la psyché émerge du corps[25], ainsi que sur le moment où les institutions sociales émergent des relations entre ses diverses composantes. Elle indique deux voies pour mieux y parvenir : d'une part, utiliser les apports des sciences neuronales, tout en évitant le piège du réductionnisme, et d'autre part, s'appuyer sur les apports des sémioticiens comme Greimas dans la prise en compte des grains de significations à un niveau micro. Marie-Claire Célérier finira par penser que l'horizon d'autonomie que se fixe Castoriadis est certes très beau, mais relève de l'utopie, ce qu'elle exprime en réaction à la lecture de *La Montée de l'insignifiance* en 1996. Elle y trouve « une bouffée d'air » qui lui fait du bien, mais, dit-elle, « ça me fait penser aussi que vous avez de la chance de croire à l'avènement possible d'une société autonome de sujets autonomes. De plus en plus je vois ça comme déjà ma mère trouvait qu'avaient de la chance ceux qui croyaient en Dieu et en la vie éternelle ! »[26].

Une autre source de réflexion majeure aura été la manière dont Castoriadis dialectise le rapport entre Eros et Thanatos, liant la faculté de création humaine et sa potentialité à réaliser l'autonomie au fait d'accepter sa finitude : « N'importe quel investissement de l'individu

---

23. Marie-Claire Célérier, « L'imaginaire radical entre corps et significations imaginaires sociales », communication citée, p. 2.

24. *Ibid.*, p. 6.

25. Voir Marie-Claire CÉLÉRIER, *Corps et fantasme. Pathologie du psychosomatique*, Dunod, Paris, 1989.

26. Marie-Claire Célérier, lettre à Castoriadis, archives Castoriadis, 3 mars 1996.

se heurte à un obstacle immense et finalement incontournable : la difficulté de vivre en sachant qu'on va mourir[27]. » Selon Castoriadis, c'est cette impossibilité pour le sujet d'accepter sa disparition qui fonde le « roc » de résistance à la psychanalyse et, quand elle est acceptée, son caractère interminable. Il accorde même à cette question de la finitude une centralité plus grande que Freud. Cet impensable, la mort de soi, devient en général, selon Castoriadis, un impensé de la société qui invente toute une série de dérivatifs pour éviter l'expression de l'angoisse morbide.

La société se donne pour tâche de neutraliser cette question de la mortalité, sans quoi il lui serait impossible de maintenir les investissements narcissiques de ses membres. On constate l'existence de plusieurs formes sociales d'investissements déplacées qui vont du « Mourir pour la nation », pour la révolution, pour le progrès ou pour toute autre valeur absolutisée. Cela peut aussi prendre la forme du déni avec l'affirmation que l'on ne va pas mourir, que l'homme peut conquérir l'immortalité. Cette promesse de salut est une constante anthropologique, à de rares exceptions près, comme dans le bouddhisme et dans la Grèce classique, qui fait l'objet d'une attention particulière et érudite de la part de Castoriadis. Au Ve siècle avant J.-C., il n'y avait en Grèce aucune espérance de salut. Les anciens Grecs se savaient marcher vers la mort et ne pouvaient espérer qu'une très éventuelle renommée ou gloire pour une toute petite élite : « J'ai toujours pensé que cette idée de la mortalité définitive a joué un rôle libérateur[28]. » Castoriadis établit un lien entre le renoncement à l'immortalité et la puissance de créativité, la quête de sens et la conquête de l'autonomie personnelle et collective. Il faut donc être capable d'affronter sans illusion cette échéance pour espérer réaliser les potentialités de l'humanité.

Cette réflexion sur l'acceptation de la disparition de soi et sur le deuil nécessaire de la disparition des proches a été fortement inspirante pour le pédopsychiatre suisse Jean-Claude Métraux. Engagé, alors qu'il est jeune, au début des années 1970, pendant un an dans les rangs de la Ligue marxiste révolutionnaire à Lausanne, il milite peu après sa rupture avec cette dernière dans les comités de solidarité avec l'Amérique centrale et, après ses études de médecine, il a l'intention de

---

27. Cornelius CASTORIADIS, *Sujet et vérité dans le monde social-historique*, Le Seuil, Paris, 2002, p. 142.
28. *Ibid.*, p. 145.

se rendre au Nicaragua. Il est tôt confronté au deuil de son frère, atteint d'un lymphome dont il meurt en 1982. C'est chez son frère, passionné de sciences sociales et bénéficiaire d'une bourse de l'EHESS, qu'il découvre à Paris des livres de Castoriadis qui resteront ses livres de chevet. Après sa disparition, Jean-Claude Métraux part au Nicaragua au nom d'une petite ONG suisse, et trouve un emploi à l'hôpital. Il est contacté par une association, la Maison d'appui aux combattants, qui, entre autres tâches, doit rendre aux familles les cadavres des soldats retrouvés et les préparer en parlant avec elles de la mort : « Est alors née l'idée de la nécessaire mise en place d'une for-mation. J'ai trouvé un financement en Suède, et j'ai été soutenu par trois ministres sur place [29]. » Jean-Claude Métraux, nourri de ses lectures de Castoriadis, écrit un article sur le thème du deuil : « J'ai pris mon courage à deux mains et j'ai envoyé à Castoriadis l'ébauche d'un premier article [30]. » À sa grande surprise et à sa grande joie, il reçoit une réponse envoyée à la boîte postale de la petite ville du Nica-ragua où il vit. Invité à passer chez Castoriadis lorsqu'il revient en Europe, il lui rend visite en 1990. Il poursuit sa réflexion dans un ouvrage dont le titre évoque la dualité mise en valeur par Castoriadis entre *Eros* et *Thanatos, Deuils collectifs et création sociale*[31]. L'origi-nalité de son livre tient dans le souci de relier la signification imagi-naire de l'autonomie avec l'élaboration réussie du deuil collectif des sociétés. Il établit un lien entre cette relégation de l'imaginaire dénoncée par Castoriadis dans les sociétés de l'hétéronomie, et ce qu'il appelle la dynamique paradoxale entre le deuil individuel et collectif. Il constate qu'au plan individuel, il y a une aptitude à assumer le deuil, même si le prix peut être lourd, mais qu'il n'en va pas de même au plan collectif : « Quand on perd un proche dans une famille, il est dif-ficile d'imaginer que tous les membres de la famille passent au même moment par une phase dépressive, car il n'y aurait plus personne pour tenir la famille. En même temps, ces décalages du deuil peuvent pro-voquer l'éclatement de la famille [32]. » À l'échelle familiale, mais plus encore à l'échelle de tout groupe social, se mettent en place des méca-nismes d'homéostasie, de survie, qui ont pour effet de paralyser

---

29. Jean-Claude Métraux, entretien avec l'auteur.
30. Jean-Claude MÉTRAUX, « Le deuil au carrefour des déterminants de l'autonomie », *Cahiers critiques de thérapie familiale et de pratiques de réseaux,* n° 14, 1991, p. 165-183.
31. Jean-Claude MÉTRAUX, *Deuils collectifs et création sociale*, La Dispute, Paris, 1995.
32. Jean-Claude Métraux, entretien avec l'auteur.

l'élaboration de ces deuils. Or le deuil serait le « ferment de la société autonome [33] ». Castoriadis, qui se dit par ailleurs athée, n'en convient pas moins que lorsqu'il se plonge dans l'œuvre de Shakespeare ou quand il écoute Jean-Sébastien Bach, il éprouve un « étrange mode de présence/absence, qui intervient aussi dans une façon possible de vivre la mort, en s'adressant sur ce mode de présence/absence aux humains qui ont été et à ceux qui vont être [34] ». Jean-Claude Métraux voit dans ce sentiment de présence de l'absent l'attestation de la troisième phase de deuil, soit la quête dans un passé irrémédiablement perdu des ferments d'un avenir possible, d'une réouverture d'un présent enrichi par la reconnaissance de dette et de solidarité.

À Lyon, le psychanalyste d'origine grecque, Kostas Nassikas, arrivé en France en 1975 et membre de l'APF, a largement contribué à faire connaître l'œuvre de Castoriadis dans la région lyonnaise et dans son milieu d'analystes [35]. En 1978, il participe à la création d'une association de Grecs dans la région lyonnaise qui se donne pour objectif de dynamiser l'activité culturelle. Il entre en contact avec Castoriadis, qui ne pourra se rendre disponible. Kostas Nassikas le rencontrera néanmoins à deux reprises lors de sa venue à Lyon, à l'invitation d'une librairie d'obédience anarchiste, la Griffe. Kostas Nassikas estime que l'apport de Castoriadis pour la théorie analytique est décisif, notamment pour tout ce qui concerne le statut de scientificité de la psychanalyse : « Ce qui me semble le plus intéressant chez lui est la distinction qu'il opère et la combinaison qu'il réalise entre l'imaginaire radical et l'imagination radicale. C'est cette articulation entre la pensée du fonctionnement de l'inconscient et la pensée de l'inconscient du social qui est le plus innovant chez lui [36]. » Il y a là, avec l'imaginaire radical, une dimension irréductible à toute influence, à tout accès, que ce soit par l'individu lui-même ou par les institutions sociales. Elle échappe à toute tentative de contrôle, à tout réductionnisme, et se trouve à la source de la créativité. Nassikas considère par ailleurs que Castoriadis a été plus loin que Piera Aulagnier dans la sortie du lacanisme par son analyse de

---

33. Jean-Claude MÉTRAUX, « Le deuil, ferment de la société autonome », *Cahiers Castoriadis*, n° 3, p. 141-164.

34. Cornelius CASTORIADIS, *Sujet et vérité dans le monde social-historique, op. cit.*, p. 149.

35. Kostas Nassikas vient d'une famille fortement marquée par la guerre civile et lui-même a été un étudiant contestataire du régime des colonels. Il a profité de la chute de ces derniers en 1974 pour s'exiler en France, car si le régime venait de changer, l'administration et l'armée étaient restées en place et l'attendaient au tournant.

36. Kostas Nassikas, entretien avec l'auteur.

la psychose, en rompant plus radicalement avec la notion de forclusion du Nom du Père [37] pour faire valoir les potentialités créatives de la psychose [38] : « Ses développements sur la créativité dans la psychose sont pour beaucoup de cliniciens une référence [39]. »

Mais c'est surtout au plan de son approche de l'institution que Castoriadis apporte aux analystes un regard renouvelé. Nassikas a été profondément marqué par les instrumentalisations de la psychiatrie par les colonels grecs au début des années 1970, avec ces patients de l'hôpital de Thessalonique habillés de gris pour se confondre avec la saleté, lobotomisés et neuroleptisés à outrance. C'est une des raisons qui l'ont d'ailleurs conduit à Lyon, où il a trouvé un milieu préconisant une psychiatrie communautaire, proche des thèses de l'antipsychiatrie. Pour être efficace dans les soins des patients, il convient donc de repenser la nature de l'institution : « C'est la profonde réflexion de Castoriadis qui a rendu explicite la complexité du faire institutionnel de la pluralité sociale en donnant à la notion de l'institution sa richesse créative des formes, toujours historiques, d'organisation des ensembles humains évoluant sur l'axe de l'hétéronome-autonomie [40]. » L'individu est socialisé par l'institution qui lui impose ses significations, mais la société ne peut affecter cet imaginaire radical qui reste la source de son indestructible autonomie. Castoriadis permet ainsi de dépasser les apories de l'abord classique de l'institution sur l'axe du contenu et du contenant, « l'institution étant le transformateur de cet "animal fou" qu'est l'enfant arrivant au monde avec un fonctionnement pulsionnel de toute-puissance et magique, en individu social [41] ». À cet égard, le langage, conçu par Castoriadis comme institution, joue un rôle fondamental dans ce processus de socialisation : « Saussure n'est pas parvenu à faire le lien. Il échoue là où Castoriadis réussit, mais on voit bien qu'il cherchait à comprendre ce qui institue le signe [42]. »

---

37. Lacan a traduit le terme freudien « *Verwerfung* » par le mot « forclusion », qui se substitue au vocable « rejet » utilisé jusque-là. Ce terme de forclusion se réfère à une défense originaire de refus de l'inscription elle-même du signifiant et notamment du plus significatif d'entre eux, celui du Nom-du-Père, garant de la castration.

38. Cornelius CASTORIADIS, « La construction du monde dans la psychose » ; repris dans *Les Carrefours du labyrinthe*, t. V, *op. cit.*, p. 130-146.

39. Kostas Nassikas, entretien avec l'auteur.

40. Kostas NASSIKAS, « Le faire social du dire : l'institution », *Les Cahiers de Rhizome*, n° 25, décembre 2006, p. 66-71.

41. *Ibid.*

42. Kostas Nassikas, entretien avec l'auteur. Voir Kostas NASSIKAS, *Exils de langue*, PUF, Paris, 2011.

À Lyon, le psychanalyste Jean Peuch-Lestrade a souvent entendu parler de Castoriadis par son ami et confrère Kostas Nassikas, au début des années 1980. Il se plonge dans son œuvre et est séduit au point de décider de faire son analyse avec un membre du Quatrième Groupe : « Ce qui a été fondamental pour moi, c'est vraiment la question de la liberté, qui me semble présente dans son œuvre grâce à son croisement entre psychanalyse et politique[43]. » Travaillant en institution auprès d'enfants psychotiques, Jean Peuch-Lestrade trouve chez Castoriadis une réflexion essentielle sur le transfert dans une institution : « L'institution est, pour moi, le lieu spécifique de la politique des transferts : ce qui s'y déploie des enjeux de l'*arché*, "commencement" et "commandement" en grec ancien, au théâtre des champs croisés de l'autorité et du pouvoir, est le support des transferts de l'archaïque (personnel et transgénérationnel) des patients[44]. » Puisque l'essentiel, le transfert, se joue dans l'institution, y compris celle de la cure analytique, se pose la question de l'autorité du psychanalyste, qu'il faut penser d'un point de vue politique. Jean Peuch-Lestrade part d'une remarque de Castoriadis selon laquelle « la société analytique n'est pas une "famille" ou un "assemblage de familles" psychanalytiques. [...] Aussi longtemps que le problème de la société analytique ne sera pas pensé et agi dans sa radicale altérité avec toute "filiation", il restera insoluble[45] ». Ce constat conforte Jean Peuch-Lestrade dans une analyse qui distingue deux registres différents, celui de la société et celui de la politique : « Mon hypothèse est donc que les psychanalystes ont pu s'organiser en sociétés mais ne passent pas au registre politique, registre qui convoque au sens d'Arendt la pluralité humaine. [...] De mon point de vue, les sociétés analytiques restent au contraire exemplaires d'un fonctionnement en lien avec la sphère sociale, car elles fabriquent des "autorités" auxquelles chacun pourra s'identifier, voire se conformer[46]. »

Il est un autre milieu dans lequel les thèses de Castoriadis sur la psychanalyse vont connaître un écho, c'est celui des psychosociologues, notamment grâce à Eugène Enriquez, responsable de

---

43. Jean Peuch-Lestrade, entretien avec l'auteur.

44. Jean PEUCH-LESTRADE, « L'analyse des transferts sur l'institution », *Revue française de psychanalyse*, vol. 70, 2006/4, p. 1097.

45. Cornelius CASTORIADIS, « La psychanalyse, projet et élucidation » ; repris dans Cornelius CASTORIADIS, *Les Carrefours du labyrinthe*, t. I, *op. cit.*, p. 107.

46. Jean PEUCH-LESTRADE, « L'autorité des psychanalystes en question ? », *Le Coq-héron*, n° 208, 2012/1, p. 55.

l'ARIP[47]. À l'invitation de son ami, Castoriadis participe à plusieurs sessions de cette association et accepte de faire partie de la *Revue internationale de psychosociologie* à sa création. En 1987, il participe à un colloque portant sur « Inconscient et changement social[48] », puis en 1989 à un autre colloque, « Malaise dans l'identification », où il intervient sur la crise du processus identificatoire[49]. C'est dans cette revue qu'il publiera son dernier texte à l'automne 1997, qui émane encore d'un colloque de l'ARIP, sur « La résistible emprise de la rationalité instrumentale[50] ». Florence Giust-Desprairies, disciple d'Eugène Enriquez, alors en charge du numéro, recueille les épreuves corrigées envoyées par Castoriadis de l'hôpital.

Psychosociologue comme son maître Enriquez et universitaire à Paris 7, Florence Giust-Desprairies voit dans sa rencontre avec Castoriadis un moment d'autant plus fondamental qu'elle chemine vers l'exploration de l'imaginaire. Ayant avancé le concept d'imaginaire collectif[51], elle découvre une œuvre qui lui paraît totalement en phase avec ses propres recherches. Dans ses analyses, elle utilise tôt le concept d'imaginaire, se référant surtout à la manière dont Didier Anzieu le définit à partir de groupes thérapeutiques comme imaginaire groupal. Elle repère la pluralité des projections fantasmatiques de chacun, mais aussi l'existence d'un analogon non réductible à chacun, qui occupe une position centrale dans ses études de terrain à l'intérieur des institutions où elle travaille (des écoles, des associations, des centres de formation et des centres hospitaliers). Elle donne à cet analogon le nom d'imaginaire collectif depuis 1971, et on comprend que la publication en 1975 de *L'Institution imaginaire de la société* soit pour elle un événement majeur : « Je suis en train de bricoler et je découvre ce livre avec une émotion incroyable[52]. » Elle poursuit et réoriente sa thèse qu'elle soutient en 1981.

---

47. ARIP : Association pour la recherche et l'intervention psychosociologique créée en 1959 sous l'impulsion de Max Pagès, de Guy Palmade et d'André de Peretti, avec, entre autres, Eugène Enriquez, Jean Dubost, André Lévy, Jean-Claude Rouchy et Jean-Claude Filloux.

48. Cornelius CASTORIADIS, « Réflexion sur le racisme », *Connexions*, n° 48, 1987 ; repris dans Cornelius CASTORIADIS, *Les Carrefours du labyrinthe*, t. III, *op. cit.*, p. 29-46.

49. Cornelius CASTORIADIS, « La crise du processus identificatoire », 1989 ; repris dans Cornelius CASTORIADIS, *Les Carrefours du labyrinthe*, t. IV, *op. cit.*, p. 149-167.

50. Cornelius CASTORIADIS, « La rationalité du capitalisme », 1997 ; repris dans Cornelius CASTORIADIS, *Les Carrefours du labyrinthe*, t. VI, *op. cit.*, p. 79-112.

51. Florence GIUST-DEPRAIRIES, *L'Imaginaire collectif*, Érès, Toulouse, 2003.

52. Florence Giust-Deprairies, entretien avec l'auteur.

Dans les années 1980, elle a l'occasion d'intervenir dans le cadre d'une crise que traverse une école atypique couvrant la scolarité d'enfants et d'adolescents de la maternelle à la terminale, « La Source », à Meudon. Le Rectorat ayant annoncé la fermeture d'une classe, des tensions naissent entre enseignants, des clivages apparaissent entre le primaire et le secondaire, avec des accusations réciproques de part et d'autre. Florence Giust-Deprairies, appelée pour rétablir le lien social, est conduite à travailler sur l'imaginaire fondateur de cette école créée en 1945 par un couple intellectuel paradoxal, un inspecteur d'Académie et un religieux, tous deux à la retraite. Elle met en évidence l'imaginaire collectif sur lequel a fonctionné jusque-là cette institution, celui de l'idéal rousseauiste de la plante qu'il faut bien arroser pour passer au mieux de la nature à la culture en vase clos. Florence Giust-Deprairies publie son enquête en 1989[53] et décide de l'envoyer à Castoriadis : « Il m'écrit par retour de courrier. Je suis très touchée et je vais le voir et cela a été un bonheur absolu. Par sa manière de dire les choses, de les penser, j'étais en totale connivence et je sortais de chez lui renforcée dans mes convictions. Je suis tellement convaincue que cette question de l'imaginaire est première[54]. » Elle élargira ensuite son échelle d'analyse en prenant pour objet la crise du modèle républicain de l'école, remontant jusqu'aux idéaux de la Révolution. Ces derniers ont fait naître un imaginaire collectif selon lequel les maîtres doivent avoir les mêmes pratiques pédagogiques au nom du principe d'égalité qui veut qu'ils soient interchangeables et laissent leur subjectivité au vestiaire. Ils attendent que leurs élèves soient des projections d'eux-mêmes. À partir de ce moule fondateur, on comprend mieux l'insatisfaction des enseignants d'aujourd'hui qui se plaignent de ne plus pouvoir travailler à un moment où la figure du semblable doit laisser place à la figure de l'autre. Cette dernière s'affirme de plus en plus dans sa subjectivité à partir d'une culture qui ne semble plus soluble dans le modèle républicain tel qu'il a été défini depuis 1789[55].

Par leur souci d'articuler le psychisme des acteurs sociaux avec le cadre institutionnel environnant et par leur ancrage historique, les travaux de Florence Giust-Deprairies sont au plus proche des thèses de

53. Florence GIUST-DEPRAIRIES, L'Enfant rêvé, Armand Colin, Paris, 1989.
54. Florence Giust-Deprairies, entretien avec l'auteur.
55. Florence GIUST-DEPRAIRIES, La Figure de l'autre dans l'école républicaine, PUF, Paris, 2003.

Castoriadis. Alors que celles-ci se situent pour l'essentiel aux plans théorique et épistémologique, ses travaux les prolongent par le souci qu'elle a, en lien avec son travail de terrain, de trouver des médiations appropriées à une échelle micro, celle de groupes institués intermédiaires. En 2003, elle dédie son ouvrage le plus théorique à Castoriadis. Elle y approfondit sa notion d'imaginaire collectif[56], qu'elle définit entre la psyché et la société comme fondement de ces deux dimensions, ce qui ne va pas sans heurts : « La liaison entre psyché et société est une tension conflictuelle entre l'institution de l'individu social et la tendance irrésistible de la monade psychique à se refermer sur soi, à se rêver comme toute-puissante et centre du monde[57]. »

---

56. Florence Giust-Deprairies, *L'Imaginaire collectif*, *op. cit.*
57. *Ibid.*, p. 86.

11

Mai 68 : la brèche

Lorsque les événements de Mai éclatent, ébranlant le gaullisme et donnant lieu au plus grand mouvement social que la France ait connu, avec ses dix millions de grévistes et un pays paralysé pendant près d'un mois, *Socialisme ou Barbarie*, la revue qui a le mieux anticipé les événements et préparé une perspective de changement révolutionnaire inédit, n'existe plus depuis un an. Ceux qui ont été membres du groupe traversent évidemment ces événements dans l'enthousiasme, sidérés de constater que ce qu'ils avaient analysé comme une apathie ancrée dans la durée se transforme soudain en désir d'action et de création collective, avec une jeunesse qui décrète que l'imagination est au pouvoir. Où qu'ils soient, ils suivent le mouvement avec ferveur.

Alors que toute une mythologie fera de l'Internationale situationniste la principale inspiratrice du mouvement de contestation, on peut créditer *Socialisme ou Barbarie* d'une influence bien plus grande. Daniel Cohn-Bendit, leader et symbole même de Mai 68, figure emblématique et charismatique du Mouvement du 22 mars, en atteste. Étudiant en sociologie à l'université de Nanterre, il suit, entre autres, les cours d'Henri Lefebvre et d'Alain Touraine et, pour contester ce dernier, il puise dans les arguments trouvés dans *Socialisme ou Barbarie* : « Touraine discutait du développement de la société française et parlait de la fin du prolétariat et c'est là que je lui ai dit : "Vous feriez bien de lire *Socialisme ou Barbarie*, car cette revue démontre que le prolétariat existe bien, que ce n'est pas un fantasme intellectuel"[1]. » Daniel Cohn-Bendit connaît la revue par son frère Gabriel, son aîné de neuf années, qui appartient alors à un groupuscule à majorité anarchisante et fait partie de sa minorité qui entend réconcilier un marxisme ouvert avec les idéaux libertaires : « On a un peu puisé dans tout ce qui existait aux franges des grandes écoles plutôt totalitaires de la pensée, donc pour nous, *Socialisme ou Barbarie* a été très important[2]. »

De leur côté, Castoriadis et son courant ont été les premiers à faire écho en France aux événements de Berkeley de 1962-1963, qui leur sont apparus comme une révolte significative de la jeunesse contre l'ordre établi. Quant à Daniel Cohn-Bendit, il est séduit par une revue dont la conception du politique anticipe sur la révolution culturelle à venir, sans la réintégrer dans des schémas traditionnels, considérant que les mouvements sociaux sur les campus américains sont d'un type nouveau. Dans son ouvrage paru juste après Mai 68, Cohn-Bendit souligne la proximité entre les thèses de *Socialisme ou Barbarie* et ce qu'a exprimé la contestation soixante-huitarde : « Le mouvement étudiant est révolutionnaire et non universitaire. Il ne refuse pas les réformes (son action les provoque...), mais il tente, au-delà des satisfactions immédiates, d'élaborer une stratégie qui permette le changement radical de la société. Ces thèses, exprimées dès 1963 par *Socialisme ou Barbarie*, s'avèrent, à la lumière des événements récents, justes et inéluctables[3]. »

Daniel Cohn-Bendit confirmera le rôle clé qu'a joué pour lui SouB à l'occasion d'un débat public avec Castoriadis à Louvain en 1981 : « Peu de gens comprendront pourquoi je suis gêné de parler après Castoriadis. S'il y a des gens qui m'ont influencé et m'ont évité de faire pas mal de conneries politiques avant que je commence à faire de la politique, ce sont des gens comme Castoriadis et ce groupe qu'il a mentionné, Socialisme ou Barbarie, et aussi mon frère, qui lisait cette revue et faisait, par ricochet, partie de leur groupe. Et, pour l'instant, je me trouve un peu dans la situation d'un marxiste qui aurait passé des années à lire Marx et qui, un soir, se trouve discuter avec Marx. Je vous assure que ce n'est pas facile... Nous lisions *Socialisme ou*

---

1. Daniel Cohn-Bendit, « "Le bon plaisir" de Cornelius Castoriadis », France Culture, émission citée.

2. *Ibid.*

3. Daniel COHN-BENDIT, *Le Gauchisme. Remède à la maladie sénile du communisme*, Le Seuil, Paris, 1968, p. 49.

Barbarie, nous puisions nos exemples dans l'histoire : les conseils ouvriers hongrois, les conseils ouvriers allemands [4]. »

Castoriadis, esseulé, sans revue à sa disposition, ne reste pas pour autant muet au cœur de cette révolution d'un type nouveau qu'il a appelée de ses vœux sans discontinuer depuis l'après-guerre : « Il était extrêmement enthousiaste, bouillant d'impatience, prêt à passer toutes ses nuits à la Sorbonne ou à Censier [5]. » Il s'emploie à réunir de nouveau ses camarades dispersés pour leur soumettre un texte d'analyse à chaud des événements en cours. À une petite dizaine, parfois davantage, les membres de SouB se réunissent dans l'appartement du quai Anatole-France à plusieurs reprises pendant les mois de mai et juin 1968, discutant de son texte et se demandant s'il ne serait pas opportun de reprendre du service en relançant le groupe : « La voix de la raison l'a emporté, Corneille disant ne pas en voir l'utilité, car rien n'avait fondamentalement changé [6]. » Dans la cour de la Sorbonne occupée, la revue est pourtant présente sur une table militante, grâce au responsable du groupe frère britannique Solidarity et son leader, grand ami de Castoriadis, Christopher Pallis. Dans le bastion de la classe ouvrière, à Renault-Billancourt, se trouve toujours en 1968 Daniel Mothé, qui sort de l'isolement, porté par le mouvement de contestation et de débordement des appareils syndicaux. Il est propulsé à la tête de ceux qui décident de débrayer à la Régie sans attendre les consignes syndicales : « J'avais trouvé un truc dont je ne suis pas fier. On passait voir les camarades dans toute l'île Seguin et il y avait parmi eux beaucoup d'immigrés. Je leur disais : "Si tu ne débrayes pas, on occupe l'usine et ce soir tu coucheras là." Je voyais alors chez eux une réaction de peur de devoir coucher dans l'usine et ils ont donc voté pour la grève [7]. »

Comme le dit Jacques Signorelli, membre du groupe depuis ses débuts : « En 68, la vie n'a plus la même couleur [8]. » Castoriadis n'a pas encore la nationalité française et doit faire attention à ne pas commettre de faux-pas qui pourrait l'exposer à l'extradition. Il ne signe donc pas le texte qu'il écrit et ne peut pas non plus le signer du nom d'un groupe défunt. Après les discussions avec les membres du

4. Daniel Cohn-Bendit, dans Cornelius CASTORIADIS et Daniel COHN-BENDIT, *De l'écologie à l'autonomie*, Le Seuil, Paris, 1981, p. 50-53.
5. Daniel Ferrand, entretien avec l'auteur.
6. *Ibid.*
7. Daniel Mothé, entretien avec l'auteur.
8. Jacques Signorelli, entretien avec l'auteur.

groupe, il le rend public sous la forme d'une brochure signée du pseudonyme de Jean-Marc Coudray. Ce texte, exceptionnellement long pour ce type de publication (vingt-six pages), est au point vers le 20 mai. D'abord ronéotypé avec les moyens du bord, il fait l'objet de deux tirages dans les universités occupées et est aussitôt diffusé comme texte d'intervention au cœur du mouvement : « Je l'ai distribué devant l'Institut de psychologie, à côté du boulevard Saint-Germain, non sans un certain malaise, car il n'était pas vraiment signé et le nombre d'illuminés distribuant des tracts à l'époque était légion [9]. » C'est par ce tract que Christos Grammatikas, jeune exilé grec arrivé à Paris en novembre 1967, découvre l'existence de Castoriadis. Il est alors à la Cité universitaire, et son ami Stavros Voliotis, ancien trotskiste, engagé dans un cursus de chimie, lui apporte ce texte. Il apprend vite la véritable identité de celui qui se cache sous ce pseudonyme, car son ami Stavros connaît Stinas et Castoriadis. De cette rencontre naîtra un petit groupe de Grecs exilés à Paris.

De son côté, Edgar Morin s'enthousiasme tout autant pour les événements de Mai et s'en fait l'analyste dans les colonnes du *Monde*. C'est ainsi que le trio d'amis – Morin, Castoradis et Lefort – publie dès le début de l'été 1968 *La Brèche* chez Fayard. Le livre est constitué des « Tribunes » de Morin publiées en mai par *Le Monde*, du texte ronéotypé de Castoriadis signé Coudray, augmenté d'une seconde partie en vue de cette publication, et d'un texte écrit par Lefort. C'est très certainement, avec celle de Michel de Certeau, parue dans la revue *Études* en juin 1968, la meilleure analyse du mouvement, celle qui est au plus près des acteurs. Le livre connaît aussitôt un grand succès : « Le nombre de lecteurs de *La Brèche* s'étend curieusement. Un petit mot d'Orengo [10] m'annonce "une seconde réimpression" [11]. »

Dans sa contribution, Castoriadis n'adopte nullement la posture de celui qui entendrait fixer le sens de l'événement en cours en le lisant au regard d'une grille interprétative préconstituée. Dans la filiation des positions de Socialisme ou Barbarie, il est à l'écoute de ce qui se passe et d'un sens en train de se construire. Il situe le mouvement de Mai dans la lignée d'événements qui l'ont précédé : 1871, 1917, 1936, 1956…, sans pour autant rabattre la nouveauté sur la tradition, fût-elle révolutionnaire. Car, selon Castoriadis, « c'est la première fois

9. Daniel Ferrand, entretien avec l'auteur.
10. Charles Orengo, éditeur qui a longtemps dirigé la maison Plon, dirige alors Fayard.
11. Claude Lefort, lettre à Castoriadis, archives Castoriadis, 13 août 1968.

que, dans une société bureaucratique moderne, non plus la revendication, mais l'*affirmation* révolutionnaire la plus radicale éclate aux yeux de tous et se propage dans le monde [12] ». Il voit dans l'explosion de ce mouvement l'émergence des potentialités créatives jusque-là contenues par le système : « Les mots d'ordre géniaux, efficaces, poétiques jaillissent de la foule anonyme [13]. »

Castoriadis s'extasie devant un mouvement qui a sa dynamique propre et autonome, affranchi des appareils politiques et syndicaux, débordés et en plein désarroi. Ce qui se passe atteste, selon lui, la justesse de l'analyse portée par Socialisme ou Barbarie, sans que le nom de ce courant soit jamais cité, selon laquelle la division majeure constituant la ligne de fracture de la société moderne ne passe pas vraiment entre propriétaires et force de travail, mais entre dirigeants et exécutants. Le fait que la jeunesse scolarisée, et notamment étudiante, soit le fer de lance du mouvement, vient aussi confirmer les analyses que Castoriadis a eu le plus grand mal à faire passer et qui ont provoqué la scission de 1963, celles concernant l'élargissement de la classe potentiellement révolutionnaire au-delà du seul prolétariat : « La jeunesse ne veut pas prendre la place de ses aînés dans un système accepté ; elle vomit ce système, l'avenir qu'il lui propose [14] » ; « Le prolétariat industriel n'a pas été l'avant-garde révolutionnaire de la société, il en a été la lourde arrière-garde [15]. » Il considère en revanche comme un signe très encourageant le fait que de jeunes travailleurs aient rejoint les cortèges et lieux d'expression des étudiants. Mais il déplore ce qu'il connaît bien pour l'avoir vécu de l'intérieur du mouvement trotskiste : la routinisation idéologique des groupes d'extrême gauche enfermés dans leur dogme et qui ne savent rien faire d'autre que « redérouler interminablement les bandes magnétophoniques enregistrées une fois pour toutes qui leur tiennent lieu d'entrailles [16] ». Il résulte de cette situation l'impérieuse nécessité de doter le mouvement en cours d'une organisation qui lui soit appropriée, pour éviter que Mai 68 ne soit qu'un simple éclair condamné à l'éphémère et à la récupération par tous les appareils bureaucratiques. La seule

---

12. Cornelius CASTORIADIS, « La révolution anticipée », dans Edgar MORIN, Claude LEFORT et Cornélius CASTORIADIS, *La Brèche*, suivi de *Vingt Ans après*, Fayard, Paris, 2008, p. 122 ; repris dans Cornelius CASTORIADIS, *Quelle démocratie ?*, t. I, *op. cit.*, p. 276.

13. *Ibid.*, p. 124 ; *ibid.*, p. 277.

14. *Ibid.*, p. 129 ; *ibid.*, p. 280.

15. *Ibid.*, p. 157 ; *ibid.*, p. 297.

16. *Ibid.*, p. 131 ; *ibid.*, p. 281.

manière d'empêcher cette digestion du mouvement et de sa créativité est de renforcer son activité dans un sens à la fois réfléchi, critique et autonome. En même temps qu'il voit en Mai 68 l'aube d'une possible ère nouvelle, Castoriadis est conscient d'une ambivalence propre au mouvement qui risque d'en provoquer l'échec. Comme le fait remarquer son ami et ancien compagnon de SouB, Enrique Escobar : « Si Castoriadis a reconnu que la question d'un rapport à l'institution, et au savoir, était contenue en germe dans le mouvement, il en a aussi perçu d'emblée les contradictions et les difficultés – et surtout ce fait déconcertant que les étudiants et les jeunes en général furent des représentants aussi bien de la "disponibilité" que de "l'irresponsabilité" de l'homme moderne –, contradictions que le mouvement n'a pas su résoudre et qui entraînèrent sa défaite [17]. »

Dans le même ouvrage, Lefort insiste, comme Castoriadis, sur l'irréductible nouveauté de Mai 68 : « L'événement qui a secoué la société française, chacun s'essaye à le nommer, chacun tente de le rapporter à du connu, chacun cherche à en prévoir les conséquences. [...] En vain [18]. » Il discerne aussi dans ce mouvement une contestation des relations hiérarchiques et de la division entre dirigeants et exécutants, division épinglée par SouB comme constitutive du système bureaucratique. En revanche, si Castoriadis considère que Mai 68 relève d'une révolution manquée, avortée faute d'organisation, Lefort y voit plutôt une révolte réussie, conjuguant audace et réalisme, dans la mesure où, selon lui, le pouvoir n'est pas à prendre mais à contester. On retrouve là sa théorie de l'insaisissabilité du pouvoir politique dans une démocratie, le pouvoir comme lieu vide : « Révolution politique pour Castoriadis, appuyée par l'organisation d'un mouvement révolutionnaire orienté vers la prise du pouvoir, révolution symbolique pour Lefort [19]. »

De son côté, dans le même ouvrage, Edgar Morin se situe entre ses deux amis, insistant sur le fait que la nouveauté tient surtout à l'émergence d'une nouvelle force sociale, celle de la jeunesse contestant l'ordre des adultes, dans une sorte de lutte de génération déclenchée contre l'autorité conférée par l'expérience. Edgar Morin

---

17. Enrique ESCOBAR, « Castoriadis, écrivain politique (II) », préface à Cornelius CASTORIADIS, *Quelle démocratie ?*, t. I, *op. cit.*, p. 17.

18. Claude LEFORT, « Le désordre nouveau », *La Brèche, op. cit.*, p. 45.

19. Antoine Chollet, « Claude Lefort et Cornelius Castoriadis. Croisements théoriques autour de Mai 68 », non publié, texte dactylographié communiqué à l'auteur, p. 10.

reprend les analyses à chaud publiées dans *Le Monde* au début du mois de juin[20].

Les craintes de récupération exprimées par Castoriadis se révéleront vite fondées. Si, comme il l'annonçait, le crédit du gaullisme s'effondre et le général de Gaulle est contraint au départ par le rejet en 1969 de son référendum à caractère plébiscitaire, le reflux se produit rapidement, avec une chambre des députés bleu horizon et un mouvement de contestation certes persistant, mais structuré autour de groupuscules soit maoïstes, soit trotskistes qui n'ont pas su trouver dans l'élan de Mai les ressources d'un renouvellement des horizons révolutionnaires. La perspective d'une révolution possible s'est déjà éloignée, et l'on verra fleurir dès le début des années 1980 de curieuses analyses du mouvement de Mai 68, le renvoyant à l'expression d'un anti-humanisme théorique, assimilant structuralisme et pensée 68[21]. Dans une perspective différente, mais également à l'opposé des analyses du mouvement faites par Castoriadis, Gilles Lipovetsky verra en Mai 68 le triomphe de l'individualisme contemporain[22].

À la veille des vingt ans de l'événement, Castoriadis réagit vivement à ces deux interprétations[23]. Malgré les bonnes relations qu'il entretient personnellement avec ces auteurs, il dénonce dans ces deux entreprises une volonté d'altération radicale du sens de l'événement 68, un gommage du caractère de fraternisation et de solidarité active du mouvement, pour servir l'idée qu'il n'aurait été question que de libérer les égoïsmes et l'hédonisme le plus solipsiste. Tout au contraire, selon Castoradis, le mouvement fut une formidable resocialisation : « Les gens cherchaient la vérité, la justice, la liberté, la communauté. Ils n'ont pu trouver des formes instituées qui incarneraient durablement ces visées[24]. » Quant à l'assimilation de 68 au structuralisme, Castoriadis rappelle la fameuse inscription sur les murs de la Sorbonne, « Althu sert à rien », qui en dit long sur l'absence de

---

20. Edgar MORIN, « Une révolution sans visage. De la révolte étudiante à la contestation du pouvoir », *Le Monde*, 5 juin 1968 ; « Une révolution sans visage. Conflit de génération et luttes de classes », *Le Monde*, 6 juin 1968.

21. Luc FERRY et Alain RENAUT, *La Pensée 68*, Gallimard, Paris, 1985.

22. Gilles LIPOVETSKY, *L'Ère du vide. Essai sur l'individualisme contemporain*, Gallimard, Paris, 1983.

23. Cornelius CASTORIADIS, « Les mouvements des années soixante », *Pouvoirs*, n° 39, 1986 ; repris en partie dans Edgar MORIN, Claude LEFORT, et Cornelius CASTORIADIS, *La Brèche*, *op. cit.*, p. 251-268.

24. *Ibid.*, p. 253.

connivence entre les deux phénomènes. Le succès du structuralisme dans l'après-68 est attribué par Castoriadis à l'échec du mouvement et à la théorisation de cet échec. Et il réitère, à près de vingt ans de distance, ses analyses et celles des membres de SouB : « Ce que Mai 68 et les autres mouvements des années 1960 ont montré a été la persistance et la puissance de la visée d'autonomie, traduite à la fois par le refus du monde capitaliste-bureaucratique et par les nouvelles idées et pratiques inventées ou propagées par ces mouvements [25]. »

Un foyer particulier d'effervescence de la contestation et de bouillonnement intellectuel naît en 1968 sur le campus de Caen, où Lefort est maître de conférences en sociologie depuis 1966. Il demande à un jeune et brillant socio-économiste, Alain Caillé, de devenir son assistant. Ce dernier, qui prépare alors une recherche pour démonter le mythe de la planification comme « idéologie de la bureaucratie », est très proche des thèses de *Socialisme ou Barbarie*, qu'il découvre avec le plus grand intérêt : « On a ainsi fait Mai 68 ensemble, et ce n'était pas rien à Caen. On a vécu pendant un mois l'équivalent de l'Assemblée constituante de 1789 avec une assemblée paritaire de cent cinquante professeurs et cent cinquante étudiants pour refaire tout le paysage de l'enseignement supérieur [26]. » Tout le campus de Caen, à l'exception des historiens fermement attachés à la défense du pouvoir en place sous l'influence de Pierre Chaunu, bascule dans le camp de la contestation à partir d'une prise de parole déterminante de Lefort. Alain Caillé déjeune avec lui le 12 mai lorsqu'ils entendent à la radio que la police risque d'intervenir dans les universités. Deux à trois mille étudiants sont rassemblés en AG et Lefort intervient : « Il annonce en deux minutes la nécessité de s'organiser, d'occuper les locaux, de se barricader et tout le monde s'y met. Je n'ai jamais vu un effet aussi efficace d'une prise de parole [27]. » Habitant à Paris tous les deux, Alain Caillé et Claude Lefort rentrent ensemble à la capitale dans la voiture de ce dernier.

À Caen, l'étudiant le plus doué et le plus apprécié de Lefort est Marcel Gauchet. Issu d'un milieu populaire, né en 1946 dans le village de Poilley, dans la Manche, il est le fils d'un cantonnier et d'une couturière. En 1961, il entre à l'École normale d'instituteurs de Saint-Lô, et il a seize ans lorsqu'il rencontre Didier Anger, militant

---

25. *Ibid.*, p. 264.
26. Alain Caillé, entretien avec l'auteur.
27. *Ibid.*

actif de l'École émancipée qui l'initie aux thèses défendues par son organisation, Pouvoir ouvrier, issue de la scission avec Socialisme ou Barbarie en 1963 : « Le premier acte politique que j'ai fait dans ma vie a été une grève de la faim pour protester contre les morts du métro Charonne en 1962[28]. » Le milieu très politisé de l'École normale, polarisé entre les communistes d'un côté et le petit groupe antistalinien réuni autour de Daniel Anger, de l'autre, fait lire à Marcel Gauchet les numéros de *Socialisme ou Barbarie* qui, malgré la scission, sont considérés comme des documents sacrés. C'est comme cela que Marcel Gauchet découvre les articles de Castoriadis sous le nom de Chaulieu ou de Cardan, notamment son fameux article sur les rapports de production en Russie, qu'il considère dès sa lecture comme un texte inaugural : « Il m'en est resté une empreinte très forte car cela a déterminé mes engagements[29]. »

En 1966, le petit groupe de Caen fait venir Castoriadis pour une conférence sur la question de l'impérialisme, et Marcel Gauchet, qui connaît ses écrits et son parcours, le rencontre pour la première fois. Ils discutent après la conférence et Castoriadis l'invite à passer chez lui, mais Gauchet n'ose pas et ne le retrouvera personnellement que plus tard, lorsque avec Marc Richir et Claude Lefort ils relanceront *Textures* en 1972. Le moment majeur de l'itinéraire de Marcel Gauchet se situe en cette année 1966, alors qu'il suit les cours de Lefort à l'université de Caen : « Avec Lefort, j'ai eu la piqûre de rappel sur le plan politique[30]. » Lefort compte beaucoup pour lui, non seulement parce qu'il lui permet de lui éviter « quelques fatales erreurs auxquelles [il n'a] aucun motif particulier d'échapper[31] ». Plus largement, au plan intellectuel, il détermine son orientation et son intérêt pour la philosophie sous son aspect politique : « C'est à lui que je dois cette impulsion[32]. »

Le primat du politique pousse Marcel Gauchet à une véritable boulimie de savoir. Il se lance dans la préparation de trois licences en même temps : en philosophie, en histoire et en sociologie. Cherchant alors à radicaliser sa rupture avec la vulgate marxiste, il considère que Lefort reste trop attaché à Marx, qui représente encore l'essentiel de

28. Marcel Gauchet, entretien avec l'auteur.
29. *Ibid.*
30. *Ibid.*
31. *Ibid.*
32. *Ibid.*

son enseignement. Gauchet n'hésite pas, comme on dit à l'époque, à jeter le bébé avec l'eau du bain, et c'est du côté de l'histoire qu'il voit la possibilité d'une véritable réponse, en pensant à la construction d'« une théorie de l'histoire alternative[33] ». Mai 68 comble de joie Marcel Gauchet, qui voit immédiatement dans ce mouvement l'expression même de ce qu'il pensait depuis un moment : « Je l'ai naturellement vécu dans le bonheur et l'enthousiasme[34]. » Il participe pleinement au mouvement dans sa composante dominante, spontanéiste, et assure la navette régulière entre Caen et Paris, réjoui de l'ébranlement des appareils institutionnels, qu'ils soient gaullistes ou communistes.

Marcel Gauchet doit aussi beaucoup à Castoriadis, qui a une forte influence sur son itinéraire intellectuel[35]. Il le lui exprime avec ferveur dans un courrier envoyé après la publication de *L'Institution imaginaire de la société*, au moment où l'on débat durement la question de savoir si la révolution porte le totalitarisme comme la nuée l'orage. Débat qui va susciter la crise et la rupture avec Marc Richir dans la revue *Textures*.

Autour de Marcel Gauchet, toute une bande d'étudiants de Caen est sur la même longueur d'onde : Marcel Jaeger, Jean-Pierre Le Goff, Paul Yonnet, Pierre Boisard... Entré à l'université de Caen en 1967, Marcel Jaeger suit un cursus de philosophie et crée avec Marcel Gauchet une petite revue, *Philo informe*. Un séminaire fermé, animé par Marcel Gauchet qui prépare un mémoire de maîtrise sur l'ontologie chez Freud, est consacré à Lacan. Se trouvent dans ce petit noyau ceux qui seront les deux animateurs des comités d'action en sociologie en 1968, Paul Yonnet et Pierre Boisard. Ce groupe fait venir Michel Serres et Louis Althusser pour des conférences.

Dans ce milieu contestataire, naît en 1971 l'agence normande de presse *Libération*, qui prend le nom d'APL-Caen, puis APL-Basse-Normandie, dont la dominante est au départ, comme celle du journal national, maoïste et proche de la Gauche prolétarienne (GP), mais ses composantes idéologiquement plurielles suscitent une rupture avec la GP. Ce groupe mène des enquêtes de terrain locales sur des problèmes de société, sur le pouvoir régional, sur les maternités à Caen...

---

33. *Ibid.*
34. *Ibid.*
35. Voir *infra* Annexe I. Marcel Gauchet, lettre à Castoriadis, archives IMEC, 9 avril 1976 ou 1977 (?).

Cherchant à asseoir ses bases théoriques, il prend l'initiative d'inviter Castoriadis à Caen en 1974 et de publier son intervention [36], où figure un historique de SouB, de ses diverses scissions et des enjeux de celles-ci.

Ce travail de publication d'interventions et d'entretiens est systématisé avec la création la même année, en octobre, d'une nouvelle revue, *L'Anti-Mythe*, qui connaît un réel succès avec des tirages évoluant entre 1 000 et 1 500 exemplaires dans les années 1970. Elle se donne pour ambition de sortir d'une certaine schizophrénie qui s'empare du mouvement de contestation durant cette période, où les discours théoriques totalisants et obsolètes continuent de dominer. La volonté de ses animateurs est de se débarrasser d'un certain nombre d'illusions, en prenant en compte l'imaginaire, ce qui rejoint totalement le point de vue de Castoriadis. L'analyse traditionnelle de la crise en termes de simple décalage entre les discours des organisations et les situations traversées « suppose que l'on pourrait s'abstraire de la sphère de la représentation, nier l'existence d'un imaginaire social, prêcher le retour à une virginité perdue [37] ». Cette revue se considère comme un commando d'intervention théorique, à contre-courant des idées reçues, et publie de longs entretiens avec des penseurs hétérodoxes, pour beaucoup issus de l'aventure Socialisme ou Barbarie, comme Lefort, Henri Simon ou Daniel Mothé, ainsi qu'avec l'anthropologue Pierre Clastres, par exemple. Les articles de *L'Anti-Mythes* sont souvent fortement polémiques et s'en prennent parfois violemment à de grandes figures intellectuelles, comme Sartre par exemple : « On était dans une configuration anti-tout et on récupère une pile de numéros de *Socialisme ou Barbarie* [38]. » Vingt numéros paraîtront entre 1974 et 1980.

Cette équipe est rejointe par l'économiste Pierre Dumesnil, qui a lui aussi fait son cursus à l'université de Caen à la fin des années 1960. À son retour du service militaire en 1970, mis en relation par sa compagne, militante maoïste, avec le groupe de l'APL, il intègre le noyau fondateur de *L'Anti-Mythes* : « Castoriadis m'a énormément influencé. J'étais en économie et il y avait un enseignement marxiste pur et dur contre le marginalisme. Lorsque l'on a fait l'entretien avec

---

36. Cornelius CASTORIADIS, « Pourquoi je ne suis plus marxiste », entretien cité ; repris dans Cornelius CASTORIADIS, *Une société à la dérive, op. cit.*, p. 35-83.
37. « La politique impossible », *L'Anti-Mythes*, nº 1, p. 2.
38. Marcel Jaeger, entretien avec l'auteur.

Castoriadis, cela a été fondamental et sa position critique est devenue centrale dans le projet de *L'Anti-Mythes*[39]. » Dans ce commando, un certain François Berthoud assume la responsabilité de directeur de la publication ; juriste à l'époque (il est avocat aujourd'hui), il envoie des lettres d'injures à tout le monde. En ce milieu des années 1970, ce groupe de Caen se nourrit de la revue *Textures*, dans laquelle officient les aînés : Castoriadis, Clastres, Lefort, Gauchet... : « Il y avait une librairie à Caen, tout à fait classique, mais avec une vendeuse très passionnée par les écrits de Gauchet. Elle avait mis en place tout un rayon avec *Textures* et autres publications du même type. Dès que *L'Institution imaginaire de la société* a été annoncée, elle nous a prévenus de sa parution prochaine avec enthousiasme[40]. » Pierre Dumesnil assiste aux séminaires de Castoriadis à l'EHESS du début des années 1980 jusqu'en 1984, date à partir de laquelle son travail à Évry l'empêche de s'y rendre. Il souhaite préparer sous sa direction une thèse consacrée à la question de l'espace social comme espace mesurable, mais la direction de l'École refuse au prétexte qu'il a acquis une formation et des diplômes d'économiste, alors que le séminaire de Castoriadis est en sociologie.

De cette effervescence caennaise naît aussi une nouvelle aventure sous l'impulsion d'Alain Caillé, qui crée en 1982 le *Bulletin du MAUSS*. Par-delà cette revue, placée sous le patronage du maître de la sociologie française Marcel Mauss, se crée le Mouvement antiutilitariste dans les sciences sociales (MAUSS). Parti sur la base de cette polysémie heureuse, ce *Bulletin* reste artisanal et faiblement diffusé (pas plus de 500 lecteurs), défiant souvent par sa pauvreté typographique les règles élémentaires de la lisibilité. Il va pourtant jouer un rôle tout à fait important dans la mise en cause du paradigme utilitariste qui domine les sciences sociales dans les années 1980[41]. Olivier Fressard, qui fera sa thèse sous la direction de Castoriadis, découvre grâce à ce *Bulletin* trouvé dans la librairie anarchiste des Halles, *Parallèles*, l'œuvre de Polanyi, un débat autour des thèses de Louis Dumont, et les suggestions d'un André Gorz en faveur d'une allocation universelle. La revue d'Alain Caillé contribue largement à reposer des questions déjà formulées mais refoulées et totalement

---

39. Pierre Dumesnil, entretien avec l'auteur.
40. *Ibid.*
41. Le *Bulletin du MAUSS* sera édité par La Découverte sous le nom de *Revue du MAUSS* à partir de 1988.

oubliées depuis les écrits de Durkheim, Mauss et Polanyi. Quant au marxisme, Alain Caillé, qui en est issu, lui tourne le dos à partir du milieu des années 1970 : « Je me rappelle très bien un épisode qui m'a marqué. Je faisais mon cours de sociologie à Caen en 1975 et j'essayais encore de dire que l'on peut critiquer Marx, mais de telle ou telle manière... À ce moment-là, un type d'une trentaine d'années, chevelu, que je ne connaissais pas, entre dans la salle, écoute un quart d'heure et lance : "Marx est mort, laisse-le crever !", se lève et s'en va. Pour moi, il a été l'ange exterminateur ou l'ange annonciateur, à la manière de l'ange de Pasolini dans *Théorème*. J'ai terminé mon cours, un peu troublé, et je me suis dit qu'il avait raison [42]. »

Alain Caillé se consacre à faire valoir un autre langage dans les sciences sociales. Face à la raison utilitaire dominante, il oppose la pratique du don selon le schéma de Marcel Mauss, celui du donner/recevoir/rendre, triple rapport finalisé par la nécessité du lien social. L'équipe du MAUSS invite Lefort, dont Alain Caillé a été l'assistant puis le successeur à Caen, à un débat, où Castoriadis est également présent : « Pendant deux ans, Castoriadis m'a pressé de l'inviter à venir débattre avec nous [43]. » Il en résulte une confrontation sur la thématique de la démocratie et du relativisme en décembre 1994 [44]. Ce débat, suscité par de réelles proximités, laisse aussi apparaître des divergences sensibles. La principale est exprimée par Alain Caillé lui-même, qui reprend à son compte la critique que fait Castoriadis de Marx lorsqu'il l'accuse de promouvoir une approche de l'histoire universelle qu'il tire de la seule expérience de l'Europe occidentale. Selon Caillé, Castoriadis est inscrit dans les mêmes contradictions : il se dit porteur d'un projet à dimension universelle, mais étayé sur une expérience historique très singulière et éphémère, celle de la Cité athénienne au Ve siècle avant J.-C., alors que les travaux des anthropologues révèlent des expériences sociales qui se passent de l'État et parfois même se construisent contre son émergence, comme le montre Pierre Clastres chez les Indiens guayakis.

Alain Caillé met en cause, avec d'autres, l'« helléno-centrisme » de Castoriadis : « Cela m'a toujours semblé bizarre, car il semble

---

42. Alain Caillé, entretien avec l'auteur.
43. *Ibid.*
44. Cornelius CASTORIADIS, *Démocratie et relativisme. Débat avec le MAUSS*, Mille et Une Nuits, Paris, 2010. Interviendront dans ce débat, outre Castoriadis et Alain Caillé, Jacques Dewitte, Serge Latouche et Chantal Mouffe.

hyper-relativiste, et finalement ses prises de position sont aussi universalistes que possible [45]. » Castoriadis récuse ces accusations d'hellénocentrisme : « Je ne parle pas de la société grecque exclusivement, je parle du mouvement d'autonomie dans ce segment de l'histoire universelle qu'est le segment gréco-occidental [46]. » Il ajoute, et ne cessera de le répéter, que la Grèce n'est pas conçue comme modèle, mais simplement comme germe d'inspiration pour la construction de la démocratie moderne. Dans ce débat, Castoriadis distingue ce qui relève du pouvoir dans toutes les sociétés, et qu'il appelle *le* politique, de ce qui est au cœur de la confrontation avec l'équipe du MAUSS et qui relève de *la* politique : « L'apport du monde grec et du monde occidental, c'est *la* politique. La politique comme activité collective qui se veut lucide et consciente, et qui met en question les institutions existantes de la société [47]. » Castoriadis a déjà introduit cette distinction, qu'il n'est pas le seul à faire à l'époque, entre « le » et « la » politique, en 1988 à l'occasion d'une contribution publiée dans la *Revue de métaphysique et de morale* [48]. Il rappelle à cette occasion que cette distinction a été opérée par Carl Schmitt en 1928, mais que ce dernier concevait « le » politique dans un sens étroit, alors que l'on assiste depuis les années 1970 à une dilatation du sens du terme jusqu'à lui faire porter l'ensemble des rapports des humains entre eux et avec le monde environnant : « Ce n'est, bien entendu, rien d'autre que ce que j'ai défini depuis 1965 comme l'institution imaginaire de la société et son essentiel dédoublement en instituant et institué [49]. »

La confrontation porte ensuite sur le concept d'indétermination, par lequel Lefort définit la singularité de la démocratie. Castoriadis rappelle sa distance vis-à-vis des thèses lefortiennes : « Ce mot n'est pas le mien, je le récuse. Je parle de création. [...] Au plan ontologique, ce qui définit l'être, ce n'est pas l'indétermination, c'est la création de nouvelles déterminations [50]. » Contrairement à l'idée que l'opacité serait au centre de la réalisation démocratique, Castoriadis considère la démocratie comme la résultante d'une auto-institution consciente.

45. Alain Caillé, entretien avec l'auteur.
46. Cornelius CASTORIADIS, *Démocratie et relativisme*, op. cit., p. 44.
47. *Ibid.*, p. 47.
48. Cornelius CASTORIADIS, « Pouvoir, politique, autonomie », *Revue de métaphysique et de morale*, nº 1, 1988 ; repris dans Cornelius CASTORIADIS, *Le Monde morcelé*, op. cit., p. 137-171.
49. *Ibid.*, p. 153.
50. Cornelius CASTORIADIS, *Démocratie et relativisme*, op. cit., p. 54.

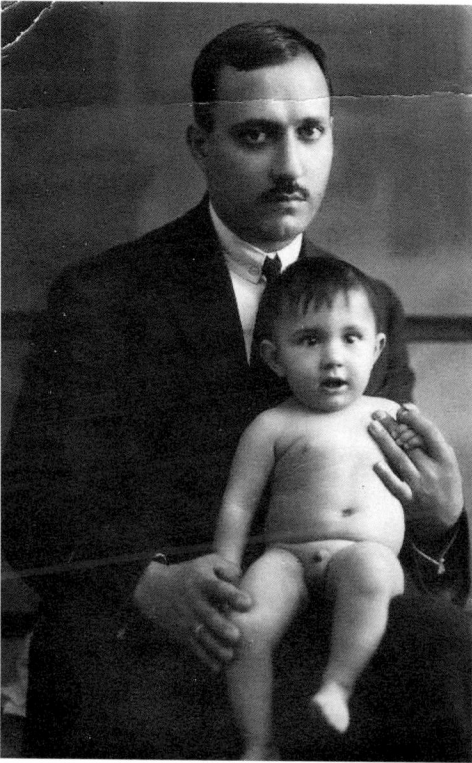

César et Cornelius Castoriadis, 1922

Castoriadis enfant avec sa mère Sofia (à gauche), son père César et une amie de ses parents (à droite), 1930

Castoriadis avec ses parents, années 1930

Photographie de la classe de lycée de Castoriadis en Grèce (Castoriadis se trouve au centre en haut. Il porte des lunettes, un pull foncé et tient son manteau à la main), années 1930

La première compagne de Castoriadis en France, mère de sa fille Sparta, Rilka Walter (à gauche), et une camarade trotskiste américaine, Ria Stone (à droite), vers 1947-1948

Rilka Walter et Castoriadis sur le balcon de leur appartement, vers 1947-1948

Castoriadis et Rilka Walter, vers 1947-1948

Castoriadis et Rilka Walter, 2 août 1949

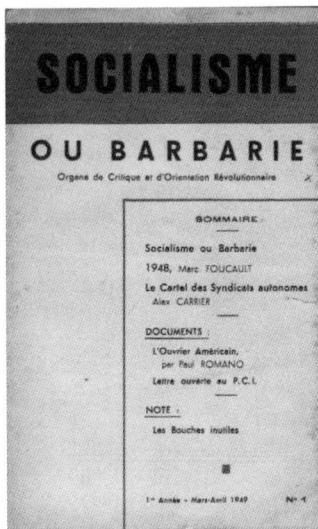

Couverture du premier numéro
de *Socialisme ou Barbarie*, 1949

Jean-François Lyotard

Claude Lefort
© DR

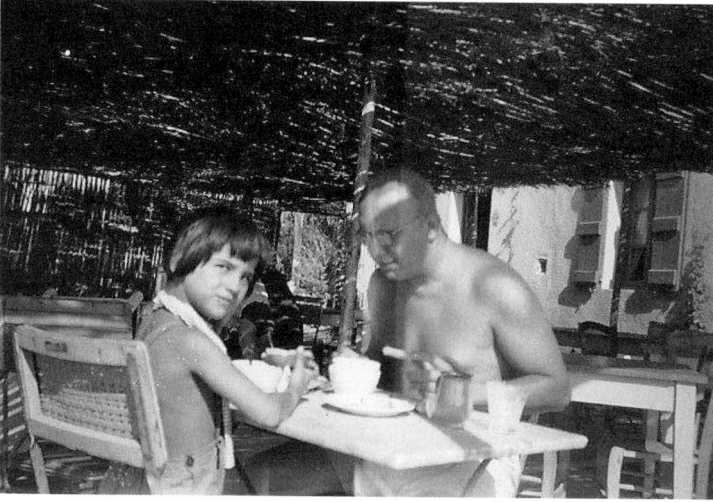

Castoriadis et sa fille Sparta, près
de Saint-Tropez, à Bonneterrasse,
en 1954

Castoriadis et Catherine May à Courdimanche, dans le jardin de la
maison de campagne des parents de cette dernière, vers 1959. Ils se
marieront en 1960 et vivront ensemble durant trois ans

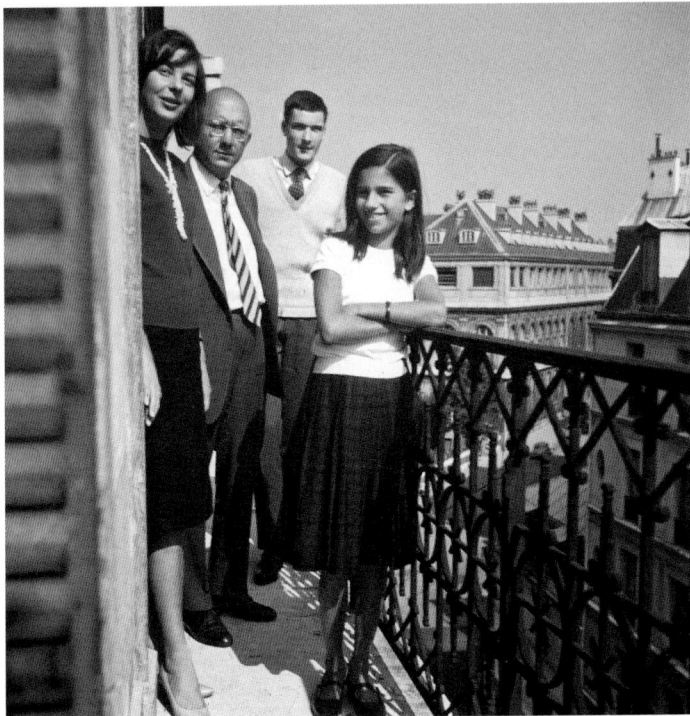

Castoriadis, sa fille Sparta, Catherine May et son frère, sur le balcon de l'appartement des parents de ces derniers, rue Joseph-Bara (dans le VIe arrondissement de Paris), vers 1960

Castoriadis en Grèce, sur la petite île de Kimolos, voisine de Milos, dans les Cyclades, en 1960. Photo prise par Catherine May

Daniel Mothé, ouvrier chez Renault,
militant de Socialisme ou Barbarie,
vers 1960. Il deviendra sociologue
du monde ouvrier

Kenizé Mourad,
compagne de
Castoriadis
au milieu des
années 1960

Piera Aulagnier,
psychanalyste,
cofondatrice du
Quatrième Groupe,
a épousé Castoriadis
en 1968 et vivra avec
lui jusqu'en 1977

Castoriadis

Castoriadis à Léonidion, en Grèce

Couverture de l'édition originale de *L'Institution imaginaire de la société* (Le Seuil), 1975

Mariage de Castoriadis et de Zoé Christophidès (Edgar Morin à l'arrière-plan), 1978

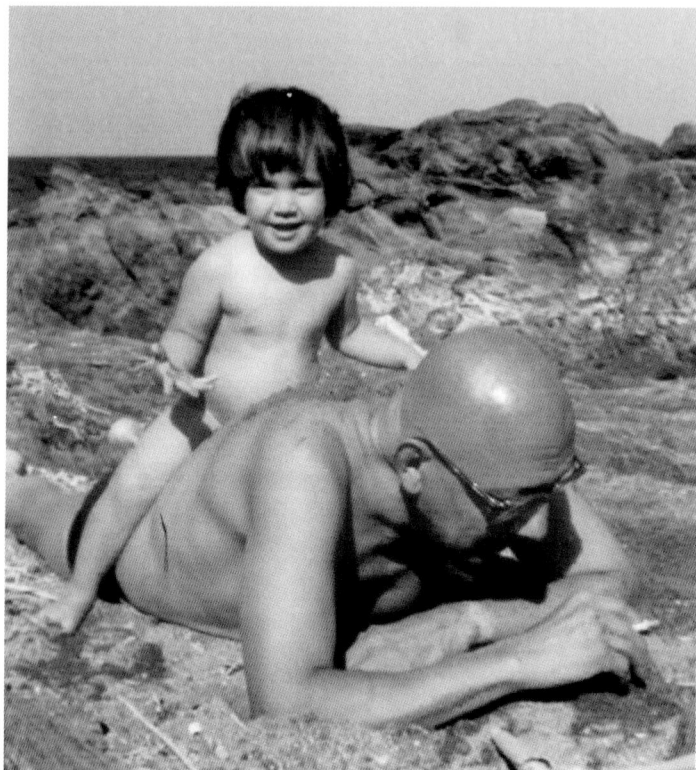

Castoriadis et sa fille Cybèle à la plage en Grèce, sur l'île de Tinos

Castoriadis, son épouse Zoé et leur fille Cybèle, en Grèce, sur l'île de Tinos

Castoriadis jouant du piano chez lui, rue de l'Alboni, dans le XVIᵉ arrondissement de Paris

Castoriadis et Edgar Morin

Castoriadis au bois de Boulogne avec sa fille Sparta (en blanc),
sa petite-fille Sonia (fille de Sparta), et sa fille Cybèle (en blanc), en 1985

Castoriadis, 1990

Castoriadis à son bureau, rue de l'Alboni

Colloque de Cerisy consacré à Castoriadis, 1990
© Archives Pontigny-Cerisy

1. Cybèle CASTORIADIS
2. Catherine de GANDILLAC
3. Stella SPANTIDAKIS
4. Béatrice COMPAIN
5. Anne RAYNAUD et Julie
6. Mme COLOMBO
7. Christian DESCAMPS
8. Eugène ENRIQUEZ
9. Rilka WALTER
10. Cornelius CASTORIADIS
11. Zoé CASTORIADIS
12. Gilbert KAHN
13. Joëlle BRAUD- AELSAUX
14. Chantal BEGAUD
15. Eduardo COLOMBO
16. Fabio CIARAMELLI
17. Zarir MERAT
18. Mme ROBERTSON
19. Teresa CARRETEIRO
20. Non identifié
20 *bis.* Marie-Claire CÉLÉRIER
21. Maurice de GANDILLAC
22. René BARBIER
23. Didier NORDON
24. Pierre DUMESNIL
25. Patrice LEBLANC
26. Nicos ILIOPOULOS
27. Marie-Nicole GAGNON-L'HEUREUX
28. Paul LENTOUDIS
29. Anne SIMMONET
30. Brigitte MOURET
31. Christopher PALLIS

32. Lily AUCLAIR
33. Vincent DESCOMBES
34. Constantin SPANTIDAKIS
35. Claude ORSONI
36. Non identifié
37. Gabriel GAGNON
38. Paul THIBAUD
39. Philippe RAYNAUD
40. Léon ROUDIEZ
40 *bis.* Non identifié
40 *ter.* Robert CASTEL
41. Gervais STHOREZ
42. Ramin JAHANBEGLOO
43. Daniel HELLE
44. David CURTIS
45. Jacqueline ROUDIEZ
46. Hinrich KOHLER
47. Jacques DUPRÉ
48. Luc BUREAU
49. Michel GUINLE
50. Michel PETIT
51. Mikko KEINÄNEN
52. Gaston GUILHAUME
53. Hans FURTH
54. Olivier THARREAU
55. Jacques SCHOTTE
56. Catherine GUINLE
57. Fernando BASURTO
58. Nicolas PIQUE
59. Jeanne PALLIS
60. François LOGET
61. Athena MIRASYESIS

Cornelius Castoriadis, Cybèle Castoriadis, Sonia (la fille de Sparta), Rilka Walter, Zoé Castoriadis, Dominique Walter et Sparta Castoriadis, Noël 1994

Castoriadis

Alain Caillé fait aussi réagir Castoriadis à propos des thèses de Jean Baechler sur la naturalité de la démocratie [51] : « Je suis tout à fait en désaccord avec les thèses de Baechler que je considère comme complètement farfelues. [...] Je crois qu'il y a une pente naturelle des sociétés humaines vers l'hétéronomie, pas vers la démocratie [52]. » Un autre questionnement interroge le rapport établi par Castoriadis entre la démocratie directe qu'il repère dans la Grèce antique et la démocratie représentative moderne. Il y répond de manière catégorique : « À mes yeux, il n'y a de démocratie que directe. Une démocratie représentative n'est pas une démocratie, et là-dessus je suis d'accord non pas avec Marx mais avec, entre autres, Rousseau [53]. »

Sur cette question majeure de l'universalisme et du relativisme, Castoriadis se situe dans une position médiane. En valorisant l'exemple grec et en le poussant au bout par le biais d'une véritable érudition, il ne vise pas à l'ériger au rang de modèle, il entend le connecter à une vision universelle de la marche de l'humanité, pensant ainsi ensemble les deux pôles sans les rabattre l'un sur l'autre. Il s'en explique encore en 1996 : « Je m'étonne aussi de la manière dont l'universel se réalise dans le particulier et cela s'est toujours passé comme cela. Ce sont des individus créateurs qui ont incarné l'universel de l'art. Ce sont des peuples singuliers qui ont fait advenir de l'universel, ce qui ne veut pas dire qu'ils soient supérieurs et doivent mépriser les autres. Chaque fois, ceux qui cherchent à s'exprimer trouvent un porte-voix [54]. »

Dans ce cercle de Caen se trouve aussi Jean-Pierre Le Goff, inscrit en 1967 comme étudiant en philosophie, venant du fin fond de la Normandie rurale, de La Hague-Cotentin. Mis à la porte de son école catholique, il est de toutes les manifestations et rejoint Marcel Gauchet, Paul Yonnet, Pierre Boisard, Marcel Jaeger, une sacrée bande d'agitateurs prompts à barricader la faculté et à se porter au-devant des affrontements : « Il y avait un fou qui s'appelait Sarciat. On n'avait peur de rien avec lui tant il savait cogner. Il finira par braquer Lacan et écopera de trois ans ferme [55]. » Jean-Pierre Le Goff passe un oral avec Alain Caillé, qui lui propose comme sujet, puisqu'il

51. Jean BAECHLER, *Démocraties*, Calmann-Lévy, Paris, 1985.
52. Cornelius CASTORIADIS, *Démocratie et relativisme*, *op. cit.*, p. 86-87.
53. *Ibid.*, p. 98.
54. Castoriadis, « Club de la presse », France Culture, entretien cité.
55. Jean-Pierre Le Goff, entretien avec l'auteur.

est militant, *L'État et la Révolution*, de Lénine. Il participe aussi à ces petits séminaires de lecture impulsés par Lefort et Gauchet sur *Malaise dans la civilisation* ou les *Manuscrits de 44* : « On est entrés dans une logique dans laquelle se mêlaient une forme de théoricisme et une volonté d'arrêter les cours. Intervenant au nom de la linguistique, de la psychanalyse, on travaillait comme des dingues[56]. » Jean-Pierre Le Goff, qui en conservera une exigence intellectuelle, une rigueur et un souci de se reporter aux textes, est pour l'heure poussé par le désir de vivre pleinement une aventure existentielle dans le mouvement en cours. Il rentre dans le petit groupe de maos-spontex VLR (Vive la Révolution) pour en découdre avec les fascistes et la police. Après l'autodissolution du groupe, il se retrouve à Front rouge et part pour Dunkerque avec l'idée d'y gagner les bastions ouvriers à la cause maoïste. Il monte dans le petit appareil de son organisation, rejoint Paris et cumule son existence de militant avec la reprise de ses études et de la recherche. En 1980, il s'inscrit en DEA de philosophie politique à la Sorbonne, à Paris 1, pour travailler sur le concept de totalitarisme chez Lefort : « J'ai alors renoué avec une passion déniée et je me suis re-cultivé. Dans la foulée, j'ai créé le club Politique autrement[57]. » L'objectif de Jean-Pierre Le Goff est de réussir un travail de reconstruction intellectuelle en se désengageant d'un comportement qu'il juge sévèrement à distance comme totalitaire, fanatique[58] : « On a fait autour de 1980 un travail sur *L'Institution imaginaire de la société*. J'ai une dette envers Lefort et Castoriadis, ils ont été des éléments clés d'un désenclavement de l'imaginaire totalitaire, me permettant de redevenir libre, autonome[59]. »

---

56. *Ibid.*

57. *Ibid.*

58. Dans l'évolution de Jean-Pierre Le Goff, la rencontre avec les anciens de la revue *Esprit*, Jean Conilh, Jean-Marie Domenach et Paul Ricœur, joue un grand rôle. L'idée de son Club est de maintenir une réflexion politique autonome, en dehors du champ institutionnel, exigeant et s'efforçant de faire le pont entre le savoir savant et des praticiens, en recrutant des gens qui ne sont pas des intellectuels professionnels selon les principes et les idéaux premiers d'éducation populaire d'avant 1914.

59. Jean-Pierre Le Goff, entretien avec l'auteur.

12

L'après-68 : l'imaginaire au pouvoir

Malgré son intervention au cœur même du mouvement de Mai, Castoriadis n'a pas estimé que le changement d'époque justifiait la résurrection de Socialisme ou Barbarie. Quelque peu isolé au plan politique dans l'immédiat après-68, et toujours aussi absent de la scène intellectuelle, il tente un rapprochement avec Jacques Derrida qui ne va pas aller au-delà de quelques échanges épistolaires. Cette tentative est d'autant plus exceptionnelle que Castoriadis reste alors à l'écart des philosophes en vue, qu'il ne perçoit pas comme des partenaires, comme Foucault ou Deleuze par exemple, pourtant pas si éloignés de sa posture critique. À cette date, Derrida n'est pas encore un des maîtres-penseurs de la période, mais il vient de publier deux ouvrages qui ont un grand retentissement [1]. Derrida s'y attaque à la vision occidentalocentrée de la philosophie et focalise l'intérêt de la philosophie moderne sur le langage, tout en critiquant le paradigme dominant qu'est alors le structuralisme. Il s'engage dans un programme de déconstruction qui se veut à la fois destruction des évidences et création de nouveau. Sa perspective déborde les frontières disciplinaires et il travaille essentiellement sur les limites, renouant avec les logiques diachroniques, dans une prise en compte de la temporalité, évacuée du paradigme structuraliste, notamment grâce à son concept de « différance » qui signifie à la fois non-identité et

1. Jacques DERRIDA, *De la grammatologie*, Minuit, Paris, 1967 ; et *L'Écriture et la Différence*, Minuit, Paris, 1967.

différence dans le temps. Sensible à cette tentative d'inflexion radicale des certitudes structurales du moment, qui valorisaient jusque-là les logiques binaires et synchroniques, Castoriadis écrit en 1969 une lettre à Derrida témoignant de son désir d'entamer un dialogue avec lui[2]. Mais cette amorce restera sans lendemain, sans doute parce qu'ils appartiennent l'un et l'autre à deux galaxies totalement différentes.

Avant même l'explosion de Mai 68 à Paris, une poignée d'étudiants belges crée en mars une nouvelle revue à Bruxelles, *Textures*, qui se donne une ambition révolutionnaire, plus esthétique et philosophique que politique. La cheville ouvrière de cette revue est constituée par les frères Richir, Marc et Luc[3]. Leur figure de proue est le critique d'art et phénoménologue Max Loreau, secrétaire de Dubuffet. La revue s'en prend avec véhémence à la tradition et affiche le projet de réouvrir la production textuelle à un tout nouveau regard : « Nous abandonnons l'interprétation pour la CULTURE, qui doit s'efforcer de ressaisir dans le vif du tissu textuel, ce qui du texte constitue le mouvement, les articulations, les reprises, les ratures, laissant parler le discours en le prenant à la LETTRE, lui accordant une attention délibérément flottante[4]. » Penser l'écriture comme effraction, violence d'irruption, explosion opaque et irréductible à toute récupération, tel est le dessein de ces étudiants contestataires sur le front de l'expression artistique et culturelle.

En 1971, Marc Richir rencontre à Paris Marcel Gauchet et ils élaborent un projet commun qui inclut Lefort. Ce dernier suggérant d'intégrer Castoriadis à la nouvelle équipe, Marcel Gauchet lui écrit pour le solliciter et lui présenter les bases philosophiques de cette nouvelle aventure : « La distance que nous avons prise avec toute espèce d'idéologie moderniste, la conviction que nous avons en particulier trouvée en travaillant les derniers écrits de Merleau Ponty, de ce qu'un immense effort d'élaboration philosophique restait à accomplir, nous ont déjà conduits à souhaiter acquérir les concours qui nous mettraient mieux en mesure de soutenir ces exigences. Ainsi nous avons obtenu ceux de Max Loreau et de Claude Lefort. Mais ce que je dois pour ma part à la lecture de vos travaux, qu'ils concernent la politique,

---

2. Voir *infra* annexe II. Lettre de Castoriadis à Jacques Derrida, archives IMEC, 27 août 1969.

3. Le comité de rédaction du numéro 1 de la revue *Textures* est composé de Jacques Dewitte, Michel Ghende, Robert Legros, Marcel Paquet, Luc Richir, Marc Richir et Marcel Theys.

4. *Textures*, n° 1, printemps 1968, p. 2.

la psychanalyse, ou l'épistémologie, le langage, dans ce mouvement qui m'a éloigné de la complaisance où je me tenais à l'égard de ceux que vous nommez "penseurs hebdomadaires", m'assure de la proximité de nos préoccupations et me convainc de ce que votre apport serait essentiel à l'entreprise qui s'amorce. Je crois d'ailleurs parfois lire, en ce sens, les textes que vous avez livrés jusqu'à présent comme autant de préliminaires. Leur portée destructrice est telle qu'ils suscitent l'attente, qu'ils tournent vers un futur et dessinent en creux une œuvre toute nouvelle. [...] [5]. »

Castoriadis répond présent et rejoint *Textures*, qui prend de ce fait une orientation plus politique. Marcel Gauchet exprime toute sa satisfaction de recevoir le concours de Castoriadis dans cette nouvelle entreprise : « J'ai éprouvé un profond plaisir en lisant votre lettre, et je ne saurais vous en remercier assez chaleureusement. C'est bien peu vous dire que je suis très heureux de ce que vous acceptiez de nous apporter votre concours, et de vous joindre à l'entreprise que nous ambitionnons de poursuivre au travers de *Textures*. Qu'elle vienne à faire sens pour vous, quelle meilleure assurance trouver de ce que nous ne bataillons pas en vain ? [...] J'attends beaucoup de votre apport. Rarement je puis autant ressentir que la véritable audace de la pensée consiste à se détourner du mirage de la prétendue nouveauté radicale du présent. Si *Textures* doit être un véritable instrument d'intervention historique d'approfondissement et de découverte au meilleur sens du terme, je ne doute pas qu'une part essentielle vous en sera due [6]. »

Max Loreau quitte l'équipe rédactionnelle assez vite, car elle prend un tour trop politique pour lui. Un certain nombre d'animateurs belges quitteront eux aussi la revue, dont l'épicentre se déplacera progressivement vers Paris, même si en 1972 l'équilibre numérique est encore préservé entre les deux composantes [7]. La revue poursuit sa numérotation, change de maquette, et le noyau restreint qui l'anime vraiment est peu à peu constitué par un groupe des quatre composé de Marc Richir, Marcel Gauchet, Cornelius Castoriadis et Claude Lefort. Les réunions se tenant une fois par mois à Paris, le centre de gravité devient de plus en plus parisien. Peu après, Miguel Abensour intégrera

---

5. Marcel Gauchet, lettre à Cornelius Castoriadis, archives IMEC, 16 novembre 1971.
6. Marcel Gauchet, lettre à Cornelius Castoriadis, archives IMEC, 5 décembre 1971.
7. Le comité de rédaction en 1972 est composé de Cornelius Castoriadis, Marcel Gauchet, Jacques Lambinet, Claude Lefort, Robert Legros et Marc Richir.

cette équipe, renforçant encore le pôle parisien et venant compenser des défections côté bruxellois : « Je suis arrivé à *Textures* de la manière suivante. Quand j'ai écrit un texte sur "Le destin de l'utopie", je l'ai proposé aux *Temps modernes*. J'ai su après que la grande prêtresse, Simone de Beauvoir, avait dit que c'était trop universitaire. Il a été pris tout de suite par *Textures*, mais, trop long, il est paru en deux livraisons. Gauchet et Richir m'ont proposé de rejoindre le groupe et de venir à une réunion. Et à la première réunion j'ai assisté à une engueulade terrible entre Lefort et Castoriadis : "Comment tu penses ça ? Mais si c'est ça, je ne veux pas discuter davantage avec toi." Au point qu'au sortir de la réunion, Richir et Gauchet se sont excusés auprès de moi : "On est désolés" [8]. » Plus tard viendra s'adjoindre au groupe un anthropologue pour lequel tous ont la plus grande estime, Pierre Clastres, dont Miguel Abensour et Marcel Gauchet suivent les cours.

Lors des réunions du comité de rédaction où sont discutés les sommaires des numéros à venir, des joutes mémorables ont lieu entre les deux complices qui s'entendent comme chien et chat, Lefort et Castoriadis : « Une fois, ils se sont écharpés sur le fait de savoir si Charlemagne savait lire ou pas avait une importance au plan social-historique. Pour Corneille, c'était essentiel, alors que Lefort affirmait que l'on n'en avait rien à faire. Gauchet, Abensour et moi, on était au spectacle, hilares [9]. » *Textures*, qui sera publiée jusqu'en 1976, a un tirage moyen de 1 000 exemplaires mais n'en vend effectivement que 300 à 400. Le caractère artisanal de sa fabrication et de sa diffusion ne lui aura pas permis de bénéficier d'un nombre suffisant d'abonnements pour assurer un fonds de roulement : « On distribuait nous-mêmes. J'avais ma voiture et j'allais déposer les numéros avec Marcel Gauchet. On sillonnait Paris et Bruxelles, où on n'était présents que dans deux librairies [10]. » Cela a fonctionné surtout comme un petit noyau de sociabilité chaleureux : « On commençait toujours les réunions par un tour d'horizon sur l'actualité, et cela donnait lieu à des parties de rigolade incroyables [11]. »

Marcel Gauchet conserve lui aussi un souvenir agréable de ces moments de travail collectif dans lesquels Castoriadis accepte

---

8. Miguel Abensour, entretien avec l'auteur.
9. Marc Richir, entretien avec l'auteur.
10. *Ibid.*
11. *Ibid.*

davantage qu'il ne l'a fait précédemment la pluralité des points de vue. Alors disciple de Lefort, Marcel Gauchet se sent plus éloigné des positions défendues par Castoriadis, mais il apprécie l'homme, qui le repose des foucades de Lefort, lequel ne cesse de récriminer et de transformer le moindre désaccord en psychodrame, explosant dans des colères mémorables : « Lefort dans une revue était infernal, alors que Castoriadis était un modèle d'humanité, un homme parfait dans le fonctionnement collectif. Il avait la tripe démocratique, une attention permanente à autrui qui faisait que le travail avec lui était délicieux. C'est un des hommes les plus sympathiques que j'ai rencontrés de ma vie [12]. » Marcel Gauchet continue par ailleurs à suivre de très près les écrits de Castoriadis, même s'il en discute parfois les thèses, comme à propos de la césure qu'il juge trop poussée dans la manière de présenter ce qu'a été le germe grec de la démocratie [13].

C'est dans cette petite revue, *Textures,* que Castoriadis publie en 1975 un article fondamental [14]. Dans son analyse de la notion de valeur travail, on perçoit une forte influence de la phénoménologie, qui fait suite à la longue étude consacrée à Merleau-Ponty en 1971 [15] : « Passer de cette diversité phénoménale à l'unité de la Substance/ Essence Travail requiert de multiples opérations de *réduction* (dans tous les sens du terme) [16]. » Procédant à ce que Husserl appelle la réduction eidétique, il en signale tout de suite les limites, car celle-ci ne vient pas vraiment à bout de l'énigme qui ne fait que se démultiplier. Dans ce nouvel article, Castoriadis rappelle la pierre angulaire de la théorie de Marx selon laquelle la force de travail est une marchandise comme une autre, et qu'il considère comme erronée : pour lui, ceux qui la possèdent ne peuvent en disposer selon leurs seules considérations de rentabilité. Marx, faisant fonctionner la valeur travail comme essence, a tendance à la déshistoriciser. S'il saisit bien la nature du capitalisme en tant que nouveau système de production, il

---

12. Marcel Gauchet, entretien avec l'auteur.

13. Voir *infra* annexe III. Marcel Gauchet, lettre à Castoriadis, 3 juin, année non précisée, sans doute 1975.

14. Cornelius CASTORIADIS, « Valeur, égalité, justice, politique. De Marx à Aristote et d'Aristote à nous », *Textures,* n° 12-13, 1975 ; repris dans Cornelius CASTORIADIS, *Les Carrefours du labyrinthe,* t. I, *op. cit.,* p. 325-413.

15. Cornelius CASTORIADIS, « Le dicible et l'indicible. Hommage à Maurice Merleau-Ponty », *L'Arc,* numéro spécial « Merleau-Ponty », 1971 ; repris dans Cornelius CASTORIADIS, *Les Carrefours du labyrinthe, ibid.,* p. 161-189.

16. Cornelius CASTORIADIS, « Valeur, égalité, justice, politique. De Marx à Aristote et d'Aristote à nous », *loc. cit.,* p. 334.

réintroduit son usage de l'essence de la valeur en considérant que ce système ne fait qu'avérer ce qui était déjà là dans l'humanité, la révélant à elle-même.

Selon Castoriadis, Marx a souligné que le génie d'Aristote avait été d'entrevoir dans la valeur de la marchandise un rapport d'égalité/identité. Aristote avait noté que « les individus (donc aussi leurs travaux et finalement leurs produits) sont "tout autres et non égaux" et qu'il "faut les égaliser" pour qu'il puisse y avoir échange et société. Cette égalisation est l'œuvre du *nomos*, de la loi, de l'institution social-historique [17] ». Si Aristote a découvert l'économie et ses lois, comme l'a bien perçu Marx, et comme l'a encore souligné Karl Polanyi dans un article qui s'intitule justement « Aristote découvre l'économie [18] », il n'en a pas pour autant mis l'économie au poste de commande de la subordination de la société. Pour lui, le niveau dominant se situe dans le politique : « C'est à la politique que sont subordonnés les pouvoir-faire les plus précieux [19]. » La pensée aristotélicienne ne cesse de se situer à l'articulation de la *physis*, la nature, et du *nomos*, la loi. La tension résultant de ces deux pôles ne pouvant jamais être surmontée, c'est dans la sphère de la justice que cette articulation est possible ; et Aristote de distinguer la justice distributive et la justice corrective, l'une et l'autre étant animées par l'idée de l'égalité. Lorsque Marx reprend, vingt-cinq siècles plus tard, la question de savoir ce qu'est une distribution juste et équitable, il s'approprie le point de vue d'Aristote dans *L'Éthique à Nicomaque*. Paradoxalement, il en gomme la dimension essentielle, qui permet de savoir quels sont les capacités et les besoins que la société doit créer et dont Aristote ne cesse de parler : la *paideia*, c'est-à-dire l'éducation des individus pour les intégrer dans la communauté, qu'Aristote assimile à la justice totale, « autrement dit, encore une fois, la question de la *politique*[20] ».

Castoriadis achève sa réflexion sur le constat d'un angle mort commun à Aristote et à Marx ainsi qu'à l'ensemble de ce qu'il appelle la « pensée héritée », à savoir la question de l'institution et la prise en compte du social-historique comme roc irréductible au champ du connaissable antérieur, présupposant de « briser le cadre logique

17. *Ibid.*, p. 350.

18. Karl POLANYI, « Aristote découvre l'économie », dans Michèle CANGIANI et Jérôme MAUCOURANT, *Essais de Karl Polanyi*, Le Seuil, Paris, 2002.

19. Cornelius CASTORIADIS, « Valeur, égalité, justice, politique. De Marx à Aristote et d'Aristote à nous », *loc. cit.*, p. 353.

20. *Ibid.*, p. 399.

ontologique hérité[21] ». Au cœur de la philosophie de Castoriadis se trouve la question de la *praxis*, notion déjà au centre de la philosophie d'Aristote : « Au livre VI de *L'Éthique à Nicomaque*, Aristote distingue en effet plusieurs formes de l'action renvoyant à différentes parties de l'âme, la partie rationnelle et la partie irrationnelle. La partie rationnelle est elle-même divisée en deux : une partie connaissante ou théorétique et une partie calculatrice ou délibératrice[22]. » Castoriadis conserve la distinction aristotélicienne entre *praxis* et *poïesis*, tout en renouvelant la notion de *praxis* tant dans l'acception aristotélicienne que marxiste du terme : « La conception de la *praxis* que l'on trouve chez Castoriadis interdit toute compréhension technique de la politique et notamment toute description de l'activité politique en termes de moyens et de fins[23]. »

En cette année 1975, la publication de *L'Archipel du Goulag* est un choc pour beaucoup, même si pour Castoriadis et pour le groupe de la revue *Textures* il ne s'agit pas en soi d'une révélation. La revue prend néanmoins la mesure de l'événement. Lefort consacre un article à Soljenitsyne, et Pierre Clastres à Martchenko[24]. La revue *Esprit* et un cercle d'émigrés des démocraties populaires organisent une réunion sur le thème « Révolution et totalitarisme », à laquelle participent, entre autres, François Furet et Marc Richir, dont les interventions convergent pour dénoncer l'illusion révolutionnaire, qui conduit inéluctablement au désastre.

L'intervention de Marc Richir stigmatisant l'« aporie révolutionnaire[25] » suscite de sérieux remous parmi les membres de la revue. Richir affirme en effet que le rabattement de la société sur elle-même est la matrice du totalitarisme, et que cette tentation remonterait à la Révolution française et se serait poursuivie dans l'utopie socialiste : « Il apparaît que *toute* révolution, *pour autant* qu'elle vise à réaliser et à incarner la transcendance pratique, et *dans la mesure où* elle se donne les moyens de la *force* (la guerre civile, la dictature, le terrorisme idéologique et moral), conduit inéluctablement, par ce court-circuit même, à cette insaisissable dualité qui est l'énigme instituante de l'État

---

21. *Ibid.*, p. 411.
22. Philippe CAUMIÈRES et Arnaud TOMÈS, *Cornelius Castoriadis. Réinventer la politique après Marx*, PUF, Paris, 2011, p. 114.
23. *Ibid.*, p. 120.
24. *Textures*, n° 10-11, 1975.
25. Marc RICHIR, « L'aporie révolutionnaire », *Esprit*, n° 9, septembre 1976, p. 179-186.

totalitaire, ou ce que nous nommerons l'*aporie révolutionnaire*[26]. » Ce texte suscite un si profond malaise qu'il marque le début de la fin de l'aventure. Castoriadis exprime à Marc Richir son désaccord : « Il est certain que votre dernier texte a créé pour moi – et pour les autres membres parisiens du comité de rédaction – des problèmes extrêmement graves. Pour ma part, j'envisageais avec un pessimisme profond l'avenir même de la revue, trouvant peu probable que la collaboration des uns et des autres puisse être maintenue après un deuxième choc de cette nature. [...] Quatre membres parisiens du comité se sont trouvés d'accord pour considérer que vos deux derniers textes soulevaient des problèmes graves. [...] Les conclusions deviennent politiquement tout à fait inacceptables – du moins pour moi[27]. » La position de Marcel Gauchet est encore plus ferme. Pour lui, le point de rupture est dépassé, mais, n'étant pas favorable aux exclusions, il propose sa démission. Marc Richir répond à Castoriadis une lettre qui annonce l'irréversibilité de la rupture[28]. Force est de constater que le travail intellectuel commun est devenu impossible. Peu après cette lettre, le 24 juin 1976, alors que la canicule pèse sur la France, une réunion se tient chez Castoriadis, quai Anatole-France, pour apurer les comptes et liquider la revue. Pour ne pas envenimer une atmosphère déjà lourde, Gauchet a décidé de ne pas être présent, d'autant qu'il vient de refuser un long article de Richir en lui signifiant qu'il relève pour l'essentiel du plagiat : « Le climat de la réunion a été courtois, mais assez froid, ce qui tombait bien en cette chaleur ambiante caniculaire[29]. »

Alors que l'aventure de *Textures* s'achève en 1976, un nouveau pôle d'expression de ce que l'on appellera la deuxième gauche antitotalitaire apparaît avec le courant autogestionnaire au sein de la CFDT et de la tendance rocardienne du Parti socialiste. Pierre Rosanvallon y joue un rôle majeur en tant que conseiller économique du leader de la CFDT, Edmond Maire, et responsable de la revue de l'organisation syndicale, *CFDT-aujourd'hui*, animateur par ailleurs d'une collection de livres militants, « Objectifs ». C'est lui qui demande à Daniel Mothé d'écrire le premier livre de la série, *Les O.S.* À la CFDT, Rosanvallon côtoie Marcel Gonin, ancien ouvrier de la Manufacture

---

26. *Ibid.*, p. 185.
27. Castoriadis, lettre à Marc Richir, archives IMEC, 30 mai 1976.
28. Voir *infra* annexe IV. Marc Richir, lettre à Castoriadis, archives IMEC, 16 juin 1976.
29. Marc Richir, entretien avec l'auteur.

d'armes de Saint-Étienne qui a fréquenté le Cercle Saint-Just où il a fait la connaissance de Lefort et de Castoriadis. C'est lui qui signale à Pierre Rosanvallon un certain Castoriadis, qui vient de publier en 1973-1974 toute une série de livres chez 10/18 : « Marcel Gonin me dit : "Tu devrais le lire." J'en prends connaissance et j'appelle Castoriadis pour lui proposer d'écrire dans la revue de la CFDT et on s'est liés d'amitié[30]. » À l'époque, la CFDT est souvent à l'origine des mouvements sociaux les plus avancés, très présente par exemple à LIP, et se réclame d'un programme autogestionnaire. Castoriadis est ravi d'être de nouveau connecté à un mouvement lié à la dynamique sociale, même s'il ne partage pas sa stratégie réformiste, et accepte volontiers d'écrire des contributions à l'occasion de la parution de dossiers, comme celui sur la hiérarchie[31].

Quant à Rosanvallon, sa lecture de Castoriadis nourrit manifestement ses analyses sur le thème de l'autogestion. Dans un livre qui paraîtra en 1976, il renvoie à *L'Institution imaginaire de la société* pour mieux comprendre la logique de l'institué en tant qu'ordre établi et de l'instituant comme « contestation en train de germer[32] ». L'institution est à comprendre comme la résultante d'incessants compromis entre ces deux pôles. Et le nouvel ouvrage de référence pour le penser n'est autre que celui de Castoriadis, seulement un an après sa parution : « *L'Institution imaginaire de la société* de Castoriadis peut d'ores et déjà être considéré comme un livre fondateur. Il présente une analyse magistrale de la difficulté du marxisme à se saisir de la question du pouvoir et plaide pour une société qui s'auto-institue en s'émancipant des schémas positivistes[33]. »

Depuis la guerre d'Algérie, le trio Morin, Lefort, Castoriadis est animé par la conscience antitotalitaire et le souci de remettre tout à plat pour approfondir l'ambition démocratique. Au début des années 1960, le trio se reconstitue après la rupture entre Castoriadis et Lefort au sein du Cercle Saint-Just, créé par un ami de Lefort, un riche médecin franc-maçon, le docteur Pitchall. Opposé à la guerre

---

30. Pierre Rosanvallon, entretien avec l'auteur.

31. Cornelius CASTORIADIS, « Sur la hiérarchie des salaires et des revenus », *CFDT-Aujourd'hui*, janvier-février 1974, p. 24-33 ; « Autogestion et hiérarchie », écrit en collaboration avec Daniel MOTHÉ, *CFDT-Aujourd'hui*, n° 8, juillet-août 1974 ; repris dans Cornelius CASTORIADIS, *Le Contenu du socialisme*, 10/18, Paris, 1979 ; et dans Cornelius CASTORIADIS, *Quelle démocratie ?*, t. I, *op. cit.*, p. 479-491 et 523-539.

32. Pierre ROSANVALLON, *L'Âge de l'autogestion*, Le Seuil, Paris, 1976, p. 92.

33. *Ibid.*, p. 184.

d'Algérie, ce cercle est d'abord composé de francs-maçons, puis s'ouvre à d'autres intellectuels, dont Lefort, sollicité lors de la première réunion publique consacrée à la révolte du contingent, qui rassemble beaucoup de monde. Pitchall réussit à convaincre Lefort qu'il y a matière à des réunions périodiques pour répondre à un désir d'approfondissement théorique : « Le cercle s'est mis à fonctionner régulièrement ; j'ai amené certains de mes camarades qui avaient été à ILO ; puis, un peu plus tard, j'ai invité Castoriadis, que je ne voyais plus depuis la brouille de 1958 et qui participa activement à cette entreprise. Je proposais de centrer les débats autour du thème de la démocratie, ce qui fut accepté. Il y eut une ou deux discussions publiques sur la démocratie dans la Grèce ancienne, auxquelles ont participé Vernant, Vidal-Naquet, Châtelet, d'ailleurs très intéressantes ; il y eut aussi une discussion sur la Révolution française ; une autre sur la Yougoslavie [...] [34]. » Le Cercle Saint-Just changera ensuite de nom pour devenir le CRESP [35], se consacrant plus spécifiquement à approfondir les bases théoriques de la démocratie.

Dans le trio, les échanges se multiplient et Morin demande plusieurs fois à son ami Castoriadis d'écrire dans *Communications* : « Lefort, Castoriadis et moi-même avions eu, chacun de notre côté, une évolution semblable. Nous avions, à des rythmes différents, mais nous trouvant synchrones à partir de 1962, "provincialisé" et "dépassé" Marx en détectant de plus en plus fortement les insuffisances ou carences de sa pensée [36]. » À la suite de la publication du grand œuvre de Castoriadis, *L'Institution imaginaire de la société*, Edgar Morin lui écrit : « Ne crois pas que j'ai négligé ton opusse. Je me le réservais pour me l'incorporer au stade *ad hoc* de ma rédaction. [...] Je demeure jusqu'à la fin, évaluée mi-novembre, aux pieds de la montagne Sainte-Victoire. C'est un lieu historique où un Gaulois, d'origine thessalienne, nommé Castoriadix, a refoulé les hordes des Althussères et une monstrueuse coalition de marxisses, léninisses et existentialisses. Je te laisse entre le divan et le divin. PS : J'ai vu avec plaisir que l'ami Thibaud s'est castoriadisé ; évolution très positive [37]. »

34. Claude LEFORT, entretien, *L'Anti-Mythes, loc. cit.* ; repris dans Claude LEFORT, *Le Temps présent, op. cit.*, p. 223-260.

35. CRESP : Centre de recherche et d'élaboration sociale et politique.

36. Edgar MORIN, « Mes années Lefort », dans Claude HABIB et Claude MOUCHARD (dir.), *La Démocratie à l'œuvre. Autour de Claude Lefort*, Éditions Esprit, Paris, 1993, p. 366.

37. Edgar Morin, lettre à Castoriadis, archives Castoriadis, 9 octobre 1976.

Outre cette évolution politique commune, les relations entre Morin et Castoriadis sont particulièrement chaleureuses. Ils ont la même curiosité boulimique, transgressant sans cesse les frontières disciplinaires. Ils ont un autre point commun, leur origine, puisque les parents d'Edgar Morin sont de Salonique, des Grecs qui ont dû s'exiler lors du conflit avec la Turquie dans les années 1920 : « Il a versé des larmes quand il a lu le livre sur mon père. On avait aussi une proximité gastronomique. On aimait profondément les mêmes nourritures. Il y avait un côté balkanique de notre nature qui nous rapprochait [38]. » Cela n'empêchait pas quelques petites différences qui pouvaient se transformer en joutes véhémentes. À propos des Turcs par exemple, leur point de vue était différent, tenant à deux histoires dissemblables. D'une part, une famille de juifs sépharades remarquablement accueillie et intégrée dans l'Empire ottoman, et de l'autre une famille de Grecs chassée de la nouvelle Turquie kémaliste : « Moi, j'aime bien les Turcs. C'était une mini-différence, car il en parlait avec le plus grand mépris comme de marchands de tapis [39]. »

Edgar Morin, invite Castoriadis à une rencontre internationale en Italie, dont il est coorganisateur, sur « Le mythe du développement [40] ». La courte contribution de Castoriadis à ce colloque est saluée par Dominique Janicaud [41]. Cette rencontre réunit des chercheurs en sciences sociales venus d'Amérique latine, des États-Unis et d'Europe dans l'objectif d'élucider le débat sur les perspectives du progrès social à l'heure d'un certain épuisement des utopies. Castoriadis en profite pour contester l'idée d'un modèle socialiste, et même de quelque modèle que ce soit : « Il y a une nébuleuse idéologico-imaginaire, avec un seul noyau dur : le pouvoir d'un appareil bureaucratique [42]. »

Lors de la rencontre organisée par Giovanni Busino à Lausanne autour de Castoriadis, Edgar Morin rend un bel hommage à celui

---

38. Edgar Morin, entretien avec l'auteur.

39. *Ibid.*

40. Cornelius CASTORIADIS, « Réflexion sur le développement et la rationalité », dans Candido MENDÈS (dir.), *Le Mythe du développement*, Le Seuil, Paris, 1977, p. 205-240 ; et table ronde avec Lucien Bianco, Cornelius Castoriadis, Jean-Marie Domenach, René Dumont, Juliette Minces et Edgar Morin, repris dans Candido MENDÈS (dir.), *ibid.*, p. 111-140.

41. Dominique JANICAUD, *La Puissance du rationnel*, Gallimard, Paris, 1985.

42. Cornelius CASTORIADIS, « Réflexion sur le développement et la rationalité », *loc. cit.*, p. 118.

qu'il qualifie d'« Aristote en chaleur [43] ». Il salue le courage de cette poignée d'hommes qui se sont levés contre les orthodoxies, ce courant Socialisme ou Barbarie qui a fait figure d'hérésie entre toutes : « À la différence de la plupart des désenchantés, Castoriadis ne retourne pas à la politique "ordinaire", à la science "normale", à la philosophie traditionnelle, c'est-à-dire à l'ancien socle des idées établies [44]. » Morin perçoit un moteur commun à la boulimie intellectuelle de Castoriadis et à celle d'Aristote qui est de penser tout ce qui est pensable : « Mais alors qu'Aristote fixe et classe toutes choses en vertu de la pensée ensembliste-identitaire dont il est le premier et formidable artisan, Castoriadis, lui, est un Aristote en chaleur [45]. » Il le situe du côté du magma, de la créativité en ébullition constante. Edgar Morin envoie à son ami des dédicaces toujours très chaleureuses. *La Méthode*, parue au Seuil en 1977, est accompagnée d'un « Pour Corneille, arbre de la connaissance, sa vieille branche, Edgar », et le volume 2 de la même *Méthode* (*La Vie de la vie*), paru en 1980 de : « À l'aigle de Salonique, à la colombe de l'Attique, qui ont donné *La Vie de la Vie* à Cybèle, avec l'affection d'Edgar. »

Textures ayant disparu, l'opportunité se présente de lancer une nouvelle revue éditée par Jean-Luc Pidoux-Payot aux éditions Payot. Une partie de l'ancienne équipe de *Textures* se retrouve pour prendre en charge *Libre*, dont le premier numéro paraît en 1977, avec comme sous-titre « Politique-anthropologie-philosophie [46] » : « La critique de l'imposture savante ne va pas sans une redécouverte de la question politique. En effet, c'est sur le refus de considérer le fait fondamental de notre époque : le totalitarisme, fasciste ou communiste, que s'établissent les formes avancées du mensonge social. Le désir de vérité ne se sépare pas de la volonté d'une société libre [47]. » Lefort rédige le texte à valeur de manifeste du premier numéro de la revue et y rappelle l'importance que revêt pour cette équipe et son projet le mouvement de Mai 68 : « Fixons ce repère : 1968, il semble que deviennent mieux

---

43. Edgar MORIN, « Un Aristote en chaleur », *Revue européenne de sciences sociales*, décembre 1989, p. 11-15.
44. *Ibid.*, p. 13.
45. *Ibid.*, p. 15.
46. Le comité de rédaction est composé de Miguel Abensour, Cornelius Castoriadis, Pierre Clastres, Marcel Gauchet, Claude Lefort, Maurice Luciani. Le secrétaire de rédaction est Marcel Gauchet.
47. Quatrième de couverture de *Libre*, n° 1.

sensibles certains déplacements de l'idéologie[48]. » *Libre* entend montrer la fécondité d'une pensée politique renaissante. Lefort rappelle dans ce texte liminaire, sans nommer Socialisme ou Barbarie, la matrice de critique du totalitarisme qui est à la source du projet intellectuel de cette revue au titre évocateur : « Tout incite à interroger la genèse de notre propre société en regard de cet événement sans précédent que constitue la naissance du totalitarisme[49]. » À partir de cet événement traumatique, il convient de redonner une épaisseur à la fois historique et anthropologique à la pensée du social, à la réflexivité sur le présent. L'interrogation sur l'institution du social ou sur le social-historique, comme l'appelle Castoriadis, passe par un décentrement de l'Occident, tel que le réalise Pierre Clastres, au cœur du dispositif intellectuel de *Libre*. Auteur d'une étude qui fait date sur les Indiens guayakis du Paraguay et d'un ouvrage sur *La Société contre l'État*, il a montré qu'une société peut se passer d'État et même construire le lien social contre son institutionnalisation[50]. Au-delà des frontières civilisationnelles, ce qui fonde l'unité du projet, selon Lefort, est son horizon philosophique : « Qu'est-ce qu'une interrogation sans frontières, sinon l'interrogation philosophique[51] ? »

La disparition de Pierre Clastres dans un accident de voiture frappe cette nouvelle aventure de plein fouet un certain 29 juillet 1977. Marcel Gauchet propose alors à Krzysztof Pomian de rejoindre *Libre*. Historien d'origine polonaise, déporté avec sa famille en Sibérie où il a passé sa jeunesse, il est marqué par l'expérience totalitaire. Il a enseigné à l'université de Varsovie à son retour en Pologne, mais, privé de son poste en 1968, il gagne la France comme terre d'asile en 1973. Pomian connaît Lefort, qu'il est allé écouter en 1956, alors qu'il était étudiant, à l'occasion de son voyage à Varsovie. Parmi les quelques articles de *Socialisme ou Barbarie* qu'il a pu se procurer, il n'a jamais croisé la signature de Castoriadis, mais celle des énigmatiques Chaulieu et Cardan, et n'a pas vraiment identifié Castoriadis avant que René Thom ne lui parle de *L'Institution imaginaire de la société* en 1975. Et il ne fait vraiment la connaissance de Castoriadis qu'en entrant à *Libre* : « Il avait une culture encyclopédique et chez lui

---

48. Claude Lefort, « Maintenant », *Libre*, n° 1, 1977, p. 3.
49. *Ibid.*, p. 22.
50. Pierre Clastres, *Chronique des Indiens Guayaki*, Plon, « Terre Humaine », Paris, 1972 ; et dans Pierre Clastres, *La Société contre l'État*, Minuit, Paris, 1974.
51. Claude Lefort, « Maintenant », *loc. cit.*, p. 26.

quelque chose me frappait, c'est un authentique philosophe, quelqu'un qui pense en philosophe, philosophiquement et non en commentateur de textes comme un professeur de philosophie à la française [52]. »

Pomian voit une composante bergsonienne dans l'élan créatif que préconise Castoriadis, élan qui va de pair avec un rationalisme d'origine grecque, une pensée philosophique fondée sur la croyance en une intelligibilité fondamentale de l'Être, une sorte de commune mesure entre l'intellect et le monde environnant, que ce soit le monde naturel ou le monde social. Cette croyance peut prendre à l'occasion une allure particulièrement véhémente : « C'est chez lui une question de tempérament. C'était un taureau. Dès qu'il voyait une *muleta* rouge, il fonçait, même dans les conversations les plus amicales [53]. » Castoriadis exerce son art polémique dans la revue *Libre* en s'en prenant frontalement au courant althussérien [54], qu'il situe dans la continuité des manœuvres de dénégation du stalinisme et du néostalinisme ; lesquelles ont commencé par nier la véracité des faits pour s'ouvrir, avec l'offre althussérienne, une nouvelle possibilité de diversion invitant à délaisser la triste et vulgaire factualité pour se plonger avec délectation dans *Lire le Capital*. À la fin des années 1970, selon Castoriadis, la troisième phase est celle du détournement : « Ce qui la caractérise, d'un bout à l'autre, c'est le *patchwork* et l'usage intensif de la *langue de caoutchouc*. La démagogie de la pseudo-rigueur est totalement abandonnée. [...] Des bouts de vérités sont mélangés à des demi-vérités ou à des contre-vérités totales [55]. »

Cette mélasse théorique qui ressort du colloque organisé par *Il Manifesto* à Venise en novembre 1977, où la dominante se réclame de l'eurocommunisme, suscite l'ire de Castoriadis. Derrière cette nouvelle stratégie, il est surtout question de sauver du naufrage les partis communistes eux-mêmes en tant qu'organisations de pouvoir. Althusser trouve là une forme de contorsion qui lui permet à la fois d'invoquer la responsabilité de Staline, et de ne pas se cantonner à la manière dont les Soviétiques ont arrêté leur remise en question à une

---

52. Krzysztof Pomian, entretien avec l'auteur.

53. *Ibid.*

54. Cornelius CASTORIADIS, « De la langue de bois à la langue de caoutchouc », *Libre*, n° 4, novembre 1978 ; repris dans Cornelius CASTORIADIS, *La Société française*, op. cit., p. 295-314 ; repris dans Cornelius CASTORIADIS, *Quelle démocratie ?*, t. I, op. cit., p. 675-690.

55. Cornelius CASTORIADIS, *La Société française*, ibid., p. 297 ; repris dans Cornelius CASTORIADIS, *Quelle démocratie ?*, t. I, ibid., p. 676-677.

simple critique du culte de la personnalité pour sauver le système : « Althusser a enfin trouvé ce concept doublement introuvable : le culte de la personnalité théorique [56]. »

Outre ce type d'envolées polémiques, la revue s'attache à rassembler des contributions d'ordre conceptuel [57]. C'est dans *Libre* que Castoriadis publie un de ses textes majeurs sur le thème de ce qui sera son apport philosophique fondamental, l'imaginaire [58]. Il y rappelle la longue occultation par la pensée héritée de la dimension imaginaire et, s'appuyant sur Aristote, renverse la proposition freudienne selon laquelle l'imagination serait expression du désir pour affirmer qu'elle est condition même du désir. Il suit Aristote dans sa découverte des deux formes d'imagination, celle qui correspond à son sens usuel et une autre imagination, beaucoup plus radicale, que Castoriadis appellera imagination première. Il reconnaît à quelques philosophes le mérite d'avoir soulevé la question, sans sortir de l'aporie. Il en est ainsi de Kant, de Fichte, puis de Heidegger et enfin de Merleau-Ponty dans *Le Visible et l'Invisible*, ce dernier restant toutefois prisonnier de son schème de la perception. Comme base de la pensée de l'imagination, il invite à en revenir au schématisme aristotélicien : « La *phantasia* est donc condition de la pensée, en tant qu'elle seule peut présenter à la pensée l'objet, comme sensible sans matière. Elle l'est également, en tant qu'elle sépare, dans la forme de l'objet, les "moments" différents de cette forme et peut les présenter comme abstraits [59]. » Cette découverte de l'imagination par Aristote s'est néanmoins trouvée limitée dans la mesure où il n'est pas allé jusqu'à considérer l'imagination comme source de création. Elle est renvoyée à quelque chose de stable, d'invariant, ce qui sera aussi le cas plus tard chez Kant dans sa définition de l'imagination transcendantale.

La réalisation de la revue repose pour l'essentiel sur le tandem Gauchet-Pomian, et le rythme de deux livraisons par an n'exige pas un grand nombre de réunions. Les deux grandes autorités en sont Lefort

---

56. *Ibid.*, p. 309 ; *ibid.*, p. 686.

57. Mentionnons, parmi bien d'autres : Pierre CLASTRES, « Malheur du guerrier sauvage » et « Les marxismes et leur anthropologie » ; Claude LEFORT, « De l'égalité à la liberté » et « Droits de l'homme et politique » ; Gladys SWAIN, « De Kant à Hegel. Deux époques de la folie » ; Marcel GAUCHET : « La dette de sens et les racines de l'État » et « Tocqueville, l'Amérique et nous »…

58. Cornelius CASTORIADIS, « La découverte de l'imagination », *Libre*, n° 3, 1978 ; repris dans Cornelius CASTORIADIS, *Domaines de l'homme, op. cit.*, p. 409-454.

59. *Ibid.*, p. 434.

et Castoriadis : « On sentait une tension contenue entre eux qui a d'ailleurs fini par éclater au grand jour [60]. » La revue *Libre* connaît huit livraisons jusqu'en 1980, avec des chiffres de ventes honorables [61] mais décroissants, qui conduisent le directeur de Payot à demander à Marcel Gauchet d'en réorienter le cours : « L'accueil réservé aux volumes 4 et 5, et en particulier à ce dernier nous préoccupe. Nous enregistrons une certaine réticence de la part du public, mais aussi des librairies, devant l'évolution d'une publication qui paraît trop spécialisée et ne pas jouer son rôle de revue de poche [62]. »

En 1980, au moment de la rupture suscitée par la violente réaction de Lefort à l'article de Castoriadis publié dans le dernier numéro de *Libre*, « Devant la guerre [63] », la crise couve depuis déjà longtemps. D'une part du fait de la rupture d'amitié entre Lefort et Castoriadis, entrés en concurrence pour se faire élire à l'EHESS [64], mais aussi pour d'autres raisons. Miguel Abensour, qui n'a publié qu'un seul article dans la revue et se considère de plus en plus éloigné du centre de décision que représente le tandem Gauchet-Pomian, profite d'un éloignement temporaire au Danemark, où il donne des cours, pour informer Lefort qu'il en a assez et qu'il va se retirer : « Il me répond : formidable ! J'attends depuis des mois que quelqu'un prenne ce type d'initiative, et donc un front s'est vite dessiné : Lefort, Luciani et moi, et de l'autre : Gauchet, Castoriadis et Pomian [65]. »

La huitième et dernière livraison de la revue annonce la parution dans le numéro à venir de la suite de l'article de Castoriadis, mais il n'y aura pas de prochain numéro : *Libre* disparaît début 1980. Dans une lettre envoyée à Pierre-Marie Borel, professeur à Alès, peu connu car resté provincial, et militant de la première heure de Socialisme ou Barbarie, très impliqué dans la tendance École émancipée, Lefort explique : « Puisque tu me demandes pourquoi *Libre* s'est arrêté, sache que c'est en raison d'un conflit entre Castoriadis et moi. Pourquoi ? Parce qu'il est *tel* qu'il était autrefois, tout en ayant beaucoup changé. Sa mégalomanie et son dogmatisme passent aujourd'hui par une interrogation fracassante, mais le fond est invariable. [...] Je trouve *idiote* sa thèse de la société soviétique comme société militaire. Je trouve

---

60. Krzysztof Pomian, entretien avec l'auteur.
61. Ventes de *Libre* n° 1 : 6 944 ; *Libre* n° 2 : 5 918 ; *Libre* n° 3 : 5 346.
62. Jean-Luc Pidoux-Payot, lettre à Marcel Gauchet, archives Castoriadis, 29 juin 1979.
63. Voir *infra*, chapitre « Devant la guerre ».
64. Voir *infra*, chapitre « L'intronisation d'un marginal ».
65. Miguel Abensour, entretien avec l'auteur.

insupportable sa prétention à incarner la pensée de la Révolution, alors qu'elle porte à son envers le mythe totalitaire (cela, c'est l'essentiel, à mes yeux, qui fait que je ne veux à aucun prix être confondu ou mis en tandem avec lui). Enfin, pardonne-moi ce détail, la façon dont il tire profit de cette société, dont il assure sans vergogne qu'elle n'est pas la sienne et donc qu'il peut se permettre de faire son beurre me scandalise [66]. »

Lefort crée alors une autre revue accueillie par les éditions Ramsay avec, entre autres, Miguel Abensour, Simone Debout, Marc Richir, Fernando Gil, Carlos Semprún, Claude Mouchard et Pierre Pachet, qui prend pour titre *Passé-Présent*. Belle revue au prix élevé, elle se coupe d'un potentiel public étudiant et n'atteindra pas six numéros, arrêtant sa parution en 1985. Castoriadis, quant à lui, malgré la disparition de *Libre*, met au point un projet avec Marcel Gauchet, Krzysztof Pomian, Jean-Pierre Dupuy, Bernard Manin, Daniel Cohn-Bendit et Philippe Raynaud : « Marcel Gauchet me téléphone un jour en me disant que *Libre* a disparu et que Castoriadis aimerait bien que je participe au projet d'une nouvelle revue avec lui. La composition très hétéroclite de l'équipe envisagée me fait découvrir un Castoriadis qui a envie de faire quelque chose avec des gens qu'il estime respectables sans partager leurs convictions [67]. » Philippe Raynaud propose un nom de revue très castoriadien, *Le Fil d'Ariane*, en hommage aux *Carrefours du labyrinthe*, mais le titre est repoussé car trop précieux, et la revue ne verra pas le jour. Marcel Gauchet, qui aurait pu en être la cheville ouvrière, est au même moment sollicité par Pierre Nora pour devenir le rédacteur en chef d'une autre revue qui naît en 1980 et qu'il va diriger chez Gallimard, *Le Débat*. Cette aventure conduite par Pierre Nora sera emblématique des années 1980, avec la recherche d'un débat démocratique qui ne soit plus fondé sur l'anathème et la disqualification de principe. Lefort ne signera aucun article dans *Le Débat*, dont il ne supportera jamais le succès. En revanche, Castoriadis y sera impliqué *via* Pierre Nora et Marcel Gauchet, notamment au début de la revue. Dès le premier numéro, Castoriadis y recense un ouvrage de Francisco Varela paru en anglais en 1979 [68]. Cet ouvrage,

---

66. Claude Lefort, lettre à Pierre-Marie Borel, 19 février 1982, communiquée par Jean-Louis Prat.

67. Philippe Raynaud, entretien avec l'auteur.

68. Cornelius CASTORIADIS, compte rendu de Francisco VARELA, *Principles of Biological Autonomy*, North Holland, New York and Oxford, 1979, dans *Le Débat*, n° 1, mai 1980, p. 126-127.

fondamental pour le renouvellement de la pensée en biologie, fera événement lorsqu'il sera traduit plus tard en français. Après la publication de *Devant la guerre*, Castoriadis sera appelé à participer à un dossier sur l'Union soviétique. Il aura ainsi l'occasion de défendre son point de vue sur la stratocratie dans les colonnes du *Débat*[69]. En outre, il publiera en 1986 une étude sur la démocratie athénienne[70] et y donnera, en 1989, un des grands entretiens de la revue[71].

Par-delà le prétexte de la publication de *Devant la guerre* dans la rupture entre Lefort et Castoriadis, qui vient s'ajouter à la fêlure insurmontable que suscite chez Castoriadis l'attitude de son ami lors de la candidature à l'EHESS[72], ce qui s'est joué entre eux depuis le début et qui a été bien compris par Antoine Chollet, tient à deux conceptions en définitive fort différentes de la démocratie, longtemps masquées par leur combat commun contre le totalitarisme : « D'une certaine manière, nous avons chez l'un une *défense* de la démocratie, et chez l'autre un *projet* de démocratie. [...] Défendre l'acquis (du moins certains de ses éléments) d'un côté, conquérir de nouveaux terrains de l'autre, voilà ce qui pourrait décrire le plus abruptement l'opposition entre Lefort et Castoriadis à propos de la démocratie[73]. » Lefort pense la démocratie contre le pouvoir, comme force n'étant assignée à aucun lieu institutionnel, comme un lieu vide incitant à la vigilance, dans une posture de résistance contre toute démesure dans l'exercice du pouvoir politique. Castoriadis, au contraire, cherche à penser un horizon politique dans lequel le pouvoir pourrait incarner dans une société de l'autonomie accomplie une véritable pratique démocratique. D'un côté, les forces vives de la démocratie définie comme forme de résistance seront recherchées par Lefort dans la société dite civile. De l'autre, avec Castoriadis il ne doit pas y avoir d'extériorité entre l'exercice du pouvoir politique et la démocratie, sa démonstration étant étayée sur des bases étymologiques, rappelant que le mot

---

69. Cornelius CASTORIADIS, « Vers la stratocratie », *Le Débat*, n° 12, mai 1981, p. 5-17.

70. Cornelius CASTORIADIS, « La *polis* grecque et la création de la démocratie », *Le Débat*, n° 38, janvier-mars 1986, p. 126-144.

71. Cornelius CASTORIADIS, « L'idée de révolution a-t-elle encore un sens ? », *Le Débat*, n° 57, novembre-décembre 1989, p. 213-224.

72. Voir *infra* chapitre « L'intronisation d'un marginal ».

73. Antoine CHOLLET, « La question de la démocratie. Claude Lefort et Cornelius Castoriadis », dans Blaise BACHOFEN, Sion ELBAZ et Nicolas POIRIER (dir.), *Cornelius Castoriadis. Réinventer l'autonomie*, Éditions du Sandre, Paris, 2008, p. 201.

démocratie est composé de deux termes grecs, *Dèmos* (le peuple) et *Kratos* (le pouvoir), soit le pouvoir du peuple.

À la fin des années 1970, ceux qu'on appelle les « nouveaux philosophes » font un « triomphe ». Ces derniers utilisent en effet massivement les dispositifs médiatiques pour jouer devant le plus large public une pièce qui relève de l'exorcisme, celui, pour la plupart, de leur engagement maoïste dans la Gauche prolétarienne (GP). L'eschatologie révolutionnaire étant moribonde, c'est le moment où toute une génération, dans un même élan collectif, rejette son passé soixante-huitard et passe au confessionnal pour soulager ses péchés : « Ces enfants gâtés, ces grands gosses attardés voulaient la révolution tout de suite. [...] elle n'est pas venue, alors ils tapent du pied. [...] Pauvres chatons égarés[74]. » Ces adorateurs de Mao – André Glucksmann, Christian Jambet, Guy Lardreau, Bernard-Henri Lévy et bien d'autres –, champions de l'adhésion mystique au grand Timonier et terrorisant tous les tièdes, découvrent avec stupeur les charmes discrets du libéralisme. Plus qu'un bruit, c'est un vacarme qui se répand et Glucksmann écrit un ouvrage à succès dans lequel on apprend que le Goulag était déjà dans Platon[75]. En 1976, *Les Nouvelles Littéraires* confient à Bernard-Henri Lévy un dossier sur la « nouvelle philosophie », dont la réalisation confirme le caractère collectif de l'entreprise et sa volonté de s'ériger en vulgate. En 1977, Bernard-Henri Lévy publie *La Barbarie à visage humain*, qui devient immédiatement un *best-seller* tant il correspond à l'air du temps. Il y dénonce Mai 68 devenu image du Mal cachant le Maître, voyant dans ce mouvement le crépuscule blême et plat de notre XXᵉ siècle : « Nous vivons la fin de l'histoire parce que nous vivons dans l'orbe du capitalisme continué[76]. » Cette déferlante engloutit dans le néant ceux-là mêmes qui stigmatisent, depuis 1946, le totalitarisme soviétique en lui contestant l'appellation de « communiste », à savoir Socialisme ou Barbarie, qui a toujours prêché dans le désert et se voit alors confisquer toute reconnaissance tardive par ces jeunes loups se présentant comme les premiers pourfendeurs de la barbarie à visage humain.

Castoriadis entre dans la danse en stigmatisant le phénomène dans *Le Nouvel Observateur*[77]. Il s'en prend avec virulence à ces successions

---

74. Pierre VIANSSON-PONTÉ, *Génération perdue*, Robert Laffont, Paris, 1977, p. 15-16.

75. André GLUCKSMANN, *La Cuisinière et le Mangeur d'hommes*, Le Seuil, Paris, 1975.

76. Bernard-Henri LÉVY, *La Barbarie à visage humain*, Grasset, Paris, 1977.

77. Cornelius CASTORIADIS, « Les divertisseurs », *Le Nouvel Observateur*, 20 juin 1977 ; repris dans Cornelius CASTORIADIS, *La Société française*, op. cit., p. 223-235 ; repris dans Cornelius CASTORIADIS, *Quelle démocratie ?*, t. I, op. cit., p. 617-627.

de modes qui, depuis le succès de Sartre en 1945, des maîtres du structuralisme dans les années 1960, puis des chantres du désir dans les
années 1970, constituent le mode d'être de la vie intellectuelle en
France : « La succession des modes n'est pas une mode : c'est *le* mode
sous lequel l'époque, en particulier en France, vit son rapport aux
"idées"[78]. » Castoriadis les qualifie de divertisseurs. Les icônes des
moments successifs ont emporté la pensée dans leurs errements ; les
« nouveaux philosophes » ne sont que la dernière version en date de
cette volonté d'annihiler toute réflexivité en répondant par avance aux
questions qu'il conviendrait de poser. Non pas celles de savoir quelle
politique mener, puisque la politique, c'est le Mal ; non de situer le
langage tenu, puisque tout discours est référé au discours du Maître ;
non de s'interroger sur la nature du savoir dispensé, puisque tout
savoir n'est que l'expression du pouvoir : « Qu'est-ce qui donne donc
la possibilité à Bernard-Henri Lévy de parler et de publier par
exemple ? Comment se fait-il qu'il peut faire du *marketing* de "philosophie", au lieu d'être huitième parfumeur dans le harem d'un sultan
– ce qui serait peut-être davantage dans l'ordre des choses"[79] ? » Castoriadis dénonce le plagiat d'idées développées par le courant qu'il
représente depuis plus de trente ans, un pillage sans vergogne débou-
chant en plus sur le franchissement d'« un nouveau cran à l'irresponsabilité, à l'imposture et aux opérations publicitaires[80] ». La charge est
sévère, à la hauteur du dépit ressenti devant ce qui a pu légitimement
paraître à Castoriadis comme le comble de l'injustice : la consécration
en 1977 de ces « nouveaux philosophes » comme penseurs de la réalité
totalitaire alors qu'ils clament depuis plus de dix ans leur adhésion à
Mao Tse Toung.

Peu de temps après, en 1979, Castoriadis intervient dans la polémique qui oppose son ami Pierre Vidal-Naquet à BHL à propos de
l'ouvrage de ce dernier, *Le Testament de Dieu*. Pierre Vidal-Naquet
envoie au directeur du *Nouvel Observateur* une lettre publiée le 18 juin
1979 qui proteste contre la recension très élogieuse du livre de BHL,
alors que ce dernier comporte une foule « d'erreurs grossières,
d'à-peu-près, de citations fausses, ou d'affirmations délirantes[81] ». Il
établit un petit florilège des « perles » qu'il a notées au fil de sa lecture,

---

78. *Ibid.*, p. 223 ; *ibid.*, p. 617.
79. *Ibid.*, p. 229 ; *ibid.*, p. 622.
80. *Ibid.*, p. 231-232 ; *ibid.*, p. 624.
81. Pierre VIDAL-NAQUET, *Le Nouvel Observateur*, 18 juin 1979.

comme celle qui voit BHL placer le péché originel au septième jour de la création, ce que Pierre Vidal-Naquet commente ironiquement : « Il faut croire qu'Adam et Ève ont profité du repos du Seigneur[82]. » Dans un autre passage de son livre, BHL fait témoigner Himmler à Nuremberg, alors que celui-ci s'est suicidé aussitôt arrêté. Bernard-Henri Lévy réplique dans la même livraison de l'hebdomadaire en dénonçant ce qu'il qualifie de « rapport de police philosophique[83] » ayant la prétention de faire passer toute publication devant un tribunal des agrégés. Il décerne en passant à son accusateur le titre de procureur qui se serait trompé de lieu pour l'exercice de sa profession. Pierre Vidal-Naquet reprend la plume pour répondre à ces accusations de volonté de censure la semaine suivante dans les mêmes colonnes du *Nouvel Observateur*. Castoriadis enfonce le clou et dénonce l'« industrie du vide[84] », récusant l'accusation de censure portée contre son ami Vidal-Naquet qui n'a évidemment jamais demandé de renforcer le contrôle des publications. Il s'est simplement dressé « contre la honteuse dégradation de la fonction critique dans la France contemporaine[85] ». Castoriadis juge que le règne des imposteurs et de leur démagogie va conduire tout droit à la tyrannie et que « ce dont nous sommes responsables, c'est de la *présence effective* de cette vérité dans et pour la société où nous vivons[86] ». C'est le sort même de la démocratie qui est en jeu, car ce système politique présuppose un *éthos*, un sens de la responsabilité, une conscience des enjeux qui ne permet pas d'écrire n'importe quoi, de le porter aux nues, et de le laisser suivre par un public docile.

Castoriadis voit dans cette polémique un fait exemplaire : une fonction essentielle de la démocratie est mise en danger ; la fonction critique perd pied et laisse place à « l'asservissement commercial-publicitaire [qui] ne diffère pas tellement, de ce point de vue, de l'asservissement totalitaire[87] ». Il en appelle donc à ne pas renoncer à la fonction critique : « Que *cette* camelote doive passer de mode, c'est certain : elle est, comme tous les produits contemporains, à obsolescence incorporée. Mais le *système* dans et par lequel il y a ces camelotes

82. *Ibid.*
83. Bernard-Henri LÉVY, *La Barbarie à visage humain*, op. cit.
84. Cornelius CASTORIADIS, « L'industrie du vide », *Le Nouvel Observateur*, 9 juillet 1979 ; repris dans Cornelius CASTORIADIS, *Domaines de l'homme*, op. cit., p. 32-40.
85. *Ibid.*, p. 33.
86. *Ibid.*, p. 34.
87. *Ibid.*, p. 38.

doit être combattu dans chacune de ses manifestations [88]. » À propos de BHL, Pierre Vidal Naquet écrit à Castoriadis : « Il me vient cette formule sur le rôle du Bailly dans sa formation historique. Il ne cite pas ce qu'il a lu et n'a pas lu ce qu'il cite [89]. » En 1977, Castoriadis se manifeste par ailleurs aussi auprès des deux auteurs d'un ouvrage polémique contre les nouveaux philosophes, François Aubral et Xavier Delcourt, pour leur exprimer son soutien : « Je vous félicite pour votre livre [*Contre la nouvelle philosophie*, Gallimard, 1977], que j'ai lu avec beaucoup d'intérêt et de plaisir. J'ai particulièrement apprécié le démontage du détournement des idées et du circuit de marketing [90]. »

En 1977, la vie personnelle de Castoriadis prend un nouveau tournant. Il rencontre Zoé Christophidès dans un groupe d'intellectuels grecs, réunis par son ami et traducteur Kostas Spanditakis, qui discute à la fois théorie et questions d'actualité. Ce petit groupe d'exilés ayant fui la dictature se réunit régulièrement depuis la fin 1968 : « Comme Stinas était encore vivant, on a constitué autour de Castoriadis un petit groupe qui a eu une activité militante [91]. » Une dizaine de personnes ont pu ainsi signer un tract en grec et en français fin 1968 sous le titre « Émancipation [92] ». Au début des années 1970, de jeunes Grecs lancent à Athènes une petite maison d'édition du nom de Praxi, aidée par le petit groupe d'exilés autour de Castoriadis, qui y publie des textes critiques et contribue à leur financement. Après la révolte de l'École polytechnique en 1973, qui marque le début de la fin de la dictature militaire, événement salué avec enthousiasme à Paris, ce petit groupe d'exilés décide de s'élargir tant au plan de ses membres que des thèmes de discussion : « On s'est retrouvés à une vingtaine et l'on programmait des exposés autour d'un thème général, pas nécessairement formalisé [93]. »

Castoriadis rompt alors brutalement avec son épouse Piera Aulagnier ; il lui dit qu'il passera un mois avec elle sur l'île de Skopelos et l'autre mois avec quelqu'un d'autre, sans plus de précision. Piera

---

88. *Ibid.*, p. 40.

89. Pierre Vidal-Naquet, lettre à Castoriadis, archives Castoriadis, 20 juin 1979.

90. Castoriadis, lettre à François Aubral et Xavier Delcourt, archives Castoriadis, 4 juin 1977.

91. Christos Grammatikas, entretien avec l'auteur.

92. Outre Castoriadis et Grammatikas, on y retrouve de jeunes doctorants, Efi Papadopoulo, Stavros Voliotis et un professeur de philosophie de l'université de Vincennes, Elias Tsimbidaros, ainsi que le traducteur de Castoriadis, Kostas Spanditakis.

93. Christos Grammatikas, entretien cité.

Aulagnier vit très mal cette annonce et le somme de partir dans les 48 heures, persuadée qu'il reviendra sur sa décision. Elle attend tout l'été qu'il la rappelle, ce qu'il ne fera pas [94]. Dans la foulée, Castoriadis se remarie avec Zoé Christophidès, née en 1946 à Athènes. Elle a suivi une formation d'architecte de 1963 à 1968, au Metsovion Polytechneion. Architecte-ingénieur, diplômée à partir d'une recherche sur l'aménagement de l'ensemble insulaire des Cyclades en 1968, elle se rend ensuite en France, où elle réside de 1969 à 1971, puis revient dans son pays sous la dictature et se voit retirer son passeport ; elle ne peut plus revenir à Paris. Élue au comité directeur des architectes faute de candidats – ce qui s'explique par le caractère très exposé à la répression de cette responsabilité –, elle est dépitée par l'afflux de candidatures à ce poste une fois la dictature tombée en 1974. En 1975, elle décide de quitter définitivement son pays et de partir pour Paris, où elle s'inscrit en doctorat de géographie urbaine à l'EHESS.

En 1978, Castoriadis quitte donc le quai Anatole-France pour s'installer avec sa nouvelle compagne Zoé rue de l'Alboni dans le XVIᵉ arrondissement, d'abord au second étage, dans un appartement devenu mythique puisque c'est là qu'a été tourné *Le Dernier Tango à Paris*, de Bertolucci, puis au rez-de-chaussée à partir de 1981. Il va y fonder une nouvelle vie familiale, et de cette union plus stable naîtra Cybèle en 1980. Si l'emploi du temps toujours dense de Castoriadis ne lui laisse qu'une disponibilité réduite pour l'éducation de sa seconde fille, la stabilisation de sa vie, ainsi que son âge, cinquante-huit ans, le conduisent néanmoins à mieux assumer son rôle de père qu'il ne l'avait fait avec Sparta, sa première fille.

Assez vite se met en place un rituel familial assez strict quant aux diverses activités de la journée. Castoriadis a conservé la pratique méditerranéenne de se lever tard, vers 10 heures du matin, de faire de la gymnastique, puis de travailler à ses écrits et à son courrier pendant deux ou trois heures. Lorsque Cybèle n'est pas à la cantine scolaire, elle déjeune avec ses parents à la mi-journée. Les après-midi sont occupées par ses patients de 13 h 45 à 16 heures, puis de 17 à 20 heures : « J'essayais de ne pas manquer ce rare moment où je pouvais le voir entre ses patients, ce qui n'a pas toujours été possible quand mes cours s'arrêtaient à 17 h 30 [95]. » À 20 h 30 vient le moment

---

94. Eugène Enriquez, entretien avec l'auteur.
95. Cybèle Castoriadis, entretien avec l'auteur.

du dîner familial, qui permet de nouveaux échanges avant que chacun ne retourne à son travail personnel. Toujours sollicité par l'actualité, n'ayant rien perdu de sa passion politique, le soir est aussi le moment de la lecture de la presse. Il dévore à une vitesse vertigineuse *Le Monde*, le *Herald Tribune*, *TLS* et la *New York Review of Books*. Puis, tard encore, il se remet à jouer, ce qu'il affectionne tout particulièrement, se livrant alors à des parties d'échecs interminables contre son ordinateur, avec quelques tablettes de chocolat qui l'aident à tenir. Pendant ses moments de loisir, toujours aussi amateur de jeux, il prend plaisir à jouer avec sa fille Cybèle à un jeu grec, le Xri : « Il avait quelque chose d'enfantin et infantile à vouloir gagner à tout prix. Or c'était un jeu qui n'était pas de hasard, car il fallait se souvenir de ce qui s'était passé. Il avait un atout de taille par rapport à moi qui n'avait que huit ou neuf ans [96]. »

Ce côté infantile de la personnalité de Castoriadis se manifeste de temps à autre. Cybèle a pour habitude d'aller lui acheter *Le Monde* chez le marchand de journaux situé juste en bas de chez eux. Un jour, calfeutrée dans son fauteuil au chaud et plongée dans la lecture, elle prétexte un mal de pied pour se dispenser de ce rite. Son père s'y rend, car *Le Monde* n'attend pas. Deux heures plus tard, il voit sa fille jouer à l'élastique dans la cour. Sa colère est telle qu'il prive Cybèle de la célébration de sa fête, qui a pourtant une grande importance pour eux : « Il pouvait être colérique, exigeant, mais en même temps il était évident qu'il m'adorait et c'était réciproque. On avait une relation très fusionnelle [97]. » La musique occupe aussi une place importante dans la maison, et Castoriadis, soucieux de lui transmettre sa double passion, offre systématiquement livres et disques à sa fille pour son anniversaire : « Balzac, Rostand, Théophile Gautier, Alexandre Dumas, Jules Verne, dont on avait toute l'œuvre à la maison [98]. Un des cadeaux qui m'ont le plus touchée a été un disque de Tina Turner, c'était tellement éloigné de ses cadres à lui [99]. » Il réussit à transmettre sa passion pour la musique à sa fille, qui fait du piano et du clavecin. La proximité avec la cinémathèque de Chaillot favorise aussi une forte consommation de films, y compris de rétrospectives de grands cinéastes. Pendant la période estivale, l'amour de la Grèce, la passion charnelle faite de

---

96. *Ibid.*
97. *Ibid.*
98. Un cadeau de Piera Aulagnier.
99. Cybèle Castoriadis, entretien avec l'auteur.

besoin irrépressible de mer, de soleil et de ciels étoilés conduit la famille à passer deux mois dans leur maison sur l'île de Tinos. Le temps y est alors partagé entre le travail matinal et les plaisirs de la plage l'après-midi où, grand nageur, il passe de longs moments dans la mer.

Malgré la place consacrée au travail, la maison Castoriadis est très accueillante et voit défiler de nombreux amis. D'impressionnantes tablées peuvent atteindre une vingtaine de personnes. Au premier cercle des habitués de la maison [100] viennent se joindre au gré de leurs voyages des amis étrangers [101] : « Il y avait aussi le PDG d'Hermès, monsieur assez vieille France, et Corneille était à la fois d'une civilité extrême, policé comme un Grec peut l'être, et en même temps débridé, ce qui donnait un mélange très excitant. C'était toujours comme de l'eau bouillante, toujours survolté, une excitation permanente [102]. » En général, Castoriadis veille à ce que les discussions soient d'intérêt assez général pour intéresser toute la tablée. Il veut unifier, créer du lien. Pour ce faire, en maître de maison, il conduit la conversation, en restant à l'écoute de ses invités, mais lorsque sa voix de stentor retentit, à la fois impérieuse et civile, il bénéficie d'une écoute collective d'exception : « C'était une espèce de Banquet, à la sauce Platon [103]. » Les soirées se terminent en général autour du piano, sur lequel Castoriadis joue pour le plus grand plaisir de ses convives, parfois accompagné par des amies chanteuses.

Le grand rendez-vous annuel est le réveillon du 31 décembre, lors du passage à la nouvelle année, qui se déroule soit chez Castoriadis, soit chez Philippe Raynaud, et réunit régulièrement une bonne partie du premier cercle : « Pendant dix ans, nous avons passé le nouvel an ensemble avec sa femme, Zoé, le sociologue Edgar Morin, Alain Finkielkraut, Olivier Duhamel et Évelyne Pisier. Il y avait aussi Dominique Meunier, la femme avec qui je m'étais remarié ; Sylvie, la femme de Finkielkraut, et encore Pierre Manent ou Philippe Raynaud, bref, une assez joyeuse bande », se rappelle Luc Ferry [104].

---

100. L'ami de toujours Vassilis Gondicas, Pierre et Agnès Rosenstiehl, Claudia Moatti et Alain Borer, François Flahault, André Bercoff, Philippe Raynaud, Luc Ferry, Alain Finkielkraut, Vincent Descombes, Edgar Morin, Pierre Manent, Olivier Duhamel et Évelyne Pisier, Eugène Enriquez, Milan Kundera, Heinz Wismann.
101. Octavio Paz, Agnès Heller, John White, Jim Cohen, Dick Howard, Chris Pallis...
102. Agnès Rosenstiehl, entretien avec l'auteur.
103. *Ibid.*
104. Luc FERRY, *L'Anticonformiste*, Denoël, Paris, 2011, p. 64.

Ces soirées se terminent, selon les vœux réitérés de Castoriadis, par des « jeux de rôle » : « Je me souviens de Pierre Manent en inspecteur de police arrêtant Évelyne Pisier pour racolage sur la voie publique, ou de tel ou tel d'entre nous sommé de réagir à la découverte que sa femme le trompait avec son meilleur ami. C'était le genre de jeux que Corneille adorait. Il avait en tête une infinité de scénarios qu'il nous faisait jouer inlassablement jusqu'à trois heures du matin [105]. » La fatigue aidant, les convives sont également invités à faire des concours de contrepèteries que gagne à tous coups Edgar Morin, suivi de près, d'après Luc Ferry, par l'excellent Pierre Manent : « Puis Corneille se mettait volontiers au piano, notamment pour interpréter le *13ᵉ Nocturne* de Chopin, qu'il jouait avec une formidable énergie, comme une machine militaire ! Zoé, elle, chantait du jazz avec un réel talent [106]. »

Castoriadis occupe aussi ses soirées amicales en pratiquant un certain nombre de jeux qui étaient la substance à la fois ludique et éducative des réunions de socialisation de feu Socialisme ou Barbarie. Dans le jeu du dictionnaire, quelqu'un tire un mot et doit le mimer pour que les autres convives le devinent. Le portrait chinois, en vogue depuis longtemps chez Castoriadis, est encore au programme. Quelqu'un sort et l'on décide d'un métier ou d'un personnage et, une fois rentré, il doit deviner de quoi ou de qui il s'agissait. Un soir, ils font sortir une femme, décidant qu'ils parleraient de la chasse d'eau. Le débat porte sur l'accumulation, le déclenchement, et la femme croit alors qu'ils ont décidé de parler de l'amour, suscitant l'hilarité générale : « On a fait sortir une fois Castoriadis et on a décidé de parler de Lacan. Cela a duré un bon moment. On évoquait le plus grand psychanalyste de l'histoire contemporaine qui avait complètement renouvelé l'approche, les conséquences politiques de ses innovations et de sa pensée incommensurable. Il se faisait de plus en plus pensif et à la fin il se lance : "Vous parlez de moi ?" [107]. »

L'anniversaire des soixante-dix ans de Castoriadis est haut en couleur, réunissant ses plus proches amis sans qu'il le sache, un anniversaire surprise en 1992. Son ami André Bercoff, le joyeux luron de ses soirées, lui a réservé un beau cadeau, l'invitation d'une grande cantatrice qui fera une belle carrière, Liz Mc Comb, célèbre soprano qui accompagne Castoriadis jouant au piano. Ses amis l'accueillent en

---

105. *Ibid.*, p. 64.
106. *Ibid.*, p. 65.
107. Heinz Wismann, entretien avec l'auteur.

chantant sur l'air de la publicité de Castorama, agrémentée de quelques modifications : « Chez Casto, y'a tout ce qui faut, concepts ou matériaux, socialisme ou barbarie n'ont plus de secret pour lui. Casto, Casto, Castoriadis, à l'écouter, c'est un délice. »

André Bercoff, qui a connu Castoriadis par son ami Jean-Louis Vullierme, apprécie particulièrement son côté non conformiste : « Il est pour moi dans la lignée de George Orwell, des gens de gauche échappant aux tiroirs, aux dogmatismes, aux enrégimentements [108]. » Bercoff s'est fait une spécialité des coups fumants au plan politique, tournant les situations en dérision. C'est lui qui a fait événement avec la publication de Caton, cet auteur à succès de droite mécontent de sa famille politique et lui prédisant que la gauche allait finir par faire son travail et en mieux. Il a dirigé le Journal *Actuel*, montant des provocations du type de celle de la petite annonce qu'il fera passer dans la presse locale de Bordeaux, *Sud-Ouest*, se présentant comme un riche Arabe prêt à racheter toutes les bonnes affaires de la ville : « J'appréciais aussi beaucoup chez Castoriadis son côté bon vivant, amateur de fêtes, de bon vin, de piano. Je l'ai amené dans certaines boîtes russes, il adorait [109]. » En ce 11 mars 1992, jour de son soixante-dixième anniversaire, son vieux complice Edgar Morin lui dédie même une « Ode pour son septantième anniversaire » [110].

---

108. André Bercoff, entretien avec l'auteur.
109. *Ibid.*
110. « Ode à Corneille » ; voir *infra* annexe V.

13

Changer la culture et la politique

Dans les années 1970, se noue un compagnonnage inattendu entre Castoriadis et la revue *Esprit*. Compte tenu de la position de Castoriadis, qui reste fermement révolutionnaire, et de celle d'une revue qui abandonne le prophétisme ayant marqué sa période personnaliste pour mieux affirmer son réformisme, cette proximité peut sembler doublement paradoxale. Castoriadis est un penseur de l'autonomie, et toutes les sociétés qui accordent une place à la religion sont des sociétés de l'hétéronomie. Celles-ci sont considérées par lui comme des verrous qui empêchent l'autonomie libératrice de se réaliser. En toutes circonstances, Castoriadis affiche un athéisme quasi militant, ce qui rend surprenant ce rapprochement avec une revue certes laïque, mais animée par des chrétiens de toutes obédiences. Il faut aussi se souvenir que le grand œuvre de Castoriadis, *L'Institution imaginaire de la société*, a été publié en 1975 dans la collection « Esprit » du Seuil, par Jean-Marie Domenach.

Pour mieux comprendre cette idylle entre Castoriadis et *Esprit*, il faut la resituer dans le contexte de l'après-Soljénitsyne. *Esprit* n'a pas attendu la publication de *L'Archipel du Goulag* pour dénoncer le totalitarisme soviétique. Dès novembre 1949, dans les colonnes de la revue, François Fejtö démonte les rouages du Procès Rajk [1]. En 1956, après la répression de la révolution hongroise, de nombreux réfugiés

---

1. François FEJTÖ, « L'Affaire Rajk est une affaire Dreyfus internationale », *Esprit*, n° 10, novembre 1949.

trouvent auprès de *Socialisme ou Barbarie* et d'*Esprit* un milieu d'écoute, attentif à leur combat. Le PCF pèse d'un poids majeur dans le monde intellectuel et on le ménage encore à *Esprit*, même si la revue prend de plus en plus ses distances au fil des années. L'invasion de Prague en 1968 suscite un durcissement du ton, mais la rupture n'est pas encore trop affirmée, d'autant que dans un premier temps, le PCF condamne l'intervention soviétique, avant de se ranger sur la ligne de Moscou, soutenant totalement la normalisation à la Husak. Le milieu des années 1970 est une période favorable à la réception et à l'appropriation de l'analyse transmise par les dissidents soviétiques tandis que s'éloigne l'horizon révolutionnaire avec le déclin des gauchismes et les premiers effets de ce qui se révélera une très longue « stagflation », avec la fin de la période des « Trente Glorieuses ».

Dans ce contexte de crise de l'avenir, qu'il soit envisagé sous la forme classique d'un progrès linéaire des forces productives ou selon le schéma d'une rupture révolutionnaire venant accélérer le train de l'histoire, l'« effet Goulag » est décisif. Il impose en effet de repenser le marxisme du point de vue du cortège funeste de ses effets concrets dans l'histoire de l'humanité. Par ailleurs, la fin en 1975 de la guerre du Vietnam, qui avait radicalisé toute une partie de la jeunesse scolarisée dans le monde, offre un contexte favorable à une réévaluation des valeurs portées par les démocraties occidentales.

Une nouvelle logique, binaire, tend à s'imposer, opposant la démocratie au totalitarisme. Cette stigmatisation du monde totalitaire rejoint la ligne défendue par SouB depuis 1946, même si Castoriadis prend soin de mettre des guillemets à « démocratie » et ne réserve pas ses critiques au régime soviétique. Elle explique en tout cas la réaction de Lefort à la publication de *L'Archipel du Goulag* : « Un livre tel que celui-là [...] nous sommes un petit nombre qui l'attendions depuis longtemps[2]. » Les combats entrepris par les intellectuels français se portent alors vers la défense des droits de l'homme à l'Est, qualifiés jusque-là de secondaires par rapport aux « acquis » du socialisme. En février 1974, l'Europe occidentale reçoit Soljénitsyne, banni d'URSS, et se met à l'écoute des voix qui lui parviennent encore difficilement, mais de plus en plus distinctement, depuis l'autre côté du rideau de fer, comme celle des dissidents jetés dans des hôpitaux psychiatriques pour avoir réclamé le respect des droits de l'homme : Léonid

---

2. Claude LEFORT, « Soljénitsyne », *Textures*, n° 13, 1975 ; repris dans Claude LEFORT, *Un homme en trop. Essai sur l'Archipel du Goulag*, Le Seuil, Paris, 1975.

Pliouchtch, Vladimir Boukovski... S'ajoutent à ces révélations celles qui proviennent, entre 1975 et 1977, de la « révolution » cambodgienne de Pol-Pot, révolution au nom de laquelle sont exterminées systématiquement deux millions de personnes sur une population de neuf millions. La revue *Esprit* peut alors étayer ses analyses sur celles de *Socialisme ou Barbarie* et de Castoriadis lui-même, qui publie en 1973 et 1974 quatre volumes dans la collection « 10/18 », où il assume ses positions en son nom propre. Il devient alors une ressource essentielle pour penser le phénomène totalitaire et approfondir la remise en question du marxisme, accompagnant une critique qui gagne en fermeté par rapport à toute tentation communiste.

En quête d'une nouvelle voie, la revue *Esprit* s'engage alors dans une réflexion de fond sur l'autogestion, liée à ce que l'on appelle la deuxième gauche. La jonction avec la pensée antibureaucratique de Castoriadis permet un rapprochement fécond. À ce tournant dans l'orientation de la revue, s'ajoute un autre facteur : la participation active à *Esprit* de Jacques Gautrat (Daniel Mothé), ancien de SouB et ouvrier chez Renault. En 1963, Daniel Mothé a adhéré à la CFDT et été invité par Jean-Marie Domenach à participer au « Journal à plusieurs voix » de la revue *Esprit* à partir de 1966. Il devient un collaborateur actif et une voix très écoutée dans la revue, dont il intègre vite le comité de rédaction. En 1971, un accident change brusquement la vie de Daniel Mothé, qui passe de la profession d'ouvrier à celle d'intellectuel. Il vient d'acheter une maison dans l'Oise et, pour amuser ses enfants, il joue à Tarzan dans la forêt. Il finit par faire une chute qui provoque une grave fracture. Le médecin le prévient qu'il ne pourra plus exercer son métier de fraiseur chez Renault, la station debout toute la journée n'étant plus possible. On lui conseille alors de prendre contact avec Edgar Morin pour décrocher un titre universitaire, d'autant qu'il a déjà publié un ouvrage[3]. Morin le rassure en lui disant qu'il peut passer un diplôme à l'EHESS. Il lui faut cependant se dépêcher car il ne reste plus que deux jours pour constituer un dossier, que son compagnon Véga portera à l'administration. Il communique par ailleurs un manuscrit sur son expérience de militant au Seuil[4]. Et voilà l'ouvrier Mothé, titulaire d'un certificat d'études datant de 1939, soutenant en 1972 son diplôme de l'EHESS devant un jury composé d'Alain Touraine et d'Henri Desroches.

---

3. Daniel MOTHÉ, *Journal d'un ouvrier, op. cit.*
4. Daniel MOTHÉ, *Le Métier de militant,* Le Seuil, Paris, 1972.

C'est grâce à Paul Thibaud, le futur directeur d'*Esprit*, que Mothé trouve une possible reconversion professionnelle. On le met en contact avec François Sellier et Guy Roustang, qui animent un groupe de recherche sur la sociologie du travail (LEST) à Aix-en-Provence, où il est embauché comme chargé de recherche en sociologie pour travailler sur les problèmes d'amélioration des conditions de travail. Il intègre le CNRS en 1979.

Mothé retourne chez Renault à Billancourt pour annoncer son départ et constate de manière amusée que le regard que l'on porte sur lui n'est plus du tout le même : « En une journée tout bascule. J'annonce mon départ à mon patron et tout change. Pour voir jusqu'où je peux aller, je m'assieds sur le bureau et cela marche. Quant à mes copains ouvriers, ils m'ont demandé ce que j'allais faire et pour les provoquer un peu, je leur ai dit que j'allais devenir savant[5]. » Au CNRS, Daniel Mothé prend peu à peu ses distances par rapport aux positions qu'il défendait précédemment et à celles défendues par Castoriadis, se rapprochant des positions de la direction de la CFDT, tout en considérant néanmoins encore pour quelque temps la pensée de Castoriadis comme sa source essentielle d'inspiration : « J'aurais aimé pouvoir m'entretenir avec toi pour avoir ton opinion sur certains textes que je suis en train de publier à l'intérieur du CNRS et aussi sur mon activité professionnelle qui est centrée sur la mise en place de groupes d'expression (loi Auroux) dans certaines entreprises. J'ai dû reprendre *L'Institution imaginaire de la société* pour vérifier si je ne trahissais pas tes idées lorsqu'il m'arrive de faire référence au rôle de l'imaginaire. Je tente de traduire un certain nombre de tes idées dans un langage qui peut être accessible et sensible aux syndicalistes, aux gens des entreprises[6]. » Évoluant vers le réformisme et quittant les rivages d'une révolution impossible, Daniel Mothé radicalise sa rupture avec les positions de Castoriadis, comme l'atteste une lettre qu'il lui envoie au début des années 1990, dans laquelle il commence à dénoncer une division interne du travail au sein de SouB entre militants et intellectuels[7].

À *Esprit*, Castoriadis trouve aussi une écoute attentive auprès du tandem Paul Thibaud-Olivier Mongin, qui entend tirer la revue du

---

5. Daniel Mothé, entretien avec l'auteur.

6. Daniel Mothé, lettre à Castoriadis, archives Castoriadis, 4 septembre 1982.

7. Voir *infra* annexe VI. Daniel Mothé, lettre à Castoriadis, archives Castoriadis, *s. d.*, début des années 1990.

côté de la philosophie politique et accentuer son identité antitotalitaire. Paul Thibaud a été lecteur de *Socialisme ou Barbarie* à partir de 1956. Lorsque paraît, des années après, *L'Institution imaginaire de la société*, il est enthousiaste : « Pour les gens de ma génération, c'est un livre de référence, un grand livre, avec cette proposition castoriadienne qu'il y a dans le marxisme une contradiction entre la lutte des classes et la succession inéluctable des modes de production [8]. » Avec l'article de Fejtö dans *Esprit*, puis à la suite du rapport Khrouchtchev, la question se pose de savoir si le système soviétique est réformable : « Sur ce plan, Castoriadis a apporté quelque chose d'essentiel en montrant que ce système n'émane pas vraiment des circonstances [9]. » De son côté, Olivier Mongin entre à *Esprit* en 1967, puis il devient secrétaire de rédaction de Thibaud, et enfin directeur de la revue à partir de 1988. À la fin des années 1960, il étudie Merleau-Ponty pour saisir en quoi sa philosophie aide à comprendre le totalitarisme. Déjà passionné par les revues, il lit chaque livraison de *L'Anti-Mythes* et de *Libre* dans les années 1970 : « Pour moi, Lefort et Castoriadis étaient les grandes références de cette mouvance intellectuelle [10]. » Olivier Mongin est en relation directe, par le biais de la revue *Esprit*, avec Castoriadis ; il l'appelle « Denys de Syracuse, le tyran chaleureux, car dès qu'il est avec vous, il déploie une espèce de volonté de conversion [11] ».

En février 1977, *Esprit* ouvre ses pages à un long entretien avec Castoriadis [12]. Il est interrogé – par Paul Thibaud, Olivier Mongin et Pierre Rosanvallon – sur sa critique du marxisme, sa conception de la révolution, sur la place de l'État, ainsi que sur le rapport entre la part obscure (l'inconscient) et la rationalité (le conscient). Castoriadis définit ce qu'il entend par projet révolutionnaire comme visée d'autonomie, de prise en main des hommes par eux-mêmes, et insiste sur ce qu'il appelle le « cercle de la praxis », critiquant le mythe de la transparence rendu impossible depuis les découvertes de la psychanalyse. À propos de l'État, il s'appuie sur les analyses de l'anthropologue Pierre Clastres pour en minorer le rôle et cesser de le considérer comme un pôle d'identification incontournable. Peu avant cet

---

8. Paul Thibaud, entretien avec l'auteur.

9. *Ibid.*

10. Olivier Mongin, entretien avec l'auteur.

11. *Ibid.*

12. Cornelius CASTORIADIS, « L'exigence révolutionnaire », entretien, *Esprit*, n° 2, février 1977, p. 201-230 ; repris dans Cornelius CASTORIADIS, *Quelle démocratie ?*, t. I, *op. cit.*, p. 541-573.

entretien, en septembre 1976, Paul Thibaud a consacré un article à Castoriadis dans le cadre d'un dossier sur « Révolution et totalitarisme [13] ». Il s'en prend à l'usage du terme « révolution », transformé selon lui en spectre, ainsi qu'à la prolifération de la notion de révolution, qui sert à désigner tout et n'importe quoi. Paul Thibaud oppose à cette inflation « la recherche cohérente et continue de Cornelius Castoriadis, qui depuis trente ans ne tend à rien de moins qu'à développer les implications et exigences de l'idée de révolution [14] ». Il considère comme un apport majeur de Castoriadis l'idée que le marxisme serait devenu l'idéologie naturelle d'une classe, la bureaucratie, et fondamental son déplacement de l'idée de révolution qui ne signerait pas l'achèvement d'une époque, une solution finale, mais serait tout au contraire liée « aux idées de commencement, d'ouverture, de créativité [15] ». La révolution manque d'une pensée à sa hauteur et c'est à quoi se consacre Castoriadis avec son idée d'une société à construire qui doit sortir de la passivité : « C'est ce sentiment, fortement étayé, de la fécondité, de la créativité, incontrôlable du social qui fait aimer la pensée de Castoriadis, c'est cela qui remue chez le lecteur un désir d'à-venir, une espérance [16]. »

Cette empathie manifeste vis-à-vis d'un homme et d'une pensée devenus une ressource nouvelle pour refonder l'horizon théorique de la revue ne va pas chez Paul Thibaud jusqu'à une adhésion sans réserve aux thèses de Castoriadis. Il y oppose celles de ses amis Lefort et Gauchet, qui mettent en évidence une division originaire de la société qui débouche sur une non-coïncidence avec elle-même et une impossible auto-institution conçue comme commencement absolu. Assimilant la position de Castoriadis à cette aporie d'une création venue de nulle part, Paul Thibaud ne traduit pas vraiment le point de vue proprement castoriadien pour lequel une telle conception est tout simplement une aberration.

La « nouvelle série » de la revue lancée par Thibaud en janvier 1977, qui s'ouvre par un retentissant « L'imposture totalitaire a fini par éclater », marque la volonté de la nouvelle équipe dirigeante d'avoir une part active dans la pensée de l'antitotalitarisme en quête

---

13. Paul THIBAUD, « Créativité sociale et révolution », *Esprit*, n° 9, septembre 1976, p. 213-224.
14. *Ibid.*, p. 213-214.
15. *Ibid.*, p. 215.
16. *Ibid.*, p. 217.

d'une nouvelle culture et d'une nouvelle politique. *Esprit* prend de sérieuses distances avec le prophétisme et le catastrophisme, qui ont été le lot de la pensée personnaliste d'un Emmanuel Mounier, fondateur de la revue. On invoque désormais une démocratie sans qualificatif « érigée au rang de valeur essentielle. Mieux, elle est un "avenir"[17] ». Durant l'été 1978, *Esprit* publie un dossier sur « Les fissures du totalitarisme et la démocratie en germes », présenté par Paul Thibaud, qui considère le phénomène totalitaire comme la volonté utopique d'unifier la société, de la rendre transparente à elle-même. Pour réaliser le dossier, il sollicite Castoriadis, qui donne alors un texte présenté lors d'un colloque sur la dissidence à Venise en 1977, dans lequel il synthétise en vingt-cinq thèses ses analyses sur la société soviétique depuis 1946[18]. Les contributions du dossier viennent pour l'essentiel d'intellectuels des pays de l'Est, comme Pierre Kende, Akos Puskas, Marc Rakovski, Tadeusz Mazowieski, ou encore le Tchèque Alexander Smolar, que Thibaud voit comme une « illustration d'un des thèmes de Castoriadis sur l'intrication de l'idéologique dans le social[19] ».

L'horizon affiché – jeter les bases d'un changement de la culture et de la politique – se cristallise dans un numéro-manifeste pour penser ce nouveau cap, sous le titre : « Que penser ? que dire ? qu'imaginer ?[20] ». Paul Thibaud consacre son éditorial à « L'autre modernité » et s'appuie de nouveau sur Castoriadis pour la penser : « Avec le discrédit des totalitarismes, réapparaît l'interrogation moderne, le politique et la philosophie rencontrent à nouveau la fondamentale indétermination humaine, l'infini, le "sans-fond", comme dit ici Castoriadis, par quoi l'être humain échappe non pas à toute règle mais à toute maîtrise[21]. » Le dossier se subdivise en trois parties à l'intérieur desquelles on peut prendre connaissance de la position de Castoriadis, qui répond dans un long entretien à Emmanuel Terrée et Guillaume Malaurie[22]. Il y prend ses distances avec la tentation de

---

17. Goulven BOUDIC, *Esprit 1944-1982. Les métamorphoses d'une revue*, Éditions IMEC, Saint-Germain la Blanche-Herbe, 2005, p. 380.
18. Cornelius CASTORIADIS, « Le régime social de la Russie », *Esprit*, n° 7-8, juillet-août 1978, p. 6-23.
19. Paul THIBAUD, « Créativité sociale et révolution », *loc. cit.*, p. 4.
20. « Que penser ?, que dire ?, qu'imaginer ? », *Esprit*, n° 9-10, septembre-octobre 1979.
21. Paul THIBAUD, « L'autre modernité », *ibid.*, p. 4.
22. Cornelius CASTORIADIS, « Illusion du système, illusion de la spécialisation », *loc. cit.*, p. 29-33 ; « La barbarie, c'est l'absence de productivité historique », *loc. cit.*, p. 131-133 ;

substituer l'éthique au politique et y dénonce une forme de mystification, d'esquive des vrais problèmes, qui rend impératif de penser la
société comme un ensemble global en se demandant : « Qu'est-ce qui
tient une société ensemble, qu'est-ce qui fait qu'il y a *une* société, et
non pas éparpillement ou dispersion [23] ? » Cet entretien s'achève sur
une note optimiste : Castoriadis se dit convaincu que le potentiel de
l'être humain est immense et encore trop confiné, car l'imagination
radicale de la psyché n'a cessé d'être l'objet d'une répression mutilante
tout au long de l'histoire. À la question de savoir s'il s'exprime en psychanalyste ou en socio-historien pour faire ce diagnostic, il répond :
« Les deux. Du reste, c'est indissociable. Mais ce que je vois dans mon
expérience d'analyste me pousse de plus en plus dans cette direction.
Je suis immensément frappé de voir combien peu nous faisons de ce
que nous sommes [24]. »

Le rapprochement entre Castoriadis et *Esprit* a des effets positifs
sur la diffusion de sa pensée au-delà d'un petit cercle d'initiés : « Avec
un groupe d'étudiants de 3ᵉ cycle nous étudions cette année, en séminaire, votre *Institution imaginaire de la société*. Accepteriez-vous de
venir à Nice en discuter avec nous. Je serais personnellement très
heureux, en tant que collaborateur de longue date de la revue *Esprit*,
de recevoir de vous une réponse positive à cette invitation [25]. » En cette
fin des années 1970 au cours desquelles Castoriadis sort peu à peu de
l'isolement qui était le sien au temps de Socialisme ou Barbarie, il
essaie de se rapprocher du *Nouvel Observateur*, non pour y collaborer, mais pour faire passer quelques prises de position, comme celle
du soutien à la lutte pour la reconnaissance du droit à l'insoumission
en 1978. Il s'adresse à Jean Daniel, directeur de l'hebdomadaire :
« Vous savez sans doute que, depuis assez longtemps, il existe en
France un mouvement d'insoumission parmi les jeunes appelés.
À l'initiative de leur groupe, le G.S.I., une déclaration sur le droit à
l'insoumission, qui reprend et actualise le Manifeste des 121, a été
rédigée et signée par plus de soixante-dix personnes – parmi lesquelles
René Dumont, Dionys Mascolo, Marguerite Duras, François Châtelet, Simone de Beauvoir, Jean-Paul Sartre, Jérôme Lindon, Alain

---

« Une interrogation sans fin », *loc. cit.*, p. 242-248 ; repris dans Cornelius CASTORIADIS,
Domaines de l'homme, op. cit., p. 299-324.
    23. *Ibid.*, p. 33.
    24. *Ibid.*, p. 248.
    25. Jean-William Lapierre (Laboratoire de sociologie de l'université de Nice), lettre à Cas-
toriadis, archives Castoriadis, 16 janvier 1979.

Touraine, Henri Laborit, etc. La publication de cette Déclaration se heurte à un refus général de la presse [...] [26]. » Jean Daniel donnera une suite à sa requête, faisant répondre par Hector de Galard que le journal fera écho à ce Manifeste sous la plume de Delfeil de Ton. Plus tard, Jean Daniel félicitera Castoriadis pour son entrée à l'EHESS : « Nos amis communs m'ont appris la bonne nouvelle de votre entrée aux Hautes Études. Je m'en réjouis comme eux [27]. »

Même s'il est évident qu'*Esprit* se sent plus proche de Lefort que de Castoriadis, tous deux seront fortement sollicités par la revue à partir du milieu des années 1970 [28]. À la suite du coup d'État du général Jaruzelski de décembre 1981 en Pologne, *Esprit* publie un entretien de Paul Thibaud avec Castoriadis, dans lequel il n'assimile pas ce nouveau pouvoir polonais à une stratocratie. Il ne fait que sanctionner « la faillite et la décomposition du Parti (qui n'a rien pu faire en Pologne) et, au-delà, celle du totalitarisme "classique" [29] ». En 1982, Castoriadis apporte à Thibaud pour *Esprit* un texte de Mihàly Vajda qui circule en Hongrie comme samizdat.

Les relations entre Paul Thibaud, Olivier Mongin et Castoriadis sont bonnes, ce qui n'exclut pas quelques tensions, comme lorsque Thibaud, s'exprimant dans *Le Monde-dimanche* le 27 juin 1982, affirme que SouB récusait toute forme d'institution : « Je n'ai jamais douté, et ne doute pas, de ta bonne volonté et de ta bonne foi. Je suis d'autant plus navré de voir le n'importe quoi envahir finalement les milieux que j'estime et qui me sont proches. Socialisme ou Barbarie n'a *jamais* "récusé toute institution". Tout au contraire, ma préoccupation essentielle, dès le premier jour, devant le destin de la révolution russe, a été de penser les institutions d'une société socialiste [30]. » En cette période estivale en 1982, l'énervement vise aussi Olivier Mongin : « Je ne vois pas où et quand j'ai reproché à Merleau-Ponty une "négativité ontologique" (*Esprit*, juin 1982, p. 151), et je ne sais pas ce que cette agression signifie. Ce à propos de quoi j'ai critiqué

26. Castoriadis, lettre à Jean Daniel, archives Castoriadis, 7 avril 1978.

27. Jean Daniel, lettre à Castoriadis, archives Castoriadis, 24 janvier 1980.

28. Entre 1976 et 1994, on compte en effet dans les colonnes d'*Esprit* onze interventions de Cornelius Castoriadis et quatorze de Claude Lefort.

29. Cornelius CASTORIADIS, « Le plus dur et le plus fragile des régimes », *Esprit*, n° 3, mars 1982, p. 140-146 ; repris dans Cornelius CASTORIADIS, *Domaines de l'homme, op. cit.*, p. 69.

30. Castoriadis, lettre à Paul Thibaud, archives Castoriadis, 30 juin 1982 ; reprise dans Cornelius CASTORIADIS, *Quelle démocratie ?*, t. II, *op. cit.*, p. 223-224.

Merleau-Ponty dans notre entretien d'*Esprit* il y a cinq ans, c'est d'avoir écrit que l'aliénation n'appartient pas aux contenus, mais à la structure de l'histoire – autrement dit, qu'elle est inéliminable[31]. » Ces manifestations d'une certaine exaspération vis-à-vis de la direction d'*Esprit* ne sont certainement pas sans rapport avec le fait que le compagnon de route le plus proche de la revue est Lefort, avec lequel la brouille est définitivement consommée.

Un autre lien rapproche Castoriadis d'*Esprit* : la question de l'auto-organisation, très discutée et considérée comme un concept majeur à la fin des années 1970 et au début des années 1980. Ce thème inté-resse aussi particulièrement Jean-Marie Domenach, qui se porte can-didat à un poste de professeur à l'École polytechnique en 1980, « avec mission de réorganiser le département de sciences sociales. C'est te dire que j'aurai besoin, si tout marche bien, de tes conseils et de ton aide[32] ». Domenach fait connaître Castoriadis à Jean-Pierre Dupuy qui, très impressionné, propose de collaborer avec lui pour appro-fondir la notion d'auto-organisation : « Les thèmes qui vous préoc-cupent – auto-organisation, information, signification –, ouvrant une place centrale, j'aimerais beaucoup compter sur votre présence et vos contributions[33]. » Jean-Pierre Dupuy a défini en 1977 une Action thématique sur programme (ATP) qui s'est étendue sur trois années de recherche collective sur le thème de « L'auto-organisation. De la physique au politique ». Castoriadis participe à cette ATP et Jean-Pierre Dupuy fait venir le biologiste chilien Francisco Varela des États-Unis et Henri Atlan de Jérusalem : « Castoriadis a participé à plusieurs de ces rencontres pendant ces trois années. Il pouvait être aussi gentil, courtois, aimable dans les discussions amicales qu'il pouvait être dur devant un public[34]. »

Cette recherche collective sur l'auto-organisation débouche sur une décade à Cerisy en 1981[35]. Deux institutions sont nées de cette ren-contre : le CREA (Centre de recherche sur l'épistémologie et l'auto-nomie), rattaché à l'École polytechnique, et le LDR (Laboratoire de dynamique des réseaux). Jean-Pierre Dupuy définit trois voies diffé-rentes et en partie contradictoires pour penser cette autonomie du

---

31. Castoriadis, lettre à Olivier Mongin, archives Castoriadis, 2 juillet 1982.
32. Jean-Marie Domenach, lettre à Castoriadis, archives Castoriadis, 28 mai 1980.
33. Jean-Pierre Dupuy, lettre à Castoriadis, archives Castoriadis, 27 mars 1980.
34. Jean-Pierre Dupuy, entretien avec l'auteur.
35. Paul DUMOUCHEL et Jean-Pierre DUPUY (dir.), *L'Auto-organisation. De la physique au politique*, Le Seuil, Paris, 1983.

social. Il y aurait d'un côté l'autonomie-clôture d'un social fermé sur lui-même, déjà institué, que l'on qualifie souvent d'hétéronomie, conception que défend René Girard, présent à la décade, à partir de son modèle mimétique, qui trouverait son correspondant au plan biologique dans la position de Varela. À l'opposé, il y aurait le modèle de Castoriadis de l'autonomie-ouverture ou révolutionnaire ; et entre les deux une auto-organisation du social telle que conçue par la modernité, exprimée notamment par la tradition libérale dans « ce que nous avons appelé l'intériorisation de l'extériorité du social, puisque avec la "main invisible", l'instance de cohérence de la société n'est pas plus tôt réintégrée au sein de celle-ci qu'elle se dérobe à la maîtrise des hommes [36] ».

Lors de cette décade, Castoriadis intervient sur « La logique des magmas et la question de l'autonomie [37] ». Il situe en 1964-1965 le moment de bascule au cours duquel il considère l'imaginaire radical comme fondamental, rendant caduques toutes les théories déterministes, soit le moment où il prend des distances explicites vis-à-vis du marxisme et se plonge dans l'univers psychanalytique. Castoriadis qualifie l'ensemble des multiplicités, qui ne relèvent pas toutes de la rationalité, de « magma », après l'avoir considéré comme un amas, puis un conglomérat. Il réaffirme que l'autonomie se situe du côté de l'ouverture, et non pas de la clôture, et que cette capacité à dépasser la clôture, qu'elle soit informationnelle, cognitive ou organisationnelle, est le propre de l'homme : « Cette possibilité n'apparaît, que je sache, qu'avec l'humain [38]. »

Cette décade donne lieu à un véritable événement intellectuel avec le débat au sommet, le 13 juin 1982, entre Castoriadis et René Girard, confrontation amicale organisée par Jean-Claude Guillebaud et Jean-Pierre Dupuy, sur le thème de la contingence dans les affaires humaines. Durant toute la soirée une joute à fleurets mouchetés a lieu entre le versant catholique et déterministe défendu par Girard et le versant athée privilégiant la sous-détermination de Castoriadis, qui affirme : « J'ai lu Girard et je respecte ses croyances. Mais il y a chez lui une double croyance fondamentale, la croyance en un Dieu et la

---

36. Jean-Pierre DUPUY, « Introduction », dans *ibid.*, p. 22.

37. Cornelius CASTORIADIS, « La logique des magmas et la question de l'autonomie », dans *ibid.*, p. 421-443 ; repris dans Cornelius CASTORIADIS, *Domaines de l'homme, op. cit.*, p. 481-523.

38. *Ibid.*, p. 513.

croyance en la Science. Comment il les concilie, je ne sais pas[39]. » Cette confrontation de haute volée se déroule entre 21 heures et 1 heure du matin. Il n'en reste hélas qu'un pâle résumé qui ne traduit pas vraiment son caractère exceptionnel.

Jean-Pierre Dupuy, intéressé par les thématiques de Castoriadis sur l'auto-institution, la créativité, l'imagination radicale, suit son séminaire à l'EHESS durant les trois premières années de son enseignement. Castoriadis lui confie des exposés sur un certain nombre de penseurs, Varela, Adam Smith, ainsi que René Girard. Entre Jean-Pierre Dupuy et Castoriadis s'instaure un dialogue fait de proximités et de différences[40]. Dupuy affirme son admiration pour l'ontologie castoriadienne, tout en défendant une pensée qu'il qualifie d'egologique, celle de l'individualisme méthodologique, stigmatisée par Castoriadis comme relevant du « crétinisme libéral ». Jean-Pierre Dupuy se fait en effet le défenseur de toute une tradition libérale qui comprend Hayek, Walras, Smith, filiation étrangère à Castoriadis. Pourtant, la pensée de Castoriadis a accompagné toute son évolution intellectuelle : « Je suis de ceux pour qui la critique du totalitarisme et le grand mouvement libertaire des années soixante et soixante-dix n'auraient pas eu le même sens s'il n'avait été possible de les rapporter au système philosophique de Cornelius Castoriadis[41]. » L'individualisme méthodologique peut être, selon Dupuy, un moyen d'articuler l'individu au collectif selon ce qu'il appelle une « auto-transcendance », par laquelle s'opère un mouvement d'auto-extériorisation. Selon lui, Castoriadis donne une vision caricaturale de ce courant, qui n'envisage nullement, comme il le prétend, un individu autosuffisant coupé de tout environnement social. Il ne faut pas confondre individualisme méthodologique et psychologisme : « Chez Smith comme chez Hayek, pour ne citer qu'eux, sans la société que pourtant il contribue à faire, et qui le dépasse absolument, l'individu ne serait rien[42]. » Malgré ce différend, des relations d'amitié se nouent entre Castoriadis et Jean-Pierre Dupuy, qui l'invite à deux reprises à Stanford, où il enseigne. Les deux familles se voient régulièrement et

---

39. Débat entre Cornelius CASTORIADIS et René GIRARD, « La contingence dans les affaires humaines », dans Paul DUMOUCHEL et Jean-Pierre DUPUY (dir.), *L'Auto-organisation, op. cit.*, p. 299.

40. Jean-Pierre DUPUY, « Individualisme et auto-transcendance », *Revue européenne des sciences sociales*, décembre 1989, p. 245-253.

41. *Ibid.*, p. 245.

42. *Ibid.*, p. 250.

Cybèle devient l'amie de la fille de Dupuy, Béatrice : « Au moment de mon divorce, j'ai beaucoup vu Castoriadis en tant qu'ami et il m'a beaucoup aidé, on était très proches [43]. »

Grâce à Jean-Pierre Dupuy, Castoriadis fait la connaissance du biologiste et philosophe Francisco Varela, avec lequel se noue un dialogue théorique approfondi sur la question de l'auto-organisation. Le point de vue de Varela séduit Castoriadis, car, en tant que biologiste, il défend lui aussi une position antiréductionniste. Dans une perspective fortement phénoménologique, Francisco Varela part du caractère indissociable de la perception et de l'action dans tout acte cognitif, et propose à ce titre le concept d'*enaction*, d'action incarnée. Selon lui, les sciences cognitives doivent mettre en évidence cette interaction circulaire entre l'organisme et son environnement, qui restent strictement autonomes l'un par rapport à l'autre. Selon Varela, le phénomène cognitif est doublement tributaire des capacités sensorimotrices du corps, et ces capacités s'inscrivent elles-mêmes dans un contexte biologique, psychologique et culturel plus vaste. Ainsi, Castoriadis et Varela réfléchissent tous deux à la question de l'autonomie [44] : « Quand j'ai découvert le travail de Francisco […], j'ai tout de suite découvert une énorme parenté : le travail de Francisco, de même que celui d'un autre biologiste chilien, Humberto Maturana, depuis 1973, que je ne connaissais pas jusqu'alors, tournait autour de la même problématique que celle à laquelle je réfléchissais : comment peut apparaître, peut émerger […] une unité que dans mes vieux termes philosophiques j'appelle "un être-pour-soi" [45] ? » Ils ont cependant entre eux des points de désaccord. Francisco Varela ne perçoit pas le phénomène d'émergence comme résultant de l'entrelacement de deux dimensions : l'ensemblisme-identitaire et l'aléatoire ; il défend l'idée de conditions de possibilité reproductibles en laboratoire. Cette question de l'auto-organisation et des logiques temporelles conduira Castoriadis à participer à une autre décade de Cerisy en juin 1983 consacrée aux travaux de Prigogine, organisée par Jean-Pierre Brans et Philippe Vincke [46].

---

43. Jean-Pierre Dupuy, entretien avec l'auteur.

44. Francisco VARELA, *Autonomie et Connaissance*, Le Seuil, Paris, 1989.

45. Cornelius CASTORIADIS, *Post-scriptum sur l'insignifiance*, suivi de *Dialogue*, L'Aube, La Tour-d'Aigues, 2004, p. 98-99.

46. Cornelius CASTORIADIS, « Temps et création » et « Temps et devenir », décade de Cerisy, 23 juin 1983 ; repris dans Cornelius CASTORIADIS, *Les Carrefours du labyrinthe*, t. III, *op. cit.*, p. 307-348.

La proximité de Castoriadis avec *Esprit* se double d'une relation qu'il entretient à distance avec celui qui est le grand philosophe de référence de la revue, Paul Ricœur. On se souvient que Castoriadis est allé trouver Ricœur à l'université de Nanterre en 1967 pour qu'il devienne le directeur de sa thèse consacrée à « l'élément imaginaire dans l'histoire », qui n'aboutira pas. Lorsque plus tard, en 1970, Ricœur, alors doyen de l'université de Nanterre, se voit coiffé d'une poubelle par des militants d'ultra-gauche [47], Castoriadis réagit immédiatement pour lui exprimer son soutien et son indignation : « Permettez-moi de vous exprimer, à propos de l'odieux incident de cette semaine à Nanterre, toute mon amitié, en même temps que, s'il est besoin de le dire, l'estime en laquelle je tiens votre attitude. Hélas, des imbéciles et des salauds se rencontrent dans tous les bords. [...] En refusant de réagir directement, en montrant dans l'acte que vous ne confondez pas quelques énergumènes – probablement malades, du reste – ni avec une génération ni avec un courant d'idées, vous n'avez pas seulement montré votre intelligence de la situation, vous avez, je crois, aussi adopté l'attitude la plus profondément efficace à long terme [48]. »

On trouve dans le Fonds Paul Ricœur un dossier Castoriadis composé d'un manuscrit en partie rédigé sous le titre « Le fondement imaginaire du social-historique [49] ». Non daté, ce manuscrit a été envoyé de son domicile de l'époque, quai Anatole-France, soit avant 1977. Il a été lu de près par Ricœur, qui en a souligné de nombreux passages [50].

Les échanges épistolaires entre Ricœur et Castoriadis attestent une profonde estime réciproque. En 1978, Castoriadis écrit à son directeur de thèse, qui passe une bonne partie de l'année aux États-Unis, pour lui exprimer son insatisfaction de ne pas trouver davantage de répondant de sa part : « Sommes-nous assez amis, pour que je puisse me permettre de vous dire mon désappointement devant le silence

---

47. Voir François DOSSE, *Paul Ricœur. Les sens d'une vie*, La Découverte, Paris, 2008.

48. Castoriadis, lettre à Paul Ricœur, archives Castoriadis, 30 janvier 1970.

49. Je remercie mon amie et conservatrice du Fonds Ricœur, Catherine Goldenstein, de m'en avoir signalé l'existence.

50. Cornelius CASTORIADIS, « Le fondement imaginaire du social-historique », manuscrit inédit, Fonds Paul Ricœur, *s. d.* Surligné par Ricœur : « Quelle est la nature de la temporalité en tant que proprement historique et surtout : quelle serait la nature de cette nécessité et comment serait-elle possible en tant que passage obligé d'un sens imaginaire à un autre sens imaginaire ? », p. 30 ; « Il n'est donc pas possible, sauf par un coup de main métaphysique qui, visant à tout s'approprier, aboutit à la prison de la répétition tautologique, de réduire les conditions du réel à celles du pensable et celles-ci à leur moment transcendantal », p. 45.

qu'ont rencontré mes envois réguliers, depuis six ans au moins, de tout ce que j'ai publié pendant cette période ? [...] Vous êtes une des rarissimes personnes à l'opinion et à la réaction desquelles j'accorde de l'importance. Soyez certain, en tout cas, que j'accueillerai avec joie tout signe venant de vous[51]. » Quelques jours après, Ricœur lui répond : « J'accepte volontiers votre amicale protestation, car je ne me sens coupable que de négligence à écrire, non de négligence à lire. Car je lis avec passion tout ce que vous écrivez. J'ai fait un cours de licence à Nanterre sur votre *Institution imaginaire de la société*. Et j'ai sous les yeux votre dernière contribution à *Esprit* (Thibaud et Mongin savent combien je me réjouis de ce que la revue s'appuie à votre œuvre)[52]. »

Castoriadis et Ricœur n'auront eu l'occasion de dialoguer en public qu'une seule fois, dans l'émission « Le bon plaisir », sur France Culture, le 27 décembre 1990. Cet échange porte sur la question de la discontinuité du sens sur fond de continuité de l'existence. Ils s'accordent à prendre leurs distances avec la notion de coupure radicale des *épistémè* de Michel Foucault, ainsi qu'à constater qu'il existe bien des discontinuités dans l'histoire : « Si vous dites que vous acceptez des discontinuités de sens, je suis content et si j'étais polémique, je dirais que vous me concédez ce qu'il me faut[53]. » Ricœur affirme ne pas percevoir de véritable différence d'appréciation avec Castoriadis. Il reconnaît que chaque configuration est comme telle nouvelle par rapport à toute autre, qu'elle n'est tout simplement pas surgie de nulle part, et qu'elle fait enchaînement avec ses antécédents : « Il y a une sorte de rétroaction de nos créations nouvelles sur les moments anciens telle que nous délivrons des possibles qui ont été empêchés[54]. »

Mais le vrai débat n'aura pas vraiment lieu entre eux. Il aurait dû porter sur l'imaginaire, car ils ont l'un et l'autre, chacun à sa manière, longuement exploré cette dimension tout à fait essentielle pour eux[55]. Ce qui fonde d'ailleurs leur commune distance vis-à-vis du structuralisme tient au fait que ce dernier privilégie les logiques binaires et répétitives dans un système clos où la dimension créative de l'imaginaire n'a pas de part. Dans *La Métaphore vive*[56], Ricœur démontre en quoi

---

51. Castoriadis, lettre à Paul Ricœur, archives Castoriadis, 28 juillet 1978.

52. Paul Ricœur, lettre à Castoriadis, archives Castoriadis, 7 août 1978.

53. Cornelius Castoriadis, « "Le bon Plaisir" de Paul Ricœur », France Culture, 9 mars 1985.

54. Paul Ricœur, dans *ibid.*

55. *Cf.* Jean-Luc AMALRIC, *Paul Ricœur, l'imagination vive*, Hermann, Paris, 2013.

56. Paul Ricœur, *La Métaphore vive*, Le Seuil, Paris, 1975.

la métaphore n'est pas un simple trope mais est porteuse d'une dimension créative revisitant le référent. Pour sortir de la clôture du texte sur lui-même, Ricœur pratique un véritable retournement de l'amont vers l'aval du texte, le ré-ouvrant à un champ de multiples possibles par sa dimension poétique.

Ricœur a toujours affirmé le caractère essentiel de cette dimension poétique. Elle forme l'horizon de tous ses travaux depuis sa thèse sur la philosophie de la volonté, dans laquelle il annonce déjà la parution à venir d'une poétique de la volonté. De même qu'il insiste sur le cercle herméneutique, le lien circulaire qui relie le croire et le comprendre, il établit une complémentarité entre le versant créatif de la métaphore et celui, spéculatif, du concept : « La métaphore est vive en ce qu'elle inscrit l'élan de l'imagination dans un "penser plus" au niveau du concept. C'est cette lutte pour le "penser plus", sous la conduite du "principe vivifiant", qui est "l'âme" de l'interprétation[57]. » La création se trouve liée au travail spéculatif, et Ricœur assigne à cette émergence poétique, à cette autopoïesis une place tout à fait centrale. En ces temps structuralistes où tout se résout à partir des figures stylistiques, et notamment deux d'entre elles – la métaphore et la métonymie –, qui deviennent prétexte à dessiner les limites d'une clôture textuelle, Ricœur s'attache à l'étude de la métaphore. Elle lui permet de montrer en quoi son lieu le plus intime renvoie au verbe « être » et ouvre sur un référent, sur une extériorité du langage qui lui fait tenir le même rôle tensionnel que la notion de vérité. Ricœur assigne un rôle majeur à la métaphore, dont il pose les limites : « *Fonder* ce qui a été appelé vérité métaphorique, c'est aussi *limiter* le discours poétique[58]. » Ricœur rappelle comment le genre dont relève la métaphore – la rhétorique – est tombé en désuétude alors qu'Aristote lui assignait une grande ambition, celle de régir les usages de la parole publique. Au contraire de l'idée courante selon laquelle la forme est accessoire par rapport au message, et qui renvoie la métaphore au statut d'ornement gratuit de la pensée, Ricœur montre à quel point, chez Aristote, la métaphore replacée sur fond de la *mimésis* « participe à la double tension qui caractérise celle-ci : soumission à la réalité *et* invention fabuleuse ; restitution *et* surélévation[59] ». Dès la fin de sa première étude, traitant du rapport entre rhétorique et poétique chez

57. *Ibid.*, p. 384.
58. *Ibid.*, p. 12.
59. *Ibid.*, p. 57.

Aristote, Ricœur ouvre la question sur l'agir, sur le réveil possible des capacités enfouies et des potentialités dormantes de l'action comme lieu même de la fonction ontologique du discours métaphorique.

On mesure donc à quel point la proximité est grande avec Castoriadis, qui place l'imaginaire radical au niveau de l'individu et l'imagination sociale au niveau collectif, au cœur du social-historique. Tous deux se trouvent en rupture avec la conception marxienne d'un imaginaire relégué dans les déformations idéologiques de la super-structure. Comme le remarque Johann Michel, la créance accordée par Ricœur à l'imaginaire « ne peut qu'épouser le cheminement philosophique de Castoriadis [60] ». En effet, Ricœur approfondit sa lecture critique de Marx et d'Althusser dans ses conférences nord-américaines publiées en France en 1997 [61]. Il y montre que l'on ne peut accéder sans médiation symbolique au réel et que l'on ne peut réduire l'imaginaire social à une simple distorsion, ou dissimulation, de ce même réel. Cela revient à nier la dimension positive de l'idéologie, dont la fonction première est de permettre l'être-ensemble, le vivre-ensemble. De la même manière, selon Castoriadis, l'interprétation marxiste de la superstructure comme reflet déformant de l'infrastructure est un leurre, car tout part de l'imaginaire social. Ce syntagme d'« imaginaire social » leur est commun au milieu des années 1970, et l'on peut se demander si Ricœur ne le tient pas de Castoriadis, qui publie *L'Institution imaginaire de la société* en 1975. Un an plus tard, Ricœur publie en effet à New York un article au titre très castoriadien : « Idéologie et utopie : deux expressions de l'imaginaire social [62] ».

Dans son séminaire, Castoriadis s'appuie largement sur l'approche du statut du temps que Ricœur définit entre 1983 et 1985 dans sa trilogie *Temps et récit.* Dans un courier que Castoriadis envoie à Michel Contat au *Monde,* il s'étonne du peu de cas que fait *Le Monde* de cette œuvre majeure : « Je trouve absolument affligeant de voir *Le Monde des livres* consacrer l'équivalent d'une page entière à ces deux numéros (A. Finkielkraut et B. Lévy) en même temps que l'on parle deux pages auparavant dans la même livraison en trois lignes de la parution du

---

60. Johann MICHEL, *Ricœur et ses contemporains,* PUF, Paris, 2013, p. 143.

61. Paul RICŒUR, *L'Idéologie et l'Utopie,* Le Seuil, Paris, 1997.

62. Paul RICŒUR, « Idéologie et utopie : deux expressions de l'imaginaire social », *Philosophical Exchange,* n° 2, 1976 ; repris dans Paul RICŒUR, *Du texte à l'action,* Le Seuil, Paris, 1986, p. 379-392.

dernier livre de Paul Ricœur, qualifié dans ces mêmes trois lignes à peu près d'un des grands philosophes méconnus de l'époque[63]. »

Castoriadis s'est toujours tenu à l'écart de la tradition herméneutique, la plaçant du côté de la pensée héritée, qui manque l'essentiel de la création humaine. L'emphase placée sur l'interprétation est d'ailleurs, selon Castoriadis, le signe de la crise de créativité de cette fin de XXᵉ siècle. En ce sens, il s'éloigne des perspectives d'un Ricœur se définissant lui-même comme herméneute. Sur ce plan, Pierre Dumesnil, un proche de Castoriadis, l'interroge : « J'aimerais vous poser une question : diriez-vous que cette position est proche de celle qui consiste à considérer que les sciences sociales sont nécessairement des sciences herméneutiques ? [...] Après avoir beaucoup lu et écouté le linguiste François Rastier, il me semble être très proche des positions qui sont les vôtres. [...] Je le lui ai dit et il n'en a pas disconvenu. Or, il se réclame explicitement de la tradition herméneutique, en déclarant, par exemple, que "le sens n'est pas immanent au texte, mais à la situation d'interprétation" dont bien sûr le texte fait partie [...] ce que Rastier appelle l'*entour* (*Umwelt*) de l'interprète me paraît assez séduisant[64]. » Par retour de courrier, Castoriadis lui répond qu'en effet, il ne semble pas avoir de point de vue divergent avec lui, mais précise ce qui l'oppose à la position herméneutique de François Rastier : « Il est clair pour moi, comme vous le dites, qu'une compositionnalité des éléments "physiques" ne suffit pas pour construire du "sens" ou pour produire des "utilités". Mais, dans ce cas encore, réfléchissez au fait suivant : "l'utilité" d'un bien ou d'un service dépend certes décisivement de l'*Umwelt* du sujet *et* du sujet lui-même, mais guère de l'interprète"[65]. »

Castoriadis est aussi présent dans *Études*, la revue des Jésuites, grâce au philosophe Francis Guibal. Après sa formation, Guibal entend s'installer au Chili, où il est invité et où l'expérience politique de Salvador Allende l'intéresse. Mais le coup d'État de Pinochet en 1973 rend cette destination impossible. Guibal lui substitue le Pérou, où la théologie de la libération est en vogue en ce milieu des années 1970. Il s'y marie après avoir quitté la Compagnie de Jésus en 1975, tout en lui restant lié au plan intellectuel. Il enseigne alors la philosophie à l'Université, mais se heurte à l'omniprésence de la « Diamat » (la

---

63. Castoriadis, lettre à Michel Contat, archives Castoriadis, 25 novembre 1985.

64. Pierre Dumesnil, lettre à Castoriadis, archives Castoriadis, 31 mai 1995.

65. Castoriadis, lettre à Pierre Dumesnil, archives Castoriadis, 3 juin 1995.

dialectique matérialiste), qui le pousse à aller puiser chez Castoriadis de quoi montrer que l'on peut penser un marxisme moins mécaniste. Il se plonge dans l'ensemble de son œuvre avec passion, et en nourrit les cours qu'il donne aux étudiants péruviens.

En 1980, Francis Guibal présente le parcours philosophique de Castoriadis dans un long article[66] : « En français, la meilleure étude que je connaisse sur l'ensemble de mes écrits est celle de Francis Guibal dans *Études* de juin 1980[67]. » En 1982, à son retour d'Amérique latine, Castoriadis invite chez lui, rue de l'Alboni, Francis Guibal, avec lequel il reste en contact épistolaire. Pressenti en 1990 pour intervenir lors de la décade consacrée à Castoriadis à Cerisy, il écrit en 1989 deux articles qui lui sont consacrés[68] : « J'ai toujours été très intéressé chez lui par cette conception d'une raison qui ne se réduit pas au rationalisme, imprégnée de création, d'imagination[69]. » Francis Guibal, qui continue à contribuer à la diffusion de sa pensée en Amérique latine, regroupe ses contributions sur son œuvre et publie un ouvrage sur Castoriadis au Mexique, puis au Pérou[70].

En tant que philosophe chrétien, Francis Guibal ne se formalise pas de l'athéisme déclaré de Castoriadis. Il se retrouve même pour l'essentiel dans sa quête, qui ne lui semble pas si éloignée de la tradition mystique d'un Angélus Silésius, lorsque ce dernier dit que son esprit appelle à grands cris vers l'abîme de Dieu et se demande ce qui, de l'esprit ou de Dieu, est le plus profond : « C'est superbe, et pour moi Castoriadis est quelqu'un qui creuse l'abîme humain. Pour lui, il n'y en a pas d'autre, mais je trouve que la manière dont il creuse cet abîme n'a rien de positiviste. L'humain y est le lieu pour lui-même, on retrouve saint Augustin[71]. »

Francis Guibal, principalement spécialiste de l'œuvre de Kant et de Hegel, se situe à la croisée de la polarité qui se dessine entre, d'un côté, la tradition hégélienne, avec Éric Weil, juif grec de l'immanence,

---

66. Francis GUIBAL, « Castoriadis, un appel à la lucidité active », *Études*, mai 1980, p. 761-778.

67. Castoriadis, lettre à Michel Richard, archives Castoriadis, 25 novembre 1983.

68. Francis GUIBAL, « La raison occidentale en question, le "diagnostic" de Cornelius Castoriadis », *Revue des sciences philosophiques et théologiques*, n° 2, 1er avril 1989 ; « Imagination et création. Sur la pensée philosophique de Castoriadis », *Revue européenne des sciences sociales*, t. XXVII, n° 86, 1989, p. 125-140.

69. Francis Guibal, entretien avec l'auteur.

70. Francis GUIBAL et Alfonso IBÁÑEZ, *Cornelius Castoriadis. Lo imaginario y la creación de la autonomía*, Fondo Editorial, Guadalajara (Mexique), 2006 ; Lima (Pérou), 2009.

71. Francis Guibal, entretien avec l'auteur.

penseur de la logique et de l'histoire dans une tradition qui va d'Aristote à Hegel, et, de l'autre, la tradition juive de la transcendance, de l'altérité, représentée par Emmanuel Levinas. Il faut selon Guibal penser ces traditions ensemble : « Par rapport à cet impératif, Castoriadis a sa place en tant que Grec travaillé par la liberté et l'altérité, plus soucieux d'histoire et de politique que Levinas, ce qui le rapproche d'Éric Weil, mais avec un sens de l'altérité et de la création, de l'ontologie de l'imaginaire qui le distingue de Weil[72]. » À plusieurs reprises, Francis Guibal, qui enseigne à Strasbourg dans le secondaire jusqu'en 1987, puis à l'Université, tente sans succès d'inviter Castoriadis : « Je vous remercie de votre invitation de participer à votre séminaire sur "Éthique et droits de l'homme". J'aimerais beaucoup pouvoir y répondre positivement. Malheureusement, comme vous le savez, mon travail de psychanalyste me "cloue" à Paris pendant la semaine[73]. »

Un autre jésuite important qui habite dans le haut lieu de la Compagnie à Paris, au 15, rue Monsieur, François Russo, exprime à Castoriadis tout l'intérêt qu'il trouve à lire son œuvre : « Je tiens à vous dire combien j'admire la force et la clarté de votre réflexion. Ceci d'autant plus que nous sommes à une époque où abondent les ouvrages difficilement lisibles. [...] Ce qui me touche le plus parce que c'est là l'objet de ma réflexion la plus directe à l'heure actuelle, c'est ce que vous dites sur l'histoire des sciences. [...] Vous traitez de la question fondamentale de savoir si la théorie de Newton est un cas particulier de la théorie d'Einstein[74]. » Il exprime néanmoins une divergence d'appréciation en jugeant que l'ontologie d'Einstein est tout autre, et plus féconde, que celle de Newton.

Au fil des années 1980, la notoriété de Castoriadis grandit, et pas seulement à l'échelle nationale. Il gravite dans des réseaux de plus en plus larges d'intellectuels en vue. Directeur d'études à l'EHESS, philosophe dont l'œuvre est largement publiée et diffusée, il gagne un rayonnement international qui va croissant, suscitant souvent, notamment en Amérique latine, un engouement bien supérieur à celui qu'il connaît en France. Le point d'orgue à cette renommée montante s'incarne dans la décade de Cerisy, haut lieu symbolique dans le domaine des rencontres intellectuelles, qui lui est consacrée en

---

72. *Ibid.*
73. Castoriadis, lettre à Francis Guibal, 16 mai 1992, communiquée par son destinataire.
74. François Russo, sj, lettre à Castoriadis, archives Castoriadis, 21 décembre 1978.

juillet 1990, et dont l'organisation est confiée à un philosophe du politique devenu un ami proche, Philippe Raynaud. Ancien élève de l'ENS Saint-Cloud, agrégé de philosophie, Raynaud est un ancien militant trotskiste. Arrivé à Paris en 1968 au lycée Louis-le-Grand, il vivra plusieurs années, comme il le dira plus tard, « sous l'autorité de l'idée révolutionnaire ». Il adhère d'abord au PSU, dans le courant de Gilles Martinet, et, ne souhaitant pas intégrer le PS, se rapproche de la Ligue communiste et milite activement à l'École émancipée. Il finit tout de même par rallier le PS. Mais lorsque, en 1977-1978, Georges Marchais dénonce le virage à droite des socialistes français, il prend peur et, croyant le PC assez fort pour imposer sa loi au sein de la gauche, il devient un des premiers soutiens d'une revue qui se constitue en 1978 contre la gauche communiste et socialiste, *Commentaire.* En cette fin des années 1970, Philippe Raynaud lit avec le plus grand intérêt la revue *Libre* et, grâce à *Esprit,* fait la connaissance personnelle de Lefort et de Castoriadis. Il est impressionné par *L'Institution imaginaire de la société* : « Dans la configuration générale de l'époque, Castoriadis exprimait un point de vue de la gauche radicale qui n'avait aucune complicité avec l'expérience totalitaire [75]. » Le premier contact de Raynaud avec Castoriadis est empreint d'une certaine prévention. Il redoute de côtoyer un chef de parti, mais il est rassuré lorsqu'en 1980 Castoriadis fait appel à lui et à d'autres, qui se sont éloignés de ses positions politiques, pour continuer l'aventure de la revue *Libre* : « On a commencé à se voir et j'ai découvert un homme tout différent de celui que je m'imaginais [76]. »

Un malentendu à l'origine d'une rupture radicale entre Lefort et Raynaud va encore rapprocher ce dernier de Castoriadis. Philippe Raynaud écrit un article pour la revue *Libre* qu'il communique à Marcel Gauchet, secrétaire de la revue. Il reçoit un appel téléphonique de Maurice Luciani, qui l'informe qu'il y aura un dernier numéro de *Libre* – ce numéro ne paraîtra jamais –, et qui lui demande s'il accepte que sa contribution soit publiée dans cet ultime numéro. Philippe Raynaud lui répond qu'il n'y voit aucun inconvénient, mais compte tenu de la brouille entre Lefort et Gauchet, il précise qu'il a déjà communiqué son papier à Gauchet et qu'il convient de lui demander son avis : « Cela a été interprété comme une déclaration de

---

75. Philippe Raynaud, entretien avec l'auteur.
76. *Ibid.*

guerre par le clan Lefort[77]. » Il en résultera une brouille avec Lefort qui durera douze années : « On s'est réconciliés avec Lefort à Moscou en 1993 dans un colloque organisé par François Furet sur le postcommunisme, en défendant tous les deux contre Annie Kriegel que Trotski n'était pas un imbécile[78]. » *A contrario*, Philippe Raynaud apprécie de plus en plus la compagnie d'un Castoriadis qui lui paraît pleinement à l'aise dans la période historique qu'il traverse, celle des années 1980 : « Il avait l'éthos de cette période car c'était quelqu'un qui aimait le dialogue et la recherche de la vérité[79]. »

L'autre point de convergence entre Castoriadis et Raynaud est l'œuvre de Weber, qui a passionné le jeune Castoriadis. Étudiant à Athènes, il a traduit et commenté en grec dès 1944 le chapitre initial d'*Économie et Société*, dans lequel Weber définit l'objet de la sociologie. Raynaud, de son côté, a consacré à Max Weber un livre paru en 1987[80]. Il y démontre l'unité de la pensée wébérienne, source d'une ambitieuse sociologie en quête d'une rationalisation de l'interprétation des relations sociales. Philippe Raynaud accorde à Castoriadis une place importante dans la postérité de cette œuvre, *via* sa critique de la rationalisation extrême incarnée par le pouvoir bureaucratique dans la société moderne : « Poursuivi jusqu'à ses ultimes conséquences logiques, le processus de rationalisation sociale devrait apparemment conduire, dans sa forme capitaliste, à l'expansion illimitée du modèle du calcul rationnel, "économique" ou "technique" (c'est pour cela que les critiques ultérieurs de la "réification" ou du "capitalisme bureaucratique", de G. Lukács à C. Castoriadis, empruntent en fait beaucoup plus à Weber qu'à Marx)[81]. »

Dans *Esprit*, Castoriadis écrit une longue recension sur cet ouvrage, qu'il présente comme la meilleure introduction qu'il ait pu lire à la pensée de Max Weber[82]. S'il se tient à distance de la méthode individualiste de Weber, il ne la récuse pas car elle n'a aucun caractère substantialiste ou ontologique. Castoriadis suit Weber dans sa recherche pour atteindre, au-delà de l'explication, le stade de la compréhension

---

77. *Ibid.*
78. *Ibid.*
79. *Ibid.*
80. Philippe RAYNAUD, *Max Weber et les dilemmes de la raison moderne*, PUF, Paris, 1987.
81. *Ibid.*, p. 167.
82. Cornelius CASTORIADIS, « Individu, société, rationalité, histoire », *Esprit*, n° 2, février 1988 ; repris dans Cornelius CASTORIADIS, *Les Carrefours du labyrinthe*, t. III, *op. cit.*, p. 47-86.

des comportements humains : « Philippe Raynaud retrace excellemment les origines de l'idée que le compréhensible est le produit de l'action individuelle [83]. » L'individualisme méthodologique selon Weber, récusé principiellement par Castoriadis, revêt cependant selon lui le mérite d'éviter l'aporie consistant à se demander si c'est l'individu qui est premier ou la société. De même, chaque civilisation ne peut être expliquée par celle qui l'a précédée, et doit être comprise pour elle-même à partir de la configuration nouvelle qui la caractérise en propre. En ce sens, il résulte une certaine incomparabilité ou incommensurabilité des valeurs morales d'une société donnée. Castoriadis s'inscrit en revanche en faux par rapport à l'affirmation wébérienne d'une logique interne des représentations religieuses qui les pousserait vers la rationalisation.

Lorsque vient le moment d'organiser la décade de Cerisy autour de son œuvre, Castoriadis choisit Philippe Raynaud pour en être le maître d'œuvre, avec l'idée de coorganiser l'événement avec lui. Le titre de la rencontre déploie trois concepts, « institution, imaginaire, autonomie », et réunit dans le château de Cerisy, entre le 3 et le 10 juillet 1990, un cénacle de proches qui, du fait de l'itinéraire atypique de Castoriadis, viennent d'horizons très différents. On a effectivement là un concentré de ses différents mondes, souvent totalement étrangers les uns aux autres. Autour de Castoriadis se retrouvent à la fois des directeurs d'études de l'EHESS, Pierre Rosanvallon, Marcel Gauchet, et son ancien président, François Furet, des anciens de Socialisme ou Barbarie, des psychanalystes ou psychosociologues comme Marie-Claire Célerier, Eduardo Colombo ou Eugène Enriquez, des épistémologues comme Jean-Pierre Dupuy, le biologiste Francisco Varela, des représentants de revues comme Paul Thibaud, Olivier Mongin, et bien sûr l'ami de longue date, Edgar Morin.

L'assistance est tout aussi composite, ce qui donne lieu à quelques accrochages. Il est vrai qu'entre les thèses de réévaluation de la pensée de Castoriadis dans un sens libéral et les tenants de ce que Philippe Raynaud appelle avec humour « le courant Socialisme ou Barbarie-Canal historique », il y a plus que des nuances : « Il y a même eu un type furieux qui m'a dit ne pas comprendre pourquoi on avait confié à un réactionnaire comme moi la responsabilité de cette importante réunion. Je lui ai rétorqué que si on l'avait confié à un révolutionnaire

---

83. *Ibid.*, p. 58.

comme lui, cela n'aurait représenté aucun intérêt, et d'ailleurs cela n'aurait pas eu lieu [84]. » Parmi ces mécontents, le sociologue Gabriel Gagnon, qui vient de Montréal, adhère aux thèses de Castoriadis sur la base de la défense de l'autogestion et a créé au Québec la revue *Possible* en 1976 : « Là, j'ai l'impression d'être dans un traquenard. J'étais venu pour les idées d'autonomie, d'autogestion, et on m'explique la théorie néolibérale de Furet, Gauchet... Je ne suis plus. Ces idées de Castoriadis sont très importantes, surtout dans des sociétés qui bougent : Québec, Amérique latine..., plus qu'en Europe [85]. »

François Furet et Marcel Gauchet sont en effet chargés de l'ouverture de la décade avec des communications sur la démocratie. De son côté, Edgar Morin intervient sur « La pathologie du *Logos* » en partant de cette proposition de Castoriadis : « L'homme est un animal fou qui a inventé la raison. » Selon Morin, « cette proposition est intéressante et, si elle est raisonnable, on peut conclure que notre rationalité consiste dans notre possibilité de concevoir notre folie [86] ». Edgar Morin affirme que son compagnonnage avec Castoriadis tient non au hasard, mais à la commune aventure qu'ils mènent pour améliorer les relations entre les hommes, espérance qui a donné lieu à du sublime comme à de l'horrible et du démentiel. Il consacre son intervention à montrer l'ambivalence des notions de rationalité et d'irrationalité, qui ne sont pas à opposer, mais à considérer comme inséparables : « Depuis que nous avons cessé de considérer les mythes et les religions comme de pures et simples superstitions, nous savons que la raison n'a pas pour mission de réfuter les mythes mais de les interroger [87]. »

De son côté, Castoriadis consacre son intervention à la question de la démocratie [88], partant du discours alors en vogue sur le succès inexorable de la démocratie après l'effondrement du communisme et la chute des dictatures latino-américaines. Pour lui, parler de cette « marche irrésistible de la démocratie sur la planète, et autres soufflés

---

84. Philippe Raynaud, entretien avec l'auteur.
85. Gabriel Gagnon, témoignage vidéo sur Cerisy. Consultable sur <www.agorainternational.org>.
86. Edgar Morin, « Pathologie du *Logos* », communication à Cerisy, archives Castoriadis, 9 juillet 1990.
87. *Ibid.*
88. Cornelius CASTORIADIS, « Quelle démocratie ? », exposé à la décade de Cerisy, 5 juillet 1990 ; repris dans Cornelius CASTORIADIS, *Figures du pensable, op. cit.*, p. 175-217.

de la même farine[89] », n'a pas de sens si l'on ne se demande pas de quelle démocratie l'on parle. Il en profite pour en rappeler sa propre définition : « La démocratie est le régime de l'autolimitation, autrement dit le régime de l'autonomie, ou de l'auto-institution[90]. » L'égalité que vise la démocratie est celle de la possibilité effective de tous de participer au pouvoir. Il ne voit rien de tel dans ce qu'il qualifie d'oligarchies modernes, valorisant la sphère privée et la privatisation des individus.

Sans le nommer, il vise Lefort lorsqu'il évoque ceux pour qui la démocratie se définit comme régime politique par son « indétermination », récusant cette appréciation : « Ce régime de la prétendue indétermination est parfaitement "déterminé" par des mécanismes informels, réels, essentiellement distincts des règles formelles (juridiques) mais permis et couverts par celles-ci, et qui assurent, tant que faire se peut (car il y a des surprises partout, même en Russie ou en Chine ; l'histoire, c'est la surprise), la reproduction du même[91]. » Castoriadis s'en prend par ailleurs, visant là le courant libéral, à un matérialisme historique inversé selon lequel tout se situerait dans la seule sphère autonomisée du politique, alors qu'il convient d'articuler celle-ci avec le régime social-historique : « L'idéologie libérale contemporaine occulte la réalité social-historique du régime établi. Elle occulte aussi une question décisive, celle du fondement et du correspondant anthropologiques de toute politique et de tout régime[92]. »

Tout au long de cette décade, l'atmosphère est particulièrement festive. On y chante, on y danse et on y pastiche les émissions de télévision à la mode : « Les organisatrices du Château ont sorti pour l'occasion des bouteilles de calvados des armoires. C'est là que j'ai su ce qu'était le vrai calva[93]. » La décade s'achève par la communication de Vincent Descombes, ancien membre de Socialisme ou Barbarie, sur « Identité et détermination ». Contrairement à ce qui se pratique en général, cette décade ne sera pas publiée. Son organisateur considère qu'il en est en grande partie responsable : « N'ayant jamais mis les pieds à Cerisy, n'ayant aucune idée de la manière dont cela fonctionnait, je n'ai pas bien organisé cette décade[94]. » Tout en

89. *Ibid.*, p. 175.
90. *Ibid.*, p. 182.
91. *Ibid.*, p. 186.
92. *Ibid.*, p. 200.
93. Jean-Louis Zanda, entretien avec l'auteur.
94. Philippe Raynaud, entretien avec l'auteur.

restant un fervent castoriadien, Philippe Raynaud avoue avoir ressenti un certain agacement : « J'ai compris à Cerisy qu'une des raisons pour lesquelles Castoriadis n'avait jamais abandonné cet héritage révolutionnaire – je ne remets pas en doute sa sincérité, cela peut être inconscient – est que s'il avait abandonné cet héritage, il n'aurait pas eu le même rapport avec ses disciples. Il aurait été un professeur parmi d'autres, alors que là il acquiert une fonction prophétique [95]. » Il y eut d'ailleurs un accrochage entre Castoriadis et Raynaud. Lorsque, dans son intervention, Castoriadis en appelle à un mode de vie plus frugal, plus approprié au respect de notre environnement, plus approprié aux limites de nos ressources, il est accusé par Philippe Raynaud de vouloir nous faire retourner au niveau de vie des années 1930 : « Cet argument fâche vraiment Castoriadis qui lui rétorque qu'il n'a pas de temps à perdre [96]. »

Robert Castel, venu à Cerisy par curiosité intellectuelle pour l'œuvre et pour les positions de Castoriadis, sans y intervenir, s'est fait l'observateur étonné du choc de ces deux cultures durant la décade : « Cher ami, au calme du Midi, il me vient l'envie de vous dire l'intérêt et le plaisir que j'ai trouvés à cette rencontre de Cerisy. J'y venais – pour m'exprimer un peu mélodramatiquement – en période d'incertitude, pour m'aider à me demander comment ne pas se résigner à penser que les choses sont justifiées par le fait qu'elles existent, et que demain ressemblera nécessairement à aujourd'hui. Si l'on n'en est plus à chercher un point d'Archimède pour soulever le monde, du moins la question se pose de ne pas s'y laisser trop immerger. Je tiens à vous dire que vos différentes prises de parole m'ont été précieuses, et je vous en remercie. J'ajoute que n'ayant pas, grâce au ciel, à intervenir, je me suis trouvé proche du peuple des auditeurs. Il m'a semblé qu'ils étaient aussi plus proches de vous que certains intervenants [97]. »

Le souvenir de cette décade reste vif pour beaucoup de proches de Castoriadis qui souhaitent prolonger cette atmosphère festive. C'est notamment le cas d'un de ses anciens doctorants, Jean-Louis Zanda, séduit par le personnage davantage encore que par ses positions, par sa manière d'être au monde sans s'en laisser raconter, ni être intimidé par le poids de la pensée héritée. À la mi-décembre 1990, Jean-Louis Zanda organise une fête et invite tous les participants de la décade

---

95. *Ibid.*
96. Olivier Fressard, entretien avec l'auteur.
97. Robert Castel, lettre à Castoriadis, archives Castoriadis, 13 août 1990.

dans une salle au centre de Paris, une cave : « Castoriadis a été très ému que l'on fasse cela pour lui et la soirée a été très sympathique. Il m'a appelé après pour m'en remercier et j'en ai été très touché, d'autant que j'ai senti chez lui une fragilité affective lorsqu'il insistait sur le fait que cela avait été si important pour lui[98]. »

---

98. Jean-Louis Zanda, entretien avec l'auteur.

14

Un auteur en son nom propre

Jusqu'en 1973 Castoriadis publie de nombreux textes sous divers pseudos – Chaulieu, Cardan, Coudray, Barjot… –, sans que son vrai nom n'apparaisse jamais. Il aura en effet attendu l'acquisition de la nationalité française en 1970, puis le délai nécessaire postérieur à cette date pour ne pas subir les foudres d'une éventuelle répression et d'une reconduite à la frontière. À ces questions d'ordre juridique, s'ajoute le rôle majeur joué par l'éditeur Christian Bourgois, qui publie dans les années 1970 tout ce qui bouge les lignes dans le domaine des sciences humaines et dispose d'un support de diffusion efficace auprès d'un large public avec sa collection de poche « 10/18 »[1]. Un jour, Christian Bourgois tombe fortuitement sur le nom de Castoriadis, encore peu connu sous cette identité : « J'ai eu des conseillers qui étaient des étudiants de Vincennes. Je me souviens d'un garçon qui s'occupait de musique au Louvre, Christian Labrande. Il s'intéressait à l'ultra-gauche allemande et m'a parlé de Castoriadis, qui s'appelait à l'époque Chaulieu. Il m'a conseillé de publier un recueil de Chaulieu[2]. » Christian Bourgois invite Castoriadis à déjeuner et ce dernier l'informe à la fin du repas qu'il est prêt à lui confier un recueil de ses écrits, mais qu'il y en a dix volumes, ce qui représente huit millions de signes. Christian Bourgois réfléchit puis lui signifie son accord la semaine suivante pour publier l'ensemble de ses écrits,

1. *Cf.* François DOSSE, *Les hommes de l'ombre. Portraits d'éditeurs*, Perrin, Paris, 2014.
2. Christian Bourgois, entretien avec l'auteur, 28 février 2005.

considérant que l'on se trouve alors en sciences humaines dans un univers de profusion, et qu'il convient de mettre tous les livres sur la table, laissant les lecteurs s'y retrouver.

C'est ainsi qu'un jour du printemps 1972, Enrique Escobar reçoit un coup de téléphone de Castoriadis, désireux de parler d'une affaire qui, dit-il, risque de l'intéresser. Il lui fait part de son rendez-vous avec Christian Bourgois : « Je lui ai proposé de les publier tous. Et il a accepté. Je trouve que c'est le gros lot. Qu'est-ce que tu en penses[3] ? » Enrique Escobar lui confirme l'intérêt de cette anthologie, d'autant qu'il est en train de réaliser un volume de ce qui deviendra *La Société bureaucratique*, en cours de traduction pour Ruedo Ibérico, que reprendront finalement les éditions Tusquets, à Barcelone. Enrique Escobar, qui ne cessait d'essayer de convaincre Castoriadis de préparer une édition de ses textes de *Socialisme ou Barbarie*, constate, divine surprise, que son rêve va enfin devenir réalité. Il sera étroitement associé par Castoriadis à cette entreprise, et aidera son ami à mettre tous ces écrits en musique dans des ensembles cohérents.

C'est ainsi que Castoriadis sort du désert dans lequel il prêchait à l'époque de SouB, publiant coup sur coup en « 10/18 » quatre volumes à partir de 1973 : *La Société bureaucratique*, tomes 1 et 2, *L'Expérience du mouvement ouvrier*, tomes 1 et 2, qui sont tirés à 10 000 exemplaires et vite épuisés. Ils sont réimprimés en 1979, au moment même où le prolifique Castoriadis communique à Christian Bourgois les quatre volumes suivants : *Capitalisme moderne et révolution*, tomes 1 et 2, ainsi que *Le Contenu du socialisme* et *La Société française*[4] : « Quand nous voyions les listes de corrections que je proposais pour les textes des 10/18 que nous allions donner à l'imprimerie, la phrase que j'ai dû entendre le plus souvent c'est : "Non. Laisse ça comme ça, vieux." Quand je jette un coup d'œil aux manuscrits, épreuves, etc., qui ont survécu, il me semble pourtant qu'il a dû accepter pas mal de choses[5]. » Christian Bourgois est évidemment satisfait de ce succès et le signifie à son auteur : « Cher ami, j'étais ravi de vous revoir. Nous menons enfin à bien cette grande aventure entreprise il y a quelques années. […] Je suis aussi fier

---

3. Castoriadis, cité par Enrique ESCOBAR, « Notes pour un portrait de Castoriadis », inédit.
4. L'état des ventes au 31 avril 1988 : *La Société bureaucratique*, t. I : 3 707, t. II : 10 921 ; *L'Expérience du mouvement ouvrier*, t. I : 10 174, t. II : 8 412 ; *Capitalisme moderne et révolution*, t. I : 4 295, t. II : 3 976, archives Castoriadis.
5. Enrique ESCOBAR, « Notes pour un portrait de Castoriadis », inédit.

qu'heureux d'avoir œuvré au lancement d'une pensée que je considère comme fondamentale[6]. »

Le climat des années 1980 ne sera pas aussi porteur, ni pour la collection animée par Christian Bourgois ni pour les ouvrages de Castoriadis en « 10/18 », qui tombent à un niveau de vente quasi insignifiant et disparaissent peu à peu des librairies : « Les ventes sont pratiquement tombées à zéro, non seulement parce que le climat a changé mais aussi parce que je m'aperçois hélas qu'il est complètement impossible d'avoir une politique d'éditeur de fonds en collection de poche, sauf pour les titres dont les ventes sont en quelque sorte ordonnancées par les professeurs et surtout par les professeurs du secondaire. [...] Les libraires ne font pas l'effort de conserver un stock des ouvrages de poche anciens. [...] J'ai eu plus de 100 000 exemplaires de 10/18 pilonnés au second semestre 1986[7]. »

De son côté, Castoriadis se plaint auprès de Christian Bourgois de la disparition de ses ouvrages : « Je ne peux m'empêcher de re-soulever auprès de vous le même sujet que l'année dernière, et je n'ai pas oublié votre réponse. Mais quand même : Mes livres en 10/18 non seulement sont introuvables en librairie, et même dans la librairie de la rue Soufflot qui se spécialise dans les livres de poche, mais lorsque mes étudiants, en désespoir de cause, viennent rue Garancière pour se procurer des exemplaires, on leur répond qu'ils sont épuisés. [...] Un travail de trente ans est ainsi effacé. [...] Je sais que ce n'est pas de votre fait, ni de votre faute, et je voudrais vous dire encore que je n'oublie pas la façon dont vous m'aviez accueilli en 1972. Mais n'y pouvons-nous rien ? Ne pourrait-on pas rééditer, en format normal[8] ? » Christian Bourgois répond à Castoriadis pour lui expliquer la délicate situation dans laquelle il se trouve, qui tient en partie au fait que son auteur publie désormais chez d'autres éditeurs, réalisant ses meilleures ventes au Seuil et chez Fayard[9]. Dans cette

---

6. Christian Bourgois, lettre à Castoriadis, archives IMEC, 17 mai 1979.
7. Christian Bourgois, lettre à Castoriadis, archives Castoriadis, 11 juin 1987.
8. Castoriadis, lettre à Christian Bourgois, archives Castoriadis, 9 juillet 1988.
9. Christian Bourgois, lettre à Castoriadis, archives Castoriadis, 12 juillet 1988 : « Je comprends votre émotion et je sais que vous n'êtes pas ingrat. Je vous rappellerai toutefois que j'avais accepté il y a une quinzaine d'années de publier la totalité de vos textes de *Socialisme ou Barbarie*. Nos vies personnelles, les aléas de l'édition ont fait que vos œuvres qui ont eu le plus de retentissement ont été publiées par des confrères et que paradoxalement les livres que j'avais à mon catalogue en ont pâti car mes représentants comme les libraires ont pu avoir l'impression que les ouvrages que j'avais accueillis avec enthousiasme étaient dépassés par ces nouvelles publications et que vous n'étiez plus un auteur 10/18-Bourgois, d'autant plus que

situation qui semble sans espoir, Christian Bourgois décide néanmoins de republier en 1990 en un seul gros volume *La Société bureaucratique*, ce dont Castoriadis lui sait gré : « D'autant plus grand est le mérite de Christian Bourgois qui a décidé de reprendre dans sa collection ces livres, manifestant ainsi à la fois sa conception de son rôle d'éditeur et une amitié qui me touche profondément [10]. »

Si Castoriadis a la satisfaction de voir renaître deux de ses volumes en « 10/18 » sur huit, les autres resteront introuvables, y compris dans le circuit parallèle du livre d'occasion : « Il savait bien que les morts, par définition, *perdent prise* et ne contrôlent plus rien. De là peut-être l'étonnante absence d'indications pour ceux qui viendraient après. Il savait bien que je m'occuperais de ça, quand il m'avait donné tous ses exemplaires de travail des "10/18", trois ou quatre ans avant sa mort. Je l'avais tanné une fois de plus : "Tu ne crois pas qu'il faudrait préparer une éventuelle réédition…" Avant mon départ, il est brusquement allé chercher tous les volumes et les a mis dans un sac : "Emmène ça, tu t'en occuperas le moment venu." J'ai eu un petit choc, sans être trop surpris. Il savait déjà qu'il n'aurait pas à s'en occuper lui-même [11]. » Enrique Escobar, avec Myrto Gondicas et Pascal Vernay, tiendra son engagement en s'occupant aux éditions du Sandre d'un vaste programme d'édition des écrits politiques de Castoriadis entre 1945 et 1997, dans de beaux volumes reliés dont les premiers sont parus en 2012 [12].

Au début des années 1980, le nom de Castoriadis devient plus connu dans le monde intellectuel. Même si on ne sait trop où le classer parmi les spécialisations savantes, depuis le succès de ses volumes parus chez 10/18, on peut le situer. Castoriadis, qui a tenu si longtemps secrète sa véritable identité, n'en est pas peu fier, comme

---

la presse, dans une belle unanimité d'incuriosité et de manque de sérieux, n'a pas donné à nos éditions la place qu'elles méritaient. Cela s'est aggravé par le fait que les années passant j'ai dû me rendre compte qu'il était devenu impossible dans les nouvelles structures de la nouvelle distribution moderne d'avoir une politique de fonds en édition de poche, voire en édition normale. […] J'ai dû me ranger à certaines évidences économiques et renoncer à exploiter les titres publiés dans les années 70 et qui n'avaient pas été réimprimés. »

10. Cornelius CASTORIADIS, *La Société bureaucratique*, préface à l'édition de 1990, *op. cit.*, p. 7.

11. Enrique ESCOBAR, « Notes pour un portrait de Castoriadis », inédit.

12. Cornelius CASTORIADIS, *La Question du mouvement ouvrier*, t. I et II, *op. cit.*, *Quelle démocratie ?*, t. III et IV, *op. cit.* Le programme de publication est le suivant : *La Société bureaucratique*, t. V, 2014 ; *Devant la guerre et autres écrits*, t. VI, 2014 ; *Sur la dynamique du capitalisme et autres textes*, suivi de *L'Impérialisme et la guerre*, t. VII, 2015.

l'atteste sa véhémente protestation adressée au directeur du service juridique de la chaîne de télévision FR3 en 1983 : « FR3 a diffusé le samedi 30 avril, à 20 h 35, un feuilleton intitulé "Le passage de témoin" (scénario et dialogue de David-André Lang) au cours duquel à deux reprises il est question d'un dangereux gangster nommé Castoriadis. Lorsque ce personnage apparaît, lors d'une évasion du commissariat, il est en plus chauve – ce qui est mon cas. Mon nom est, sans doute, unique en France (il est pratiquement unique en Grèce, mon pays d'origine). Il est assez connu en France, vu que je suis auteur de plusieurs ouvrages. [...] Je vous demande donc de faire immédiatement le nécessaire pour que cesse l'atteinte ainsi portée à mon patronyme [13]. »

Outre ses rapports avec Christian Bourgois, Castoriadis a une relation privilégiée avec les éditions du Seuil, où Jean-Marie Domenach publie *L'Institution imaginaire de la société* dans la collection de la revue *Esprit*. C'est aussi Jean-Marie Domenach qui publie le premier volume des *Carrefours du labyrinthe* en 1978. Lorsqu'il quitte la direction d'*Esprit*, il passe la main à Jean-Claude Guillebaud, entré au Seuil à plein-temps au début des années 1980 : « Domenach m'a fait connaître Castoriadis et cela a été un coup de foudre. J'ai été très admiratif, conquis par l'œuvre et par le personnage [14]. » Jean-Claude Guillebaud déjeune souvent avec Castoriadis dans un petit restaurant de la rue Saint-Benoît, Chez Papa : « Je l'entendais fulminer. Il m'a beaucoup appris et protégé de la pensée postmoderne dont il disait pis que pendre [15]. » Jean-Claude Guillebaud poursuit la publication de la grande entreprise éditoriale des *Carrefours du labyrinthe* et fait accepter par le comité éditorial du Seuil un projet prométhéen de publications, pas moins de dix-huit volumes, à raison de trois livraisons par an. Sous le thème de « La création humaine », il s'agit de rassembler tout ce qu'a publié Castoriadis depuis *L'Institution imaginaire de la société*, dont ses séminaires tenus à l'EHESS. Castoriadis en soumet, sans trop y croire, le plan à Jean-Claude Guillebaud en 1989, qui se déploie en quatre grandes parties : « Le chaos et l'humanité », « La création politique », « Le projet de théorie », et « Donner forme au chaos ». À sa grande surprise

---

13. Castoriadis, lettre à M. Laurent, directeur du service juridique de FR3, archives Castoriadis, 4 mai 1983.

14. Jean-Claude Guillebaud, entretien avec l'auteur.

15. *Ibid.*

Le Seuil accepte, suivant l'argumentation enthousiaste de Jean-Claude Guillebaud qui le presse de réaliser ce nouveau chantier : « Mon cher Corneille, où en es-tu de la mise en chantier de *La Création humaine* ? Comme je te l'avais dit au téléphone, Le Seuil est tout à fait disposé à te suivre dans cette entreprise, sous réserve que nous mettions au point un "timing" et un programme assez précis[16]. »

Malgré la crise des sciences humaines, les ventes des ouvrages de Castoriadis au Seuil résistent à l'érosion générale[17]. *L'Institution imaginaire de la société* assure à Castoriadis un indéniable rayonnement dans les milieux intellectuels. Le journaliste Claude Sales, qui est à la direction du journal *Le Monde*, lui écrit avec enthousiasme : « J'aimerais vous dire combien sa lecture est vivifiante. Votre texte élucide pour moi à la fois une compréhension de la société (et donc de ma propre vie) et si l'on peut dire une compréhension de cette compréhension. [...] Vous lire a quelque chose de décapant et de libérant. Vous brisez des schèmes, des catégories dont on mesure la fragilité, mais sans toujours en voir les points faibles, et il est satisfaisant de sentir en soi les chaînes intérieures se rompre. [...] Mon métier de journaliste m'a amené à écouter ou à lire les discours les plus divers. Mais ce qui m'a toujours frappé, c'est le caractère réducteur, presque fermé de ces différents discours. Votre livre me semble-t-il est l'inverse. Vous mettez le feu aux dogmes et aux normes. C'est réjouissant et je me fais propagateur de l'incendie (j'ai parlé de votre livre à plusieurs confrères...)[18]. »

Jean-Claude Guillebaud, qui est profondément croyant, trouve dans cette formule de Castoriadis une magnifique source d'inspiration : « Toute croyance est un pont jeté sur l'abîme du doute[19] » : « J'avais trouvé cette phrase superbe dans sa concision et je lui ai dit que j'allais me l'approprier, avec son autorisation et en le citant, mais en y ajoutant un commentaire talmudique[20]. » Dans son commentaire, Guillebaud affirme que si l'abîme est franchi, ce pont n'élimine en rien la béance qui reste au tréfonds de l'esprit humain. Pour lui, la

---

16. Jean-Claude Guillebaud, lettre à Castoriadis, archives Castoriadis, 21 mars 1989.

17. En 1989 : *Les Carrefours du labyrinthe*, t. I, 1978, ont été vendus à 10 222 exemplaires, *L'Institution imaginaire de la société*, 1975, à 13 874 exemplaires et le t. II des *Domaines de l'homme*, 1986, à 4 470 exemplaires.

18. Claude Sales, lettre à Castoriadis, archives IMEC, 25 octobre 1975.

19. Castoriadis, cité par Jean-Claude GUILLEBAUD, *La Force de la conviction*, Le Seuil, Paris, 2005, p. 261.

20. Jean-Claude Guillebaud, entretien avec l'auteur.

foi et le doute sont totalement solidaires, et le doute n'est pas supprimé par la foi, sauf à devenir dogmatique et totalitaire. Le terme « jeté » est aussi juste pour Guillebaud, indiquant une part d'assentiment, d'adhésion volontaire. Quant au pont, « il y a deux manières de le traverser. Si on craint d'avoir le vertige, c'est-à-dire si l'on n'est pas assuré de sa croyance, de son engagement, si on ne l'a pas soumis aux critiques de la raison, on traversera ce pont en courant et l'on restera dans une position dogmatique, à l'abri du dialogue, apeuré, dans la crainte de l'autre. Au contraire, quand on a approfondi sa croyance, on est à l'aise et on est capable de traverser ce pont les mains dans les poches et les yeux ouverts, regardant en face le doute qui est toujours là, à droite et à gauche du pont[21] ». Jean-Claude Guillebaud rappelle que pour Castoriadis, comme pour les Grecs anciens, il n'y a pas de promesse d'un éventuel au-delà et d'un salut possible. Mais s'il y a bien là une différence majeure entre les grands monothéismes et le message de l'autocréation délivré par les Grecs, selon Jean-Claude Guillebaud, « la distance qui sépare concrètement Athènes et Jérusalem n'est peut-être pas aussi grande qu'on l'imagine[22] ». Les monothéismes n'entretiennent pas, hormis dans leurs variantes dogmatiques, un rapport d'adhésion aveugle à leurs textes fondateurs et laissent place à un constant questionnement. Il en résulte qu'entre le principe grec de l'autocréation et celui d'une révélation sans cesse réinterrogée, des ponts peuvent être jetés. C'est ce que ressent profondément Jean-Claude Guillebaud, pour qui Castoriadis aura été « bien plus qu'un auteur, une vraie nourriture intellectuelle. Je n'aurais pas pu écrire tous les livres que j'ai écrits sans lui, il est présent dans tous, notamment par sa critique du libéralisme[23] ».

En ce début des années 1980, chez Fayard et au Seuil, le succès éditorial de Castoriadis va croissant, comme l'atteste l'écho spectaculaire que trouve son ouvrage paru en 1981, *Devant la guerre*[24], au point que Claude Durand essaie de conserver dans son écurie cet auteur doublement débauché de chez Bourgois et du Seuil : « J'espère que nous aurons l'occasion de nous revoir d'ici là afin d'évoquer tous les projets qui suivront (2ᵉ vol. de *Devant la guerre*), dont nous avions

21. *Ibid.*
22. Jean-Claude GUILLEBAUD, *La Force de conviction, op. cit.*, p. 352.
23. Jean-Claude Guillebaud, entretien avec l'auteur.
24. Voir *infra* chapitre « La guerre mondiale, c'est maintenant ! ».

parfois parlé et qui, vous le savez, me tiennent à cœur[25]. » Ce second volume, on le sait, ne verra jamais le jour.

En 1997, Castoriadis est fauché par la mort, alors qu'il avait renoncé au chantier prométhéen de *La Création humaine*. Il espérait néanmoins en tirer quelque chose : « Il m'avait dit, peu de temps avant sa mort : "J'espère pouvoir tirer un gros volume de tout ça [les séminaires]"[26]. » S'est tout de suite posée la question de la possible transformation en ouvrages des séminaires tenus jusque-là. Pascal Vernay avait obtenu l'approbation de Castoriadis pour transcrire son séminaire sur *Le Politique* de Platon[27]. En cette fin des années 1990, la crise qui affecte les sciences humaines s'amplifie encore, et les ventes des ouvrages de Castoriadis subissent de plein fouet cette érosion : « Je sentais de la part de Claude Cherki la volonté d'interrompre le programme de publications. Je trouvais cela effarant, et quand Castoriadis est mort, je suis monté à l'assaut au comité du Seuil pour dire qu'il fallait aller jusqu'au bout[28]. »

Jean-Claude Guillebaud obtient gain de cause et travaille de concert avec l'Association Castoriadis, présidée par Pierre Vidal-Naquet, qui est créée pour assurer la diffusion des travaux de Castoriadis. La petite équipe éditoriale se compose d'Enrique Escobar et des « séminaristes », Pascal Vernay et Myrto Gondicas. Cette dernière, fille du grand ami de Castoriadis Héro Gondicas, avait suivi un cursus de lettres classiques, et fait L'École normale supérieure sans intégrer l'Éducation nationale. Grâce à l'appui de Castoriadis, elle est entrée dans une petite maison d'édition indépendante lancée par Jean-Claude Guillebaud, Arléa, dont le projet était de donner au public français des traductions de qualité des grands textes antiques. Ils se fixent un rythme d'édition raisonnable : un volume tous les dix-huit mois, calculant qu'ils avaient ainsi à gérer quinze années de publications : « Mon admiration s'est redoublée après sa disparition. Bien qu'ayant été son éditeur pendant vingt ans, je ne mesurais pas ce qu'il y avait encore comme textes inédits. Quand on a regardé cette montagne, je me suis demandé comment un homme pouvait avoir cette puissance incroyable de production[29]. »

---

25. Claude Durand, lettre à Castoriadis, archives Castoriadis, 25 février 1986.
26. Enrique Escobar, entretien avec l'auteur.
27. Voir *infra* chapitre « L'intronisation d'un marginal ».
28. Jean-Claude Guillebaud, entretien avec l'auteur.
29. *Ibid.*

Le premier volume, paru en 1999, correspond à sept séminaires tenus à l'EHESS en 1986[30]. Il n'est pas paru du vivant de Castoriadis qui en a approuvé la transcription, mais qui restait gêné par le passage de l'oral à l'écrit et n'avait pas trouvé le temps de réaliser les adaptations nécessaires, trop occupé à ce moment-là par la publication des *Carrefours du labyrinthe*. Après sa disparition, ce travail orchestré par Pascal Vernay est réalisé en collaboration avec quelques autres fidèles « séminaristes » : Stéphane Barbéry, Olivier Fressard, Nicos Iliopoulos et Myrto Gondicas. Il est présenté comme le premier volume des séminaires inscrits dans la vaste entreprise de *La Création humaine*[31]. Un autre volume, mis au point par Pascal Vernay et Enrique Escobar, qui disposent de la transcription presque intégrale faite par Castoriadis lui-même, est publié trois ans plus tard. Suivront, quelque temps après, les publications de ses séminaires consacrés à la Grèce ancienne[32]. Il reste aujourd'hui à donner une visibilité aux dernières années du séminaire consacrées à la psyché, au savoir psychanalytique, ainsi qu'à un certain nombre de séminaires proprement philosophiques consacrés à Heidegger et à la nature de la réflexion philosophique.

---

30. Cornelius CASTORIADIS, *Sur Le Politique de Platon*, Le Seuil, Paris, 1999.

31. Cornelius CASTORIADIS, *Sujet et vérité dans le monde social-historique*, *op. cit.*

32. Cornelius CASTORIADIS, *D'Homère à Héraclite. Ce qui fait la Grèce*, t. I, Le Seuil, Paris, 2004 ; *La Cité et les Lois. Ce qui fait la Grèce*, t. II, Le Seuil, Paris, 2008 ; *Thucydide, la Force et le Droit. Ce qui fait la Grèce*, t. III, Le Seuil, Paris, 2011.

15

Un maître intérieur : l'événement, le *Kairos*

La philosophie de l'histoire de Castoriadis se détourne de toute forme de chronosophie[1] pour laisser place au *Kairos*, à l'événement, à la contingence, à l'opportunité. Comment le nouveau peut-il advenir au sein de l'institué ? Par la médiation de la notion de l'événement, au sens fort du surgissement de l'inattendu, de l'énigmatique. L'ontologie de Castoriadis, comme celle de Deleuze, est une ontologie de l'événement. Le réel social-historique est de part en part traversé par le règne de l'événementiel puisque l'instituant ne cesse de faire évoluer l'institué : « L'histoire est l'autodéploiement de la société dans le temps ; mais ce temps est, dans ses caractéristiques essentielles, une création de la société, à la fois une fois pour toutes en tant que temps *historique* et, dans chaque cas particulier, comme *le* temps de cette société particulière avec son tempo particulier, ses articulations significatives, ses ancrages, ses projets et ses promesses[2]. » La quête de l'historien consiste à s'interroger sur l'émergence des nouvelles configurations qui se mettent en place, car ce qui se défait en histoire ne se recompose jamais selon les lignes de l'ancienne forme, posant chaque fois de nouvelles questions, de nouvelles énigmes. En cela Castoriadis rejoint les positions de Hannah Arendt, qui a de son côté

---

1. La chronosophie assigne un sens immanent au processus historique. Il y a des chronosophies religieuses mais aussi laïques.
2. Cornelius CASTORIADIS, « Mode d'être et problèmes de connaissance du social-historique », 1994 ; repris dans Cornelius CASTORIADIS, *Figures du pensable, op. cit.*, p. 316.

insisté sur la survenue du nouveau comme fondement de l'interrogation historienne. Alors que la référence à Arendt a été ignorée par Castoriadis durant toute la période Socialisme ou Barbarie, elle devient de plus en plus présente dans son travail au fil des années 1980. Malgré des désaccords persistants, comme la relégation au second plan par Arendt de la question sociale, on ne peut qu'être frappé par la proximité de ces deux philosophies portées vers l'agir, la *praxis*. Castoriadis et Arendt ont aussi en commun leur souci de se situer au plus près des acteurs.

En avril 1982, Castoriadis participe à un symposium new-yorkais consacré à la pensée politique de Hannah Arendt. Il reste encore très critique, mais l'invoque déjà comme une philosophe qui donne à penser : « La participation générale à la politique implique la création, pour la première fois dans l'histoire, d'un *espace public*. L'accent que Hannah Arendt a mis sur cet espace, l'élucidation de sa signification qu'elle a fournie forment l'une de ses contributions majeures à l'intelligence de la création institutionnelle grecque [3]. » Selon Arendt, l'événement est avant tout commencement, une discontinuité qui interroge en créant son propre sillage dans le temps. Elle oppose même deux épistémologies ; à la différence de sciences qui s'attachent aux phénomènes itératifs, elle considère l'histoire comme discipline idiographique se donnant pour objet ce qui n'advient qu'une fois. Arendt juge donc de manière très critique la propension des historiens à enfermer les événements à l'intérieur de chaînes causales qui prétendent en délivrer le sens : « La causalité est une catégorie aussi trompeuse qu'étrangère dans le cadre des sciences historiques. Non seulement le sens réel de tout événement transcende toujours les "causes" passées qu'on peut lui assigner (qu'on songe seulement à l'absurde disparité entre les "causes" et les "effets" de la Première Guerre mondiale), mais qui plus est, ce passé lui-même n'émerge qu'à la faveur de l'événement. [...] L'événement éclaire son propre passé ; il ne peut jamais en être déduit [4]. » On retrouve chez Castoriadis une critique de l'enfermement causal tout à fait similaire. L'événement nous révèle subitement quelque chose d'enfoui dans le passé qui vient

---

3. Cornelius CASTORIADIS, « La *polis* grecque et la création de la démocratie », *loc. cit.* ; repris dans Cornelius CASTORIADIS, *Domaines de l'homme, op. cit.*, p. 367.

4. Hannah ARENDT, « Understanding and Politics », *Partisan Review*, juillet-août 1953, vol. XX ; traduit sous le titre « Compréhension et politique », dans *Esprit*, n° 6, juin 1980, p. 75.

à la surface déplacer les lignes. Il serait donc, en même temps qu'un commencement, un achèvement de ce processus souterrain jusqu'au déchirement temporel. Dans cette perspective, l'historien en quête de systèmes de causalité tourne le dos à sa propre vocation, qui est de rendre compte de la singularité d'une nouvelle configuration.

La philosophie même d'Arendt peut être qualifiée de philosophie de l'événement, car selon elle le concept de commencement est absolument majeur dans la mesure où il renvoie à la sphère de l'agir et constitue l'essence même de la liberté humaine : « Le fait allait de soi pour la pensée grecque, comme l'indique le mot *archè* qui signifie à la fois commencement et principe[5]. » Castoriadis fait un usage plus mesuré du terme d'« événement », mais on peut considérer que sa notion fétiche de « création social-historique » en est un équivalent. Le registre de l'action est, selon Arendt, le véritable révélateur de l'homme en tant qu'initiation d'un processus, et présuppose une distinction stricte entre le domaine privé et le domaine public. Cette « anthropologie philosophique », d'après les termes de Paul Ricœur, se déploie selon une inscription de l'action dans l'histoire marquée par la fragilité des affaires humaines, la faillibilité fondamentale de l'homme pris en tension entre le pâtir et l'agir. Selon Arendt, l'action est, avec le travail et l'œuvre, l'une des trois dimensions majeures de la *vita activa*[6]. La condition humaine est caractérisée par le pouvoir de commencer quelque chose dans un agir commun : « Lorsque Arendt parle de pouvoir, c'est, comme le souligne Ricœur, la notion d'un agir *commun* qu'elle développe[7]. » On est ici au plus près de la dynamique des forces instituantes portées par la lucidité et la réflexivité chez Castoriadis : « Découvrir la voix/voie commune de Hannah Arendt et Cornelius Castoriadis, c'est laisser surgir, au fil du dialogue, les notions de *création, pluralité, responsabilité* et *engagement,* comme les quatre points cardinaux de la *dunamis* [pouvoir, capacité] politique. L'*événement* est simultanément la logique et le fruit de cette *dunamis*. L'événement est la manifestation d'une *rencontre* inédite de singularités, rencontre dont la modalité est *co*création[8]. »

---

5. *Ibid.*, p. 77.
6. Hannah ARENDT, *La Condition de l'homme moderne*, Pocket, Paris, 1983.
7. Isabelle DELCROIX, « Agir, c'est créer. Penser la démocratie en compagnie de Hannah Arendt et Cornelius Castoriadis », *Cahiers Castoriadis*, n° 1, 2006, p. 239.
8. *Ibid.*, p. 256.

Castoriadis rejoint les positions d'un Walter Benjamin concevant le temps historique comme toujours tributaire d'un présent, comme brèche, déchirure temporelle entre passé et futur. Autre figure tutélaire du tragique XXᵉ siècle, Benjamin est devenu une ressource issue de la tradition marxiste de plus en plus présente dans la déconstruction du *telos*, dans la mise en question de l'illusion d'un sens préétabli de l'histoire, dans la valorisation d'un présent et d'un temps déchiré articulé autour d'une pensée de l'événement : « Le temps historique est infini dans toutes les directions, et non rempli à chaque instant [9]. » Écrire l'histoire est constitutif du présent de son écriture et, selon Benjamin, l'historien doit retrouver la part de nouveauté, d'espérance et d'utopie inscrite dans l'époque qu'il étudie. Cette nouvelle pensée du temps provient de la dernière catastrophe en date [10] et crée une unité de conception chez ces philosophes qui contestent frontalement l'idée d'un progrès continu, celle de relations mécaniques de causalité ou d'une totalité de surplomb. Le temps renvoie à l'expérience de sa traversée et se qualitativise.

On retrouve aussi la notion benjaminienne de brèche dans le titre même de l'ouvrage paru en 1968 sur le mouvement de Mai publié par Castoriadis, Lefort et Morin. À chaud, dans le vif de l'événement, 68 est saisi comme une irruption, une fissure, une faille qui permet l'ouverture : « Du jour au lendemain, l'immense potentiel créateur de la société, comprimé et bâillonné par le capitalisme bureaucratique, explose [11]. » La dimension d'autotransformation se situe dans l'entre-deux, entre institué et instituant, et c'est dans le point de rencontre, dans le choc provoqué entre ces deux pôles que se traduisent la crise et le surgissement de l'événement. L'instituant se situe du côté de la rupture et de l'irruption d'une nouvelle forme, mais ne peut émerger et être compris sans sa part d'institué. L'événement ne provient pas de nulle part, il survient sous la contrainte du monde et de sa dimension instituée. La structure du réel se présente comme événementielle : « Si l'on décide de considérer le social-historique pour lui-même ; si l'on comprend qu'il est à interroger et à réfléchir à partir de lui-même ; si l'on refuse d'éliminer les questions qu'il pose en le

9. Walter BENJAMIN, *Origine du drame baroque allemand*, Flammarion, « Champs », Paris, 2000 (1928), p. 255-256.
10. Voir Henry ROUSSO, *La Dernière Catastrophe. L'histoire, le présent, le contemporain*, Gallimard, Paris, 2012.
11. Cornelius CASTORIADIS, *La Brèche*, op. cit., p. 124 ; repris dans Cornelius CASTORIADIS, *Quelle démocratie ?*, op. cit., p. 277.

soumettant d'avance aux déterminations de ce que nous connaissons ou croyons connaître par ailleurs, alors on constate qu'il fait éclater la logique et l'ontologie héritées. Car [...] il permet d'entrevoir une logique autre et nouvelle et, par-dessus tout, force à altérer radicalement le sens de : être [12]. »

Cette vision d'une histoire ouverte à l'événement permet d'éviter toute forme de réification. Il s'agit moins de le connaître que de le comprendre, de le « co-naître » pour en laisser surgir le sens. Cette prévalence donnée au *Kairos* par Castoriadis s'explique en partie par son étymologie, soit la saisie de l'opportunité, de l'instant propice, l'occasion de la décision. Le *Kairos* est ce dans quoi il n'y a que peu de temps, ouvert sur la *praxis* et l'occasion d'un agir. Selon Castoriadis, cette dimension de la société se reconnaissant comme auto-institution a été longtemps refoulée par ce qu'il qualifie de « pensée héritée ». Tout son effort consiste à rappeler ces potentialités enfouies afin que les hommes reprennent en main collectivement leur propre destin.

On peut cependant se demander s'il n'y a pas une téléologie sous-jacente à la philosophie de l'histoire chez Castoriadis, certes non linéaire, mais qui réintroduit un cheminement d'émancipation à vocation universelle pour les sociétés restées dans l'hétéronomie : l'horizon à venir d'une conquête de l'autonomie. C'est la question que pose Christophe Bouton : est-ce que « Castoriadis ne cède pas ici à ce qu'il dénonce par ailleurs sous le nom de conception "hégéliano-marxiste" de l'histoire » ? « Car il introduit un sens global, un but général dans l'histoire, qui n'est pas sans rappeler le fameux "règne de la liberté" chez Marx [13]. »

Après la période Socialisme ou Barbarie, Castoriadis est de plus en plus absorbé par ses recherches philosophiques et son nouveau métier de psychanalyste ; il est par ailleurs beaucoup sollicité au niveau international du fait de sa notoriété grandissante. Pourtant, il reste constamment en alerte par rapport aux événements du monde, expressions d'un processus historique qui emprunte des chemins non tracés. Ces événements posent toujours de nouvelles questions, obligent à penser en se défaisant des grilles de lecture figées, en se laissant interpeller, infléchir pour être mieux en adéquation avec le surgissement du nouveau. Le coup d'État de Jarulzelski le 13 décembre

---

12. Cornelius CASTORIADIS, *L'Institution imaginaire de la société, op. cit.*, p. 254.

13. Christophe BOUTON, « Le principe de faisabilité de l'histoire chez Castoriadis », *Cahiers Castoriadis*, n° 2, 2006, p. 80.

1981 suscite aussitôt la réaction de Castoriadis. Le ministre des Affaires étrangères de François Mitterrand, Claude Cheysson, déclare alors qu'il s'agit d'un événement relevant des affaires intérieures de la Pologne et que la France ne peut et ne doit rien en dire. Durant cette journée du 13 décembre, Castoriadis réussit à joindre une vingtaine d'amis pour leur faire signer un texte dans lequel les soussignés tiennent à exprimer leur indignation « devant les déclarations du ministre Cheysson, s'empressant d'affirmer face à un coup de force du pouvoir communiste totalitaire à Varsovie, qu'il s'agit là d'une affaire intérieure entre Polonais [14] ». Ce texte de protestation est envoyé au directeur du *Monde*, Jacques Fauvet, qui ne le publie pas car il n'en partage pas les attendus et qui écrit le lendemain un éditorial au titre évocateur : « Raison garder ». Castoriadis se tourne alors vers les colonnes de *Libération*[15], où il publie un texte établissant un lien entre la déclaration de Cheysson et l'apathie qui a suivi l'arrivée de la gauche au pouvoir en mai 1981. Il souligne que les mesures prises par le gouvernement sont loin d'être à la hauteur de celles des Gladstone, Cavour ou du jeune Clemenceau : « Tout cela n'est même pas du réformisme [16]. » S'il n'est évidemment pas question, selon Castoriadis, d'envoyer l'armée française en Pologne pour y défendre l'État de droit et *Solidarnosc*, le gouvernement français dispose malgré tout de moyens de rétorsion, comme l'embargo économique ; Castoriadis en appelle par ailleurs aux intellectuels pour boycotter toutes les activités dans lesquelles ils se trouvent engagés avec les pays de l'Est. Préfaçant en 1983 un ouvrage composé de 214 reproductions de tableaux, gravures et dessins d'artistes exposés en 1982, et dont la vente sous forme de cartes postales était destinée à aider les artistes polonais en exil, Castoriadis réaffirme le caractère insupportable de cette force brute qui a gagné la partie à Varsovie : « Le deuil, l'impuissance, la rage muette dominent ici, comme ils nous ont tous dominés lorsque, après le flot des calomnies et des menaces, nous n'avons pu que serrer nos poings aux nouvelles du 13 décembre 1981. Étouffement, écrasement, misère. Les

---

14. Texte signé par Lucien Bianco, André Burguière, Claude Cadard, Cornelius Castoriadis, Claude Chevalley, Vincent Descombes, Jean-Marie Domenach, Jacques Ellul, Eugène Enriquez, François Fejtö, Zsuzsa Hegedus, Serge-Christophe Kolm, Jacques Julliard, Edgar Morin, Claude Roy, Pierre Rosanvallon, Evry Schatzman, Ilana Schimmel, Alain Touraine et Pierre Vidal-Naquet.

15. Cornelius CASTORIADIS, « Illusions à ne pas garder », *Libération*, 21 décembre 1981 ; repris dans Cornelius CASTORIADIS, *Domaines de l'homme, op. cit.*, p. 60-67.

16. *Ibid.*, p. 63.

bourgeons massacrés, la vie commençante broyée par la Force brute dans sa simple bestialité [17]. »

En 1986, un puissant mouvement lycéen et étudiant se déclenche contre la loi Devaquet, qui prévoit la mise en place d'un système de sélection pour entrer à l'Université. Castoriadis saisit l'occasion d'un colloque à la Sorbonne en 1987 pour exprimer directement son intérêt et son enthousiasme face à ces tentatives d'auto-organisation collective à l'écart des appareils existants. Selon lui, les jeunes ont profité de cette contestation pour prendre leur sort en main, ce qui a conduit le mouvement à gagner la partie et à faire reculer les gouvernants. L'intelligence tactique du mouvement est saluée par Castoriadis, qui y voit un élément commun avec le mouvement de 1968. Il reconnaît cependant que 86 n'est pas 68, et son diagnostic comporte aussi des éléments négatifs : ce mouvement de la jeunesse scolarisée s'est révélé incapable de modifier une situation de « basses eaux » et de montée inexorable de l'insignifiance ; il n'est pas allé plus loin que des revendications corporatistes et sectorielles, ce qui explique qu'il soit retombé comme un soufflé une fois son objectif atteint. Quant à l'individualisme qui s'impose et dont on se réjouit de partout, Castoriadis n'y voit nullement la conquête de l'autonomie : « Ce que l'on appelle l'individualisme consiste en ceci, à 8 heures et demie, dans des millions de foyers en France, tout le monde tourne le même bouton pour regarder la même émission. Voilà l'individualisme [18]. » Ce repli solipsiste conduit à une privatisation des individus, de plus en plus coupés les uns des autres, réduits à des réactions pavloviennes devant les stimuli de la société de consommation. Il constate, à la différence de ceux qui se félicitent de cette évolution, « une sorte de prostration sociale des individus [19] ».

Néanmoins, attentif à tous les signes d'une possible reprise de la combativité sociale, Castoriadis voit émerger de nouvelles formes de coordination encourageantes au cours de ces années 1986-1988. Il dirige à l'EHESS la thèse d'un de ses doctorants, Jean-Michel Denis, sur ce thème, soutenue en 1993 et publiée en 1994. Castoriadis en

---

17. Cornelius CASTORIADIS, « Pologne, notre défaite », préface au livre *Banque d'images pour la Pologne*, Limage, Paris, 1983 ; repris dans Cornelius CASTIORADIS, *Domaines de l'homme, op. cit.*, p. 79.

18. Cornelius CASTORIADIS, « Actes du colloque de la Sorbonne », mai 1987 ; repris dans *Politix*, vol. 1, hiver 1988 ; repris dans Cornelius CASTIORADIS, *Quelle démocratie ?*, t. II, *op. cit.*, p. 286.

19. *Ibid.*, p. 288.

écrit la préface, dans laquelle il souligne un phénomène *a priori* paradoxal dans une situation de profonde apathie sociale : on voit surgir çà
et là des mouvements de revendication spontanés hors des cadres syndicaux et politiques, tant chez les lycéens et les étudiants que chez les
cheminots, instituteurs, infirmières ou encore chez les ouvriers de la
SNECMA ou d'Air France. La principale caractéristique de ces mouvements est l'auto-organisation : « Ils rappellent par plusieurs aspects
ceux de la période 1968-1974. Occasionnels et passagers, limités à des
secteurs que l'on peut, sans abus de langage, qualifier d'atypiques et
périphériques par rapport aux secteurs traditionnellement actifs et
combatifs de la population salariée, ils n'en éveillent pas moins un
écho considérable dans l'opinion [20]. »

En 1987, alors que la Nouvelle-Calédonie est en train de basculer
dans la guerre civile, des intellectuels, dont Castoriadis, prennent à
parti le ministre de la Justice, selon eux responsable des pratiques judi-
ciaires qui ont mis en place un système colonial caldoche unilatéral au
détriment de la population indigène. Un appel est signé et envoyé au
ministre après l'acquittement des auteurs de la fusillade meurtrière de
Hienghène [21]. Le changement de majorité en faveur de la gauche en
1988, qui amène Michel Rocard à Matignon, sera décisif pour éviter

---

20. Cornelius CASTORIADIS, préface à Jean-Michel DENIS, *Les Coordinations. Recherche
désespérée d'une citoyenneté*, Syllepse, Paris, 1996 ; repris dans Cornelius CASTORIADIS, *Quelle
démocratie ?*, t. II, *op. cit.*, p. 523.

21. Appel signé, entre autres, par Pierre Vidal-Naquet, Edgar Morin, Rony Brauman, Cornelius Castoriadis, Laurent Schwartz, Jean-Jacques de Felice, Jacques Derrida, Alain Finkielkraut, Olivier Stirn, Hélène Cixous, Paul Thibaud, Madeleine Rebérioux, Jean Chesneaux,
paru dans *Le Monde*, 11 novembre 1987 : « À Nouméa, un jury composé exclusivement de
Caldoches vient d'innocenter les auteurs de l'embuscade de Hienghène, le 5 décembre 1984,
où dix militants indépendantistes ont été tués. Il est évident que les conditions de cette
décision ne correspondent pas à une justice équitable : le jury n'était pas composé de citoyens
impartiaux mais de gens qui se sentaient proches des agresseurs. Ce jugement est inquiétant
pour l'avenir de la Nouvelle-Calédonie. Il ne peut que jeter les deux communautés dans la
violence : les Caldoches parce que sûrs de leur impunité, les indépendantistes par défiance
envers toute légalité. [...] C'est aussi l'utilisation parodique d'une institution démocratique :
le jury populaire. Il est illégitime de ne pas tenir compte de la qualité calédonienne, de faire
décider du sort des Mélanésiens par les seuls Caldoches. [...] La pratique courante, quand une
cour d'assises a à connaître d'un crime qui est lié à la situation locale, est de le faire juger en
un autre lieu. Cette pratique qui s'applique aux Bretons, aux Basques ou aux Corses n'a pas
été appliquée en Nouvelle-Calédonie. [...] C'est pourquoi nous demandons au garde des
Sceaux, qui seul en a le pouvoir, de mettre en route une procédure de cassation dans l'intérêt
de l'application de la loi, à l'encontre d'un jugement prononcé dans des conditions qui le
rendent illégitime. »

que cette tension ne dégénère en guerre civile grâce à une politique de reprise du dialogue entre les deux communautés caldoche et canaque.

La guerre du Golfe, en 1991, suscite aussi la réaction de Castoriadis, qui essaie de sortir de l'alternative – fallait-il la faire ou pas ? – et s'attache à décrypter les enjeux du conflit en démontant les mobiles affichés par les uns et les autres. Ainsi, « Saddam Hussein se fiche des Palestiniens comme du Coran. Il s'est souvenu de l'un et des autres lorsqu'il lui a fallu, après les réactions violentes à l'annexion du Koweit, trouver d'urgence des alliés [22] ». Il n'est pas moins critique sur les mobiles des Occidentaux, qui mettent en avant la défense du droit à l'autodétermination ; il faudrait alors aussi la revendiquer pour les Kurdes et pour les Palestiniens. Quant aux Américains, selon Castoriadis, leurs buts réels ne sont pas vraiment, contrairement à ce qui a souvent été dit, la maîtrise des flux pétroliers, mais leur volonté d'imposer leur « ordre », ce qui provoquera, prophétise-t-il, « un chaos encore plus grand » [23]. Les grands perdants dans cette guerre seront les Palestiniens, et Castoriadis de s'en prendre à la double démission des intellectuels occidentaux, qu'ils cèdent au chantage de l'« arabisme », de la « culpabilité de l'Occident », et se laissent aller à un anti-américanisme stupide, ou qu'ils finissent par défendre la guerre : « Triste à dire : les gens se sont mis avec empressement du bon côté du manche, fascinés par le grand pénis américain [24]. »

Castoriadis exprime à plusieurs reprises son désaccord vis-à-vis de l'intervention contre le régime irakien. Il le fait notamment sur son lieu de travail, à la Maison des sciences de l'homme (MSH), le 11 février 1991 dans un débat public avec Alain Touraine et Pierre Vidal-Naquet. Tous trois sont d'accord pour considérer que c'est un double désastre politique et culturel, et pensent que ceux qui feront les frais de l'opération seront les forces favorables à la laïcisation dans le monde arabe. Les analyses qu'ils formulent sur les événements en cours ne relèvent cependant pas d'une conception uniforme. Quand Alain Touraine voit, dans l'embrasement du Golfe, l'effet dérivé d'une « "troisième vague de totalitarisme" qui frapperait l'Irak en cette fin de XXᵉ siècle – comme les incendies des fascismes et des léninismes atteignirent d'abord d'autres contrées –, Castoriadis y décèle un autre symptôme :

22. Cornelius CASTORIADIS, « La guerre du Golfe mise à plat », *Libération*, 5 février 1991 ; repris dans Cornelius CASTORIADIS, *Une société à la dérive, op. cit.*, p. 267.
23. *Ibid.*, p. 268.
24. *Ibid.*, p. 271.

"Le monde musulman retombe sur l'imaginaire religieux parce qu'il n'a pas eu, depuis dix siècles, de lui-même la force de s'en dégager" [25] ». De tels propos soulèvent l'indignation des étudiants d'origine maghrébine présents dans la salle qui ne supportent pas de voir stigmatiser le monde arabo-musulman. Le débat entre les trois orateurs s'en trouve sérieusement altéré, ponctué d'invectives : « Touraine et Pierre Vidal-Naquet ne semblaient plus trop savoir quoi faire. Par sa fougue, Castoriadis a provoqué l'ire de certains étudiants et le calme n'est jamais vraiment revenu. Au milieu d'un brouhaha croissant, Castoriadis rappelait que les Arabes avaient aussi été de grands conquérants et des marchands d'esclaves. Pour finir, il affirma qu'on ne l'empêcherait pas de dire ce qu'il pensait, même s'il devait se faire casser la gueule à la sortie [26]. »

Peu après, *Le Monde* publie un débat entre les deux amis, Edgar Morin et Castoriadis. Tous les deux se montrent très critiques vis-à-vis de la guerre contre l'Irak, mais pas tout à fait pour les mêmes raisons. Edgar Morin plaide pour dénouer la complexité du dossier : « Maintenant, nous pouvons établir une première rétro-prospective. Celle-ci s'est effectuée dans une région où tous les problèmes sont non seulement solidaires, mais imbriqués les uns aux autres en de multiples nœuds gordiens. C'est pourquoi j'ai pensé, avant et pendant la guerre, que la démarcation principale était non entre pacifistes et bellicistes, mais entre ceux qui voulaient dénouer ces nœuds gordiens et ceux qui ne voulaient que frapper l'Irak saddamiste et éviter le problème palestinien [27]. » Alors que Morin accorde un vrai crédit à la force du droit international et à l'organisme qui l'incarne depuis 1945, l'ONU, Castoriadis ne croit pas du tout à ce rôle de potentiel régulateur et facteur de paix. Il replace d'autre part la crise dans un contexte d'histoire longue au cours de laquelle on a quelque peu oublié la longue tradition de conquête de la civilisation arabe [28].

---

25. Article de Michel KAJMAN, *Le Monde*, 13 février 1991.

26. Olivier Fressard, entretien avec l'auteur.

27. Edgar MORIN, *Le Monde*, 19 mars 1991.

28. Cornelius CASTORIADIS, *Le Monde*, 19 mars 1991 : « Je ne partage nullement ta conception du rôle, même hypothétique, de l'ONU. Je ne pense pas que la situation d'accord entre l'URSS et les États-Unis, qui explique le comportement du Conseil de sécurité, soit l'état durable, normal, de la relation entre ces deux pays. Les Français et les Anglais continueront à s'aligner sur les États-Unis. Mais, à terme, l'URSS n'a pas renoncé à être une grande puissance, pas plus que la Chine. À présent, la question posée est celle du Moyen-Orient. [...] S'il y a un accord, il risque de se faire une fois de plus sur le dos des Palestiniens et des Kurdes. L'ONU, ce n'est jamais qu'un organe par lequel les grandes puissances traitent leurs différends. Elle a la même valeur que la Sainte-Alliance entre 1815 et 1848 ou le concert des

Quelques années plus tard, en 1995, le mouvement social qui se déclenche contre le Plan Juppé suscite encore les réactions d'un Castoriadis très enthousiaste qui se demande s'il ne serait pas opportun de reprendre une initiative du type *Socialisme ou Barbarie*. Il ne signe pourtant aucune des deux pétitions qui se sont opposées dans le champ intellectuel : celle de la revue *Esprit*, qui soutient pour l'essentiel les propositions d'Alain Juppé, et celle signée par Pierre Bourdieu, qu'il juge trop marquée par la langue de bois, dans un mélange d'archaïsme et de fuite. Pour Castoriadis, il faut dissocier la manière dont le mouvement est apparu, essentiellement sur des revendications catégorielles, et sa vraie nature : « un profond rejet de l'état de chose en général [29] ». Même si ce mouvement a montré ses limites, et notamment celle d'une expression cantonnée à ce qui singularise chaque composante sociale à l'intérieur du mouvement, ce qu'a révélé cette contestation de 1995 est que « nous ne vivons pas encore dans une société morte, zombifiée [30] ». En ce milieu des années 1990, Castoriadis s'engage aussi auprès du mouvement Droits devant, lancé en 1995 par le président d'honneur du DAL, Albert Jacquard. Il s'agit de fonder, dans les locaux d'une ancienne école religieuse rue du Dragon, une « université populaire » où scientifiques, intellectuels, associations et exclus confronteront leurs expériences. L'idée est de créer une nouvelle Sorbonne à la portée de tous en proposant des cours de rattrapage scolaire et d'éveil culturel. Droits devant a pour ambition de mobiliser les exclus du système, de l'emploi, du logement, de la culture, de la santé et notamment les mal-logés et les sans-abri [31].

---

puissances après le congrès de Berlin de 1878. Elle peut sembler agir aussi longtemps que valent des accords conjoncturels entre les puissants. Mais, derrière tout cela, se pose la relation entre le monde islamique et l'Occident. D'une part, il y a la formidable mythologisation des Arabes par eux-mêmes, qui se présentent toujours comme des éternelles victimes de l'Histoire. Or, s'il y a eu une nation conquérante, du VIIᵉ au XIᵉ siècle, ce sont bien les Arabes. Les Arabes ne poussaient pas naturellement sur les pentes de l'Atlas au Maroc, ils étaient en Arabie. En Égypte, il n'y avait pas un seul Arabe. La situation actuelle est le résultat, d'abord, d'une conquête et de la conversion plus ou moins forcée des populations soumises ; puis de la colonisation des Arabes non par l'Occident, mais par leurs coreligionnaires, les Turcs, pendant des siècles ; enfin de la semi-colonisation occidentale pendant une période comparativement beaucoup plus courte. »

29. Cornelius CASTORIADIS, « Ni *Esprit* ni Bourdieu. Les intellos entre l'archaïsme et la fuite », *L'Événement du jeudi*, 21 au 21 décembre 1995 ; repris dans Cornelius CASTORIADIS, *Une société à la dérive, op. cit.*, p. 340.

30. *Ibid.*, p. 340.

31. Albert Jacquard a auprès de lui dans cette action Jacques Testard, Théodore Monod, Michel Wieviorka, André Gorz, Jean-Luc Einaudi, Cornelius Castoriadis, Jacques Derrida,

En 1996, sur les ondes de RFI, Benoît Ruelle fait réagir Castoriadis dans son émission « Panorama international » aux bombardements du Sud-Liban par l'armée israélienne. Castoriadis essaie une fois encore, en intellectuel libre, de comprendre une situation de plus en plus désespérée, inextricable, démystifiant ce que cache la propagande, essayant de défendre une position raisonnable : « Pour moi, ce qui est clair, c'est que je reconnais aux Israéliens le droit d'avoir un État, mais ce qui se passe enlève à cet État son aura mystificatrice. C'est un État comme les autres, utilisant la violence, dans la realpolitik jusqu'au cou. Il y a eu l'occupation de Beyrouth, les massacres de Sabra et Chatila. Ils ne s'en sortent pas. La justification, c'est quoi : arrêter les terroristes du Hezbollah, mais on procède pareillement que les terroristes en prenant les populations civiles comme otages et cela ne peut qu'attiser la haine des Arabes vis-à-vis d'Israël de par le monde[32]. »

Si Castoriadis a la réputation de rester fidèle à une ligne radicale, à y regarder de plus près, on perçoit plutôt un mélange de radicalité critique, et de positions beaucoup plus nuancées qu'il n'y paraît, relevant davantage de la *Phronesis* aristotélicienne, de la prudence. On le mesure encore dans la même émission, lorsqu'il est question de la nécessaire régulation des phénomènes de croissance, des questions environnementales, de développement durable, notamment à partir de la conférence des Nations unies à Rio sur l'environnement en 1992 : « C'est une question angoissante. Nous arrivons dans une situation où nous ne pouvons plus tracer une ligne de partage claire entre découvertes scientifiques et leur utilisation[33]. » Quant aux comités d'éthique chargés de veiller à cette ligne de partage, ils sont selon lui utiles, mais ces débats devraient être repris par l'ensemble des citoyens : « Nous avons un héritage à transmettre qui ne nous appartient pas et nous sommes en train de le détruire. La cure psychanalytique revient à débarrasser le sujet de toutes les contraintes qui l'empêchent d'être ce qu'il doit être, mais cela passe par des règles par lesquelles le sujet s'autolimite[34]. » Toujours dans la même émission, Castoriadis fait preuve de lucidité en prenant une position hétérodoxe

René Vautier, Jean-Michel Carré, Claude Confortès, l'École nationale supérieure des Beaux-Arts, un collectif de photographes et des journalistes.

32. Cornelius Castoriadis, « Panorama international », entretien avec Benoît Ruelle, RFI, 21 avril 1996.

33. *Ibid.*

34. *Ibid.*

sur les lois mémorielles qui se démultiplient de manière inflationniste sur le modèle de la loi Gayssot adoptée en 1990. Celle-ci permet de poursuivre devant les tribunaux toute thèse négationniste touchant l'existence des camps d'extermination pendant la Seconde Guerre mondiale. À l'époque, tout le monde, à gauche comme à droite, se sent rassuré et approuve cette initiative du député communiste Gayssot, à l'exception de deux historiens, Pierre Vidal-Naquet et Madeleine Rebérioux qui mettent en garde contre le fait que l'on ne gagnera pas contre les assassins de la mémoire à coups de loi, mais par un solide travail historique. S'ils sont alors très isolés, leur position est fermement soutenue par Castoriadis : « Permettez-moi de dire quelque chose d'hérétique. Je suis fondamentalement opposé à la loi Gayssot, je ne pense pas que les tribunaux aient pour fonction d'établir une vérité historique, même sur des sujets aussi douloureux que l'Holocauste. Il ne doit pas y avoir de version officielle de la guerre mondiale. C'est aberrant. C'est contre-productif car cela donne une aura de persécutés à des gens qui n'ont rien à faire avec la recherche de la vérité. Je suis bien sûr persuadé de la réalité de la persécution des juifs, la vérité historique est assez forte pour ne pas avoir besoin de lois [35]. »

La vraie loi d'airain se situe selon lui dans le présent, dans l'ici et maintenant de l'événement qui survient et dont on doit se montrer digne. C'est encore ce qu'exprime Castoriadis à propos d'une phrase de son ami Edgar Morin, qui affirme en 1993 que la fin des illusions ne doit pas nous priver de l'espérance : « J'ai beaucoup aimé le livre de mon cher ami Edgar Morin [36]. Mais je dirais plutôt que la question est de savoir si la fin de l'illusion nous prive aussi de la volonté d'agir. Ce n'est pas la même chose. Je n'ai aucune espèce de sympathie philosophique pour le terme d'espérance. Je suis grec et le Grec sait qu'il n'y a rien à espérer, cela ne l'empêchait pas d'agir et c'est pour cela que les Grecs anciens ont agi de manière si extraordinaire. Agir dans l'espace public ou privé-public. Ils agissaient précisément parce qu'ils savaient que ce que nous avons à faire, c'est maintenant, se juge maintenant. On ne pourra pas se réfugier dans des espérances [37]. »

---

35. *Ibid.*
36. Edgar MORIN, *Une année sisyphe*, Le Seuil, Paris, 1995.
37. Cornelius Castoriadis, « Panorama international », entretien cité.

16

L'intronisation d'un marginal

L'intronisation tardive de Castoriadis à l'École des hautes études permet enfin la reconnaissance universitaire de l'originalité et de la qualité de sa recherche. Elle fut pourtant un parcours du combattant semé d'embûches et de chausse-trappe. Il faut dire que sa position de psychanalyste n'est pas un atout pour cette institution qui ne s'est ouverte que très tardivement à un Michel de Certeau, par exemple, longtemps perçu lui aussi comme un hétérodoxe. Comme le remarque Pierre Rosanvallon, « l'étude du politique ne figurait pas dans la corbeille de départ de l'École des hautes études en sciences sociales[1] ». Mais, au milieu des années 1970, la situation évolue, avec l'élection de Pierre Nora, Jacques Julliard et Claude Lefort. François Furet, qui prend la tête de l'institution en 1977, troque le paradigme économiciste des *Annales* de l'époque braudélienne pour une histoire conceptuelle et politique. L'élection de Castoriadis se présente donc sous un jour plus favorable. Ce dernier, qui a quitté l'OCDE en 1970 et s'est installé comme psychanalyste depuis 1973, vient de terminer l'écriture de *L'Institution imaginaire de la société*. Il souhaite vivement trouver un cadre institutionnel propice à la poursuite de sa recherche. Dès 1974, on lui parle d'un poste de chargé de conférences à l'EHESS. Il entre alors en négociations avec son président, l'historien Jacques Le Goff. Castoriadis lui soumet en juin 1974 un ambitieux

---

1. Pierre ROSANVALLON, « Le politique », dans Jacques REVEL et Nathan WACHTEL (dir.), *Une école pour les sciences sociales*, Éditions du Cerf et de l'EHESS, Paris, 1996, p. 299.

programme de plusieurs années, qu'il qualifie lui-même d'un peu démesuré, qui s'attacherait à traiter de la structure et de la dynamique des systèmes sociaux contemporains. Le Goff lui propose cette charge de cours pour l'année 1975-1976, mais Castoriadis est invité par ses proches à renoncer à ce poste qui ne correspond nullement à sa qualification de chercheur et qui ne lui offrirait ni la sécurité ni le rayonnement d'un poste de directeur d'études.

Castoriadis se tourne alors vers son ami Eugène Enriquez, psychosociologue qui se trouve être un des responsables de l'UFR de sciences économiques à l'université de Nanterre. N'ayant plus le salaire de l'OCDE et ayant perdu en boursicotant la belle somme qu'il avait gagnée en démissionnant, il demande à Enriquez de lui trouver un poste d'enseignant dans son département de sciences économiques. Le cadre d'accueil s'y prête particulièrement, puisque Eugène Enriquez a fondé au sein de l'UFR, avec deux de ses amis économistes, André Nicolaï et Carlo Benetti, un Centre d'anthropologie économique et sociale, applications et recherches (le CAESAR) : « On avait mis au point un DEA qui a très bien marché, au titre prétentieux, qui reprenait les termes de Max Weber : "Économie et société"[2]. » Castoriadis s'intègre temporairement dans cette enclave transdisciplinaire. Enriquez dispose bien de quelques heures supplémentaires à distribuer, mais il lui faut l'approbation de son supérieur hiérarchique, Pierre-Henri Derycke, plutôt conservateur : « Je lui dis vouloir embaucher un dénommé Castoriadis. Cela ne lui disait strictement rien. Il me demande s'il est économiste, et je lui réponds qu'il a été le chef de la branche statistique de l'OCDE[3]. » Castoriadis devient enseignant à l'université de Nanterre, le directeur ne sachant rien de son passé sulfureux à Socialisme ou Barbarie, et y reste trois années, nouant de très bonnes relations avec le trio Enriquez, Nicolaï et Benetti. Il renforce encore la popularité de ce DEA chez les étudiants venus en nombre (une soixantaine) suivre son séminaire de recherche sur « La critique des fondements de l'économie marxiste », qui a une excellente réputation[4].

---

2. Eugène Enriquez, entretien avec l'auteur.
3. *Ibid.*
4. Quelques travaux de ses étudiants à Nanterre : Françoise DEVENDEVILLE, *Comment la sécurité sociale, la médecine et l'industrie pharmaceutique s'intègrent-elles dans le système capitaliste ?* ; Laurence GAVARINI, *La Consultation en entreprise* ; Christine PIERREDON et François CAILLON, *L'Attitude des travailleurs anglais dans la production* ; Damienne DERREUMAUX, *Termes de travail dans les Manuscrits de 1844 de Marx* ; Pascal COURTOT et Alain ROUAT, *Le*

À la fin de l'année 1975, l'opportunité se présente enfin d'un poste de directeur d'études. Il reçoit alors une lettre de Lefort, qui lui fait savoir qu'il a décidé de se présenter, même s'il sait, après un échange avec Pierre Vidal-Naquet, que Castoriadis a la même intention. Lefort lui rappelle qu'ils avaient déjà discuté auparavant de cette éventualité et qu'il avait alors décidé de s'effacer parce qu'à l'époque Castoriadis lui avait dit être nulle part et avoir un impérieux besoin matériel d'un poste. Selon Lefort, la situation a changé au point qu'il décide de son côté de ne pas se retirer : « À présent, tu t'es engagé dans une activité d'analyste très intense. [...] Le poste que tu sollicites est rémunéré. Sa rémunération est destinée à faire vivre un enseignant-chercheur. Tu n'en as pas besoin. Les ressources que tu tires de la fonction d'analyste sont d'ailleurs très supérieures à celles que procure ce salaire. Il ne me paraît pas juste que tu te les accapares [5]. » Lefort ajoute dans sa missive que si d'aventure ils postulaient tous les deux, il y aurait tout lieu de craindre un double échec : s'il fait part de sa candidature personnelle, il enjoint à Castoriadis de renoncer à la sienne.

Cette lettre, après tant d'années de complicité, certes parfois agitée – pas moins de trente ans –, rend Castoriadis furieux, indigné par cette décision unilatérale, sans discussion préalable, provenant d'un ami qui le met devant le fait accompli en le contraignant au renoncement. Il lui répond en quinze pages dactylographiées, dans lesquelles il juge sa lettre d'« inqualifiable, dans son fait, dans son ton, dans ses insinuations et dans ses menaces de chantage finales [6] ». Castoriadis reproche tout d'abord à Lefort de ne pas avoir pris son téléphone pour engager un dialogue avec lui sur cette question délicate. Il lui rappelle en second lieu qu'il n'a pas, de son côté, intrigué pour se porter candidat sans lui en parler puisqu'un certain dimanche de mai 1974, il est venu chez lui pour le tenir informé que Pierre Vidal-Naquet estimait que sa place était à l'EHESS et qu'il allait examiner cette possibilité auprès de ses collègues. L'exploration conduite par Vidal-Naquet commençait à porter ses fruits. Jean-Pierre Vernant, accueillant cette éventualité avec enthousiasme, voulait en parler à Le Goff. Le processus d'intronisation de Castoriadis est donc bien engagé. Il assure cependant qu'il ne se serait jamais porté candidat sans en parler à Lefort auparavant.

Concept de travail chez Marx ; Lichel BIGGI et Jean-Marc FOURRAGE, *Approche de la notion de travail agricole dans le cadre du mode de production capitaliste.*

5. Claude Lefort, lettre à Castoriadis, archives Castoriadis, 5 octobre 1975.

6. Castoriadis, lettre à Claude Lefort, archives Castoriadis, 28 octobre 1975.

Quant à l'argument pécuniaire, Castoriadis insiste sur sa fragilité. S'il ne lui dit pas pourquoi il se retrouve dans une situation financière difficile – cela tient, on le sait, au fait qu'il a perdu en Bourse tout l'argent touché après vingt-deux années de travail à l'OCDE lors de son départ –, il informe son ami que ce qu'il croit être une aisance financière est une situation d'endettement considérable. Celle-ci l'oblige à trouver des subsides par tous les moyens, ce qui explique qu'il ait dû accepter en 1972 et 1973, tout en n'en faisant plus partie, de nombreuses traductions pour l'OCDE. Cette situation critique a pour beaucoup contribué à sa décision de s'installer comme analyste à la fin de 1973, sacrifiant de son temps de recherche pour ses patients, alors que son intérêt théorique pour la psychanalyse le porterait plutôt à s'intéresser aux cas de psychose, qui ne rapportent rien. Il s'explique du nombre conséquent de ses patients de la manière suivante : d'une part, acquérir un métier nouveau à cinquante-deux ans nécessite une pratique soutenue ; d'autre part, il avait « besoin d'argent ; je n'ai pu équilibrer mon budget courant qu'à partir de janvier 1975, et commencé à rembourser graduellement mes dettes qu'à partir d'avril 1975[7] ». Il affirme que son intention n'est pas de travailler comme psychanalyste dix à douze heures par jour, mais de ne conserver qu'un nombre très limité de patients pour « consacrer le reste de son temps aux psychotiques et à son travail théorique[8] ». Castoriadis reproche aussi à Lefort de procéder, comme à son habitude, en jugeant des affaires d'autrui en prétendant mieux les connaître que la personne concernée. Il s'emploie ensuite à répondre à l'argument de Lefort selon lequel il ne serait pas « juste » de l'élire, lui qui viendrait accaparer la rémunération d'un enseignant-chercheur : « Je me demande seulement selon quelle norme il est "juste" que tu sois payé, depuis vingt-deux ans, par l'État. [...] et que je sois obligé de travailler, depuis vingt-sept ans, pour gagner ma vie, et de ne pouvoir faire ce qui m'importe que les nuits et les dimanches[9]. »

Les relations entre Castoriadis et Lefort, émaillées de tensions, d'explosions de colère et même de ruptures, chaque fois vécues comme définitives, n'ont jamais été faciles. Mais ils ont toujours fini par se retrouver, le temps œuvrant à panser les plaies et quelques bons amis communs, comme Edgar Morin, veillant au grain pour aider à

---

7. *Ibid.*
8. *Ibid.*
9. *Ibid.*

recoudre les fils distendus. Mais cette fois, un point de non-retour est dépassé, trente années d'amitié et d'aventure intellectuelle commune sont bel et bien irréversiblement gâchées.

À ce moment-là, tous deux participent à *Textures*, et Castoriadis précise que, dans l'intérêt de la revue, il fera en sorte qu'il n'y ait pas d'interférences qui puissent entraver le bon fonctionnement du comité de rédaction. S'il décide en définitive de renoncer à sa candidature et fait même part à Lefort de ses vœux pour son élection, il lui apparaît évident que leurs relations amicales sont brisées à jamais : « Je n'ai plus aucun désir d'entretenir avec toi des rapports personnels, et je n'en aurai pas [10]. » Après bien des péripéties, et avant de nouveaux affrontements, comme celui qui aura lieu en 1980 à propos de l'article de Castoriadis sur l'URSS, qui aboutira à la disparition de la revue *Libre* en 1980, le vrai moment de rupture se situe sans conteste dans cette décision unilatérale de Lefort qui aboutira à son élection à l'EHESS en 1976.

Castoriadis doit donc attendre son tour, et doublement puisque, après avoir laissé passer Lefort, on lui conseille l'année suivante de ne pas se présenter contre Jacques Julliard, qui a lui aussi attendu pour laisser la place à Lefort. Après toutes ces péripéties, la fumée blanche ne sortira du 54 boulevard Raspail pour Castoriadis qu'à l'issue de l'assemblée générale des enseignants le 15 décembre 1979, au terme d'une véritable bataille. Le président de l'École, François Furet, fait savoir à Castoriadis qu'il y a un poste disponible et que ceux qui y postulent n'ont pas un dossier formidable. Castoriadis lui envoie alors son intention de candidater officiellement, s'engageant à ne pas donner trop de place à son activité d'analyste. Dans l'hypothèse de son élection, « cela impliquerait que je limiterai très considérablement mes activités de psychanalyste et qu'à l'intérieur de celles-ci j'accorderai une place prépondérante à la prise en charge de quelques patients psychotiques [11] ». Pierre Vidal-Naquet est le maître d'œuvre de cette élection, à laquelle il tient depuis le début et pour laquelle il est prêt à user de la *Métis*, l'intelligence rusée, pour qu'elle ait bien lieu : « À partir de la prochaine élection [...] mon objectif prioritaire à l'École sera d'y favoriser, par tous les moyens en mon pouvoir, ton élection [12]. » De son côté, selon le rituel qui nécessite des lettres

10. *Ibid.*
11. Castoriadis, lettre à François Furet, archives Castoriadis, 5 avril 1979.
12. Pierre Vidal-Naquet, lettre à Castoriadis, archives Castoriadis, 4 novembre 1978.

d'appui, Castoriadis se tourne vers celui qui est officiellement son directeur de thèse, Paul Ricœur : « Je voulais vous demander si vous vouliez bien rédiger ce qu'il est convenu d'appeler une "lettre de présentation", qui doit faire partie du dossier que j'ai à soumettre[13]. »

Pour ce dossier, Castoriadis élabore un projet d'enseignement sous le titre de « Recherches sur les régimes sociaux contemporains ». On y retrouve comme horizon de travail l'approfondissement de tous les concepts qu'il a avancés jusque-là dans le domaine de l'analyse sociale, en minorant la part psychanalytique de sa réflexion, l'EHESS étant alors peu réceptive et même quelque peu hostile à la psychanalyse. Il insiste dans son projet sur la diversité des régimes sociaux contemporains, sur des questions de production et d'économie – s'appuyant sur son savoir-faire d'expert acquis à l'OCDE –, sur l'unité de base que constitue l'entreprise comme institution moderne, et bien évidemment sur le phénomène de la bureaucratie, de l'État, du politique. À partir de toutes ces pistes de recherche, il débouche sur une perspective d'analyse globalisante du mode de fonctionnement des sociétés contemporaines.

Son projet met à l'épreuve un certain nombre de notions avancées par lui jusque-là, comme celles d'imaginaire instituant et d'imaginaire institué, ou encore celle de significations imaginaires sociales, moyennant un examen détaillé des sociétés contemporaines : « L'hypothèse centrale, à vérifier ou à controuver, est que l'unité des régimes sociaux contemporains découle de l'identité de la signification imaginaire centrale qui anime leur institution, à savoir celle de l'expansion illimitée de la maîtrise rationnelle. En ce sens, une attention toute particulière sera accordée à la production et l'économie, comme aussi au devenir contemporain des institutions du pouvoir[14]. » Le contenu de ce programme est conçu pour être bien reçu dans une institution de sciences sociales comme l'EHESS, dont l'épicentre en cette fin des années 1970 est occupé par ce que l'on appelle l'école des *Annales* (qualifiée de plus en plus de « nouvelle histoire ») et qui a été dominée, surtout en son ère braudélienne, par l'histoire économique et sociale.

Celui qui prend en charge le rapport sur la candidature de Castoriadis est un des piliers de l'École, directeur du Centre d'étude des

---

13. Castoriadis, lettre à Paul Ricœur, archives Castoriadis, 6 novembre 1978.

14. Résumé du dossier de candidature de Castoriadis, intitulé « Recherches sur les régimes sociaux contemporains », archives EHESS.

mouvements sociaux, Alain Touraine. Si ce dernier n'a pas vraiment été épargné par le ton polémique de Castoriadis à l'époque de *Socialisme ou Barbarie*, la hache de guerre est enterrée. Touraine a réagi depuis très favorablement à la publication des « 10/18 » de Castoriadis : « Je tiens à vous dire combien je suis heureux de voir reparaître un certain nombre de vos articles. J'ai été un de vos lecteurs fidèles et ai une profonde reconnaissance envers celui qui, le premier, a apporté des analyses nouvelles et décapantes dans beaucoup de domaines recouverts par une épaisse couche d'orthodoxies [15]. »

En cette année 1979, Castoriadis s'est sensiblement rapproché de la gauche rocardienne et autogestionnaire, et se retrouve à l'unisson avec un certain nombre de combats menés par des militants de la CFDT. De son côté, Touraine est intéressé par les analyses de Castoriadis dans *L'Institution imaginaire de la société* : « Le thème de Castoriadis de l'imaginaire est au centre des choses. On ne pouvait pas élaborer une pensée nouvelle sans des chercheurs venus du marxisme, mais on ne pouvait le faire non plus uniquement à partir du marxisme [16]. » Le fait d'avoir Touraine pour rapporteur de sa candidature est un bel atout : ce n'est pas un affidé, et d'autre part, alors qu'en général les jeux sont faits le jour du vote, il est de ceux, rares, qui sont capables de déplacer des voix lors de l'échéance majeure de l'assemblée des électeurs. Grâce à ses qualités oratoires et à son rayonnement, Touraine peut renverser des situations. Son rapport, très habile, montre que Castoriadis pourrait enfin combler un angle un peu délaissé à l'École, le domaine politique, tout en ayant l'avantage de rester très connecté à l'économique et au social. Sa candidature devrait donc permettre de faire le lien entre des disciplines différentes – l'histoire, la sociologie et l'économie – pour rendre compte du monde contemporain.

Dans son rapport, Touraine rappelle que Castoriadis a été un des tout premiers à entreprendre une analyse de la société soviétique et de la transformation du mouvement révolutionnaire en État totalitaire. Il en appelle à l'esprit de l'École, que chacun de ses membres honorerait en faisant place à ce chercheur infatigable et novateur : « Peut-on croire que l'École serait fidèle à son esprit d'ouverture et d'innovation si elle n'accueillait pas cet esprit très original, très courageux, très libre, qui contribuerait par son travail comme par les échanges

---

15. Alain Touraine, lettre à Castoriadis, archives IMEC, 10 avril 1973.
16. Alain Touraine, entretien avec l'auteur.

qu'il établirait avec beaucoup, à étendre les activités de l'École. [...] Je vous demande d'ouvrir notre porte à Cornelius Castoriadis [17]. »

En outre, Castoriadis dispose dans son dossier de candidature d'une lettre de présentation de Paul Ricœur que Touraine qualifie de « chaleureuse et admirative » et qui « met bien en évidence l'originalité et la force de sa démarche » [18]. La bataille n'en reste pas moins sévère, car, dans le domaine de la sociologie, ceux qui dominent à l'EHESS sont Pierre Bourdieu et ses disciples. Le succès n'est donc pas acquis, et l'on se demande aussi ce que va faire Lefort, avec lequel Castoriadis est définitivement brouillé. Edgar Morin se souvient de ce climat d'incertitude : « Corneille me dit : "Écoute, j'aimerais bien savoir ce que va faire Claude." Je lui dis, c'est facile, je dîne avec lui et son épouse dans quelques jours chez moi. Au moment où Lefort part, je lui demande. Il explose : "Quoi ! ce dîner était un piège ? Tu ne sauras rien, je ne te dirai rien." Il était fou de rage contre moi. Mais n'empêche qu'il a été très correct. Il a eu la tentation de partir à Londres et de ne pas être là, mais il a fait l'éloge de Castoriadis, qui a été élu. Cependant, ils sont restés fâchés [19]. » Tout le début du mois de décembre est occupé par une intense campagne électorale au cours de laquelle Castoriadis recueille au téléphone le point de vue des uns et des autres et procède à des comptages, à des simulations de vote. Pierre Nora n'est pas très optimiste, mais il l'assure de son soutien, tout comme Jacques Julliard. Jean-Pierre Vernant, ferme appui, est aux États-Unis et ne peut être présent à l'assemblée électorale. Castoriadis dispose par ailleurs de solides alliés qui ont du poids dans l'institution, à commencer par son président, François Furet, Pierre Vidal-Naquet, Jacques Le Goff et Gérard Genette, qui dira lors de l'Assemblée des enseignants qu'il lui doit tout ce qu'il est.

Il n'en existe pas moins un « front du refus », comme le qualifie Pierre Vidal-Naquet, dans lequel se trouvent les bourdieusiens. Lorsque le grand jour de la réunion de l'Assemblée arrive, le président ouvre le débat en regrettant l'absence d'une grande partie des membres : « Bourdieu pense que la faible représentation des membres de l'Assemblée s'explique par : le choix limité de candidats, le fait que le choix des candidats est prédéterminé par des contacts préalables et

---

17. Alain Touraine, rapport sur la candidature de Cornelius Castoriadis, archives EHESS, 13 décembre 1979.

18. *Ibid.*

19. Edgar Morin, entretien avec l'auteur.

le vote préalable de la commission électorale [20]. » C'est une manière, diplomatique, de dire qu'il n'y a pas cette année-là de candidat de qualité, ce qui vise bien évidemment à décrédibiliser la candidature de Castoriadis, dont l'élection n'est acquise qu'après trois tours de scrutin.

Lors des deux premiers tours, il est impératif de recueillir sur son nom une majorité absolue des présents. Au premier tour, Castoriadis compte vingt-huit voix, il en faut trente pour être élu et sa concurrente la plus sérieuse, Jutta Scherrer, dispose de vingt et une voix. Au second tour, Castoriadis recueille vingt-sept voix alors qu'il en faudrait vingt-neuf. Il est enfin élu à la majorité relative au troisième tour, avec vingt-sept voix face à sa concurrente, qui dispose cette fois de vingt-quatre voix [21]. Pierre Vidal-Naquet dira à Castoriadis que cela fut une des plus belles journées de sa vie, une journée au cours de laquelle il s'est senti utile [22].

L'enseignement du nouveau directeur d'études commence au second semestre de l'année universitaire 1979-1980, avec un séminaire intitulé « Recherches introductives sur le social-historique et l'imaginaire social ». La première séance, fixée au 24 avril, au 44 rue de la Tour, dans le XVIᵉ arrondissement, accueille un public d'une quarantaine de personnes. Castoriadis choisit le mercredi pour permettre aux enseignants du secondaire de venir y assister. Quelques personnalités sont présentes : Luc Ferry, Philippe Raynaud, Jean-Pierre Dupuy. Dans l'assistance, on compte aussi beaucoup d'étrangers, dont quelques Grecs de la diaspora, comme Lakis Proguidis, Christos Grammatikas, et plus tard Nicos Iliopoulos : « C'était une fête et la plupart de ses étudiants le vivaient comme une fête. Je le considère comme le plus grand penseur du XXᵉ siècle [23]. » La majorité des participants viennent par curiosité ou par volonté d'approfondir une pensée qui les intrigue, plus que pour des raisons de

---

20. « Procès verbal de la séance du 15 décembre 1979 de l'Assemblée des enseignants », archives de l'EHESS.

21. Dans les notes de Castoriadis, on trouve : « Le club (très) fermé des ayant voté pour Cornelius Castoriadis » : 1. Vidal 2. Touraine 3. Furet 4. Lefort 5. Kolm 6. Le Goff 7. Le Roy Ladurie 8. Chombart de Lowe 9. Genette 10. Lemaire 11. Aron 12. Nora 13. Sambar 14. Besançon 15. Julliard 16. Poulat 17. Goy 18. Greco 19. Augé 20. Gernet 21. Desroches 22. Rosensthiel, plus cinq votants inconnus, plus absents : Vernant, Moscovici, Bianco.

22. Information reprise de notes prises par Castoriadis, archives Castoriadis.

23. Christos Grammatikas, entretien avec l'auteur.

carrière académique. Quant aux quelques doctorants présents, ils ont le plus souvent des itinéraires très hétérodoxes.

Les deux premières années sont consacrées à la dimension ontologique du social-historique, Castoriadis faisant retour sur la genèse de la société à partir du paradoxe de l'être humain comme être impropre à la vie. L'institution pourrait être perçue comme le moyen de lui donner une aptitude à une socialisation qu'il n'a pas au départ, même s'il convient de se défier de tout schème explicatif rétrospectif. Castoriadis continue par ailleurs d'affirmer l'indissociabilité et l'irréductibilité de la psyché et de la société. Au cours de ces premières années, Castoriadis sollicite Jean-Pierre Dupuy pour intervenir sur l'auto-organisation du social et sur la pensée de René Girard. Il invite son collègue du CREA, Paul Dumouchel, à présenter la théorie de l'autonomie du biologiste chilien Francisco Varela. Henri Atlan vient faire deux conférences. Certains sont de fidèles participants, comme Daniel Helle, qui sera attiré plus tard par ce séminaire, médecin généraliste intéressé par les thèses de Castoriadis pour des raisons professionnelles. Il pense avoir mis en évidence l'existence de maladies urbaines propres à la ville moderne, comme les migraines ou un certain nombre de troubles chroniques, et est devenu un critique acerbe de la médecine classique, qu'il qualifie de médecine vétérinaire, dans la mesure où la pharmacologie est fondée sur l'étude des animaux. Il entend la réorienter vers la psyché et se sent conforté dans son intuition par les concepts de Castoriadis.

Au cours de ces premiers moments d'enseignement, Castoriadis voit venir à lui de jeunes chercheurs. Il en est ainsi de Jean-Louis Zanda, qui a obtenu un DESS de psychologie au début des années 1970 et qui, après son service militaire, s'est inscrit à l'université Paris 7 en ethnologie. Sous la direction de Castoriadis, il travaille sur le phénomène des sectes religieuses et suit son séminaire, surpris par le nombre important des participants et en même temps étonné de réaliser que seules quatre à cinq personnes sont là en tant que doctorants. Parmi les interventions, celles de Jean-Pierre Dupuy sont les plus fréquentes : « Les gens posaient des questions, faisaient des objections. Castoriadis m'a plus d'une fois sidéré. Une fois, quelqu'un lui objecte qu'en Inde il y des moines repentants et Castoriadis de lui répondre en argumentant pendant dix minutes sur le thème des moines repentants. Il était comme cela sur tous les terrains [24]. » Jean-Louis Zanda soutient sa thèse sur les

---

24. Jean-Louis Zanda, entretien avec l'auteur.

sectes en janvier 1986 avec au jury Castoriadis, Eugène Enriquez et Robert Castel. En tant que directeur de thèse, Castoriadis n'a été ni particulièrement directif ni très présent : « Je lui ai même écrit un jour une lettre d'engueulade pour lui dire que s'il ne voulait pas s'occuper de moi, il fallait me le dire clairement. On s'est vus, mais il a continué à me faire une confiance totale [25]. » Castoriadis aura, après la thèse soutenue par son doctorant, la délicatesse de demander un poste de chef de travaux pour lui à l'EHESS, sans le lui dire : « Il ne me l'a dit qu'après avoir eu une réponse négative, ce qui m'a beaucoup touché. Il m'a dit être un marginal à l'École et qu'il n'y avait donc que très peu de chances, mais il a néanmoins fait la démarche, sans m'en parler [26]. »

Lakis Proguidis, doctorant grec travaillant sous la direction de Milan Kundera, est également présent durant les deux premières années du séminaire. Militant du PC de l'intérieur, antistalinien, très déçu par la politique conduite par Papandréou, il quitte la Grèce en 1980 et se libère dans le séminaire de Castoriadis de la pensée dogmatique dans laquelle il a évolué jusque-là : « Son séminaire avait un côté banquet socratique au sens d'un savoir qui est en train de s'élaborer, très vivant grâce à sa maïeutique [27]. » Au-delà du séminaire, Lakis Proguidis retrouve plusieurs fois Castoriadis chez Kundera, qui l'apprécie beaucoup : « Une des premières questions que m'a posées Kundera quand il a su que j'étais grec : "Connaissez-vous Castoriadis ?" [28]. » Lorsque Proguidis soutient sa thèse en 1994 sur un écrivain grec, Alexandre Papadiamantis, Castoriadis est présent au jury. Peu avant la soutenance, en 1993, ce doctorant littéraire vient de créer une nouvelle revue, *L'Atelier du roman*, qui suscite l'enthousiasme d'un Castoriadis devenu entre-temps son ami, ainsi que celui de son épouse Doris.

Les séminaires des années 1982-1983 et 1983-1984 sont toujours consacrés à la création du social-historique, prenant cette fois pour exemple la Grèce classique. Castoriadis y repère la double naissance de la démocratie et de la philosophie, qui mettent en question la domination du religieux. Dans les deux cas, se déploie un mouvement illimité qui pose la question du vrai. Quant aux explications à donner à cette double émergence, elles sont introuvables selon

---

25. *Ibid.*
26. *Ibid.*
27. Lakis Proguidis, entretien avec l'auteur.
28. *Ibid.*

Castoriadis, qui récuse toute forme de causalisme réductionniste. Le foyer de cette création singulière se situe plutôt dans des expressions de l'imaginaire grec, dans la mythologie, avant même la révolution hoplitique du Vᵉ siècle av. J.-C. À cet égard, la *Théogonie* d'Hésiode est édifiante : elle surgit à partir du Chaos et libère une dynamique sociale. Au cours de ces deux années, Castoriadis s'attache précisément à éclairer les écrits d'Anaximandre et d'Héraclite qui, dès le VIᵉ siècle av. J.-C., expriment la liberté illimitée de l'esprit [29]. Il étudie de très près les institutions politiques de la Cité athénienne, non pour y trouver un modèle, mais pour y déceler un « germe » pour les espérances démocratiques contemporaines, comme il le qualifiera plus tard en réponse aux nombreuses objections sur son hellénocentrisme. Selon lui, le grand saut qualitatif que réalisent les Athéniens de l'Antiquité est celui de l'autonomie ; ils renoncent à fonder leurs normes sociales sur des bases extra-sociales et posent que seule leur propre autolimitation est acceptable. Cette création est lourde de conflits, comme l'attestent la tragédie grecque et notamment la figure d'Antigone s'opposant à Créon, souvent invoquée par Castoriadis [30].

C'est au cours de ces années consacrées à la Grèce que Castoriadis voit arriver à son séminaire un disciple de Michel Serres, Pierre Lévy, qui le choisit comme directeur de thèse. Pour Lévy, le rayonnement de Castoriadis tient à sa critique du totalitarisme, et *L'Institution imaginaire de la société* est « le livre le plus intéressant que j'aie lu, celui d'un vrai philosophe, avec une réflexion épistémologique, psychanalytique et une perspective social-historique, une vraie recherche sans dogme [31] ». Pierre Lévy fait la même expérience que Jean-Louis Zanda : Castoriadis lui accorde une extrême confiance mais ne le « dirige » pas véritablement. Lévy n'a pas l'occasion de travailler avec son directeur de thèse, à qui il remet un tapuscrit qu'il a préparé seul. Il continue néanmoins de suivre assidument le séminaire pendant quatre ou cinq ans, où il trouve de quoi nourrir son sujet de thèse : la liberté dans l'Antiquité.

Pierre Lévy, qui deviendra un spécialiste reconnu de ce qu'il appelle les « technologies de l'intelligence [32] », soutient sa thèse avec un jury prestigieux : Castoriadis, Vidal-Naquet et Michel Serres :

---

29. Cornelius CASTORIADIS, *D'Homère à Héraclite, op. cit.*
30. Cornelius CASTORIADIS, *La Cité et les Lois, op. cit.*
31. Pierre Lévy, entretien avec l'auteur.
32. Pierre LÉVY, *Les Technologies de l'intelligence*, La Découverte, Paris, 1990.

« Cela a été assez pénible pour moi car ils se sont disputés entre eux, mais finalement ils ont tous reconnu qu'il n'y avait pas de mauvaise compréhension fondamentale, aucun malentendu grave[33]. » Pierre Lévy est surtout intéressé par le contenu épistémologique du séminaire, par cette mise à l'épreuve de la polarisation entre l'ensidique et le magmatique, l'un du côté du mathématisable, l'autre du côté de la création : « [Castoriadis] disait toujours en forçant la voix : "La création d'un nouvel *eidos*, la création de formes"[34]. » De temps à autre, Pierre Lévy est convié à terminer la journée chez Castoriadis, dont l'appartement est proche du lieu où se tient le séminaire.

De la Grèce à Rome, il y a un monde, et Castoriadis fait un jour une réflexion significative à une historienne spécialiste de l'Antiquité romaine, Claudia Moatti, qui est venue le voir en compagnie de Philippe Raynaud et de Marc Lazar lors d'une conférence à la Salpêtrière en 1982. À la sortie, Castoriadis rejoint le petit groupe et l'apostrophe : « Ah, vous êtes latiniste, spécialiste de Rome ? Citez-moi un mathématicien romain[35]. » Claudia Moatti est justement en train d'écrire un ouvrage sur la raison romaine, qu'elle mettra quinze années à réaliser ; elle est d'abord quelque peu interloquée, mais cette question intempestive la poussera à interroger les fondements de la rationalité romaine : « Cela a complètement changé mon approche des choses. Je dois à Corneille énormément pour l'écriture de ce livre[36]. »

Intéressé par la perspective du comparatisme, Castoriadis invite Claudia Moatti à son séminaire, où elle anime trois séances sur Rome : « Pour lui, il n'y avait pas de créativité philosophique romaine, pas d'autonomie. Cela m'a conduit à m'interroger sur l'autonomie, sur la nature politique de la rationalité[37]. » De son côté, Claudia Moatti essaie de montrer à Castoriadis que la spéculation philosophique existe bien à Rome, mais qu'elle passe par un autre canal qu'en Grèce, celui de la justice : « Reste enfin à prouver que la seule spéculation authentique serait d'ordre philosophique. Les Romains ont développé une autre de ses formes : le droit. Capacité de *juridifier* leurs expériences concrètes, de les universaliser, aptitude à formuler des règles de

33. Pierre Lévy, entretien avec l'auteur.
34. *Ibid.*
35. Castoriadis, propos rapporté par Claudia Moatti, entretien avec l'auteur.
36. Claudia Moatti, entretien avec l'auteur.
37. *Ibid.*

plus en plus abstraites, des définitions de plus en plus générales : celle de la citoyenneté comme forme purement juridique, détachée de toute référence au sol ou au sang, en est un des plus forts exemples [38]. »

Ces discussions passionnées les conduisent à nouer de solides relations d'amitié et accompagnent la réalisation de l'ouvrage majeur de Claudia Moatti, qui rendra hommage au rôle joué par Castoriadis dans son avant-propos [39]. Elle ne cessera de penser, en rédigeant son livre, aux discussions qu'il lui permettra d'avoir avec Castoriadis. Mais le livre paraît à l'automne 1997, trop tard pour que ces échanges puissent avoir lieu : « Je suis allée le voir à l'hôpital, et j'ai été très touchée d'apprendre qu'il avait mon livre sur sa table de chevet quand il est mort [40]. » Au séminaire, Claudia Moatti joue le rôle de contre-point et contribue aussi à mieux faire valoir l'originalité de la voie grecque. Si Castoriadis reste mesuré quant à ses appréciations sur Rome, plutôt en demande d'informations, il peut exploser lorsqu'il est question de l'Empire byzantin, qu'il considère comme l'opposé de la démocratie athénienne, aux antipodes de ses valeurs.

En cette année universitaire 1983-1984, arrive au séminaire un passionné de l'œuvre de Castoriadis qui a l'intention de travailler sous sa direction, Olivier Fressard : « Après avoir beaucoup hésité et trop longtemps reculé, j'ai décidé de passer outre tous mes doutes pour vous proposer de préparer un diplôme sous votre direction. [...] J'ai rencontré très tôt dans un itinéraire intellectuel la question que je pose dans ce texte, celle de l'opposition entre droit naturel et droit positif, entre rationalisme et relativisme ou historicisme. [...] J'ai le sentiment depuis que j'ai rencontré votre œuvre, au début des années 1980, qu'elle permet de renouveler de façon fructueuse cette problématique. [...] [41]. »

Né en 1960, Olivier Fressard entre en relation avec Castoriadis en découvrant *L'Institution imaginaire de la société*. Il a suivi à l'université de Nanterre un cursus de sociologie, et s'est intéressé, au début des années 1980, à des auteurs de la tradition sociologique et anthropologique, Durkheim, Marx, Lévi-Strauss, Weber et Mauss. Il est alors à la recherche d'un paradigme global qui intègre les analyses d'ordre ethnologique dans une démarche tenant compte de la

---

38. Claudia MOATTI, *La Raison de Rome*, Le Seuil, Paris, 1997, p. 21.
39. *Ibid.* p. 22.
40. Claudia Moatti, entretien avec l'auteur.
41. Olivier Fressard, lettre à Castoriadis, archives Castoriadis, 6 octobre 1983.

diversité des civilisations. Plus attiré par le discours épistémologique que par les études de terrain, il tombe par hasard sur l'opus majeur de Castoriadis dans une librairie, alors que ce livre n'est nullement prescrit dans son cursus universitaire : « Cela a été pour moi comme une révélation par rapport à toutes les questions que je me posais. J'ai eu le sentiment d'une illumination [42]. » Olivier Fressard était préparé à cette réception par un enseignant du département de sociologie de Nanterre, Claude Orsoni, moins sociologue qu'historien des idées politiques de la gauche radicale, traducteur, en particulier, du livre de Karl Korsch, *Marxisme et philosophie*. Il orientait ses étudiants (parmi lesquels on trouve Gérard David, Olivier Fressard, Daniel Cefaï, aujourd'hui maître de conférences de sociologie à Nanterre, Alain Mahé, professeur de sociologie à l'EHESS qui a fait sa thèse sous la direction de Castoriadis sur l'ethnologie kabyle, Zarir Merat…) vers une bonne connaissance du « marxisme occidental » (Lukács, Korsch, Mattick, Marcuse, Adorno, Horkheimer ou Benjamin…). Orsoni évoquait souvent dans ses cours SouB, Lefort et Castoriadis, dont il était un grand admirateur.

Sitôt achevée la lecture du livre, Olivier Fressard se préoccupe de savoir si Castoriadis enseigne quelque part, apprend qu'il anime un séminaire à l'EHESS, et finira par le suivre jusqu'à son terme, à l'exception de deux années d'éloignement de Paris au cours desquelles il prépare à Lyon le concours de conservateur de bibliothèque. Il soutient son diplôme à l'EHESS en 1994 avec à son jury Castoriadis et Vincent Descombes. Ce qui intéresse particulièrement Olivier Fressard, c'est la place accordée à l'imaginaire radical dans la philosophie. Il perçoit néanmoins une contradiction propre à l'ontologie castoriadienne entre un relativisme social qui tient au fait que chaque société s'institue sur le mode de la clôture et se donne un monde qui lui est propre, et en même temps un souci de ne pas renoncer à une position explicitement universaliste ayant vocation à valoir pour tous les êtres humains. Penser les deux ensembles reste selon lui un problème entier et non résolu : « Il y a là une tension chez Castoriadis que l'on n'arrive pas à résoudre dans le cadre de sa pensée. Mais lui de son côté considérait qu'il n'y avait pas de tension, que cela se tenait [43]. »

Pour l'essentiel, le séminaire est magistral et la participation du public assez réduite, si ce n'est quelques questions posées à la fin, ce

---

42. Olivier Fressard, entretien avec l'auteur.
43. *Ibid.*

dont Castoriadis se plaint parfois : « Autant il avait une position agonistique avec les autres intellectuels, autant avec ses étudiants, il était
charmant, même si parfois il pouvait montrer quelques signes d'énervement devant des questions qu'il estimait sans doute idiotes [44]. » Le
caractère *ex cathedra* des interventions de Castoriadis est compensé par
l'intérêt intellectuel qu'éprouve le public, qui assiste en direct au processus de création de son œuvre ; d'autant que Castoriadis prépare
minutieusement ses séminaires une bonne partie de la semaine afin de
transmettre dans les meilleures conditions le résultat de ses avancées
conceptuelles : « C'était très vivant, très passionnant, car il ne venait
pas nous réciter un acquis, mais quelque chose en train de se créer [45]. »
Lorsque l'actualité s'y prête, il commence son séminaire par un débat
– par exemple sur l'URSS – et retrouve en ces occasions sa fougue et sa
passion pour la politique.

Au fil des années 1980, le succès du séminaire de Castoriadis va
grandissant. Il doit donc déménager en 1990 en un lieu plus central,
et se retrouve à la Maison de la chimie. L'assistance étant de plus en
plus nombreuse, jusqu'à une centaine de personnes, Castoriadis se
voit attribuer un amphithéâtre dans lequel Jacques Derrida, juste
après lui, tient son propre séminaire. Entre les deux, la différence est
patente : Derrida est suivi par une telle foule d'*aficionados* que
l'amphithéâtre de Castoriadis paraît bien clairsemé en comparaison.

Les deux années suivantes, 1984-1985 et 1985-1986, sont
consacrées à approfondir l'étude du germe grec en étudiant plus précisément la dimension historiographique de la démocratie et de la philosophie en Grèce ancienne. Il y est notamment fortement question
de Thucydide comme porteur d'un discours historique participant
pleinement à l'imaginaire politique de la Cité athénienne [46]. Cette
question de l'histoire débouche sur une approche comparative de la
démocratie des anciens et de celle des modernes, soit le passage de la
démocratie directe à la démocratie représentative. Selon Castoriadis,
Platon se situe entre ces deux pratiques politiques : ses positions sont
en rupture avec celles des anciens et vont servir de ressource majeure
à l'Occident moderne pour penser la légitimité d'un système de délégation des pouvoirs. Platon ayant recréé la philosophie sur de nouvelles bases, la Raison et le *Logos*, Castoriadis se donne pour objet

---

44. *Ibid.*
45. *Ibid.*
46. Cornelius CASTORIADIS, *Thucydide, la Force et le Droit, op. cit.*

d'analyse *Le Politique*, qui occupe une place centrale dans sa pensée, entre *La République* et les *Lois*.

En 1985, Pascal Vernay commence à assister au séminaire. Il va en devenir un des piliers essentiels (un de ceux que Castoriadis appelle les « séminaristes »), le meilleur spécialiste, et nouera une amitié profonde avec Castoriadis. Il enregistrera tous les séminaires et se consacrera à leur édition après la disparition du maître. La découverte de Castoriadis par Pascal Vernay tient à des circonstances très contingentes. À la fin des années 1960, alors qu'il habite un petit village de l'Yonne, La Grande-Jaronnée, il tombe par hasard dans un grenier sur quelques numéros de *Socialisme ou Barbarie* qui ont miraculeusement échappé aux rats, et dans lesquels se trouve le grand texte de révision du marxisme écrit par Castoriadis, « Marxisme et théorie révolutionnaire ». Ces numéros de *Socialisme ou Barbarie* avaient été entreposés là par Georges Petit pour les préserver d'une éventuelle saisie, et Pascal Vernay fera bénéficier plus tard les « séminaristes » de ce trésor. Après avoir fait une khâgne et Sciences Po, Pascal Vernay décide de reprendre un cursus de philosophie et découvre *L'Institution imaginaire de la société* dès sa parution en 1975. Victime d'un accident, il perd l'usage de ses jambes et ne peut passer les concours de recrutement de professeur de philosophie. Les appariteurs l'empêchent même d'entrer à l'intérieur de la Maison des examens pour passer les épreuves du CAPES en 1978. Bloqué dans son parcours professionnel, il décide d'aller suivre Castoriadis à l'EHESS par pur intérêt intellectuel, sans autre visée, et y effectue un travail essentiel, enregistrant et transcrivant le séminaire en comblant les lacunes, ajoutant ici et là des éclairages nécessaires à la bonne compréhension de son propos.

D'autres « séminaristes », comme Olivier Fressard, transcrivent aussi leurs bandes magnétiques et font circuler ces transcriptions auprès des auditeurs du séminaire. Leur intention est simplement de leur être utiles en leur offrant un polycopié fidèle et intelligible. Mais au-delà de cet intérêt ponctuel, Pascal Vernay poursuit l'entreprise de transcription pendant quatre ans, jusqu'à ce qu'un des assistants du séminaire, Stéphane Barbéry (futur époux de Muriel Barbéry, auteur du best-seller *L'Élégance du hérisson*), réussisse à le convaincre d'en montrer le résultat à Castoriadis : « Il l'a lu et m'a dit : "Merci Pascal, je ne savais pas que j'avais écrit un nouveau livre" [47]. » Jusque-là, c'était

---

47. Pascal Vernay, entretien avec l'auteur. L'ouvrage sera publié en 1999 : Cornelius CAS-TORIADIS, *Sur* Le Politique *de Platon*, *op. cit.*

Zoé, l'épouse de Castoriadis, qui transcrivait les séminaires ; un petit groupe se met aussitôt au travail autour de Pascal Vernay, avec Daniel Helle et Myrto Gondicas.

En cette même année 1986, arrivent au séminaire deux ressortissants grecs, Nicos Iliopoulos et Stella Manet. Cette dernière a suivi le cursus de Polytechnique à Athènes et a déjà une expérience politique, acquise au Parti communiste de l'intérieur (qui a rompu avec le PC officiel en 1967 pour adopter une ligne plus novatrice et européenne, assez proche des thèses du PSU en France). Elle sait déjà en arrivant qui est Castoriadis grâce à la revue *Politis*, fondée après la dictature des colonels par un intellectuel de gauche ayant longtemps vécu à Paris, Angelos Elefantis. C'est dans cette revue très en vogue dans les années 1980 qu'elle lit des articles extraits de *Socialisme ou Barbarie*. Arrivée à vingt-cinq ans à Paris, elle va voir Lefort à l'EHESS qui lui conseille de rencontrer Castoriadis, plus proche du thème de recherche qu'elle s'est choisi : le sens du nouveau, qui rejoint en effet l'horizon de Castoriadis sur la création humaine. Elle communique donc son projet à Castoriadis, qui lui demande de venir le voir. Après un long entretien, il décide qu'elle doit travailler sur l'acculturation occidentale de la Grèce moderne : « Je lui demande ce que veut dire "acculturation" et il me répond de chercher, et que l'on se reverra une fois que j'aurai vraiment déterminé mon sujet [48]. » La situation devient digne d'une pièce de Beckett car la doctorante cherche désespérément la signification de ce terme inconnu sans trouver. Elle passe ainsi un bon moment désarmée jusqu'à ce qu'elle tombe sur un dictionnaire. Elle n'a pas fini d'avoir des émotions avec son directeur de recherche, qui réduit sa fonction d'encadrement au minimum, tout en lui disant qu'elle peut le voir quand elle veut. Un peu esseulée dans la rédaction de sa thèse, elle en vient tout de même à bout et la remet à Castoriadis en septembre 1991, puis part pour la Grèce. Lorsqu'elle revient en octobre, « le téléphone sonne et j'entends la voix de Castoriadis qui me dit que mon manuscrit ne va pas du tout [49] ». Catastrophée, elle se rend chez lui et s'entend dire que tout est à reprendre. Lorsqu'elle essaie de savoir pourquoi, il lui répond qu'elle doit essayer de comprendre par elle-même. Stella Manet passe plusieurs mois difficiles jusqu'à ce que, ayant cuvé sa déception, elle s'engage dans une refonte de son manuscrit, ce qui lui prend trois mois. Le résultat finit

---

48. Stella Manet, entretien avec l'auteur.
49. *Ibid.*

par satisfaire Castoriadis : « C'était cela sa méthode pédagogique, une méthode de choc [50]. »

Stella Manet est à la fois fascinée par le savoir de Castoriadis et insatisfaite d'un séminaire consacré à la question de l'autonomie dans lequel le public reste si passif, n'osant jamais contester la parole du maître, suspendu à ses lèvres. Elle s'efforce d'abord de tisser des liens avec les participants au séminaire et se lie d'amitié avec deux Iraniens, Zarir et Ramin Jahanbegloo, le Brésilien Lilian do Valle, et avec un certain nombre de doctorants, Olivier Fressard, Chantal Bégot, qui prépare une thèse sur Aristote, et Nicos Iliopoulos. En mai 1987, elle décide, avec quelques-uns de ses proches, de prendre la parole et de réclamer une participation plus active, une place pour le débat et la confrontation : « Castoriadis nous répond qu'il va réfléchir à cette requête. À la séance suivante, il nous dit qu'il maintient le temps qui reste une fois son exposé terminé aux questions, et il nous confirme que son séminaire doit être un exposé magistral [51]. » Déçus, les « séminaristes » contestataires décident de constituer un groupe, l'« Atelier », qui se réunit après le séminaire et connaît un vif succès. D'abord limité à sept à huit personnes, l'atelier regroupe vite vingt à vingt-cinq personnes. Ses responsables doivent même demander une salle spéciale à l'EHESS, où le travail collectif se déploie pendant deux ou trois heures. On y discute non seulement des sujets traités par Castoriadis, mais aussi de sujets décalés et minutieusement préparés par ses participants.

En cette année 1986, arrive de Grèce un nouveau doctorant qui devient un autre pilier du séminaire et un ami proche de Castoriadis, Nicos Iliopoulos. Lorsqu'il débarque à Paris, il a déjà trente-six ans et toute une expérience politique derrière lui. Militant à partir de 1972 dans le mouvement étudiant contre la dictature des colonels, il vient de l'université de Patras, où il a suivi un cursus de mathématiques. Arrêté et torturé, il adhère au PC de l'intérieur au moment de la chute des colonels, en 1974. Chargé de l'organisation des jeunes du Parti, il devient permanent et membre du bureau exécutif. Très déçu par l'orientation prise par le nouveau pouvoir socialiste en Grèce, qui conduit le pays vers une société de consommation très éloignée de ses idéaux, il décide de quitter son pays et de s'installer en France. À peine arrivé à Paris, Nicos Iliopoulos prend contact avec Castoriadis, qu'il

---

50. *Ibid.*
51. *Ibid.*

ne connaissait pas, et lui soumet un projet de recherche pour l'obtention du diplôme de l'École : « En novembre 1986, la première phrase que j'entends, c'est : "Je vois beaucoup de briseurs de grève ici", car c'était en pleine mobilisation contre la loi Devaquet. Il était toujours exalté par la politique, sa passion restait politique[52]. » Contrairement à celle de Stella Manet, sa thèse, qui porte sur la question de l'apathie politique, est attentivement dirigée par Castoriadis : « Il me corrigeait jusqu'à la virgule près, et était toujours disponible[53]. » Castoriadis n'ira cependant pas au bout de ce travail : à son départ à la retraite, il passe le relais à Alain Caillé, qui devient le directeur de thèse officiel de Nicos Iliopoulos.

De son côté, Jean-Philippe Pastor, alors étudiant en philosophie à la Sorbonne, fait la connaissance de Castoriadis en 1984 et suit son séminaire jusqu'en 1992 : « Je revois la manière dont nous entamions ces séances, avec le même rituel, le moment où Casto sortait invariablement de son cartable usagé un tas de papiers disparates et recyclés. [...] Il s'adonnait chaque fois à un exercice de classement de ses notes qui pouvait durer dix bonnes minutes. La minutie avec laquelle il s'employait à cette tâche lui donnait un air de gravité qu'on pouvait parfois trouver comique. Ensuite, c'était le vieux magnétophone avec lequel il enregistrait nos discussions qui ne marchait jamais ; il fallait bien l'intervention technique de deux ou trois auditeurs [...] puis il posait rituellement sa montre sur la table, relevait ses bras bien haut et le "séminaire" commençait[54]. »

L'année 1986-1987 est consacrée à approfondir le concept de social-historique en interrogeant les diverses figures de la subjectivité dans leurs relations avec le transcendantal[55]. L'année suivante est largement consacrée à la question du temps. Paul Ricœur vient de publier ses trois volumes sur la question, *Temps et récit* (1983-1985), et Castoriadis critique la polarisation opérée par Ricœur : d'un côté, le temps cosmologique et, de l'autre, le temps psychologique, intime, qu'il convient d'articuler et de penser ensemble. Il dénonce dans cette fausse opposition une occultation du social-historique en provenance de la « pensée héritée », soit la tradition philosophique. Cette

---

52. Nicos Iliopoulos, entretien avec l'auteur.
53. *Ibid.*
54. Jean-Philippe PASTOR, « Hommage à Cornelius Castoriadis », *Esprit*, n° 2, février 1998, p. 166.
55. Cornelius CASTORIADIS, *Sujet et vérité dans le monde social-historique, op. cit.*

année 1986-1987 est aussi l'occasion pour le disciple de Castoriadis, islandais enseignant en Australie, Johann Arnason, professeur à La Trobe, de faire un exposé sur les significations imaginaires sociales.

En 1988-1989 et 1989-1990, Castoriadis se confronte à Heidegger, déjà croisé l'année précédente dans ses réflexions sur le temps, mais aussi à Habermas et Karl-Otto Apel, et à travers eux aux points de vue de Kant et Husserl, pour mettre en évidence les apories de la phénoménologie comme de l'approche transcendantale. À partir du début des années 1990, Castoriadis réoriente son séminaire vers le continent psychanalytique, interrogeant l'imaginaire radical à partir duquel commence à fonctionner la psyché. Il explore les modalités du sens pour la psyché et revisite les topiques freudiennes en les rediscutant dans l'objectif de reprendre plus en amont le rapport entre la psyché et le corps.

Suit une année centrée sur l'épistémologie et la nécessaire distinction entre explication et compréhension, qui recoupe le distinguo entre l'ensidique et le magma. Une large part de l'année est consacrée aux mathématiques comme illustration d'un chaos originaire devant être distingué du chaos déterministe des physiciens. Cette orientation très épistémologique de son séminaire, avec l'exploration du magma dans l'ordre des mathématiques, provoque une véritable hémorragie de son public d'une séance à l'autre. Dans un premier temps, Castoriadis résiste, persiste et signe devant un amphi de plus en plus clairsemé, affirmant sa volonté de continuer dans cette voie.

Au cours de l'année 1988, une doctorante autrichienne, Alice Pechriggl, arrive de Vienne pour préparer une thèse sous sa direction : « Mademoiselle Alice Pechriggl se propose de continuer ses études postdoctorales à Paris, à l'EHESS, sous ma direction. Le sujet qu'elle veut traiter, la différence des sexes comme condition de l'affectivité de l'être humain est à la fois original et très important[56]. » Elle a pris connaissance de l'œuvre de Castoriadis en 1986, dans le cadre de ses études de philosophie à Vienne, lorsque les thèses de *L'Institution imaginaire de la société* ont été confrontées à celles de l'École de Francfort dans le séminaire de Ludwig Nagl. Castoriadis y fut présenté comme le dernier représentant rigoureux de la pensée révolutionnaire, d'où l'intérêt d'Alice Pechriggl. Avec l'adresse de Castoriadis en poche (qui lui a été communiquée par Axel Honneth), elle décide de quitter l'univers trop académique de Vienne pour Paris : « [Castoriadis] m'a

---

56. Castoriadis, attestation de direction de thèse d'Alice Pechriggl, archives Castoriadis.

accueillie de manière très sympathique. J'avais un sujet sur le genre, un peu radical, un discours un peu *queer* avant l'heure. Il s'est montré très intéressé, sans pour autant partager mon point de vue, mais tout à fait ouvert à ces questions [57]. » Alice Pechriggl obtient une bourse, qui lui permet de s'installer à Paris à partir de 1990, et commence à suivre régulièrement les séminaires de Castoriadis, devenu son directeur de thèse, ainsi que ceux de Nicole Loraux et de Jacques Derrida. La correspondance échangée depuis Vienne laisse cependant apparaître quelques différends sur la question de l'appréciation que l'on peut porter à la crise que traverse la division sexuelle des rôles sociaux : « Vous mentionnez la dissolution des rôles sexuels comme l'une des conséquences du délabrement de la société actuelle. Vous rappelez que jadis "une femme savait ce qu'elle avait à faire". [...] Je me demande comment vous pouvez être sûr que la dissolution des rôles sexuels est un signe de délabrement et non d'une *Krisis* (ou d'un *Kairos*). Ce jugement me paraît d'autant plus étrange que vous avez salué – me semble-t-il – il y a quinze ans le mouvement des femmes [58]. » Castoriadis lui répond en précisant ses positions : « Je vais seulement tenter d'éclairer quelques malentendus. Je ne pense pas qu'un ordre sexuel, quel qu'il soit, soit préférable au délabrement contemporain. [...] Je dis seulement : pendant des milliers d'années, les sociétés ont vécu des "ordres" sexuels plus ou moins stricts. La société contemporaine est la première où un tel ordre tend à ne plus exister. Cela, en soi, n'est pas une "libération". Cela dépend de ce que l'on en fait. Cela peut parfaitement être le risque d'un délabrement et d'une décomposition de la société (*cf.* Rome impériale). J'ai salué, il y a <u>trente</u> ans (*cf.* « Recommencer la Révolution », *Socialisme ou Barbarie*, n° 34) le mouvement vers l'émancipation des femmes dans un certain contexte. Force est de constater que ce contexte n'est plus là, ce mouvement non plus, et ce qu'on voit c'est le désarroi profond dans une confusion sans précédent [59]. » Sans être sur la même longueur d'onde que Castoriadis sur la question du genre, Alice Pechriggl le considère comme beaucoup plus ouvert que ceux de sa génération : « Il y avait aussi l'homophobie de nombreux postfreudiens et je me suis attaquée à cela au cours de ces années. Lui, en tant que psychanalyste, était plus ouvert que ses confrères. Mais en même temps, c'est un homme, et grec, lié au rôle

---

57. Alice Pechriggl, entretien avec l'auteur.
58. Alice Pechriggl, lettre à Castoriadis, archives Castoriadis, 25 juillet 1994.
59. Castoriadis, lettre à Alice Pechriggl, archives Castoriadis, 25 août 1994.

masculin traditionnel. Il acceptait pourtant les thèses radicales que je développais sans jamais essayer de me faire changer d'avis[60]. »

Lorsque Alice Pechriggl soumet sa thèse à Castoriadis en mars 1997, elle en discute de très près avec lui pendant cinq semaines : « J'ai beaucoup appris de lui quand on a discuté des derniers chapitres de ma thèse. Il m'a préparée à la soutenance comme à une séance d'inquisition pour que je puisse répondre aux objections[61]. » Cette soutenance a finalement lieu en l'absence de Castoriadis, disparu six semaines plus tôt[62]. Elle publiera une partie de sa thèse, deux volumes sur trois, en langue française en 2003[63]. Alice Pechriggl ne cesse de dire sa dette vis-à-vis de Castoriadis, dont elle enseigne l'œuvre à partir de 1993 dans le cadre d'un cours sur l'ontologie, participant à partir de 2013 au nouveau réseau international qui s'est constitué autour de sa pensée.

L'année qui suit son séminaire sur les mathématiques, en 1992-1993, Castoriadis doit se rendre à l'évidence : l'épistémologie proprement scientifique passe mal auprès des littéraires. « À la reprise, il a dit qu'il aurait dû passer au domaine de la physique, mais que, compte tenu de la manière dont on a déserté l'année précédente, il va passer au psychique[64]. » Il fait donc retour vers la psychanalyse au cours de ses dernières années d'enseignement.

Malgré sa position à l'EHESS, d'autant plus marginale qu'il s'investit peu dans son fonctionnement, Castoriadis n'en soutient pas moins, quand il en sent la nécessité, quelques candidatures à la fonction de directeur d'études. En 1986, il envoie une lettre au nouveau président de l'École, Marc Augé, pour lui exprimer son fervent soutien à la candidature de l'historien spécialiste de la Grèce antique et qui deviendra un des plus éminents spécialistes de l'historiographie, François Hartog[65].

---

60. Alice Pechriggl, entretien avec l'auteur.

61. *Ibid.*

62. Pierre Vidal-Naquet prend le relais de Castoriadis comme directeur de la thèse et le jury était composé de Pierre Vidal-Naquet, Françoise Héritier-Augé, Pierre Pellegrin, Antonia Soulez et Michelle Perrot.

63. Alice PECHRIGGL, *Corps transfigurés. Stratifications de l'imaginaire des sexes/genres*, vol. 1, *Du Corps à l'imaginaire civique* ; vol. 2 : *Critique de la métaphysique des sexes*, L'Harmattan, Paris, 2003.

64. Pascal Vernay, entretien avec l'auteur.

65. Castoriadis, lettre à Marc Augé, président de l'EHESS, archives EHESS, 23 octobre 1986 : « Je pense très fermement que son élection enrichirait considérablement notre École. Ayant pratiqué de très près son *Miroir d'Hérodote*, et en ayant parlé à mon séminaire, j'ai pu

En 1987, Castoriadis écrit un rapport laudatif sur la candidature de Marcel Gauchet, qu'il connaît bien pour avoir partagé avec lui l'aventure de *Textures*, puis de *Libre*[66]. Selon lui, avec la publication du *Désenchantement du monde* en 1985, Gauchet a renouvelé la problématique du sujet et approfondi la compréhension de la singularité de la société moderne : le statut politique qu'elle accorde aux individus, le statut psychique qu'elle leur reconnaît et le statut historique auquel elle les conduit à accéder. Il considère qu'en accueillant le projet de recherche de Marcel Gauchet, l'École ne ferait qu'accepter la nécessité de réfléchir sur les fondements social-historiques de l'activité de l'École elle-même. Castoriadis se dit en accord avec les rédacteurs des lettres de soutien que sont Jacques Revel, qui évoque une érudition « parfois intimidante, souvent torrentielle », et François Furet, qui affirme que sur la tradition libérale, il n'a « jamais appris autant de choses neuves que dans les travaux de Gauchet ». Castoriadis ajoute : « Je pourrais en dire autant pour moi-même, concernant ses travaux d'histoire de la psychiatrie et de la naissance de la psychanalyse, ses écrits le montrent remontant toujours aux sources, souvent oubliées, parfois inédites. [...] Il importe enfin de noter que la qualité de son expression, tant écrite qu'orale, son aménité et l'attention qu'il prête toujours à son interlocuteur devraient en faire un enseignant précieux pour ses auditeurs[67]. » En 1991, Castoriadis recommande la candidature du philosophe Vincent Descombes[68], dont on sait qu'il a

---

apprécier l'étendue et la solidité de son savoir, comme la rigueur et la clarté de sa pensée. En même temps, le résumé de son projet de recherche et d'enseignement portant sur l'historiographie montre qu'en l'élisant l'École donnerait une place pleine à une discipline importante, en plein essor et qui, malgré les efforts de notre collègue Pierre Vidal-Naquet, reste encore très sous-représentée dans le paysage français. »

66. Castoriadis, rapport sur la candidature de Marcel Gauchet à l'EHESS, archives Castoriadis, 1ᵉʳ décembre 1987 : « Le projet de recherche et d'enseignement de Marcel Gauchet me paraît des plus importants que l'on pourrait se proposer actuellement. Il s'agit d'explorer et de rendre intelligible, autant que faire se peut, la genèse de la notion contemporaine du sujet dans trois de ses dimensions constitutives : le sujet, individu doté en tant que tel de droits ; le sujet, subjectivité si je peux dire, se manifestant dans les domaines mêmes où elle paraît le plus étrangère à soi, aliénée la psychose, la névrose, plus généralement l'inconscient ; le sujet enfin, comme accédant à une conscience de son insertion dans une histoire de la société au sens fort du terme. »

67. *Ibid.*

68. Castoriadis, lettre de recommandation de Vincent Descombes, candidat comme directeur pour l'élection du 22 juin 1991, archives Castoriadis : « J'ai connu M. Vincent Descombes il y a une trentaine d'années, alors qu'il était encore étudiant. J'avais aussitôt été frappé non seulement par l'acuité de son sens critique et la vivacité de son intelligence, mais aussi, beaucoup plus rare à son âge, par sa rigueur, son attention aux raisons de l'autre et **sa**

été membre de SouB dans les dernières années du groupe. Le soutien de Castoriadis, ancien haut fonctionnaire à l'OCDE, est précieux pour Vincent Descombes, car il lui permet de rallier à sa candidature de nombreux économistes de l'École.

La réflexion collective dans le domaine de la philosophie politique progresse à l'EHESS et Castoriadis s'intègre dans ce mouvement porteur. Depuis 1977, un séminaire centré sur le politique se met en place sous l'impulsion du nouveau président de l'École, François Furet. Il dure jusqu'en 1985 et permet de rassembler chaque mois un groupe de réflexion de haut niveau où chacun confronte ses propres travaux à ceux des autres : « Au moment où Furet est devenu patron de l'EHESS, il n'a pas voulu se restreindre à un rôle d'administrateur, mais continuer à s'intéresser à la vie intellectuelle. Historien, il commençait à s'intéresser à la théorie politique. On a fait un groupe de travail informel où il y avait des gens qui venaient d'être élus à l'École ou qui allaient l'être. Il y avait Claude Lefort, Cornelius Castoriadis, Krzysztof Pomian, Pierre Nora, Jacques Julliard, François Furet, et de l'autre côté des jeunes : Bernard Manin, Pierre Manent, Marcel Gauchet et moi, et dans un second temps sont venus s'agréger Blandine Barret-Kriegel, Luc Ferry, Miguel Abensour, Jean-Marie Goulemot, Alain Renaut, Heinz Wismann et Philippe Raynaud [69]. » Outre les échanges sur les recherches en cours, le travail collectif s'organise autour d'une thématique annuelle [70]. Si Castoriadis se trouve en décalage par rapport à la pensée libérale alors dominante, il s'inscrit de plain-pied dans ce courant qui met la pensée politique au poste de commande et lui donne une épaisseur à la fois historique et anthropologique. Par ailleurs, tout le monde se retrouve sur la question de la critique sans concession du totalitarisme, qui permet de cimenter une communauté de pensée.

---

démarche circonspecte au meilleur sens de ce mot. [...] L'enseignement et la recherche qu'il propose d'entreprendre tombent dans un domaine la philosophie de l'action labouré beaucoup dans le monde anglo-saxon et allemand, mais assez peu en France. »

69. Pierre Rosanvallon, entretien avec l'auteur.

70. De 1978 à 1985 : on peut relever les thèmes suivants : « La pensée politique scolastique et les monarchomaques », « Le parallèle entre la Révolution française et la révolution anglaise », « La construction de l'État libéral dans la première moitié du XIXᵉ siècle », « Les représentations de la coupure entre l'ancien et le moderne aux XVIIIᵉ et XIXᵉ siècles », « L'idée de politique scientifique au XIXᵉ siècle ». Informations dans Pierre ROSANVALLON, « Le Politique », loc. cit., p. 302.

17

La guerre mondiale : c'est maintenant !

Depuis la fin des années 1970, un regel dans les relations entre les deux blocs Est-Ouest est perceptible. En 1977, c'est la course aux armements ; les Soviétiques installent sur leur territoire des missiles SS 20, à la précision de tir sans comparaison avec l'ancienne génération des SS 4 et SS 5. Potentiellement, ils peuvent prendre en otage toute l'Europe occidentale, entièrement à leur portée. À cet avantage pris par les Soviétiques s'ajoute l'invasion de l'Afghanistan en 1979. Non loin de là, l'Iran échappe à la sphère d'influence occidentale et tombe entre les mains de l'Ayatollah Khomeiny.

Le spectre d'une nouvelle guerre mondiale plane de nouveau sur le Vieux Continent. Lorsque en 1979 les États-Unis décident à leur tour d'installer des missiles de croisière et des Pershing II en Europe occidentale, ils se heurtent à de fortes réticences de la part des gouvernements européens. Une grande campagne orchestrée par Moscou et relayée par les divers partis communistes fait valoir l'idée que la paix est fermement défendue par l'URSS face au fauteur de guerre américain. De nombreuses manifestations pacifistes ont lieu en Europe, notamment en Allemagne, où certains n'hésitent pas à clamer « plutôt rouges que morts ! ». En France, François Mitterrand se déclare favorable à l'installation des Pershing, constatant que « les pacifistes sont à l'Ouest et les missiles à l'Est ».

Cette situation conduit Castoriadis à revivre les affres qu'il a connues avec ses camarades à la fin des années 1940 et au début des années 1950, alors persuadés d'être à l'orée d'une troisième guerre mondiale. Malgré la fin de la guerre de Corée en 1953, Castoriadis écrit encore en 1954 : « Il est donc extrêmement probable que la lutte entre les deux blocs culminera dans une Troisième Guerre mondiale[1]. » Dans le même article, Castoriadis compare les forces respectives des deux superpuissances, aboutissant à un constat pouvant déjà apparaître comme les prolégomènes de sa future thèse énoncée en 1980 dans *Devant la guerre* sur la suprématie soviétique. Si, en 1954, il ne nie pas la supériorité de l'Empire américain, il juge que sur la durée, le rapport des forces va s'inverser pour plusieurs raisons. D'une part, la bureaucratie soviétique contrôle totalement sa zone, ce qui est loin d'être le cas du côté américain. De plus, avec le mouvement communiste international, l'URSS disposerait d'une cinquième colonne minant le camp adverse. À cela, il faut ajouter que « la vraie force russe n'est pas la force actuelle de la Russie, mais la force dont celle-ci disposerait si après les premiers mois elle occupait, comme il est probable, l'Europe continentale et les régions les plus importantes de l'Asie[2] ». Quant aux enseignements de la guerre qui vient de s'achever, la guerre de Corée, ils sont à l'avantage des Soviétiques, car « le fait d'être "sur la défensive" place les Américains en infériorité permanente, en laissant toujours à l'adversaire le choix du moment, de l'endroit, du terrain et de l'extension du conflit[3] ». En cette fin des années 1970, Castoriadis retrouve une situation similaire de péril imminent et ressent le besoin de tirer la sonnette d'alarme. Il ne cesse d'emprunter les nouvelles livraisons d'ouvrages qui arrivent au « Centre russe » de l'EHESS. Ses lectures, abondantes, le confortent dans son sentiment d'un péril proche : il accède à toute une série d'études, de statistiques, et suit au plus près les informations émanant de la presse américaine, très alarmistes quant au danger de la puissance soviétique et aux risques qu'elle fait courir à la paix mondiale.

Avant d'être un livre à succès, *Devant la guerre* est un article de Castoriadis publié dans la revue *Libre* en mai 1980. Dans cette première intervention, il précise qu'il ne s'agit pas de jouer les prévisionnistes, mais de prendre conscience que nous sommes de nouveau entrés dans

---

1. Cornelius CASTORIADIS, « Situation de l'impérialisme et perspectives du prolétariat », *Socialisme ou Barbarie*, n° 14, avril 1954 ; repris dans Cornelius CASTORIADIS, *Capitalisme moderne et révolution*, t. I, *op. cit.*, p. 379.
2. *Ibid.*, p. 394.
3. *Ibid.*, p. 410.

la perspective d'une guerre mondiale. Il prend acte de l'incapacité des forces de l'OTAN à arrêter une éventuelle offensive soviétique. Pour étayer la démonstration de l'hyperpuissance acquise par les Russes, malgré les incapacités structurelles de leur économie, Castoriadis fait la distinction entre deux sociétés russes : la société civile, laissée à l'abandon, et la société militaire, devenue un exemple de productivité et d'efficacité, objet de tous les soins de la part du pouvoir. Il estime qu'il y a eu en URSS une transmission du pouvoir de la bureaucratie à une « stratocratie », qui lui permet d'être la « première puissance militaire mondiale »[4]. Dans cette reconfiguration du totalitarisme soviétique, le Parti et son idéologie sont passés au second plan, réduits à des coquilles vides, faisant place nette pour l'instance unique de domination, la seule qui fonctionne avec efficacité, l'armée et tout l'appareil sociétal qui lui est lié. Aux yeux de Castoriadis, la supériorité russe serait donc double : en termes technologiques, mais aussi en termes stratégiques, transformant toute l'Europe en otage : « Les divisions russes seraient à Biarritz en quelques jours[5]. »

Avant sa publication dans la revue *Libre*, ce texte, qui reflète comme le précise son auteur une opinion, et est à ce titre discutable, fait l'objet d'un débat interne houleux dans le comité de rédaction. Une vive controverse a lieu lors de la réunion qui se tient dans l'appartement de Castoriadis : « Claude Lefort arrive avec son air des grands jours. Il ne pouvait pas même rester assis, marchant de long en large, martelant ses propos, répétant inlassablement que ce texte était inacceptable, franchissait les limites et que dans ces conditions on ne pouvait pas continuer la revue[6]. » C'est grâce à la détermination de Marcel Gauchet et de Krzysztof Pomian que le texte de Castoriadis est finalement publié. S'ils ne partagent pas l'analyse de ce dernier, ils considèrent que cet article argumenté mérite discussion et donc publication.

Huit jours plus tard, Marcel Gauchet, responsable du secrétariat de la revue, reçoit une lettre comminatoire de Lefort lui indiquant qu'il va demander à son éditeur, Jean-Luc Pidoux-Payot, de mettre un terme à la revue. Marcel Gauchet proteste, rétorque que Lefort ne va quand même pas rejouer le scissionnisme propre au courant trotskiste

---

4. Cornelius CASTORIADIS, *Devant la guerre*, Fayard, Paris, 1981 ; également publié chez Hachette, « Biblio-essais », 1983, p. 23.

5. *Ibid.*, p. 39.

6. Marcel Gauchet, entretien avec l'auteur.

et lui signifie qu'il peut faire ce qu'il veut, mais que la revue continue. Lefort informe alors Jean-Luc Pidoux-Payot de son souhait de stopper l'aventure, au prétexte qu'il ne peut endosser les thèses défendues par Castoriadis, qui nuisent à son image, allant même jusqu'à menacer d'un procès s'il n'est pas entendu. De retour d'Italie où il passe une bonne partie de son année, Krzysztof Pomian espère pouvoir jouer les diplomates et convaincre Lefort d'adopter une attitude plus raisonnable. Il en parle à Marcel Gauchet, qui lui souhaite bien du plaisir, et va voir Lefort, qui a pour seul argument d'en avoir assez que l'on dise « Casto/Lefort » ou « Lefort/Casto » : « Je lui ai répondu que cela se pratiquait depuis déjà longtemps et que j'étais étonné qu'il ne le réalise que maintenant[7]. » En diplomate des causes perdues, Pomian se rend ensuite chez Castoriadis et y reçoit un accueil chaleureux : « À ma demande, Jean-Luc Pidoux-Payot a organisé une réunion de *Libre* dans le sous-sol de la maison Payot. Dès que nous sommes entrés, j'ai compris que c'était foutu. Nous sommes arrivés, Marcel, Castoriadis et moi par une porte, et Miguel Abensour, Claude Lefort et Maurice Luciani par une autre. Nous nous sommes assis des deux côtés de la table et j'ai compris qu'il s'agissait de réconcilier les Coréens du Sud et les Coréens du Nord. On a passé une heure dans une ambiance glaciale, et nous sommes sortis par une porte, les autres par une autre, et la revue *Libre* était finie[8]. » Cette réunion au sommet n'a pas été sans esclandre, notamment lorsque Castoriadis a suggéré de poursuivre en donnant pour nouveau titre à la revue *Libre 2*. Miguel Abensour a alors rétorqué par une allusion à la publicité en vogue de l'époque pour Parly 2[9] : « C'est une idée d'agent immobilier. Il était furieux et cela a été violent. Je lui ai dit qu'il n'écrivait jamais que des prolégomènes, sans jamais arriver à la chose même[10]. »

Constatant, en le déplorant, le caractère irréversible de la rupture, Jean-Luc Pidoux-Payot, quelque peu effrayé par les éclats de voix de part et d'autre, prend acte de la fin de l'aventure. Se pose alors la question de savoir comment annoncer aux lecteurs que le numéro à venir sera le dernier. Au terme de longues négociations, Maurice Luciani parvient à proposer un texte qui fait état de divergences apparues au sein du comité de rédaction, rendant impossible de

7. Krzysztof Pomian, entretien avec l'auteur.
8. *Ibid.*
9. Centre commercial en vogue à l'époque.
10. Miguel Abensour, entretien avec l'auteur.

travailler ensemble. Castoriadis, Gauchet et Pomian récusent cette manière de présenter les choses et rappellent que les désaccords ont toujours existé entre les membres du comité et que cela n'a nullement empêché la revue d'exister. Pour eux, sa fin vient de la décision unilatérale de quelques-uns : « Il m'est impossible de signer un texte qui est obligé, pour fournir une version avouable des événements, de mettre en avant des contre-vérités. Il est tout à fait inexact – et tu le sais – que des "divergences", du moins au sens usuel du terme, aient été la cause de ce qui s'est passé [11]. »

La situation se trouve donc totalement bloquée. À l'automne 1980, Pidoux-Payot renonce finalement à faire paraître ce neuvième numéro. Castoriadis tente alors de faire publier la revue au Seuil, où il est très écouté par Jean-Claude Guillebaud qui plaide en vain sa cause lors de deux réunions du comité de direction. Le Seuil ne veut pas prendre à sa charge une revue supplémentaire : « Mon éloquence n'a pas suffi et je dois, avec beaucoup de regret, vous transmettre une réponse négative [12]. » Tandis qu'une revue meurt, une autre naît, au devenir brillant, *Le Débat*, dans laquelle on retrouvera, pour épauler son directeur Pierre Nora, les deux compères de Castoriadis, Marcel Gauchet et Krzysztof Pomian.

De son côté, Castoriadis transforme l'essai en passant d'un article à un livre sur la « stratocratie soviétique ». La proposition exprimée par l'historienne Georgette Elgey lui vient de chez Fayard : « J'ai lu avec passion dans *Libre* le début de votre étude. L'analyse que vous faites du rôle de l'armée dans l'Union soviétique m'a paru totalement nouvelle et très excitante. [...] Ne croyez-vous pas que les idées soulevées dans ce texte et aussi dans ses notes pourraient donner matière à un livre tout à fait passionnant [13] ? » François Fejtö aurait joué un rôle d'intermédiaire, en attirant l'attention de Georgette Elgey sur l'article de *Libre*[14]. Le livre est écrit et publié en des délais records. Le contrat est signé en octobre 1980, et l'ouvrage, supposé être le premier de deux volumes, se retrouve dans les librairies en mai.

Dans ce livre, Castoriadis mène une étude minutieuse, chiffrée, du rapport de forces militaires qui oppose les deux blocs pour étayer sa thèse de la supériorité soviétique. À tous les niveaux, il fait le constat

---

11. Castoriadis, lettre à Maurice Luciani, archives Castoriadis, 22 septembre 1980.
12. Jean-Claude Guillebaud, lettre à Castoriadis, archives Castoriadis, 6 octobre 1980.
13. Georgette Elgey, lettre à Castoriadis, archives Castoriadis, 4 juin 1980.
14. Enrique Escobar, entretien avec l'auteur.

d'un surarmement russe éclatant si l'on pense aux 1 300 missiles soviétiques auxquels ne sont opposés que 164 Pershing américains. Il retrouve une même disparité dans le domaine des forces convention- nelles, avec un rapport de 2 à 1. Loin de penser qu'il faille s'arrêter à ce qu'il qualifie de « quincaillerie militaire[15] », Castoriadis invite à se pencher sur les rapports des forces vives, sur la confrontation de deux stratégies portées chacune par son imaginaire social. Cette confron- tation se joue entre un monde occidental qui a renoncé à l'expansion et un Empire soviétique inexorablement poussé vers une politique de domination mondiale. Nourri de chiffres et d'annexes documen- taires, ce texte émet la thèse d'une force brute animant la nouvelle classe dominante en Russie, la stratocratie : « La Russie est vouée à préparer la guerre parce qu'elle ne sait et ne peut rien faire d'autre[16]. »

Le caractère pernicieux de ce désir de domination est qu'il s'exprime avec lenteur, au gré des occasions qui se présentent et justi- fient telle ou telle intervention ponctuelle, sans plan d'ensemble préa- lable : « À cet égard, le cas de l'Afghanistan a valeur générale[17]. » Cette propension à l'expansion participe surtout d'un nouvel imaginaire social jusqu'alors inconnu, celui d'une « Force qui ne vise qu'à s'aug- menter en tant que Force[18] ». On retrouve là un des concepts clés de Castoriadis, celui de l'imaginaire comme moteur de l'histoire.

Au contraire de nombreuses analyses de l'époque, Castoriadis cri- tique ceux qui voient en l'URSS le pouvoir d'une idéocratie. Pour lui, le marxisme s'est dévitalisé dans le monde soviétique au point de tourner à vide comme une rhétorique sans contenu ni sens. Il y a bien longtemps selon lui que l'on n'adhère plus au PCUS pour défendre des idées mais pour faire carrière, et Castoriadis de dépeindre la singu- larité de l'*Homo sovieticus*[19] : « Il faut savoir mentir astucieusement et efficacement. [...] La lâcheté devant les forts, l'arrogance devant les faibles en sont les vertus essentielles[20]. » Le syllogisme mis en avant par Castoriadis devient imparable : l'URSS est animée par une force brutale qui la conduit à accroître son empire, l'Occident joue la poli- tique de l'autruche pour cacher son infériorité, et l'URSS va en pro- fiter pour devenir la seule superpuissance mondiale ; la guerre est donc

---

15. Cornelius CASTORIADIS, *Devant la guerre, op. cit.*, p. 88.
16. *Ibid.*, p. 240.
17. *Ibid.*, p. 244.
18. *Ibid.*, p. 245.
19. Alexandre ZINOVIEV, *Homo sovieticus*, Julliard, Paris, 1982.
20. Cornelius CASTORIADIS, *Devant la guerre, op. cit.*, p. 273.

inéluctable et son issue fatale. La dernière phrase de l'ouvrage insiste sur un indispensable sursaut face au péril : « Il s'agit de voir ce qui est là, maintenant, *in statu nascendi*, l'oiseau de Minerve doit prendre son vol avant la tombée de la nuit – qui risquerait d'être longue[21]. »

Alors que Castoriadis n'avait eu jusque-là qu'un lectorat plutôt limité, l'ouvrage connaît une belle carrière commerciale. *Devant la guerre*, dont le premier tirage s'élève à 9 598 exemplaires en avril 1981, est réimprimé dès le mois de décembre à 2 571 exemplaires. En 1983, il passe en poche chez Hachette dans la collection « Biblio-Essais » avec un premier tirage de 15 000 exemplaires. Les contrats de traduction se succèdent, en Grèce, en Suède, au Brésil et au Japon dès les deux premières années de sa publication.

Le succès est tel que la demande du second volume annoncé devient pressante ; il ne verra jamais le jour. À la fin de l'année 1983, Castoriadis informe Claude Durand qu'il y travaille depuis deux ans et demi, sans être pour autant satisfait du résultat. En 1987, à la grande satisfaction de son éditeur, il avance cependant une date : « Je me fais d'avance une joie (impatiente !) d'accueillir […] votre tome 2 de *Devant la guerre* l'an prochain[22]. » Castoriadis est même sollicité par les éditions Grasset *via* Jean-Paul Enthoven, qui lui exprime son enthousiasme à la lecture de son article publié en 1987 sur « L'interlude Gorbatchev » et lui propose de développer ce thème pour en faire un livre qui dissipe les illusions des « extatiques de Gorbatchev[23] ».

La thèse de Castoriadis sur la « stratocratie » lui ouvre donc un nouveau et large public. Certes, il déroute et même soulève l'indignation de bon nombre de courants de gauche, et notamment les pacifistes et les verts. Olivier Fressard, qui effectuait à l'époque un service civil pour le MAN (Mouvement pour une alternative non violente), se souvient d'un rejet radical des thèses de Castoriadis : « Je peux attester des réactions extrêmement négatives de ce courant à l'égard de l'ouvrage de Castoriadis[24]. » Il trouve en revanche de nouveaux alliés, tout à fait inattendus, de l'autre côté de l'échiquier politique : « Je rencontre Marie-France Garaud, qui me dit à quel point ce livre l'a enthousiasmée. Il a été pris dans un tourbillon et en a assez vite

21. *Ibid.*, p. 314.
22. Claude Durand, lettre à Castoriadis, archives Castoriadis, 3 novembre 1987.
23. Jean-Paul Enthoven, lettre à Castoriadis, archives Castoriadis, 27 octobre 1987.
24. Olivier Fressard, entretien avec l'auteur.

pris conscience. Il n'a jamais écrit le second volume, ce qui est un signe qui ne trompe pas[25]. »

L'ouvrage bénéficie dès sa sortie d'une couverture de presse exceptionnelle au regard du silence qui a entouré les publications de Socialisme ou Barbarie. *Paris-Match* consacre un énorme dossier à la question de la menace russe et entend donner une réponse à la question posée par Jean Cau : « Y aura-t-il la guerre ? ». La contribution de Castoriadis, intitulée « Seul un sursaut des peuples peut arrêter la fatalité de la guerre : l'Occident est déjà en retard d'une bataille », résonne avec un sondage BVA selon lequel l'URSS est perçue comme une menace par 63 % des Français. L'article de Castoriadis prend place aux côtés d'entretiens avec Marie-France Garaud, Zbigniew Brzezinski et le général Dubicki, et d'un article du général Gallois qui imagine le choc à venir selon le scénario de la guerre de six minutes[26].

Milan Kundera parle d'un « livre extraordinaire » dans le quotidien *Le Matin*[27]. Pierre Daix y consacre son « Feuilleton » dans *Le Quotidien de Paris*[28]. Dans le même quotidien, Georges Suffert stigmatise les intellectuels en s'appuyant sur Castoriadis : « J'aimerais que ceux qui, en France, sont tentés par le nouvel âge du pacifisme acceptent de prendre quelques heures à la lecture d'un livre. Celui de Castoriadis *Devant la guerre*... Ce qu'il décrit est à ce point angoissant qu'il n'est pas de bon ton de parler de son ouvrage. Mais nos gentils pacifistes ont-ils le goût de chercher la vérité ? La voilà, sans fard. L'Europe d'aujourd'hui n'est pas protégée des chars de Brejnev par les fusées obsolètes d'un OTAN à la dérive[29]. » De son côté, *Le Nouvel Observateur* consacre son document de la semaine à un entretien avec

---

25. Marcel Gauchet, entretien avec l'auteur. Selon l'ami et éditeur de Castoriadis, Enrique Escobar, c'est beaucoup plus compliqué « car il a *écrit* (des centaines de pages) ce second volume ; mais outre ce qui s'est passé après 1985, qui aurait exigé de réécrire certaines choses pour tenir pleinement compte de cette évolution, il a été littéralement paralysé par le fait que son livre est parti dans tous les sens : les deux chapitres que nous publions dans *Quelle démocratie ?*, t. II, sur les sociétés occidentales font plus de 170 pages dactylographiées et représentent pratiquement un livre à part. Il en est de même pour des chapitres encore inédits sur la théorie de la guerre, etc. Il y a eu en fait une véritable *prolifération interne* de certaines parties de l'ouvrage. »

26. *Paris-Match*, 5 février 1982.

27. Milan KUNDERA, « Le choc de l'irrationnel », *Le Matin*, 17 août 1981.

28. Pierre DAIX, « Le socialisme à visage armé », *Le Quotidien de Paris*, 30 juin 1981.

29. Georges SUFFERT, « Mais où sont passés les intellectuels ? », *Le Quotidien de Paris*, 22 octobre 1981.

Castoriadis, sous le titre « Le pouvoir au bout du char[30] ». Il reçoit aussi la bénédiction du *Figaro* sous la plume d'Alfred Fabre-Luce, qui exprime son enthousiasme : « Cornelius Castoriadis – un communiste grec, devenu professeur à Paris – a fait sensation, l'an dernier en dénonçant l'expansionnisme soviétique dans un livre magistral intitulé *Devant la guerre*[31]. » Dans le même esprit, *Le Figaro Magazine* publie un gros dossier sur l'attitude des Français face à l'hégémonie russe qui démontre que seulement 3 % de nos concitoyens « choisiraient » l'URSS, et Henri-Christian Giraud d'en déduire : « L'URSS fait peur. Il est vrai qu'elle a de quoi effrayer. Par sa nature d'abord : le philosophe Castoriadis auteur de *Devant la guerre* voit en elle, à juste titre, un "animal historique nouveau", une "stratocratie"[32]. » Dans un article en première page du *Monde*, Gérard Chaliand témoigne de son accord avec l'analyse de l'URSS par Castoriadis. Quant à Alain-Gérard Slama, il exprime sa ferveur dans *Le Point* : « Je n'hésite pas à dire que, avec cet essai d'une rigueur imparable, il soulève le seul débat, dévoile la seule urgence qui intéresse l'avenir de notre civilisation[33]. »

C'est donc un concert de louanges qui traverse tout l'échiquier politique, de la droite à la gauche, à l'exception du courant pacifiste et écologiste. Alors qu'avec son petit groupe de Socialisme ou Barbarie, Castoriadis n'a cessé d'alerter en vain sur la nature du régime soviétique dans les années 1950 et 1960, le voilà entendu sur une question majeure de géopolitique. Sa prise de position lui ouvre même les colonnes d'une revue très traditionnelle dans le domaine des sciences politiques, *Politique internationale*, à qui il donne un article publié en 1982[34]. Son ami Vincent Descombes en profite pour lui donner une plus grande visibilité parmi les philosophes en ouvrant les colonnes de la prestigieuse revue *Critique* à son ouvrage. Comme il convient de confronter deux points de vue, Descombes s'attache à défendre la thèse de Castoriadis et fait suivre son article par un point

---

30. Cornelius CASTORIADIS, entretien, « Le pouvoir au bout du char », *Le Nouvel Observateur*, 2 janvier 1982.

31. Alfred FABRE-LUCE, « Les amis des SS 20 », *Le Figaro*, 23 mars 1982.

32. Henri-Christian GIRAUD, « En exclusivité : l'attitude des Français face à l'hégémonie russe », *Le Figaro Magazine*, 13 février 1982.

33. Alain-Gérard SLAMA, « La guerre en face », *Le Point*, 20 juillet 1981.

34. Cornelius CASTORIADIS, « La crise des sociétés occidentales », *Politique internationale*, n° 15, printemps 1982, p. 131-147 ; repris dans Cornelius CASTORIADIS, *La Montée de l'insignifiance, op. cit.*, p. 11-29.

de vue qui exprime de sérieuses réserves, écrit par deux énarques du Parti socialiste qui signent sous le pseudonyme de Caroline Ost et Gilles Lourmel [35] : « Il était furieux de cette critique et il m'a demandé : "Qui sont les crétins qui ont écrit ça ?" [36]. » Ost et Lourmel jugent excessif de tracer une ligne de partage radicale entre la société civile et la société militaire en URSS, et considèrent que la dénonciation de l'aveuglement occidental, pour le moins exagérée, méconnaît les évolutions en cours de la doctrine américaine. Selon eux, Castoriadis se bat contre une doctrine rangée au Musée des vieilleries, la doctrine MAD (Destruction Mutuelle Assurée), qui a longtemps été le support de la politique de dissuasion américaine, notamment incarnée par le secrétaire à la Défense Mac Namara. Elle n'est plus de saison et, selon Harold Brown, le secrétaire à la Défense de Carter, les États-Unis doivent être en mesure de répondre à un niveau approprié au type et à l'ampleur de l'attaque soviétique : « Nous pensons avoir suffisamment montré qu'en cherchant à démolir la doctrine MAD, Castoriadis se bat contre un adversaire qui n'existe plus [37]. »

Si la thèse de Castoriadis est globalement peu critiquée, elle sera systématiquement démontée par Jacques Sapir, qui deviendra un grand spécialiste de l'économie et des questions stratégiques de l'Union soviétique. Sapir démolit toute sa démonstration avec de solides arguments fondés sur une connaissance érudite des technologies militaires les plus avancées. Il pointe avec minutie les erreurs techniques qui auraient été évitables en consultant la documentation en circulation au début de 1980 [38]. Toute la critique de Sapir contredit

---

35. Vincent Descombes, « La guerre prochaine » ; Caroline Ost et Gilles Lourmel, « La stratocratie : une interprétation hâtive », *Critique*, n° 411-412, août-septembre 1981, p. 723-761.

36. Vincent Descombes, entretien avec l'auteur.

37. Caroline Ost et Gilles Lourmel, « La stratocratie : une interprétation hâtive », *loc. cit.*, p. 760.

38. Jacques Sapir, lettre à Castoriadis, archives Castoriadis, 1ᵉʳ février 1982 : « Vous affirmez la supériorité du MIG 25, or on savait bien a) que le MIG 25 était inférieur comme avion de combat aux F4 puis F 14/15 US b) que les performances du MIG 25 étant inférieures à celles de l'avion de reconnaissance stratégique SR 71. [...] Compte tenu de ce que vous affirmez sur la "valeur d'usage" des armes, une analyse qualitative était nécessaire. Elle aurait montré l'infériorité, dans chaque génération des engins soviétiques. Ainsi, l'absence de télémètre sur les chars, le retard de près de quinze ans dans l'introduction des obus APDS, la fidélité désastreuse des moteurs et transmissions, etc. [...] *Idem* pour l'aviation avec la perte d'efficacité des ailerons MIG 17 sans facteur de charge, l'armement pathétique des MIG 21

une à une les informations sur lesquelles s'appuie la thèse de Castoriadis : « Ces informations me semblent importantes car elles auraient
dû vous conduire à relativiser, voire abandonner, la thèse du secteur
militaire/secteur efficient dans la société soviétique. Il y a des écarts
analogues entre la production civile et la production militaire à l'Est
comme à l'Ouest. Sur le fond, je pense que la "quincaillerie" doit être
traitée sérieusement, car elle est pour nous ce que l'os est à Cuvier [39]. »

Sans entrer dans la littérature grise des stratèges militaires et des
considérations techniques des spécialistes, le directeur de la revue
Esprit, Jean-Marie Domenach, trouve l'analyse de Castoriadis impressionnante, « mais peut-être trop rigoureuse pour être entièrement
convaincante. [...] Nos armes, ce sont aussi la liberté, la raison, la foi.
[...] [40] ». Bruno Latour fait aussi état de son désaccord, renvoyant dos
à dos la thèse de George F. Kennan, selon laquelle les Russes auraient
été entraînés malgré eux par la folle course aux armements des Américains, et la thèse de Castoriadis, selon laquelle les Russes n'auraient
qu'une seule idée, celle d'envahir le reste du monde et de tuer le
maximum de gens [41]. De son côté, Olivier Mongin, le futur directeur
de la revue *Esprit*, salue dans le livre de Castoriadis un éclairage ayant
le mérite de mettre la question de la défense de l'Europe au premier
plan de l'actualité. Selon lui, cette thèse a le mérite de prendre à
contre-pied la tendance des intellectuels à délaisser la question militaire et à considérer que l'URSS entre de fait dans la société de
consommation et à ce titre ne peut que s'engager dans une politique
de détente. Même si l'on peut contester ici ou là les informations sur la
supériorité supposée des Soviétiques, il importe de prendre en considération l'expansionnisme russe. Selon Mongin, l'apport essentiel de
l'approche de Castoriadis est de remettre à sa juste place, secondaire, le
rôle de l'idéologie et du Parti, invalidant la thèse d'un Alain Besançon
sur l'idéocratie : « Cette réflexion rigoureuse devrait contraindre les
gouvernements européens à dénoncer une certaine fiction de la
détente, trop souvent synonyme de pauvreté, et à se tourner vers une

au départ, l'autonomie ridicule du SU 7 à pleine poussée, la fiabilité déplorable du
MIG 23. [...] »

39. *Ibid.*

40. Jean-Marie DOMENACH, « Comment dit-on Munich en russe ? », *L'Expansion*, 19 juin
1981.

41. Bruno LATOUR, « Freeze la catastrophe », *Le Monde*, 15 janvier 1983.

détente active qui échappe à l'alternative de la guerre froide et de la détente passive [42]. »

Esprit reviendra en 1983 sur cette notion de « stratocratie » sous la plume d'un dissident hongrois que Castoriadis avait mis en relation avec Paul Thibaud, Mihàly Vajda, qui saluera la nouveauté de l'analyse conduite dans *Devant la guerre*. Pour lui, elle déplace la question en s'interrogeant sur le ressort de l'expansionnisme soviétique dans le tiers monde : « En posant le problème à l'envers, Castoriadis nous libère de l'obligation de soumettre nos expériences empiriques, différentes les unes des autres, sur le "fonctionnement" ou le "non-fonctionnement" des sociétés du bloc soviétique à un modèle structural commun à ces pays, et dont chacun s'écarterait plus ou moins [43]. »

Edgar Morin trouve à la thèse de son ami Castoriadis un fond de vérité. Il prend cependant ses distances vis-à-vis de sa radicalité, qui revient à substituer au Parti l'appareil militaro-industriel. Se situant explicitement à la confluence de la thèse de Lefort sur le totalitarisme et de celle de Castoriadis sur la « stratocratie », Morin pense surtout qu'il faut conserver une vision globale du phénomène soviétique : « Il s'agit, croyons-nous, de maintenir les deux foyers du problème, à la fois un et double, autrement dit de penser les deux phénomènes dans leur unité et leur devenir, sans réduire l'un à l'autre, sans dissoudre l'un dans l'autre [44]. » Edgar Morin commence par faire preuve d'humilité en considérant que nous ne savons même pas sur ce sujet ce que nous ne savons pas, et que la monstruosité de ce système handicape les tentatives de le rendre intelligible. Il ne désarme pas pour autant et souscrit à l'impérieuse nécessité d'un travail d'élucidation rationnelle, car « il importe de savoir si nous devons envisager une menace d'asservissement comme hypothèse ou fantasme [45] ». Il partage donc avec Castoriadis son souci de porter l'affaire sur la place publique et d'alerter si nécessaire l'opinion publique internationale.

Edgar Morin ne partage pourtant pas l'hypothèse stratocratique, même s'il en comprend le fondement compte tenu des progrès spectaculaires de l'appareil militaro-industriel : « Cette hypothèse

---

42. Olivier MONGIN, « Panorama aujourd'hui », octobre 1982.

43. Mihàly VAJDA, « La stratocratie soviétique vue par un Européen du centre-est », *Esprit*, n° 2, février 1983, p. 66.

44. Edgar MORIN, *De la nature de l'URSS. Complexe totalitaire et nouvel empire*, Fayard, Paris, 1983, p. 20.

45. *Ibid.*, p. 23.

sous-estime l'implantation et la puissance énergétique du Parti, elle contourne la logique du système totalitaire qui interdit à un appareil militaire autonome de pouvoir contrôler l'Appareil central du Parti/État [46] ». La société soviétique a beau se présenter comme une société duale, elle ne peut être pensée que comme système totalitaire et il apparaît alors clairement, selon Edgar Morin, que le Parti n'a rien perdu de sa superbe, notamment dans l'efficacité de l'organisation de son appareil policier et dans l'efficace de sa diplomatie internationale. Quant à la capacité grandissante de l'industrie militaire mise en exergue par Castoriadis, elle ne se construit pas contre le Parti, mais bien sous son impulsion. Edgar Morin n'en conclut pas moins que l'hypothèse de Castoriadis a permis d'indiquer un problème désormais clé.

Un autre proche de Castoriadis, Philippe Raynaud, prend la plume pour mettre en parallèle la thèse de Castoriadis sur la stratocratie avec celle d'Alain Besançon sur l'idéocratie [47]. Selon lui, la publication de Castoriadis permet de renouveler l'approche et de répondre aux questions posées devant l'expansion du régime soviétique. Philippe Raynaud suit Castoriadis dans sa démonstration de la perte de substance de l'idéologie totalitaire. Le régime soviétique a abandonné en chemin l'exercice d'une terreur délirante et déstabilisante pour la bureaucratie dirigeante, ainsi que le projet de réalisations grandioses et surhumaines. On serait bien passé « de l'idéologie au cynisme [48] », et la stratocratie se définirait donc comme le reste du totalitarisme après le reflux de la vague idéologique qui le portait. À cet égard, Philippe Raynaud considère que, loin de contester la thèse de Hannah Arendt, Castoriadis s'inscrit dans sa continuité, voyant dans l'avènement de la stratocratie non une rupture par rapport au totalitarisme, mais l'accomplissement de sa nature. Pour Arendt, dans le terme d'idéologie, c'est la seconde partie qui prévaut : « Il est dans la nature même des politiques idéologiques que le contenu réel de l'idéologie (la classe laborieuse ou le peuple allemand) qui fut à l'origine de l'idée (la lutte des classes comme loi de l'Histoire ou la lutte des races comme loi de la Nature), soit dévoré par la logique avec laquelle l'idée est mise à

---

46. *Ibid.*, p. 211.
47. Philippe RAYNAUD, « L'évolution du régime soviétique : stratocratie ou idéocratie ? », dans Évelyne PISIER-KOUCHNER (dir.), *Les Interprétations du stalinisme*, PUF, Paris, 1983, p. 257-289.
48. *Ibid.*, p. 261.

exécution[49]. » Philippe Raynaud ne fait pourtant pas de la thèse de Castoriadis la simple actualisation de l'analyse d'Arendt ; il reconnaît qu'il innove par son approche sociologique originale du régime soviétique contemporain.

Qu'en est-il de la thèse de l'idéocratie défendue par Raymond Aron et Alain Besançon ? Ces derniers font les mêmes constats que Castoriadis : personne ne croit plus à l'idéologie du régime qui évolue vers une phraséologie vide qualifiée de logocratie. En définitive, Philippe Raynaud accorde une supériorité à l'approche wébérienne de Raymond Aron et d'Alain Besançon dans la mesure où leur méthode admet « l'irréductibilité du monde social à l'explication causale exhaustive mais refuse de référer les discontinuités que rencontre la conscience historienne à des ruptures réelles du déterminisme causal ou à l'action d'une créativité irréductible[50] ». Ce qui revient à soutenir une thèse néokantienne selon laquelle les ruptures ne seraient pas réelles mais méthodologiques. Ce différend était déjà explicite dans la discussion des thèses wébériennes par Castoriadis à l'occasion de la publication de la thèse de Philippe Raynaud[51].

À la publication de *Devant la guerre*, Emmanuel Le Roy Ladurie exprime à Castoriadis toute son estime : « Tu sais l'admiration que j'ai pour ton œuvre et ta pensée depuis bientôt un quart de siècle, et ce n'est pas ton dernier livre qui m'a fait changer d'avis[52]. » Il a pourtant un point de vue critique, proche des thèses d'Alain Besançon : « C'est assez effrayant et je suis persuadé que le terme de "stratocratie" est en partie exact. Reste que l'idéologie garde un rôle au niveau de l'organisation de la société. [...] C'est le point où ta démonstration est susceptible, peut-être, d'être critiquée. Je suis d'esprit assez œcuménique et il me semble – tu seras sans doute en désaccord – que ta contribution, celle de Besançon dans son dernier livre *Anatomie d'un spectre* et celle de Zinoviev, *Le Communisme comme réalité*, se complètent assez bien[53]. »

Alors que Aron, Besançon, Lefort et Castoriadis sont tous d'accord pour dénoncer les méfaits de ce régime totalitaire, chacun pense être le

49. Hannah ARENDT, *Le Système totalitaire*, Le Seuil, Paris, 1972, p. 222.

50. Philippe RAYNAUD, « L'évolution du régime soviétique : stratocratie ou idéocratie ? », *loc. cit.*, p. 289.

51. Cornelius CASTORIADIS, « Individu, société, rationalité, histoire », *loc. cit.*

52. Emmanuel Le Roy Ladurie, lettre à Castoriadis, archives Castoriadis, 10 décembre 1981.

53. Emmanuel Le Roy Ladurie, lettre à Castoriadis, archives Castoriadis, 12 mai 1981.

seul à avoir bien compris ce qui constitue pour lui le terrain privilégié de son analyse politique. Pierre Manent, qui les connaît bien tous les quatre pour avoir assisté au séminaire de Raymond Aron et pour être devenu l'ami des trois autres, considère que « s'agissant de la nature du régime soviétique, les esprits les plus ouverts, les plus déliés, les plus capables de comprendre, ne supportaient pas le moindre désaccord sur cette question. Cela a beaucoup contribué à détériorer leurs relations. Il y a eu des disputes, des questions d'amour-propre, mais à propos du régime soviétique, on touchait un domaine sacré et ils perdaient toute mesure, alors qu'ils étaient du même côté [54] ».

De son côté, Pierre Manent accueille favorablement la thèse de Castoriadis sur le stratocratie, considérant que sur l'affaire des SS 20, l'Occident a tendance à fléchir. Lors d'un exposé au séminaire mis en place à l'EHESS par François Furet, Manent y fait allusion, en une simple phrase. Il reçoit aussitôt les foudres de Lefort, indigné, qui le reprend pendant une vingtaine de minutes. Pierre Manent relève cependant une certaine cécité de Castoriadis sur l'évolution de la Russie des années 1980 qui proviendrait de sa méfiance à se laisser duper par les kremlinologues prompts à diagnostiquer dans toute modification de surface un bouleversement à venir du système : « Ils ont tous montré en quoi ce régime est différent des autres, à la fois très fort et très fragile et à chaque fois, ils ont peur de se laisser duper et assistent au fait que ceux qui n'ont rien compris applaudissent à toutes les réformes. Ils ont donc tendance à se dire que l'on est encore en train de se faire avoir [55]. »

Castoriadis reçoit par ailleurs une masse impressionnante de lettres enthousiastes d'amis et de confrères, dont celle d'une psychanalyste – « Cette fois je te situe du côté des "prophètes" dans le sens de "celui qui dévoile ce qui est caché". [...] [56] » –, mais aussi de chercheurs extérieurs à ses réseaux. Ainsi, Gilles Lipovetski lui exprime son intérêt passionné et son attente impatiente du second volume. Nombre de manifestations vont amener Castoriadis à diffuser et expliciter son analyse, tel le colloque sur les « Dangers de guerre » qui se tient en juin 1982 à l'Institut d'histoire sociale, ou celui sur les oppositions en URSS et dans les pays du glacis soviétique le même mois à l'université Paris-Dauphine, avec une conclusion prononcée par Raymond Aron.

---

54. Pierre Manent, entretien avec l'auteur.
55. *Ibid.*
56. Docteur Évelyne-Anne Gasquères, lettre à Castoriadis, archives Castoriadis, 28 mai 1981.

Fait exceptionnel, le petit écran s'ouvre à Castoriadis, invité à l'émission de Georges Suffert, « La rage de lire », le 26 novembre 1981, sur le thème « Détente et surarmement soviétique », avec André Fontaine et Alexandre Smolnar. Quant à la revue *Le Débat*, créée par Pierre Nora en 1980, elle ouvre ses colonnes à Castoriadis à deux reprises sur ce thème. Il peut ainsi diffuser son analyse dans le cadre d'un large dossier où interviennent Georges Nivat et Arthur M. Cox[57], puis en réponse aux arguments de Gérard Duchêne sur le poids du secteur militaire en URSS[58]. Rares sont ceux qui, comme son ami Christian Descamps, ancien de SouB, restent sceptiques au point de faire silence sur son livre. Alors que Descamps a pour habitude de recenser ses publications dans *La Quinzaine littéraire*, il ne parle pas de *Devant la guerre*, étant à la fois peu convaincu par sa thèse et pas assez soviétologue pour en démonter l'argument.

Tout au long des années 1980, adossé à sa démonstration et préparant un second volume qui ne verra jamais le jour, Castoriadis reste fermement campé sur sa position. Alors qu'au fil de ces années, les craquements du système soviétique sont de plus en plus flagrants, il met en garde contre toute illusion prêtant à ce régime la capacité de se transformer. Selon lui, l'URSS est irrémédiablement condamnée à perdurer comme force brute, selon une logique purement militaire.

À la mort de Brejnev, Castoriadis annonce : « Le régime russe se succédera à lui-même[59]. » Brejnev aurait installé son empire en dirigeant la première puissance militaire mondiale, et ses successeurs n'auraient plus qu'à gérer sur cette belle lancée. Peu importent donc les spéculations des kremlinologues pour savoir quel bureaucrate occupera le poste de Secrétaire général : « Il continuera à gérer le système que personne ne veut et personne ne peut "réformer", et dans lequel le secteur militaire est en fait le secteur dominant[60]. » À l'occasion de l'édition polonaise de *Devant la guerre*, Castoriadis rédige une préface écrite en 1985 : « Cinq ans après[61] ». On est alors au bord d'un grand tournant, avec le passage de

---

57. Cornelius CASTORIADIS, « Vers la stratocratie », *loc. cit.*, p. 5-17.

58. Cornelius CASTORIADIS, « Sur l'Union soviétique », débat, *Le Débat*, n° 24, mars 1983, p. 190-192.

59. Cornelius CASTORIADIS, « Le régime russe se succédera à lui-même », *Libération*, 12 novembre 1982 ; repris dans *Domaines de l'homme, op. cit.*, p. 83-89.

60. *Ibid.*, p. 84.

61. Cornelius CASTORIADIS, « Cinq ans après », préface à l'édition polonaise de *Devant la guerre*, t. I, Aneks, Londres, 1985 ; repris dans Cornelius CASTORIADIS, *Domaines de l'homme, op. cit.*, p. 145-156.

témoin de Tchernenko à Gorbatchev. Castoriadis se gausse des soviéto-
logues qui ont cru qu'avec Andropov l'URSS allait enfin s'engager dans
la voie des réformes et de la modernité : rien ne changera, « le système
est irréformable [62] ». Il réaffirme ainsi avec la même véhémence que cinq
ans auparavant que seule la force brute anime ce régime, et qu'elle est
devenue son imaginaire dominant. C'est toujours du côté de la réaction
attendue du peuple russe que Castoriadis fonde ses espoirs d'un
déblocage possible de la situation : « Jusqu'à quand supportera-t-il
l'oppression et la misère que lui impose le régime [63] ? »

Selon Castoriadis, les grandes réformes impulsées par Mikhaïl Gorbatchev n'y changent rien, que ce soit la *perestroïka* ou la *glasnost*, toute
cette politique ne relève à ses yeux que d'un rideau de fumée masquant
la violence des ambitions militaires. En 1987 encore, à New York, il
dénonce dans un colloque ce qu'il appelle « l'illusion Gorbatchev [64] ».
Elle tient selon lui à l'impossible révolution du système par le haut.
Si un changement tangible est possible, il ne peut survenir que par
une révolution du peuple qui viendrait secouer le joug de la bureaucratie dirigeante. La marge de manœuvre de Gorbatchev est, aux yeux
de Castoriadis, extrêmement étroite et il ne peut jouer qu'un rôle
d'illusionniste.

Il finit néanmoins par convenir qu'il se passe quelque chose au pays
des Soviets et que Gorbatchev, en despote éclairé, s'est entouré d'un
clan de modernisateurs qui engage un processus de réformes
conduisant à la fin de la course effrénée aux armements, et à un début
de libéralisation de l'économie et de la vie culturelle. À ce tournant,
Castoriadis voit surtout des raisons externes : la Russie a étendu son
empire à tel point qu'elle doit se doter d'une économie plus effi-
ciente pour faire face à ses nouvelles responsabilités internationales. Il
continue de relier des faits attestés, comme les réformes de Gorbatchev, à son analyse de la logique propre d'une stratocratie et de ses
besoins : « Ainsi, la condition "externe" du tournant Gorbatchev a été
la difficulté croissante, pour l'économie russe, de continuer de soutenir, à une échelle constamment élargie, les politiques extérieures
agressives de la période 1965-1985 [65]. »

---

62. *Ibid.*, p. 147.
63. *Ibid.*, p. 156.
64. Cornelius CASTORIADIS, « L'interlude Gorbatchev », *Libération*, 10, 11 et 12 novembre
1987 ; repris dans Cornelius CASTORIADIS, *La Société bureaucratique, op. cit.*, p. 467.
65. *Ibid.*, p. 473.

Pour que Gorbatchev réussisse éventuellement à amorcer un changement structurel du régime, il eût au moins fallu qu'elle soit portée par des idées nouvelles. Or, « dans la rhétorique de Gorbatchev, on cherchera en vain le moindre indice d'un processus de création de telles significations [66] ». En 1987, Castoriadis conclut son analyse par la conviction qu'il est quasiment impossible d'envisager que l'oligarchie en place ne se dépossède volontairement de ses prérogatives. Son pouvoir absolu est considéré comme allant de soi pour toujours, et seul un mouvement de contestation venant du peuple pourrait éventuellement venir l'ébranler, ce qui est loin d'être le cas, vu l'apathie alors persistante de la population soviétique.

Il lui faut bien cependant, au terme de la décennie, se rendre à l'évidence : la mutation du monde soviétique est en cours. Ce n'est qu'avec la chute du mur de Berlin, l'implosion de l'Empire soviétique en 1989, et l'effondrement général du système communiste que Castoriadis reconnaît son erreur d'analyse : « L'avènement de Gorbatchev, sa capacité à se maintenir et à introduire un certain nombre de modifications ont été pour moi une grande surprise. Je l'excluais par une considération de ce qu'est la bureaucratie. Mais il arrive que l'extrême improbable se réalise [67]. » Il persiste et signe pourtant, affirmant encore en 1989 que lorsque Sakharov déclare que la population ouvrière ne reçoit que 30 % du produit national, cela confirme l'analyse menée dans *Devant la guerre*. À la veille de la disparition de l'URSS, qui laissera place fin 1991 à quinze États souverains, Castoriadis continue de penser que Gorbatchev est incapable de conduire une politique de réforme : « J'avais raison à propos de l'impossibilité d'une réforme économique en profondeur en Russie. [...] La seule chose qui tienne le coup, c'est ce que les journaux appellent le complexe militaro-industriel, c'est-à-dire ce que j'appelais les éléments stratocratiques de la société soviétique : l'armée, le KGB, les mangeurs d'acier [68]. » La contestation de ses analyses se manifeste jusqu'au sein de son propre séminaire. Son ami Nicos Iliopoulos et son doctorant Olivier Fressard rédigent, pour pouvoir les formuler avec précision,

---

66. *Ibid.*, p. 476.

67. Cornelius CASTORIADIS, « Quand l'Est bascule vers l'Ouest », *Construire*, n° 44, 1ᵉʳ novembre 1989 ; repris dans Cornelius CASTORIADIS, *Une société à la dérive, op. cit.*, p. 247.

68. Cornelius CASTORIADIS, « Gorbatchev : ni réforme ni retour en arrière », *Dynasteurs*, n° 7, mars 1991 ; repris dans Cornelius CASTORIADIS, *Une société à la dérive, ibid.*, p. 273.

un certain nombre de questions à propos de son interprétation sur l'évolution du régime soviétique. Ces questions mettent le doigt sur un nombre répété d'erreurs d'interprétation : « Castoriadis nous a fait une réponse générale qui ne nous a pas convaincus et qui relevait, selon moi, de la pirouette philosophique. Elle consistait à dire que lorsqu'il était devenu clair qu'on s'acheminait vers l'effondrement du système soviétique, il s'est produit une rupture créatrice et que l'on changeait alors d'imaginaire social. Par conséquent, les analyses de *Devant la guerre* restaient valides pour la période Brejnev/Gorbatchev[69]. »

Au final, on ne peut qu'être sidéré par l'aveuglement de Castoriadis dans les années 1980, alors même que la Russie est son chantier d'analyse de prédilection dès les débuts de l'aventure Socialisme ou Barbarie, et même précédemment, au sein du PCI en 1946. Son analyse de l'URSS était alors une avancée théorique majeure qui dénonçait un monde d'oppression, là où l'essentiel des intellectuels avaient encore les yeux de Chimène pour ce régime. On peut supposer que Castoriadis ayant défendu contre vents et marées une analyse pertinente de la nature de l'URSS pendant toute sa traversée du désert, il s'est attaché à son diagnostic au point de ne plus percevoir la réalité des mutations en cours. Son avancée théorique s'était, au fil du temps, fossilisée jusqu'à se couper du réel.

Cet aveuglement suscite des réactions négatives de la part de certains de ses proches, comme celle de son vieux camarade de SouB Georges Petit, qui lui répond, après avoir lu l'édition de 1990 de *La Société bureaucratique* et pris connaissance de l'article sur « L'interlude Gorbatchev » : « Tu accumules là mille raisons qui devraient logiquement interdire ce que, précisément, tu entreprends : la description du fantastique bouleversement du monde soviétique. [...] Ainsi, toute possibilité d'évolution positive semble exclue en Russie. [...] L'apathie n'est jamais totale, de bonnes idées et des hommes justes apparaissent irrésistiblement. [...] Comment assurer que les Soviétiques ne peuvent pas inventer des compromis boiteux, des adaptations misérables imprévues de nous ? Ne vivons-nous pas, nous aussi, de misérables adaptations[70] ? »

Invité en 1990 à Vienne à l'initiative d'Alice Pechriggl et du couple de philosophes Nagl dans le cadre du Centre d'étude de la paix,

---

69. Olivier Fressard, entretien avec l'auteur.
70. Georges Petit, lettre à Castoriadis, archives Castoriadis, 18 octobre 1990.

Castoriadis reconnaît publiquement son erreur d'analyse : « C'était juste après la chute du mur de Berlin et on lui a demandé comment il se situait par rapport à la thèse qu'il défendait dans *Devant la guerre*. Il a reconnu s'être trompé sur de nombreux points [71]. »

---

71. Alice Pechriggl, entretien avec l'auteur.

18

Le germe grec de la démocratie

Comme l'écrit Edgar Morin : « "Corneille" [...] se ressourçait sans discontinuer dans les textes de Platon et d'Aristote, mais il n'était pas philosophe *intra-muros* : il s'efforçait de penser les composantes de la culture et du savoir de son temps. [...] Il tenait de la présence de ses ancêtres dans le monde ottoman une démarche de paysan balkanique, mais c'était bien un Athénien du siècle de Périclès, à considérer l'alacrité de son intelligence ; c'était en même temps un chaleureux Méditerranéen, un authentique Européen de culture, portant en lui l'Orient et l'Occident ; et cet immigré devenu français a contribué à la richesse et à l'universalité de la culture française [1]. »

Castoriadis entretient avec son pays d'origine, la Grèce, un rapport à la fois fort et ambivalent. Il y est toujours resté attaché par une imprégnation quasi corporelle des sensations, des odeurs, de la douceur de vivre méditerranéenne, qui l'a conduit chaque année à passer deux mois d'été sur une île grecque, Skopelos ou Tinos. En même temps, son regard sur la Grèce contemporaine, des plus critiques, illustre bien la blague selon laquelle un Grec d'aujourd'hui serait en fait un Turc qui se prendrait pour un Italien. À ses yeux, la Grèce moderne a oublié son illustre passé antique et n'a plus grand-chose à voir avec celle d'Aristote. La réception grecque de son œuvre est tout aussi ambivalente, oscillant entre rejet d'un hétérodoxe et fascination pour une star honorant la grécitude. La fierté d'avoir donné

---

1. Edgar MORIN, « La Lettre », *IMEC*, n° 12, automne 2010, p. 20-21.

naissance à un intellectuel d'envergure, jouissant d'une reconnaissance internationale, ne suffit pas à l'intégrer à l'Université, qui ne l'accepte pas dans son sérail.

De son côté, Castoriadis a souvent été perçu comme hellénocentré, ne serait-ce que parce qu'il considère le passé de la Grèce antique comme un germe majeur pour penser notre contemporanéité et construire au présent une véritable démocratie. Faire de Castoriadis un nationaliste serait pourtant une erreur absolument contraire à tout son itinéraire : « Il a même dit dans un entretien que s'il était resté en Grèce, la Grèce l'aurait détruit. C'est une des pires choses que l'on puisse dire de son pays. Chronos dévore ses enfants. Il y a une plaisanterie sur ce thème qui court en Grèce selon laquelle la punition en enfer consiste à plonger les condamnés dans une piscine d'excréments. Le garde est exténué parce qu'il est sans arrêt obligé de replonger les gens qui veulent en sortir, sauf dans la piscine des Grecs, car dès que quelqu'un sort la tête des excréments, les autres sautent dessus pour l'y replonger[2]. » Lorsqu'il accorde un entretien en 1994 à la télévision grecque dans le cadre d'une émission intitulée « Nous sommes responsables de notre histoire » et qu'on lui pose une question sur la vie politique de la Grèce contemporaine, il répond sèchement : « Je dirais que la vie politique du peuple grec s'arrête aux alentours de 404 av. J.-C. Je parle de la véritable vie politique du peuple, compris comme agent autonome. Je ne parle pas des batailles, des empereurs, des Alexandre et autre Basile Bulgaroctone[3]. » Quand on lui demande ce qu'il ressent lorsqu'il revient en Grèce, il poursuit : « C'est une image catastrophique. Lorsque j'arrive à Athènes, j'ai le sentiment qu'on a pris ma mère et qu'on l'a mise sur un trottoir[4]. »

Le philosophe Constantin Despotopoulos, membre de l'Académie d'Athènes, a dit de Castoriadis qu'il a été le plus important en Grèce, comme en Europe, parmi ceux qui ont servi la philosophie dans sa génération. L'université d'Athènes ne prend jamais la peine de l'inviter. Il donne des conférences en Grèce dans des lieux institutionnels périphériques. Il est par exemple reçu par l'université de sciences sociales de Panteion, assez secondaire par rapport à celle

---

2. Cybèle Castoriadis, entretien avec l'auteur.

3. Cornelius CASTORIADIS, entretien avec Téta Papadopolou, *Eleftherotypia* (quotidien grec), avril 1994 ; repris dans Cornelius CASTORIADIS, *Quelle démocratie ?*, t. II, *op. cit.*, p. 512.

4. *Ibid.*, p. 518.

d'Athènes. Cela témoigne d'une réticence certaine, même si ses livres sur la Grèce sont publiés et ont un certain écho. Lors d'une intervention à l'Institut français, des gens ne peuvent entrer tant l'affluence est importante, mais l'invitation émanait d'associations d'étudiants. À Salonique, il est fait docteur *honoris causa* de l'université de Thrace. En 1989, il se rend en Crète pour donner des conférences à Héraklion et à Rethymnon.

Sur l'île de Tinos, « il a été invité en 1994 dans le village où nous avons une maison, à l'initiative d'une association de jeunes qui lui a demandé de faire une conférence en grec. Le sujet était : "Notre rapport à la tradition" [5]. » De manière quelque peu provocatrice, Castoriadis somme son public de dire s'il se sent porteur de l'héritage de Périclès ou de l'héritage byzantin, avant d'affirmer qu'il ne peut se réclamer des deux car ils sont antinomiques. Il est alors conscient qu'il va à l'encontre de tout l'effort de la Grèce contemporaine qui vise à concilier ces deux traditions dans une harmonie portant sur les fonts baptismaux à la fois le *Logos* et la religion orthodoxe. Pour Castoriadis, le legs de la démocratie athénienne est absolument inconciliable avec celui de la théocratie byzantine. Beaucoup d'immeubles d'Athènes sont représentatifs de cette volonté syncrétique, avec leurs cariatides, leurs drapeaux, leurs anges de style Renaissance, mais aussi Achille qui rappelle l'épopée de la Grèce ancienne. Demander à la population grecque de choisir relève de l'inacceptable : « Cela a suscité une folie furieuse. La conférence a été publiée dans un journal et les lecteurs ont écrit au journal pendant trois mois pour réagir à cette énormité [6]. » L'île de Tinos est un concentré de cette ambiguïté. On y est fier d'avoir la maison des Castoriadis, et par ailleurs l'île est un haut lieu de pèlerinage, une sorte de Lourdes en mer Égée, avec une grande procession de la Vierge le 15 août jusqu'au monastère qui surplombe l'île. À la mort de Castoriadis, le village souhaite lui rendre hommage. L'esplanade devant l'église est un endroit possible pour cette manifestation, mais les prêtres refusent car il n'y a pas eu de funérailles religieuses, la famille Castoriadis se replie sur la petite place devant sa maison. Cybèle, fille de Castoriadis, se souvient de tentatives de récupération : « Un jour d'été, quelqu'un vient me voir et m'informe que la mère supérieure du monastère venait de lui dire qu'à la fin de sa vie

---

5. Zoé Castoriadis, entretien avec l'auteur.
6. *Ibid.*

Castoriadis avait entrevu la lumière divine. Cela permettait d'annuler tout ce qu'il a écrit[7]. »

Au plan politique, la réception grecque de Castoriadis produit aussi des tensions, entre les ex-marxistes, qui ne lui pardonnent pas d'avoir eu raison trop tôt, et certains nationalistes, qui se l'accaparent en dénaturant son message. Dans les années 1970, il est particulièrement malmené par un courant pourtant rénovateur, celui du Parti communiste de l'intérieur, antistalinien. Un de ses représentants, Nicos Poulantzas, sociologue althussérien reconnu, devenu une importante référence de la sociologie critique, vivant en France et enseignant à Paris 8, s'en prend vivement à lui en 1977 dans la presse grecque, le journal *Avgi*. Poulantzas y dénonce avec virulence Castoriadis, sous-entendant qu'il est un agent de l'impérialisme américain : « Nous observons le début d'une contre-attaque antimarxiste. On devait s'y attendre, elle ne vient pas de la droite traditionnelle, mais prend la forme spécifique d'un ultra-révolutionnarisme proclamant la nécessité d'abandonner le marxisme si nous voulons rester révolutionnaires. En Europe, cette tendance est présente dans les œuvres de Foucault et Deleuze, mais dans notre pays elle apparaît sous la forme de bavardages éclectiques et d'un sous-produit de l'irrationalisme européen ; c'est le cas des écrits de notre compatriote Castoriadis, dont on parle beaucoup en ce moment et qui semble inspirer l'orthodoxie néochrétienne. [...] J'assume la désagréable responsabilité de relever que ce n'est pas un hasard si ces écrits proviennent d'un homme ayant été jusque récemment un des plus éminents dirigeants de l'OCDE, l'un des principaux instruments, avec la Banque mondiale, de l'impérialisme américain en Europe[8]. »

L'ouvrage de Castoriadis, *Ce qui fait la Grèce*, paru au Seuil en 2004, reprend son séminaire de l'année 1982-1983 et renvoie sans équivoque à la Grèce ancienne. Pour des raisons commerciales, le titre de l'édition grecque est *La Particularité grecque* : « C'est très grave, car c'est devenu un best-seller du nationalisme grec[9]. » Dans le contexte de la remontée de l'extrême droite en Grèce, l'idée d'une descendance directe des Grecs de l'Antiquité et de la bénédiction du christianisme par Byzance, qui fait des Grecs un peuple de génies, une race

---

7. Cybèle Castoriadis, entretien avec l'auteur.
8. Nicos POULANTZAS, *Avgi*, 1er janvier 1977. Je remercie vivement Zoé Castoriadis de m'avoir traduit cet article publié en grec.
9. Nicos Iliopoulos, entretien avec l'auteur.

supérieure, est popularisée par des groupuscules qui affichent de plus en plus ouvertement leur xénophobie et leur racisme, soit tout le contraire des valeurs portées par Castoriadis : « Castoriadis a dit aussi : "Tous les Grecs sont racistes." Nous serions une race qui s'estime supérieure [10]. »

Ses ouvrages trouvent néanmoins leur public en Grèce, et *La Montée de l'insignifiance* est le livre politique de Castoriadis le plus vendu en Grèce (8 000 exemplaires pour 10 millions d'habitants). Par ailleurs, *L'Institution imaginaire de la société* en est à sa huitième édition, et lorsque les séminaires paraissent, ils ont un impact immédiat dans le lectorat grec, même si, de son côté, l'Université continue de d'être hostile à cette œuvre. Son traducteur, Kostas Spanditakis, considère que ce rejet tient en fait à la qualité des analyses conduites par Castoriadis : « L'Université devrait se renier si elle acceptait Castoriadis. J'en suis persuadé. Je me suis occupé de la Grèce classique et hellénistique et je connais les bibliographies française et allemande. Je n'ai jamais lu quelque chose de plus lumineux que ce qu'en dit Castoriadis. C'est très difficile à admettre pour des spécialistes [11]. »

Castoriadis n'a jamais hésité à faire part publiquement de ses critiques vis-à-vis du gouvernement grec. Sous les colonels, ne disposant pas encore de la nationalité française et signant ses articles sous pseudo, il agit avec ses amis grecs de manière souterraine pour aider ceux de l'intérieur qui mènent le combat contre la dictature. Lorsque vient le temps de l'éclatement de l'ancienne Yougoslavie avec la démultiplication des nationalités, il intervient pour dénoncer l'étroitesse du nationalisme aveugle du gouvernement grec en 1994 [12]. La Macédoine, petit pays de 2 millions d'habitants, proclame son indépendance en 1991, suscitant une réaction disproportionnée des Grecs, qui décident l'embargo et clament qu'il s'agit d'un danger majeur

---

10. *Ibid.*

11. Kostas Spanditakis, entretien avec l'auteur.

12. « Trois cents personnalités grecques ont dénoncé lundi le blocus décrété il y a trois semaines par la Grèce contre l'ex-République yougoslave de Macédoine. Dans un texte transmis à l'AFP, ils condamnent cette mesure prise par le gouvernement socialiste d'Andréas Papandréou, la qualifiant d'"action irrationnelle et dangereuse" à l'instar de la vingtaine d'intellectuels qui avaient signé un manifeste en ce sens la semaine dernière. Ces 301 personnalités, dont les philosophes Cornelius Castoriadis et Nikos Dimou, le metteur en scène Georges Kimoulis, deux ex-ministres de la gauche hellénique, Grigoris Iannaros et Photis Kouvélis et de nombreux universitaires connus, se disent solidaires de ce manifeste "qu'ils auraient souhaité encore plus anti-chauvin" », *Le Monde*, 9 mars 1994.

pour la sécurité du pays. Andréas Papandréou annonce qu'il ne lèvera pas cet embargo tant que la Grèce se sentira menacée.

En 1994, Castoriadis publie une tribune dans la presse grecque où il dénonce un regain de nationalisme et se montre très critique vis-à-vis du gouvernement. Cette tribune témoigne de sa fixation anti-turque : « Le problème capital pour la Grèce, ce n'est pas Skopje, c'est la Turquie, qui a 50 millions d'habitants – la Grèce n'en a que 10 millions – et des prétentions sur l'Égée. Les Turcs ont éliminé les minorités grecques de Turquie, contrevenant au traité de Lausanne. Il y avait des centaines de milliers de Grecs à Constantinople. [...] Le problème est là. Le président du gouvernement de Skopje est un appa-ratchik communiste stalinien et les dirigeants grecs en sont le miroir [13]. » Selon Castoriadis, le gouvernement grec aurait pu traiter ce dossier de manière raisonnable en expliquant aux Occidentaux les enjeux de ce litige, et notamment le fait que « le danger vient des Turcs qui, en cette partie des Balkans, s'empareraient de la Thrace orientale et de quelques îles des Cyclades [14] ». En ce sens, sa réaction est à l'unisson de l'opinion publique grecque, selon laquelle la République de Skopje est le marche-pied possible d'une cinquième colonne pour une armée turque prête à frapper la Grèce une nouvelle fois, comme elle l'a fait en 1974 à Chypre.

Cette prise de position ne l'empêche pas d'être un des rares intel-lectuels à s'élever contre la vague nationaliste qui monte en Grèce : « Le sentiment nationaliste est à fleur de peau chez les Grecs modernes. Les gens de Skopje ont fourni prétexte à ce déchaî-nement ; je fais allusion au préambule de la Constitution. Cela se combine avec le refus de négociation et le drapeau. Cela dit, l'imagi-naire national a été terriblement excité par les leaders politiques, les démagogues, Papandréou et Samaras, à défaut d'un projet politique. Je dis en plaisantant qu'il n'y a pas de parti raciste à la Le Pen, qu'il n'a aucune raison d'exister car tous les Grecs sont racistes. Pour le natio-nalisme, c'est la même chose, il n'y a pas de place pour un parti natio-naliste puisque Papandréou est nationaliste [15]. »

L'État grec moderne est encore très marqué par ses liens avec l'Église orthodoxe, et en 1994, sous le gouvernement socialiste de

---

13. Castoriadis, « Carrefour », RFI, 1994.
14. *Ibid.*
15. Castoriadis, « Voix du silence », émission d'Antoine Spire, France Culture, 17 sep-tembre 1994.

Papandréou, une loi est adoptée à la quasi-unanimité qui oblige les Grecs à mentionner leur appartenance religieuse sur leur carte d'identité. Dès 1982, à l'occasion d'une conférence prononcée à Tinos sur « Éthique et politique », Castoriadis en appelait à se prendre en main pour réaliser une véritable autonomie, en rompant avec les contraintes d'ordre religieux : « Ici, à Tinos, on a tout le temps des messes. Nous sommes des esclaves de Dieu ; c'est cela la messe des curés. C'est contre ces traditions que nous devons créer quelque chose en pensant l'autocréation réfléchie, libre, ce qui ne veut pas dire la transparence, ni la maîtrise absolue[16]. »

Castoriadis récuse en général l'idée que le christianisme ou toute autre religion ait pu favoriser d'une manière ou d'une autre l'avènement d'un régime démocratique. Il souligne de plus le caractère particulièrement impropre à la démocratie que fait régner l'Église orthodoxe partout où elle a triomphé : « Il est incontestable qu'en Europe la ligne de démarcation entre les pays à situation relativement démocratique (ou ceux sans aucune démocratie car dans lesquels la démocratie s'instaure plus tardivement et avec d'énormes difficultés) coïncide avec les frontières séparant les pays orthodoxes et les pays non orthodoxes. La Russie, l'Ukraine, les Balkans, Grèce comprise (quoique avec des spécificités), ne se sont jamais véritablement libérés d'une situation politique moyenâgeuse[17]. »

Très critique de la Grèce contemporaine, Castoriadis considère en revanche que les Grecs anciens ont créé quelque chose de tout à fait neuf avec la démocratie, la cité, la *polis*, cette communauté de citoyens qui s'est dotée d'institutions n'ayant d'autre fondement que celui qu'elle a bien voulu lui donner. Il ne s'agit pas, selon Castoriadis, de prendre cette expérience à jamais révolue comme modèle pour l'avenir, mais de s'en ressaisir pour en faire un germe fécond et instituer une vraie démocratie moderne.

Pour étayer cette thèse, Castoriadis a dû rompre avec une forme de continuisme historique que l'on retrouve dans la tradition républicaine et libérale, selon laquelle la Grèce ne serait que l'esquisse de la démocratie occidentale à une époque où l'individu n'existait pas encore. La démocratie des modernes serait donc la démocratie des

---

16. Cornelius Castoriadis, « Éthique et politique », conférence à Tinos, archives sonores Castoriadis, 1982.

17. Cornelius CASTORIADIS, entretien de Téta Papadopolou cité ; repris dans Cornelius CASTORIADIS, *Quelle démocratie ?, op. cit.*, p. 511.

anciens pleinement accomplie : « Notre histoire commence avec les Grecs », affirme le maître du roman national Ernest Lavisse dans ses *Instructions* de 1890. Jacqueline de Romilly a inscrit son œuvre dans ce sillage, puisque tout son travail d'érudition entend suivre « à travers les textes, les traces d'une éclosion sans cesse continuée, qui ouvre la voie jusqu'à nous [18] ». Pour cette tradition, dont Benjamin Constant est une des figures éponymes, la démocratie grecque n'est pas un germe, mais une origine. Nous nous inscririons dans une continuité qui nous rattacherait au legs grec, dont nous serions cependant distants du fait de la plus grande sophistication des institutions de la démocratie moderne.

Castoriadis rejette aussi la démarche inverse qui consiste à se réclamer de l'ethnologie et du relativisme pour mettre sur le même plan la Grèce antique et les Nambikwaras ou les Bamilékés. Une telle assimilation ne permettrait pas de comprendre la singularité fondamentale du monde grec, qui est son ouverture à la différence, à l'autre, soit un état d'esprit que l'on ne retrouve nulle part ailleurs et qui traduit « le regard critique et interrogateur qu'ils portaient sur leurs propres institutions [19] ».

Sur ce plan, Castoriadis s'appuie sur le tournant historiographique des années 1960-1970, qui jette un regard nouveau sur la Grèce ancienne pour en saisir l'originalité, et n'en fait pas le simple miroir d'un Occident encore dans l'enfance de l'âge. Ainsi, les travaux de Moses Finley et ceux de l'anthropologie historique de Jean-Pierre Vernant, Pierre Vidal-Naquet, Claude Mossé, Marcel Detienne et Nicole Loraux remettent en question la grille de lecture héritée du XIXᵉ siècle, qui tendait jusque-là à projeter la réalité contemporaine sur le passé de l'ancienne Grèce. Jean-Pierre Vernant a ainsi montré qu'il n'y avait pas chez Platon de mot pour exprimer la notion de travail. Ce manque l'a conduit à historiciser sa démarche et à découvrir que l'on est passé, du VIIIᵉ siècle au VIᵉ siècle av. J.-C., d'un univers mental à un autre [20]. Il convenait de retrouver l'exceptionnalité de cet imaginaire grec qui n'était pas celui projeté par la pensée libérale du XIXᵉ siècle : « Je suis très sensible à l'idée qu'il y a deux significations imaginaires

18. Jacqueline DE ROMILLY, *Pourquoi la Grèce ?*, Éditions de Fallois, Paris, 1992, p. 9.

19. Cornelius CASTORIADIS, « La *polis* grecque et la création de la démocratie », *op. cit.*, p. 327.

20. Jean-Pierre VERNANT, *Les Origines de la pensée grecque*, PUF, Paris, 1962 ; voir aussi Jean-Pierre VERNANT, *Mythe et pensée chez les Grecs*, vol. 1 et 2, Maspero, Paris, 1965.

sociales fondamentales du monde occidental : le capitalisme et l'idéal d'autonomie et qu'il faut essayer de favoriser l'une de ces significations par rapport à l'autre. On ne peut se débarrasser d'un des deux pôles, mais il faut penser l'articulation différemment [21]. »

Pierre Manent, spécialiste de l'histoire de la pensée politique libérale au XIXᵉ siècle, tout en partageant avec son ami Castoriadis sa lecture d'Aristote et des positions proches de l'aristotélisme, se tient à distance de cette idée de germe, utile pour repenser notre démocratie contemporaine. Selon lui, comme pour Bernard Manin [22], toute l'histoire de la démocratie moderne est justement une réflexion pour montrer l'impossibilité de rétablir la démocratie ancienne dans des sociétés devenues plus sophistiquées, complexes et élargies : « La liberté des modernes ne peut pas être celle des anciens. C'est toute la problématique de Benjamin Constant. Ce que je reproche à Corneille, c'est de ne pas prendre au sérieux toute cette problématique de la liberté des modernes qui a conduit les sociétés qui devenaient républicaines au XIXᵉ siècle à renoncer à la démocratie directe pour des raisons qui ont paru contraignantes à beaucoup de bons esprits [23]. » Il trouve par ailleurs abusif d'écarter tout l'effort des constituants, que ce soient ceux des révolutions anglaise, américaine ou française, rangés sous le registre de l'oligarchie des représentants pour n'avoir pas valorisé la perspective d'une démocratie directe.

Cet attachement à la démocratie directe est aussi un point de divergence entre Castoriadis et Marcel Gauchet, lequel a consacré beaucoup de ses travaux à approfondir la question de la représentation politique dans la démocratie moderne [24] : « Il y avait chez Castoriadis un très étrange nationalisme, non pas une identification à la patrie grecque, mais une fidélité grecque qui n'avait rien à voir avec les vicissitudes du peuple grec depuis Périclès. Il se vivait inconsciemment et on lui aurait dit, il en aurait été choqué, comme une réincarnation de l'Athénien du Vᵉ siècle [25]. »

La spécialiste de la Rome antique qu'est Claudia Moatti considère au contraire comme parfaitement légitime cette notion de germe,

---

21. Vincent Azoulay, entretien avec l'auteur.

22. Bernard MANIN, *Principes du gouvernement représentatif*, Flammarion, « Champs », Paris, 2012.

23. Pierre Manent, entretien avec l'auteur.

24. Marcel GAUCHET, *La Révolution des pouvoirs. La Souveraineté, le peuple et la représentation (1789-1899)*, Gallimard, Paris, 2013.

25. Marcel Gauchet, entretien avec l'auteur.

qu'elle utilise à propos de Rome, et qui doit nourrir l'horizon d'attente d'une démocratie contemporaine en pleine crise. Elle s'appuie aussi sur Benjamin Constant, mais pas pour étayer la thèse libérale : « Ce qui intéresse Castoriadis est de savoir comment réintroduire l'investissement civique [26]..» Or Benjamin Constant a posé la question de la possible conciliation de la démocratie antique et de la représentation [27]. Il voit en Athènes l'État ancien qui ressemble le plus aux modernes, mais cette esquisse de démocratie n'est qu'imparfaite au regard de son accomplissement plus tardif. En premier lieu parce que cette démocratie athénienne n'est possible que sur la base de l'exploitation de toute une population d'esclaves : « Sans la population esclave d'Athènes, vingt mille Athéniens n'auraient pas pu délibérer chaque jour sur la place publique [28]. » Par ailleurs, la démocratie antique pouvait s'accommoder du despotisme, ce qui n'est plus le cas chez les modernes. Au terme de sa conférence, considérée comme un éloge de la démocratie représentative moderne, Benjamin Constant fait cependant place à une véritable inquiétude sur l'écueil qui consisterait à rendre les citoyens passifs, laissant les experts, les seuls professionnels de la politique décider en leur nom, à leur place, au péril de l'esprit civique. Sur ce plan, le germe grec reste actif pour Benjamin Constant, car il convient de préserver le sentiment d'un collectif de citoyens qui prennent leur sort en main : « De ce que la liberté moderne diffère de la liberté antique, il s'ensuit qu'elle est aussi menacée d'un danger d'espèce différente. Le danger de la liberté antique était qu'attentifs uniquement à s'assurer le partage du pouvoir social, les hommes ne fissent trop bon marché des droits et des jouissances individuels. Le danger de la liberté moderne, c'est qu'absorbés dans la jouissance de notre indépendance privée, et dans la poursuite de nos intérêts particuliers, nous ne renoncions trop facilement à notre droit de partage dans le pouvoir politique. Les dépositaires de l'autorité ne manquent pas de nous y exhorter. Ils sont si disposés à nous épargner toute espèce de peine, excepté celle d'obéir et de payer [29] ! » On trouve des considérations analogues chez Alexis de Tocqueville, que Castoriadis a beaucoup sollicité. Même si Castoriadis vise, au contraire de

---

26. Claudia Moatti, entretien avec l'auteur.

27. Benjamin CONSTANT, « De la liberté des anciens comparée à celle des modernes », 1819 ; discours repris dans Benjamin CONSTANT, *De la liberté chez les modernes*, Le Livre de poche, Paris, 1980.

28. *Ibid.*, p. 499.

29. *Ibid.*, p. 512-513.

Benjamin Constant, non à articuler démocratie représentative et démocratie directe, mais à faire valoir cette dernière, on n'est pas si loin de ses exhortations contre la privatisation toujours plus poussée de la société dans les démocraties représentatives, qui détruit à petit feu tout esprit civique.

Cette dialectique entre démocratie antique et démocratie moderne est aussi au cœur des recherches de Gil Delannoi, professeur à Sciences Po, qui a fait sa thèse sur la revue *Arguments*. Sa problématique est largement inspirée par la notion d'imaginaire telle que Castoriadis l'a définie. S'il n'est pas aussi critique de la démocratie représentative que ce dernier, il considère que l'on a sous-estimé les bienfaits de la démocratie directe. Pour sortir de l'aporie de cette opposition binaire, Gil Delannoi suggère de différencier trois formes de démocratie : la démocratie représentative, la démocratie directe et ce qu'il appelle la démocratie « sortive », qui correspond à l'usage du tirage au sort. La pratique de la démocratie directe en Suisse ne fonctionne pas si mal, et si l'expérience californienne en la matière a dysfonctionné, on peut trouver des remèdes aux manipulations par les lobbies acheteurs de signatures, sans remettre en question les principes : « Aujourd'hui, tous les leaders de nos sociétés utilisent la démocratie directe, mais comme l'arme atomique. Ils la mentionnent pour ne pas s'en servir [30]. » Gil Delannoi opère une précieuse distinction entre ce qui relève du plébiscite, du référendum et de ce qu'il appelle, comme les Suisses, la votation. Seule cette dernière pratique relève de la démocratie directe, car les deux autres ne sont que des derniers recours que l'on ne peut utiliser qu'en cas exceptionnels. Dans le cas de la votation, comme il est d'usage fréquent en Suisse, les citoyens sont appelés à répondre à plusieurs questions différentes, ce qui évite que l'on ait à se prononcer pour ou contre la gestion globale des gouvernants. Cela permet d'en multiplier la fréquence et d'en différencier les échelles spatiales en distinguant les niveaux local, régional, national, européen...

La conception castoriadienne de la démocratie directe peut être rapprochée de celle d'un autre philosophe et économiste d'origine grecque enseignant à Londres, Takis Fotopoulos, qui propose pour les temps présents un projet fondé sur la démocratie écologique locale et a créé une association de démocratie inclusive. La démocratie généralisée que Fotopoulos préconise suppose une « confédération de

---

30. Gil Delannoi, entretien avec l'auteur.

dèmoi », c'est-à-dire de petites unités homogènes de 30 000 habitants environ. Ce chiffre modeste permettrait, selon Fotopoulos, de satisfaire localement la plupart des besoins essentiels. Contrairement aux idées reçues, la taille ne serait pas, pour lui comme pour Castoriadis, un déterminant exclusif ni même décisif de la viabilité économique. À l'époque de SouB, Castoriadis considérait déjà que, pour transférer les principes de la démocratie directe dans un vaste pays, il fallait s'appuyer sur les technologies de pointe en matière de communication. Selon Fotopoulos, « il faudra probablement morceler en plusieurs dèmoi de nombreuses villes modernes étant donné leur gigantisme[31] ». On aurait en quelque sorte de petites républiques de quartier. L'unité sociale et économique de base de la future société démocratique étant constituée par le dèmos, il faudrait partir du niveau local pour changer la société.

À la pensée libérale qui défend la démocratie représentative en s'appuyant sur Locke, Tocqueville, Guizot, et les penseurs libéraux du XIXᵉ siècle en général, Castoriadis oppose la position d'un Rousseau dans le Contrat social : « Chez les Grecs tout ce que le Peuple avoit à faire il le faisoit par lui-même ; il étoit sans cesse assemblé sur la place. Il habitoit un climat doux, il n'étoit point avide, des esclaves faisoient ses travaux, sa grande affaire étoit sa liberté. [...] Pour vous, modernes, vous n'avez point d'esclaves, mais vous l'êtes, vous payez leur liberté par la vôtre. Vous avez beau vanter cette préférence ; j'y trouve plus de lâcheté que d'humanité[32]. » Rousseau est un partisan de la démocratie directe, même s'il émet la réserve du nombre de citoyens concernés dans la démocratie moderne. Si on peut envisager, comme c'est le cas à Athènes avec les magistrats, une puissance exécutive des lois, ils restent sous l'étroit contrôle des citoyens.

À l'occasion d'une conférence prononcée le 29 octobre 1990 à l'occasion du second Forum du Monde au Mans, Castoriadis s'emploie à comparer terme à terme, de manière un peu schématique admet-il, en quinze points, les deux imaginaires, grec ancien et occidental moderne[33]. Pour l'essentiel, il donne un avantage à la démocratie ancienne sur la démocratie moderne à l'exception de deux

31. Takis FOTOPOULOS, Vers une démocratie générale. Une démocratie directe, économique, écologique et sociale, Le Seuil, Paris, 2001, p. 215.

32. Jean-Jacques ROUSSEAU, Contrat social, vol. III, livre III, chap. XV des Œuvres complètes, Gallimard, « La Pléiade », 1964, p. 428-430.

33. Cornelius CASTORIADIS, « Imaginaire politique grec et moderne », La montée de l'insignifiance, op. cit., p. 191-219.

points sur lesquels il considère qu'il y a eu progrès. Tout d'abord, sur l'ouverture de tous à la citoyenneté, alors que les Anciens réservaient son exercice aux seuls autochtones et aux seuls hommes à l'exclusion des femmes ; l'autre volet du progrès se trouve dans l'ouverture de l'activité instituante à tous les domaines de l'activité humaine – l'économique, le social, le culturel. L'Occident moderne est allé plus loin sur ce plan, alors que l'activité instituante restait confinée au domaine strictement politique chez les Anciens : « C'est à mon avis là l'immense apport de l'Europe [34]. »

Pour le reste, que ce soit le rapport de la collectivité au pouvoir, la participation des citoyens au corps politique, la défense des intérêts collectifs, la franchise, l'acceptation de la mortalité…, les Anciens doivent demeurer une source d'inspiration pour une véritable démocratie : « Il y a chez les Anciens une ontologie implicite, les oppositions de *chaos* et *kosmos*, de *phusis* et *nomos* ; l'être est aussi bien chaos, à la fois au sens du vide (*chainô*) et au sens du mélange indéfinissable, que cosmos, à savoir ordonnance visible et belle. […] Dans le monde moderne, on n'arrive pas à se dégager d'une ontologie unitaire, donc presque fatalement théologique [35]. » Castoriadis ne préconise pas pour autant d'en revenir à la Grèce du Vᵉ siècle av. J.-C., ce qui serait absurde : « Ma conclusion est qu'il nous faut aller plus loin que les Grecs et que les Modernes. Notre problème est d'instituer une véritable démocratie dans les conditions contemporaines [36]. »

Rendant hommage à son ami Castoriadis, Pierre Vidal-Naquet, spécialiste de l'histoire de la Grèce antique, rappelle qu'il pouvait parler sur un pied d'égalité avec lui de Platon et d'Eschyle. Leur dialogue sur ce thème remonte justement à cette période, à l'hiver 1963-1964, lorsque le Cercle Saint-Just dans lequel se trouvent à la fois Lefort, Castoriadis et Edgar Morin, invite Pierre Vidal-Naquet, Jean-Pierre Vernant et le philosophe François Châtelet pour discuter de la démocratie antique au regard des questionnements taraudant le présent. Pierre Vidal-Naquet situe l'apport de Castoriadis sur la Grèce antique sous un triple registre : « sous le signe de trois mots : le mot *polis*, le mot histoire (*historiè*) et le mot poésie (*poïésis*), trois mots grecs bien entendu [37] ». François

---

34. *Ibid.*, p. 206.
35. *Ibid.*, p. 209.
36. *Ibid.*, p. 210.
37. Pierre VIDAL-NAQUET, « Castoriadis et la Grèce ancienne », *Esprit*, décembre 1999, p. 132.

Châtelet, qui enseigne après 1968 au Centre expérimental de Vincennes, à Paris 8, connaît *Socialisme ou Barbarie*, qu'il a lue depuis sa création en 1949 : « Pour Castoriadis, Châtelet a été important. C'est même par lui que j'ai connu Châtelet. On avait décidé à la revue en 1964-1965 de prendre contact avec un certain nombre d'intellectuels en les invitant à la Mutualité et je me suis chargé du contact avec Châtelet [38]. »

L'approche de la Grèce antique par Castoriadis est tout à fait féconde pour une jeune génération d'historiens hellénistes qui s'est approprié ses thèses. C'est le cas, entre autres, de Vincent Azoulay, jeune maître de conférences à Paris-Est Marne-la-Vallée, membre de l'IUF [39], qui a commencé à lire Castoriadis dès la Terminale. Il hésite alors entre philosophie et histoire. Deux œuvres sont pour lui de véritables éblouissements : celle de Jean-Pierre Vernant et celle de Castoriadis. Découvrant l'histoire grecque, il se rend à une conférence de Vidal-Naquet pour les classes prépas au lycée Louis-le-Grand, au cours de laquelle Vidal-Naquet donne pour conseil aux jeunes chercheurs de lire de manière exhaustive l'œuvre d'un auteur, précisant que c'est ce qu'il a fait pour Claude Lévi-Strauss. Muni de ce conseil, Vincent Azoulay le met en pratique pour Vernant et Castoriadis, lus en parallèle. Son père, psychanalyste engagé à gauche, ancien interne dans l'hôpital de Franz Fanon, compagnon de route du PCF jusqu'en 1956, a lu tous les numéros de *Socialisme ou Barbarie* et de *Libre* et conseille à son fils de lire Castoriadis : « Ce qui me retenait était de pouvoir penser avec et contre le marxisme. J'étais familialement antitotalitaire, et Castoriadis me donnait les moyens de penser au-delà de la saga familiale. J'y trouvais l'articulation entre histoire et psychanalyse [40]. » Vincent Azoulay apprécie surtout dans l'œuvre de Castoriadis le rapport qu'il établit entre l'imaginaire instituant et l'imaginaire institué avec sa notion, extraite du freudisme, de l'étayage : « Cette question de l'étayage est pour moi très importante par cette manière de retravailler à partir de la notion freudienne pour savoir comment s'étayent les significations imaginaires sociales sur la

---

38. Christian Descamps, entretien avec l'auteur. Christian Descamps, chargé de contacter Châtelet, deviendra son assistant dans le département de philosophie de l'université de Vincennes.

39. Vincent AZOULAY est, entre autres, auteur de *Xénophon et les grâces du pouvoir. De la Charis au charisme*, Publications de la Sorbonne, Paris, 2004 ; et de *Périclès. La Démocratie à l'épreuve du grand homme*, Armand Colin, Paris, 2010, prix du livre d'histoire du Sénat 2011.

40. Vincent Azoulay, entretien avec l'auteur.

strate ensembliste-identitaire, sur ce que Castoriadis appelle l'ensidique [41]. » C'est une manière très suggestive pour l'historien de valoriser le versant créatif, sans pour autant tomber dans le relativisme ou le créationnisme absolu. Toute innovation, tout imaginaire a un ancrage, un point d'arrimage, que Lacan appelait « point de capiton ». Cet aspect est majeur pour la pratique historienne, qui appuie son discours sur un référent, sur un réel. Vincent Azoulay partage cette conviction de la nécessité de repenser la démocratie contemporaine à partir du germe grec comme innovation radicale ; elle est même son impulsion première : « Je reste persuadé de ce que dit Castoriadis du germe grec, c'est même pourquoi je fais de l'histoire grecque. Je n'en aurais pas fait autrement [42]. »

C'est aussi en tant qu'historien et spécialiste de la Grèce ancienne qu'un jeune maître de conférences de l'université de Bordeaux 3, Christophe Pébarthe, s'approprie avec passion l'œuvre de Castoriadis [43]. Lorsque paraît en 2004 *Ce qui fait la Grèce*, il est étudiant en histoire à Bordeaux et trouve le propos intéressant, sans bien percevoir encore quel peut en être l'usage pour un historien. Ce sera aussi le cas lorsque paraîtra en 2008 *La Cité et les Lois* : « Cela a cheminé à côté de moi, sans que je ne m'en rende compte, d'autant que les études étaient totalement coupées de tout ce qui peut ressembler à Vernant, Vidal-Naquet. Elles étaient étroitement positivistes [44]. » Lorsque le séminaire sur Thucydide paraît en 2011, Christophe Pébarthe consacre une partie de ses cours à la même période et il est particulièrement sensible au questionnement épistémologique de Castoriadis : « Sur les sources, ce qui m'a fasciné, c'est sa capacité à penser tout en travaillant le texte, et pour moi, historien, cela a été fondamental. En le lisant, je m'apercevais à quel point ce n'était pas quelqu'un qui pensait sur les textes, mais quelqu'un qui produisait du savoir à partir des textes [45]. » À cet intérêt qui tient à la manière d'envisager l'opération historiographique, il faut ajouter la dimension d'engagement. La figure de l'intellectuel Castoriadis, qui se plonge dans l'univers antique pour mieux transformer le présent, est pour beaucoup dans l'intérêt que porte

---

41. *Ibid.*
42. *Ibid.*
43. Christophe PÉBARTHE est notamment l'auteur de *Introduction à l'histoire grecque. XII* siècle-fin IV* siècle*, Belin, Paris, 2006 ; et de *Athènes à l'époque classique*, Belin, Paris, 2008.
44. Christophe Pébarthe, entretien avec l'auteur.
45. *Ibid.*

Christophe Pébarthe à son œuvre, lui aussi très engagé dans l'action politique et syndicale.

Responsable de la *Revue des études anciennes*, Christophe Pébarthe consacre en 2012 une longue étude à « Faire l'histoire de la démocratie athénienne avec Cornelius Castoriadis [46] ». Le suivant dans sa récusation d'une méthodologie individualiste à la Weber, il souligne l'inspiration freudienne de Castoriadis qui lui fait privilégier l'imaginaire radical. Pébarthe recourt d'ailleurs dans son HDR (habilitation à diriger des recherches) à la notion d'imaginaire selon Castoriadis, qui lui semble dépasser les apories propres aux notions de mentalité ou d'idéologie, en usage jusque-là. L'inconscient ne reconnaît pas le réel et ne le distingue en rien du fantasme : « Castoriadis ne rattache pas les fantasmes aux expériences vécues, à la réalité. La *psyché* crée des images à partir de pulsions, sans qu'il soit possible d'établir un quelconque lien avec la réalité matérielle [47]. » Castoriadis accordant à l'éducation (*Paideia*) un rôle majeur, le germe grec résulte fondamentalement du processus historique instituant. Il conçoit la notion de germe à la manière d'un paradigme, sans que l'expérience grecque ne soit élevée au rang de modèle, mais surtout « Castoriadis invite à ne pas s'en tenir à une prudente érudition, même s'il ne rechigne pas, loin s'en faut, à discuter dans le détail telle ou telle traduction. Il inscrit de ce fait l'histoire ancienne dans un projet plus global, celui d'une science générale de l'humain [48] ».

Cette nouvelle génération d'historiens spécialistes de la Grèce antique est marquée par la posture de Castoriadis, et notamment par la question de l'usage de ces connaissances historiques pour penser et transformer notre présent : « C'est de cette question politique que je pars – et dans cet esprit que je m'interroge : la démocratie grecque antique présente-t-elle quelque intérêt politique pour nous [49] ? »

La cité grecque, la *polis*, est selon Castoriadis une pure invention qui précède l'avènement conjoint de la démocratie et de la philosophie de quelque trois siècles, entre le VIIIe siècle et le Ve siècle av. J.-C. Elle ne se réduit pas à ce qu'est une ville, mais comprend tout un territoire

---

46. Christophe PÉBARTHE, « Faire l'histoire de la démocratie athénienne avec Cornelius Castoriadis », *Revue des études anciennes*, t. 114, no 1, 2012, Presses universitaires de Bordeaux, p. 139-157.

47. *Ibid.*, p. 144.

48. *Ibid.*, p. 157.

49. Cornelius CASTORIADIS, « La *polis* grecque et la création de la démocratie », *op. cit.*, p. 325.

à la fois urbain et rural dont elle forge l'unité. Elle se conçoit comme autosuffisante pour pouvoir assumer son autonomie. En même temps, la *polis* ne se définit pas comme territoire, mais comme un sentiment de communauté de ses habitants qui forment un corps de citoyens : « Thémistocle dit : nous sommes prêts à refonder Athènes ailleurs. Ce qui revient à dire : il y a une composante territoriale dans la définition d'une *polis*, mais ce n'est pas tel territoire qui définit essentiellement la *polis*, c'est la collectivité politique, le corps des citoyens[50]. » La singularité et la novation chez les Grecs résident dans le fait que la *polis* n'est pas un État au sens moderne du terme, mais « la communauté des citoyens libres qui, du moins dans la cité démocratique, font leurs lois, jugent et gouvernent[51] ».

Castoriadis rejette les causalismes simples habituellement invoqués pour expliquer la naissance de la démocratie grecque : le développement économique et technologique, la crise démographique ou encore la transformation de la guerre avec la révolution hoplitique. La raison majeure de cette innovation provient, selon Castoriadis, de l'imaginaire politique d'une communauté autonome. Cet acte volontaire de conquête de l'autonomie serait le point de départ de toute l'histoire occidentale, conçue comme une lutte indéfinie entre l'autonomie et l'hétéronomie. La *polis* va engendrer une communauté de citoyens (le *dèmos*), qui va proclamer sa souveraineté (*autodikos*), ainsi que l'égalité politique, une égalité au regard de la loi (*isonomia*) et le partage égal de l'activité et du pouvoir de tous les hommes libres. La participation citoyenne dispose de son lieu, de son institution, avec l'assemblée du peuple (l'*ecclèsia*). Dans ce corps politique souverain, tous les citoyens peuvent prendre la parole (*isègoria*) : « L'*ecclèsia*, assistée par la *boulè* (Conseil), légifère et gouverne. Cela est la démocratie directe[52]. »

Castoriadis insiste sur le fait que ce régime démocratique se définit par opposition à toute forme de délégation de pouvoir à des représentants qui est, selon lui, une manière de mystification : « Pour Hérodote aussi bien que pour Aristote, la démocratie est le pouvoir du *dèmos*, pouvoir qui ne souffre aucune limitation en matière de législation, et la désignation de magistrats (*non* de « représentants » !) par

---

50. Cornelius CASTORIADIS, *La Cité et les Lois*, *op. cit.*, p. 100.
51. *Ibid.*, p. 55.
52. Cornelius CASTORIADIS, « La *polis* grecque et la création de la démocratie », *loc. cit.*, p. 360.

tirage au sort ou par rotation[53]. » Le principe de représentation est, aux yeux de Castoriadis, totalement étranger à l'idée de démocratie et aucune complémentarité n'est possible entre les deux formes d'exercice du pouvoir. Sur ce plan, il y a, contrairement à ce qu'affirme le courant libéral, opposition frontale entre la démocratie des anciens et celle des modernes. La démocratie directe est aussi opposée à l'idée d'une démocratie confiée à des experts.

La politique n'étant pas considérée comme une spécialité particulière, comme une *technè*, elle est l'affaire de tous et ne peut se trouver confisquée par une caste savante. La sagesse pratique, la *phronèsis*, relève de la responsabilité de l'ensemble de la communauté citoyenne. Certes, Platon mentionne bien des domaines dans lesquels le savoir technique est nécessaire et invite les citoyens à se mettre à l'écoute de ces experts. Mais dans le domaine de la politique, la parole de tout un chacun est légitime. Le bon juge en la matière n'est pas tant le savant que l'utilisateur, et « naturellement, pour toutes les affaires publiques (communes), l'utilisateur, et donc le meilleur juge, n'est autre que la *polis*[54] ». Il y a bien à Athènes au Vᵉ siècle av. J.-C. une administration, mais qui n'assume pas de tâche de nature politique. Castoriadis se distingue ici de l'utopie marxiste comme du rêve des anarchistes d'une société sans institution de pouvoir : « Une société sans institutions explicites de pouvoir est une absurdité[55]. »

Sur l'innovation radicale de la démocratie directe qui s'institue en Grèce ancienne, Pierre Vidal-Naquet est pleinement en accord avec Castoriadis et le dit explicitement dans un débat qui les réunit à Beaubourg le 27 mars 1992 à l'initiative de Christian Descamps : « Je ne crois plus personnellement que l'on puisse parler comme le pensait Glotz ou Fustel d'un passage des *gènès* à la *polis*. On a le sentiment que l'idée de communauté de sang dans les tribus est postérieure à la cité plutôt qu'antérieure. C'est une invention plutôt qu'une origine. La vraie question est la suivante : est-ce que la démocratie est seulement un changement de degré ou est-ce neuf ? Pour moi, elle est une innovation radicale[56]. » Le point qui fait débat entre eux est le constat de Moses Finley, repris par Pierre Vidal-Naquet, selon lequel « dans le

---

53. *Ibid.*, p. 360.

54. *Ibid.*, p. 362.

55. Cornelius CASTORIADIS, « La démocratie comme procédure et comme régime », *La Montée de l'insignifiance, op. cit.*, p. 268.

56. Pierre Vidal-Naquet, débat à « Espace Séminaire Philosophie » du Centre Beaubourg, enregistrement sonore, archives Castoriadis, 27 mars 1992.

monde antique, la liberté avance du même pas que l'esclavage ». Pour Castoriadis, il faut lier la question de l'esclavage à l'impérialisme athénien et non à la démocratie. Il récuse ce dernier lien de cause à effet en constatant que « l'esclavage est là partout dans le monde antique, mais la démocratie n'est là que dans quelques cités [57] ».

Cette démocratie directe n'est en rien un droit abstrait, elle est inscrite dans la pratique quotidienne des citoyens. Les membres de la communauté civique participent effectivement à l'activité politique. Toute la formation, l'éducation (la *Paideia*), vise à permettre cette participation effective à l'élaboration des lois, seule à même de réaliser pleinement l'autonomie. Cette invention de la démocratie en Grèce engendre dans le même temps la naissance de l'histoire et de la philosophie. Elle prend en charge, d'où sa valeur exemplaire et universelle, les trois questions à partir desquelles Kant définit les intérêts des hommes. Les deux premières sont : que puis-je savoir ? et que dois-je faire ? À ce niveau, il n'y a pas, selon Castoriadis, de réponse singulière de la Grèce antique ; mais à la troisième question, qu'est-il permis d'espérer ?, « il est une réponse grecque claire et précise, et c'est un *rien*, massif et retentissant. Et, de toute évidence, cette réponse est la bonne [58] ».

Les pères fondateurs de l'histoire sont Hérodote et Thucydide, qui lui donnent pour ambition d'interroger le passé afin de le transmettre aux générations à venir et leur permettre d'en tenir compte dans la construction de leur communauté civique : « Tel est bien le sens de la création de l'historiographie en Grèce. Il est frappant qu'à rigoureusement parler l'historiographie n'ait existé qu'en deux périodes de l'histoire de l'humanité : en Grèce antique et en Europe moderne [59]. » Pierre Vidal-Naquet approuve encore son ami Castoriadis sur ce plan. Il y a bien eu naissance de l'histoire sur la terre grecque, mais il regrette qu'il ait fait porter son attention exclusivement sur cette expérience en oblitérant une autre source fondamentale de la conscience historique de l'Occident qui se trouve dans l'héritage judéo-chrétien, délaissant toute la dimension biblique renvoyée au négatif de l'hétéronomie : « Il m'arrive souvent d'expliquer aux étudiants qu'il y a, aux origines de

---

57. Cornelius CASTORIADIS, « La démocratie athénienne : fausses et vraies questions » ; repris dans *La Montée de l'insignifiance, op. cit.*, p. 227.
58. Cornelius CASTORIADIS, « La *polis* grecque et la création de la démocratie », *loc. cit.*, p. 354.
59. *Ibid.*, p. 369.

notre conscience historique, à la fois une source grecque qui est recherche de vérité et une source juive qui est réflexion sur l'ambiguïté humaine[60]. »

Castoriadis accorde une place majeure à ce père de la méthode historienne qu'est Thucydide[61]. Élu stratège, il est banni pour son échec dans la région d'Amphipolis, mais va consacrer sa vie d'historien à recueillir des témoignages et à enquêter pour écrire la guerre du Péloponnèse. Exilé en Thrace, il « parle de la démocratie athénienne avec une objectivité extraordinaire. Il ne la glorifie pas comme un sycophante, ni comme un poète, mais il nous transmet l'Oraison funèbre de Périclès[62] ». Thucydide, ne pouvant être partout pour entendre les discours qu'il relate, utilise des témoins et reconstitue les événements à partir de leurs dires. Il semble bien cependant qu'il ait été présent lors du discours de Périclès et qu'il ait pu prendre des notes.

L'Oraison funèbre de Périclès, telle que Thucydide nous la donne à lire n'a rien d'une apologétique, mais entend donner à voir ce qu'est Athènes à cette époque. Le discours que rapporte Thucydide commence par un rappel, celui de la dette vis-à-vis des ancêtres qui est au fondement de la louange de l'autochtonie. Alors que les étrangers à la Cité sont présents au moment du discours de Périclès, ce dernier en profite pour faire valoir les idées politiques de la Cité athénienne. Il affirme que la puissance supérieure d'Athènes tient à ses façons de faire, à ses institutions, à sa façon de gouverner, à ses mœurs, et Castoriadis de commenter : « Il faut bien mesurer l'extraordinaire nouveauté de cette conception de ce qui fait la puissance d'un groupe humain. À ma connaissance, elle apparaît ici pour la première fois dans l'histoire universelle[63]. »

Contrairement au sens commun qui considère que les Grecs ont une conception cyclique du temps, Castoriadis pense que surgit là un nouveau rapport au temps qui privilégie le devenir, le projet. À propos de l'interprétation de la société grecque antique, il entre en débat avec les historiens spécialistes de la période et notamment avec Nicole Loraux. Un désaccord les oppose sur la lecture que donne Castoriadis de l'épitaphe de Périclès ; Nicole Loraux rappelle que l'oraison

---

60. Pierre VIDAL-NAQUET, « Castoriadis et la Grèce ancienne », loc. cit., p. 139 ; repris dans Cornelius CASTORIADIS, D'Homère à Héraclite, op. cit., p. 19-33.
61. Cornelius CASTORIADIS, Thucydide, la Force et le Droit, op. cit.
62. Ibid., p. 117.
63. Ibid., p. 136.

funèbre est un genre rhétorique empruntant aux valeurs aristocratiques, sous le masque d'affirmations démocratiques : « Les orateurs ne loueraient-ils pas une cité imaginaire ou du moins idéale, sans tension ni faction[64] ? » Castoriadis dénie l'idée que cette épitaphe illustre un genre, de même qu'il récuse qu'on puisse la qualifier d'idéologique ; il renvoie au contraire au contexte précis de son énonciation. De son côté, Nicole Loraux dénonce l'idéologisation de l'oraison funèbre, qui fonctionnerait comme masque, réduisant le peuple citoyen à la passivité. Elle considère que la mention neutre « les Athéniens » sert d'ailleurs à réaffirmer l'unité de la *polis*, tout en anonymisant ses acteurs renvoyés à une simple abstraction instrumentalisée par l'aristocratie.

Castoriadis en donne une tout autre interprétation : « Les Athéniens sont profondément conscients, comme tous les Grecs d'ailleurs, et à la différence des Modernes, que les individus ne sont que dans et par la *polis*[65]. » Il rappelle à l'historienne Nicole Loraux les limites de l'anachronisme, qui fait certes partie intégrante de l'opération historiographique elle-même puisque l'historien pose les questions de son présent au passé. Il doit tenir le plus grand compte de la singularité, de l'altérité dont il parle et ne pas projeter ses propres catégories en les attribuant à d'autres, ce que fait Nicole Loraux : « N'oublions pas que l'Épitaphe n'est pas Thucydide tout entier, qu'il y a huit livres, et surtout n'oublions pas qui est Thucydide : ce n'est pas un directeur d'études à l'EHESS miraculeusement transporté au Vᵉ siècle, ce n'est pas un Martien. C'est un Athénien de l'époque de Périclès[66]. »

Le troisième volet de l'apport de Castoriadis sur ce qu'il appelle le germe grec est sa lecture de la poésie et de la tragédie. La première entrée pour partir en quête des origines du miracle grec, de la naissance de la *polis*, est constituée par le poème homérique, L'*Iliade* et L'*Odyssée*. Ces poèmes, écrits probablement dans la seconde moitié du VIIIᵉ siècle av. J.-C., permettent de mesurer le basculement en cours qui connaîtra son apogée au Vᵉ siècle. Ce texte littéraire, appris par

---

64. Nicole LORAUX, *L'Invention d'Athènes. Histoire de l'oraison funèbre dans la cité classique*, Payot, Lausanne, 1981, p. 200.

65. Cornelius CASTORIADIS, *Thucydide, la Force et le Droit*, *op. cit.*, p. 235.

66. *Ibid.*, p. 238. J'avais, pour ma part, avant de connaître ce livre de Castoriadis, fait le même genre de critique à Nicole Loraux dans un numéro de la revue *EspacesTemps* qui lui était consacré : François DOSSE, « De l'usage raisonné de l'anachronisme », nº spécial « Les voies traversières de Nicole Loraux », *EspacesTemps/Clio*, nº 87-88, 2005, p. 156-171.

cœur par les citoyens, joue un rôle majeur et sert de base à l'alphabé-
tisation. Il devient la base de ce que Paul Ricœur appelle l'identité nar-
rative du peuple grec de l'Antiquité.

Castoriadis, prenant l'exemple de l'épisode des cyclopes dans
L'*Odyssée*, dit que l'important n'est pas de savoir s'il y a eu ou non des
cyclopes, et dans quelles îles. Le référent factuel n'est pas pertinent,
le message porté par ce récit étant de comprendre ce qui distingue la
communauté humaine de ce qui ne relève pas de l'humain. On peut
alors percevoir en creux le système de croyances des Grecs à partir de
ce que n'ont pas les cyclopes : ils n'ont pas de lois ni d'assemblées déli-
bératives. Dans le texte d'Homère, c'est ce qui renvoie implicitement à
ce qu'est une communauté humaine : « Une collectivité qui n'a pas
cela est monstrueuse [67]. » On trouve chez Homère la matrice de
l'invention démocratique grecque. C'est dans l'expression la plus
pure, la moins fonctionnalisée, de la création que l'on trouve l'essence
de cette invention politique : « Il est le poète, celui qui fait être. Et ce
poète n'interdit rien, ne donne pas d'ordre, ne promet rien : il dit [68]. »

La poésie grecque incorpore la question de la finitude de l'existence humaine, révélant là encore une singularité remarquable. Selon
Castoriadis, celle-ci est essentielle pour la conquête de l'autonomie,
celle de l'acceptation du caractère éphémère de la vie humaine, éva-
cuant la consolation procurée par l'espérance du salut. Les Grecs
auraient ainsi été les premiers à accepter le caractère définitif de la
mort. Cela les a conduits à intensifier l'existence humaine, à la
manière d'Achille pour lequel rien ne vaut la vie. Dans l'*Odyssée*,
Achille rencontre Ulysse et, lorsque celui-ci évoque sa gloire, Achille
lui répond : « Ne cherche pas à me rendre la mort douce, je préférerais
être, vivant, l'ouvrier journalier d'un très pauvre paysan plutôt que de
régner parmi les morts [69]. » Autre innovation des Grecs, révélée par la
poésie et l'histoire : l'impartialité, et par là même le sens de l'universalité, déjà soulignée par Hannah Arendt. Chez Homère comme chez
Hérodote, chaque être humain a une égale valeur.

Quant à la religion telle qu'elle est donnée à lire dans le poème
homérique, elle n'est en rien une religion révélée, elle ne comporte
aucune promesse d'immortalité ou de salut individuel et se présente
comme un imaginaire à portée universelle : « Pas de révélation, donc

---

67. Cornelius CASTORIADIS, *D'Homère à Héraclite, op. cit.*, p. 89.
68. *Ibid.*, p. 95.
69. Cité par Cornelius CASTORIADIS, dans *ibid.*, p. 101.

pas de dogme, pas de vérité *ne varietur* reposant sur une autorité transcendantale[70]. » Puisque la religion grecque n'offre aucun horizon d'espérance, tout va s'autocentrer sur l'expérience passagère de la vie terrestre. L'être humain ne peut qu'aspirer à la renommée et à la gloire (le *kléos* et le *kudos*), qui vont être les valeurs suprêmes célébrées par la poésie et la tragédie : « Ce qui fait la Grèce, ce n'est pas la mesure et l'harmonie, ni une évidence de la vérité comme "dévoilement". Ce qui fait la Grèce, c'est la question du *non-sens*, ou du *non-être*[71]. » C'est à partir de ce sentiment de l'absurde, de la certitude de la finitude que se noue dialectiquement, selon Castoriadis, une réaction qui nourrit un imaginaire fondé sur la raison, la loi, le cosmos : « C'est parce qu'ils perçoivent le monde comme Chaos que les Grecs édifient la Raison[72]. »

Toujours très critique vis-à-vis du paradigme structuraliste, Castoriadis considère qu'il est erroné de voir dans les mythes grecs un modèle de l'organisation logique du monde. Selon Castoriadis, le mythe est extrait du magma et constitue la formation d'un imaginaire social qui se déploie sur une pluralité de niveaux : « Les mythes grecs sont vrais, affirmation qui peut paraître provocante, mais qui signifie exactement ceci : que l'essentiel et l'universel des mythes grecs l'est aussi pour nous[73]. » Les mythes de Narcisse ou d'Œdipe continuent à faire sens, portant une myriade de significations dans des contextes les plus divers en transmettant ce que Castoriadis appelle un magma de significations. Ce que nous disent ces mythes portés par la poésie et la tragédie, ce sont les conditions de possibilité de la naissance de la philosophie et de la démocratie. Cette transformation s'effectue autour de la notion de Chaos, conçu comme chaos-abîme, sorte de mélange informe dans lequel coexistent les formes potentielles à venir. Le commencement, l'*arkhè*, est défini chez Anaximandre, philosophe de Milet, autour de la notion d'*apeiron*, soit l'indéterminé, qui est le ressort même de l'interrogation philosophique. Selon Castoriadis, cette notion d'indéterminé est le point de rupture qui suscite la naissance de la philosophie par sa capacité à se distinguer du représentable.

---

70. *Ibid.*, p. 141.
71. Cornelius CASTORIADIS, « La pensée politique », *loc. cit.*, p. 278.
72. *Ibid.*, p. 289.
73. *Ibid.*, p. 167.

Du côté de la tragédie, Castoriadis se fait le commentateur de *Prométhée enchaîné* d'Eschyle et d'*Antigone* de Sophocle, qui répondent tous deux à la question « qu'est-ce que l'homme ? »[74]. Entre Eschyle, qui construit une anthropogonie à partir de laquelle les humains tiennent leur puissance des dieux, et Sophocle, qui ne présuppose aucune potentialité ne relevant pas de l'ordre de l'humain, une rupture s'opère, les citoyens athéniens du Vᵉ siècle plébiscitant Sophocle : « En un quart de siècle, l'autoconnaissance grecque passe de l'idée d'une anthropogonie divine à l'idée d'une autocréation de l'homme[75]. » Ce qui est mis en scène dans *Antigone* est le combat entre l'*hubris* (la démesure) et la *dikè* (la loi), mettant aux prises dans un conflit insoluble – chacun incarnant une légitimité partielle – Antigone et Créon : « Le poète dit aux citoyens d'Athènes : même quand nous avons raison, il se peut que nous ayons tort, il n'y a jamais de dernier mot sur le plan *logique*[76]. »

Comme le souligne Stéphane Vibert, pour Castoriadis, la démocratie, régime tragique, n'est jamais à l'abri de l'*hubris* et n'offre aucune garantie de sa perpétuation : « D'ailleurs, Castoriadis analyse l'échec final de la démocratie athénienne après la guerre du Péloponnèse comme résultant à un moment donné de l'incapacité du peuple à pratiquer l'autolimitation (refus d'étendre le domaine de la justice aux autres cités grecques, velléité fatale de domination de la Grèce)[77]. » Ce que Castoriadis qualifie de « pensée héritée », qui désigne la tradition philosophique depuis Platon, est devenu un obstacle avec lequel il entend rompre pour retrouver les ressorts possibles d'un véritable horizon démocratique. Cette tradition occidentale s'est efforcée de s'arracher par la spéculation à la fascination qu'exerçait la Grèce sur son imaginaire.

De son côté, Jean-Marie Vaysse confronte les positions de Nietzsche, Heidegger et Castoriadis sur la Grèce pour mieux saisir la singularité de chacun[78]. Alors que chez Nietzsche, la vision tragique s'efface devant le règne du *Logos*, selon lequel le monde réel est sensé et

---

74. Cornelius CASTORIADIS, « Anthropogonie chez Eschyle et autocréation de l'homme chez Sophocle », dans *Figures du pensable, op. cit.*, p. 17-42.

75. *Ibid.*, p. 42.

76. *Ibid.*, p. 34.

77. Stéphane VIBERT, « Le *nomos* comme auto-institution collective. Le "germe grec" de l'autonomie démocratique chez Castoriadis », *Cahiers Castoriadis*, n° 5, Facultés universitaires Saint-Louis, 2010, p. 60.

78. Jean-Marie VAYSSE, « La Grèce : modèles, nostalgies, germes », *ibid.*, p. 131-149.

une connaissance vraie peut l'amender, Heidegger élimine les questions du politique et du tragique pour les ramener à une question ontologique, l'advenue de la vérité comme *alétheia.* Pour Castoriadis, s'il faut éviter d'absolutiser l'expérience grecque en faisant d'elle un modèle, il convient aussi de ne pas la relativiser : « Si la Grèce est un germe, celui-ci n'est pas porteur d'une téléologie au sens de Hegel ou Husserl[79]. » Castoriadis n'a cessé de ferrailler avec la philosophie vitaliste de Nietzsche. Il a en revanche été sensible aux orientations de Bergson, tout en prenant de fermes distances par rapport à son spiritualisme : « Bergson a vu, et bien vu, beaucoup de choses. Mais la "création", pour autant qu'on peut la nommer ainsi, résultat d'un "élan vital", effort pour se libérer de la matière ; le centrage exclusif sur la "vie" ; l'intuition atteignant des qualités pures et sans mélange, simplement et brutalement opposée à une intelligence vouée à la fabrication et au quantitatif ; la fausse antinomie naïvement absolutisée et ontologisée entre le discret et le continu : tout cela, et le reste, incompréhension de la solidarité essentielle qui d'une infinité de manières unit détermination et création ou, autre registre, ensembliste-identitaire et poïétique[80]. » Castoriadis s'en est pris aussi avec véhémence aux interprétations heideggériennes de la Grèce. Cependant, Jean-Marie Vaysse fait l'hypothèse d'une proximité entre les positions de Castoriadis et de Nietzsche, comme de celles de Heidegger : « Le sens de l'être comme chaos est le temps et, par là, Castoriadis est au plus près de Nietzsche affirmant le devenir comme sens de l'être, et de Heidegger pensant l'Être comme fond abyssal et temporel. Dans tous les cas, nous avons affaire à une pensée tragique qui refuse la logique du fondement, telle qu'elle résulte du "platonisme"[81]. »

Castoriadis récuse en revanche avec la plus grande fermeté ce que l'on appelle le « nietzschéisme français », dans lequel se situent à la fois Foucault et Deleuze, et plus largement tout un milieu intellectuel qui converge selon lui vers une apologétique de l'irresponsabilité. Lorsque le Collège de philosophie prend l'initiative d'un ouvrage collectif intitulé, *Pourquoi nous ne sommes pas nietzschéens*[82], un des auteurs de l'ouvrage, Vincent Descombes, est félicité par Castoriadis : « Corneille

---

79. *Ibid.,* p. 144.
80. Cornelius CASTORIADIS, préface à *Domaines de l'homme, op. cit.,* 1999, p. 10.
81. Jean-Marie VAYSSE, « La Grèce : modèles, nostalgies, germes », *loc. cit.,* p. 147.
82. Alain BOYER *et al., Pourquoi nous ne sommes pas nietzschéens,* Grasset, Paris, 1991. Contributions d'Alain Boyer, André Comte-Sponville, Vincent Descombes, Luc Ferry, Robert Legros, Philippe Raynaud, Alain Renaut, Pierre-André Taguieff.

a pris son téléphone pour me féliciter : "Tu as bien fait, c'est cela."
Cette question de l'irresponsabilité le scandalisait [83]. »

Castoriadis ne s'est pas contenté d'être un commentateur de l'imaginaire grec, il incarne par sa manière d'être, par sa vie même, quelque
chose de prométhéen. Comme tout héros, il ne peut rester en place,
il faut qu'il se mette en route et traverse les épreuves qui vont le
grandir. Heinz Wismann pousse l'analogie jusqu'au timbre de sa voix,
qu'il qualifie de voix de bronze, de voix qui s'embarque sur une mer
agitée tout en ne se soutenant que d'elle-même, de sa sonorité plus que
de son contenu, « produisant un effet thétique, sortant des entrailles
de la terre [84] ».

Sa conception de la création grecque comme son propre parcours
ne seraient pas sans évoquer les étapes décrites par le poète Hésiode
dans sa *Théogonie* : « Castoriadis a quelque chose d'héroïque, de titanesque. Titan veut dire en grec, "tendre vers" [85]. » Hésiode a distingué les grandes étapes qui ont conduit à l'ordre du monde dans la
Théogonie. On y retrouve au point de départ le chaos et l'opposition
entre deux principes, deux puissances, celle de la Terre née du Chaos
et celle du Ciel qui incarne l'identité absolue et se donne comme le
double parfait de la Terre : « Pour arrêter la démesure des Titans, Zeus
reçoit le concours de ces monstres terrestres que sont les Cent-Bras et
les Cyclopes, êtres d'excès et de manque [86]. »

Zeus se trouve en situation de maîtrise pour un partage équitable,
veillant avec scrupule à une juste répartition, menaçant de la foudre
toute forme d'*hubris*. Le message de la *Théogonie* est de réconcilier
l'ordre de Zeus et le désordre titanesque, sachant que le pouvoir
conféré à Zeus repose sur l'exclusion des Titans, qui mettent en cause
l'harmonie olympienne. Les Titans sont enfermés dans le Tartare
parce qu'ils menacent l'univers par l'éruption de désirs sans limites.
La foudre de Zeus est là pour rappeler le sens des limites, selon le
grand principe de la *moïra*, qui signifie à la fois la part, le lot mais
aussi le destin. Les Titans ne veulent pas de ce partage réglé et aspirent
à la transgression, se manifestant en faisant entendre leur grondement
souterrain, prêts à faire voler en éclats l'ordre établi.

---

83. Vincent Descombes, entretien avec l'auteur.
84. Heinz Wismann, entretien avec l'auteur.
85. *Ibid.*
86. Heinz WISMANN, « Propositions pour une lecture d'Hésiode », dans Fabienne BLAISE,
Pierre JUDET DE LA COMBE et Philippe ROUSSEAU (dir.), *Le Métier du Mythe. Lectures
d'Hésiode*, Septentrion, Villeneuve-d'Ascq, 1996, p. 20.

Zeus se venge des humains en punissant les bénéficiaires d'iniquités : « Les hommes, victimes d'une rivalité qui les dépasse, virent la perte de l'immortalité, liée au refus du feu, compensée par la faculté de procréer, qui est le résultat paradoxal de la punition provoquée par le vol du feu : l'arrivée de la femme [87]. » Les héros, fruits de l'union entre les dieux et les hommes, deviendront des modèles pour les humains. Le type même du héros est Héraclès, qui, selon Heinz Wismann, n'est pas loin de l'« Aristote en chaleur », surnom donné par Edgar Morin à son ami Castoriadis.

L'acte héroïque réalisé par Castoriadis consiste, tout en valorisant le germe grec, de tenter une déplatonisation de l'histoire de la pensée. Il y a là un défi prométhéen, puisque Castoriadis tient à la singularité de l'interrogation philosophique et s'en prend à celui qui est considéré comme le père de la philosophie. Trouvant avec Platon, comme le dit Pierre Vidal-Naquet, un adversaire à sa hauteur, il lui consacre l'essentiel de son séminaire de l'année 1985-1986 en suggérant une lecture du *Politique*[88]. Selon lui, Platon rompt radicalement avec la conception démocratique de la *polis* en préconisant une *épistémè* de la politique dans laquelle il considère que chacun doit être assigné à sa place et s'y cantonner, donnant ainsi des fondements non contestables à la hiérarchie sociale et politique. Il ne ménage pas le père de la philosophie, qui se voit qualifié de sophiste, de démagogue manquant de pudeur, une sorte d'Alcibiade inversé. Il n'est pourtant pas question pour Castoriadis de faire de Platon un précurseur du totalitarisme, comme l'a fait un Karl Popper, d'autant que s'il est acerbe et très critique, il ne peut s'empêcher de s'émerveiller de son génie : « Nous ne pourrons pas en parler comme s'il s'agissait d'un auteur simplement "idéologique" dont il suffirait de démonter les sophismes. À chaque pas, on se heurte, on s'extasie parce qu'on découvre une pépite philosophique ou autre, on découvre finalement encore une des racines de ce que nous pensons aujourd'hui, de nos modes de pensée [89]. »

Castoriadis donne raison à Platon dans sa critique de l'écriture et d'une certaine conception figée de la loi. Et d'une certaine manière il se reconnaît dans ce philosophe de la confrontation, de l'agonistique, de la polémique, qui le premier a pratiqué ce que Paul Ricœur désigne

---

87. *Ibid.*, p. 21-22.
88. Cornelius CASTORIADIS, *Sur* Le Politique *de Platon*, *op. cit.*
89. *Ibid.*, p. 25.

comme la philosophie du soupçon. Ce style philosophique est fondamentalement le sien. Mais Platon identifie l'homme politique à l'homme royal, ce qui est, au regard de la Grèce du Vᵉ siècle, et en tout cas surtout à Athènes, « à peu près une monstruosité[90] ». Après avoir écarté l'analogie du politique comme l'art du pasteur du troupeau humain, Platon met en avant une autre définition, celle du tisserand. Pour Platon, la psychologie, la cosmologie et l'ontologie sont de même nature, position que poursuivra la tradition philosophique et que Heidegger assigne à un même cercle qui va de Platon à Husserl. Heidegger prétend rompre avec ce cercle qui selon lui s'est épuisé dans la rationalité, la technicité et l'oubli de l'Être. Mais Castoriadis, considérant que Heidegger appartient encore à ce cercle dont il reste prisonnier, en appelle à la sortie de cette aporie : « Peut-on sortir de ce cercle ? À mes yeux, on peut en sortir dans la mesure où la question de l'être est à reprendre, où il y a un autre champ de la pensée qui englobe ce cercle hérité. Et la condition pour en sortir est de casser cette idée centrale qui tient ensemble ces grandes pièces, ces trois arcs de la circonférence du cercle hérité. Il faut casser l'idée de déterminité, c'est-à-dire de l'être comme déterminé, et revoir que l'être est création, que la psyché et le social-historique sont eux-mêmes des créations[91]. »

L'imaginaire est premier selon Castoriadis. On ne peut démontrer qu'à partir du moment où, au préalable, on a imaginé, comme l'affirme William Blake : « *What is now proved was once only imagined* », et là encore Castoriadis voit dans le poète le vrai prophète qui dit vrai, qui dit juste. Platon s'appuie et revitalise le mythe de Cronos, cet âge d'or qui vise à tourner la page de la pensée du Vᵉ siècle et de son idée d'auto-institution explicite ou d'autocréation. C'était le temps harmonieux au cours duquel l'humanité était dirigée par des pâtres divins, avant qu'ils ne se gouvernent eux-mêmes, ce qui pour Platon n'a été qu'un pis-aller. La politique étant une science, elle ne peut être l'affaire de tous, et Castoriadis de stigmatiser la « malhonnêteté » de Platon qui énonce comme une évidence cette confiscation de la chose publique au nom de sa scientificité et justifie ainsi l'absoluité du pouvoir : « C'est vraiment la légitimation du pouvoir absolu, c'est le secrétaire général du PC qui sait ce qui est bon pour la classe ouvrière[92]. »

---

90. *Ibid.*, p. 57.
91. *Ibid.*, p. 106.
92. *Ibid.*, p. 145.

Cette étude critique du *Politique* de Platon paraît au Seuil peu après la disparition de Castoriadis en 1999. C'est l'occasion pour son ami Philippe Raynaud de lui rendre hommage, tout en soumettant ses thèses à discussion à l'Institut Michel-Villey, le 3 décembre 1999, rencontre qui donne lieu à plusieurs communications[93]. Philippe Raynaud affirme d'abord reconnaître l'identité très grecque de Castoriadis, laquelle selon lui s'exprime de plusieurs manières : lorsqu'il considère l'homme comme un animal essentiellement politique ; ensuite parce que, comme pour Aristote, la philosophie du droit est pour lui subordonnée à la philosophie politique grecque ; « et, enfin, l'attitude fondamentale qui consiste à considérer que, quelle que soit sa position sur les traditions instituées, la philosophie n'est pas tenue par le *nomos* parce qu'elle se déploie à partir d'un questionnement dont elle est la seule à pouvoir déterminer les limites[94] ».

Castoriadis opère cependant un certain nombre de déplacements qui le différencient de la tradition classique en philosophie, laquelle se réclame de la pensée grecque. En premier lieu, parce qu'il va chercher la singularité de la Grèce non dans le corpus de ses philosophes, mais à la fois dans son histoire effective et dans ses œuvres littéraires (poésie et tragédie), dans la prévalence de l'instituant par rapport à l'institué. D'autre part, sa cité grecque ne correspond pas à la belle totalité magnifiée par l'idéalisme allemand du XIXᵉ siècle, mais renvoie à un régime de nature tragique dont les limites ne sont pas préétablies et doivent donc émaner d'une autolimitation. Il résulte de ce nouveau regard la nécessité de réouvrir le procès intenté par Platon à la démocratie athénienne. En rappelant que la démocratie est adossée au chaos, Castoriadis en souligne le caractère fragile et potentiellement tragique, car sans véritable fondement ontologique. Pierre Manent avoue quant à lui dans sa communication de sérieuses réticences à suivre Castoriadis sur la voie de cette critique radicale de Platon. Il circonscrit la critique de la Cité conduite par Platon après la catastrophe de la guerre du Péloponnèse à une réaction conjoncturelle qu'il ne faut pas confondre, comme le fait Castoriadis, avec une critique de la démocratie : « Le danger de l'interprétation de Cornelius Castoriadis n'est pas seulement de donner une idée fausse de la "position"

---

93. « Hommage à Cornelius Castoriadis (1922-1997) », *Droits*, octobre 2000, p. 81-125. Communications de Philippe Raynaud, Anissa Castel-Bouchouchi, Vincent Descombes, Olivier Fressard et Pierre Manent.
94. Philippe RAYNAUD, « Platon et l'expérience grecque », *ibid.*, p. 81-82.

ou du "jugement" politique de Platon, mais surtout une idée fausse de son entreprise elle-même. Si Platon prit en effet ses distances, et avec tant de hauteur, à l'égard de la démocratie athénienne, ce n'est pas tant sans doute parce qu'il était un "enfant pervers" que parce que Socrate lui avait fait découvrir quelque chose de plus important, de plus beau, de plus digne d'estime et de dévouement que la Cité de ses pères, à savoir la *philosophie*[95]. »

Olivier Fressard rappelle à l'occasion de cet hommage que le commentaire qu'a donné Castoriadis de Platon dans son séminaire est venu couronner quatre années consacrées à l'imaginaire grec et le long parcours qui l'a mené d'Hésiode aux Tragiques, en passant par les présocratiques et Héraclite. Platon incarne deux caractéristiques qui en font un bon adversaire dans la mesure où il possède un vrai génie philosophique tout en pourfendant le régime démocratique. Selon l'historien helléniste Christophe Pébarthe, Castoriadis avait à sa disposition l'œuvre des sophistes pour étayer sa thèse critique de Platon : « Il aurait pu trouver chez eux la défense de la pensée démocratique qui l'intéresse. Mais j'ai beaucoup apprécié sa manière de déplatoniser à la fois l'histoire grecque et en même temps l'histoire de la pensée[96]. »

Spécialiste à la fois de la Grèce antique et de la pensée castoriadienne, Sophie Klimis défend un tout autre point de vue : elle considère que Castoriadis prolonge un Platon envisagé dans son implicite. Celui qui est présenté comme l'inventeur de la philosophie fut aussi le précurseur du projet d'autonomie, ce qui permet de dépasser l'aporie à laquelle s'est confronté Castoriadis, qui fait de Platon l'inventeur du questionnement perpétuel définissant l'acte de philosopher et le fossoyeur de la démocratie. Platon invente la forme du dialogue philosophique, qui fait rebondir le questionnement sur d'autres questions et ne peut jamais déboucher sur des certitudes établies. Castoriadis viserait l'impensé de Platon en décryptant à partir de ses nombreuses digressions son véritable projet comme autant de manifestations de son inconscient. Sophie Klimis émet l'hypothèse d'un Platon inventeur de la démocratie qu'elle considère comme la conséquence logique du raisonnement de Castoriadis, lequel aurait néanmoins reculé à le dire explicitement compte tenu du lourd héritage du néoplatonisme : « Platon, en tant qu'inventeur de l'autonomie du penser, doit, d'une manière ou d'une autre, *nécessairement avoir participé à l'invention de l'autonomie de l'agir,*

95. Pierre MANENT, « Le philosophe et la cité », *ibid.*, p. 103.
96. Christophe Pébarthe, entretien avec l'auteur.

ce qui suppose d'oser énoncer l'incongruité – et pour tout dire, le scandale au regard des siècles de (néo-)platonisme hérité – d'un *Platon démocrate*[97]. »

Lorsqu'on demande à Castoriadis quels sont ses personnages préférés, il avance deux noms, Périclès et Clemenceau[98]. Tous deux sont des incarnations d'un pouvoir exécutif fort, ce qui surprend venant de Castoriadis, qui ne cesse par ailleurs de défendre la démocratie directe et la force des puissances instituantes face aux pouvoirs institués. Périclès et Clemenceau ont en commun d'incarner la volonté politique, la détermination, le sens des grandes décisions à prendre en faveur de la patrie. En son nom, ils peuvent sacrifier sans état d'âme d'éventuels mouvements de contestation qui mettraient en cause le consensus. C'est ainsi que Clemenceau est devenu un « briseur de grèves » et que Périclès n'a pas hésité à réprimer les révoltes de ses alliés, faisant même usage de cruauté, comme dans le cas du châtiment infligé à Eubée en 446 av. J.-C. ou dans le cas de l'expulsion des Eginètes. Mais malgré ces zones d'ombre, l'un et l'autre incarnent la capacité du politique à transformer la vie des gens.

Incontestablement, c'est davantage du côté du germe grec et de la proximité avec les valeurs et l'*ethos* de Périclès que se situe Castoriadis. La biographie de Périclès publiée par Vincent Azoulay permet de saisir la proximité, par-delà la distance temporelle qui les sépare, entre le grand stratège de la Cité athénienne et le philosophe de notre contemporanéité. Ils ont notamment en commun l'*eros* : « L'*eros* est avant tout une puissance de liaison et, parfois, de déliaison[99]. » Cet *eros* ne doit pas se confiner à relier entre eux des individus atomisés ou privatisés, mais doit surtout unir les citoyens entre eux, collectivement rassemblés dans la gestion des affaires de leur cité ou de leur patrie. L'intérêt collectif prévaut et doit s'appuyer sur un idéal démocratique, celui de l'isonomie, de l'égalité entre les citoyens. On retrouve aussi, autant chez Périclès que chez Castoriadis, l'importance de la prise de parole, les qualités de l'orateur, le talent de l'éloquence. Comme Castoriadis, Périclès est « un athlète de la rhétorique[100] », et sa fameuse Oraison funèbre, célébrant les vertus de la Cité athénienne

---

97. Sophie KLIMIS, « La pensée au travail. Réinventer l'autonomie à partir de Platon », dans Blaise BACHOFEN, Sion ELBAZ et Nicolas POIRIER (dir.), *Cornelius Castoriadis, op. cit.*, p. 242.

98. Philippe Raynaud, entretien avec l'auteur.

99. Vincent AZOULAY, *Périclès, op. cit.*, p. 114.

100. *Ibid.*, p. 28.

et se faisant l'avocat de la place nécessaire de la délibération avant la décision, de la nécessité de réfléchir collectivement avant d'agir, est commentée de manière laudative par Castoriadis.

Le surnom donné à Périclès, l'« Olympien », pour ses qualités d'éloquence, pourrait tout aussi bien s'appliquer à Castoriadis. L'analogie peut même se prolonger dans la sphère privée, où l'un et l'autre ont multiplié les conquêtes féminines tout en traversant des périodes de grande passion amoureuse ; ainsi Périclès a été accusé de sacrifier les intérêts de la cité à son amour pour Aspasie. Cette parenté entre Périclès l'ancien et Castoriadis le jeune est aussi évoqué par Marcel Gauchet : « Périclès était un type dans son genre. Il avait ce lien très fort avec la Grèce et c'était un bonheur de l'entendre reprendre ces textes antiques et de les faire vivre. Il les habitait, ils revivaient grâce à lui. Il s'en était incorporé la substance. Mais cet attachement à la Grèce ancienne lui a masqué ce qu'il se passait d'intéressant dans la modernité, ce qui a été notre objet récurrent de discussion [101]. »

---

101. Marcel Gauchet, entretien avec l'auteur.

19

Un philosophe de l'historicité

Castoriadis s'est toujours efforcé de sortir des cadres déterministes largement en usage dans les sciences sociales, et notamment en histoire. Il s'est ainsi confronté au matérialisme historique, conception téléologique de l'histoire qui repose sur l'idée d'un moteur (la lutte des classes) faisant avancer l'histoire indépendamment de la volonté des acteurs, dans le sens du dépassement inéluctable des contradictions du système social. La critique qu'en fait Castoriadis le conduit à mettre au contraire l'accent sur la sous-détermination, sans pour autant rejeter toute relation de causalité. Il considère que l'on ne peut penser l'histoire « sans la catégorie de la causalité[1] » et va jusqu'à affirmer que « l'histoire est par excellence le domaine où la causalité a pour nous un sens[2] ». On trouve en effet chez le maître antique de la méthode historique qu'a été Polybe cette conception de la nature de l'écriture de l'histoire comme quête causale. Polybe distingue même deux formes de lien causal : le « rationnel subjectif », qui désigne les motivations des acteurs, et le « rationnel objectif », qui correspond aux relations causales naturelles, logiques, qui peuvent donner lieu à des permanences, à des lois. Si, selon Castoriadis, on peut effectivement restituer des dynamiques partielles, on ne peut pas les intégrer dans un déterminisme strict. Le non-causal joue en effet une partition majeure, non comme simple occurrence imprévisible ni simple écart

---

1. Cornelius CASTORIADIS, *L'Institution imaginaire de la société, op. cit.*, p. 59.
2. *Ibid.*, p. 59.

par rapport au modèle, mais parce qu'il renvoie au caractère fondamentalement créateur de l'histoire, des individus, des groupes, des
classes et des sociétés, « invention d'un nouvel objet ou d'une nouvelle forme – bref, comme surgissant ou production qui ne se laisse pas
déduire à partir de la situation précédente[3] ».

Cette insistance sur l'invention permet à Castoriadis de renvoyer
dos à dos les solutions explicatives préconisées par la tradition philosophique en général et par Hegel et Marx en particulier. On ne peut
réduire la signification à la simple causalité, et cette dernière ne peut
être rapportée à un processus caché de significations : « Les deux
régimes coexistent en étant à la fois liés l'un à l'autre et indépendants
l'un de l'autre[4]. » Il souligne, comme l'avait fait avant lui Raymond
Aron, le caractère rétrospectif de la causalité historique : « Il y a ensuite
une illusion qu'il faut éliminer : l'illusion de rationalisation rétro-
spective[5]. » L'ambition hégélienne d'un savoir absolu à partir d'une
posture de surplomb est contestée car elle serait celle du philosophe
arrivant sur la scène de l'histoire après la fin de la bataille, comme la
chouette de Minerve qui ne prend son envol qu'à la nuit tombée :
« Refuser de dissocier la thèse méthodologique de la thèse ontologique, c'est en effet, pour Castoriadis, affirmer avec force la contingence de chaque figure social-historique, c'est-à-dire l'autonomie
existentielle des significations qui la structurent[6]. » Cela étant, Castoriadis se garde de se détacher du contexte historique et essaie de penser
ensemble l'idée de création et les déterminismes locaux et sectoriels.

On peut à cet égard évoquer un exemple concret quant au caractère
aporétique de plusieurs schèmes explicatifs déterministes. C'est le cas
lorsqu'on en est venu à expliquer les causes de la création des nouvelles *polis*, dans le cadre de la politique de colonisation de la Cité
athénienne. Le développement spectaculaire d'Athènes et la crise
démographique qui s'est ensuivie ont souvent été invoqués pour
expliquer que la cité soit allée chercher ailleurs les ressources nécessaires. Or, si l'on procède à un examen précis des cités colonisatrices,
on ne retrouve nullement les zones les plus déshéritées, mais au
contraire les cités les plus opulentes, comme Corinthe, Mégare, Milet,

---

3. *Ibid.*, p. 61.
4. Christophe BOUTON, « Le principe de faisabilité de l'histoire chez Castoriadis », *loc. cit.*,
p. 77.
5. *Ibid.*, p. 69.
6. Philippe CAUMIÈRES, *Castoriadis. Le projet d'autonomie*, Michalon, Paris, 2007, p. 64.

Phocée, Chios… : « Ce grand mouvement historique de colonisation est le signe et le point de départ d'une nouvelle création imaginaire politique : la *polis* autonome[7]. »

S'inspirant dans les années 1980 des travaux sur l'auto-organisation d'Henri Atlan, de Francisco Varela ou de Jean-Pierre Dupuy, Castoriadis reprend à son compte le principe de sous-détermination des théories par les faits de Duhem et Quine, c'est-à-dire par les observations disponibles : « L'idée de création s'oppose certes au postulat d'un déterminisme intégral et exhaustif[8]. » Les explications historiques, qui restent un horizon nécessaire, se heurtent donc à une irréductibilité de la signification de la causalité. Castoriadis critique aussi le schème explicatif classique des historiens, celui de la consécution, selon lequel le moment antérieur détermine le moment ultérieur : « L'histoire ne peut être pensée sous aucun des schèmes traditionnels de la succession. Car ce qui se donne dans et par l'histoire n'est pas séquence déterminée du déterminé, mais émergence de l'altérité radicale, création immanente, nouveauté non triviale[9]. » Castoriadis tient compte de la dimension subjective, ancrée dans un lieu et un moment socialement situés de la parole historienne. Il considère que la situation de l'historien est analogue à celle de l'artiste. L'un et l'autre doivent retrouver l'*eidos*, la forme singulière de la société. Selon Castoriadis, qui a une conception holiste de la société, celle-ci existe en créant son propre monde, qui est une forme *sui generis*. Il n'est pas éloigné sur ce plan du concept phénoménologique de « monde vécu » (le *Lebenswelt*) et de celui, psychologique, de *Gestalt*/forme. Comme l'artiste, l'historien doit être créateur ou recréateur : « Il ne se contente pas d'écrire les événements et d'analyser les situations sociales et historiques, il est capable de restituer ce tout indissociable : les représentations, les aspirations d'une société et sa façon de vivre le monde et de se vivre elle-même – c'est-à-dire son affect[10]. » S'il convient que peu d'historiens ont réussi à magnifier ainsi leurs évocations du passé, il y a tout de même eu dans ce domaine de belles réussites, comme celles de Thucydide ou de Michelet. Pour Castoriadis, l'histoire s'apparente à un art, sans relativisme : il a toujours accordé une place fondamentale à la quête de la vérité dans sa philosophie. Mais, dans

---

7. Cornelius CASTORIADIS, *La Cité et les Lois, op. cit.*, p. 60.
8. Cornelius CASTORIADIS, *Fait et à faire, op. cit.*, p. 254.
9. Cornelius CASTORIADIS, *L'Institution imaginaire de la société, op. cit.*, p. 256.
10. Cornelius CASTORIADIS, *D'Homère à Héraclite, op. cit.*, p. 127.

l'histoire, « nous pouvons dire – en tout cas je dis – que toute institution de la société est une création historique, création d'une forme, d'un *eidos*, et qu'en ce sens elle est comparable à une œuvre d'art [11] ».

Comme tous ceux qui ont mis l'accent sur cette part subjective de l'historien (Paul Veyne, Paul Ricœur, Michel de Certeau…), Castoriadis ouvre la discipline historique à une nouvelle dimension, historiographique, qui rend nécessaire de resituer l'opération historique à partir d'un lieu, d'une institution, d'un point d'ancrage : « Lorsqu'on parle de l'histoire, *qui* parle ? C'est quelqu'un d'une époque, d'une société, d'une classe données – bref, c'est un être historique. Or cela même, qui fonde la possibilité d'une connaissance historique (car seul un être historique peut avoir une expérience de l'histoire et en parler) interdit que cette connaissance puisse jamais acquérir le statut d'un savoir achevé et transparent [12]. »

Il légitime la place, encore très marginale à son époque, occupée par l'historiographie. L'analyse historienne ne peut être que tributaire de schèmes d'interprétation. Castoriadis donne l'exemple d'une recherche qui porterait sur le niveau de vie dans la région de Rouen au début du XVIIIe siècle. L'historien devrait exhumer les actes notariés, évaluer le montant des dots mais, en même temps, il n'irait « pas recopier purement et simplement tous ces documents, [il devrait] choisir. Comment, et à partir de quoi [13] ? ». Castoriadis précise qu'il privilégie les significations incarnées dans les institutions et répond à l'argument du sceptique qui lui objecterait l'arbitraire de son choix : « Mais même en physique, par exemple, on peut soutenir et je soutiendrai pour ma part, qu'il y a aussi interdépendance entre les catégories du scientifique et l'objet sur lequel il travaille [14]. »

Affirmer le caractère arbitraire des critères d'interprétation, c'est oublier que c'est justement dans la confrontation des interprétations que peut se déployer une meilleure compréhension des sociétés passées. En même temps, Castoriadis se démarque de la tradition herméneutique car elle privilégie, à ses yeux, l'idée d'une préconception, d'un cercle herméneutique ne faisant pas assez de place à l'innovation, renvoyant à un déjà-là de l'interprétation, alors que le texte résiste et parle différemment de ces préconceptions. Par ailleurs,

---

11. *Ibid.*, p. 45.
12. Cornelius CASTORIADIS, *L'Institution imaginaire de la société, op. cit.*, p. 45.
13. Cornelius CASTORIADIS, *D'Homère à Héraclite, op. cit.*, p. 49.
14. *Ibid.*, p. 49.

selon lui, cette tradition herméneutique se concentre trop exclusivement sur le niveau de la discursivité, la logique des œuvres
elles-mêmes, alors qu'il entend atteindre les conditions historiques de
la discursivité, le niveau social : « Ce qui nous importe, c'est notre
propre activité et notre propre transformation. Et c'est en ce sens que
le travail que nous faisons peut être dit un travail politique [15]. » Dans
cette perspective, il ne faut pas se limiter au simple dévoilement d'un
déjà-là, mais définir un projet qui « contient ou contiendrait un
moment de création [16] ». Ce que vise de manière critique Castoriadis,
ce n'est pas tant la position d'un Ricœur que celle de la tradition
romantique de l'herméneutique, de Schleiermacher et de son incarnation contemporaine chez le philosophe allemand Gadamer, dans
son ouvrage *Vérité et méthode*[17].

Ce qui importe à Castoriadis dans l'étude du passé est de saisir
l'émergence du nouveau, la création sociale en train de se réaliser : ce
qu'il nomme le social-historique. Cette prévalence accordée à la
création s'appuie sur une approche du temps en rupture avec la pensée
identitaire et téléologique du temps transmise par la tradition. Selon
Castoriadis, le temps est « autoengendrement de l'altérité absolue »,
une « création ontologique ». Il s'efforce de penser ensemble le temps
cosmique, universel, et le temps singulier de chacun, de chaque
société. Pour lui, « le temps est toujours doté de significations. Le
temps imaginaire est le temps significatif et le temps de la signification. Cela se manifeste par la signifiance des scansions imposées au
temps calendaire (récurrence de moments privilégiés : fêtes, rituels,
anniversaires, etc.), par l'instauration de bornes ou points-limites
essentiellement imaginaires pour le temps pris comme un tout [18]. »

Par ces réflexions sur le temps, Castoriadis annonce la notion, thématisée depuis par François Hartog, de pluralité de « régimes d'historicité », qui prend en considération la part vécue du temps, se situant
entre le pôle du temps cosmologique et le pôle du temps intime : « Il
y a, pour chaque société, ce que l'on peut appeler la *qualité* du temps
comme tel, [...] temps de l'Exil pour les juifs de la Diaspora, temps de
l'épreuve et de l'espérance pour les chrétiens, temps du "progrès" pour

---

15. *Ibid.*, p. 52.
16. *Ibid.*, p. 53.
17. Hans-Georg GADAMER, *Vérité et méthode*, Le Seuil, Paris, 1976 (réédition augmentée
1996).
18. Cornelius CASTORIADIS, « Temps et création », dans *Les Carrefours du labyrinthe*, t. III,
op. cit., 2000, p. 325.

les Occidentaux. Qualité corrélative au magma de significations imaginaires instituées, qui peut apparaître comme "dérivée" de celui-ci,
mais dont il serait plus exact de dire, moyennant un abus de langage,
qu'elle est l'"affect" essentiel de la société considérée [19]. »

Pour qualifier la « qualité » du temps propre à son époque, Castoriadis fait le diagnostic d'un basculement du rapport au passé et à
l'avenir. Ce basculement crée un nouveau rapport au présent où les
deux pôles de l'antériorité et de l'horizon d'attente ne jouent plus le
même rôle. Il déplore une relation au passé de plus en plus patrimoniale, touristique, muséologique. Le passé est devenu source d'ado-
ration, sinon de fétichisme, et n'a plus aucun lien actif avec le présent.
C'est ce nouveau « régime d'historicité » que François Hartog qualifiera plus tard de « présentisme », régime contre lequel s'élève déjà
Castoriadis : « Un nouveau rapport au passé suppose de le faire revivre
comme nôtre *et* indépendant de nous, c'est-à-dire d'être capable
d'entrer en discussion avec lui tout en acceptant qu'il nous
questionne [20]. »

Il convient, selon Castoriadis, de saisir l'hétéronomie d'une société
dans le lien qu'elle entretient avec son « histoire et [avec] l'histoire ».
Elle est confrontée en général à deux éventualités négatives qui se présentent comme deux tentations contradictoires : d'une part, la société
peut se trouver engluée dans la répétition de son passé, ce qui est en
général le cas des sociétés traditionnelles attachées à préserver leur
équilibre immuable, d'autre part, la société peut se trouver attirée par
l'idée de faire table rase de son passé, mais se trouve alors confrontée
à un leurre lié à « la perte par la société de sa mémoire vivante au
moment même où s'hypertrophie sa mémoire morte [21] ». Ce qui
équivaut, selon Castoriadis, à la perte de la société elle-même : « Ce
phénomène n'est qu'un aspect de la crise de conscience historique de
l'Occident, venant après un historicisme-progressisme poussé à
l'absurde [22]. »

Face à ces deux écueils, Castoriadis suggère d'opposer une reprise,
une recréation de notre historicité, de notre mode d'historicisation. De

---

19. Cornelius CASTORIADIS, *L'Institution imaginaire de la société*, op. cit., p. 290-291.

20. Cornelius CASTORIADIS, « Héritage et révolution », dans *Figures du pensable*, op. cit., p. 172.

21. Cornelius CASTORIADIS, « Transformation sociale et création culturelle », *Sociologie et sociétés*, vol. 11, n° 1, 1979 ; repris dans Cornelius CASTORIADIS, *Le Contenu du socialisme*, op. cit. ; puis dans Cornelius CASTORIADIS, *Fenêtre sur le chaos*, Le Seuil, Paris, 2007, p. 37.

22. *Ibid.*, p. 37.

la critique d'ordre méthodologique, épistémologique du déterminisme, de l'usage de la causalité en histoire, Castoriadis en vient à une thèse d'ordre ontologique selon laquelle l'être est temps et le temps est création, toujours porté vers l'action. On n'est pas loin de la manière dont Ricœur oppose à Heidegger son *Temps et récit*, qui fait porter le rapport au temps vers l'agir plus que vers l'être. Ainsi, comme le dit Vincent Descombes, Castoriadis privilégie toujours la *praxis* : « Je souscris pleinement à la thèse la plus constante du propos de Castoriadis : la théorie d'une pratique ne peut jamais dépasser l'intelligence des praticiens eux-mêmes. Toujours la *praxis* précédera la théorie[23]. » Tout comme Michel de Certeau voyait la naissance de l'histoire avec la découverte de l'autre et la sortie du même, Castoriadis considère que la condition de possibilité du temps humain est la rencontre de l'altérité : « Nous pouvons dire que, sans l'émergence de l'altérité, sans la création/destruction de formes, il n'y aurait pas de temps[24]. » Il n'y aurait rien dans la mesure où aucune forme, aucun *eidos* n'aurait émergé. Le temps est donc lié à la différence et à l'altérité, rassemblées sous la notion de multiplicité : « La multiplicité implique formellement l'unité : sans l'unité, la multiplicité ne serait pas multiplicité, mais infra-chaos, dispersé et déconnecté en soi-même[25]. »

Tout en étant très critique de Heidegger, notamment de sa vision de la philosophie grecque, Castoriadis est proche de nombre de notions d'*Être et temps*, qu'il considère comme un très bon ouvrage d'anthropologie philosophique. Il est par contre très critique du Heidegger d'après la *Kehre* (le « tournant »). Il réagit notamment vivement aux proclamations péremptoires selon lesquelles on pourrait diagnostiquer la « fin de la philosophie et de l'histoire », comme le fait Heidegger. Dans la mesure où le projet philosophique est consubstantiel au projet démocratique, sa fin signerait la fin de la liberté : « La liberté n'est pas menacée seulement par les régimes totalitaires ou autoritaires. Elle l'est aussi, de manière plus cachée mais non moins forte, par l'atrophie du conflit et de la critique, l'expansion de l'amnésie et de l'irrelevance, l'incapacité croissante de mettre en question le présent et les institutions existantes[26]. » La philosophie

---

23. Vincent DESCOMBES, « Un renouveau philosophique », *Revue européenne des sciences sociales*, décembre 1989, p. 75.

24. Cornelius CASTORIADIS, « Temps et création », *loc. cit.*, p. 343.

25. *Ibid.*, p. 343.

26. Cornelius CASTORIADIS, « La « fin de la philosophie » ? », *Les Carrefours du labyrinthe*, t. III, *op. cit.*, p. 281-282.

de l'histoire de Heidegger est d'une certaine manière proche de celle de Hegel, qui avait déjà thématisé la résolution des conflits et le savoir absolu comme fin de la philosophie : « La philosophie implicite de l'histoire de Heidegger – l'histoire comme *Geschick*, destin, destination et donation de l'Être et par l'Être – comme la totalité de ses écrits trouvent leur condition nécessaire dans la cécité congénitale de Heidegger devant l'activité critique/politique des êtres humains[27]. »

Castoriadis critique un autre aveuglement de Heidegger, qui ne voit dans la contemporanéité que le règne de la technique. Un *télos* hégélien renversé est à l'œuvre chez Heidegger. Alors que chez Hegel la « période » constitue un moment de l'inexorable progression vers le règne de l'Esprit selon des voies pouvant être diverses, chez Heidegger, il s'agit d'une descente inéluctable vers la catastrophe à venir provenant de l'oubli de l'Être. La proclamation de la fin de la philosophie va de pair avec celle du dépérissement de la démocratie et renvoie en négatif au fait que ces deux domaines sont nés ensemble en tant qu'impératifs complémentaires : l'horizon d'autonomie et la pensée réfléchissante pour le réaliser : « La philosophie heideggérienne et ses rejetons ne sont qu'une des expressions (et un des facteurs mineurs) de la tendance générale vers la décomposition de la société et de la culture occidentales – c'est-à-dire vers l'évanescence du projet d'autonomie[28]. »

Ce qui se joue fondamentalement dans le processus historique, c'est le passage de l'hétéronomie à l'autonomie, mais cette progression n'a rien d'inéluctable. Castoriadis a finalement brisé radicalement les amarres avec toute téléologie. Il s'en prend à cette forme d'histoire qui déroulerait sa logique à l'insu des acteurs selon un objectif déjà assigné et qui est pour lui une forme de négation du temps : « Toute téléologie n'utilise le temps que pour l'abolir[29]. »

Aux conceptions finalistes et rationalistes de l'histoire, Castoriadis oppose une conception possibiliste. Le temps n'est pas chez lui d'ordre linéaire et les continuités sont le plus souvent des représentations trompeuses dans la mesure où elles induisent une confusion entre la

---

27. *Ibid.*, p. 283.
28. *Ibid.*, p. 297.
29. Cornelius CASTORIADIS, « Merleau-Ponty et le poids de l'héritage ontologique », *Fait et à faire, op. cit.*, p. 217.

différence spatiale et l'altérité temporelle : « Castoriadis esquisse ainsi une nouvelle conception de l'histoire comme processus de création, qui se différencie des représentations précédentes en ce qu'elle ne comprend ni répétition ni progrès général [30]. » Il n'y a pas de temps « pur », « vide », séparable de l'expérience vécue, car le temps est « altérité-altération des figures et n'est, originairement et nucléairement, que cela [31] ».

L'histoire n'a pas de sens fléché, préétabli, elle est le domaine où du sens émerge, est créé. Elle peut être aussi le lieu d'émergence de l'« a-sensé », comme Hannah Arendt l'a perçu dans son analyse du système totalitaire. En revanche, Castoriadis critique l'analyse que fait Arendt de la Révolution française : « Hannah Arendt commet une bévue énorme lorsqu'elle reproche aux révolutionnaires français de s'être occupés de la question sociale [32]. » Selon Castoriadis, Arendt aurait adopté une perspective erronée parce qu'elle ne réalise pas que la question sociale est aussi une question politique. Ainsi, l'Ancien Régime en France est, selon lui, une structure sociale totale, et pas simplement une structure politique : « Comme si souvent chez Hannah Arendt, les idées l'empêchent de voir les faits [33]. »

À l'occasion du bicentenaire de la Révolution, Castoriadis répond aux questions posées par *Le Débat* à propos de l'idée de révolution. Qu'en est-il en 1989 ? Malgré les bonnes relations qu'il entretient avec François Furet, il se situe aux antipodes des positions de ce dernier, qui avait déclaré en 1978 que 1789 ouvrait une « période de dérive de l'histoire [34] ». Tout au contraire, Castoriadis affirme d'emblée : « La Révolution française est la première révolution qui pose clairement l'idée d'une auto-institution explicite de la société [35]. » C'est la révolution qui se rapproche le plus du germe grec, pour lequel toute institution est auto-institution, alors que les révolutions anglaise et américaine sont encore très ancrées dans l'hétéronomie et cherchent à se légitimer au nom de la tradition et de la réalisation des principes

---

30. Christophe BOUTON, « Le principe de faisabilité de l'histoire chez Castoriadis », *loc. cit.*, p. 67.
31. Cornelius CASTORIADIS, *L'Institution imaginaire de la société*, *op. cit.*, p. 267.
32. Cornelius CASTORIADIS, « L'idée de révolution a-t-elle encore un sens ? », *loc. cit.* ; repris dans Cornelius CASTORIADIS, *Les Carrefours du labyrinthe*, t. III, *op. cit.*, p. 193.
33. *Ibid.*, p. 194.
34. François FURET, *Penser la Révolution française*, Gallimard, Paris, 1978.
35. Cornelius CASTORIADIS, « L'idée de révolution », *loc. cit.*, p. 191.

religieux. À la question de l'éventuel lien organique entre l'idée de révolution et le dérapage totalitaire, Castoriadis répond d'une part que la révolution de février 1917 en Russie n'a pas donné lieu à un régime totalitaire, qui est né à partir de ce qu'il qualifie de « putsch » en octobre 1917. Il rappelle par ailleurs que l'avènement du régime totalitaire nazi ne résulte pas d'une révolution mais d'une élection, en 1933. Il précise que, selon lui, la révolution n'est pas synonyme d'un schéma auquel on l'assimile : « Une révolution signifie l'entrée de l'essentiel de la communauté dans une phase d'activité *politique*, c'est-à-dire *instituante*[36]. » Castoriadis pense même que le moment est venu – alors que l'on a tendance à considérer que l'horizon révolutionnaire est à la fois une illusion et une illusion mortifère – de donner au projet révolutionnaire son vrai contenu, et de le libérer de ses deux grandes illusions que sont l'idée de la maîtrise rationnelle absolue et la croyance en une fin de l'histoire, avec l'avènement d'un univers social transparent à lui-même : « Une fois reconnu que, contrairement à ce que croyait Saint-Just, l'objet de la politique n'est pas le bonheur, mais la liberté, alors on peut penser effectivement la question d'une société libre faite d'individus libres[37]. »

Même si Castoriadis n'est plus dans un engagement militant en ces années 1980-1990, il n'en reste pas moins fidèle à sa conviction du caractère impératif de la révolution. Certes, entre la révolution espérée lorsqu'il était militant trotskiste au PCI en 1946 et la révolution telle qu'il la conçoit au soir de sa vie, il y a plus qu'une nuance. Si la révolution reste au cœur de sa conception de l'histoire, elle ne correspond plus du tout au schéma du grand soir ou du petit matin de la prise du Palais d'hiver.

Selon Castoriadis, « révolution ne signifie ni guerre civile ni effusion de sang. La révolution est un changement de certaines institutions centrales de la société par l'activité de la société elle-même : l'autotransformation explicite de la société, condensée dans un temps bref[38] ». Il invoque la révolution de Clisthène à Athènes, qui ne

---

36. Cornelius CASTORIADIS, « L'autoconstituante », *EspacesTemps*, n° 38-39, 1988 ; repris dans Cornelius CASTORIADIS, « Ce qu'est une révolution », *Une société à la dérive, op. cit.*, p. 229.

37. Cornelius CASTORIADIS, « L'idée de révolution a-t-elle encore un sens ? », *loc. cit.*, p. 204.

38. Cornelius CASTORIADIS, « L'autoconstituante », *loc. cit.* ; repris dans Cornelius CASTORIADIS, « Ce qu'est une révolution », *op. cit.*, p. 229. Je n'ai rencontré personnellement Castoriadis qu'une fois, lors de cet entretien qu'il m'a accordé pour la revue *EspacesTemps* à

s'accompagna d'aucune violence. La révolution doit se concevoir comme la mise en mouvement de la société lorsqu'elle prend en main son propre destin, ce qui se traduit par une intensification de l'activité politique. Elle ne signifie aucunement la volonté de faire table rase du passé. Selon Castoriadis, la Révolution française doit être reliée au passé d'Ancien Régime – comme l'avait fait Tocqueville – pour constater qu'elle a finalement achevé l'œuvre de centralisation de l'État ; ce qui n'implique pas pour autant de relativiser le moment créatif d'insurrection révolutionnaire et d'auto-institution consciente de la société : « La Fédération est un magnifique symbole de l'irruption de l'instituant et de son autosymbolisation[39]. »

Quant à la dégénérescence rapide qui a affecté la plupart des processus révolutionnaires, Castoriadis dit y avoir réfléchi pendant plus d'une quarantaine d'années sans pouvoir apporter de réponse théorique claire à la question. Il ne suit pas Hegel lorsque ce dernier affirme que c'est un stade nécessaire de consolidation des acquis révolutionnaires. Selon lui, la liberté n'est pas sans risque et le processus révolutionnaire côtoie la tragédie, d'où le fait que la démocratie « n'a jamais d'avance la certitude d'une "solution heureuse", et elle est toujours guettée par sa propre *hubris*[40] ». Une révolution ne se définit pas tant par ses moyens que par ses fins ; elle se confond encore moins avec l'exercice de la terreur, qui en est la négation même comme l'avait déjà entrevu Edgar Quinet au XIXᵉ siècle. Selon Castoriadis, « la Terreur est l'échec par excellence de la Révolution. [...] Une politique qui se proclame révolutionnaire et démocratique, mais qui ne peut s'imposer que par la Terreur a déjà perdu la partie avant que celle-ci ne commence, elle a cessé d'être ce qu'elle prétend[41]. » La révolution doit engendrer de nouvelles institutions et modifier en même temps la relation entretenue avec ces institutions dans un processus qui favorise l'exercice de l'autonomie : « La révolution n'est pas qu'une césure, elle est l'*accélération* de ce projet d'autonomie[42]. »

---

l'occasion d'un numéro sur l'idée de rupture révolutionnaire, publié au moment des vingt ans de Mai 68 et à la veille du bicentenaire de la Révolution française.

39. *Ibid.*, p. 232.

40. *Ibid.*, p. 233.

41. Cornelius CASTORIADIS, « La révolution devant les théologiens », *Lettre internationale*, nº 23, 1989 ; repris dans Cornelius CASTORIADIS, *Les Carrefours du labyrinthe*, t. III, *op. cit.*, p. 223.

42. Antoine CHOLLET, « Repenser la révolution avec Cornelius Castoriadis », dans Marie-Claire CALOZ-TSCHOPP (dir.), *Six Auteurs de théorie politique pour le XXIᵉ siècle. H. Arendt,*

À cette notion d'accélération, s'ajoute pour Castoriadis la notion de globalisation du changement, qui engage l'ensemble de la société, ce qui le rend indifférent, sinon hostile, à toute perspective réformatrice. C'est en effet toute la société, et non certaines de ses parties, qui doit basculer dans un processus de transformation. Castoriadis ne partage donc pas le point de vue de Deleuze et Guattari sur les bienfaits d'une révolution moléculaire, puisque la révolution ne peut être que molaire. Il se tient tout aussi éloigné de la conception d'un Foucault sur les potentialités d'une microrésistance au pouvoir, telle qu'il la mettra en œuvre avec le GIP (Groupe Information Prison) au début des années 1970. Par ailleurs, il se tient à distance de la tradition marxiste : « Pour Castoriadis la révolution n'est ni inévitable, ni le résultat scientifique d'un état de fait donné, ni l'action authentique du prolétariat : elle est la continuation difficile et improbable d'une tradition vieille de deux siècles, minoritaire, dominée et opprimée, qui a cherché à émanciper les humains et à construire individuellement et collectivement l'autonomie de chacun [43]. »

Jusqu'au bout, Castoriadis reste fidèle à son idée d'impératif révolutionnaire ; ce qui éclaire à la fois la fascination qu'il suscite, le rejet dont il est victime et la marginalité dans laquelle il est maintenu. Il s'était déjà détaché du marxisme au début des années 1960 pour préserver un horizon révolutionnaire, en dissociant d'un côté le marxisme, trop mécaniste à ses yeux, et de l'autre la perspective d'une vraie théorie révolutionnaire. À l'époque, il est encore porté par un air du temps qui croit en la possibilité d'une rupture révolutionnaire, mais cette croyance se dissipe au cours des années 1980-1990 et certains, pourtant proches de lui, ne se reconnaissent plus dans cette fidélité qui leur paraît surannée. C'est le cas, entre autres, de Marcel Gauchet, pour qui, nous l'avons vu, l'œuvre de Castoriadis fut très importante : « C'était un homme dont l'identité personnelle était celle d'un révolutionnaire et ne pouvait pas en changer. Ce qui comptait pour lui, c'était la révolution, et son projet fondamental a été de reconstruire une théorie révolutionnaire. Là-dessus, je divergeais fondamentalement, convaincu que l'idée révolutionnaire était derrière nous, qu'elle avait été portée par un immense phénomène historique,

---

N. Busch, C. Castoriadis, C. Guillaumin, R. Ivekovic, A. Sayad, t. II, L'Harmattan, Paris, 2011, p. 269.
    43. *Ibid.*, p. 275.

mais que c'était fini et qu'il fallait penser autrement. C'était notre divergence fondamentale [44]. » Ils en ont débattu à de très nombreuses reprises, et Marcel Gauchet, maniant toujours l'humour avec délectation, de lui lancer un jour qu'il devait être délicat, pour un psychanalyste averti, de connaître la propension du psychisme humain à fantasmer et de professer en même temps la révolution : « C'est la seule fois où je l'ai vu piqué au vif, devenir même agressif et me lancer : "Mon cher Marcel, je ne vois pas ce qui peut vous permettre de dire une chose pareille", mais il est resté, comme toujours très maître de lui [45]. »

Marcel Gauchet s'étonne de la constante impatience dont fait preuve Castoriadis : « Je ne connais personne d'aussi spontanément hostile à l'idée de réforme. Pour lui, c'était grotesque. Il lui fallait tout, tout de suite [46]. » Gauchet se souvient de leur dernière discussion où, pour calmer son impatience, il lui rappelait que la démocratie athénienne avait duré cinquante à soixante ans alors que la modernité occidentale avait déjà fonctionné pendant cinq siècles et qu'il faudrait peut-être encore attendre cinq autres siècles pour en mesurer les résultats. Castoriadis en avait été stupéfait, considérant qu'une telle vision relevait de la simple démission : « Là où je suis en accord avec lui, c'est que nous n'avons qu'un commencement, qu'un germe de démocratie. On est loin du compte et rien ne me fait plus horreur que l'apologie de la démocratie que l'on entend partout [47]. »

Pour Castoriadis, on l'a vu, la société grecque classique du Vᵉ siècle av. J.-C. contredit notre conception de la démocratie en affirmant son autonomie avec la *polis*, d'où naîtra la démocratie grecque. Le second moment de rupture/création d'autonomie du social-historique est l'Europe de la Renaissance, celle notamment des villes italiennes du Quattrocento. Ce processus d'autonomisation conduira beaucoup plus tard, au XVIIᵉ siècle, à la révolution anglaise, puis à la Révolution française de 1789 et aux luttes ouvrières du XIXᵉ siècle. Ce sont ces prolégomènes à un vaste projet d'autonomie qui fondent la philosophie de l'histoire de Castoriadis.

Cette autonomie ne signifie cependant pas une maximisation de l'individualisme. Elle est nourrie et indissociable d'une expérience

---

44. Marcel Gauchet, entretien avec l'auteur.
45. *Ibid.*
46. *Ibid.*
47. *Ibid.*

collective et ne peut pas non plus résulter de la simple intersubjectivité. Ce qui est décisif, c'est qu'une société se reconnaisse dans un projet collectif d'émancipation : « Toute société jusqu'ici a essayé de donner une réponse à quelques questions fondamentales : qui sommes-nous, comme collectivité ? que sommes-nous, les uns pour les autres ? [...] C'est dans le *faire* de chaque collectivité qu'apparaît comme sens incarné la réponse à ces questions[48]. » Comme le fait remarquer Vincent Descombes, avec son concept d'auto-institution, Castoriadis se heurte à un certain nombre d'apories qu'avait déjà rencontrées Fichte avec son concept d'autoposition : « Ou bien le concept est pratique, il nous propose un but, présente une valeur critique, mais alors il sert à condamner toutes les formes d'humanité existantes, de sorte que le projet d'autonomie devient utopique ; ou bien le concept est métaphysique, il ne sert plus à choisir une forme d'existence, mais à préciser le statut ontologique de l'humain [...] mais alors la conséquence est que tout ce qui est humain, quels qu'en soient le visage et l'allure, satisfait forcément à ce qui a été fixé comme la condition de possibilité de l'humain[49]. »

L'autonomie se distingue de l'hétéronomie non seulement par l'absence de recours à une force transcendante pour expliquer le fondement des institutions qui ne valent que parce que la société va leur donner du sens ; elle s'en distingue aussi parce qu'avec l'autonomie, l'institution de soi est décidée dans la lucidité, grâce à l'exercice de la faculté réflexive. La singularité de cette pratique de l'autonomie dans le régime démocratique vient de sa capacité à s'autolimiter ; c'est pour ne pas l'avoir eue que la démocratie athénienne a péri sous les effets de la guerre du Péloponnèse : « Il apparaît aussi – c'est une tautologie – que l'autonomie est *ipso facto, autolimitation*[50]. »

Tout relève de la politique, et Castoriadis entend revenir au sens antique du terme, récusant le distinguo fait de plus en plus souvent entre *le* politique et *la* politique, récusant leur confusion, alors qu'au sens grec la politique concerne l'institution d'ensemble de la société : « Par un étrange renversement, le langage, l'économie, la religion, la représentation du monde se trouvent relever de décisions politiques

---

48. Cornelius CASTORIADIS, *L'Institution imaginaire de la société*, op. cit., p. 205-206.
49. Vincent DESCOMBES, *Philosophie par gros temps*, Minuit, Paris, 1989, p. 155-156.
50. Cornelius CASTORIADIS, « Pouvoir, politique, autonomie », *Revue de métaphysique et de morale*, n° 1, 1968 ; repris dans Cornelius CASTORIADIS, *Les Carrefours du labyrinthe*, t. III, *op. cit.*, p. 171.

d'une manière que ne désavoueraient ni Charles Maurras ni Pol Pot[51]. » Comme le souligne Vincent Descombes, cela exemplifie le fait que, selon Castoriadis, « le totalitarisme ne peut pas être tenu sans plus comme le contraire de la démocratie, puisqu'il en est l'adversaire et le fossoyeur. Le totalitarisme est aussi la possibilité la plus prochaine de la démocratie. Il est la démocratie sans l'autolimitation[52] ».

Castoriadis est conscient des risques que prend l'humanité à s'engager dans la voie de l'autonomie, d'un régime démocratique qui se place sous le signe du tragique. Il s'agit là d'assumer une condition irréductible, « ce que faisait la démocratie athénienne, comme l'indiquent ces deux dispositifs que sont l'ostracisme et la *graphé paranomon*, qui sont deux inventions visant à prévenir l'*hubris*, la démesure[53] ». La première pratique, bien connue, consiste à bannir pour un laps de temps tout individu dont le comportement constitue un danger pour l'équilibre démocratique. La seconde pratique, mise en évidence en particulier par Moses Finley, vise à discipliner l'usage de la prise de parole des citoyens à l'Assemblée et à donner la possibilité au peuple de revenir sur une décision prise s'il la juge néfaste à l'usage. Le meilleur garant pour préserver le régime démocratique de tous les écueils qui le guettent se situe, aux yeux de Castoriadis, du côté de l'éducation : « La grande philosophie politique, depuis Platon jusqu'à Rousseau, a mis la *paideia* à son centre[54]. »

Le « créationnisme » de Castoriadis n'en reste pas moins sous contrainte de l'histoire, qui est un autodéploiement de la société dans le temps. Une telle conception se présente comme critique vis-à-vis des approches du temps jusque-là en usage, que ce soit celle de l'histoire comme produit de la volonté divine, résultant des lois naturelles immanentes au temps historique, ou encore celle d'une histoire conçue comme processus purement aléatoire : « Le légitime besoin de raison ne doit donc pas conduire à transfigurer en principe *ontologique* ce qui doit rester avant tout un principe critique. C'est le long de cette voie étroite que se déploie précisément la tentative de Castoriadis pour penser conjointement la *création* et la *détermination*, et concevoir l'*historicité* comme le lieu d'une *constitution permanente de sens*[55]. » La

51. *Ibid.*, p. 154.
52. Vincent DESCOMBES, *Philosophie par gros temps, op. cit.*, p. 161.
53. Philippe CAUMIÈRES, *Castoriadis, op. cit.*, p. 94-95.
54. Cornelius CASTORIADIS, « Pouvoir, politique, autonomie », *loc. cit.* p. 158.
55. Nicolas POIRIER, *L'Ontologie politique de Castoriadis*, Payot, Paris, 2011, p. 28.

contrainte que met en avant Castoriadis relève de ce qu'il désigne sous le vocable *Legein*, la logique identitaire-ensembliste, c'est-à-dire la part instituée, fondée sur l'universalité de pouvoir distinguer, poser, rassembler, compter, en prenant le modèle mathématique de la théorie des ensembles. L'opération de base du *Legein* est la désignation, qui renvoie au signe, non pas le signe saussurien défini par son arbitraire, mais le signe relié à un sens concret, posé comme distinct et défini. C'est ce que Castoriadis qualifie de « relation signitive », qui relie deux formes entre elles (deux *eidos*). À ce niveau, celui du *Legein*, règne la déterminité : « Toute chose existante est complètement déterminée [...] non seulement de chaque couple de prédicats contradictoires donnés, mais aussi de tous les prédicats possibles, il y en a toujours un qui lui convient[56]. » L'entendement philosophique se trouve dans le prolongement du *Legein*, il y est impliqué : « Être, dans le *Legein*, c'est être déterminé[57]. » Le second pôle défini par Castoriadis est celui du *Teukhein*, qui signifie assembler, ajuster, fabriquer, construire, « faire être comme... ». Et on ne peut penser un pôle sans l'autre car ces deux dimensions, du *Legein* et du *Teukhein*, s'impliquent l'une l'autre de manière circulaire. D'un côté, le *Legein* incarne la dimension ensembliste-identitaire du langage, du représenter-social, de l'autre, le *Teukhein* incarne la dimension identitaire-ensembliste du faire social du côté de la non-déterminité, des multiples schèmes du possible.

Ces deux dimensions ouvrent à la possibilité d'une histoire : « Dans cette histoire, la manifestation de loin la plus importante du *Teukhein* est l'assembler-ajuster-construire qui se manifeste dans l'institution elle-même : le village ou la ville, la monarchie "asiatique", la cité, l'État-moderne sont aussi des produits du *Teukhein*[58]. » Cette dialectique *Legein/Teukhein* institue une sorte de cercle de la création, l'important étant de reconnaître que la société est toujours création. Celle-ci s'effectue sur fond d'un magma dont elle se différencie et sur lequel s'opère un étayage qui permet à l'institution d'exister. Ce magma ne disparaît pas pour autant, et ne cesse de manifester sa présence en tant que source constante d'altération, en tant que forme de temporalisation, donnant à la démocratie un caractère toujours instable, voire tragique.

---

56. KANT, *Critique de la raison pure*, p. 415 ; cité par Cornelius CASTORIADIS, *L'Institution imaginaire de la société, op. cit.*, p. 351.
57. Cornelius CASTORIADIS, *ibid.*, p. 351.
58. *Ibid.*, p. 367.

Cette conception de la création reste toujours ancrée dans une liberté concrète ; elle trouve un point d'appui dans un milieu, un moment, une institution, et résulte d'un jeu jamais stabilisé entre les forces instituantes et la société instituée. De leur interpénétration résulte la forme, l'*eidos* de l'imaginaire social. La société est intrinsèquement histoire, autoaltération de l'institué et de l'instituant, ce qui renvoie à une dimension ontologique selon laquelle « l'histoire est genèse ontologique non pas comme production de différentes instances de l'essence société, mais comme création, dans et par chaque société, d'un autre *type* (forme-figure – aspect-sens : *eidos*) de l'être-société [59] ». La conquête de l'autonomie est tributaire d'une condition anthropologique : selon Castoriadis, la racine des institutions humaines est fondée sur l'imaginaire et la puissance d'invention radicale.

Castoriadis distingue deux manières erronées de considérer l'histoire : l'approche physicaliste, qui réduit l'histoire à une odyssée par laquelle l'homme parvient à une maîtrise de plus en plus complète de la nature. Le marxisme en est un bel exemple, de la même manière que l'idéologie libérale du progrès. Mais il récuse aussi un autre écueil, qui consiste en une approche logiciste restituant le processus historique comme la réitération de schémas logiques, l'hégélianisme en étant une des illustrations. Pour Castoriadis, il y a, dans l'irréductibilité de la signification à la relation causale, un principe méthodologique et ontologique majeur.

Porté par la notion de changement, du faire, de la transformation, Castoriadis a toujours accordé une prévalence aux impératifs du présent, lieu même où s'effectue l'altération. Le présent est la double source de l'identité et de l'altérité, de la rencontre avec soi et avec l'autre. D'un côté, le temps identitaire, celui de la répétition innombrable et nombrée, se réfère à un présent absolutisé ; de l'autre, le temps vécu, le temps véritable, renvoie à la temporalité de l'altérité-altération, c'est le temps de l'éclatement, de l'émergence du nouveau : « Le *présent*, le *nun*, est ici explosion, scission, rupture – la rupture de ce qui est comme telle. Ce présent est comme origination, comme transcendance immanente, comme source, comme surgissement de la genèse ontologique. Ce qui se tient *dans* ce présent ne *s'y* tient pas, car il le fait éclater comme "lieu" déterminé [60]. »

---

59. *Ibid.*, p. 496.
60. *Ibid.*, p. 279.

Castoriadis évoque même un « paradoxe de l'histoire », selon lequel une civilisation, une époque singulière parvient à dévoiler dans celles qui la précèdent ou l'entourent des significations nouvelles : « L'histoire est toujours l'histoire pour nous » ; « Ce qui nous intéresse dans l'histoire, c'est notre *altérité* authentique, les autres possibles de l'homme dans leur singularité absolue [61]. » Ce paradoxe tient au fait que le présent a la capacité de transformer le passé, contrairement à ce que l'on peut penser en général lorsqu'on considère que le passé est immuable, figé, à jamais ce qu'il a été : « Le présent transforme toujours le passé en passé présent, à savoir pertinent maintenant, ne serait-ce qu'en le réinterprétant constamment à partir de ce qui est en train d'être créé, pensé, posé [62]. »

En creux, Castoriadis se fait ainsi le critique de la notion de « société froide » au présent immobile de Claude Lévi-Strauss, même s'il admet que chaque société peut vivre différemment son rapport à la temporalité. Mais toutes les sociétés, même celles qui paraissent les plus figées, bougent : « Même dans une société la plus archaïque, le présent est toujours constitué par un passé qui l'habite et par un avenir qu'il anticipe [63]. » Le présent induit donc une re-création permanente : « La tragédie athénienne "reçoit" la mythologie grecque, et elle la recrée [64]. » Les bases de cette recréation sont toujours la résultante de significations imaginaires empruntées au présent à partir d'un matériel non pas indéterminé mais à la fois transmis, donné et réinterprété. Dans ces conditions, le présent ne fixe jamais une fois pour toutes un passé sédimenté et muséifié, car il ne cesse de lui donner chaque fois une nouvelle forme, un nouvel *eidos*. Ce qui compte est ce que l'on fait du passé dans le présent et sur ce plan, la pratique, la *praxis*, les usages concrets ne sont jamais loin : « La *praxis* présuppose non pas la détermination, mais l'indétermination du monde, plus exactement elle présuppose les deux à la fois et en tout cas l'inachèvement essentiel de toute attitude purement "compréhensive" et "explicative" [65]. »

---

61. *Ibid.*, p. 229.

62. Cornelius CASTORIADIS, « Pouvoir, politique, autonomie », *loc. cit.* ; repris dans Cornelius CASTORIADIS, *Les Carrefours du labyrinthe*, t. III, *op. cit.*, p. 167.

63. Cornelius CASTORIADIS, « Anthropologie, philosophie, politique », *La montée de l'insignifiance, op. cit.*, p. 134.

64. Cornelius CASTORIADIS, « Imagination, imaginaire, réflexion », *Fait et à faire, op. cit.*, 2008, p. 323.

65. Cornelius CASTORIADIS, texte inédit, suite manuscrite de « Les antinomies de l'attitude théorique » ; cité par Nicolas POIRIER, *L'Ontologie politique de Castoriadis, op. cit.*, p. 114.

Malgré son effort pour dégager une conception de l'histoire de sa gangue hégéliano-marxiste, qui la conçoit comme un *télos*, malgré sa critique radicale de toute forme de déterminisme et de tout réductionnisme, Castoriadis conserve sans doute quelque chose, comme le suggère Robert Legros, de son passé hégélien et marxiste qui tient à son attachement à la philosophie des Lumières. Robert Legros étaye son soupçon sur la conjonction de trois affirmations de Castoriadis : celle qui présente toutes les sociétés antérieures à la Grèce classique comme relevant de la simple clôture sur elles-mêmes, enfermées dans leur imaginaire et leur hétéronomie ; « ensuite l'idée d'une auto-libération au cours de laquelle l'humanité découvre progressivement qu'elle est elle-même sa propre origine. Enfin l'idée d'une libération ultime sous la forme d'une autonomie délivrée de toute forme d'hétéronomie. [...] Ces trois idées semblent en effet suggérer la représentation d'une histoire de l'humanité comme odyssée au cours de laquelle l'humanité, à travers quelques étapes décisives, est sortie de la caverne [66] ».

Certes, tout dans les affirmations de Castoriadis va à l'encontre d'une telle analyse, mais sa rupture avec une conception linéaire, continuiste ou par stades de l'histoire, n'a pas entraîné sa rupture avec toute forme de mise en intrigue de l'histoire à l'échelle universelle. L'horizon qu'il désigne comme devenir de l'humanité, celui de la conquête de l'autonomie, le conduit à préserver la notion d'un progrès humain par lequel l'homme gagnerait ses propres facultés jusque-là atrophiées par l'hétéronomie. Selon Stéphane Vibert, cette opposition binaire demande cependant à être nuancée : l'autonomie provient en fait de l'hétéronomie et il y a quelque aporie à les penser, comme Castoriadis, dans une opposition radicale : « Il faut penser au contraire autonomie et hétéronomie comme les deux pôles d'une continuité. Mais cela signifie qu'il n'y a pas d'hétéronomie pure [67]. » Si l'on regarde en effet du côté de l'anthropologie et de Malinowski, on se rend compte que les Trobriandais n'obéissent jamais de manière mécanique aux coutumes de leur tribu, mais réfléchissent à chaque action sur les modes d'application de la règle en usage : « Comme le dit Vincent Descombes, il n'y a jamais la règle de l'application de la

---

66. Robert LEGROS, « Castoriadis et la question de l'autonomie », dans Blaise BACHOFEN, Sion ELBAZ et Nicolas POIRIER (dir.), *Cornelius Castoriadis, op. cit.*, p. 142.
67. Stéphane Vibert, entretien avec l'auteur.

règle [68]. » Dans toute société humaine, l'intentionnalité individuelle et collective est en jeu, mais selon Stéphane Vibert, Castoriadis s'est laissé aveugler par son engagement antireligieux, « qui l'empêche de reconnaître que parfois ce sont les religions qui ont porté les mouvements révolutionnaires ou réformistes. Il ne cesse de dire que les droits de l'homme n'ont rien à voir avec le christianisme, mais je pense que c'est une erreur fondamentale [69] ».

Parmi les autres questions que l'on peut se poser sur le cheminement vers l'autonomie suggéré par la philosophie de l'histoire de Castoriadis, Arnaud Tomès et Philippe Caumières soulignent qu'il a fait l'impasse sur la dimension éthique, qualifiée de « cache-misère [70] ». Ils donnent, entre autres, comme illustration de son désintérêt pour cette interrogation montante dans les années 1980-1990 l'absence de toute référence à Hans Jonas et notamment à son ouvrage majeur, qui aurait dû l'intéresser et nourrir sa critique radicale de l'autonomisation de la technoscience, *Le Principe responsabilité*, paru en 1979. Jonas comble en effet les vœux de Castoriadis en préconisant une autolimitation du développement par des interdits qui puissent préserver l'équilibre des divers éléments de la Planète mis en péril par les forces destructrices de la pollution. On a là une position éthique forte qui s'élève contre l'imaginaire de maîtrise totale des forces de la nature avec son fantasme de toute-puissance, ce qui ne peut que conforter les vœux de Castoriadis : « Jamais l'existence ou l'essence de l'homme dans son intégralité ne doivent être mises en jeu dans les paris de l'agir [71]. »

---

68. *Ibid.*
69. *Ibid.*
70. Cornelius CASTORIADIS, « Le cache-misère de l'éthique », *Lettre internationale*, n° 37, été 1993 ; repris dans Cornelius CASTORIADIS, *La Montée de l'insignifiance, op. cit.*, p. 249-266.
71. Hans JONAS, *Le Principe responsabilité. Une éthique pour la civilisation technologique*, Flammarion, « Champs », Paris, 2008, p. 84.

20

L'imaginaire, entre chaos et institution

Le recours à la notion d'imaginaire, fondamentale pour Castoriadis, lui permet de prendre ses distances avec le marxisme. Il en réalise l'importance à partir de 1963-1964, alors qu'il passe des théories du social, Weber et Marx en tête, à Freud et qu'il assiste au séminaire de Lacan. Il s'éloigne alors du marxisme, qu'il critique de plus en plus ouvertement. Cet infléchissement est un moment majeur d'émancipation qui lui permet de travailler à son projet autour de la création humaine. Castoriadis se dégage ainsi de la théorie du reflet, qui considère que la superstructure d'une société (les manifestations culturelles) est entièrement déterminée par son infrastructure (la base économique). Certes, certains courants plus sophistiqués du marxisme ont relativisé cette dépendance et conféré une certaine autonomie à la sphère superstructurelle.

Castoriadis, s'inscrivant en rupture avec le déterminisme marxiste, affirme au contraire le primat de la sphère culturelle pour comprendre le processus historique : « L'histoire est impossible et inconcevable en dehors de l'*imagination productive* ou *créatrice*, de ce que nous avons appelé l'*imaginaire radical* tel qu'il se manifeste à la fois et indissolublement dans le *faire* historique, et dans la constitution, avant toute rationalité explicite, d'un univers de *significations*[1]. »

---

1. Cornelius CASTORIADIS, « Marxisme et théorie révolutionnaire », dans *L'Institution imaginaire de la société*, *op. cit.*, p. 204.

En ces années 1960-1970 où on tend à considérer que l'idéologie, les mentalités et la culture sont des instances qui ont leur cohérence endogène, mais que ce ne sont malgré tout que des entités secondaires, Castoriadis fait de l'imaginaire le creuset de son ontologie. Il le place en position prévalente dans sa conception du social-historique, comme l'atteste en 1975 le titre même de son grand œuvre, *L'Institution imaginaire de la société*.

Castoriadis précède et annonce l'évolution de l'école historique française des *Annales*, qui délaissera l'histoire économique et sociale braudélienne pour adopter la notion de mentalités dans les années 1970. À l'époque, cette notion est encore utilisée comme prolongement des catégories en usage dans l'histoire économique et sociale, et donne lieu à une histoire sérielle qui reprend au plan culturel les divisions socio-professionnelles. Ce n'est que plus tard, avec le « tournant critique » des *Annales* en 1988-1989, que la dimension imaginaire sera réellement étudiée ; on s'attachera alors à restituer le monde comme représentation[2].

Dans cette évolution, Georges Duby joue, comme en d'autres domaines, un rôle de précurseur et exprime sa dette vis-à-vis de Castoriadis, alors même que ce dernier est très éloigné du milieu des historiens, si ce n'est de certains hellénistes comme Pierre Vidal-Naquet. À partir de 1973, Duby consacre son séminaire à l'exploration d'un sujet qui donnera lieu à publication en 1978 sous le titre *Les Trois Ordres ou l'imaginaire du féodalisme*[3]. Ce qu'il en dit dans un entretien atteste le rôle qu'a pu avoir dans le choix de ce titre le travail de Castoriadis : « Quant au mot "imaginaire", j'en étais redevable, je crois, à Castoriadis, dont le livre *L'Institution imaginaire de la société*, paru trois ans avant le mien, développait l'idée de société qui s'auto-institue à travers notamment l'image qu'elle se fait d'elle-même[4]. » La connexion entre Castoriadis et les historiens aurait pu se réaliser en 1978, celui-ci étant sollicité pour apporter sa contribution à un numéro de revue consacré à Duby[5] : « Le prochain numéro de *L'Arc* sera consacré à Georges Duby, et je souhaite vivement que vous y participiez. Il a été décidé avec Georges Duby que ce numéro porterait

---

2. Voir Christian DELACROIX, François DOSSE et Patrick GARCIA, *Les Courants historiques en France*, Gallimard, « Folio », Paris, 2007.

3. Je remercie Étienne Anheim de m'avoir signalé ce rapprochement essentiel.

4. Georges DUBY, entretien, « L'art, l'écriture et l'histoire », *Le Débat*, n° 92, 1996, p. 174-192.

5. *L'Arc*, numéro spécial « Georges Duby », n° 72, 1978.

plus sur un problème l'intéressant que sur lui-même : il s'agit "du rapport existant entre le mental et le fonctionnement de la société" ou encore "comment l'imaginaire et le concret vont ensemble dans la vie des sociétés" [6]. » Castoriadis, débordé par ses activités, ne donnera pas suite et ce rapprochement ne se fera jamais vraiment.

Pour certains jeunes historiens de la génération de l'après-« tournant critique », cette connexion devient particulièrement suggestive. C'est le cas pour l'actuel directeur de la rédaction des *Annales*, Étienne Anheim. Médiéviste, alors insatisfait par les usages des notions d'idéologie ou de mentalités, il considère la notion d'imaginaire telle que la définit Castoriadis comme un instrument heuristique opérationnel pour l'investigation historienne. Étienne Anheim découvre l'œuvre de Castoriadis en 1992, alors qu'il est en khâgne, grâce à son ami Vincent Azoulay : « Ce qui m'intéressait était d'essayer de faire de l'histoire sociale des formes culturelles, de réfléchir autour d'objets culturels en phase de transition [7]. » Il consacre sa maîtrise à la polyphonie mesurée, que l'on appelait l'*Ars nova* au XIVe siècle, établissant un lien fort entre ces premiers systèmes de notation et la spéculation philosophique, montrant que les traités musicaux relèvent davantage de traités philosophico-mathématiques que de traités d'esthétique. Après son agrégation, Étienne Anheim découvre avec passion la sociologie et la philosophie, qui ne faisaient pas partie de sa formation initiale. Très sensible aux questions d'ordre épistémologique, il se plonge dans les textes de Castoriadis, Bourdieu et Ricœur.

Se plaçant dans la perspective d'une socio-histoire de la culture savante, Étienne Anheim fait de Castoriadis une référence majeure dans sa thèse consacrée au mécénat et à la culture de cour autour des papes à Avignon au milieu du XIVe siècle. À la disparition de Castoriadis en 1997, Anheim lui rend hommage dans un texte écrit avec Vincent Azoulay qui rapproche Castoriadis et Bourdieu, dont les œuvres sont conçues comme complémentaires : « Ce qui m'intéressait dans les années 1990 était de trouver des outils permettant de faire des sciences sociales en prenant mes distances avec le structuralisme ou le marxisme mais sans jeter le bébé avec l'eau du bain. Il y a là un projet original des sciences sociales commun à Fustel, Marx et Weber, une pratique scientifique au sens d'un discours réglé qui permettait de connaître les sociétés non seulement dans leur historicité, mais aussi

---

6. Stéphane Cordier, lettre à Castoriadis, archives Castoriadis, 10 octobre 1977.
7. Étienne Anheim, entretien avec l'auteur.

de les connaître de manière réflexive en situant l'historicité des gens qui pratiquaient ces disciplines [8]. »

Le rapport établi par Castoriadis entre l'institution et l'imaginaire devient fondamental pour Étienne Anheim : « Cela m'a ouvert à mon propre travail d'historien sur la fin du Moyen Âge, en mettant l'accent sur la question de l'imaginaire en tant que consolidation de la nouvelle orientation vers les objets culturels, d'autant que la notion de mentalités m'a toujours semblé faible. Et Castoriadis apporte une notion de l'imaginaire fortement charpentée. On voyait comment on pouvait en faire un élément utile au plan historiographique. Travailler sur cette dimension imaginative pouvait permettre de faire de l'histoire [9]. » Pour Étienne Anheim, l'autre élément décisif dans l'œuvre de Castoriadis est son insistance sur l'institution, qui lui donne la possibilité de croiser la question durkheimienne du collectif et de participer à l'ouverture des historiens – comme Yann Thomas, Jacques Chiffoleau et Simona Cerutti – à la question du droit. Cette dimension jusque-là minorée passe ainsi au premier plan, notamment *via* le rapport établi par Castoriadis entre l'instituant et l'institué.

La centralité de la thématique de l'imaginaire chez Castoriadis résulte aussi de sa pratique psychanalytique, de l'influence de Lacan comme de la critique de ses thèses. Tout en assistant au séminaire de Lacan, il réfute le schéma lacanien de la trilogie RSI (Réel-Symbolique-Imaginaire), qui fait la part trop belle à la dimension symbolique aux dépens de la dimension de l'imaginaire : « Ce que, depuis 1964, j'ai appelé l'imaginaire social [...] n'a rien à voir avec ce qui est présenté comme "imaginaire" par certains courants psychanalytiques : le "spéculaire", qui n'est évidemment qu'image *de* et image reflétée, autrement dit *reflet*, autrement dit encore sous-produit de l'ontologie platonicienne (*eidolon*) [10]. » Castoriadis ne suit pas Lacan dans sa conception d'un signifiant maître qui relèverait du symbolique. Pour lui, la dimension imaginaire est fondatrice – conception proche, comme on l'a vu, de celle de Piera Aulagnier, pour qui le pictogramme est fondateur dans la construction du sujet. C'est à ce niveau que Castoriadis situe ce qu'il appellera l'« imaginaire radical », en tant qu'il ne doit rien au socius, rendant caduque toute réduction de l'inconscient à son substrat sociétal.

8. *Ibid.*
9. *Ibid.*
10. Cornelius Castoriadis, *L'Institution imaginaire de la société*, op. cit., p. 7.

Castoriadis considère que l'apport de Freud à la question de l'imaginaire est fondamentalement ambivalent dans la mesure où il n'emploie que très peu le terme noble qui désigne en allemand l'imagination, employant par contre à satiété le vocable de *Phantasie, phantasieren.* Or « il n'y a rien dans la *Phantasie*, dans le phantasme, que le sujet n'ait pas perçu auparavant ; le phantasme est reproduction[11] ». Ces phantasmes n'ont donc pas, dans la théorie freudienne, de caractère originaire et créateur ; ils n'ont qu'un rôle secondaire de recombinaison d'éléments déjà existants. Castoriadis perçoit là un paradoxe : Freud n'a jamais eu affaire qu'à des éléments extraits de l'imagination, et pourtant il secondarise cette activité qu'il place en même temps en position matricielle. Comme Castoriadis le rappelle, Freud est longtemps resté attaché à sa thèse du traumatisme originel fondé sur une supposée scène primitive de séduction réelle que la cure devrait mettre au jour. Cependant, il reconnaît qu'il n'y a pas de différence dans l'inconscient entre perception effective et représentation : « Il n'y a pas d'indices de réalité » dans l'inconscient. *Le "réel", dans et pour l'inconscient, est purement imaginaire[12].* » Mais Freud, tout en essayant de corréler ces deux dimensions, reste prisonnier d'une conception dualiste qui oppose âme et corps, psyché et soma.

Au-delà de Lacan, tout un contexte intellectuel fait prévaloir le paradigme structuraliste et le formalisme des relations binaires autour de la linguistique structurale et de son noyau qu'est l'algorithme saussurien, qui se définit par sa coupure avec la réalité. La référence majeure est alors Claude Lévi-Strauss, qui privilégie dans sa démarche anthropologique la dimension symbolique aux dépens du contenu du sens exprimé. Castoriadis se trouve donc confronté au défi que représente dans le champ des sciences sociales la fécondité de ces recherches, aux plans tant sémiologique, ethnologique que psychanalytique, dont il saisit très tôt, comme son ami Edgar Morin, les limites et les apories. La dimension de l'imaginaire lui permet non seulement de souligner l'importance d'une autre strate que celle du symbolique, mais montre aussi que les structures restent saisies par l'histoire, par le changement, par des projections diverses de significations portées par des collectifs qui sont les ressorts de l'instituant. Castoriadis n'en délaisse pas pour autant la dimension symbolique, mais la situe du

---

11. Cornelius CASTORIADIS, « Imagination, imaginaire, réflexion », *op. cit.*, p. 292.
12. *Ibid.*, p. 306.

côté de l'institué : « Tout ce qui se présente à nous dans le monde
social-historique est indissociablement tissé au symbolique. [...] Les
institutions ne se réduisent pas au symbolique, mais elles ne peuvent
exister que dans le symbolique, elles sont impossibles en dehors d'un
symbolisme au second degré [13]. »

Olivier Fressard note un infléchissement de la conception de l'imaginaire chez Castoriadis, qui l'éloigne progressivement de la
conception lacanienne de l'imaginaire, laquelle se cristallise autour de
ce que Lacan a appelé le « stade du miroir ». En 1968, dans son
premier texte sur la psychanalyse, « Épilégomènes [14] », tout en
affirmant l'importance de l'imaginaire, Castoriadis « lie encore fortement l'imaginaire à la problématique de l'aliénation [15] ». À partir de
la création du Quatrième Groupe, toutes ces ambivalences disparaissent ; la critique se fait décapante et se déploie selon sa ligne propre
en 1975 dans *L'Institution imaginaire de la société*.

Alors que Lacan soutient la thèse de la domination absolue du symbolique sur l'imaginaire – « Ce que nous appelons le symbolique
domine l'imaginaire [16] » –, Castoriadis soutient la thèse inverse, faisant
disparaître au fil des années le symbolique au profit de l'imaginaire. La
quête de sens dans laquelle il se trouve engagé trouve dans l'imaginaire
son ressort fondamental, d'autant que « le sens déborde tout symbolisme rationnel ou fonctionnel et le terme "imaginaire" fait alors signe
vers cette dimension dans laquelle il s'enracine ou qui l'englobe [17] ».

Pour autant, la médiation du symbolique n'en est pas niée, mais
considérée comme indispensable à l'expression de l'imaginaire :
« L'imaginaire doit utiliser le symbolique, non seulement pour
"s'exprimer", ce qui va de soi, mais pour "exister", pour passer du
virtuel à quoi que ce soit de plus [18]. » Pour saisir le sens d'une société, il
convient donc d'articuler divers niveaux, indispensables les uns aux
autres. S'il y a bien une part rationnelle, consciente, des législateurs
qui établissent les règles institutionnelles des sociétés, « les institutions ont trouvé leur source dans l'*imaginaire social*. Cet imaginaire

13. Cornelius CASTORIADIS, *L'Institution imaginaire de la société*, op. cit., p. 162.
14. Cornelius CASTORIADIS, « Épilégomènes à une théorie de l'âme que l'on a pu présenter
comme science », *L'Inconscient*, n° 8, octobre 1968 ; repris dans Cornelius CASTORIADIS, *Les
Carrefours du labyrinthe*, t. I, op. cit., p. 33-80.
15. Olivier FRESSARD, « Castoriadis, le symbolique et l'imaginaire », loc. cit., p. 126.
16. Jacques LACAN, *Écrits II*, Le Seuil, Paris, 1966, p. 170-171.
17. Olivier FRESSARD, « Castoriadis, le symbolique et l'imaginaire », loc. cit., p. 132.
18. Cornelius CASTORIADIS, *L'Institution imaginaire de la société*, op. cit., p. 177.

doit s'entrecroiser avec le symbolique, autrement la société n'aurait pas pu "se rassembler", et avec l'économique-fonctionnel, autrement elle n'aurait pas pu survivre [19] ». La société, selon Castoriadis, doit nécessairement trouver ses limites et être capable de briser sa clôture. Cette brisure est même ce par quoi une société advient dans sa singularité, son historicité se déployant entre cet abîme de départ, d'où elle vient, et ce qu'elle a institué, qui lui sert à recouvrir l'abîme sans jamais réussir à le refouler vraiment.

Contre la clôture structuraliste, Castoriadis rappelle la double dimension de ce symbolique qui relève d'une logique à la fois ensembliste et imaginaire. De la même manière que Ricœur considère comme complémentaires deux plans de la signification que sont le niveau sémiologique de la rationalité à l'œuvre dans ses combinatoires de signes et le niveau herméneutique qui renvoie à la pluralité interprétative dans ses multiples variations, Castoriadis envisage la nécessaire complémentarité de l'ensidique et de l'imaginaire : « Le monde comme magma de significations est caractérisé par une "indétermination" radicale grâce à laquelle de nouvelles déterminations peuvent émerger [20]. »

La première fois que Castoriadis thématise frontalement sa manière de concevoir l'imaginaire date de sa volumineuse contribution à *Socialisme ou Barbarie* publiée entre avril 1964 et juin 1965 sous le titre « Marxisme et théorie révolutionnaire », reprise comme première partie de *L'Institution imaginaire de la société*. Ce qu'il qualifie à cette occasion de « premier abord » des relations entre institution et imaginaire s'inscrit logiquement dans la suite de sa critique de l'économisme marxiste. Ouvrant une nouvelle perspective qu'il ne cessera de creuser après 1975, il récuse les alternatives réductrices et les conceptions hyperboliques, qu'elles considèrent que la fonction de l'institution explique le tout de la société ou qu'elles voient dans le symbolique le creuset de l'explication de la société étudiée. Aucun des deux niveaux n'est à négliger, et il ne conteste ni la pertinence de la fonctionnalité ni l'efficace du symbolique, à condition qu'ils ne soient pas conçus comme recouvrant la totalité du sens, qui déborde de partout : « Ni librement choisi, ni imposé à la société considérée, ni simple instrument neutre et médium transparent, ni opacité

---

19. *Ibid.*, p. 183.
20. Robert LEGROS, « Castoriadis et la question de l'autonomie », dans Blaise BACHOFEN, Sion ELBAZ et Nicolas POIRIER (dir.), *Cornelius Castoriadis, op. cit.*, p. 139.

impénétrable et adversité irréductible, ni maître de la société, ni esclave souple de la fonctionnalité, ni moyen de participation directe et complète à un ordre rationnel, le symbolisme détermine des aspects de la vie de la société (et pas seulement ceux qu'il était supposé déterminer) en même temps qu'il est plein d'interstices et de degrés de liberté [21]. »

Castoriadis reconnaît que Marx a bien perçu le rôle que joue dans une société la dimension imaginaire lorsqu'il parle de fétichisme de la marchandise. Il désigne quelque chose qui n'est pas du ressort d'une réalité tangible, sans aller jusqu'au bout de ses analyses : il limite l'imaginaire à sa simple fonctionnalité, comme expression de l'aliénation, et manque l'autre pôle, qui se situe du côté de la création.

Dans les années 1970, Castoriadis, confronté à la vogue structuraliste et aux succès des thèses de Claude Lévi-Strauss, prend ses distances vis-à-vis de la conception alors dominante en anthropologie, qui se donne pour ambition de penser une rationalité endogène aux systèmes symboliques, coupés de leur substrat institutionnel et fonctionnel : « On ne peut non plus comprendre les institutions simplement comme un réseau symbolique [22]. » La question irrésolue par le structuralisme est de savoir pourquoi tel système de symboles a prévalu ici et pas là, ainsi que la nature des significations portées par ces symboles : « Comprendre, autant que faire se peut, le "choix" qu'une société fait de son symbolisme, exige de dépasser les considérations formelles ou même "structurales" [23]. »

Du point de vue de Castoriadis, la dimension imaginaire permet de restituer à l'histoire, au processus d'émergence du nouveau, un véritable rôle, alors que les études synchroniques du structuralisme marginalisent les logiques diachroniques. Ce rôle de l'imaginaire ne se limite pas aux sociétés archaïques, il accompagne tout aussi bien la rationalisation progressive du social et donc la modernité. Il est même augmenté par les besoins créés et entretenus à partir d'artifices de plus en plus éloignés des nécessités naturelles propres à la survie de l'espèce : « Plus qu'aucune autre société, aussi, la société moderne permet de voir la fabrication historique des besoins que l'on manufacture tous les jours sous nos yeux [24]. »

---

21. Cornelius CASTORIADIS, L'Institution imaginaire de la société, op. cit., p. 175.
22. Ibid., p. 191.
23. Ibid., p. 192.
24. Ibid., p. 219.

Il faut attendre Kant et sa découverte de l'imagination transcendantale dans *Critique de la raison pure* pour voir la dimension de l'imaginaire sortir du purgatoire. Mais Kant l'a laissée en friche, cantonnant l'imagination au domaine du sensible : « L'imagination dont parle Kant, c'est l'imagination *seconde*[25]. » Castoriadis reconnaît néanmoins un grand mérite à la conception kantienne de l'imagination pour avoir mis en avant l'idée d'un schématisme comme médiation entre les catégories et les données sensorielles. De plus, on retrouve l'imagination dans la *Critique de la faculté de juger*, où elle est liée à la création de l'œuvre d'art.

La tradition phénoménologique ne satisfait pas non plus Castoriadis car elle s'appuie sur une illusion réaliste selon laquelle la conscience est conscience de quelque chose. La conscience se trouve ainsi paradoxalement condamnée au solipsisme dans la mesure où il lui est impossible de savoir ce qu'il en est de tout autre que soi : « Du point de vue phénoménologique strict, je n'ai *aucun accès* à l'expérience des "autres personnes" ; celles-ci et leurs "expériences" n'existent qu'en tant que *phénomènes pour moi*[26]. » La démarche phénoménologique reste donc prisonnière d'un point de vue égologique. L'évolution de Husserl vers le monde de la vie, que l'on retrouve chez le Heidegger de *Être et Temps*, n'est pas plus satisfaisante puisqu'elle troque le regard égologique pour un rapport autocentré, à plus grande échelle. Certes, Sartre et Bachelard accordent une place à l'imaginaire dans leur philosophie, mais pas au même niveau que Castoriadis, pour qui cette place est absolument nodale, la matrice même de son ontologie[27]. Pour lui, l'Être ne relève d'aucun système, mais du Chaos, du Sans-Fond : il n'est pas dans le temps car il est lui-même le temps et il est source de création et de destruction des formes créées. Comme le rappellent Philippe Caumières et Arnaud Tomès, l'humanité selon Castoriadis émerge dans un premier temps à partir de la psyché, puis dans un second temps « comme individu socialisé[28] » ; d'où le rôle majeur joué par les institutions, permettant la socialisation d'une psyché qui avant cela est impropre à la survie.

---

25. Cornelius CASTORIADIS, « Imagination, imaginaire, réflexion », *loc. cit.*, p. 277, et Cornelius CASTORIADIS, « La découverte de l'imagination », *Domaines de l'homme, op. cit.*, p. 409-454.

26. *Ibid.*, p. 280.

27. Cornelius CASTORIADIS, « Imaginaire et imagination au carrefour », *Figures du pensable, op. cit.*, p. 113-138.

28. Philippe CAUMIÈRES et Arnaud TOMÈS, *Cornelius Castoriadis, op. cit.*, p. 157.

Non loin de la tradition phénoménologique, Castoriadis semble bien étayer son approfondissement de la dimension imaginaire en faisant un détour par l'œuvre de Maurice Merleau-Ponty. Si les mentions de son nom sont rares jusqu'à la longue étude qu'il lui consacre en 1976 [29], on peut émettre l'hypothèse que cette discrétion ne tient pas à un manque de considération pour l'œuvre de Merleau-Ponty, mais au fait qu'il ne souhaite pas interférer dans la relation privilégiée qu'entretient son ami Lefort avec Merleau-Ponty. Il y a en effet, *via* Lefort, une proximité entre eux et il semble que Merleau-Ponty évoque implicitement Castoriadis comme son ami en 1955 quand il écrit : « Sartre dit aujourd'hui que la dialectique est une fadaise. *Un marxiste de mes amis* dit que le bolchevisme déjà ruinait la révolution, et qu'il faut mettre à sa place l'imprévisible invention des masses [30]. »

Le second Merleau-Ponty, celui de *Le Visible et l'Invisible* [31], intéresse davantage Castoriadis que le premier, celui de la *Phénoménologie de la perception*. En 1971, Castoriadis participe au numéro de la revue *L'Arc* qui rend hommage à Merleau-Ponty et place en exergue de sa contribution un extrait de cet ouvrage [32]. Il salue cette pensée qui tente de définir une autre voie que celle de l'ontologie traditionnelle et de son égologie. Il suit Merleau-Ponty quand il prend ses distances avec la démarche eidétique de Husserl pour sortir du schéma classique des représentations et lui substituer une pensée en termes de croisements et de réversibilité.

Certes, l'orientation définie par Merleau-Ponty dans *Le Visible et l'Invisible* n'est pas, aux yeux de Castoriadis, pleinement satisfaisante, mais il lui reconnaît l'immense mérite d'avoir tenté d'échapper au privilège accordé jusque-là à la chose, d'avoir exploré la dimension imaginaire, même si cette tentative reste inachevée, interrompue par la disparition précoce en 1960 : « Dans ses derniers écrits, le terme et l'idée d'imaginaire reviennent fréquemment, même si leur indétermination frise l'équivoque [33]. » Si Castoriadis n'y perçoit que quelques

29. Cornelius CASTORIADIS, « Merleau-Ponty et le poids de l'héritage ontologique », *Fait et à faire, op. cit.*, p. 189-235.

30. Maurice MERLEAU-PONTY, *Les Aventures de la dialectique*, Gallimard, Paris, 1955, p. 312.

31. Maurice MERLEAU-PONTY, *Le Visible et l'Invisible*, Gallimard, Paris, 1964.

32. Cornelius CASTORIADIS, « Le dicible et l'indicible. Hommage à Maurice Merleau-Ponty », *loc. cit.* ; repris dans Cornelius CASTORIADIS, *Les Carrefours du labyrinthe*, t. I, *op. cit.*, p. 161-189.

33. Cornelius CASTORIADIS, « Merleau-Ponty et le poids de l'héritage ontologique », *loc. cit.*, p. 192.

avancées partielles étrangères à la cohérence d'ensemble de la pensée de Merleau-Ponty, il lui reconnaît cependant le mérite d'avoir, avec lucidité et rigueur, bien perçu l'importance de l'imaginaire. C'est notamment le cas lorsqu'il affirme que « percevoir et imaginer ne sont plus que deux manières de *penser*[34] » ou que « le cercle étroit des objets de pensée à demi pensés, des demi-objets ou fantômes qui n'ont nulle consistance, nul lieu propre, disparaissent au soleil de la pensée comme les vapeurs du matin et ne sont, entre la pensée et ce qu'elle pense, qu'une mince couche d'impensé[35] ». Castoriadis ne se satisfait pas du sens flottant que Merleau-Ponty accorde à l'imaginaire, mais il reconnaît qu'il s'en est pris à la conception vulgaire de la représentation telle qu'elle a été thématisée depuis 1938 par Heidegger, puis reprise à sa suite et considérée comme un masque que la philosophie aurait pour charge de lever.

Selon le dernier Merleau-Ponty, l'esprit n'a pas des représentations, il est lui-même flux représentatif, présentation constante de quelque chose qui n'est là ni pour autre chose ni pour quelqu'un : « Perception, rêve, rêverie, souvenir, phantasme, lecture, audition de musique les yeux fermés, pensée sont d'abord et essentiellement cela, rigoureusement au même titre[36]. » Dans ce cas, on ne peut séparer la dimension du visible et de l'invisible, tous deux étant pris dans un réseau de relations inextricables par lesquelles on ne peut communiquer du visible qu'en passant par de l'invisible, donc de l'imaginaire, du subjectif, du social : « L'inhérence, au percevoir, du parler-penser, lorsque l'on mesure ce que parler veut dire, tout ce à quoi la parole tient et tout ce qu'elle convoie, n'est rien d'autre, en ce sens, que l'ébranlement de la distinction entre réel et imaginaire[37]. » C'est ce début d'ébranlement que Merleau-Ponty parvient à réaliser progressivement au cours des années 1950 lorsqu'il constate que l'imaginaire déborde de partout le champ de la perception : « Notre vie réelle, en tant qu'elle s'adresse à des êtres, est déjà imaginaire[38]. »

Dans son cours au Collège de France, Merleau-Ponty traite de la question de l'institution et préconise une nécessaire articulation avec

---

34. Maurice MERLEAU-PONTY, *Le Visible et l'Invisible, op. cit.*, p. 49.
35. *Ibid.*, p. 50-51.
36. Cornelius CASTORIADIS, « Merleau-Ponty et le poids de l'héritage ontologique », *loc. cit.*, p. 200.
37. *Ibid.*, p. 225.
38. Maurice MERLEAU-PONTY, *L'Institution. La Passivité. Notes de cours au Collège de France (1954-1955)*, Belin, Paris, 2003.

une dynamique historique qui reprend incessamment le passé pour avérer un sens renouvelé. Castoriadis n'est pas éloigné de cette conception : « On entend donc ici par institution ces événements d'une expérience qui la dotent de dimensions durables, par rapport auxquelles toute une série d'autres expériences auront sens, formeront une suite pensable ou une histoire[39]. » Cet ancrage dans une *praxis* historiquement contextualisée n'est pas sans faire penser à ce travail constant de l'instituant sur l'institué chez Castoriadis. On retrouve aussi chez Merleau-Ponty cet empiètement de l'imaginaire sur la perception, « à savoir le fait que notre relation perceptive au monde est pétrie des significations inconscientes constituant notre passé et que l'institution a cristallisées dans l'épaisseur de notre être charnel[40] ».

Merleau-Ponty et Castoriadis ont en commun d'avoir pris au sérieux les apports de la psychanalyse, ce qui les a conduits à ne pas réduire la dimension imaginaire à un simple leurre à démythologiser, mais à l'ancrer dans la traversée d'une expérience concrète. Castoriadis, qui devient analyste, va plus loin encore que Merleau-Ponty dans cette direction puisqu'il articule l'imaginaire social à l'imagination radicale du sujet dans sa singularité. Comme le remarque Caterina Réa, il radicalise la conception merleau-pontienne de l'imaginaire jusqu'à la dessaisir de toute primauté perceptive : « C'est dès lors à partir de ces zones d'ombre et d'imperçu, à partir de ses lacunes et de ses moments de quasi-absence, que les significations mythiques et oniriques pénètrent et structurent l'expérience perceptive[41]. » Pour Castoriadis, toute perception est historiquement située et ne peut s'appuyer sur quelque prétendue naturalité. Les significations oniriques ne cessent d'irriguer le champ de la conscience perceptive. Il retrouve là ce que Merleau-Ponty appelle la « texture imaginaire du réel[42] » pour qualifier cet enchevêtrement.

En 1992, Castoriadis précise, à l'occasion d'une intervention aux Nuits de Ville-Évrard, ce qu'il entend par chaos, notion qui connaît alors une certaine faveur mais qui tend à désigner tout et n'importe

---

39. Maurice MERLEAU-PONTY, *Résumés de cours au Collège de France (1952-1960)*, Gallimard, Paris, 1982, p. 61.

40. Caterina RÉA, « Perception et imaginaire : l'institution humaine entre créativité et sédimentation. Une lecture à partir de Merleau-Ponty et Castoriadis », *Cahiers Castoriadis*, n° 1, 2006, p. 80.

41. *Ibid.*, p. 95.

42. Maurice MERLEAU-PONTY, *L'Œil et l'Esprit*, Gallimard, Paris, 1964, p. 24.

quoi. Il prolonge à cet égard la préoccupation déjà exprimée par le mathématicien René Thom : « Je ne connais qu'une définition à peu près rigoureuse des phénomènes chaotiques, celle que l'on trouve chez D. Ruelle et qui semble généralement admise : ce sont les processus d'évolution temporelle où il y a une dépendance sensitive, sensible, importante par rapport aux conditions initiales, à savoir à ce qui était là au départ, ou par rapport aux conditions, aux limites, comme on dit en mathématique, c'est-à-dire à ce qui entoure le phénomène [43]. » Il rappelle à cette occasion que chaos ne signifie pas désordre et confusion, mais que son étymologie grecque renvoie à la notion de vide, évoquant à cet égard l'usage qu'en fait Hésiode dans sa *Théogonie*, dont le point de départ est la béance, le rien à partir duquel sont apparus la Terre, le Ciel et Eros, question qu'il avait déjà abordée dans son séminaire en 1983.

René Thom trouve un grand intérêt aux thèses développées par Castoriadis dans *L'Institution imaginaire de la société* : « Votre livre est tellement riche qu'il est difficile d'en prendre une connaissance suffisante en peu de temps. Je serai en plein accord avec votre thèse principale qui voit dans l'imaginaire le constituant essentiel de toute société. Mais je ne crois pas que l'imaginaire soit d'origine sociologique. Il existe déjà dans le biologique : le prédateur "fantasme" ses proies. Vous avez peut-être la tendance – inhérente à tout sociologue – de privilégier l'origine sociale des grandes fonctions symboliques, à l'instar de Durkheim. [...] Mon amour-propre de spécialiste s'est trouvé très affecté par ce que vous dites p. 330 de la topologie ; j'entends bien que vous visiez probablement, non mes propres tentatives, mais celles, beaucoup mieux connues à Paris, de Jacques Lacan. Il y a entre arithmétique et topologie cette différence essentielle que l'une traite du discret, et l'autre du continu. Mais évidemment, le continu – sans rien d'autre – échappe au "*Legein-Teukhein*" ; c'est par l'opération que l'arithmétique discrète récupère le continu. Mais l'arithmétique n'a pas de support propre, au contraire du continu, qui supporte le discret par la "coupure" [...] [44]. »

Castoriadis se montre critique vis-à-vis des conceptions qui ont largement dominé le paysage intellectuel des années 1960 à propos de l'aliénation, que ce soit la conception sartrienne du « pratico-inerte », de l'en-soi du sujet qui occulte l'être véritable du pour-soi et en

---

43. Cornelius CASTORIADIS, « Faux et vrai chaos », *Figures du pensable, op. cit.*, p. 334.
44. René Thom, lettre à Castoriadis, archives Castoriadis, 29 novembre 1976.

empêche l'envol, ou le discours lacanien selon lequel le sujet est fondamentalement aliéné par le « discours de l'Autre ». Pour ces conceptions, l'imaginaire occupe la position du déni et se trouve donc à la source de l'aliénation. Il se tient fermement dans cet entrelacs entre les deux pôles que sont les courants de pensée qui privilégient une naturalisation du social, et l'autre pôle, celui de la modernité, qui privilégie avec Rousseau, Locke ou Hobbes la notion du contrat, de l'artifice contractuel fondateur du lien social, même sous le voile de l'ignorance, comme l'actualise un John Rawls. L'histoire de l'humanité ne se réduit ni à un artefact ni à un fonctionnalisme, elle relève d'une « faim de sens [45] », qui est par principe exposée au changement temporel et condamnée à l'inachèvement.

En 1981, Castoriadis précise à l'occasion d'une de ses interventions comment il en est venu à l'étude du magma : « C'est vers ces multiplicités inconsistantes – inconsistantes du point de vue d'une logique qui se veut consistante ou rigoureuse – que je me suis tourné à partir du moment, en 1964-1965, où m'est apparue l'importance de ce que j'ai appelé l'imaginaire radical dans le monde humain [46]. » Il trouve alors dans la théorie de Cantor un point d'appui pour sa propre conception du magma. La définition que donne Cantor de ce qu'est un ensemble lui apparaît comme « fantastiquement profonde et éclairante [47] », faisant une place à l'indéfinissable dans l'explication de ce qui est défini. Au cœur de la science se situe l'incertitude, et donc la nécessaire interrogation philosophique. Fort d'une vraie connaissance des sciences mathématiques et physiques, contrairement à la plupart des intellectuels de formation littéraire, Castoriadis interroge en épistémologue les fondements des mathématiques. Dans les années 1930, Gödel fait la démonstration qu'un système formalisé contient nécessairement des propositions indécidables : « Les mathématiciens doivent ainsi cohabiter désormais en permanence avec les questions de fondement, inéliminables de ce monde et de leur monde [48]. » Alors que le domaine mathématique semble jouer le rôle de modèle d'une certitude hypothético-déductive dans les autres

---

45. Philippe CAUMIÈRES et Arnaud TOMÈS, *Cornelius Castoriadis, op. cit.*, p. 149.

46. Cornelius CASTORIADIS, « La logique des magmas et la question de l'autonomie », *Domaines de l'homme, op. cit.*, p. 482.

47. *Ibid.*, p. 485.

48. Cornelius CASTORIADIS, « Science moderne et interrogation philosophique », *Encyclopædia Universalis*, vol. 17, *Organum*, novembre 1973 ; repris dans Cornelius CASTORIADIS, *Les Carrefours du labyrinthe*, t. I, *op. cit.*, p. 200-201.

sciences, les théorèmes d'indécidabilité de Gödel ont pour effet de ruiner les fausses assurances. Castoriadis en déduit que les effets de ces théorèmes ne sont pas limités au seul savoir mathématique, ni même à ce que l'on qualifie de sciences dures, mais qu'ils affectent aussi la philosophie, qui n'en a pas encore tiré les conséquences. Le détour par les mathématiques ne relève donc pas pour lui de l'emprunt de chemins buissonniers, mais d'un impératif majeur de la pensée pour creuser ce qu'est ce pôle magmatique, ce sans-fond, ce chaos qui se trouve en amont de la réalité sociale.

La crise des fondements affecte encore plus gravement les sciences physiques, qui ont dû s'interroger sur ce qu'étaient le temps et l'espace depuis l'antinomie épistémologique révélée par Heisenberg dans les années 1920 entre les lois ordinaires de la physique et le domaine de la microphysique, ce qui a ébranlé la catégorie qui s'était érigée partout comme le modèle même de la scientificité : la causalité mécanique. Les concepts newtoniens d'espace et de temps ont été relativisés avec les travaux d'Einstein et les découvertes de la physique quantique. Ces révolutions scientifiques ont introduit des discontinuités et remis en question l'idée d'une simple cumulation progressive du savoir dans l'histoire des sciences. Ce qui revient à dire que « ce que l'on appellera, faute d'un meilleur terme, les étapes historiques de la science correspond à autant de *ruptures*[49] ». Pour Castoriadis, la tradition philosophique se montre incapable de penser cette histoire des sciences. Il faut donc penser différemment, ne plus séparer formes et contenus, ne plus imputer au réel une logique ni lui récuser toute forme de logique, mais penser l'entrelacement permanent des deux dimensions subjective et objective dans leurs modifications respectives au cours du processus historique : « Les questions de fondement, débattues depuis son origine par la philosophie, reviennent ainsi au milieu de la science, qui s'en était crue pendant longtemps protégée[50]. »

Castoriadis place la notion d'indécidabilité de l'origine au centre de son abord de l'histoire des sciences et de son interrogation sur leurs fondements. La logique ensidique est toujours en lien avec son autre, la dimension imaginaire : « Elle est partout dense dans l'être[51]. » L'ontologie qu'il préconise est liée à sa conception des mathématiques

---

49. *Ibid.*, p. 218.
50. *Ibid.*, p. 226.
51. Cornelius CASTORIADIS, « Remarques sur l'espace et le nombre », *Figures du pensable, op. cit.*, p. 345.

et à ce « partout dense » dans l'être : « C'est un concept topologique qui peut se comprendre avec l'exemple des réels et des rationnels. Si on prend l'ensemble des nombres réels et si l'on prend n'importe quel voisinage, aussi petits soient-ils, il y a dedans des rationnels. En mathématiques, on dit que l'ensemble des rationnels est partout dense dans l'ensemble des réels. Quels que soient les voisinages, il y a un autre être [52]. » Castoriadis a toujours été fasciné par les mathématiques et leur a même consacré une année de son séminaire à l'EHESS malgré la désertion progressive de son public. Quand son ami Christos Grammatikas arrive en France pour y suivre un cursus de physique théorique en 1967 et s'inscrit en mathématiques à Paris 7, Castoriadis lui demande d'avoir avec lui des séances hebdomadaires de travail sur les mathématiques. Ils n'en feront finalement qu'une petite demi-douzaine : « Personnellement, je pense que le concept qu'il a forgé d'ensembliste-identitaire est un des concepts majeurs du XXᵉ siècle. C'est cela les mathématiques [53]. »

Partout, l'Être est ordonnable et partout il déborde. Castoriadis insiste particulièrement sur ce débordement de l'Être. Si d'un côté il y a le sans-fond, le chaos, de l'autre la société se dote d'une clôture. C'est un autre concept majeur chez Castoriadis, repris à la théorie des corps. Un corps est clos quand toutes les positions se trouvent dans ce corps. Il utilise cette métaphore pour parler de la clôture de la société, une société où toutes les réponses sont données à l'avance, et il prend l'exemple des sociétés primitives. Selon lui, c'est justement ce qui fonde la singularité de la création de la société démocratique grecque, puis de l'Occident, qui ont eu le mérite de briser cette clôture.

Cette conception des mathématiques suscite un certain intérêt chez des mathématiciens de profession, comme René Thom, Claude Chevalley ou Alain Connes. Ce dernier vient discuter avec Castoriadis à l'occasion de son « Bon plaisir » sur France Culture [54]. Au cours de l'échange radiophonique, Castoriadis exprime à son interlocuteur son attirance précoce d'adolescent pour le continent mathématique ; « et mon émerveillement dure toujours aujourd'hui [55] ». Il affirme sa proximité avec les thèses défendues par son interlocuteur dans son

---

52. Claude Helbling, entretien avec l'auteur.
53. Christos Grammatikas, entretien avec l'auteur.
54. Cornelius CASTORIADIS, *Post-scriptum sur l'insignifiance*, op. cit.
55. *Ibid.*

ouvrage *Matière à pensée*[56], notamment sur ce qui fonde le savoir mathématique, lequel se situe pour Alain Connes du côté de l'intuition, et que Castoriadis nomme l'imagination créatrice. C'est elle, l'intuition, qui est à l'œuvre dans la recherche de réponses aux deux grandes énigmes. La première de ces énigmes est celle de l'espace dans lequel on vit, et elle nécessite de penser ensemble mathématique et physique. La seconde grande énigme est celle de la suite des nombres premiers qui sous-tend l'arithmétique : « On s'aperçoit alors, chose étonnante, lorsqu'on s'est aventuré suffisamment loin dans l'élucidation de ces deux mystères, qu'ils ont énormément de points communs, [...] que, finalement, on ne peut pas vraiment disjoindre la perception qu'on a du monde physique de cette recherche sur les énigmes[57]. » Alain Connes conforte ainsi Castoriadis dans son ontologie qui consiste à ne pas dissocier l'ensidique de l'imaginaire. Ils se rejoignent aussi sur la question de l'inépuisable : « Pour moi, la réalité extérieure, tout ce qui est extérieur à nous, c'est essentiellement et d'abord une source d'information inépuisable. [...] Or la réalité mathématique, lorsqu'on parle des nombres premiers, de l'infinité des nombres premiers, a exactement ces caractéristiques d'être une source d'information imprédictible, intarissable, d'un côté, et incontournable, inévitable, de l'autre[58]. »

Le 13 février 1980, à l'invitation d'un professeur de mathématiques de l'université de Bordeaux 1, Didier Nordon, Castoriadis prononce une conférence sur « Logique mathématique et logique sociale ». Nordon, séduit par la lecture de sa contribution dans l'*Encyclopedia Universalis* – « Sciences modernes et interrogation philosophique » – suit Castoriadis dans sa volonté de renouer les fils distendus entre mathématiques et philosophie : « Cela m'intéressait de faire venir Castoriadis à Bordeaux avec l'espoir de faire naître quelques inquiétudes dans les cerveaux de mes collègues. Je ne crois pas y être arrivé[59]. » Didier Nordon s'inscrit dans une démarche critique vis-à-vis du savoir mathématique et surtout sur l'impensé et la relativité des pratiques du métier. Lorsque Castoriadis rappelle que le langage mathématique n'est pas dissociable du langage vernaculaire, il conforte Didier Nordon dans son ambition de montrer que *les*

---

56. Jean-Pierre CHANGEUX et Alain CONNES, *Matière à pensée*, Odile Jacob, Paris, 1989.
57. *Ibid.*, p. 126.
58. *Ibid.*, p. 135.
59. Didier Nordon, entretien avec l'auteur.

mathématiques pures n'existent pas[60]. Cela pose la question de l'universalité de ce savoir qu'il convient de reprendre à nouveaux frais : « Au cœur des mathématiques, on trouve donc ce qui n'est ni plus ni moins qu'une vision du monde. [...] De plus, depuis longtemps désormais, la crise des fondements est permanente. Cornelius Castoriadis (1978) montre à la fois les impasses où mène la logique ensembliste (ou identitaire) et l'impossibilité de ne pas l'utiliser[61]. » Didier Nordon se trouve conforté par la réintroduction de la dimension du social-historique à laquelle procède Castoriadis, et qui va à l'encontre de la pratique des mathématiciens, pour lesquels le temps est assimilé à des réels. Selon Castoriadis, le temps est éliminé comme aléatoire chez les mathématiciens lorsqu'ils cherchent à construire des déterminités parfaites, « ce qui a pour conséquence [...] que tout temps se trouve exclu des mathématiques, puisque le temps est ce qui altère les objets[62] ».

Pour illustrer ce pôle magmatique, qui comporte une multiplicité de possibles, Castoriadis prend comme exemple concret la ville médiévale, en s'appuyant sur les travaux d'Yves Barel[63], avec lequel il noue une relation amicale en juin 1981 à l'occasion de la décade de Cerisy consacrée à « L'auto-organisation ». La complexité des objets tient pour Castoriadis à leur caractère initial, qui relève du magma : « Nous dirons qu'un objet est magmatique lorsqu'il n'est pas exhaustivement et systématiquement *ensidisable* – autrement dit, réductible à des éléments et à des relations qui relèvent exclusivement et de façon homogène de la logique ensidique[64]. » La temporalité se situant du côté de l'émergence de nouveaux principes, Castoriadis voit dans le processus historique, et notamment dans ses périodes de mutation, le terrain privilégié pour percevoir ces objets d'origine magmatique. Autour du Xᵉ siècle, l'Occident se dote de nouveaux principes qui vont régir le monde médiéval dans lequel la ville va jouer un rôle central. Castoriadis perçoit là une rupture majeure qui rappelle ce qu'avait réalisé la Grèce dans l'Antiquité : on assiste à une avancée décisive de l'autonomie sociale et individuelle. Cependant, en même temps qu'elles aspirent à conquérir leur autonomie – à la différence de l'Athènes du Vᵉ siècle qui a vu se mettre en place un régime

---

60. Didier NORDON, *Les mathématiques pures n'existent pas !*, Actes Sud, Arles, 1981.

61. *Ibid.*, p. 40.

62. *Ibid.*, p. 134.

63. Cornelius CASTORIADIS, « Complexité, magmas, histoire », *Fait et à faire, op. cit.*, p. 250-269.

64. *Ibid.*, p. 256.

démocratique –, ces nouvelles villes se dotent de systèmes oligarchiques, le patriciat urbain[65]. Yves Barel et Castoriadis se rejoignent sur la question de savoir ce qui tient ensemble une société et pourquoi le nouveau émerge en histoire : « Les réponses qu'y apporte Barel dans le cas qu'il examine me paraissent vraies pour l'essentiel. Le surgissement de la ville médiévale est reconnu comme "discontinuité majeure" (p. 74 et 165 *et sq.*), où l'on discerne l'émergence d'éléments "nouveaux" (p. 169). Cette discontinuité se tisse avec une "continuité"[66]. » Cette autocréation ne peut se ramener à des déterminations qui en expliqueraient le sens en amont. Si l'on recherche néanmoins ce qui pourrait la rendre plus intelligible, il faut interroger, selon Yves Barel, l'« imaginaire urbain[67] ».

Les significations imaginaires sociales ne correspondent pas, selon Castoriadis, aux « idéal-types » définis par Max Weber, elles ne sont pas la résultante d'un sens « subjectivement visé », elles sont au contraire la condition de possibilité de visées subjectives concrètes : « Les significations imaginaires sociales sont "immanentes" à la société chaque fois considérée[68]. » Ces significations se présentifient dans des institutions qui sont la porte d'entrée dans l'imaginaire social, dont elles sont le support. Ainsi, non seulement Castoriadis rompt avec la théorie du reflet, mais il recherche les moyens de renouveler la théorie de la représentation, qui remonte aux débuts de la pensée philosophique, en lui apportant de nouvelles réponses : « La difficulté est de comprendre […] que l'imaginaire social n'est ni substance, ni qualité, ni action, ni passion ; que les significations imaginaires sociales ne sont ni représentations, ni figures ou formes, ni concepts[69]. »

Chaque société se dote d'un sens globalisant qui fonde la singularité de son être-ensemble. Le monde commun qu'elle en vient à former est la résultante de ce jeu constant entre l'instituant et l'institué qui définit son être temporel. L'imaginaire social-historique est à la fois réfractaire à la logique ensembliste-identitaire, et en même temps il en a besoin pour être, pour se présentifier et s'incarner dans de l'institué, sans que ce dernier n'échappe pour autant aux injonctions de la novation portées par l'instituant.

---

65. Yves BAREL, *La Ville médiévale*, Presses universitaires de Grenoble, Grenoble, 1978.
66. Cornelius CASTORIADIS, « Complexité, magmas, histoire », *loc. cit.*, p. 266.
67. Yves BAREL, *La Ville médiévale, op. cit.*, p. 182.
68. Cornelius CASTORIADIS, *L'Institution imaginaire de la société, op. cit.*, p. 491.
69. *Ibid.*, p. 493.

Le social-historique constitue une double limitation aux forces créatives renvoyant aux contraintes du présent ainsi qu'à celles des traditions ancrées dans le passé, d'autant que certaines créations qui se sont cristallisées dans le temps constituent même selon Castoriadis des « quasi-transcendantaux historiques ». Comme le fait remarquer Olivier Fressard, Castoriadis ne partage pas avec Sartre l'idée d'une philosophie de la création absolue dans l'histoire, mais serait plutôt, sur ce plan aussi, à rapprocher de Merleau-Ponty et de sa conception de la « liberté concrète », soit l'exercice d'une liberté qui trouve « un appui dans les choses », l'homme étant « un produit-producteur comme lieu où la nécessité peut virer en liberté concrète[70] ».

Comme le souligne Laurent Van Eynde, la pensée de l'imaginaire chez Castoriadis est à rattacher à une anthropologie philosophique dont la tentative est de comprendre la manière dont la singularité peut modifier l'essence tout en continuant à faire essence ; en d'autres termes, il s'agit de comprendre la constitution de l'universel par le singulier : « La pensée du possible conduit toujours à ramener la singularité à l'*a-priori* de l'universel. Au moins, il revient alors à la singularité de nous surprendre en nous faisant découvrir, dans son émergence même, ce qu'est la puissance de l'universel[71]. » Selon Laurent Van Eynde, la pensée de Castoriadis porte, au-delà de cette insistance, sur la signification que peuvent avoir des révélations disruptives dans le cours du temps. Il s'efforce de dépasser la coupure traditionnelle entre le transcendantal et l'empirique, ce qui explique sa critique globale de tout ce qu'il qualifie de pensée héritée. S'il rompt avec le transcendantalisme, Castoriadis n'entend pas pour autant adopter des positions relativistes et renoncer à la question de l'universel. C'est dans cet objectif de penser la singularité en même temps que l'universel qu'il porte toute son attention aux composantes requises de l'effectivité, à la concrétude de l'effectivité, d'où l'intérêt pour l'étude de situations historiques concrètes : « Ce qui revient à dire que la pensée de Castoriadis est une anthropologie de l'effectivité ou, si l'on préfère, une ontologie de la création humaine[72]. » C'est en effet autour de la création humaine dans l'histoire que se noue le rapport dialectique entre l'instituant et l'institué, lequel se

---

70. Maurice MERLEAU-PONTY, *Sens et non-sens*, Nagel, Paris, 1966, p. 236-237.

71. Laurent VAN EYNDE, « La pensée de l'imaginaire de Castoriadis du point de vue de l'anthropologie philosophique », *Cahiers Castoriadis*, n° 1, 2006, p. 65.

72. *Ibid.*, p. 67.

trouve au cœur de la dynamique historique : « L'anthropologie de l'imaginaire chez Castoriadis devient alors réellement le foyer de toute l'entreprise philosophique, puisqu'elle reconnaît dans l'imaginaire la pulsion à la philosophie – le désir de savoir – et en même temps permet d'opérer une synthèse à mon sens plus que jamais déterminante aujourd'hui entre l'idéal grec d'une philosophie dont l'avènement est lié à celui de la démocratie et l'idéal *Aufklärer* de l'émancipation individuelle et sociale[73]. »

Cette position nodale de l'imaginaire qui se situe au cœur de la raison philosophique, Castoriadis l'exprime le plus clairement dans une intervention de 1991, reprise dans la revue *Diogène* en 1992[74] : « Aux deux extrémités de la connaissance, mais aussi constamment en son milieu, se tient la puissance créatrice de l'être humain, à savoir l'imagination radicale[75]. » Il est significatif que ce point de nouage paradoxal entre ces deux notions le plus souvent opposées l'une à l'autre, la passion et la connaissance, soit étayé sur une articulation avec les données propres de la psyché au nom desquelles Castoriadis se permet de contredire Aristote pour affirmer : « Ce que la psyché, autant que la société, désire, et ce dont toutes les deux ont besoin, ce n'est pas le savoir, mais la croyance[76]. »

---

73. *Ibid.*, p. 74.
74. Cornelius CASTORIADIS, « Passion et connaissance », *Diogène*, n° 160, octobre-décembre 1992 ; repris dans Cornelius CASTORIADIS, *Fait et à faire, op. cit.*, p. 147-168.
75. *Ibid.*, p. 147.
76. *Ibid.*, p. 164.

21

Le grand sommeil

Au cours des années 1980-1990, Castoriadis a le pressentiment d'un changement d'époque, d'un basculement de notre régime d'historicité. La perspective d'une révolution s'est inexorablement éloignée en même temps que la chute du mur de Berlin a rendu évident pour tous ce que Castoriadis et ses amis de Socialisme ou Barbarie disaient depuis longtemps sur la mystification du système communiste. Avec l'effondrement de cette utopie et la perte de la croyance en un progrès continu de l'économie et de la société à la fin des « Trente Glorieuses », la société occidentale se retrouve orpheline de projet. Il résulte de cette situation d'impasse une profonde crise d'historicité marquée par la disparition de tout futur pensable et de tout horizon d'attente. Durant ces deux décennies prévaut une forme de présentisme [1] caractérisé par un ressassement du passé qui donne lieu à une vague mémorielle, patrimoniale et commémorative.

Castoriadis décrit cette époque présentiste dès 1993, dans un entretien avec Marc Weitzmann pour *L'Autre Journal* : « Il y a actuellement un temps imaginaire qui consiste en la négation du véritable passé et du véritable avenir ; un temps sans véritable mémoire et sans véritable projet. [...] Il n'y a plus de scansion véritable, mais ce que vous appelez un perpétuel présent qui est plutôt une mélasse, une soupe vraiment homogène où tout est aplati, tout est mis au même niveau de signification et d'importance. Tout est pris dans cette coulée

---

1. Voir François HARTOG, *Régimes d'historicité*, Le Seuil, Paris, 2003.

informe d'images ; et cela est d'un seul tenant avec la perte de l'avenir historique, la perte d'un projet, et la perte de la tradition, le fait que le passé est soit un objet d'érudition pour les excellents historiens que nous avons, soit un passé touristique : on visite l'Acropole comme on visite les chutes du Niagara [...] [2]. »

Castoriadis diagnostique non pas la fin de l'histoire comme Fukuyama, mais la phase triomphante du projet de maîtrise rationnelle sans fin du réel à l'échelle mondiale et le refoulement de la quête d'autonomie au profit d'une privatisation des individus, qui ont perdu tout sens du collectif. Il en résulte, selon Castoriadis, une perte de sens, une crise généralisée et une entrée dans un moment de torpeur, de grand sommeil. Les sociétés humaines subissent des forces supérieures qui leur ôtent tout contrôle sur les décisions à prendre pour construire un mode de vie en commun. Ce repli frileux sur le passé est régulièrement dénoncé par Castoriadis, qui y voit tous les signes d'une forme de décadence, surtout en Europe, qui a jusque-là été l'aile marchante des avancées du régime démocratique. Un processus de décomposition généralisée des sociétés occidentales affecterait toutes les catégories sociales [3]. Cette incapacité à prendre son destin en main atteint non seulement les exécutants, mais aussi les catégories dirigeantes, qui sont réduites à l'impuissance : « Superficialité, incohérence, stérilité des idées et versatilité des attitudes sont donc, à l'évidence, les traits caractéristiques des directions politiques occidentales [4]. »

Face à cette impuissance des dirigeants politiques à maîtriser les processus en cours, les populations se détournent de la politique et se réfugient dans l'abstention. La situation se caractérise aussi par un reflux des mouvements sociaux, d'autant que les partis qui ont encore quelque influence sur les salariés ont perdu leurs repères et « meurent d'inanition idéologique [5] ».

Au plan des rôles éducatifs, les relations intergénérationnelles se sont fragilisées au point que personne ne sait plus quelle est sa

---

2. Cornelius CASTORIADIS, « Une société à la dérive », entretien avec Marc Weitzmann, *L'Autre Journal*, n° 2, mars 1993 ; repris dans Cornelius CASTORIADIS, *Une société à la dérive*, *op. cit.*, p. 330.

3. Cornelius CASTORIADIS, « La crise des sociétés occidentales », *Politique internationale*, n° 15, printemps 1982, p. 131-147 ; repris dans Cornelius CASTORIADIS, *La montée de l'insignifiance*, *op. cit.*, p. 11-29.

4. *Ibid.*, p. 15.

5. *Ibid.*, p. 18.

fonction. La désorientation affecte même les rapports entre parents et enfants. Le panorama dressé en 1982 par Castoriadis est sévère : « Nous vivons une société des *lobbies* et des *hobbies*[6]. » Il perçoit bien le changement du rapport au passé, qui ne s'inscrit plus dans une quête de racines identitaires, mais dans un besoin boulimique de traces qui ont pourtant perdu leur sens et sont reléguées à une curiosité de nature touristique.

Ce diagnostic critique oublie cependant la part positive d'un rapport au passé plus distancié, plus réflexif et autonome[7]. Mais il est vrai qu'à la dialectique chère à Castoriadis d'une relation ternaire entre passé, présent et devenir, s'est substituée, dans un monde que Jean-François Lyotard qualifie de postmoderne[8], une relation binaire entre passé et présent désormais en panne d'avenir. L'histoire devait jusque-là faire sens pour conduire vers le progrès, qu'il relève d'une conception purement libérale – celle d'une croissance continue des forces productives, des innovations et de la production de biens matériels – ou d'une conception marxiste – celle d'un progrès de l'humanité par étapes en fonction des dépassements successifs des contradictions propres aux divers modes de production, pour atteindre finalement une société transparente à elle-même en son stade ultime égalitaire.

Il est certain que les grands chocs du XXe siècle, de la Première et de la Seconde Guerre mondiales, de la Shoah, puis de l'effondrement du système communiste, ont sérieusement ébranlé ces visions téléologiques de l'histoire. S'y est ajouté au cours de la seconde moitié du siècle le réveil des peuples du tiers monde, qui ont rejeté le joug colonial et la greffe occidentale pour faire valoir leurs propres valeurs. L'Occident, qui avait déjà perdu son *telos*, voit alors mis à mal ses prétentions à l'universalisme : « Tout se passe comme si, par un curieux phénomène de résonance négative, la découverte par les sociétés occidentales de leur spécificité historique achevait d'ébranler leur adhésion à ce qu'elles ont pu et voulu être, et, plus encore leur volonté de savoir ce qu'elles veulent, dans l'avenir, être[9]. »

Durant la période Socialisme ou Barbarie, le discours tenu par Castoriadis se concentrait sur une critique de la société de consommation,

---

6. *Ibid.*, p. 21.

7. Voir tout l'apport de l'entreprise de Pierre Nora, *Les Lieux de mémoire*, 7 vol., Gallimard, Paris, 1984-1993.

8. Jean-François Lyotard, *La condition postmoderne*, Minuit, 1979.

9. Cornelius Castoriadis, « La crise des sociétés occidentales », *loc. cit.*, p. 29.

saisie comme une occultation d'un rapport de sociabilité authentique, comme une aliénation empêchant l'essor des mouvements de lutte en cours. La revue rendait alors public tout ce qui incarnait le mouvement, le désir de changement. L'adversaire était le gadget porté par la publicité et la tendance lourde à la privatisation des individus, la critique des médias et notamment de la télévision. Dans la mesure où, entre les deux pôles antinomiques, celui de la socialisation et celui de la privatisation, ce dernier l'emportait de plus en plus, Socialisme ou Barbarie voulait démontrer que les forces du mouvement ne demandaient qu'à s'exprimer mais étaient étouffées par les appareils bureaucratiques.

Dans les années 1980, Castoriadis réalise qu'il ne peut plus affirmer que l'invention est partout mais chaque fois refoulée par des appareils. Il substitue à cette analyse le diagnostic d'une entrée dans une nouvelle ère peu propice à l'autonomie : « Cette opposition s'est transposée au plan culturel, avec cette question : est-on en train de vivre un déclin culturel ? Castoriadis avait fortement l'impression d'avoir vécu de vrais événements culturels avec le jazz, les révolutions musicales, le surréalisme. Sa position rejoint celle de Schumpeter, c'est-à-dire que le système détruit les bases anthropologiques de la liberté humaine, et même de la viabilité de tout système possible[10]. »

À l'unisson du diagnostic d'un Félix Guattari qui qualifie les années 1980 d'« années d'hiver », Castoriadis considère qu'il traverse « une basse époque[11] ». Après cinq années de gouvernance socialiste, il exprime en 1986 son dépit devant ce qu'il considère comme une simple gestion du système. Les seules réformes de structure, comme les nationalisations, n'ont fait qu'accroître le poids de la bureaucratie et n'ont pas permis de modifier les conditions de travail des salariés. Le souvenir de Mai 68 s'éloigne avec celui de ses potentialités d'autonomie. À la veille des « Vingt ans après », on assiste même à des entreprises de dénaturation du sens de ce mouvement, perçu comme l'avènement de l'individualisme contemporain : « Pour l'instant, donc, le *kairos* fait défaut comme *kairos* politique[12]. » Pour bien se faire comprendre sur l'inanité de son temps et sur son caractère présentiste, instantanéiste, Castoriadis confronte ce qu'affirmait Hegel

---

10. Vincent Descombes, entretien avec l'auteur.
11. Cornelius CASTORIADIS, « Nous traversons une basse époque... », *Le Monde*, 12 juillet 1986 ; repris dans Cornelius CASTORIADIS, *Une société à la dérive*, *op. cit.*, p. 209-214.
12. *Ibid.*, p. 211.

disant que l'histoire du monde est le Jugement dernier, à cette fin du XXᵉ siècle où le Jugement dernier est l'émission de télévision du soir, oubliée le lendemain pour laisser place à la suivante, ce qui révèle la disparition de tout jugement, « ni dernier, ni premier, ni mémoire, ni réflexion [13] ».

Ce règne de la facilité est pour Castoriadis fondé sur la facticité généralisée. C'est dans ce climat de perte de sens qu'il déplore la « montée de l'insignifiance [14] ». Il nourrit le projet d'un livre sur ce thème ayant pour titre provisoire *Le Grand Sommeil*. Dans cette posture de dénonciation des travers de son temps, Castoriadis entend endosser la tâche de l'intellectuel qui, selon lui, doit rester critique et ne pas céder aux sirènes du pouvoir en se transformant en expert contribuant à consolider l'ordre existant. Le rôle de l'intellectuel est de nourrir de ses réflexions et de son savoir le paradigme critique. Cette conception correspond bien à la vision qui prévalait dans les années 1960, celle de l'intellectuel incarnant la résistance, la vérité face à la raison d'État, dans la lignée de la tradition dreyfusarde. Sur ce plan, il partage tout à fait la conception de son ami Pierre Vidal-Naquet, qui s'est toujours pensé comme intellectuel dreyfusard. La publication en 1996 de son quatrième volume des *Carrefours du laby-rinthe*, qui porte pour titre *La montée de l'insignifiance*, vaut encore à Castoriadis bien des soutiens enthousiastes, comme celui de son ami Edgar Morin : « Mon cher Corneille, j'ai goûté avec jubilation les pages superbes et les formules d'anthologie où tu es le Polyeucte qui détruit les idoles de la connerie contemporaine. Ta pensée contient de plus en plus de *ging-sen*, et il est tonique d'en déguster une potion tous les matins [15]. »

La conjoncture intellectuelle s'est sensiblement modifiée au fil des années 1980, avec l'atténuation des clivages idéologiques. De son côté, Castoriadis considère que les lignes de clivage sont toujours aussi vives et entend continuer à défendre, contre l'air du temps, l'idée d'une révolution possible. Pour lui : « Il y a dégénérescence : les intellectuels abandonnent, trahissent leur rôle critique et deviennent des rationalisateurs de ce qui est, des justificateurs de l'ordre établi [16]. »

13. *Ibid.*, p. 212.
14. Cornelius CASTORIADIS, « La montée de l'insignifiance », *loc. cit.*, p. 96-121.
15. Edgar Morin, lettre à Castoriadis, archives Castoriadis, 24 mars 1996.
16. Cornelius CASTORIADIS, « La montée de l'insignifiance », *loc. cit.*, p. 99.

Castoriadis reste inscrit dans la lignée de l'intellectuel critique, comme il le montre par exemple en 1979, lorsque le philosophe d'extrême gauche Toni Negri est arrêté et placé à Rome dans une prison de haute sécurité, Rebibbia, accusé de favoriser le terrorisme et les Brigades rouges alors qu'il en a toujours dénoncé la folle stratégie. Castoriadis écrit à cette occasion : « Il n'est pas nécessaire d'approuver les idées d'Antonio Negri, ni de sympathiser avec elles, pour dénoncer son arrestation [17]. » Avec fermeté, il dénonce une atteinte aux principes élémentaires de la liberté de penser et en appelle à la responsabilité des intellectuels qui doivent défendre avec acharnement son plus strict respect s'ils ne veulent pas se retrouver réduits à ne penser que ce que le pouvoir les aura autorisés à penser. Alors que l'internement de Toni Negri se poursuit, il lui écrit en janvier 1982 qu'il est prêt à faire tout ce qu'il pourra pour « faire cesser ce scandale [18] ».

Castoriadis relie la crise de la fonction critique à la crise générale que subit la société prise de torpeur, engluée dans un consensus mou. Le règne de l'éphémère, de la publicisation s'est substitué aux exigences des générations antérieures d'habiter le temps, et cette évolution rend caduque toute tentative de pensée critique. Castoriadis a déjà perçu et dénoncé dès le début des années 1960 cette phase d'apathie et de privatisation des individus, mais ce mouvement de fond était alors contrebalancé par les mouvements de contestation de la jeunesse scolarisée, dans l'ensemble du monde occidental. Depuis, avec la disparition des grands conflits sociaux et politiques, c'est une période de décomposition qui s'ouvre et qui se traduit par la perte des significations, du sens et des valeurs. Alors qu'en 1968 encore, on voulait changer le monde, en 1980, on veut changer sa cuisine, comme l'annonce fièrement une publicité. Castoriadis se demande même comment la société occidentale peut perdurer en se donnant comme seule valeur le profit, et comme seul projet l'enrichissement. Il saisit bien la crise d'avenir que cette société traverse et en appelle au sursaut contre ces temps délétères, rappelant une fois de plus les antécédents historiques en termes de quête et d'avancée substantielle de l'autonomie, dans la Grèce antique mais aussi l'Occident médiéval à partir du XIe siècle. Il voit aussi ces avancées dans la capacité qu'a eu

---

17. Cornelius CASTORIADIS, « L'affaire Negri », archives Castoriadis, 11 juin 1979 ; publié dans Cornelius CASTORIADIS, *Quelle démocratie ?*, t. II, *op. cit.*, p. 107.
18. Castoriadis, lettre à Toni Negri, 26 janvier 1982, repris dans *ibid.*, p. 221.

l'Occident à exercer sa faculté critique et même autocritique vis-à-vis de l'esclavagisme, du colonialisme et du totalitarisme Cette faculté autocritique est même ce qui fonde la singularité de cette histoire occidentale dans la quête de l'autonomie réflexive à laquelle elle semble renoncer : « Je n'ai pas vu les descendants des Aztèques, les Hindous ou les Chinois faire une autocritique analogue [19]. » Tout comme l'intellectuel renonce à son rôle, la société occidentale tourne le dos à ce qu'est son rôle historique en se délestant de la fonction critique. Pour Castoriadis, on assiste au règne « du conformisme généralisé [20] ».

Replaçant le temps présent à l'intérieur d'une historicité plus longue, Castoriadis distingue trois périodes successives. En premier lieu le temps de l'émergence de l'Occident, entre le XIe siècle et le début du XVIIIe, avec l'affirmation autonome de cités qui réclament le droit de s'autogérer. Puis la modernité, qui s'étend jusqu'aux deux guerres mondiales et se caractérise par la critique, l'autonomie et le capitalisme ; durant cette période l'imaginaire du progrès est largement partagé par-delà les clivages sociaux et politiques. Avec les années 1950, s'ouvre pour Castoriadis une nouvelle période, celle du « retrait dans le conformisme [21] », marquée, après l'émergence du totalitarisme, par l'effondrement du mouvement ouvrier et le déclin de l'idéologie du progrès : « La période qui suit 1950 est centralement caractérisée par l'évanescence du conflit social, politique et idéologique [22]. »

Le tableau dressé est assez noir, puisque le temps présent cumule les signes de sénilité. Castoriadis dénonce l'atrophie de l'imagination politique, la paupérisation intellectuelle de la gauche comme de la droite, la décadence de la création spirituelle, le retraitement et le commentaire des œuvres anciennes, faute de capacité à en créer de nouvelles. La notion de postmodernisme, très en vogue alors et thématisée par Jean-François Lyotard [23], traduit bien, selon Castoriadis, ce délitement de la potentialité créative au profit de l'alignement sur le conformisme généralisé qu'il alimente en faisant l'apologie de l'éclectisme et en abandonnant toute fonction critique.

---

19. Cornelius CASTORIADIS, « La montée de l'insignifiance », loc. cit., p. 110.
20. Cornelius CASTORIADIS, « L'époque du conformisme généralisé », dans Cornelius CASTORIADIS, Le Monde morcelé, op. cit., p. 11-28.
21. Ibid., p. 22.
22. Ibid., p. 22.
23. Jean-François LYOTARD, La Condition postmoderne, op. cit.

Sur ce thème de l'abandon, Castoriadis trouve un réel écho. Des propositions lui sont faites de transformer ses interventions polémiques en ouvrage, comme celle de Georges Liébert qui le sollicite pour Robert Laffont : « Voici quelque temps que je voulais vous dire la jubilation que j'ai éprouvée à la lecture de votre texte "L'industrie du vide" paru dans *Le Nouvel Observateur* du 9 juillet dernier. Il ne se passe pas de jour où, éditeur et journaliste très occasionnel, je ne déplore comme vous "la honteuse dégradation de la fonction critique dans la France contemporaine". [...] Le diagnostic est grave. [...] Ne justifie-t-il pas de plus longs développements, sous la forme d'un article de revue ou d'un livre [24] ? »

Pour Castoriadis, les démocraties représentatives sont des régimes oligarchiques qui n'ont de démocratie que le nom, car la démocratie signifie le pouvoir du peuple. Dans un régime représentatif, ce peuple renonce à sa souveraineté et la remet à des élus qui parlent et décident en son nom sans qu'il y ait véritablement participation citoyenne aux décisions. Les citoyens ne sont appelés qu'à intervalles espacés à s'exprimer dans les urnes, et en plus, selon Castoriadis, « l'élection est pipée [25] », car la médiatisation croissante conduit à élire le candidat le plus télégénique. D'autre part, il ne s'agit pas de permettre au peuple de prendre la parole, mais de s'en dessaisir au profit d'une classe politique qui va parler et décider pour lui. On est loin du fonctionnement de la démocratie dans l'Athènes antique : « Il y a une merveilleuse phrase d'Aristote répondant à la question : "Qui est citoyen ? Est citoyen quelqu'un qui est capable de gouverner et d'être gouverné" [26]. » Dans les cités démocratiques de l'Antiquité grecque, la politique n'était pas considérée comme une activité spécialisée, chacun pouvait y prétendre, sous le contrôle des autres citoyens ; dans la société moderne, les responsabilités politiques relèvent de plus en plus d'un métier, d'une formation spécifique, celle des cadres de la nation qui font figure d'experts et sont coupés de l'opinion. Contradictoirement, le verdict que donnent régulièrement les urnes est soustendu par l'idée que toutes les opinions se valent.

Lorsqu'il tient ce discours de déploration sur son époque, Castoriadis ne se contente pas de se lamenter, il essaie au contraire, en

---

24. Georges Liébert, lettre à Castoriadis, archives Castoriadis, 7 septembre 1979.

25. Cornelius CASTORIADIS, *Post-scriptum sur l'insignifiance*, suivi de *Dialogue*, *op. cit.*, p. 17.

26. *Ibid.*, p. 17.

forçant le trait, de ranimer les énergies, de contribuer à un réveil des citoyens, pour qu'ils prennent eux-mêmes en charge leur destin : « Il me semble y avoir du Nietzsche chez Castoriadis dans ce souci de ne pas se laisser gagner par le pessimisme nihiliste. Ce n'est pas de la complaisance pour parler d'un déclin. Il utilise ce constat pour dire qu'il faut rebondir, et rejoint le pessimisme héroïque de Nietzsche, que l'on retrouve aussi chez Adorno[27]. » Même si l'on peut trouver une thématique similaire de la déploration décadentiste chez Heidegger, le point de vue est différent, car selon Heidegger ce déclin est inexorable et conduit vers la catastrophe annoncée. Castoriadis quant à lui espère, tout en sachant qu'il prêche encore dans un désert, réouvrir les portes d'un avenir commun qui soit celui de l'avènement de la démocratie. Se faisant le continuateur du dilemme tel que le pose Thucydide – « Il faut choisir : se reposer ou être libre » –, il œuvre pour la fin du grand sommeil qui permettra d'acquérir cette liberté.

Cet endormissement généralisé de l'Occident n'est selon lui pas sans effets dans le domaine de la création culturelle, également assoupie. Castoriadis déplore l'absence de nouvelle création, signe tangible d'une traversée des basses eaux[28]. On assisterait à la mort progressive de la culture occidentale qui n'aurait plus rien à signifier. Faute de se porter vers la nouveauté créative, la société occidentale se réfugierait dans le recyclage des créations anciennes transformées en ornements, en monuments funéraires, en objets d'exotisme et de dépaysement touristique.

Lorsque Castoriadis affirme ce lien entre la perte de dynamique historique et la panne culturelle en 1979, on est à la veille de la première année du patrimoine (1980) et de la vague mémorielle et commémorative. Le constat que dresse Castoriadis sur l'état de la culture est particulièrement sévère : « La culture contemporaine est, en première approximation, nulle[29]. » Il fait remonter les dernières véritables créations au tout début du XXᵉ siècle, entre 1900 et 1925, moment où la culture occidentale s'enrichit des œuvres de Schoenberg, Webern, Berg, Kandinsky, Mondrian, Proust, Kafka, Joyce... À la fonction critique qui accompagnait ces grandes créations, s'est substituée la fonction promotionnelle qui porte sous

---

27. Heinz Wismann, entretien avec l'auteur.
28. Cornelius CASTORIADIS, « Transformation sociale et création culturelle », *loc. cit.*, p. 11-39.
29. *Ibid.*, p. 18.

les *sunlights* le n'importe quoi dans une logique purement marchande : « Le métier du critique contemporain est identique à celui du boursier, si bien défini par Keynes : deviner ce que l'opinion moyenne pense que l'opinion moyenne pensera[30]. » La société, en manque de projet, avance à l'aveugle et n'engendre plus de nouvelles formes d'expression. On assiste à un phénomène similaire au plan politique lorsque les experts se substituent aux citoyens dans l'ordre de la décision politique. Une séparation progressive et un fossé se creusent entre la culture savante qui s'adresse à une petite élite et la culture de masse qui s'adresse au peuple, affadie, dégradée. Le public d'avant-garde réclame la novation constante, mais cet état d'esprit tourne à vide quand la novation est célébrée pour elle-même, aux dépens de son contenu. L'industrie culturelle de masse semble bien, aux yeux de Castoriadis, avoir réussi à faire disparaître la notion même d'œuvre, liée à la durée et à l'exceptionnalité de la singularité : « Il y a de moins en moins des œuvres, et de plus en plus des *produits*[31]. »

Ce regard critique n'est en apparence guère éloigné du discours traditionaliste qui déplore la modernité et vante les mérites du passé révolu tout en affichant une volonté de préserver ce qui subsiste des traditions. Pour éviter d'être confondu avec ces discours conservateurs, Castoriadis prend cependant soin de préciser : « Je *ne* parle *pas* dans la nostalgie d'une époque. [...] La poésie démotique néo-grecque vaut amplement Homère, comme le flamenco ou le gamelan valent n'importe quelle grande musique, les danses africaines ou balinaises sont de loin supérieures au ballet occidental et la statuaire primitive ne le cède à aucune autre[32]. » On ne peut donc confondre le point de vue de Castoriadis avec celui d'un Marc Fumaroli ou d'un Finkielkraut : il exprime un certain accord avec la dé-hiérarchisation des formes d'expression culturelle, laquelle soulève dans tous les milieux intellectuels conservateurs un véritable tollé.

À la base de cet effondrement culturel se trouvent selon Castoriadis les processus de désocialisation interne qui confinent les familles dans l'univers ouaté de leur domicile, autour de leur télévision. L'autre raison de cette atonie culturelle provient de la crise d'historicité et du basculement du rapport au passé. Coincée entre un rapport de ressassement incessant et un non-rapport, la société réduit son passé à une

---

30. *Ibid.*, p. 21.
31. *Ibid.*, p. 29.
32. *Ibid.*, p. 30.

matière morte, empêchant que se déploie une mémoire vive et suggestive pour construire un futur au présent. C'est bien ce changement de régime d'historicité que Castoriadis désigne comme le grand phénomène d'époque, la perte de la mémoire vivante se doublant de l'hypertrophie de la mémoire morte. Cette évolution correspond à « la perte d'un rapport substantif et non serf à son passé, à son histoire, à l'histoire – autant dire sa perte à elle-même. Ce phénomène n'est qu'un aspect de la crise de la conscience historique de l'Occident, venant après un historicisme-progressisme poussé à l'absurde (sous la forme libérale ou sous la forme marxiste) [33] ».

Cette intervention de Castoriadis dans le champ de la création culturelle précède de peu une controverse très vive entre deux camps opposés sur la question de la crise de l'art contemporain. *Le Débat* lance en 1981 une grenade incendiaire en publiant un texte un peu provocateur de Claude Lévi-Strauss. Celui-ci y porte un jugement très mélancolique sur la perte du travail de l'œil et de la main dans la peinture contemporaine [34]. Il fait même remonter le début de ce déclin à l'impressionnisme, dont il reconnaît qu'il a pourtant donné lieu à des chefs-d'œuvre, mais dont il regrette qu'il ait pu laisser penser à ses épigones que la peinture ne nécessitait aucun savoir-faire. Selon Lévi-Strauss, le métier de peintre s'est ainsi progressivement perdu ; partisan radical du figuratif le plus classique, il considère que la technique du clair-obscur de la Renaissance a signé le début de la fin de la peinture. Il fait ainsi passer Léonard de Vinci pour un fossoyeur : « C'est seulement en se montrant réfractaire aux sortilèges dissolvants du clair-obscur et en s'inclinant devant l'ordre intangible des choses que la peinture pourra de nouveau prétendre à la dignité d'un métier [35]. » Le peintre Pierre Soulages réagit vivement à ce propos dans *Le Débat*, affirmant que cette prise de position du grand anthropologue rejoint les conclusions des idéologues totalitaires [36]. Le ton est donné, et ce débat très clivé se transforme en une longue controverse au cours des années 1980 et 1990, voyant s'affronter, parfois très violemment, Philippe Dagen, Jean Clair, Pierre Daix, Jean-Philippe Domecq, Yves Michaud, Marc Fumaroli, Jean Baudrillard...

---

33. *Ibid.*, p. 37.
34. Claude LÉVI-STRAUSS, « Le métier perdu », *Le Débat*, n° 10, mars 1981, p. 5-9.
35. *Ibid.*, p. 9.
36. Pierre SOULAGES, « Le prétendu métier perdu », *Le Débat*, n° 14, juillet-août 1981, p. 77-82.

Castoriadis participe à cette controverse de manière discrète en consacrant à la question de la création artistique deux séances de son séminaire à l'EHESS les 22 et 29 janvier 1992 [37]. Krzysztof Pomian, dans la chronique qu'il fait de cette controverse en 2000, n'est pas éloigné de Castoriadis, et fait le lien entre le politique et ce qui se joue dans cette querelle autour de l'art et de la création. Ce qui a disparu, c'est le rapport entre la volonté de créer du nouveau et la volonté de réaliser une révolution sociale et politique, le désir de « changer la vie » [38].

Avec la question de l'art, Castoriadis prend pour objet quelque chose d'essentiel, un « donner forme au Chaos [39] », l'art étant un possible accès partiel au Chaos occulté par ce qui est institué. Il exprime quelque chose de fondamental en faisant naître des visions fragmentaires d'un monde nouveau, d'un cosmos habité par de nouvelles formes dans l'architecture, la musique, la poésie, la danse... La création artistique participe à l'Être et réussit à faire voir ce qui était là sans avoir été perçu et parfois à faire exister ce qui n'existait pas jusqu'alors. C'est ce que réussit, selon Castoriadis, la grande littérature, la grande musique, la grande peinture. Le critère du « grand » caractérisant cette capacité ontologique d'exprimer, de donner forme à l'Être.

Cette intervention de Castoriadis sur le terrain de l'esthétique est aussi l'occasion pour lui de dévoiler partiellement le jardin secret de ses engouements, sa prédilection en musique pour l'œuvre de Bach, et notamment pour *L'Art de la fugue* qui « crée un type de sentiment absolument unique [40] », ou en littérature pour l'œuvre de Kafka : « Prenez un roman comme *Le Château* de Kafka. Personne n'a vécu dans un monde comme celui-là, et nous avons tous vécu dans ce monde une fois que nous avons lu *Le Château* : c'est cela, la création [41]. » Selon lui, le plaisir procuré par ces œuvres vient du fait qu'elles font éprouver le sens : « Relisez l'*Iliade*, relisez n'importe quelle tragédie grecque, relisez Shakespeare, relisez *Splendeurs et misères des courtisanes* ou la *Recherche*, Kafka ou l'*Ulysse* de Joyce,

---

37. Cornelius CASTORIADIS, *Fenêtre sur le Chaos, op. cit.*, p. 133-167.
38. Voir Krzysztof POMIAN, « La querelle de l'art moderne », *Le Débat*, n° 110, mai-août 2000, p. 113-121.
39. Cornelius CASTORIADIS, *Fenêtre sur le Chaos, op. cit.*, p. 133.
40. *Ibid.*, p. 136.
41. *Ibid.*, p. 137.

réécoutez *Tristan* ou le *Requiem* de Mozart, n'importe quoi de Bach, c'est le sens de l'a-sensé et l'a-sensé du sens qu'on y éprouve[42]. »

À la base de cet effondrement historique et créatif se trouve le processus de technicisation du monde occidental porté par le projet historique de la société industrielle moderne. Celui-ci entend rationaliser les forces de la nature pour les mettre à son profit. L'ambition démesurée de l'homme de posséder la nature et de la soumettre à sa volonté fait apparaître l'homme « comme la plus néfaste vermine de la planète[43] ». Alors que les scientifiques abandonnent le rêve de réalisation d'une science d'inspiration galiléenne, la société, paradoxalement, s'en empare comme projet de maîtrise de la nature (*phusis*). Le développement de la technique est devenu une finalité en soi, au point où personne en Occident ne se demande plus vers quoi sont tendues toutes les énergies.

Selon Castoriadis, on retrouve cette conception chez les Grecs : « Le développement n'est qu'un autre nom de la *phusis* aristotélicienne. [...] "La nature est fin (*telos*)", dit Aristote. Le développement est défini par le fait d'atteindre cette fin[44]. » L'imaginaire social de l'Occident depuis la fin du Moyen Âge est porté par ce rêve de rationalisation totale, dans l'idée d'un développement linéaire ou par étapes, à la manière d'un organisme. La crise que traverse le monde occidental confronté à la fois aux effets négatifs de la croissance effrénée des forces productives au plan environnemental et à la fin de la croissance elle-même, met à mal cet imaginaire social ; ses effets ne se limitent donc pas aux aspects économiques. Si Castoriadis se fait critique de l'*hubris* qui a fait peser le destin de l'humanité sur cette maîtrise de la nature, il ne rejette nullement les avancées de la science et de la technique.

Il s'en prend en revanche au pouvoir de ce qu'il appelle la technoscience contemporaine. Ce pouvoir, qui selon lui est un impouvoir caractérisé par son irresponsabilité, se construit sur la base d'une passivité grandissante des individus. Cette technoscience est notamment caractérisée par le fait qu'elle est à elle-même sa propre finalité, tournant à vide : « Qui, parmi les protagonistes de la technoscience

---

42. *Ibid.*, p. 153.

43. Cornelius CASTORIADIS, « Science moderne et interrogation philosophique », *loc. cit.*, p. 192.

44. Cornelius CASTORIADIS, « Développement et rationalité », dans *Domaines de l'homme*, *op. cit.*, p. 169.

contemporaine, sait vraiment où il veut aller, non pas du point de vue du "pur savoir", mais quant au type de société qu'il souhaiterait et aux voies qui y mènent [45] ? » Les choses se sont encore aggravées avec le développement de ce pouvoir, qui est passé du souhaitable au faisable et qui a entraîné des mutations scientifiques sans que celles-ci aient été préalablement soumises à discussion au sein de la société. Selon Castoriadis, un « véritable choix exigerait l'établissement de *critères* et de *priorités* [46] ». En effet, les enjeux sociaux sont extrêmement prégnants : moyens de destruction massive, armes chimiques, destruction de la couche d'ozone, perte de la diversité génétique, déforestation progressive de la forêt tropicale, accidents de centrales nucléaires ou encore stockage des déchets radioactifs... Alors que toutes ces questions nécessiteraient débats, concertations et décisions à une échelle planétaire, la technoscience poursuit son chemin comme un « marteau sans maître à la masse croissante et au mouvement accéléré [47] ». Ce n'est pas la science que critique Castoriadis, c'est l'omnipotence et l'omniprésence d'une technoscience en pilotage automatique de plus en plus coupée du corps social, alors que la participation de tous à des questions qui concernent l'ensemble des citoyens serait impérative.

Une telle exigence, de plus en plus affirmée par Castoriadis, le rapproche du courant écologiste. Le 27 février 1980, il débat publiquement avec Daniel Cohn-Bendit [48], à Louvain, devant huit cents personnes. Il récuse l'idée dominante d'une neutralité de la technique et du savoir scientifique et affirme l'importance de l'enjeu écologique : « À mes yeux, le mouvement écologique est apparu comme un des mouvements qui tendent vers l'autonomie de la société [49]. » Après cette rencontre, Castoriadis décide Cohn-Bendit de la publier au Seuil après en avoir soumis le projet à Jean-Marie Domenach, qui accepte avec enthousiasme. Dans *L'Express,* François de Closets rend compte de l'ouvrage de manière critique et caustique, avançant que Castoriadis « se croit toujours sous la IVᵉ République », ce qui suscite une vive réaction de ce dernier auprès du directeur de l'hebdomadaire, Jean-François Revel : « Depuis huit ans, j'ai publié dix livres – huit

---

45. Cornelius CASTORIADIS, « Voie sans issue ? », dans *Le Monde morcelé, op. cit.,* 2000, p. 93.
46. *Ibid.,* p. 95.
47. *Ibid.,* p. 105.
48. Cornelius CASTORIADIS et Daniel COHN-BENDIT, *De l'écologie à l'autonomie, op. cit.*
49. *Ibid.,* p. 37-39.

chez Bourgois, et deux au Seuil. Ils vous ont tous été envoyés – à *L'Express* aussi bien qu'à vous personnellement. Ils n'ont pas été honorés d'une seule ligne dans l'hebdomadaire. [...] Je viens de publier avec Dany Cohn-Bendit un petit volume qui s'annonce pour ce qu'il est : un *document*, compte rendu d'une réunion qui nous avait surpris par son succès. [...] C'est alors que *L'Express* publie un petit factum hargneux et venimeux, bourré de contre-vérités [50]. »

Cette adhésion aux thèses écologistes lui vaut d'être contacté par les Verts : « Je fais aujourd'hui partie du mouvement écologiste, les Verts, dont j'ai été élu porte-parole lors de la dernière assemblée générale. En ce moment, je prépare donc avec d'autres la campagne des élections présidentielles où nous présentons Antoine Waechter. Pour que ce dernier affine sa pensée et ses analyses politiques, j'aurais aimé qu'il vous rencontre [51]. » Dans les années 1990, Castoriadis multiplie les interventions sur l'impératif écologique, considérant que « l'écologie est subversive car elle met en question l'imaginaire capitaliste qui domine la planète [52] ». Sans s'opposer à la progression logique du savoir scientifique, il s'en prend au processus d'autonomisation de la technoscience et en appelle à la *phronésis* (la prudence) d'Aristote qui doit guider l'action humaine. Là est la fonction de l'écologie, qui revêt une dimension éminemment politique, celle de la mise en débat dans la société de ses choix fondamentaux : « L'insertion de la composante écologique dans un projet politique démocratique radical est indispensable [53]. »

Castoriadis devient aussi une ressource et un point d'appui pour Serge Latouche, économiste hétérodoxe, anthropologue et cofondateur de la *Revue du MAUSS* [54], qui rencontre tardivement Castoriadis, en 1992, à l'occasion d'un colloque en Italie. Il suit depuis longtemps son œuvre et a déjà utilisé *L'Institution imaginaire de la société* alors qu'il donnait un cours à l'université de Lille 3 sur « Épistémologie et économie » : « Ce livre, dans le contexte des années 1970, m'a beaucoup marqué. Cela a été longtemps ma Bible [55]. » Au comité

---

50. Castoriadis, lettre à Jean-François Revel, archives Castoriadis, 24 janvier 1981.
51. Michel Du Chêne, lettre à Castoriadis, archives Castoriadis, 21 janvier 1988.
52. Cornelius CASTORIADIS, « L'écologie contre les marchands », *Le Nouvel Observateur*, 7-15 mai 1992 ; repris dans Cornelius CASTORIADIS, *Une société à la dérive, op. cit.*, p. 299.
53. Cornelius CASTORIADIS, « La force révolutionnaire de l'écologie », repris dans *ibid.*, p. 309.
54. Mouvement antiutilitariste dans les sciences sociales.
55. Serge Latouche, entretien avec l'auteur.

de rédaction du *MAUSS*, la plaisanterie en vogue à l'occasion de différends pouvant opposer Alain Caillé et Serge Latouche est d'identifier Caillé à Lefort et Latouche à Castoriadis.

Critique de la modernité et préconisant une politique de décroissance, les thèses de Serge Latouche sont rapprochées de celles de Castoriadis par le philosophe Dominique Janicaud [56]. Ce dernier salue le diagnostic sévère de Castoriadis sur le délabrement de l'Occident et le règne du conformisme généralisé : « La sévérité est salubre : il y a du Caton l'Ancien chez Castoriadis [57]. » Sur les méfaits de l'occidentalisation du monde [58], Latouche est en phase avec l'analyse de Castoriadis. Il stigmatise lui aussi le projet de rationalisation et de maîtrise planétaire et dénonce l'apothéose planétaire de la science et de la technique : « La supériorité européenne tient plus à l'*efficacité* d'un mode d'organisation qui mobilise toutes les *techniques* pour réaliser son objectif de domination, de la discipline militaire à la propagande, qu'à ses techniques mêmes [59]. »

S'il y a accord quant au diagnostic très pessimiste sur le cours des choses, Serge Latouche critique cependant ce qu'il considère comme des positions ethnocentristes d'autant plus surprenantes qu'il salue en Castoriadis une pensée lucide et critique de l'Occident [60]. Il réagit contre des jugements qui, au nom de l'universalité des valeurs, véhiculent un point de vue occidentalocentré, comme lorsque Castoriadis en appelle à défendre les valeurs de l'universalité : « En paraphrasant Orwell, il m'était arrivé d'écrire : toutes les cultures sont égales, mais il y en a une qui est plus égale que les autres, parce qu'elle est la seule qui reconnaît l'égalité des cultures [61]. » Selon le point de vue relativiste de Serge Latouche, il s'agit là d'un sophisme qui traduit une prise de position ethnocentrique. Et lorsque Castoriadis dénonce les pratiques de lapidation des adultères qui sont aussi inacceptables que les pratiques d'excision et d'infibulation des fillettes, Serge Latouche lui donne raison et tort en même temps. S'il est dans son bon droit de

---

56. Dominique JANICAUD, « La raison démocratique et ses revers », *Critique*, n° 540, mai 1992, p. 331-346.

57. *Ibid.*, p. 336.

58. Serge LATOUCHE, *L'Occidentalisation du monde*, La Découverte, Paris, 1989.

59. *Ibid.*, p. 24.

60. *Cf.* Serge LATOUCHE, *Cornelius Castoriadis ou l'autonomie radicale*, Le Passager clandestin, Neuvy-en-Champagne, 2014.

61. Cornelius CASTORIADIS, « De l'utilité de la connaissance... », *Revue européenne des sciences sociales*, n° 79, 1988, p. 99 ; repris dans Cornelius CASTORIADIS, *Quelle démocratie ?*, t. II, *op. cit.*, sous le titre « Connaissance et universalité », p. 306.

s'élever contre ce qui est en effet inacceptable « pour nous », cela ne l'autorise pas à en faire un critère de supériorité civilisationnelle : « Il n'y a pas d'universalité vraie, pensons-nous, qui serait le monopole d'une culture, fût-ce la nôtre. L'universalité de valeurs transhistoriques et ontologiques est une illusion, comme les idées de Platon. Notre répugnance aux coutumes barbares des autres n'est pas fondée sur un culte de valeurs vraiment universelles, mais sur celui de nos *seules raisons* occidentales [62]. »

Après la disparition de Castoriadis, Serge Latouche l'a présenté comme un penseur de la décroissance avant la lettre, un précurseur de ce qu'il appelle les « objecteurs de croissance », car ce thème n'était pas encore en vogue de son vivant. Il s'avère, selon Serge Latouche, que la société de croissance n'est pas souhaitable ni soutenable, et il est, sur ces deux plans, conforté par l'œuvre de Castoriadis : « L'autonomie dans le projet d'une société de décroissance est à prendre au sens fort, au sens étymologique (*auto-nomos*, qui se donne ses propres lois) en réaction contre l'hétéronomie de la main invisible, de la dictature des marchés financiers et des diktats de la technoscience dans la société (sur)moderne. [...] Castoriadis était très sensible à cette nécessaire "*paideia*" (éducation) du citoyen libre capable de se donner des lois et d'y obéir [63]. » Dans cette perspective, Latouche rapproche les positions d'Ivan Illich et celles de Castoriadis, qui vont toutes deux dans le sens de la critique de la technoscience et de ses effets pervers. Le programme de la décroissance s'est même construit, selon Serge Latouche, à partir de ces deux lignes de fidélité. Il implique de « *décoloniser notre imaginaire* pour changer vraiment le monde avant que le changement du monde ne nous y condamne dans la douleur. C'est là l'application stricte de la leçon de Castoriadis [64] ». Un tel basculement implique une véritable révolution, dont Latouche rappelle qu'il l'entend là encore au sens de Castoriadis, c'est-à-dire non comme une effusion de sang, mais comme l'avènement d'un réagencement des institutions sociales selon une nouvelle logique.

Selon Serge Latouche, « la société de décroissance, comme la société autonome de Castoriadis, ne peut pas se concevoir sans sortir

---

62. Serge LATOUCHE, *L'Occidentalisation du monde, op. cit.*, p. 138.
63. Serge LATOUCHE, « Castoriadis, penseur de la décroissance : mégamachine, développement et société autonome », dans Blaise BACHOFEN, Sion ELBAZ et Nicolas POIRIER (dir.), *Cornelius Castoriadis, op. cit.*, p. 74-75.
64. *Ibid.*, p. 79.

du capitalisme. Toutefois, si "sortir du capitalisme" est une formule commode, cela désigne un processus historique qui est tout sauf simple. [...] L'élimination des capitalistes, l'interdiction de la propriété privée des biens de production, l'abolition du rapport salarial ou de la monnaie plongeraient la société dans le chaos et ne seraient possibles qu'avec un terrorisme massif. Cela ne suffirait pas, bien au contraire, à abolir l'imaginaire capitaliste. Pour Castoriadis, comme pour nous, il s'agit avant tout de sortir de l'esprit du capitalisme[65] ». Cette sortie de l'esprit capitaliste doit permettre de valoriser de tout autres valeurs, parfois ancestrales, comme celle, qui peut sembler désuète à certains, de la frugalité : « Pourtant, cette frugalité est certainement indispensable pour sauver notre planète et notre espèce avec elle[66]. »

La critique véhémente de la société technicisée menée par Castoriadis suscite aussi un rapprochement étonnant, pour l'athée convaincu qu'il est, avec le philosophe protestant Jacques Ellul. L'un comme l'autre sont des marginaux dans la vie intellectuelle française et tous deux sont des penseurs atypiques, inclassables, transgressant les frontières disciplinaires. Intellectuels contestataires, ils valorisent l'un et l'autre la posture critique : « J'ai appris par un petit article de Jean-Claude Guillebaud que vous aviez refusé de participer à une émission ave BH Lévy ! Vous auriez été son "faire-valoir" et je dois vous dire ma reconnaissance et mes félicitations ! Bien sûr, cela ne m'étonne pas de vous ! Mais parfois on se sent si seul dans ce courant de l'"intelligentsia" parisienne que l'on est tout heureux de retrouver des points d'appui solides comme vous[67]. » Tous deux sont d'excellents connaisseurs de l'œuvre de Marx. Jacques Ellul a rejoint le courant personnaliste dès les années 1930, dont il représentait, avec son ami Bernard Charbonneau, l'aile libertaire. Juriste de formation, Ellul devient dans l'après-guerre professeur de sciences politiques à l'université de Bordeaux et restera fidèle toute sa vie à cette région. Ses nombreux écrits relèvent de deux ordres distincts, théologiques d'une part, sociologiques d'autre part, et dénoncent avec véhémence la suprématie acquise par la technique et les menaces qu'elle fait peser sur l'humanité.

---

65. Serge LATOUCHE, préface à *Castoriadis, précurseur de la décroissance, op. cit.*, p. 48.
66. Enrique ESCOBAR, « Castoriadis, écrivain politique (II) », *loc. cit.*, p. 43.
67. Jacques Ellul, lettre à Castoriadis, archives Castoriadis, 15 avril 1987.

Jean-Claude Guillebaud, qui a fait ses études à Bordeaux et a eu Jacques Ellul comme professeur avant de devenir son ami et éditeur, permet la rencontre entre Castoriadis et Ellul : « Je viens d'envoyer à la fabrication un livre de Jacques Ellul que nous publierons en mars prochain, *La Métamorphose du prolétaire*. Dans ce livre, non seulement Jacques Ellul vous rend un hommage vibrant à plusieurs reprises, manifeste une communauté de pensée avec vous, mais "dialogue" avec Castoriadis largement, notamment dans la dernière partie. Vous vous doutez que cette rencontre m'a fait plaisir. [...] Il m'est venu l'idée d'organiser un déjeuner à trois, avec Jacques Ellul. Qu'en dites-vous [68] ? » La correspondance qui suivra entre eux révèle une relation mutuelle passionnée et une étroite proximité et, comme l'atteste cette lettre, Jacques Ellul a été très tôt attentif aux écrits de Castoriadis : « J'ai dit à ma femme en terminant vos pages : "Quelle joie d'être lu par quelqu'un d'intelligent !" Moi aussi j'ai été frappé par notre rencontre (qui date pour moi de Socialisme ou Barbarie) – Influence, certaine, sur moi de la pensée de Marx – volonté de lucidité sur cette société. [...] Bien entendu je suis d'accord avec tout ce que vous écrivez – *tout* – sauf... que la grâce "universelle" ne prive pas tout le reste de sens [69]. » Du côté de Castoriadis, la critique de la technique développée par Jacques Ellul accompagnera sa prise de distance vis-à-vis du marxisme.

L'œuvre de Jacques Ellul a des effets notoires sur la réflexion de Castoriadis comme le montre avec précision Patrick Marcolini [70], qui fait remarquer une inflexion chez Castoriadis entre une première version de son article sur « Le contenu du socialisme », paru d'abord dans le numéro 17 de *Socialisme ou Barbarie* en 1955, puis sa seconde version parue dans la même revue deux années plus tard dans le numéro 22 [71]. Entre ces deux versions, Ellul a publié un ouvrage majeur dans lequel il dénonce la subordination totale de l'homme aux moyens dont il s'est doté pour maîtriser la nature, et un renversement par lequel la société subit le pouvoir implacable d'une technologie moderne devenue autonome sur laquelle l'homme n'a plus prise [72] : « La lecture de ce livre de Jacques Ellul, *La Technique ou*

---

68. Jean-Claude Guillebaud, lettre à Castoriadis, archives Castoriadis, 1ᵉʳ décembre 1981.

69. Jacques Ellul, lettre à Castoriadis, archives Castoriadis, 6 janvier, année non indiquée.

70. Patrick MARCOLINI, « Castoriadis et Ellul : quelle technique pour le projet d'autonomie ? », *Cahiers Castoriadis*, n° 7, 2012, p. 123-144.

71. Cornelius CASTORIADIS, « Sur le contenu du socialisme », *loc. cit.*

72. Jacques ELLUL, *La Technique ou l'enjeu du siècle*, Armand Colin, Paris, 1954.

l'enjeu du siècle, a exercé une influence déterminante sur Castoriadis[73]. » En effet, dans la version écrite avant la publication du livre d'Ellul, Castoriadis ne thématise pas la question de la technique, alors que, dans la seconde version, le noyau de l'aliénation est constitué par « la *structure technologique* du travail, de ses objets, de ses instruments et de ses modalités, qui font qu'obligatoirement le travail domine les producteurs au lieu d'être dominé par eux[74] ». Il convient néanmoins de tempérer l'idée d'une influence venue exclusivement d'Ellul, en rappelant avec Enrique Escobar que durant « l'année 1956, Castoriadis s'était par ailleurs intéressé très tôt à la technique par sa lecture de Lewis Mumford et de Sigfried Giedion[75] ».

En 1957, si Castoriadis fait place à la question de la technique, il ne suit pas Ellul lorsque ce dernier considère que la technique s'est à ce point autonomisée qu'aucune catégorie sociale n'a plus prise sur elle. Selon Castoriadis, la technique reste l'apanage de la classe des dirigeants, qui impose sa loi aux exécutants. Il prend ses distances vis-à-vis de la thèse d'Ellul, qu'il qualifie de « fondamentalement fausse[76] » dans la mesure où elle ne prend pas en considération le contexte social, et préserve alors l'idée marxiste d'une technologie proprement capitaliste ou bureaucratique à combattre pour laisser place à une gestion en accord avec les intérêts des travailleurs.

Dans les années 1950, Castoriadis n'a pas encore formulé sa critique frontale du marxisme. Dans les années 1960, cette prise de distance favorisera chez lui l'appropriation de la thèse centrale d'Ellul dont il reconnaîtra la pertinence dans les années 1980 lorsqu'il dénoncera « la fantastique autonomisation de la technoscience – que Jacques Ellul a eu l'imprescriptible mérite de formuler dès 1947 – et que scientifiques aussi bien que laïcs se masquent moyennant l'illusion de la séparabilité des "moyens" et des "fins" : un autre "maître" pourrait donner une autre orientation à l'évolution technoscientifique[77] ».

Castoriadis reprend donc à son compte cette idée d'une autonomisation de la question de la technique, même si celle-ci est à envisager comme une composante de la société globale ; sur ce plan, il se différencie clairement de Heidegger : « On tend à faire de la technique un

---

73. Patrick MARCOLINI, « Castoriadis et Ellul : quelle technique pour le projet d'autonomie ? », *loc. cit.*, p. 131.
74. Cornelius CASTORIADIS, *Le Contenu du socialisme, op. cit.*, p. 68.
75. Enrique Escobar, entretien avec l'auteur.
76. Cornelius CASTORIADIS, *Le Contenu du socialisme, op. cit.*, p. 121, note 23.
77. Cornelius CASTORIADIS, « Voie sans issue ? », *loc. cit.*, p. 120.

facteur absolument autonome, au lieu d'y voir une expression de l'orientation d'ensemble de la société contemporaine Et là où l'on peut voir que "l'essence de la technique n'est absolument rien de technique"[78], on replonge immédiatement cette essence dans une ontologie qui la soustrait au moment décisif du monde humain – au *faire*[79]. » Castoriadis reprend aussi à son compte le thème ellulien de l'imprévisibilité structurelle d'une technique, de l'impossibilité d'en maîtriser les conséquences sur la société et sur la nature. On ne s'étonnera pas que Jacques Ellul salue avec chaleur cette analyse de Castoriadis[80]. De son côté, ce dernier donne une contribution aux *Mélanges* publiés en l'honneur de Jacques Ellul[81] : « Je ne vous ai jamais remercié comme il convenait pour cet admirable article que vous avez eu la bonté d'écrire pour les "Mélanges". Et je crois que les coordonnateurs de ce livre ont eu la magnifique idée de le placer en tête ! Car c'est vraiment le plus riche et le plus prégnant de tous et c'est une ouverture incomparable. Je suis toujours saisi, lorsque je vous lis, non seulement par la profondeur et la richesse de la pensée, mais aussi par la beauté de la forme[82]. » Dans cette contribution qui analyse le rapport entre la société et la religion, Castoriadis rappelle que la société vient du Chaos, de l'Abîme, du Sans-Fond, ce qui ne peut que séduire le protestant qu'est Ellul, même si, dans l'esprit de Castoriadis, il n'y a aucunement l'idée d'une transcendance dans cette affirmation.

Alors que pour l'un, Ellul, la croyance religieuse est la réponse fondamentale à cet Abîme, pour l'autre, Castoriadis, elle a pour fonction d'en masquer le caractère abyssal : « La religion fournit un nom à l'innommable, une représentation à l'irreprésentable, un lieu à l'illocalisable. Elle réalise et satisfait à la fois l'expérience de l'Abîme et le refus de l'accepter, en le circonscrivant[83]. » Castoriadis réduit la dimension religieuse à un simulacre et oppose à la vision hétéronome

78. HEIDEGGER, « La question de la technique », *Essais et Conférences*, Gallimard, Paris, 1958, p. 9.

79. Cornelius CASTORIADIS, « Technique », *Encyclopædia Universalis*, vol. 15, mars 1973 ; repris dans Cornelius CASTORIADIS, *Les Carrefours du labyrinthe*, t. I, *op. cit.*, p. 301.

80. Jacques ELLUL, *Le Bluff technologique*, Hachette, Paris, 2004 (1988), p. 107, 148 et 156.

81. Cornelius CASTORIADIS, « Institution de la société et religion », dans COLLECTIF, *Religion, société et politique. Mélanges en hommage à Jacques Ellul*, PUF, Paris, 1983, p. 3-18 ; repris dans *Domaines de l'homme*, *op. cit.*, p. 455-480.

82. Jacques Ellul, lettre à Castoriadis, archives Castoriadis, 23 août 1983.

83. Cornelius CASTORIADIS, « Institution de la société et religion », dans *Domaines de l'homme*, *op. cit.*, p. 472-473.

qu'elle véhicule la conquête de l'autonomie, soit la sortie du religieux. Ce différend entre le chrétien et l'athée n'affecte pourtant pas vraiment la proximité qu'ils ressentent entre leurs deux pensées. En une nouvelle occasion, Jacques Ellul signifie à son ami la dette qu'il ressent vis-à-vis de son œuvre : « Cher ami, (puisque vous voulez bien m'accorder ce titre à quoi je suis très sensible). [...] Vous savez à quel point tout ce que vous avez écrit depuis plus de trente ans a été pour moi un recours, un soutien, une incitation à progresser [84]. » Après avoir reçu *Le Monde morcelé*, le volume 3 des *Carrefours du labyrinthe*, Jacques Ellul remercie avec ferveur son ami : « Comment vous dire encore merci ! Tout ce que vous m'apportez depuis vos travaux sur la bureaucratie soviétique est unique et m'aide à respirer dans l'air étouffant. Je suis pris [85] ! »

Plus encore que l'influence qu'a pu avoir Jacques Ellul sur son œuvre, ce qui a sans doute fortement contribué à cette insistance sur l'asservissement à la technique est le climat intellectuel ambiant des années d'après guerre, qui a donné une centralité à la philosophie de Heidegger autour de la thématique de l'oubli de l'Être. Castoriadis ne peut suivre Heidegger lorsqu'il fait remonter cet Oubli à la Grèce antique, mais il n'est pas éloigné de l'idée que la modernité est synonyme de lente et longue décadence. Son insistance sur la montée de l'insignifiance rejoint celle de Heidegger sur le déclin d'un monde rendu factice par la médiation technique et la déchéance de la culture. Le rôle que joue le Sans-Fond chez Castoriadis n'est pas loin de celui qu'Heidegger attribue à l'Être comme temps sans histoire, sans sens, sans filiation, sans périodisation ni fondement ontologique, masqué, oublié sous les couches de l'étant. Dans *Être et Temps*, Heidegger définit la temporalité de l'Être comme celle d'un déclin progressif menant inéluctablement à l'apocalypse car la déchéance est structurelle à l'espèce humaine. La force spirituelle de l'Occident est en train de se dérober, et Heidegger de jouer les Cassandre en annonçant la catastrophe à venir.

Si Castoriadis n'est pas si loin de déplorer la perte de substance de la vitalité sociale et culturelle de l'Occident, la sortie de crise qu'il envisage, celle de l'autonomie, n'a rien à voir avec les remèdes préconisés par Heidegger, ceux de l'enracinement, du renforcement des traditions et de l'attachement patriotique qui doivent devenir autant

---

84. Jacques Ellul, lettre à Castoriadis, archives Castoriadis, 9 mars, année non mentionnée.
85. Jacques Ellul, lettre à Castoriadis, archives Castoriadis, *s. d.*, peut-être 1990.

de contrepoints pour résister à la technicisation du monde moderne emportant la totalité de l'étant avec lequel se dissout l'être-là de l'Être. Si, pour Heidegger, toute l'histoire de la civilisation occidentale n'est que l'histoire d'un Oubli progressif de l'Être, le XXe siècle est le point culminant de cette amnésie. Heidegger, malgré son engagement dans le nazisme, aura été un grand philosophe, reconnu comme tel. Emmanuel Levinas a écrit qu'il fallait penser ensemble le fait qu'il était à la fois le plus grand penseur du XXe siècle et un partisan du nazisme. On peut émettre l'hypothèse que Castoriadis a eu la volonté de se confronter à lui, dans une situation à la fois de proximité quant au diagnostic porté sur son époque, et d'éloignement radical sur les solutions à y apporter.

Venue du marxisme hétérodoxe, cette posture de dénonciation de l'industrie culturelle situe Castoriadis dans une proximité avec l'École de Francfort, qu'il ne cite pourtant presque jamais. Horkheimer comme Adorno ont adopté une posture critique et dénonciatrice de l'air du temps, et l'on retrouve chez Castoriadis une conception similaire de la fonction qu'il assigne à l'intellectuel. En 1987, il renvoie dans un de ses séminaires – « Sujet et vérité dans le monde social-historique » – à la *Dialectique négative* d'Adorno. Cette mention a intrigué Laurent Van Eynde, un des créateurs des *Cahiers Castoriadis*, qui travaillait alors sur les débuts de l'École de Francfort et qui a étudié de plus près cette relation [86]. Horkheimer et Adorno dénoncent en effet la récupération totale de toutes les significations culturelles, leur affadissement dans un processus de transformation de la création en mystification, en moyen de manipulation des masses en les conformant à la logique de la rentabilité marchande, « car la civilisation actuelle confère à tout un air de ressemblance. Le film, la radio et les magazines constituent un système. Chaque secteur est uniformisé et tous le sont les uns par rapport aux autres [87] ». Ce système d'uniformisation, de banalisation devient un tel écran dans la modernité industrieuse qu'il empêche toute forme de créativité culturelle, selon Horkheimer et Adorno. Ils « voient dans une société culturelle totalitaire l'aboutissement du retournement dialectique de la

---

86. Laurent VAN EYNDE, « Castoriadis et la dialectique (négative) de la Raison », dans Blaise BACHOFEN, Sion ELBAZ et Nicolas POIRIER (dir.), *Cornelius Castoriadis, op. cit.*, p. 31-58.

87. Max HORKHEIMER et Theodor W. ADORNO, *La Dialectique de la raison. Fragments philosophiques*, Gallimard, Paris, 1974, p. 129.

Raison[88] ». Même si l'on ne peut assimiler la théorie critique de l'École de Francfort et la philosophie de Castoriadis, on ne peut qu'être frappé par cette proximité. Ils partagent non seulement cette posture de surplomb qui permet de légitimer le regard critique, mais aussi la mise en question de la dialectique hégélienne qui ne ferait que consolider l'identité et se leurrer sur son horizon de savoir absolu, postulant une équivalence entre le réel et le rationnel.

Castoriadis adopte la même distance critique vis-à-vis du legs hégélien dans la mesure où le système de Hegel ne laisse aucune place à l'autre de la raison. La logique ensidique à l'œuvre chez lui intègre la totalité du processus historique dans un *telos* : « L'extérieur de la pensée disparaît complètement avec cet aboutissement de la métaphysique occidentale qu'est le système hégélien. Rien n'est ni ne doit être extérieur au système, tout y est résorbé par la pensée, tout est pensable par la philosophie[89]. » Il y a sur ce point une filiation revendiquée entre la conception hégélienne d'un temps historique rationnel qui conduirait vers un équilibre, vers une transparence absolue et donc vers l'achèvement de l'histoire, et la lecture qu'en donne Alexandre Kojève sur la fin de l'histoire qui serait à l'horizon du *telos* : « Kojève a le courage d'y faire face frontalement et de prendre Hegel au sérieux. [...] Or, si l'on prend Hegel au sérieux, la fin de l'histoire n'est pas une phrase qui se trouve ici ou là dans ses écrits, c'est à la fois l'intention centrale de Hegel et la pierre angulaire sans laquelle *tout* le système tombe en poussière, en tant que système[90]. »

Quant à la thèse de Fukuyama du début des années 1990, qui s'appuie sur Kojève, elle relève pour Castoriadis de positions idéologiques liées à l'effondrement du communisme. Cela permet à Fukuyama de considérer qu'avec le capitalisme moderne s'achève l'histoire avec la résolution des conflits. Si cette thèse exprime bien l'évanescence des conflits sociaux dans les pays capitalistes avancés, Castoriadis rétorque qu'il ne s'agit là que de la caractérisation d'une période appelée à être dépassée. Sans pouvoir bien sûr prévoir l'entrée dans une nouvelle époque, Castoriadis ne croit pas à la pérennisation de cette situation : « Il est exclu qu'elle dure indéfiniment, signant par

---

88. Laurent VAN EYNDE, « Castoriadis et la dialectique (négative) de la Raison », *loc. cit.*, p. 33.

89. Cornelius CASTORIADIS, *Sujet et vérité dans le monde social-historique, op. cit.*, p. 373.

90. Cornelius CASTORIADIS, « La fin de l'histoire ? », dans Bernard LEFORT (dir.), *De la fin de l'histoire*, Éditions du Félin, Paris, 1992, p. 63.

là une "fin de l'histoire", non parce que rien n'est éternel, mais parce que cette société devient de plus en plus incapable de se reproduire. Elle devient incapable de se reproduire non pas au plan économique, comme le croyait Marx, mais au plan anthropologique, ce qui est beaucoup plus grave[91]. »

À distance de l'hégélianisme, on retrouve le même souci de préserver l'altérité et la potentialité créative chez les philosophes de Francfort et chez Castoriadis. Ce dernier, attaché à l'ouverture que permet l'histoire, s'élève contre le fait que, dans la pensée hégélienne, « l'histoire n'est que déploiement d'un système dans une dimension "temporelle". [...] La véritable temporalité est abolie, elle ne subsiste que comme extrinsèque. Certes, le temps pour Hegel "existe" de fait, mais cela ne nous avance pas beaucoup. [...] Le temps hégélien est un temps "spatialisé", ordre dialectique des successions, il aurait pu aussi bien ne pas exister[92]. » La préservation d'une extériorité de la raison, de ce que Castoriadis nomme l'ensidique, est une condition de possibilité de l'histoire. Situant le ressort de la créativité du côté du Sans-Fond, du Chaos, Castoriadis se trouve un point d'appui avec l'esthétique d'Adorno, même si pour lui l'horizon n'en est pas l'utopie.

En développant cet axe critique – l'insignifiance, la désagrégation, les eaux basses qui caractérisent la période contemporaine –, Castoriadis reste fondamentalement fidèle à lui-même et à son volontarisme prométhéen. Il espère bien qu'au bout du chemin qui ne mène nulle part, il y aura un sursaut, un réveil qui permettra à l'Occident et à l'ensemble de l'humanité de sortir de leur sommeil dogmatique et leur fera retrouver les voies de la conquête de l'autonomie. L'objectif visé par ses dénonciations du présent est de retrouver les voies d'un avenir, d'un projet. Loin de la simple déploration, Castoriadis reste un penseur de l'émancipation, comme le caractérise Fabien Delmotte[93]. Il y a toujours du possible, et si la voie de la tentative de maîtrise rationnelle du monde semble l'avoir temporairement emporté, il ne s'agit pour lui que d'un triomphe passager, qui peut être retourné pour (ré)ouvrir la voie de l'autonomie. Mais puisqu'il n'y a

---

91. *Ibid.*, p. 67.
92. Cornelius CASTORIADIS, *Sujet et vérité dans le monde social-historique, op. cit.*, p. 394.
93. Fabien DELMOTTE, « Émancipation et critique à partir de Castoriadis », dans Marie-Claire CALOZ-TSCHOPP (dir.), *Six Auteurs de théorie politique pour le XXIe siècle, op. cit.*, p. 255-264.

pas de lois endogènes à l'histoire qui fonctionneraient à l'insu des acteurs, c'est à ces derniers qu'incombe la tâche de rouvrir ce futur libérateur et aux intellectuels de dresser la carte des possibles à partir de leur critique du présent.

Tout en espérant un sursaut, Castoriadis partage néanmoins avec nombre de conservateurs un point de vue négatif sur notre contemporanéité : « Castoriadis est même plutôt tenté d'adopter une attitude alarmiste, afin de démontrer que c'est la survie même de cette société, mais aussi de la planète, qui est menacée par l'évolution en cours[94]. » Il n'est finalement pas si éloigné de la position qu'il adoptait dans les années 1950 au sein de Socialisme ou Barbarie lorsqu'il en appelait au sursaut révolutionnaire pour éviter une troisième guerre mondiale selon lui imminente.

---

94. *Ibid.*, p. 262.

22

Le rayonnement international

Les liens de Castoriadis avec l'étranger sont anciens. Outre les relations avec la Grèce, entretenues chaque année au cours de deux mois d'été passés sur Tinos ou Skopelos, il a noué à l'époque de Socialisme ou Barbarie un certain nombre de liens à l'extérieur de la France, puisque le groupe proposait un programme d'émancipation à l'échelle internationale. Il s'est ainsi rapproché d'une petite organisation américaine en rupture avec le trotskisme, dont l'épicentre se trouvait dans la région de Detroit, et est devenu proche d'une de ses animatrices, Grace Lee (Ria Stone), rencontrée à Paris en 1948, qui aura une importance non négligeable dans sa vie [1].

Aux États-Unis comme ailleurs, le reflux du militantisme des années 1950-1960 entraîne, dans les années 1970-1980, un repli sur la sphère universitaire et intellectuelle – ce qui ne signifie pas qu'une certaine radicalité politique ne puisse plus s'exprimer. Pour Castoriadis aussi, les échanges fondés sur la meilleure stratégie politique à mettre en œuvre laissent la place à des discussions plus policées ; quant à son œuvre, elle se voit de plus en plus traduite et diffusée. Au fil des années, Castoriadis est régulièrement invité, ce qui lui permet à la fois de cultiver des liens d'amitié et d'entretenir des réseaux internationaux.

Grâce à son ami Edgar Morin, Castoriadis entame un dialogue avec Noam Chomsky dès 1971. Durant l'été, Chomsky écrit à

---

1. Voir *infra* chapitre « Un groupe castoriadocentré ».

Castoriadis pour lui dire qu'il a rencontré Morin au MIT et qu'il a été ravi de parler avec lui de son travail[2]. En 1975, Chomsky lui écrit : « Je suis d'accord avec vous tant sur la renaissance d'un marxisme dogmatique, que, pire encore, sur celle d'un léninisme qui peuvent empêcher l'éclosion d'une gauche efficace[3]. » Cette relation favorise la traduction de Castoriadis aux États-Unis ; Chomsky demande à un jeune éditeur, James Peck, qui travaille dans la maison d'édition dirigée par André Schiffrin, Pantheon Books, de publier les volumes parus en « 10/18 ».

La première invitation sur le sol américain émane de Dick Howard, philosophe, professeur à Stony Brook dans l'État de New York, qui fut au cœur du mouvement de Mai 68 en France, en tant qu'étudiant à l'université de Nanterre, après s'être radicalisé avec la guerre du Vietnam et la lutte pour les droits civiques. Il bénéficiait alors de la bourse Fulbright, obtenue par l'intermédiaire de Paul Ricœur, pour se spécialiser en phénoménologie. Durant cette période, alors qu'il préparait un ouvrage sur l'héritage du marxisme[4] – une anthologie allant de Rosa Luxemburg à Socialisme ou Barbarie –, Howard sollicita Lefort, qui lui dit devoir terminer son *Machiavel* et lui conseilla de s'adresser à Castoriadis. Il prit finalement contact avec ce dernier en 1969. Un an plus tard, Dick Howard devient le collaborateur d'une revue américaine marxiste critique, *Telos*, animée par le philosophe d'origine italienne Paul Piccone. Son ambition est de mieux faire connaître les courants hétérodoxes du marxisme – Lukács, Korsch, Marcuse, l'École de Francfort... – aux États-Unis, où la revue a un réel écho auprès de toute une génération qui s'est élevée contre la guerre du Vietnam. C'est dans cet esprit que Dick Howard, qui commence à œuvrer pour que les textes de Lefort et de Castoriadis soient traduits en anglais, invite ce dernier à faire son premier voyage de conférences : « Il a dû traverser deux fois les États-Unis en deux semaines. Il tenait à aller à Detroit. Il est passé par Boston et l'on s'est retrouvés chez Chomsky[5]. » Sa camarade Ria Stone lui exprime sa satisfaction : « J'ai été ravie de t'avoir ici à Detroit, même pour

---

2. Noam Chomsky, lettre à Castoriadis, archives Castoriadis, 8 septembre 1971.

3. Noam Chomsky, lettre à Castoriadis, archives Castoriadis, 26 juillet 1975, traduction par l'auteur.

4. Dick HOWARD, *The Marxian Legacy*, Mac Millan Press, New York, 1977 ; 2ᵉ édition enrichie, en particulier sur Castoriadis, *The Marxian Legacy*, University of Minnesota Press, Minneapolis, 1988.

5. Dick Howard, entretien avec l'auteur.

quelques heures, et puis de penser à toi voyageant dans tout le pays, réalisant à quel point il est différent de l'Europe. [...] Dans les derniers mois, comme j'ai pu te le dire, je n'ai pas été seulement influencée par ton livre, mais par les réflexions que tu as énoncées pendant que tu étais ici. Des camarades qui t'ont entendu à Boston et à San Francisco nous ont rendu compte de tes conférences, de la manière dont tu as formulé tes idées [6]. » Par la suite, Dick Howard invitera Castoriadis à plusieurs reprises dans son université de Stony Brook et le recevra chez lui. Lorsque lui-même se rendra à Paris, deux fois par an, il rendra visite régulièrement à Castoriadis : « J'allais le voir le dimanche à 11 heures et chaque fois on allait se promener en face de chez lui, sur l'île aux cygnes [7]. »

Alors qu'il commence son enseignement à l'EHESS, Castoriadis se rend successivement en 1981 et en 1982 aux États-Unis [8]. À la fin de la décennie, Vincent Descombes le fera inviter à deux reprises aux États-Unis. La première fois à Johns Hopkins University, où enseigne Descombes : « Mon cher Corneille, le colloque de l'Academy of Literay Studies aura lieu les 14 et 15 avril. Le sujet : il me semble que "Power, Politics, Autonomy" conviendrait bien [9]. » La fois suivante, Descombes se trouve à Atlanta, en Géorgie. Lors du premier voyage, Castoriadis passe une semaine chez Descombes à Baltimore : « Cela lui servait de base arrière, car il a été invité à Princeton et ailleurs. Nous avons été ensemble à Washington et il a voulu voir la Maison Blanche. Le contraste m'a amusé. J'avais en tête nos discussions dans les cafés de la Bastille, dans des atmosphères enfumées, et puis vingt ans après, on se retrouve devant la Maison Blanche [10]. » En avril 1989, Castoriadis donne encore trois conférences à Princeton, respectivement sur le social-historique, sur Socialisme ou Barbarie et sur la

---

6. Grace Lee (Ria Stone), lettre à Castoriadis, archives IMEC, 13 juin 1977, traduction de l'auteur.

7. Dick Howard, entretien avec l'auteur.

8. Il participe à un colloque à Stanford en septembre 1981 sur le thème de « Désordre et ordre », puis en octobre à New York à un colloque consacré à l'œuvre de Hannah Arendt au cours duquel il intervient sur les « Destinies of totalitarism ». Il retourne d'ailleurs à New York en avril 1982 pour le « Hannah Arendt Memorial Symposium », avec une intervention sur « La *polis* grecque et la création de la démocratie », rendant ainsi hommage à Arendt, qui aura été l'objet d'un évitement assez systématique au temps de *Socialisme ou Barbarie.*

9. Vincent Descombes, lettre à Castoriadis (de Baltimore), archives Castoriadi, 20 janvier 1989.

10. Vincent Descombes, entretien avec l'auteur.

conception grecque de la démocratie. À Johns Hopkins, Castoriadis fait la connaissance de Richard Rorty, qui s'intéresse à lui et a fortement contribué à sa notoriété aux États-Unis. Un vrai dialogue s'enclenche, comme l'atteste le chapitre que lui consacre dans un de ses ouvrages le philosophe américain : « Unger, Castoriadis et la romance d'un avenir national [11] ». Richard Rorty s'appuie sur la notion castoriadienne d'imaginaire pour penser l'idée de nation et critiquer la thèse marxiste selon laquelle le nationalisme ne relèverait que d'une mystification. Le possible pour Rorty, comme pour Quine, Wittgenstein ou Dewey, est tributaire du langage descriptif, et cette dépendance étaye l'affirmation de Castoriadis selon laquelle ce qui compte, chez un penseur social, c'est tout ce qui demeure étranger à l'argumentation et donc, s'il existe un espoir social, il relève de l'imagination.

Par ailleurs, Vincent Descombes fait en sorte que l'on publie aux États-Unis une sélection des articles philosophico-politiques de Castoriadis [12]. Maria Jolas jouera également un rôle d'intermédiaire dans la diffusion de ses écrits au sein du monde anglo-saxon. Mais c'est surtout au dévouement total de son traducteur américain, David Ames Curtis, que Castoriadis doit d'avoir été si systématiquement traduit. Curtis suit son séminaire, habite Paris et s'occupe de toutes les tractations entre éditeurs français et américains. Il entretient avec Castoriadis une relation filiale et se consacrera, après sa disparition, à diffuser son œuvre partout dans le monde en mettant en place un site, « Agora international », base de données exhaustive dans laquelle on peut trouver tous les écrits de Castoriadis [13].

---

11. Richard RORTY, « Unger, Castoriadis et la romance d'un avenir national », dans *Essais sur Heidegger et autres écrits*, PUF, Paris, 1995, p. 231-256.

12. Cornelius CASTORIADIS, *Political and Social Writings*, 3 vols. : vol. 1 : 1946-1955, vol. 2 : 1955-1960, vol. 3 : 1961-1979, University of Minnesota Press, Minneapolis, 1988-1993 ; et *Philosophy, Politics, Autonomy. Essays in Political Philosophy*, volume édité par David Ames Curtis, Oxford University Press, Oxford, 1991.

13. À propos de David Curtis : j'ai bien sûr sollicité ce témoin. Quelques heures avant un entretien qu'il m'avait accordé, j'ai appris que, sans rien connaître de mon enquête en cours ni *a fortiori* de mon manuscrit, il manifestait, auprès d'une « liste » sur Internet, une défiance à mon égard proche de l'hostilité ; j'ai donc décidé d'annuler la rencontre. Le message envoyé à la liste était le suivant : « Y a-t-il quelqu'un parmi nous, à part moi, qui a déjà été contacté par François Dosse concernant son projet d'écrire une "biographie intellectuelle" de C. Castoriadis ? Je vais le voir demain. Comme vous verrez ci-dessous, j'ai du mal à comprendre pourquoi il propose une bio intello de CC, alors que ce dernier récusait le terme même d'"intellectuel", et alors que cet écrivain refuse formellement de me dire quels sujets il veut

Castoriadis est par ailleurs en relation avec l'épistémologue spécialiste des révolutions scientifiques, Thomas Kuhn : « Jehane [la femme de Kuhn] et moi parlons souvent de notre mois très agréable passé à Paris, et vous êtes toujours le premier évoqué dans nos conversations [14]. » Il est aussi sollicité en 1986 par Stanley Hoffmann, professeur à Harvard, qui lui exprime le désir de le rencontrer. En 1987, Castoriadis est invité à faire une tournée nord-américaine par Andrew Arato, professeur au département de sociologie de la New School for Social Research à New York, et par Fred Caloren, de l'université d'Ottawa au Canada. Si une bonne partie de l'œuvre de Castoriadis est traduite en anglais, on ne peut cependant pas dire qu'elle ait gagné la partie sur le continent américain [15]. Cantonnée à la marginalité, elle a été une ressource pour la pensée critique dans les années 1970, mais sa réception reste encore à venir. La philosophie analytique reste tellement hégémonique dans les départements de philosophie sur les campus américains qu'elle fait écran à la réception de l'œuvre de Castoriadis. Il n'est pas plus présent, compte tenu de ses positions critiques, dans les départements de littérature comparée où se tiennent les enseignements de ce que les Américains appellent la *French Theory*, à quelques exceptions près, comme l'université d'Irvine en Californie dans les années 1980.

Alors qu'il est publié par des éditeurs qui bénéficient d'une position centrale dans le dispositif éditorial universitaire, comme Stanford University Press, Fordham, Continuum ou MIT Press,

---

aborder auprès de moi ou quels autres "intellectuels" il étudie par rapport à l'œuvre de CC. Toute cette démarche cachottière et mal conçue me semble assez bizarre. »

14. Thomas Kuhn, lettre à Castoriadis, archives Castoriadis, 4 février 1986, traduction par l'auteur.

15. Une bonne partie de son œuvre est ainsi devenue disponible en langue anglaise au fil des ans, notamment grâce au travail de ses traducteurs et introducteurs en Amérique du Nord que sont David Ames Curtis, Johan P. Arnason, Gabriel Rockhill, Suzi Adams... : Cornelius CASTORIADIS, *The Imaginary Institution of Society*, traduit en anglais par Kathleen Blamey, MIT Press, Cambridge, 1987 ; Cornelius CASTORIADIS, « An introductory interview », *The Castoriadis Reader*, traduit en anglais et édité par David Ames Curtis, Blackwell, Londres, p. 1-34, 1997 ; David-Ames CURTIS, « Translator's foreword », dans Cornelius CASTORIADIS, *World in Fragments*, traduit en anglais et édité par David Ames Curtis, Stanford University Press, Stanford, p. 11-39, 1997 ; Suzi ADAMS, *Castoriadis's Ontology. Being and Creation*, Fordham, New York, 2011 ; Cornelius CASTORIADIS, *Postscript on Insignificance. Dialogues with Cornelius Castoriadis*, publié avec une introduction de Gabriel ROCKHILL, traduit en anglais par Gabriel Rockhill et John V. Garner, Continuum, Londres, 2011 ; Gabriel ROCKHILL, « Editor's introduction. Eros of inquiry. An aperçu of Castoriadis' life and work », dans Cornelius CASTORIADIS, *Postscript on Insignificance. Dialogues with Cornelius Castoriadis*, *op. cit.*

presque aucun colloque ni journée d'étude ne sont consacrés à son œuvre. Pourtant, à New York, deux philosophes d'origine grecque spécialistes de son œuvre, Andreas Kalyvas et Stathis Gourgouris, enseignants à Columbia, s'emploient à mieux la faire connaître. En 1999, lors d'un colloque à l'EHESS consacré à Castoriadis, Kalyvas était venu faire un exposé comparatif sur Castoriadis et Habermas : « Il avait aussi introduit, dans la discussion, Carl Schmitt, ce qui avait mis Vidal-Naquet en fureur. Celui-ci trouvait insupportable que Schmitt, un juriste très compromis avec le régime nazi, puisse être cité et commenté dans cette enceinte [16]. » À l'université de Villanova à Philadelphie, le philosophe Gabriel Rockhill fait lui aussi figure d'exception par la place qu'il accorde à Castoriadis dans son enseignement. Avant d'avoir son poste d'enseignant aux États-Unis en 2007, Rockhill a baigné dans le milieu intellectuel français. Il a soutenu son DEA sous la direction de Derrida, puis préparé sa thèse sous la direction d'Alain Badiou [17]. Si, « dans ce milieu de la pensée critique de Paris 8, Castoriadis n'était pas du tout une référence [18] », il a cependant un ami, Pierre-Antoine Chardel, qui lui fait découvrir *Post-Scriptum sur l'insignifiance*, qu'il lit avec le plus grand intérêt et décide de traduire. Travaillant sur la question de l'historicité, Gabriel Rockhill se plonge dans l'œuvre de Castoriadis en découvrant là de multiples prolongements fructueux : « Je voyais de si nombreuses convergences entre mes sujets de recherche et les voies qu'il a explorées que j'ai lu toute son œuvre et rédigé une introduction à ce livre que j'ai traduit *Post-Scriptum sur l'insignifiance* [19]. »

Dans son enseignement, l'œuvre de Castoriadis occupe une place centrale, d'autant que Gabriel Rockhill travaille surtout la question de l'ontologie historique. Il trouve chez Castoriadis une alternative au premier Heidegger, celui de *Être et Temps*, dans la mesure où pour lui « l'Être n'est pas dans le temps, il est le temps. On ne peut nullement dissocier ces deux dimensions : l'Être et le Temps [20] ». Castoriadis offre une voie pour sortir des dilemmes aporétiques qui fonctionnent à partir de distinctions données comme alternatives : nature ou culture, histoire ou transcendance… Castoriadis substitue à

---

16. Olivier Fressard, entretien avec l'auteur.

17. Gabriel ROCKHILL, *Logique de l'histoire. Pour une analytique des pratiques philosophiques*, Hermann, Paris, 2010.

18. Gabriel Rockhill, entretien avec l'auteur.

19. *Ibid.*

20. *Ibid.*

ces dichotomies des concepts nouveaux, comme le social-historique, et définit une voie originale : « Il revendique ce que j'appellerais un historicisme radical. Il n'y a pas de point de vue extérieur possible. Tout est dans le temps. Il s'intéresse à l'histoire profonde, pas uniquement au sens anthropocentrique, mais au plan de la temporalité elle-même[21]. »

Au Canada, Castoriadis noue des relations d'amitié avec l'universitaire Diane Pacom : « Si j'étais étudiante à l'heure actuelle, il n'y a personne d'autre avec qui j'aurais voulu faire mon doctorat que toi[22]. » Lorsqu'il se rend en Amérique, il lui arrive de faire un crochet par Montréal ou Ottawa, où il est régulièrement invité à faire quelques conférences : « Depuis ta visite, il y a trois de mes étudiants qui ont décidé de faire leur thèse sur ta pensée, et m'ont demandé d'axer mon séminaire de maîtrise sur tes écrits[23]. »

En Angleterre, des liens se nouent dès 1960 entre Socialisme ou Barbarie et un petit groupe de dissidents du trotskisme animé par Chistopher Pallis, qui deviendra un proche de Castoriadis : « Cher vieux, un groupe assez important (comprenant un nombre appréciable de militants ouvriers) vient de rompre avec l'organisation trotskiste anglaise. J'en suis. J'essaierai de faire prévaloir les idées de Socialisme ou Barbarie au sein de ce groupe[24]. » Castoriadis se rend à Londres dans le courant de l'été 1960 et y reviendra souvent, sous son pseudo, Cardan, faire des conférences pour appuyer leurs actions militantes. L'organisation créée par ces dissidents, Solidarity, se considère comme une organisation sœur de Socialisme ou Barbarie et reçoit de nombreuses contributions de Castoriadis. En mai 1965, il intervient dans le Kent à Tunbridge Wells sur le thème de « La crise de la société moderne », intervention qui sera publiée en 1966 dans la revue du mouvement, *Solidarity*[25]. À cette occasion, Castoriadis invite ses camarades anglais, comme il le fait en France, à prendre leurs distances avec la démarche marxiste traditionnelle et à prendre au sérieux la question des valeurs sociales et humaines, délaissée jusque-là au

---

21. *Ibid.*

22. Diane Pacom, lettre à Castoriadis, archives Castoriadis, 5 janvier 1985.

23. Diane Pacom, lettre à Castoriadis, archives Castoriadis, 20 juillet 1986.

24. Christopher Pallis, lettre à Castoriadis, archives de l'IMEC, 1960. Ce groupe est composé de Christopher Pallis, H. Ralph, Roy Prior, Alasdair Mac Intyre, Bob Pennington et John Daniels.

25. Cornelius CASTORIADIS, « La crise de la société moderne », *Capitalisme moderne et révolution*, t. II, *op. cit.*, p. 293-316.

nom de la dépendance des superstructures vis-à-vis des infra-
structures : « Ce sont ces valeurs qui, constamment, orientent les
motivations et les actions des gens et les rendent cohérentes au sein
de la totalité sociale [26]. » Dans le panorama qu'il dresse des éléments
constitutifs de la crise générale que traverse l'Occident au milieu des
années 1960, il met en exergue l'absence de projet de société autre que
celui de la consommation effrénée. Quant à la vie politique, elle
connaît une longue phase d'apathie et subit une dérive médiatique au
terme de laquelle on ne souscrit plus vraiment au contenu des pro-
grammes présentés aux électeurs, mais à des présidents ou partis qui
« sont maintenant vendus à la population comme des marques de pâte
dentifrice [27] ».

Outre cette relation amicale et politique avec Christopher Pallis,
qui traduit nombre de ses textes, Castoriadis est en relation avec
Moses Finley par l'intermédiaire de l'historienne spécialiste de la
Grèce antique, Claude Mossé. Il est aussi apprécié et invité par
Michael Ignatieff au King's College. En 1983, il y intervient sur « La
crise de l'imagination politique » dans le cadre d'une série de conférences consacrées aux expériences françaises et aux perspectives pour
le socialisme européen [28]. Castoriadis bénéficie alors de relais universitaires en Angleterre, avec, entre autres, l'enseignement de Ian Pirie,
qui a commencé sa carrière universitaire dans les années 1960 et
enseigné les sciences politiques à l'université de East-London. En
1986, la maison d'édition britannique Polity Press publie le maître
ouvrage de Castoriadis, traduit par Kathleen Mac Laughlin, *The Imaginary Institution of Society*. En 1988, il est une nouvelle fois invité en
Angleterre à intervenir à la fois dans le département de sciences politiques et sociales de l'université de Cambridge et à la Mission française d'Oxford sur le même thème que celui suggéré par Vincent
Descombes pour les États-Unis « Power, Politics, Autonomy ». Il faut
encore ajouter l'étude de John B. Thompson sur Castoriadis et
Lefort [29] et les pages de George Lichtheim parues en 1966 dans
Marxism in Modern France, qui constituent la première mention de

---

26. *Ibid.*, p. 295.
27. *Ibid.*, p. 304.
28. Il se retrouve aux côtés de Maurice Godelier, Pierre Rosanvallon, Catherine Clément, Dominique-Strauss Kahn, Jacques Julliard, Alain Minc et Claude Lefort.
29. John B. THOMPSON, *Studies in the Theory of Ideology*, Polity Press, Cambridge, et University of California Press, Berkeley, 1984.

SouB, Chaulieu ou Cardan dans une publication de nature universitaire.

Castoriadis a aussi des amis et des admirateurs sur un autre territoire de langue anglo-saxonne, à l'autre bout du monde, en Australie. Il en est ainsi d'Agnès Heller, qui enseigne à Melbourne et lui signale dans une lettre[30] un de ses collègues, Johann P. Arnason, d'origine islandaise, à ce point passionné par son œuvre qu'il entreprend d'écrire un ouvrage sur son travail. Ce dernier connaît en effet les écrits de Castoriadis depuis 1964 sans savoir quelle est sa véritable identité. Alors qu'il est étudiant à Prague où il suit un double cursus de philosophie et d'histoire, insatisfait par le marxisme orthodoxe, un de ses amis japonais, militant de l'organisation d'extrême gauche, la *Zengakuren*, revient d'un voyage à Londres avec une photocopie de l'article « Marxisme et théorie révolutionnaire » d'un certain Paul Cardan : « Sans connaître le réel nom de l'auteur, j'ai trouvé cet article extrêmement intéressant et j'ai suivi sa critique de la version dominante de la théorie de la valeur chez Marx[31]. » Dans un tout autre contexte, au début des années 1970, alors qu'il vient d'achever son doctorat sous la direction de Jürgen Habermas à Francfort, Arnason découvre à l'occasion d'un séjour à Paris le premier volume des écrits de Castoriadis publié par « 10/18 », *La Société bureaucratique* : « Je l'achète, je le lis et je me rends compte que c'est l'auteur qui avait publié sous le nom de Paul Cardan[32]. » Il se fait alors communiquer à la Bibliothèque Sainte-Geneviève tous les numéros de *Socialisme ou Barbarie* et prend connaissance des contributions de Castoriadis : « J'ai apprécié son insistance sur la créativité social-historique, sans accepter pour autant sa radicale rupture avec le matérialisme historique[33]. » Après un temps d'enseignement à Heidelberg, où il écrit un ouvrage critiquant les thèses althussériennes, Arnason rentre en Australie en 1975 et débute son enseignement à la Trobe University. Il lit cette année-là avec la plus grande attention *L'Institution imaginaire de la société*, trouvant particulièrement suggestif son concept d'imaginaire, qui permet de renouveler le concept durkheimien de représentation collective : « Je lis Castoriadis comme quelqu'un qui est engagé dans une refondation de la problématique classique de la

---

30. Agnès Heller, lettre à Castoriadis, archives Castoriadis, 31 mars 1978.
31. Johann Arnason, entretien avec l'auteur.
32. *Ibid.*
33. *Ibid.*

sociologie[34]. » En 1979, Arnason, de retour en Europe pour un an, invité par Habermas à l'Institut Max-Planck de Starnberg, fait enfin la connaissance de Castoriadis en Allemagne. Il rentre ensuite à Melbourne, mais profitera de deux congés sabbatiques, fin 1983 puis durant toute l'année universitaire 1987-1988, pour assister à son séminaire à l'EHESS. À deux reprises, Castoriadis l'invitera à l'EHESS comme « directeur d'études associé ». Johann Arnason deviendra le principal promoteur de la diffusion des thèses de Castoriadis dans toute l'Australie, notamment *via* la revue d'obédience marxiste *Thesis Eleven*, qui publiera nombre de ses écrits[35].

Johann Arnason ayant enseigné dans le département de sociologie de La Trobe à Melbourne, c'est là que l'influence de Castoriadis est la plus profonde. Parmi ses émules, on peut citer Jeff Klooger, Karl Smith et Suzi Adams, qui ont tous été ses étudiants et ont chacun consacré un ouvrage à Castoriadis. Depuis 2008, à l'initiative de Suzi Adams, une conférence annuelle sur l'œuvre de Castoriadis se tient en Australie, et un réseau informel, « Castoriadis aux Antipodes », diffuse et commente sa pensée sur le Net : « Mon propre rapport à Castoriadis tient au fait que Johann Arnason a été mon directeur de thèse, laquelle porte sur l'étude du discours de la nature dans la modernité chez Habermas, Castoriadis et Merleau-Ponty. Celui que j'ai le plus lu, qui m'a le plus fascinée, a été Castoriadis. Au final, je me suis concentrée sur lui, sur la trajectoire de sa pensée et l'évolution de son ontologie[36]. »

Dans sa thèse, Suzi Adams montre que la notion de nature se transforme au cours des années 1970 et que cela affecte l'ontologie de Castoriadis[37]. Dans *L'Institution imaginaire de la société*, il en réserve l'usage pour la création de formes humaines d'existence, alors qu'à partir des années 1980, il étend son ontologie aux phénomènes proprement naturels, sans suivre la voie initiée par Francisco Varela avec sa notion d'autonomie biologique, mais en maintenant la tension entre l'ordre naturel et l'ordre humain, dans ce que Suzi Adams

---

34. *Ibid.*
35. Ce dernier est même allé en Australie donner des conférences en août 1991 à Melbourne : Cornelius CASTORIADIS, « Eastern Europe and the triumph of the capitalist imaginary », 20 août 1991, et aux conférences de Martin Jay, Agnès Heller, Niklos Luhmann, Ferenc Feher.
36. Suzi Adams, entretien avec l'auteur.
37. Suzi ADAMS, *Castoriadis's Ontology*, *op. cit.*

qualifie de « problématique féconde [38] ». En Australie, il y a aussi John Rundell, professeur à l'université de Melbourne, qui dirige la revue *Critical Horizons*, dans laquelle il publie des écrits de Lefort et Castoriadis et dont les publications s'inspirent largement de la notion castoriadienne d'imagination radicale.

En Amérique centrale, Castoriadis a entretenu des relations d'amitié avec le poète mexicain Octavio Paz : « C'est par Kostas [Papaïoannou] que j'ai fait la connaissance d'un autre Grec, Cornelius Castoriadis : il est devenu mon ami et nous lui devons tous d'inestimables éclaircissements en matière de philosophie et de politique [39]. » En 1978, Octavio Paz et l'équipe rédactionnelle de la revue *La Vuelta*, indépendante et animée par des écrivains mexicains, sollicitent Castoriadis à la suite d'un article paru dans la revue *Libre* : « Je viens de lire votre remarquable essai sur la découverte de l'imagination chez Aristote (*Libre*, 3). Je ne savais pas qu'Aristote avait précédé Kant et je suis passionné de connaître la suite de vos réflexions [40]. » Paz demande à son ami s'il accepterait que *La Vuelta* publie son article paru dans *Esprit* en juillet 1978 sur « Le régime social de la Russie ». Castoriadis lui donne son accord et lui répond en lui dévoilant ses projets à venir, centrés sur l'imaginaire : « Je suis particulièrement intéressé par ce qu'un écrivain comme vous pense de l'imagination et de l'imaginaire. [...] Je travaille maintenant sur un gros livre, en deux volumes : *L'Élément imaginaire* – la première partie, historique, discute le problème (l'occultation du problème) chez Merleau-Ponty, Aristote, Kant et Heidegger. La deuxième dira ce que moi j'ai à dire [41]. » En décembre 1981, Castoriadis exprime à Octavio Paz la désolation dans laquelle le plongent les événements de Pologne. Il se dit « accablé et démoralisé », au point de se sentir incapable de travailler au second volume de *Devant la guerre*, qui a fait grand bruit en 1980. En 1982, Octavio Paz envoie à son ami un de ses anciens livres, *L'Arc et la Lyre*, où il montre que la poésie consiste dans la révélation de ce que Castoriadis appelle le « Sans-Fond ». Castoriadis se voit ainsi confirmé la profonde proximité qui le lie à Paz : « En lisant *L'Arc et la Lyre*, j'ai été plus que frappé par la proximité de ce que nous disons l'un et l'autre ; je regrette de ne pas l'avoir lu plus tôt, je t'aurais abondamment cité

---

38. Suzi Adams, entretien avec l'auteur.
39. Octavio PAZ, *Itinéraire*, Gallimard, Paris, 1993, p. 87.
40. Octavio Paz, lettre à Castoriadis, archives Castoriadis, 25 septembre 1978.
41. Castoriadis, lettre à Octavio Paz, archives Castoriadis, 26 octobre 1978.

dans *L'Institution imaginaire de la société*[42]. » Paz et Castoriadis continueront à se voir régulièrement.

Ainsi, par exemple, en 1990, Octavio Paz organise à Mexico avec
Enrique Krauze un grand symposium international sur « L'expérience
de la liberté ». Il convie Castoriadis dans le plus grand faste[43], et le
fait voyager, avec son épouse Zoé et sa fille Cybèle, en business-class.
La famille est accueillie dans le meilleur hôtel de la ville pour un séjour
d'une semaine : « Une limousine est venue nous chercher. On était
entourés de gardes du corps. On a essayé d'y échapper pour aller
entendre les mariachis, mais nous n'y sommes pas parvenus. On a été
invités dans le palais présidentiel. Grandiose[44]. » Les Castoriadis sont
d'autant plus sidérés par cette somptueuse réception qu'ils viennent
de Leningrad, où l'association des écrivains a dû se démener pour
qu'ils aient de quoi se nourrir, vu l'état de pénurie ambiant. Tout en
contraste, Mexico leur apparaît comme une terre d'abondance.
Octavio Paz, qui dispose d'énormes moyens, publie sept fascicules en
couleur et les regroupe dans un coffret, souvenir de ce temps fort des
retrouvailles internationales du postcommunisme.

Pour autant, Castoriadis ne partage pas vraiment les positions de
son ami Octavio Paz au plan politique, entre autres sur son analyse de
la situation mexicaine, comme l'atteste cette lettre envoyée à un de
ses amis peu après le colloque : « Je ne sais pas ce qui s'est passé avec
Fuentes, mais je considère Marquez comme une ordure et je ne pleu-
rerai pas sur lui. Je ne suis pas d'accord, évidemment, avec la "ligne"
de Paz parce qu'il s'est rabattu sur un "réformisme" qu'il croit que
Salinas peut réaliser. Je te ferai remarquer que tous les "gauchistes" si
sévères ferment leur gueule maintenant sur les charniers sandinistes au
Nicaragua[45]. »

Toujours au Mexique, le philosophe Rafael Miranda Redondo, qui
enseigne au Chiapas, à San Cristobal de las Casas, a mis en place une
chaire Castoriadis à Mexico en 2009. Rafaël Miranda entend parler
pour la première fois de Castoriadis dans les années 1970 par un

---

42. Castoriadis, lettre à Octavio Paz, archives Castoriasdis, 28 août 1982.
43. Parmi les participants à ce symposium, se trouvent Jorge Semprun, Adam Michnik,
Lucio Coletti, Agnès Heller, Laszek Kolakowski, Mario Vargas Llosa, Janos Kornai, Bron-
nislaw Geremek, Irving Howe, Daniel Bell ou Ferenc Feher.
44. Zoé Castoriadis, entretien avec l'auteur.
45. Castoriadis, lettre à Camille (Pierre Lanneret, dit « Camille », un ancien membre du
Groupe qui a émigré dans les années 1950 aux États-Unis), archives Castoriadis, 30 juin
1991.

membre de la IVe Internationale qui possède tous les numéros de *Socialisme ou Barbarie*. Il découvre alors ses écrits, et porte aussitôt un grand intérêt à son œuvre, où il trouve notamment une alternative au marxisme classique, en lien avec ses propres recherches sur les mouvements sociaux. Il est alors étudiant à l'université autonome métropolitaire de Xochimilco, qui se veut innovante et ouverte à l'intervention sociale. Dans ce contexte, Rafael Miranda fait la rencontre d'un enseignant, Eliseo Calderón, qui a fait sa thèse sur la contestation sociale en Italie, sur ceux qui se sont appelés les « Indiens métropolitains » : « À travers lui, je me suis intéressé aux nouveaux mouvement sociaux et, avec un ami, Conrado Tostado, proche de la revue *Vuelta*, sociologue et poète, on a fait la demande d'une Bourse d'études au gouvernement français [46]. » Une fois à Paris, Rafael Miranda et Conrado Tostado prennent contact avec le sociologue Chombart de Lauwe, mais ils restent insatisfaits et partent en quête d'un autre directeur de thèse. Ils se retrouvent finalement tous deux rue de l'Alboni chez Castoriadis en 1980, au tout début de son enseignement à l'EHESS. Après de nombreuses pérégrinations du côté de l'Italie, de la Hollande et de la Suisse, Rafael Miranda, qui ne mènera pas cette thèse à son terme, mais une autre qu'il soutiendra en 2010 à Madrid sur la notion d'altérité chez Castoriadis, rentre en 2009 au Mexique, dans sa région natale, à San Cristobal. Il y crée un séminaire non académique avec un collègue historien, Claudio Albertani, sur le thème du « Projet de l'autonomie aujourd'hui ». Depuis, il anime par ailleurs à Mexico, à l'université de Xochimilco, un séminaire centré sur l'œuvre de Castoriadis : « Je me suis dit qu'il serait utile pour avoir une plus grande visibilité de créer une chaire qui s'appelle "Cátedra interinstitucional Cornelius Castoriadis" (CICC) [47]. »

---

46. Rafael Miranda Redondo, entretien avec l'auteur.

47. *Ibid.* Cette chaire se trouve au croisement de plusieurs institutions universitaires de Mexico, mais qui ne se sentent que très peu engagées dans le projet qui fonctionne pour l'essentiel sur la base du bénévolat. L'idée est d'intégrer dans la culture de gauche une critique du marxisme et une prise en compte de la dimension imaginaire, ce qui est encore loin d'être le cas au Mexique : « Il y a énormément de résistance du côté des marxistes, mais on continue à travailler dans ce sens », Rafael Miranda, entretien avec l'auteur. Dans son séminaire, Rafael Miranda n'a pas que des étudiants classiques. Il s'adresse aussi à des associations de la société mexicaine, des groupes militants, des paysans, des minorités et « j'ai aussi des ex-guérilleros et des gens liés aux zapatistes, qui discutent dans mon séminaire des notions de Castoriadis », Rafael Miranda, entretien avec l'auteur.

En 1980, Castoriadis est sollicité par un groupe d'exilés argentins pour signer une motion condamnant la dictature au pouvoir depuis le coup d'État du général Jorge Videla en 1976. Cette motion doit être soumise à l'ONU. Castoriadis accepte, horrifié par ce régime qui liquide toutes les formes d'opposition en faisant disparaître des milliers de gens, mais exprime en même temps ses réticences quant à cette modalité d'action : « Vous pouvez ajouter ma signature à votre Appel. Est-il besoin de vous dire que je me sens entièrement solidaire de vos efforts ? Mais, au risque d'ajouter à votre amertume et à votre montagne de difficultés, je dois vous dire que *je ne crois pas* aux Nations unies, à leurs commissions et sous-commissions, aux Appels et aux signatures des intellectuels et autres personnalités. C'est la raison pour laquelle, en général, je refuse de m'associer à ces campagnes. [...] En souhaitant que les choses changent le plus vite pour le malheureux peuple argentin [48]. »

En 1983, la démocratie est de retour sur la terre argentine, ce qui permettra à Castoriadis de s'y rendre dix ans plus tard. Le directeur de la revue *Zona Erógena* [1989-2001], Fernando Urribarri, après l'avoir rencontré chez lui à Paris en 1992, l'invite donc à Buenos Aires en 1993. Les deux grands quotidiens argentins, *Página 12* et *Clarín*, ouvrent leurs colonnes à Castoriadis lors de ce passage [49]. Quelques années plus tard, un couple de Colombiens passionnés par son œuvre, William Mina et Leticia Lowy, traduira en espagnol les deux volumes des *Carrefours du labyrinthe*, qui seront publiés par la maison d'édition Nueva Visión. Cela contribuera à la diffusion de ses thèses en Amérique latine. Puis en 1996, après la chute de Pinochet, il se rend au Chili pour une série de conférences.

Au Brésil, Castoriadis sera souvent sollicité. Ainsi, il vient donner en septembre 1982 à Sao Paulo cinq leçons sur « L'institution de la société et la place de l'autonomie » ; à partir de 1983, il est invité par Denis Rosenfield à Belo Horizonte et à Porto Alegre. En 1985, il effectue une mission auprès de l'université fédérale de Rio Grande do Sul pour la COFECUB [50], et anime à cette occasion un séminaire intensif de deux semaines à l'université fédérale de Rio Grande do Sul

---

48. Castoriadis, lettre à Monica Chaouchol, archives Castoriadis, 20 juin 1980.

49. Cornelius Castoriadis, entretien, *Página 12*, 5 septembre 1993 ; Cornelius Castoriadis, entretien, *Clarín*, 1er septembre 1993.

50. COFECOB : Comité français d'évaluation de la coopération universitaire avec le Brésil.

sur le thème « Démocratie et Philosophie », en montrant à son public brésilien l'étroite solidarité existant entre la création de la démocratie et la naissance de la philosophie devant une assistance de quarante à cinquante étudiants postgradués. Il intervient par ailleurs à la faculté de droit et de sciences politiques sur son livre de dialogue avec Daniel Cohn-Bendit traduit au Brésil, *Écologie et autonomie*, et anime un séminaire restreint aux membres de la faculté de philosophie sur *L'Institution imaginaire de la société*, également traduit. Il prononce aussi à cette occasion un certain nombre de conférences publiques devant deux à trois cents personnes.

Cette même année 1985, le grand quotidien de Rio, *Jornal do Brasil*, lui ouvre ses colonnes pour évoquer dans de longs entretiens la critique de Marx, le socialisme et son histoire[51]. Plus tard, en 1991, il retournera au Brésil, dans le sud du pays, et recevra ensuite cette lettre d'un de ses amis : « L'écho de ton séjour ici demeure très fort. On en parle beaucoup à l'Université, au PT et même au niveau de l'opinion publique. On m'arrête souvent pour me demander des renseignements sur toi, sur ta venue et je reçois même des coups de téléphone pour savoir ta date de naissance ! [...] Tout de suite après ton départ, ta critique de Cuba a soulevé des bruits très forts, Joao Carlos et moi, on a dû écrire dans *Zero Hora* pour appuyer tes positions et relancer le débat. À Sao Paulo, lors de mes deux derniers séjours, on m'a posé des tas de questions sur l'événement Castoriadis, y compris dans des maisons d'édition comme Brasilensa et Atica[52]. » Par ailleurs, il a en Mirtes Mirian Amorin[53], professeure à l'Universidade Federal do Ceara, un soutien important au Brésil. Celle-ci a étudié la philosophie en France, à Poitiers, avec le spécialiste de Hegel Jacques d'Hondt. Grande admiratrice de Castoriadis, elle s'est déplacée à Cerisy en 2003 pour assister à la seconde décade consacrée à son œuvre.

Le rayonnement du travail de Castoriadis au Brésil passe aussi par des doctorants brésiliens qui fréquentent son séminaire à l'EHESS dans les années 1980. Ainsi, la philosophe Jeanne-Marie Gagnebin, d'origine suisse, qui sera reconnue comme une des spécialistes de

---

51. Barbara OLIVEIRA, « Critica a Marx, Elogio ao autogoverno », et entretien avec Cornelius Castoriadis, *Jornal do Brasil,* 8 avril 1985.

52. Denis Rosenfield, lettre à Castoriadis de Porto Alegre (Brésil), archives Castoriadis, 11 novembre 1991.

53. MACIEL, *Mirtes Mirian Amorim, Labirintos da autonomia. A utopia socialista e o imaginario em Castoriadis*, Ediçoes UFC, Fortaleza, 1995.

Walter Benjamin, a émigré au Brésil et est devenue professeur de philosophie à l'université Unicamp, près de Sao Paulo. En 1986-1987 et 1987-1988, au cours d'une année sabbatique en France, elle suit avec passion le séminaire de Castoriadis à l'EHESS. Proche des thèses sur l'histoire de Benjamin, elle adhère au rejet de Castoriadis de toute forme de téléologie historique et à son attention à l'irruption de l'événement : « Je n'ai pas réussi à le lui dire et il ne semblait pas alors connaître suffisamment Benjamin pour le voir. À l'époque, Benjamin était très peu traduit, très peu connu[54]. » Certes Benjamin n'avait pas la centralité qu'il a acquise aujourd'hui dans le paysage intellectuel, mais il était déjà bien connu dans certains milieux, dont celui de Castoriadis. Maurice Nadeau avait publié au début des années 1970 deux volumes de Benjamin dans sa collection « Les Lettres nouvelles » et Castoriadis les avait lus : « On en a souvent parlé à l'époque[55]. » Par ailleurs, en ce qui concerne les liens avec le Brésil, Castoriadis dirigera la thèse sur Aristote de Marco de Antonio Avila Zingano, actuellement professeur à l'université de Sao Paulo, soutenue en 1993.

Au Japon, l'œuvre de Castoriadis est suivie de près par son traducteur et ami Kan Eguchi, qui l'appelle dans sa correspondance « Cher Maître[56] ». Eguchi est bien conscient que ses écrits ont valeur d'interventions intempestives dans le Japon de l'hypermodernisation et de l'individualisation à outrance : « Il me semble que dans notre société les conditions fondamentales aidant à l'autonomie de l'homme sont à peu près détruites. Premièrement on perd la vitalité à cause de la vie dans un milieu trop artificiel. [...] Dans une telle situation, répandre les idées de l'autonomie me paraît désespéré. Pourtant on trouve une autre tendance probablement vers l'autonomie de l'homme. Une transformation profonde dans les relations entre l'homme et la femme, l'adulte et le jeune, dans la famille[57]. » Outre son travail de traducteur, Kan Eguchi publie un ouvrage sur l'œuvre de Castoriadis en 1988 sous le titre « De l'aliénation à l'autonomie »

---

54. Jeanne-Marie Gagnebin, entretien avec l'auteur.

55. Enrique Escobar, entretien avec l'auteur.

56. Dès le début de 1980, la revue *Daïsanbunmeï-Sha* publie sur plusieurs numéros son texte sur « Le marxisme : bilan provisoire ». Puis, ce seront des ouvrages et d'abord ses textes majeurs parus dans *Socialisme ou Barbarie*, comme « Marxisme et théorie révolutionnaire », chez Samichi-Shobo. Hosei University Press prendra le relais dès 1982 pour publier *Les Carrefours du labyrinthe*.

57. Kan Eguchi, lettre à Castoriadis, archives Castoriadis, 18 février 1986.

pour favoriser la diffusion de ses écrits. Fin 1989, alors qu'il est en train de traduire la seconde partie de *L'Institution imaginaire de la société*, Eguchi constate que l'ébranlement du système soviétique crée un climat plus favorable à la réception des thèses de son ami Castoriadis. Cependant, lorsque paraît enfin le livre en 1995, il se heurte à une incompréhension assez générale : « Il me semble que c'est naturel. Parce que pour comprendre l'imaginaire radical, il faut du temps et s'y habituer après un premier contact[58]. »

Les contacts avec l'Allemagne donnent lieu à un dialogue de fond avec Jürgen Habermas, qui l'invite fin 1979 à l'Institut Max-Planck de Starnberg : « C'est la seule fois qu'ils se sont rencontrés. Ils se sont appréciés mutuellement, mais ils n'étaient pas sur le même plan, Castoriadis considérant Habermas comme un marxiste, "sans plus", ce qui est de mon point de vue une exagération simplificatrice[59]. » Habermas est alors très intéressé par les thèses de Castoriadis, et tous deux suscitent dans le début des années 1980 des occasions de rencontres : « Inutile de vous dire que j'ai été très heureux de vous revoir et de discuter avec vous à Dubrovnik. Je regrette que nous n'ayons eu davantage de temps pour discuter. Lors de votre prochaine venue à Paris, j'espère que nous aurons quelques après-midi pour parler ensemble à loisir[60]. » Lorsque Habermas publie en 1988 un de ses ouvrages majeurs de critique du structuralisme et du poststructuralisme[61], il y fait une place à Castoriadis, dont il salue l'audace, tout en exprimant un point de vue critique pour mieux avancer ses propres conceptions d'une pragmatique communicationnelle. Il situe Castoriadis dans la lignée du renouvellement de la philosophie de la *praxis* à partir de Husserl et de Heidegger. Selon Habermas, Castoriadis donne une impulsion nouvelle à cette tradition en la nourrissant d'une inspiration linguistique : « Au sein des approches qui, dans la mouvance de la philosophie de la *praxis*, se sont développées au milieu des années 1960 – surtout en Europe de l'Est (à Prague, à Budapest, à Zagreb et à Belgrade), étant notamment au cœur des discussions qui, pendant une décennie, se sont tenues à l'université d'été de Korčula –, l'œuvre de Castoriadis occupe une place centrale. Elle constitue la tentative la plus originale, la plus ambitieuse et la plus réfléchie pour

---

58. Kan Eguchi, lettre à Castoriadis, archives Castoriadis, 8 juillet 1995.
59. Johann Arnason, entretien avec l'auteur.
60. Castoriadis, lettre à Jürgen Habermas, archives Castoriadis, 11 mai 1982.
61. Jürgen HABERMAS, *Le Discours philosophique de la modernité*, Gallimard, Paris, 1988.

continuer de penser comme *praxis* une médiation émancipatrice entre la nature – externe et interne –, la société et l'histoire [62]. » Cette pensée de la *praxis* s'inscrit dans la filiation d'Aristote, mais de manière renouvelée. Elle se donne pour horizon de retrouver le sens originaire d'une politique de l'émancipation. C'est pour faire prévaloir cet horizon libérateur que Castoriadis met l'accent sur « l'instant extatique qui, rompant avec le continuum du temps, instaure quelque chose d'absolument nouveau [63] ». L'enthousiasme de Habermas est néanmoins atténué par une aporie qu'il repère dans la pensée de Castoriadis ; selon lui, Castoriadis n'assigne aucune place « à une *praxis* intersubjective, qui *puisse être attribuée* aux individus socialisés [64] ». La critique majeure que Habermas adresse à Castoriadis est que sa théorie de l'imaginaire radical, par laquelle l'histoire se fait à coups de créations *ex nihilo*, rend impossible l'apprentissage social et, partant, le progrès. Au fond, Habermas reproche à Castoriadis d'être relativiste.

La lecture que fait Habermas de Castoriadis privilégie un pôle de son argumentation théorique, celui de la création *ex nihilo*, ce surgissement de l'instituant à partir du magma, mais il oblitère tout un pan de sa thèse, car il y a bien chez Castoriadis un sens historique des contraintes, du contexte situé qui ne permet pas l'émergence du n'importe quoi n'importe quand. Il est ainsi aisé pour Habermas de se présenter comme celui qui permet de faire le lien avec un faire humain ancré socialement. Faute d'horizon communicationnel, Habermas situe l'œuvre de Castoriadis du côté d'une démarche prisonnière de son solipsisme, s'épuisant, comme celle de Husserl, dans une philosophie aporétique de la conscience solitaire. Peu convaincu par l'articulation que tente Castoriadis entre l'imaginaire prélangagier, qu'il tire de son savoir psychanalytique, et le monde socialement institué, il juge qu'il est « dans l'incapacité d'offrir une figure qui fasse la médiation entre l'individu et la société [65] ».

En France, Jean-Marc Ferry prolonge la critique de Habermas pour faire prévaloir une pragmatique communicationnelle. Il conteste le postulat de Castoriadis de l'irréductibilité de la signification à la causation qui ne rendrait pas compte de la succession des phases historiques : « À nos yeux, c'est là passer d'une *thèse méthodologique* sur la

---

62. *Ibid.*, p. 387.
63. *Ibid.*, p. 389.
64. *Ibid.*, p. 390.
65. *Ibid.*, p. 394.

compréhension historique à une *thèse ontologique* sur l'être historique – entendons : l'être comme temps, et le temps comme création *radicale*[66]. » Avec cette thèse de la création absolue, Jean-Marc Ferry considère que Castoriadis emprunte beaucoup à Heidegger : « Castoriadis abandonnerait, si l'on ose dire, Max Weber pour Heidegger[67]. » Jean-Marc Ferry qualifie la démarche de Castoriadis de « créationnisme », passant de l'autonomie méthodologique à l'autonomie existentielle des significations instituées. Jean-Marc Ferry critique une pensée qui privilégie avec raison le souci de compréhension, mais qui limite cette exigence à sa strate synchronique et renonce à l'appliquer à la diachronie pour préserver l'absolue contingence de la création du nouveau. Et Jean-Marc Ferry de déplacer la question de la compréhension de la signification du côté de la discussion et des règles de l'intersubjectivité, retrouvant ainsi les perspectives offertes par l'éthique de la discussion chez Habermas.

Castoriadis répond par voie épistolaire aux objections que lui fait Jean-Marc Ferry : « Vous dites explicitement, que pour Habermas, à juste titre, la communication précède l'institution et que mon tort serait de penser l'inverse. Je crois en effet que toute la question est là, et elle est désespérément simple : quelle communication est possible sans institution ? En particulier, sans langage ? Et est-ce que le langage est véhicule neutre quant à ce qui est communiqué[68] ? »

La critique habermassienne de Castoriadis ne tient pas compte du double registre sur lequel repose la pensée de Castoriadis, celui de l'ensembliste-identitaire et celui de l'imaginaire. Si l'on hypostasie l'un des deux pôles, on manque la singularité et la pertinence de sa pensée et l'on peut donner libre cours à la critique de ses positions. C'est ce que perçoit bien Raphaël Gély, qui montre en quoi l'on ne peut subordonner une dimension à l'autre chez Castoriadis[69]. Il est erroné de penser qu'à force d'insistance sur l'imaginaire, Castoriadis abandonnerait l'horizon de la raison critique. Simplement, « la raison critique n'est pas capable à elle seule de générer l'adhésion affective des individus à l'idéal même d'une vie individuelle et collective autonome[70] ».

---

66. Jean-Marc FERRY, *Habermas. L'Éthique de la communication*, PUF, Paris, 1987, p. 451.
67. *Ibid.*, p. 452.
68. Castoriadis, lettre à Jean-Marc Ferry, archives Castoriadis, 2 juillet 1985.
69. Raphaël GÉLY, « Imaginaire, affectivité et rationalité. Pour une relecture du débat entre Habermas et Castoriadis », *Cahiers Castoriadis*, n° 4, 2008, p. 139-182.
70. *Ibid.*, p. 141.

J'ajouterai pour ma part que la position de Castoriadis, insatisfait par les propositions de l'agir communicationnel formulées par Habermas, est très proche de celle de Ricœur lorsque ce dernier essaie de penser les deux pôles que sont l'éthique de la discussion et ce qu'il appelle la véhémence ontologique, se situant entre les deux voies incarnées par Habermas d'un côté et Gadamer de l'autre. De la même manière, Castoriadis ne récuse en rien le champ délibératif, les règles argumentatives et l'émergence d'un sens lié à la validité sociale. Mais ces règles ne suffisent pas, elles doivent être articulées à la puissance créatrice de l'imaginaire qui se trouve chez lui en position prévalante car il s'agit d'éviter toute réduction à une forme de fonctionnalisme communicationnel.

Castoriadis répond aux critiques que lui a adressées Habermas à l'occasion d'un long article consacré au livre de son ami Philipe Raynaud[71] sur Max Weber[72]. S'il admet une dimension communicationnelle dans tout agir social, il affirme qu'« elle est rarement une "fin en soi", et elle est totalement insuffisante pour faire surgir des critères de l'action[73] ». Comme à son habitude, et comme le remarque Raphaël Gély, Castoriadis force le trait, caricature la position de Habermas, entraîné dans les excès d'une controverse qui prend vite le pli de la polémique. Lorsque Habermas évoque par analogie les conditions linguistiques de la reproduction de l'espèce, Castoriadis qualifie sa pensée de tentative mythique de trouver un fondement « biologique » aux questions de la théorie sociale et de l'action politique. Pour Castoriadis, l'enjeu de la controverse est de préserver la dimension de l'imaginaire, du sans-fond, qui risque de disparaître de l'horizon formel de la pragmatique.

Axel Honneth, successeur de Habermas aux responsabilités de principal représentant de l'École de Francfort, trouve aussi des ressources dans l'œuvre de Castoriadis. Déplorant le dépérissement progressif des théories critiques, il y voit une des rares pensées qui résistent à l'esprit du temps. Sa philosophie représente à ses yeux « une des performances les plus impressionnantes[74] » pour préserver l'efficace d'une théorie critique. Honneth discerne chez Castoriadis l'élaboration d'une ontologie

---

71. Philippe RAYNAUD, *Max Weber et les Dilemmes de la raison moderne*, *op. cit.*
72. Cornelius CASTORIADIS, « Individu, société, rationalité, histoire », *loc. cit.*
73. *Ibid.*, p. 82.
74. Axel HONNETH, « Une sauvegarde ontologique de la révolution. Sur la théorie sociale de Cornelius Castoriadis », *Revue européenne des sciences sociales*, décembre 1989, p. 191.

singulière qui, au contraire de la pensée traditionnelle, ne définit pas un fondement premier, mais un principe de non-détermination du monde social et naturel. Il considère son point de vue comme une autocritique de l'intérieur du marxisme qui, en un second temps, se confronte avec les sciences sociales. Pour Honneth, Castoriadis a eu le mérite, vingt ans avant Habermas, de dénoncer la relégation du concept de *praxis* chez Marx au profit d'un objectivisme historique immanent à sa théorie : « Castoriadis ôte à la *praxis* révolutionnaire son caractère d'exception temporelle et sociale et l'ontologise en un fait créateur indépendant des personnes qui le portent[75]. »

Après avoir salué le caractère quasi héroïque de cette pensée intempestive, Honneth s'en démarque cependant en la qualifiant de philosophie vitaliste, ce qui à ses yeux n'est pas un compliment, rapprochant Castoriadis de Bergson dans son aspiration à vouloir percevoir une réalité créatrice en tant que telle : « Castoriadis n'atteint le terme à proprement parler de son argumentation qu'avec le concept métaphorique de "magma", similaire à la catégorie bergsonienne d'élan vital[76]. »

Le grand éditeur allemand Suhrkamp publie *L'Institution imaginaire de la société* en 1984 et un peu plus tard le premier volume des *Carrefours*, mais le départ du responsable de ces publications interrompt le travail de traduction et de publication de l'œuvre de Castoriadis qui se poursuit néanmoins chez un petit éditeur (Verlag Edition AV) grâce au travail d'un universitaire et militant passionné, Harald Wolf. Ce dernier, sociologue spécialiste des questions du travail, a fait un gros travail d'édition des textes de *Socialisme ou Barbarie*. Sa compagne, Andrea Gabler, universitaire à Göttingen, a publié, elle, un ouvrage sur SouB[77]. Alice Pechriggl, qui a été la doctorante de Castoriadis et qui enseigne la philosophie à l'université de Klagenfurt, en Autriche, a multiplié les articles sur Castoriadis et s'est occupée de la publication d'une anthologie sur son œuvre[78].

---

75. *Ibid.*, p. 197.

76. *Ibid.*, p. 204. Aujourd'hui en Allemagne, Andrea Gabler, sociologue, professeur au département de sciences politiques à l'université de Göttingen, consacre une bonne partie de son enseignement à Castoriadis, ayant déjà axé sa thèse sur ses premiers écrits dans *Socialisme ou Barbarie*.

77. Andrea GABLER, *Antizipierte Autonomie. Zur Theorie und Praxis der Gruppe « Socialisme ou Barbarie » (1949-1967)*, Offizin Verlag, Hanovre, 2009.

78. Alice PECHRIGGL et Karl REITTER, *Die Institution des Imaginären. Zur Philosophie von Cornelius Castoriadis*, Turia & Kant, Vienne, 1991, avec des textes d'Arnason, Feher, Heller, Konrad, Pechriggl et Waldenfels.

Dans les pays d'Europe de l'Est, les thèses de Socialisme ou Barbarie et de Castoriadis ont trouvé un écho certain. Écrivant à Milan Damjanovic, responsable du Comité yougoslave de philosophie, qui l'invite en août 1980 à un congrès de philosophie à Dubrovnik sur le thème « La créativité et le monde humain », Castoriadis commente : « Je me suis, moi aussi, beaucoup réjoui de notre rencontre, comme aussi de cette parenté de pensée et d'attitude philosophique et politique que vous constatez à juste titre. [...] Je vous remercie d'avance de ce que vous pourrez faire auprès des maisons d'édition yougoslaves pour la publication de mes livres en serbo-croate[79]. » Castoriadis sera de nouveau invité à un colloque à Dubrovnik en avril 1982 sur le thème des « Théories de la modernité » à l'université de Konstanz[80], et un contrat pour la publication des *Carrefours du labyrinthe* sera signé en 1990 entre Le Seuil et l'éditeur yougoslave Svjetlost[81]. En juin 1992, Castoriadis signe un appel destiné à l'Assemblée démocratique de Belgrade pour que Milošević quitte le pouvoir[82].

En Pologne, à Wroclaw, le philosophe Lukasz Piatek découvre les écrits de Castoriadis au début des années 1980 : « Je m'appuie pendant mes cours universitaires sur vos textes qui attirent l'attention de mes étudiants. Je suis presque gêné de me trouver toujours sur la même longueur d'onde que vous[83]. » En Hongrie, c'est Mihàly Vajda qui se fait le passeur de l'œuvre de Castoriadis, lequel en retour le met en contact avec la revue *Esprit*. Il est également invité par l'attaché aux sciences sociales et humaines auprès de l'ambassade de France à Budapest, Philippe Cappelaere, pour un colloque sur le thème « Révolution et restauration » à l'occasion de l'anniversaire de la révolution hongroise de 1956. Celle-ci a, on le sait, beaucoup compté pour Castoriadis, qui avait déjà répondu en juin 1991 à une invitation de l'Institut pour l'histoire de la révolution hongroise de 1956 à prononcer

---

79. Castoriadis, lettre à Milan Damjanovic, archives Castoriadis, 5 décembre 1981.

80. Cornelius CASTORIADIS, « The problem of taking a position in relation to actual history », colloque de Dubrovnik, des 5, 6, 7, 8 et 9 avril 1982, avec A. Giddens, R. Tekel, G. Konrad, H. Dubiel, J. Habermas, K. Eder, I. Kuvacié, R. Bernstein, N. Fraser et J. Whitebook.

81. À Belgrade, la revue de philosophie *Theoria* prend contact avec Castoriadis par l'intermédiaire de Francis Wybrands en 1982 pour solliciter sa collaboration. Quant à la revue *Gleoista*, basée aussi à Belgrade, elle publie en juin 1984 le dernier chapitre du premier volume des *Carrefours du labyrinthe*, traduit par le philosophe yougoslave Ivan Kejvoda.

82. Appel du 26 juin 1992 signé par Castoriadis, Touraine, Vernant, Vidal-Naquet, Julliard et Furet.

83. Lukasz Piatek, lettre à Castoriadis, archives Castoriadis, 12 septembre 1983.

une conférence à Budapest au cours de laquelle il avait exprimé sa vive émotion : « Il se trouve que je fais partie de la poignée de gens qui, dans ce qu'on appelait la "Gauche", salua avec enthousiasme et sans réserve la révolution hongroise et dénonça sans trêve l'invasion russe et les calomnies que déversèrent les communistes. Je voudrais donc, avant tout, vous dire la profonde émotion avec laquelle je prends aujourd'hui la parole, ayant à parler de cette révolution dans un pays où tant de noms continuent d'être entourés pour moi d'une aura de légende : Miskolc, Debrecen, Györ, et bien entendu Budapest [84]. »

Du côté de la Russie, Castoriadis exprime en 1976 toute l'admiration qu'il voue à Leonid Pliouchtch et lui envoie bon nombre de ses livres pour lui montrer qu'il n'est pas complètement seul dans son combat antitotalitaire et qu'il y a quelques intellectuels à l'Ouest qui dénoncent la monstruosité du régime stalinien tout en poursuivant la lutte pour une société plus juste : « Je voudrais d'abord vous dire mon admiration pour votre courage, votre honnêteté, votre lucidité [85]. » Après l'effondrement du régime, Castoriadis dispose d'un informateur sur l'évolution de la société, un dénommé Alex, qui est un de ses admirateurs : « Je vous considère mon ami et dans les ténèbres où nous vivons tous dans ce pays, votre regard d'expert est très important pour moi [86]. » Alex tient Castoriadis informé des évolutions de la vie quotidienne à Moscou : « Sur les mafias russes. Il y a trois plans d'informations sur lesquels on peut se rapporter – mass média, statistiques, chroniques criminelles – opinion des socialistes qui luttent contre les criminels – expérience personnelle. Si vous lisez le bla-bla-bla des journaux, la situation est cauchemardesque. […] Les commissions jouent un rôle tout à fait spectaculaire dans le monde criminel. Tous les marchés (viande, fruit, légumes, vêtements) sont à eux. Dans les rues, dans les boutiques, il y a plein de gens au visage criminel et dangereux [87]. » L'impression que retire Castoriadis de son voyage à Leningrad et à Budapest au printemps 1990, juste après la chute du Mur, est très négative : « La situation pour l'instant est horrible, les gens ne veulent entendre parler de rien d'autre que du

---

84. Cornelius CASTORIADIS, « Les problèmes d'une démocratie des conseils (14 juin 1991) » ; repris dans *Quelle démocratie ?*, t. II, *op. cit.*, p. 389.
85. Castoriadis, lettre à Leonid Pliouchtch, archives Castoriadis, 23 décembre 1976.
86. Alex, lettre à Castoriadis de Moscou, archives Castoriadis, 29 novembre 1992.
87. Alex, lettre à Castoriadis, archives Castoriadis, 11 août 1996.

marché et de la "démocratie". Je vais en octobre prochain à Berlin (ex-Est), j'espère que c'est un peu moins merdique[88]. »

En Italie, Alberto Carraciolo, le responsable de la fondation Lelio e Lisli Basso-Issoco, basée à Rome, invite Castoriadis à un colloque international qui se tient à Turin en décembre 1983 sur « Le pouvoir militaire dans les sociétés contemporaines ». Il y intervient sur la question de « La crise du système communiste et la montée du facteur militaire ». Il bénéficie aussi d'autres relais, comme celui de ce philosophe napolitain de l'université de Naples, Fabio Ciaramelli, qui s'est familiarisé avec son œuvre à Louvain en suivant les cours de Jacques Taminiaux au début des années 1980. Ciaramelli traduit *L'Institution imaginaire de la société*, qui paraît en 1989, et lui consacre de nombreuses et longues recensions dans la presse. Son article sur Max Weber, « Individu, société, rationalité, histoire », paraît en 1988 dans la revue italienne *MicroMega*, et il est par ailleurs reçu en 1987-1988 par le directeur du Centre international des études d'épistémologie, Mauro Cerutti, à Pérouse, pour une conférence en lien avec ses activités psychanalytiques. Castoriadis se rendra à plusieurs reprises en Italie dans les années 1990, bénéficiant de larges échos dans la presse italienne[89].

Au Portugal, en pleine révolution des Œillets, les thèses de Castoriadis offrent une ressource de choix pour de nombreux militants portugais[90]. En Espagne, l'intérêt pour son œuvre se retrouve du côté de la gauche radicale, et notamment de la CNT. Ce sont ses écrits critiques du capitalisme qui retiennent l'attention, ce qui lui vaut une invitation à Barcelone en janvier 1983 pour un débat avec Noam Chomsky, René Lourau et José Luis García Rua, et des demandes de contributions pour la revue d'extrême gauche de Barcelone, *Archipiélago*. Il peut aussi compter en ce début des années 1980 sur l'énorme retentissement de son ouvrage *Devant la guerre*, qui lui

---

88. Castoriadis, lettre à Camille, archives Castoriadis, 30 juin 1991.

89. Cornelius Castoriadis, entretien avec Massimo Boffa, *L'Unita*, 8 avril 1990 ; entretien pour le journal *Avanti !*, 2 novembre 1990 ; « Sotto il segno dell'Oligarchia », entretien avec Castoriadis, *Il Manifesto*, 2 juin 1994 ; « Il senso nell'era del teleconsums », entretien avec Francesca Borrelli, *Il Manifesto*, 23 novembre 1995.

90. F. Almeida Ribeiro et Antonio Caeiro, lettre à Castoriadis, archives Castoriadis, 22 mai 1974 : « On est un "noyau" de déserteurs portugais, dont le fascisme et le militantisme stalinien nous a jeté très tôt dans l'exil. [...] Tes textes théoriques sont pour nous une des références majeures pour la nouvelle action révolutionnaire anticapitaliste et antibureaucratique qu'on aimerait bien susciter aujourd'hui au Portugal. On aimerait bien parler avec toi pour t'inviter à aller au Portugal où tu es déjà suffisamment connu. »

vaudra d'être invité, en mai 1983, par les Instituts français de Madrid et de Barcelone pour des conférences sur le thème de « La destinée des totalitarismes ».

La part philosophique et psychanalytique de son œuvre suscite aussi l'intérêt des Espagnols. Sur ce plan, Castoriadis dispose de l'aide précieuse de son ami Enrique Escobar, qui traduit ses textes et trouve les canaux de diffusion de l'autre côté des Pyrénées. En 1970, il réussit à faire paraître aux éditions Ruedo Ibérico un ouvrage de celui qui est encore Paul Cardan, *Capitalismo moderno y revolución*, par l'intermédiaire de Carlos Semprún Maura. Aidé dans son travail de traduction par Daniel de la Iglesia, Enrique Escobar fait publier aux éditions Tusquets de Barcelone, toujours dans une collection dirigée par Carlos Semprún, *La Société bureaucratique*, en 1976. La traduction de *L'Institution imaginaire de la société* paraîtra en deux temps, en 1984 pour la première partie, en 1988 pour la seconde, chez Tusquets également[91]. En revanche, Enrique Escobar ne prendra pas part à la traduction de *L'Institution imaginaire de la société*. Ayant à l'époque de sérieux problèmes d'argent, il se voit contraint de décliner une rémunération trop faible pour vivre, tout en le regrettant amèrement.

Le rayonnement de Castoriadis s'est étendu jusqu'en terre iranienne par le biais de ses anciens étudiants. Au début des années 1980, trois étudiants iraniens assistent de manière assidue aux séminaires de Castoriadis, Ramin Jahanbegloo, Zarir Merat et Bahman Khalighi. Une autre étudiante, aujourd'hui écrivaine et sociologue vivant à Paris, rejoindra ce groupe : Chahla Chafiq. Tous sont très liés à

---

91. La diffusion des ouvrages de Castoriadis ayant une dimension mondiale, c'est de partout que lui parviennent des témoignages de lecteurs qui se sont approprié son œuvre, comme c'est le cas de cet étudiant libanais qui lui écrit en 1978 : « Je suis libanais, étudiant en philosophie à la Sorbonne. [...] Je fais partie d'un petit groupe "autogestionnaire", "conseilliste" à Beyrouth. [...] Nous avons dernièrement fait la connaissance de vos écrits parus dans la collection "10/18" et nous y avons trouvé un ensemble assez cohérent et un prologue à une théorie révolutionnaire à la mesure du siècle. Vous êtes devenu, notre "père spirituel" en quelque sorte. [...] Notre groupe qui s'est développé s'apprête à se lancer ouvertement dans l'action politique sur l'échiquier politique libanais » (Kamel Yazigi, lettre à Castoriadis, archives Castoriadis, 6 mars 1978). Castoriadis, malgré ses positions critiques sur la politique menée par l'État israélien, n'en est pas moins invité à la fin de 1982 et début 1983 en Israël. L'invitation a été faite sur la proposition d'Henri Atlan et émane du conseiller scientifique auprès de l'ambassade de France en Israël, Gilles Châtelet, et du responsable de l'Institut de philosophie et d'histoire de l'université hébraïque de Jérusalem, Jacques Schlanger, pour donner quelques conférences à Jérusalem où il se rendra avec son épouse : Cornelius CASTORIADIS, « The imaginary institution of society », 22 décembre, et « Beyond identitary logic : the idea of magmas », 23 décembre.

Olivier Fressard. Jahanbegloo et Merat fonderont ensuite, avec David Ames Curtis, Agora International, avant de s'en retirer. Ramin Jahanbegloo, en particulier, a développé des liens étroits avec Castoriadis car il avait comme projet de faire connaître son œuvre en Iran. Cela intéressait d'autant plus Castoriadis que la révolution iranienne de 1979 fut l'un des événements majeurs de ces années et qu'il était régulièrement amené à évoquer l'Iran de Khomeiny. Profitant d'une phase de relâchement de la censure, Jahanbegloo et Merat ont par ailleurs réussi à faire la liaison entre une revue iranienne réformiste, *Goftégou*, et la revue *Esprit*, qui copublieront dans les deux pays un numéro spécial sur l'Iran. Ils ont aussi réussi à faire venir Ricœur et Lefort en Iran. Après des démêlés avec les autorités iraniennes, Jahanbegloo a finalement été jeté en prison, ce qui entraînera une campagne internationale d'intellectuels pour sa libération, organisée et relayée en France par Olivier Mongin et la revue *Esprit*. Une fois libéré, Jahanbegloo est parti vivre au Canada, où il enseigne aujourd'hui la philosophie politique à l'Université. Merat, lui, voulait faire une thèse avec Castoriadis sur la théorie de l'évolution des sociétés, mais il a été absorbé par une activité professionnelle intense dans des ONG humanitaires. Quant à Chahla Chafiq, elle a soutenu en 2009 une thèse sur « Islamisme et société » sous la direction de Françoise Picq à Paris 9. Elle publie régulièrement des récits et des études sociologiques, d'un point de vue féministe, sur les femmes et l'islam, en particulier dans le cas iranien. Enfin, Bahman Khalighi, après avoir séjourné en Angleterre, est reparti définitivement en Iran, dans la grande ville de Machad. Excellent connaisseur de l'œuvre de Castoriadis, il travaille à un projet de traduction de certains de ses textes en persan et à une étude introductive à son œuvre, en dépit des obstacles de la censure.

23

L'œuvre au travail

Comme l'écrit Castoriadis lui-même à propos de Hannah Arendt, « [o]n n'honore pas un penseur en louant ou même en interprétant son travail, mais en le discutant, le maintenant par là en vie et démontrant dans les actes qu'il défie le temps et garde sa pertinence [1] ». Sa disparition soudaine à la fin de l'année 1997 laisse dans le désarroi le plus grand nombre de ceux qui assistaient à son séminaire de l'EHESS, notamment ses doctorants restés fidèles à son enseignement, subitement devenus orphelins. Un petit groupe du premier cercle se constitue rapidement pour organiser, plutôt qu'un hommage à leur maître, une rencontre autour des idées clés de Castoriadis [2]. Ces premiers disciples voulant éviter l'écueil de la sanctuarisation, ils choisissent d'exposer l'œuvre de Castoriadis aux questionnements les plus divers : « Encore dans l'ambiance des funérailles de Corneille et dans ce même mouvement d'infinie tristesse, dette et reconnaissance qui nous animaient, nous avons été quelques-uns, anciens participants à son séminaire, à évoquer l'idée d'un colloque pour rendre hommage à notre professeur, en se penchant une fois de plus sur ce qui reste – et doit rester – de lui le plus vivant, à savoir son œuvre, sa pensée [3]. » Ces

---

1. Cornelius CASTORIADIS, « Les destinées du totalitarisme », dans *Domaines de l'homme, op. cit.*, p. 249.
2. Ce groupe est constitué par Olivier Fressard, Gérard David, Nicos Iliopoulos, Xavier Lemaire, Stella Manet et Alice Pechriggl.
3. Lettre envoyée à la famille Castoriadis par Gérard David, Nicos Iliopoulos, Xavier Lemaire, Stella Manet et Alice Pechriggl, archives Castoriadis.

jeunes chercheurs sont conscients qu'ils ont affaire à une œuvre prolixe, profuse, proliférante, rhizomatique, labyrinthique, et souffrant d'un déficit de reconnaissance dans les milieux académiques de l'Université. Ils décident donc de faire des deux journées consacrées à son œuvre un véritable moment d'élaboration théorique, par le biais d'ateliers-séminaires.

La rencontre se tient à l'EHESS en juin 1999, et s'articule autour de trois objectifs : expliciter la teneur réelle de l'œuvre de Castoriadis, en discuter les idées majeures et, enfin, en prolonger les orientations. La problématique définie par les doctorants du maître disparu s'articule autour de trois thèmes distincts : l'élucidation social-historique et psychique, la création philosophique, et, thème plus politique, le projet d'autonomie. Si le colloque est un grand succès, il ne trouvera cependant pas d'éditeur, bien que l'ensemble ait été enregistré. Seule l'intervention de l'économiste Pierre Dumesnil sera publiée par *La revue du MAUSS*[4]. Dumesnil y rappelle que, parmi ses multiples activités, Castoriadis fut un économiste professionnel, confronté pendant vingt-cinq années au maniement des statistiques et des études de prospective à l'OCDE. Alors que l'économétrie et le modèle standard sont devenus la *doxa* de la discipline, « Castoriadis sait que la quantification pratique de l'économie est une *singularité constitutive* de la discipline, mais il sait aussi que cette spontanéité *numérique*, est tout à la fois une *réalité* qui contraint chacun dans son action de tous les jours et un *leurre*[5]. » L'*hubris* qui s'est emparé des économistes de métier, qui réduisent le sens de la société à une comptabilité des comportements humains, relève de ce rêve moderne, de cette ambition démesurée d'une totale maîtrise rationnelle. S'appuyant sur les dernières réflexions, inachevées, de Castoriadis, sur l'écologie, Dumesnil montre qu'il enjoignait de faire basculer l'éducation (la *paideia*) vers davantage de frugalité : « L'économie des moyens, leur frugalité, ne dit rien sur la richesse des fins, sur la profondeur et le plaisir de l'interprétation. [...] Enrichir notre "entour" culturel en transmettant une exigence de sa réception, condition de sa jouissance, comme lecture et non comme consumation, comme

---

4. Pierre DUMESNIL, « Penser l'économie avec Cornelius Castoriadis », *Revue du MAUSS*, n° 15, mai 2000, p. 171-185.
5. *Ibid.*

parcours interprétatif non destructeur mais producteur de *sens*, est une voie qu'il conviendrait à nouveau collectivement d'emprunter[6]. »

Resté à l'écart de l'institution universitaire, l'œuvre de Castoriadis poursuit son chemin de manière souterraine, latérale, soit dans des milieux marginaux, chez des hétérodoxes, ou dans des lieux périphériques. C'est dans ces endroits improbables, sur des chemins non tracés, que l'on trouve des passionnés, des chercheurs qui n'ont d'autre intérêt que leur curiosité intellectuelle. Ces lieux périphériques de diffusion de la pensée castoriadienne sont Lausanne, Bruxelles, Montréal, Göteborg... Le philosophe belge Laurent Van Eynde, doyen de l'université Saint-Louis de Bruxelles, a joué un rôle important pour diffuser l'œuvre de Castoriadis. En thèse à Lausanne au début des années 1990 avec Raphaël Célis, travaillant sur Goethe dans une perspective phénoménologique, il entend parler de Castoriadis pour la première fois par un philosophe chilien travaillant à Louvain sur la bioéthique, Sergio Zorrilla – celui-ci, militant politique, a reçu une balle par un soldat de Pinochet qui l'a fait claudiquer à vie. Plus tard, son directeur de thèse, intéressé par les positions de Castoriadis sur l'imagination et par ses rapports avec Merleau-Ponty, lui offre un des *Carrefours du labyrinthe*. Laurent Van Eynde fait par ailleurs la rencontre, décisive pour lui, d'une jeune chercheuse belge du FNRS, Sophie Klimis, philosophe spécialiste de l'Antiquité grecque qui s'appuie largement sur l'œuvre de Castoriadis[7]. Une fois nommé enseignant à la faculté de philosophie, lettres et sciences humaines de l'université Saint-Louis, à Bruxelles, Laurent Van Eynde met en place un séminaire interdisciplinaire de recherche littéraire qui prend le nom de Groupe Prospero et recrute Sophie Klimis : « Intéressé par la question de l'imagination, je me suis dit que j'allais organiser des journées sur l'œuvre de Castoriadis, mais un peu à l'aveugle, sans contacts. J'en parle à Sophie Klimis et l'on décide de faire cela ensemble[8]. » C'est ainsi que naît en mai 2004 la première d'une longue série de rencontres. Les deux organisateurs voient arriver avec étonnement et satisfaction des spécialistes de l'œuvre de Castoriadis qu'ils ne connaissent pas, comme Olivier Fressard, Philippe

---

6. *Ibid.*

7. Sophie KLIMIS, *Le Statut du mythe dans la* Poétique *d'Aristote. Les Fondements philosophiques de la tragédie*, Ousia, Bruxelles, 2000.

8. Laurent Van Eynde, entretien avec l'auteur.

Caumières, Bernard Quiriny, David Curtis..., et même l'épouse de Cornelius, Zoé Castoriadis.

Le succès de cette rencontre encourage les deux organisateurs à poursuivre et à élargir l'initiative. Ils constituent alors un Groupe de recherches Castoriadis, composé de six membres : deux Belges, Laurent Van Eynde et Sophie Klimis, deux Français, Philippe Caumières et Olivier Fressard, et deux Suisses, Francesco Gregorio et Michel Vanni. À la suite des rencontres organisées autour de l'œuvre de Castoriadis, ce petit groupe en publie le contenu dans les *Cahiers Castoriadis*, créés pour l'occasion[9]. Dans les meilleurs moments, ces réunions régulières rassemblent jusqu'à quarante-cinq personnes. Leurs initiateurs y invitent des spécialistes reconnus dans leur discipline pour les faire réagir à la confrontation entre leur champ de spécialité et les thèses de Castoriadis. L'objectif est de sortir Castoriadis de la confidentialité en évitant l'écueil de l'enfermement dans la seule exégèse de son œuvre. C'est ainsi qu'un philosophe heideggérien comme Jean-Marie Vaysse a accepté de jouer le jeu et est venu à trois reprises à ces rencontres. C'est le cas aussi de Christophe Bouton, qui a depuis intégré l'œuvre de Castoriadis, qu'il ne connaissait pas du tout, dans ses cours à l'université de Bordeaux. Parfois, au contraire, la connexion ne se fait pas : Isabelle Garo, spécialiste de Marx, ne viendra pas et écrira un ouvrage très critique sur les positions de Castoriadis[10]. Après un litige opposant Laurent Van Eynde et Michel Vanni (spécialiste de Levinas), le groupe se resserrera pour devenir franco-belge.

À l'université de Lausanne, un autre micromilieu se montre très actif autour de l'œuvre de Castoriadis. Avant sa mort, ce dernier y avait été plusieurs fois invité dans le cadre de colloques, comme celui de mai 1987 à l'Institut d'anthropologie et de sociologie sur « De l'utilité de la connaissance[11] ». Giovanni Busino, sociologue qui a longtemps dirigé la *Revue européenne des sciences sociales*, très actif dans les initiatives d'ordre pluridisciplinaire, a fait venir plusieurs fois

---

9. *Cahiers Castoriadis*, n° 1, 2006, au n° 8, 2013.

10. Isabelle GARO, *Marx et l'invention historique*, Syllepse, Paris, 2012.

11. Colloque « De l'utilité de la connaissance », communications d'André Delessert, Jacques Ruffié, Marie-Jeanne Borel, Charles Enz, Philippe Choquard, Alain Caillé, Bernard Crettaz, Pierre Feschotta, Marc Augé, Étienne Barillé, Edgar Ascher, Cornelius Castoriadis et Paul-Émile Pilet, Lausanne. Communication reprise dans Cornelius CASTORIADIS, « Connaissance et universalité », *Quelle démocratie ?*, t. II, *op. cit.*, p. 301-321.

Castoriadis et lui a consacré un numéro de sa revue [12]. C'est à Lausanne que se trouve également l'anthropologue Gérald Berthoud, qui fait partie de l'équipe constitutive de *La Revue du MAUSS* et qui a beaucoup contribué à faire connaître Castoriadis. C'est aussi à Lausanne qu'enseigne un sociologue qui a fait sa thèse sur Socialisme ou Barbarie dans une perspective d'analyse bourdieusienne, Philippe Gottraux [13]. Après avoir mené un beau travail d'enquête auprès des acteurs de ce courant de pensée et constitué un riche dossier, Philippe Gottraux a appliqué mécaniquement les catégories bourdieusiennes de la distinction pour démontrer et démonter une stratégie de sortie des impasses militantes de la part de Castoriadis, le conduisant à une quête de reconnaissance par les milieux universitaires à des fins de réussite carriériste. Ce point de vue très réducteur a évidemment mis hors de lui Castoriadis, qui a rédigé une réponse incendiaire restée dans les archives.

Marie-Claire Caloz-Tschopp, philosophe spécialiste de sciences politiques, à l'itinéraire particulièrement hétérodoxe, enseigne également à Lausanne. Très marquée par le mouvement de 1968, elle part en Colombie car c'est alors en Amérique latine que se trouvent les mouvements sociaux de résistance les plus radicaux. Elle y enseigne le travail social et se lie aux mouvements étudiants de soutien à la guérilla. Elle aide les Indiens et participe à des actions d'éducation politique sur le terrain. De retour à Lausanne, elle forme des travailleurs sociaux et reprend ses études universitaires. Cherchant à articuler histoire et philosophie, elle choisit de faire un mémoire sur Castoriadis, qu'elle a entendu lors d'une conférence à Lausanne : « Un texte de Castoriadis a été tout à fait déterminant pour moi, un vrai tremblement de terre quand je le découvre, son article "La découverte de l'imagination [14]" [15]. » Avec ce mémoire, elle remporte en 1984 le Prix du docteur Émile Duboux et poursuit ses études de philosophie, qui la conduisent à l'obtention, en 1996, du titre de docteur en sciences politiques avec une thèse sur Hannah Arendt, sous la direction de Dominique Colas à l'IEP. De manière parallèle, elle s'engage dans l'action en faveur du droit d'asile : « Je commençais à visiter les camps

---

12. « Pour une philosophie militante de la démocratie. Autonomie et autotransformation de la société. Hommage à Cornelius Castoriadis », *Revue européenne des sciences sociales*, n° 86, 1989.

13. Philippe GOTTRAUX, *« Socialisme ou Barbarie »*, *op. cit.*

14. Cornelius CASTORIADIS, « La découverte de l'imagination », *loc. cit.*

15. Marie-Claire Caloz-Tschopp, entretien avec l'auteur.

de réfugiés. C'était mon terrain d'interrogation et la connexion avec la pensée de Castoriadis prenait tout son sens[16]. » Elle lui rend visite à Paris à deux reprises et se trouve à chaque fois confortée dans son action, dans son désir de résistance.

Dans son habilitation à diriger des recherches (HDR), soutenue en 2004, elle fait le lien entre Arendt et Castoriadis à propos de l'impératif de résistance. Elle perçoit un terrain commun entre ces deux penseurs, marqués par la guerre, ayant tous deux connu l'exil, la domination totalitaire et l'échec des révolutions dans ses versants respectivement national-socialiste et communiste. Tous deux ont réfuté l'utopie, « ont œuvré à la résurgence d'une ontologie, d'une anthropologie politique[17] ». Devenue enseignante à l'UNIL, Caloz-Tschopp se nourrit de l'œuvre de Castoriadis pour ses cours à l'Institut d'études politiques internationales à Lausanne, mais aussi à Genève en sciences de l'éducation, puis à Louvain dans ses cours sur la philosophie du droit d'asile. Active sur ce terrain des luttes pour le droit d'asile, à l'initiative, en 1986, de la constitution du Groupe de Genève sur le droit d'asile en Europe, Marie-Claire Caloz-Tschopp participe à la création des Assises européennes du droit d'asile. En parallèle, elle organise de nombreux colloques consacrés à la théorie politique[18]. À ces occasions, il est surtout question de soumettre les concepts de Castoriadis à l'épreuve du réel et d'une actualité sans cesse en mouvement. C'est ainsi que l'ami grec de Castoriadis, Nicos Iliopoulos, qui a commencé une thèse sous sa direction sur la question de l'impératif de résister face à l'apathie grandissante, intervient en partant du concept de création politique de Castoriadis pour discerner en quoi il permet de rendre compte de nouvelles façons de vivre qui n'ont pas toujours été bien perçues par son « maître ». Tout en réaffirmant qu'il est un grand philosophe, il suggère quelques correctifs à la définition que donne Castoriadis de la politique pour mieux rendre compte des évolutions les plus récentes : « La politique ne peut être seulement considérée comme activité collective mais aussi comme activité individuelle. [...] Une nouvelle élaboration de la distinction entre privé et public s'impose par le fait même que la politique a affaire avec toutes

---

16. *Ibid.*

17. Marie-Claire CALOZ-TSCHOPP, prologue à *Résister en politique, résister en philosophie. Avec Arendt, Castoriadis et Ivekovic*, La Dispute, Paris, 2008.

18. Marie-Claire CALOZ-TSCHOPP (dir.), *Colère, courage, création politique*, 2 vol., L'Harmattan, Paris, 2011.

les institutions de la société[19]. » Ces déplacements par rapport à l'opposition frontale posée par Castoriadis entre sphère publique et sphère privée permettent de porter un diagnostic plus optimiste sur les évolutions culturelles des sociétés modernes occidentales depuis les années 1970. Tant dans le domaine du travail que dans ceux de l'école, de la famille, des pratiques amoureuses, on assiste, selon Nicos Iliopoulos, non pas seulement à la montée de l'insignifiance, mais aussi à des transformations positives qui vont dans le sens de davantage d'autonomie pour l'individu. Le projet d'autonomie qu'appelle de ses vœux Castoriadis reste pleinement d'actualité, et la privatisation des individus déplorée par ce dernier « est aussi et rejet de la politique instituée et beaucoup plus *intérêt pour la vie privée*, ce qui n'est pas nécessairement tendance vers l'hétéronomie[20] ».

Marie-Claire Caloz-Tschopp a fait des émules, parmi lesquels le politologue Antoine Chollet, qui fut l'un de ses étudiants à Lausanne. Celui-ci a travaillé, sous sa direction, à un mémoire sur la relation entre ordre et désordre, puis il a soutenu sa thèse à l'IEP de Paris sous la direction de Marc Sadoun[21]. Entré dans l'œuvre de Castoriadis, comme son enseignante, par la « découverte de l'imagination », il utilise surtout les concepts d'instituant et d'institué, et considère que sur ce plan il existe une proximité très étroite entre la conception de Castoriadis et les thèses sur l'institution de Merleau-Ponty. Il retient aussi la fécondité de la conception de Castoriadis d'une modernité qui se développe sur deux axes, celui de la tendance à la domination sans partage de la rationalité instrumentale et en même temps celui de la signification démocratique autonome. Ces deux tendances contradictoires sont sans cesse en tension dans le processus historique, laissant place à l'irruption du nouveau, de l'événement, du discontinu.

Selon Antoine Chollet, l'horizon d'autonomie passant par une revitalisation de la démocratie directe ne relève pas de l'utopie ; après tout, son pays, la Suisse, fonctionne partiellement de cette manière, malgré de solides freins de la part des élites[22]. S'appuyant sur la démonstration de Castoriadis, il défend l'idée que la démocratie est

---

19. Nicos ILIOPOULOS, « Cornelius Castoriadis et la création politique comme invention de nouvelles façons de vivre », dans Marie-Claire CALLOZ-TSCHOPP (dir.), *Colère, courage, création politique*, vol. 2, *op. cit.*, p. 242.

20. *Ibid.*, p. 251.

21. Antoine CHOLLET, *Les Temps de la démocratie*, Dalloz, Paris, 2011.

22. Antoine CHOLLET, *Défendre la démocratie. Sur quelques arguments antidémocratiques des élites suisses*, PPUR, Lausanne, 2011.

autofondée et se dote d'une autolimitation sans laquelle l'autonomie peut conduire à la catastrophe. La plupart des communes suisses fonctionnent sur la base d'assemblées communales et les citoyens sont invités à se réunir, délibérer et voter. Au plan fédéral, les référendums d'initiative populaire impliquent là aussi les citoyens dans le processus décisionnaire. Certes, la population suisse étant majoritairement conservatrice, les résultats des consultations reflètent cette orientation, « mais la démocratie n'est jamais assurée, c'est un régime du risque, en perpétuelle transformation, jamais figée [23] ». À l'heure de la construction politique de l'Union européenne et de la remise en question du caractère structurant des États-nations, la Suisse est devenue un laboratoire de réflexion pour redynamiser la participation citoyenne et les assises démocratiques. Une réflexion internationale est en cours sur la question de l'usage du tirage au sort, comme dans la Grèce classique, question à laquelle Antoine Chollet a consacré un an de son séminaire en 2012. Un groupe de recherche animé par Gil Delannoi à Sciences Po regroupe les chercheurs de Lausanne, Dublin et Norwich en Angleterre.

En avril 2007, le Français Stéphane Vibert, qui s'est installé à Ottawa où il est professeur, arrive dans le groupe de recherche franco-belge autour de l'œuvre de Castoriadis, alors qu'il se réunit à Bruxelles. Il ne connaît personne, n'a pas été personnellement invité, mais il sympathise avec les organisateurs et rejoint le nouveau groupe qui se met en place en 2013 pour favoriser la transmission de l'œuvre de Castoriadis, à une échelle plus internationale. Stéphane Vibert devient le lien du groupe sur le continent nord-américain et se charge de trouver des universités d'accueil pour l'organisation de journées Castoriadis. Originaire de Chambéry, il a fait ses études à l'IEP de Grenoble, puis s'est inscrit en 1993 à l'EHESS en anthropologie, dans le laboratoire de Louis Dumont. C'est dans ce cadre qu'il suit le dernier séminaire de Castoriadis : « Cela a été une expérience magnifique qui m'a encouragé à lire tout ce que je pouvais de lui. Les trois livres qui m'ont orienté dans ma carrière ont été *Essais sur l'individualisme*, de Louis Dumont, *Le Désenchantement du monde*, de Marcel Gauchet, et *L'Institution imaginaire de la société*, de Castoriadis [24]. » Recruté à trente-six ans par l'université d'Ottawa, Stéphane Vibert accorde une importance majeure à l'œuvre de Castoriadis dans son

---

23. Antoine Chollet, entretien avec l'auteur.
24. Stéphane Vibert, entretien avec l'auteur.

enseignement et commence à écrire sur lui. Il retrouve dans son département une ancienne étudiante de Castoriadis, Diane Pacom, et n'est pas le seul dans son université à s'intéresser à son œuvre. Son collègue Gilles Labelle travaillant également dessus, ils décident en 2009 d'animer un séminaire interdisciplinaire commun sur « L'institution symbolique du social ». Dans son centre de recherche à Ottawa, le CIRCEM[25], créé en 2000, « les travaux de Gauchet et Castoriadis sont nos deux contemporains au cœur de toutes nos recherches, séminaires et ateliers[26] ».

Dans les pays nordiques, un réseau de travail autour de l'œuvre de Castoriadis se met progressivement en place entre 2006 et 2010, assurant la jonction entre Norvégiens, Suédois et Danois. Il ne faut pas en exagérer l'importance, car ces pays sont largement dominés par la philosophie analytique anglo-saxonne, et rares sont les Français qui font l'objet de traductions. Néanmoins, une bonne partie de l'œuvre de Castoriadis a été tôt traduite et publiée en langues scandinaves, parfois même avant les traductions en anglais. Ainsi, la première partie de *L'Institution imaginaire de la société* est traduite en danois dès 1981, six années avant sa publication en anglais[27]. Nombre de ses interventions d'ordre politique publiées à l'époque de Socialisme ou Barbarie sous le pseudonyme de Chaulieu ou Cardan sont traduites de l'anglais vers le suédois et le norvégien dès le début des années 1970 et circulent dans les milieux d'extrême gauche. Au début des années 1990, la maison d'édition suédoise Brutus Ostling publie *Le Monde morcelé* et des extraits de *Domaine de l'homme*[28]. En 2003, la revue suédoise *Res Publica* lui consacre une de ses livraisons[29]. Castoriadis a eu quelques contacts avec des chercheurs des pays scandinaves ou avec des Français établis dans ces pays, comme Dominique Bouchet, qui enseigne au Danemark, à l'université d'Odense, depuis 1977. Dominique Bouchet

---

25. CIRCEM : Centre interdisciplinaire de recherche sur la citoyenneté et sur les minorités.

26. Stéphane Vibert, entretien avec l'auteur. À Montréal, le Centre de recherche sur les imaginaires sociaux, dirigé par André Corten, professeur à l'UQUAM et spécialiste de l'Amérique latine, est aussi un lieu où Castoriadis est devenu une ressource d'inspiration pour mieux comprendre les mouvements d'émancipation, les combats des sans-terre, des indigènes.

27. Cornelius CASTORIADIS, *Marxisme og revolutionaer teori*, Bibliotek Rhodos, Copenhague, 1981.

28. Cornelius CASTORIADIS et Mats OLIN, *A Filosofi, politik, autonomi*, Brutus Ostling Symposion, Stockholm, 1995.

29. *Res Publica*, n° 58, 2003.

est le type même de l'intellectuel boulimique, passionné par tous les savoirs, un mangeur de livres. Il a suivi un cursus très polyvalent à Paris, entre l'ESSEC, la sociologie et les sciences économiques, puis il s'est marié avec une Danoise et s'est installé au Danemark, où il a trouvé un poste d'enseignement en économie du développement à la nouvelle université progressiste d'Odense. Il écrit alors un texte de critique du développement qu'il envoie aux autorités intellectuelles qu'il se reconnaît – Edgar Morin, Serge Latouche, Yves Barel et Castoriadis. Tous lui répondent et c'est ainsi qu'un jour il se retrouve rue de l'Alboni à discuter avec Castoriadis, lui expliquant à quel point *L'Institution imaginaire de la société* fut pour lui une découverte fondamentale.

Au début des années 1980, Dominique Bouchet crée un séminaire critique sur le paradigme dominant en économie, celui du modèle standard de la maximisation de l'intérêt personnel. Dans la filiation de Jacques Robin, Edgar Morin et Castoriadis, il privilégie une démarche transversale et pluridisciplinaire[30]. En liaison avec l'Institut français de Copenhague, Bouchet invite Castoriadis au Danemark en 1987. À la suite de cette visite, il anime un séminaire sur son œuvre, et consacre en 1988 un numéro de sa revue *Paradigma* à Castoriadis. Il précise à ce dernier que son texte « Science moderne et interrogation philosophique » « est désormais *obligatoire* pour les étudiants de sciences économiques en première année[31] ». Se présentant lui-même comme un « électron périphérique[32] », Dominique Bouchet illustre bien le type d'engouement que peut susciter Castoriadis chez des chercheurs curieux, passionnés et en dehors des normes disciplinaires[33].

Certes, les rares traductions de penseurs français bénéficient davantage à Foucault ou Derrida, mais un jeune chercheur suédois, Mats Rosengren, étudiant à l'EHESS en 1992, philosophe de formation qui traduisait à l'époque Bourdieu et Foucault en suédois, découvre sur épreuves la traduction d'une sélection d'articles de

---

30. Dominique Bouchet publie ce séminaire dans une revue danoise qu'il crée en 1982, *Paradigma*, et qui comptera jusqu'à 1 200 abonnés. Il constitue par ailleurs un petit groupe qui se baptise « Complexe », en référence aux thèses défendues par Edgar Morin au colloque de Royaumont sur « L'unité de l'homme ».

31. Dominique Bouchet, lettre à Castoriadis, archives Castoriadis, 29 juin 1988.

32. Dominique Bouchet, entretien avec l'auteur.

33. Lorsque Dominique Bouchet met en place un institut de marketing qui se dote d'une perspective critique, il fait appel à Castoriadis pour y prononcer le discours inaugural sur « La dimension culturelle du marketing », mais ce dernier, trop pris par ses engagements parisiens, déclinera l'invitation.

Castoriadis avant leur publication en Suède sous le titre *Philosophie politique de l'autonomie*. Il établit ainsi un premier contact avec une œuvre qu'il considère d'abord comme intéressante, sans plus. Plus tard, alors qu'il se trouve à Uppsala avec une bourse de recherche de l'Advanced Studies Institute et qu'il présente les résultats de sa thèse, il est interpellé[34] : « Après mon exposé au séminaire, je suis approché par Johann Arnason qui me dit de manière très islandaise : "Vous devriez lire Castoriadis sur l'autonomie politique et philosophique. Il pense comme vous", et à partir de là je plonge dans son œuvre[35]. »

Entre 2006 et 2010 se met en place une organisation, la Nordiskt Sommaruniversitet, qui constitue un réseau de chercheurs intéressés par l'œuvre de Castoriadis et invite ainsi des Américains, des Grecs, des Belges et des Français : « J'y ai présenté une communication une année où Sophie Klimis était également présente, parmi d'autres[36]. » On y retrouve le philosophe suédois Mats Rosengren et le sociologue suédois Anders Ramsay. Parmi les animateurs, la Norvégienne Ingerid Straume enseigne dans le département des sciences de l'éducation à Oslo et soutient sa thèse sur Castoriadis à propos des concepts d'autonomie et d'hétéronomie dans la philosophie de l'éducation, valorisant notamment dans ses travaux le concept de *Paideia*. Ingerid Straume découvre l'existence de Castoriadis en 1999 *via* le livre de Zygmunt Bauman, sociologue d'origine polonaise, enseignant à Leeds en Angleterre : « Bauman y parlait de manière très chaleureuse de la pensée de Castoriadis sur la politique, et y présentait également quelques longues citations. Je pense que les citations ont été le facteur qui a vraiment attiré mon attention car il avait une plume très forte, élégante, mais aussi très sarcastique. Ainsi je suis allée acheter le livre dans sa traduction suédoise[37]. » Ingerid Straume utilise les thèses de Castoriadis dans l'intention d'articuler ses réflexions sur la démocratie avec ce que pourrait être une philosophie de l'éducation nouvelle, qui n'a pas été véritablement thématisée par Castoriadis lui-même. C'est dans cet esprit qu'elle rédigea la notice « Castoriadis » dans l'Encyclopédie internationale des théories et philosophies de l'éducation[38].

---

34. Mats ROSENGREN, *Doxologie. Essai sur la connaissance*, Hermann, Paris, 2011.

35. Mats Rosengren, entretien avec l'auteur.

36. Olivier Fressard, entretien avec l'auteur.

37. Ingerid Straume, entretien avec l'auteur. L'ouvrage en question est Cornelius CASTORIADIS et Mats OLIN, *A Filosofi, politick, autonomi*, *op. cit.*

38. D. C. PHILLIPS (dir.), *International Encyclopedia of Educational Theory and Philosophy*, Sage, Londres, 2014.

À Helsinki, se trouve aussi un ancien doctorant du séminaire de Castoriadis, Mikko Keinänen, qui a suivi ses cours de 1989 à 1993, puis est rentré en Finlande pour ses études de postdoctorat en philosophie, utilisant l'œuvre de Castoriadis comme ressource majeure [39]. « Son itinéraire politique m'intéressait et le sujet de ma thèse portait sur une articulation entre la philosophie et des positions critiques sur le développement [40]. » La posture critique de Castoriadis retient fortement l'attention du jeune Finnois, qui n'adhère pourtant pas à toutes ses positions, jugées trop « eurocentristes, du fait de la place accordée à la Grèce [41] ». À la base de cette proximité, il y a l'engagement à gauche de Mikko Keinänen et la séduction qu'exerce auprès de lui la critique radicale du totalitarisme formulée par Castoriadis.

Ce réseau se réunit pendant quatre années deux fois par an, une fois l'hiver et une fois l'été, migrant de la Suède à la Norvège et au Danemark, et se retrouvant une fois à Tinos pour une réunion connectée avec le réseau franco-belge autour de Zoé Castoriadis, en 2011. Ce cercle scandinave travaille en centrant ces rencontres régulières autour de questions spécifiques, comme la création, l'autonomie ou la politique. En 2009, à Athènes, il organise une rencontre au cours de laquelle il est question de la notion de chaos, en pleine actualité grecque d'un mouvement social de grande ampleur : « C'était particulièrement intéressant de parler à cette occasion du passé de la démocratie et de la démocratie contemporaine en action dans les rues d'Athènes [42]. »

Cette appropriation scandinave de l'œuvre est facilitée par Christophe Prémat, directeur-adjoint de l'Institut français de Stockholm et attaché de coopération éducative et universitaire auprès de l'ambassade de France en Suède. Christophe Prémat, politologue, est fortement imprégné de l'œuvre de Castoriadis, qu'il a découvert fortuitement à l'occasion d'un séjour aux États-Unis en 1998 à l'université de Washington à Saint Louis, dans le Missouri. Il rencontre à cette occasion un spécialiste de Sartre, Michel Rybalka, qui s'apprête à déménager et lui propose de passer prendre chez lui des livres qui l'intéressent : « Je ne connaissais pas alors Castoriadis et j'ai ainsi

---

39. Mikko Keinänen a édité et traduit une collection des articles de Castoriadis en finnois, *Magma. Tutkielmia yhteiskunnan imaginaarisista instituutioista*, Hanki ja Jää, Helsinki, 1997.
40. Mikko Keinänen, entretien avec l'auteur.
41. *Ibid.*
42. Mats Rosengrend, entretien avec l'auteur.

récupéré tous les « 10/18 »[43]. » Lorsque Christophe Prémat s'inscrit au Centre Raymond Aron pour y soutenir un DEA d'études politiques, il plonge dans l'œuvre : « J'y ai trouvé ce que je recherchais : un parcours au carrefour de la théorie démocratique et d'une expérience singulière. Cet horizon multiple m'a séduit. Depuis cette époque, c'est un compagnonnage intellectuel[44]. » Depuis, il a soutenu une thèse de sciences politiques à Bordeaux sur la démocratie semi-directe et les pratiques référendaires en France et en Allemagne. Christophe Prémat juge l'œuvre de Castoriadis très suggestive pour penser les diverses formes de la démocratie, et notamment la manière dont il conçoit l'opposition entre dirigeants et exécutants : « C'est un peu pour moi au cœur de la compréhension de la dialectique en politique. Le dirigeant a besoin de l'autonomie de l'exécutant parce que si l'exécutant n'est pas capable d'avoir une marge d'autonomie, il n'est pas capable d'exécuter ce que le dirigeant a en tête. Je trouve cela très opératoire et cela nourrit ma réflexion sur la représentation politique au sens large[45]. » Il contribue en spécialiste aux rencontres et à la diffusion des travaux de ce réseau nordique. En 2010, il est à l'initiative d'un colloque international sur les penseurs exilés grecs[46].

On peut se demander pourquoi l'œuvre de Castoriadis connaît dans ces pays scandinaves une résonance certaine, quoique marginale. Ingerid Straume et Giorgio Baruchello émettent l'hypothèse d'un profond souci de l'égalité qui y a guidé la politique social-démocrate : « Le capitalisme a été civilisé dans les pays nordiques et transformé en un instrument de progrès humain. Il ne s'est pas limité à de la simple concurrence acharnée. [...] La pensée de Castoriadis propose un ensemble d'idéaux assez proches des idéaux nordiques traditionnels, tels que l'égalitarisme, mais aussi la remise en cause des autorités établies et des dogmes. Les paysans et les pêcheurs dans les pays nordiques – en particulier les plus petits, qui ont subi la domination coloniale – ont une longue histoire d'opposition, ainsi que d'auto-organisation et d'autoéducation[47]. »

---

43. Christophe Prémat, entretien avec l'auteur.
44. *Ibid.*
45. *Ibid.*
46. Servanne JOLIVET, Christophe PRÉMAT et Mats ROSENGREN (dir.), *Destins d'exilés, op. cit.*
47. Ingerid STRAUME et Giorgio BARUCHELLO, « Une brève introduction », dans *Creation, Rationality and Autonomy. Essays on Cornelius Castoriadis*, Aarhus University Press, Aarhus, 2013, traduction de l'auteur.

Après neuf années d'organisation de journées Castoriadis à Bruxelles, le petit groupe franco-belge décide en 2013 de s'élargir vers l'international, de diversifier les lieux de rencontre, de ne plus se focaliser sur la seule œuvre de Castoriadis, et d'en prolonger l'impact sur d'autres champs que ceux qu'il a explorés, en interrogeant notamment de manière systématique la fonction heuristique de la notion d'imaginaire social. Le nouveau réseau prend le nom de Social Imaginary and Creation et regroupe des représentants des universités de Columbia à New York, de Klagenfurt en Autriche, d'Ottawa au Canada, de Paris 7 à Paris, de Söderlörn en Suède, ainsi que l'Association Cornelius Castoriadis et l'IMEC [48].

En France, l'œuvre de Castoriadis est portée par quelques chercheurs esseulés, le plus souvent en marge de l'institution universitaire, qui s'y consacrent avec une énergie intellectuelle tenace. Il y a en premier lieu, nous l'avons évoqué, le petit groupe qui travaille sur l'établissement des séminaires, la publication des recueils d'articles et la publication des écrits de l'époque de Socialisme ou Barbarie. Au-delà de cette entreprise de visibilisation, d'autres se sont emparés de l'œuvre pour en faire l'exégèse et l'appliquer à leur champ de recherches. Le premier ouvrage se présentant comme une synthèse de l'œuvre de Castoriadis sera publié en 2000, rédigé par l'un des « séminaristes », Gérard David [49].

Parmi ceux qui se sont approprié avec passion l'œuvre de Castoriadis et ont joué un rôle majeur dans sa diffusion, Philippe Caumières a écrit plusieurs ouvrages et articles [50]. Professeur de philosophie au lycée d'Agen après avoir été instituteur, Philippe Caumières se présente comme marginal par rapport à l'institution universitaire et considère que c'est justement cette marginalité qui lui a permis de rencontrer l'œuvre de Castoriadis : « C'est ce qu'affirme Bourdieu. Il y a une sorte d'homologie entre le récepteur et le créateur. Si j'avais été dans le champ universitaire, je ne me serais pas donné la peine de le lire. C'est ma position dans le champ qui m'a permis de l'entendre [51]. » En 1986, Caumières, étudiant en philosophie à Toulouse, apprend par son

---

48. Les responsables de chacun des pôles sont Zoé Castoriadis, Philippe Caumières, François Bordes, Florence Giust-Deprairies, Mats Rosengren, Alice Pechriggl, Stéphane Vibert et Stathis Gourgouris.

49. Gérard DAVID, *Cornelius Castoriadis. Le projet d'autonomie*, Michalon, Paris, 2000.

50. Philippe CAUMIÈRES, *Castoriadis*, op. cit. ; Philippe CAUMIÈRES et Arnaud TOMÈS, *Cornelius Castoriadis*, op. cit.

51. Philippe Caumières, entretien avec l'auteur.

professeur d'épistémologie la venue à Carcassonne d'un philosophe d'origine grecque qui doit intervenir sur l'auto-organisation. Il s'y rend et se plonge dans son dernier opus, le second volume des *Carrefours du labyrinthe* : « La lecture de Castoriadis a été pour moi une bouffée d'oxygène [52]. » Membre de la LCR, Philippe Caumières prend contact avec Daniel Bensaïd pour diriger sa thèse, qu'il veut consacrer à Castoriadis ; mais Bensaïd étant malade, c'est Alain Brossat qui la dirigera ; elle sera soutenue à Paris 8 en 2007. Il contribue au même moment à la création des *Cahiers Castoriadis*. Le projet d'autonomie lui semble être le fil rouge qui permet de saisir l'unité et la cohérence de la philosophie castoriadienne. Jusque-là l'habitude, et le livre de Philippe Gottraux y aura encouragé, était de distinguer deux périodes bien distinctes dans le parcours de Castoriadis : un premier temps militant marqué par le politique, et un second temps coupé des enjeux politiques et purement philosophique. Ce que vise à faire comprendre Philippe Caumières, c'est l'unité d'un parcours dont la cohérence s'enracine dans ses premiers engagements militants : « Un des axes de ma thèse aura été d'affirmer qu'il n'y a pas deux Castoriadis, que la quête de l'autonomie est la même du début à la fin et que l'on ne peut donc pas opposer le militant au philosophe [53]. »

Philippe Caumières en profite ainsi pour répondre à l'analyse de Luc Boltanski et d'Ève Chiapello selon laquelle l'idée d'autonomie de Castoriadis ferait le lit du nouvel esprit du capitalisme [54]. Selon Caumières, il n'est pas possible de récupérer une pensée qui affirme d'emblée que deux logiques antinomiques s'opposent, l'une fondant son imaginaire sur le fantasme de la maîtrise rationnelle de la nature, et l'autre se donnant comme horizon la réalisation de l'autonomie. Comment peut-on prétendre qu'il existe une compatibilité entre l'autonomie définie comme autogestion entendant mettre un terme à l'existence d'une hiérarchie entre dirigeants et exécutants et le capitalisme le plus débridé de notre contemporanéité ? Philippe Caumières rappelle que, pour Castoriadis, le projet d'autonomie n'est pas une fin en soi, mais un moyen « pour créer, pour vivre plus intensément, en étant plus libre [55] ». Selon Caumières, l'importance de Castoriadis ne

---

52. *Ibid.*
53. *Ibid.*
54. Luc BOLTANSKI et Ève CHIAPELLO, *Le Nouvel Esprit du capitalisme*, Gallimard, Paris, 1999.
55. Philippe CAUMIÈRES, *Castoriadis, op. cit.*, p. 113.

se limite pas à la sphère intellectuelle, elle revêt une valeur existentielle. Lorsqu'il entend Castoriadis à la radio affirmer que quiconque veut vivre libre doit avoir le courage d'être plus lucide sur lui-même, et donc de passer sur le divan d'un psychanalyste, il se décide à faire le pas, alors qu'il avait jusque-là une certaine prévention à l'égard de la psychanalyse : « J'ai pris cela comme une injonction, en tout cas une invitation à ne pas fuir. Du coup, j'ai cherché et trouvé une psychanalyste à Agen pour un travail qui a duré d'abord sept ans, puis trois ans, après une interruption [56]. »

Parmi les autres spécialistes de l'œuvre de Castoriadis, Jean-Louis Prat est lui aussi symptomatique à la fois par la force de son engagement passionnel et par sa position périphérique dans le champ institutionnel. Il vit à Elne dans les Pyrénées-Orientales, a été professeur de philosophie en lycée et militant entre 1970 et 1974 à la LCR. Sans savoir à qui il a affaire puisqu'il signe alors Coudray dans *La Brèche*, il découvre Castoriadis en 1968 par un de ses camarades de la tendance École émancipée, Pierre-Marie Borel, qui a été membre de Socialisme ou Barbarie à ses tout débuts. Nommé professeur au lycée d'Alès, Borel n'a pas vraiment pu s'intégrer au groupe du fait de son excentrement géographique, mais il est resté en lien épistolaire, notamment avec Claude Lefort. Pour Jean-Louis Prat, la publication à partir de 1973-1974 des « 10/18 » de Castoriadis « a été le début [...] d'une thérapie politique. À ce moment-là, j'étais embarqué dans un groupuscule trotskiste, la Ligue communiste. Cela m'a aidé à m'en défaire [57] ». Jean-Louis Prat ne rencontrera Castoriadis qu'une seule fois, en janvier 1985 à Perpignan : « Cela a été l'occasion de retrouvailles admirables avec Pierre-Marie Borel, qui n'avait pas revu Castoriadis depuis trente ans et qui se demandait s'il le reconnaîtrait. Et la première personne que reconnaît Castoriadis de loin, c'est bien Borel. Il se précipite vers lui et l'embrasse. Cela a été un grand moment d'émotion [58]. » Jean-Louis Prat publiera en 2007 une *Introduction à Castoriadis* dans la collection « Repères » des éditions de La Découverte [59]. Sa première édition étant épuisée, il sera procédé à une nouvelle édition en 2012, ce qui semble témoigner que cette pensée commence à sortir de l'isolement. Alors qu'à la fin du XXᵉ siècle, les

---

56. Philippe Caumières, entretien avec l'auteur.
57. Jean-Louis Prat, entretien avec l'auteur.
58. *Ibid.*
59. Jean-Louis PRAT, *Introduction à Castoriadis*, La Découverte, « Repères », Paris, 2007.

ratiocinations de Francis Fukuyama sur la fin de l'histoire semblaient l'emporter, le début du XXIe siècle se révèle être une période accueillante à l'idée d'« événement » et susceptible de nourrir un nouvel horizon d'attente.

Si Castoriadis a suscité des engouements chez certains philosophes et sociologues, il a fait aussi quelques émules parmi les mathématiciens, comme Claude Helbling, passionné parmi les passionnés, pour qui Castoriadis est le plus grand. Claude Helbling suit en 1968 un cursus de mathématiques lorsqu'il entre en contact à Censier avec un petit groupe de situationnistes, Les Coquillards, et entend parler de Socialisme ou Barbarie. Depuis les mathématiques, Helbling dérive vers la politique, la philosophie et la linguistique. Il fait la connaissance de François Récanati et suit les séminaires de Jean-François Lyotard et de Gilles Deleuze à Paris 8 : « J'avais mon métier de professeur de mathématiques et dans les années 1990, j'ai relu Castoriadis, Les Carrefours du labyrinthe, les séminaires et je l'ai trouvé encore plus génial [60]. »

Claude Helbling situe Castoriadis au-delà des autres philosophes contemporains, s'en distinguant par son ontologie qui s'étaye sur une compréhension des concepts mathématiques tout à fait pertinente, ce qui est rarissime chez les littéraires de formation. Castoriadis utilise notamment un concept mathématique auquel il donne une grande importance dans la construction de son ontologie, le « partout dense », par lequel ce qu'il appelle l'ensidique, la logique identitaire, est forcément « partout dense » : « En mathématiques, on dit que l'ensemble des rationnels est partout dense dans l'ensemble des réels. Quels que soient les voisinages, il y a un autre être, cela déborde. Quoi qu'on prenne comme exemple, la poésie, la religion, la langue, il y a du nombre, de l'ensidique et autre chose [61]. » Partout, selon Castoriadis, l'Être est ordonnable et partout il déborde de cet ordonnancement.

À l'université de Nanterre, un jeune doctorant en philosophie, Fabien Delmotte, s'est consacré au thème de l'émancipation et sa source d'inspiration majeure est l'œuvre de Castoriadis, qu'il découvre en 1997, alors qu'il est en terminale près de Lille. Il apprend l'existence de ce philosophe par les échos que donne la presse au moment de sa disparition. Attiré par le thème de l'autonomie, il achète aussitôt

60. Claude Helbling, entretien avec l'auteur.
61. *Ibid.*

L'Institution imaginaire de la société : « Je le lis pendant l'été. J'étais inscrit en classe préparatoire à Lille. Je n'y comprends rien et je me dis que c'est pour plus tard[62]. » Au moment de sa maîtrise de philosophie, il considère que le moment est venu et son professeur Christian Berner lui conseille de prendre connaissance des textes de l'époque de Socialisme ou Barbarie. Il soutient en 2003 une maîtrise centrée sur le Castoriadis de la première période[63]. Fabien Delmotte élargit alors le spectre de sa recherche à la thématique de l'émancipation et s'inscrit à l'EHESS sous la direction de Vincent Descombes ; il soutient son DEA en 2005[64]. Grâce à Descombes, Fabien Delmotte entre dans le petit groupe des castoriadiens, écrit dans les *Cahiers Castoriadis*, et fait des remplacements en lycée. Il se retrouve lui aussi dans la marginalité de ceux qui font travailler l'œuvre de Castoriadis. Il persiste et signe néanmoins dans un contexte nanterrois plutôt porteur et demandeur de connexion entre la philosophie politique et les sciences sociales et prépare une thèse sous la double direction de Christian Lazerri et d'Alain Caillé[65] : « Aujourd'hui, Castoriadis fait partie des auteurs que l'on peut se réapproprier pour penser quelque chose d'intéressant à gauche. S'il était davantage lu à gauche, mais il l'est de plus en plus, je pense que l'on aurait gagné au plan de la réflexion sur la société[66]. »

Autre signe révélateur de la montée en puissance de la réception de l'œuvre de Castoriadis en dépit de la marginalité de ceux qui se l'approprient, la publication en 2011 chez Payot, dans la collection de Miguel Abensour, de la thèse de Nicolas Poirier[67]. Ce spécialiste de l'œuvre de Castoriadis obtient le CAPES de philosophie en 1995 et enseigne en lycée à Herblay, dans le Val-d'Oise ; il est lui aussi éloigné du champ universitaire. Il découvre l'importance de Castoriadis en 1990 grâce au *Monde*, qui se fait l'écho de la réédition de *La Société bureaucratique* chez Bourgois : « J'étais alors en première année de philosophie à Paris 1 et ce qui m'a tout de suite attiré, c'est sa

---

62. Fabien Delmotte, entretien avec l'auteur.

63. Fabien Delmotte, « Autonomie, vérité et création dans la philosophie de Castoriadis. Socialisme ou Barbarie : praxis et marxisme », mémoire de Maîtrise, dirigé par Christian Berner, Lille 3, Lille, 2003.

64. Fabien Delmotte, « Le problème de la perspective d'émancipation selon Castoriadis, Lyotard et Lefort », mémoire de DEA, dirigé par Vincent Descombes, EHESS, Paris, 2005.

65. Fabien DELMOTTE, thèse en préparation : *La Pertinence critique de la perspective d'émancipation*, Paris-Ouest Nanterre.

66. Fabien Delmotte, entretien avec l'auteur.

67. Nicolas POIRIER, *L'Ontologie politique de Castoriadis, op. cit.*

critique de gauche de la bureaucratie stalinienne [68]. » Nicolas Poirier vient de lire avec passion *L'Homme révolté* de Camus et trouve avec Castoriadis le pendant social qui manquait au romancier dans la défense de sa position d'humaniste. Malgré les propos très virulents tenus à son encontre par Castoriadis, il est aussi marqué par Sartre [69] : « L'idée de Castoriadis selon laquelle ce sont les hommes qui font leur histoire et leurs institutions fait écho jusqu'à un certain point à la conception sartrienne d'une liberté sans recours, d'une responsabilité absolue, l'homme devant se choisir à chaque instant dans une liberté totale et un univers sans Dieu [70]. » De conviction libertaire, Nicolas Poirier s'engage en 2003, à trente-quatre ans, dans une thèse sur Castoriadis dirigée par Miguel Abensour, qu'il soutient en 2009 [71]. Il y démontre, comme Philippe Caumières, que contrairement à ce que l'on a longtemps cru, il n'y a pas deux moments séparables de la trajectoire de Castoriadis. Il tente de le démontrer non plus à propos du thème de l'autonomie, mais à propos des concepts de création et d'imaginaire, faisant valoir que Castoriadis a toujours été à la fois un penseur politique et un philosophe, mais n'a simplement pas publié pendant longtemps, pour répondre aux exigences du moment, sa réflexion proprement philosophique.

L'exhumation par Nicolas Poirier des archives Castoriadis de la fin des années 1940 à la fin des années 1960 atteste qu'il y a bien dès cette époque un projet philosophique global donnant toute son unité à sa pensée [72]. Nicolas Poirier va également à l'encontre de l'idée selon laquelle il y aurait deux moments politiques dans la trajectoire de Castoriadis, un moment démocratique qui aurait suivi un moment révolutionnaire. S'il y a bien une évolution de sa pensée, des césures, des ruptures, il ne faut « pas interpréter cette dernière comme un fléchissement hors de toute perspective de transformation radicale de la

---

68. Nicolas Poirier, entretien avec l'auteur.

69. Nicolas Poirier ne semble pas avoir été le seul de sa génération à être passé par Sartre avant de plonger dans l'œuvre de Castoriadis ; c'est aussi le cas d'Arnaud Tomès, qui a fait une thèse sur Sartre. Arnaud Tomès a soutenu en 2000 sa thèse sur Sartre à Strasbourg : *Le Projet philosophique de Jean-Paul Sartre dans la* Critique de la raison dialectique ; dix ans plus tard, il signera avec Philippe Caumières un ouvrage commun : Philippe CAUMIÈRES et Arnaud TOMÈS, *Cornelius Castoriadis, op. cit.*

70. Nicolas Poirier, entretien avec l'auteur.

71. Au jury de la thèse de Nicolas Poirier : Vincent Descombes (président), Anne Kupiec, Anne-Marie Roviello, Gilles Labelle et Miguel Abensour.

72. Voir Cornelius CASTORIADIS, *Histoire et Création, op. cit.*

société[73] ». Castoriadis est toujours requis par les injonctions de l'actualité, et sa pensée épouse son époque en restant rivée au présent, ce qui le conduit à accueillir la modernité et à réviser en bien des points sa grille initiale de lecture, sans jamais renoncer sur l'essentiel : cet appel à ce que la société reprenne en main par elle-même sa propre destinée.

C'est dans l'historique que se construit en permanence un sens dont la nature n'est pas prédéterminée. C'est même, comme le rappelle Nicolas Poirier, de cette indétermination historique que l'on doit partir, sans renoncer pour autant à la démarche critique : « C'est le long de cette voie étroite que se déploie précisément la tentative de Castoriadis pour penser conjointement la *création* et la *détermination*[74]. » Il y a selon lui chez Castoriadis une pensée de l'émancipation cohérente qui récuse l'antinomie entre égalité et liberté, sans indexer l'horizon d'attente à une philosophie du juste : « *La* politique est mise en question *du* politique, et ceci selon un double mouvement – comme désoccultation du pouvoir instituant et comme refus de la subordination du pouvoir instituant au pouvoir institué. Il faut donc comprendre l'autonomie à la fois comme un mouvement d'institution et comme un mouvement de retour sur ce qui a été institué[75]. »

Cette montée en puissance de la diffusion, encore ténue, de l'œuvre de Castoriadis se concrétise en juin 2003 par une seconde décade de Cerisy organisée par son épouse Zoé et codirigée par Andreas Kalyvas et Fernando Urribarri : « Castoriadis et l'imaginaire. Perspectives radicales sur la philosophie, le politique, la psychanalyse et l'histoire[76] ». Ses organisateurs distinguent trois axes : la formation et le développement du concept de l'imaginaire dans l'œuvre de Castoriadis, les débats contemporains sur la relation entre société et psyché, entre idéologie et savoir, entre réalité instituée et pouvoir social instituant à l'aide des concepts castoriadiens d'imagination radicale, d'imaginaire social et d'autonomie, et enfin la confrontation de plusieurs perspectives différentes pour avancer dans la conceptualisation de l'imaginaire en général.

---

73. Nicolas POIRIER, *L'Ontologie politique de Castoriadis, op. cit.*, p. 14.

74. *Ibid.*, p. 28.

75. *Ibid.*, p. 491.

76. Les intervenants à cette décade de Cerisy de juin 2003 étaient : Johann Arnason, Harald Wolf, Andreas Kalyvas, Fabio Ciaramelli, Olivier Fressard, Fernando Urribarri, Vincent Descombes, Gerassimos Stephanatos, François Richard, Philippe Raynaud, Pierre Manent, Dick Howard, Suzi Adams et Daniel Blanchard.

Dans la dernière intervention de cette décade, son compagnon des années Socialisme ou Barbarie, Daniel Blanchard, rappelle le rapport consubstantiel entretenu constamment par Castoriadis avec l'idée de révolution, affirmant encore au soir de sa vie : « Je suis et resterai toujours un révolutionnaire. » Daniel Blanchard note bien une inflexion de la politique vers la philosophie lorsque Castoriadis n'entend plus, après la fin de la guerre d'Algérie, la voix de l'autonomie provenant de la société française, mais cette voie philosophique ne le détourne pas d'un même projet d'émancipation : « On pourrait dire que son parcours philosophique est comme une ample circumnavigation autour de l'être, au cours de laquelle il visite presque toutes les contrées – histoire, art, sciences, psyché... – pour en rapporter un unique trésor : la conviction partout confirmée que l'être est indétermination, que le temps est création, que l'autonomie en est l'accomplissement et que la révolution est le moment inaugural, fût-il conflictuel, de cette autonomie [77]. »

En ce début des années 2000, alors que commence la publication de ses séminaires [78], Roger-Pol Droit insiste dans *Le Monde* sur l'importance de l'œuvre de Catoriadis [79]. Castoriadis trouve

---

77. Daniel BLANCHARD, « L'idée de révolution et Castoriadis », communication à Cerisy, 10 juin 2003, texte dactylographié communiqué par Daniel Blanchard à l'auteur.

78. Cornelius CASTORIADIS, *Sujet et vérité dans le monde social-historique*, *op. cit.*

79. Roger POL-DROIT, *Le Monde*, 14 juin 2002 : « Cinq ans après la mort de Cornelius Castoriadis, la publication du premier volume de ses séminaires confirme qu'il est un des grands penseurs de notre époque. À découvrir impérativement. Nous avons presque oublié comment sont les philosophes. Les vrais, rares et abrupts, démesurés, toujours inconvenants en quelque manière. Nous nous sommes accoutumés aux historiens des concepts, aux professeurs, aux érudits, gens respectables et utiles, cela va sans dire. Ils demeurent toutefois fort éloignés de ces monstres dont les siècles sont avares. Il faut en effet un goût de l'excès, un amour impétueux de la démesure pour s'attacher, comme font les philosophes, à prendre en charge la totalité du pensable. Se coltiner aux sciences comme à l'histoire, à la métaphysique aussi bien qu'à l'économie, à la formation du psychisme autant qu'à celle de la politique, se demander comment tiennent ensemble tant de données si diverses et si mobiles, quelle entreprise impossible ! Des formes très particulières d'appétit, de courage, de déraison aussi sont nécessaires pour que surgissent pareilles énergumènes. En des temps comme les nôtres, souvent précautionneux et médiocres, les experts du moindre brin d'herbe dressent alentour des clôtures. Rêver de tout embrasser leur fait hausser les épaules. Ces experts en sont convaincus : plus personne, sauf dans les hôpitaux psychiatriques, ne projette pareille aventure. Évidemment, ils ont tort. Comme ont tort, heureusement, de manière régulière, ceux qui annoncent la fin de la philosophie, ou sa clôture. Existent encore, dans notre "basse époque", et la passion de la vérité et la témérité de partout la poursuivre, seul, avec les moyens du bord. Pour s'en convaincre, lire et relire Cornelius Castoriadis. Homme relativement discret de son vivant. Préférant avoir raison dans l'ombre que tort en pleine lumière. Convaincu qu'il vaut mieux influer sur l'histoire par un travail de fond que par des gesticu-

également des relais sur la Toile, où de nombreux sites en font leur principale source d'inspiration. Pour ne prendre que les sites français, citons en tout premier lieu celui de l'Association Castoriadis, qui s'est constituée après sa disparition en 1998, d'abord présidée par Pierre Vidal-Naquet jusqu'à sa mort en juillet 2006, puis par Vincent Descombes [80]. L'association, composée de la famille et du tout premier cercle de proches, a la charge de la conservation, du classement et de la gestion du fonds d'archives de Castoriadis. Le site tient informés les internautes de l'actualité scientifique autour de Castoriadis, des publications sur son œuvre, des traductions et donne quelques archives à lire ou à entendre.

À ce site de référence s'ajoute celui animé par David Curtis, Agora international, et des sites plus militants, engagés dans la défense d'un projet politique issu des thèses de Castoriadis. C'est le cas du site Lieux communs, créé par le collectif du même nom, qui entend œuvrer pour une autotransformation radicale de la société [81] en prenant des mesures impératives, comme la prudence, la frugalité, la sagesse dans la pratique des affaires publiques... Pour réussir cette réorientation, un projet d'autonomie est proposé, qui passe par la convocation d'assemblées souveraines et l'égalité des revenus. D'autres sites, sans être uniquement centrés sur l'œuvre de Castoriadis, lui font une place de choix dans leurs références et indications bibliographiques, comme celui animé par Jean-Pierre Le Goff de l'association Politique autrement. Celle-ci se donne pour ambition, depuis sa création en 1986, de constituer un Club de réflexion sur les conditions d'un renouveau de la démocratie et qui tient des réunions de discussion régulières, des séminaires, des recensions, le tout largement nourri par la pensée antitotalitaire [82].

Enfin, l'œuvre de Castoriadis a trouvé un lieu de prédilection pour sa consultation par les chercheurs : les archives sont en cours de classement à l'IMEC, ce qui va permettre de la resituer dans le paysage global de la France depuis 1945. Celui qui assure ce travail, en liaison avec Zoé Castoriadis, est l'historien François Bordes, qui a soutenu sa thèse en 2008 sur un compagnon d'exil de Castoriadis, le philosophe

---

lations. Moyennant quoi Castoriadis s'est toujours trouvé là où il fallait, sans grand monde autour de lui. »

80. Site de l'Association Castoriadis consultable sur <www.castoriadis.org>.
81. Consultable sur <www.collectiflieuxcommuns.fr>.
82. Consultable sur <www.politique-autrement.org>.

Kostas Papaïoannou[83]. Au-delà des responsabilités d'archiviste qui sont les siennes à l'IMEC, François Bordes est un excellent connaisseur de ce courant de pensée, celui de ces Grecs en butte au stalinisme et qui n'ont pas renoncé à un horizon d'espérance. Jeune étudiant à Clermont-Ferrand dans les milieux radicalisés, il assiste en 1996 à une conférence donnée par Castoriadis[84] : « J'ai été sidéré de voir autant de monde alors que la ville était jusque-là plutôt morte. Il a fait une conférence sur l'économie, j'ai été impressionné par le personnage[85]. » François Bordes découvre ensuite les « 10/18 » et ce qu'il lit dans *La Société bureaucratique* consonne bien sûr avec les ouvrages et articles de Kostas Papaïoannou sur lesquels il travaille. Sans avoir eu de relations très suivies, Castoriadis et Papaïoannou ont tissé des liens, après leur épique voyage du Pirée à Paris en 1945, qui relèvent de ce que François Bordes qualifie, en reprenant les termes de Kostas Axelos, d'une « amicalité intellectuelle ». Il semble bien, d'après les archives, que Papaïoannou avait connaissance avant publication de certains textes de Castoriadis lorsqu'il signait Chaulieu, à l'époque de Socialisme ou Barbarie. Ils ont eu des occasions de discussions, puis se sont perdus de vue dans les années 1960. Dans sa fameuse anthologie de textes sur *Les Marxistes,* parue en livre de poche en 1965 dans la collection « J'ai lu », Papaïoannou fait état des positions de Castoriadis. Ils se retrouvent à l'unisson lorsque Castoriadis publie en 1980 *Devant la guerre.* Et puis, « il y a ce voyage de retour de Grèce qui est le dernier voyage de Papaïoannou, très malade, à l'été 1980. Ils reviennent chacun de leur île : Skyros pour Papaïoannou et Tinos pour Castoriadis. Se retrouvant, comme en 1945, au Pirée, ils ont de longues conversations lors de leur retour[86] ».

Une jeune génération, davantage dans l'instituant que dans l'institué, semble avoir pris le relais des aînés pour s'inspirer de la passion philosophique de Castoriadis avec l'ambition de mieux comprendre et d'agir sur les enjeux essentiels de la Cité.

---

83. François BORDES, *Désespérer du faux,* thèse dirigée par Jean-François Sirinelli, IEP, Paris, 2008.

84. Cornelius CASTORIADIS, « Les transformations du capitalisme », dans *Quelle démocratie ?,* t. II, *op. cit.,* p. 541-578.

85. François Bordes, entretien avec l'auteur.

86. *Ibid.*

24

La revanche de Thanatos

Force de la nature, tant au plan psychique que physique, Castoriadis se plaint simplement, dans les dernières années de sa vie, de nager moins vite et d'aller moins loin, ce qui fait sourire ses amis, qui ont du mal à suivre son rythme de combattant. Il connaît néanmoins quelques alertes sérieuses. En décembre 1983, de violentes douleurs abdominales nocturnes se transforment le jour en fatigue généralisée. L'hiver 1983-1984 est particulièrement pénible, il ne peut plus rien faire jusqu'au mois de mai, et l'angoisse va croissant car aucun diagnostic ne peut être formulé malgré une pléthore d'examens. Le handicap est tel qu'il doit interrompre son séminaire à l'EHESS. Le médecin qui suit Castoriadis cherche à détecter un cancer, convaincu d'une récidive car Castoriadis a été opéré avec succès huit années auparavant. En définitive, à la fin du mois de mai, les médecins trouvent une tumeur importante dans la région rétro-périrénale qui a provoqué un arrêt du fonctionnement du rein gauche et menace le rein droit. Il subit alors une opération délicate car la tumeur se situe dans un tissu inextricable de muscles, de nerfs et d'artères. Le diagnostic final est celui d'une fibrose rétro-péritoniale, tumeur bénigne que l'on peut traiter à l'aide de cortisone.

Durant l'été 1997, Castoriadis souffre de problèmes cardiaques aigus qui le ralentissent de plus en plus. Il décide de subir une opération, espérant retrouver ses moyens et sa vitalité qui semblent sans limites. Il rencontre à Tinos un ami musicien qui le conforte dans son intention et lui dit se porter beaucoup mieux depuis qu'il est passé sur

le billard. À peine rentré de Grèce en septembre, il est invité avec Zoé
en République Tchèque où le président de la République, Vaclav
Havel, organise en son honneur une réception fastueuse au château de
Prague. À la rentrée universitaire, il prévient ses doctorants qu'il doit
s'absenter un court moment pour des problèmes de santé et pense les
revoir quelques semaines plus tard. Il entre à l'hôpital où l'opération se
déroule normalement. Il se réveille et est victime d'une infection des
poumons, à laquelle s'ajoute un problème rénal. Les complications se
multiplient, aggravant son état au point qu'il entre en octobre dans
un coma dont il ne sortira pas. Son corps résistant se bat pourtant
jusqu'à la dernière limite : « Je me souviens lui avoir parlé à l'hôpital
en citant Aristote, en parlant très fort et je voyais quelques réactions de
son corps[1]. » Les médecins procèdent à plusieurs opérations, mais cet
acharnement thérapeutique échoue. Il décède le lendemain de Noël,
le 26 décembre 1997. Cette même année, le couple Castoriadis était
présent dans le cercle restreint admis à l'enterrement de François Furet
à Figeac. Au retour, évoquant les funérailles, Zoé Castoriadis fait part
à son mari de son regret face à l'absence de musique et lui demande
alors quel serait son souhait pour son propre enterrement. Il lui
répond qu'il souhaite être enterré au cimetière Montparnasse et avoir
une clarinette pour jouer un *miroloï*, une musique grecque funéraire
traditionnelle. Pour ses obsèques, Zoé fait donc venir un excellent cla-
rinettiste de Grèce qui porte l'émotion à son paroxysme, pendant que
les gens jettent des roses dans la tombe. La grande cantatrice Liz Mc
Comb, qui avait chanté pour les soixante-dix ans de Castoriadis, vient
elle aussi au cimetière lui rendre un dernier hommage : « Cornelius
Castoriadis jouait bien du piano. J'ai fait souvent le bœuf chez lui, et
on m'a priée de jouer pour ses obsèques. Je me rappelle avoir chanté
Motherless Child ; tout le monde pleurait. Le *gospel song* a un pouvoir
d'émotion immédiat. Je viens d'une famille inondée de musique.
Nous habitions le ghetto de Cleveland, mon père était pasteur et nous
jouions dans toutes les églises du quartier[2]. » La grande pianiste
grecque, Dora Vakopoulos, est aussi venue à cette occasion à Paris
pour jouer la dernière sonate pour piano de Beethoven, que Castoriadis adorait.

 Une foule d'amis accompagne le corps de Castoriadis dans sa dernière demeure. Même Lefort, malgré la brouille, fait le déplacement,

---

1. Pascal Vernay, entretien avec l'auteur.
2. Liz Mc Comb, entretien avec Francis Marmande, *Le Monde*, 3 juillet 2007.

averti par Sparta de sa disparition. Comme de coutume, il arrive en retard. Ils ne se sont pas revus depuis leur rupture définitive en 1980. Lorsqu'il parvient finalement près du cercueil, Zoé, qu'il n'a jusque-là jamais rencontrée, lui est présentée ; spontanément, celle-ci réagit : « Trop tard. » Pierre Vidal-Naquet, qui n'a pu être présent, rend hommage à son ami *via* un texte lu au cimetière par Edgar Morin : « L'homme qui vient de disparaître après trois mois d'agonie, c'est-à-dire de combat, occupait sur la scène intellectuelle, en France, en Grèce et dans le monde un rôle capital et que rien ni personne ne pourra remplacer. J'ai été assez son ami depuis trente ans et son lecteur depuis quarante ans pour savoir que je ne mesurais que partiellement, très partiellement, l'immensité de cet esprit dont les frontières, comme disait Héraclite, sont inaccessibles. [...] Il avait la culture et la science d'un esprit proprement universel. Ses amis hésitaient, lorsqu'ils voulaient le définir, entre les grands seigneurs de la Renaissance, tel Pic de la Mirandole, les encyclopédistes comme Diderot, ou les auteurs des synthèses du XIXᵉ siècle comme Hegel ou Marx. [...] On pourrait placer l'œuvre de Castoriadis sous le triple signe de Thucydide, de Marx et de Freud [...][3]. » Lors de la cérémonie, un passage de *La Recherche du temps perdu* est lu, tiré de *La Prisonnière*. De son côté, l'ami du Mexique, Octavio Paz, a envoyé un mot d'hommage : « Cornelius Castoriadis vient de mourir à Paris. Il possédait un esprit philosophique singulier qui, à la variété de ses intérêts intellectuels, alliait l'universalité de sa pensée. Sa personnalité convoque l'image de l'éclair qui éblouissait tous ses amis par son implacable logique, la certitude de ses intentions et l'audace de ses déductions. Outre ses qualités intellectuelles et morales, son amour de l'art, des mathématiques et de la littérature le distinguait. Il avait un esprit généreux, complet dans tous les sens du terme. Dès que je le connus, l'éclat de son intelligence et la force de son raisonnement n'ont jamais cessé de me surprendre. Et aujourd'hui, face à sa mort, je ne puis m'empêcher de m'étonner une fois de plus de ses deux qualités contradictoires : l'enthousiasme et la sobriété, qu'évoquent d'une part les romantiques et, de l'autre, les classiques. Il sera difficile de se résigner à l'absence de Cornelius Castoradis[4]. »

---

3. Pierre Vidal-Naquet, « Hommage à Cornelius Castoriadis », décembre 1997, archives Castoriadis.

4. Octavio Paz, « Hommage à Cornelius Castoriadis », archives Castoriadis.

L'ami des combats politiques, le compagnon britannique qui diri-geait une organisation sœur de Socialisme ou Barbarie, Christopher Pallis, vient à Montparnasse exprimer l'importance de sa dette : « Nous nous souvenons de ta première visite "politique" en Angle-terre. C'était pendant l'automne de 1960. Tu parlais à un groupe de camarades qui, pour diverses raisons, venaient de quitter – ou venaient de se faire exclure de la SLL (Socialist Labour League), une organi-sation trotskiste. Ce qui nous frappa le plus fort : ta volonté de changer les choses, la rigueur de tes arguments, ton savoir historique, philosophique et économique, l'esprit et l'humour de tes remarques, et ta capacité à lier les divers aspects de ce qui nous préoccupait. Nous sommes sortis de la réunion convaincus que c'était le trotskisme lui-même que nous devions mettre en cause, pas seulement la SLL. Cela nous amenait lentement mais inexorablement à une critique du léninisme et, plus tard, du marxisme. [...] Ton analyse de la bureau-cratisation des organisations dont le but proclamé était de changer la société (syndicats et partis politiques) produisit des échos immédiats. [...] Pendant les dix années qui ont suivi, notre activité politique fut une source de plaisir et d'enthousiasme. [...] Toujours inspirés par tes idées nous nous sentions libres d'aller de l'avant pour créer un groupe non hiérarchisé. [...] Puis ce fut Mai 68. Nous avons perçu tout de suite l'énorme influence que Socialisme ou Barbarie avait eue sur le développement de la pensée politique. [...] Tes visites en Angleterre étaient toujours source d'inspiration et bouffées d'air frais. [...] J'aimerais finir en citant deux lignes d'une chanson de Charles Trenet : Longtemps, longtemps, longtemps après que les poètes ont disparu, leurs chansons courent encore dans les rues... Le poète vient du grec *poiein* (créer). Dans ce sens, Corneille, tu étais aussi un poète. Cher camarade et ami, tu nous quittes aujourd'hui mais ton œuvre continuera à nous inspirer – ainsi que beaucoup d'autres – pour très longtemps[5]. »

Son ami des pays de l'Est, le Polonais Adam Michnik, rappelle de son côté l'importance de Castoriadis dans le combat antitotalitaire : « La nouvelle de la mort de Cornelius Castoriadis jette un voile de chagrin sur le monde. Sont en deuil en cet instant tous ceux qui aimaient et admiraient Cornelius, et tous ceux qui s'estiment débiteurs. Cornelius était pour moi un homme légendaire avant même que je ne le rencontre personnellement en cet été 1990 à

---

5. Christopher Pallis, « Hommage à Cornelius Castoriadis », archives Castoriadis.

Mexico City, où nous avons passé quelques jours avec Octavio Paz, Czeslaw Milosz, Leszek Kolakowski et Bronislaw Geremek. Il était l'un des rares intellectuels de gauche – comme George Orwell ou Albert Camus – qui soulignaient inlassablement les dangers de la dictature communiste et ceci avec grand courage et précision. Vu de Pologne, Castoriadis était un fervent allié des combattants de la liberté dans leur lutte contre la dictature barbare. [...] Sa vie a été un acte permanent de désaccord avec le monde dans lequel dominent la violence, le mensonge et l'injustice. Il a analysé et mis au jour à juste titre le mal dissimulé dans le colonialisme et le système d'injustes privilèges sociaux, dans toutes les dictatures, indépendamment de leur couleur politique, et dans le fanatisme, le racisme et l'obscurantisme. Sa personnalité forte et libre échappe à toute catégorie idéologique. En condamnant les dictatures fascistes et le conformisme philistin, le communisme sous Staline et l'hypocrisie de la gauche européenne, il parlait toujours sa propre langue et il a créé un univers entier selon ses propres normes et valeurs. Cornelius savait restituer merveilleusement le prestige des valeurs oubliées telles que la vérité, l'honneur et la liberté. Il était le symbole de la protestation contre le mensonge et le gardien de la flamme sacrée de la liberté. Ce Grec de Paris, ce cosmopolite, cet Européen et critique sévère de tout conformisme collectif, était, d'une certaine manière, un esprit inexorable, comme un autre Grec célèbre, Socrate. Cornelius nous a dit la vérité sur nous-mêmes – comme l'a fait Socrate. C'est la raison pour laquelle nous pleurons la mort de Cornelius comme devaient pleurer ses amis dans l'Athènes antique la mort de Socrate – éprouvant du chagrin parce qu'il est mort et éprouvant de la joie parce qu'il reste toujours vivant. Sans Cornelius, rien ne peut plus être comme avant[6]. »

Lors de la cérémonie, Edgar Morin salue la mémoire de celui qui est toujours resté son ami, ce « penseur combattant ». Il publie le même jour dans *Le Monde* un article dans lequel il salue « un titan de l'esprit[7] ». Il y rappelle son parcours, qui le conduisit de Grèce à Paris et du trotskisme à Socialisme ou Barbarie, son apport majeur sur la question de la visée humaine d'autonomie portée par l'imaginaire et par un sujet « pour soi », qui crée son monde avant de le subir : « Il voit de façon étonnamment profonde que la conscience de notre mortalité est la condition de cette autonomie. [...] Il était encyclopédique

---

6. Adam Michnich, « Hommage à Cornelius Castoriadis », archives Castoriadis.
7. Edgar MORIN, « Un titan de l'esprit », *Le Monde*, 30 décembre 1997.

non au sens additif du terme, mais au sens originaire grec, qui articule les savoirs disjoints en cycle [8]. » Edgar Morin dit ne pas avoir toujours partagé sa violence polémique qu'il jugeait souvent excessive, mais rappelle la beauté du geste de celui qui haïssait la foire aux vanités et les réputations boursouflées. Puis il se situe personnellement par rapport à son ami en insistant sur ce qui les rapproche : un même rapport au monde, un même refus du réductionnisme, une même curiosité sans limites, un même sens fraternel de l'amitié tissé par des souvenirs communs : « Que de discussions de table tonitruantes n'avons-nous pas eues ! Que d'agapes plaisantes ! Quelle fraternité dans les révoltes et les désespérances ! Et comment ne pas me rappeler dans les larmes d'aujourd'hui nos rires à l'occasion de son 70e anniversaire quand je récitais mon "*Ode à Corneille*". Et que d'affinités entre ses idées et les miennes ; comme lui, je crois en l'autonomie, que j'appelle auto-organisation ; comme lui, je refuse de laisser dissoudre l'idée de création ; comme lui, je crois au caractère réel et radical de l'imaginaire ; comme lui, je crois en la possibilité d'une culture qui mette en cycle le savoir ; comme lui, je crois en la nécessité et en l'insuffisance de la logique classique ; comme lui, je crois en la vertu génésique de ce qu'il nomme magma et, ce qu'il appelle labyrinthe, je l'appelle complexité [9]. »

« Grand penseur », « titan de l'esprit », Castoriadis n'a pas eu, selon son ami Edgar Morin la reconnaissance qu'il aurait méritée car il ne pouvait entrer dans les cadres préétablis. Hors normes, il n'a bénéficié que de mentions marginales. Pourtant, cet exilé a largement et généreusement contribué à l'universalité de la culture française : « Il resta, jusqu'à la fin, bouillonnant, ardent, fougueux, passionné, jeune : il aimait répéter le mot de Wilde : "Ce qui est terrible quand on vieillit, c'est qu'on reste jeune" [10]. » Ce sentiment de déficit de reconnaissance est confirmé par une analysante de Castoriadis, Sophia Mappa, qui le sollicite en 1995 pour intervenir dans le cadre du Forum de Delphes sur les différences culturelles : « J'organise un dîner et je lui dis : "Vous, vous serez connu après votre mort." Il m'a répondu : "Et qui me le dira, à moi, saint Pierre ?" [11]. »

---

8. *Ibid.*
9. *Ibid.*
10. *Ibid.*
11. Sophia Mappa, entretien avec l'auteur.

Dans *Libération*, c'est Édouard Waintrop et Robert Maggiori qui rendent hommage à Castoriadis. Maggiori rappelle sa passion précoce pour l'histoire de la philosophie : « C'est la "lecture d'Aristote ou de Kant" qui lui fera découvrir la notion par laquelle, philosophiquement, il innove : celle d'"institution imaginaire de la société", rapidement reprise, devenue presque sens commun, "utilisée à tort et à travers, aplatie, mise à toutes les sauces", comme Castoriadis le déplore dans *Domaines de l'homme* (Le Seuil, 1986). [...] Cornelius Castoriadis était certes un "militant" – mais un militant qui affirmait que "nous ne philosophons pas pour sauver la révolution, mais pour sauver notre pensée, et notre cohérence" [12]. »

Dans *Le Nouvel Observateur*, Jacques Julliard salue avec chaleur celui qui aura été une des figures tutélaires de la deuxième gauche : « Quel air frais, quelle jubilation, quelle délivrance, dans les années 50, que l'apparition de *Socialisme ou Barbarie*, qui secouait la pensée unique, doucereuse et tyrannique, d'un marxisme mou ! [...] Sa voix de basse avait des inflexions d'une grande tendresse. Il détestait la mesquinerie, l'intrigue, les coteries universitaires. Son comportement était à l'unisson de sa pensée, cherchant toujours l'élévation. Il était généreux au sens latin du mot. Nous pleurons l'ami exquis, la grande âme. Nous sommes fiers d'avoir été ses contemporains [13]. »

Sami Naïr rend de son côté un vibrant hommage à la figure de l'intellectuel engagé : « L'homme qui personnifiait l'énergie créatrice est parti, laissant derrière lui une image et un symbole que les penseurs d'aujourd'hui et de demain auront à déchiffrer. Avec Kostas Papaïoannou, Kostas Axelos, "Corneille" – comme on l'appelait entre amis – représentait ce que la pensée "émigrée" avait produit de mieux en France depuis la guerre. Corneille était un être rare : penseur, mais aussi militant, empêcheur de tourner en rond, impitoyable avec les cuistres et les conformistes, méprisant pour les pseudo-intellectuels. Castoriadis était un penseur hérétique, étonnamment original et indomptablement radical. [...] Le noyau de l'hérésiologie castoriadienne réside dans cette aventure première, dans cette *praxis* qui lui fit côtoyer la mort. Dès le début, il ne pouvait accepter que l'obéissance à la stratégie impériale de Staline fût considérée comme la table des catégories de la pensée critique marxiste. De là son cheminement et celui

---

12. Robert MAGGIORI, « Castoriadis hors dogme », *Libération*, 29 décembre 1997.
13. Jacques JULLIARD, « Corneille ou le temps du courage », *Le Nouvel Observateur*, n° 1730, 1ᵉ janvier 1998.

de toute une génération d'intellectuels. [...] La pensée de Castoriadis s'est toujours opposée aux compromissions. Il refuse, après l'échec du marxisme fossilisé, le conformisme antiémancipateur de la pensée unique. Démocrate radical, il n'a jamais cessé de critiquer la démocratie moderne qu'il voyait comme le parachèvement trompeur d'une fausse liberté. Pour lui, cette démocratie trouve sa limite dans le fait qu'elle non plus ne permet pas le développement de l'autonomie de l'individu. Jusque dans ses derniers écrits, Castoriadis demeurera attaché à l'idée d'une société fondée sur l'autogestion. Un grand esprit s'est éteint. Et la pensée de Castoriadis demeure ce qu'elle a toujours été : une invitation à ne jamais oublier la solidarité [14]. »

À l'EHESS, Jacques Revel, son président, s'exprime devant l'assemblée des enseignants pour évoquer la disparition de celui qui aura été un collègue dans la recherche : « Cornelius Castoriadis est mort à 75 ans dans les derniers jours de 1997. Il avait rejoint l'École tard dans sa vie, en 1980, même si sa trajectoire avait rencontré celle de nombre d'entre nous bien plus tôt. Je me souviens qu'à l'occasion de son élection, l'un de nos collègues, auquel était échue la tâche redoutable de présenter son dossier, avait avoué sans fausse honte l'incapacité où il se sentait de rendre compte d'une entreprise intellectuelle aussi vaste, aussi diverse et proliférante. Ce Grec de Constantinople arrivé en France au lendemain de la guerre était d'abord un philosophe et il s'est toujours voulu tel. [...] Il était, on le sait, pugnace avec tous. Il était aussi d'une immense générosité qu'illustre son grand livre, *L'Institution imaginaire de la société*[15]. »

Dans la presse grecque, c'est la philosophe Mimica Cranaki, présente sur la « Nef des Grecs » en 1945 en compagnie de Castoriadis, qui évoque son compatriote. Elle rappelle à cette occasion à Pierre Vidal-Naquet ce qu'il lui avait dit de leur ami commun : « Merci, merci beaucoup, cher ami, pour votre beau texte d'adieu à Cornelius. J'ai cité [dans mon hommage] ce mot que vous m'aviez dit un jour à la BN voici très longtemps : "Vous (les Grecs) avez produit un génie"[16]. »

Dans *Esprit*, son vieux camarade de combat depuis les débuts de Socialisme ou Barbarie, Daniel Mothé, rappelle ses souvenirs de celui

---

14. Sami NAÏR, « Le penseur libre », *Libération*, 29 décembre 1997.
15. Jacques Revel, archives EHESS, Fonds Jacques Revel, 21 mars 1998.
16. Mimica Cranaki, lettre à Pierre Vidal-Naquet, archives EHESS, Fonds Pierre Vidal-Naquet, 1er février 1998.

qui se nomma Chaulieu, puis Cardan : « Je partage avec tous mes anciens compagnons le chagrin de sa mort. Comme l'homme que nous pleurons n'est pas le même que le philosophe qui a surtout été célébré, il nous incombe d'apporter un modeste témoignage sur ce qu'il fut pour nous [17]. » Il y fait part à la fois de ses souvenirs, rappelant que Castoriadis n'était jamais le dernier à prendre en charge les tâches matérielles propres à la vie militante, tout en se détachant du groupe par l'étendue de sa culture et la force de ses capacités argumentatives. Il ne cache pas que depuis une trentaine d'années leurs chemins respectifs se sont éloignés, Castoriadis ayant à ses yeux déserté le terrain de la politique pour entrer dans le Panthéon des philosophes reconnus. Daniel Mothé exprime la profonde tristesse qu'a suscitée chez lui cet éloignement. Dans la même livraison d'*Esprit*, l'éditeur Jean-Philippe Pastor rappelle ses souvenirs de son séminaire et l'importance de la posture intempestive d'un Castoriadis qui considérait que son apport était de se situer en écart par rapport à la *doxa* pour œuvrer à dire ce qui devrait être plus que ce qui est. Un beau témoignage est exprimé par son ami Philippe Raynaud à l'occasion de la publication en 1999 de son ouvrage *Sur la politique de Platon*. Le 3 décembre 1999, il réunira à l'Institut Michel-Villey un certain nombre de philosophes pour discuter de ses thèses [18].

Le geste de Castoriadis aura été de réveiller ses contemporains de leur sommeil politique pour renouer avec leur propre être tel que le définissait, comme horizon, Aristote lorsqu'il considérait l'homme comme un « animal politique ». Le projet d'autonomie tel que le concevait Castoriadis entendait revivifier cette dimension majeure de l'être humain trop longtemps inhibée...

---

17. Daniel MOTHÉ, « Hommage à Cornelius Castoriadis », *Esprit*, février 1998, p. 163.

18. Philippe RAYNAUD (dir.), « Hommage à Cornelius Castoriadis », *Droits*, n° 31, octobre 2000. Contributions de Philippe RAYNAUD, « Platon et l'expérience grecque », p. 81-87 ; Vincent DESCOMBES, « L'illusion nomocatique », p. 89-100 ; Pierre MANENT, « Le philosophe et la cité », p. 101-104 ; Anissa CASTEL-BOUCHOUCHI, « Castoriadis, lecteur du *Politique* de Platon », p. 105-117 ; Olivier FRESSARD, « Penser la loi avec et contre Platon », p. 119-125.

Annexes

Annexe I : Marcel Gauchet, lettre à Castoriadis, 9 avril 1976 ou 1977 (année non précisée), archives IMEC

Préciser ma position, ou plutôt mon itinéraire à l'égard de cette question du possible révolutionnaire. Mon point de départ, autour de 68, c'est la conscience assez désespérée du caractère aveugle du mouvement de révolte avec lequel au demeurant je m'identifiais totalement dans son indétermination même et son « irresponsabilité », comme on l'a dit, à mes yeux hautement porteuse de sens. Certes, « ce que nous voulons, tout », mais en fait, ce que nous voulons changer, nous ne le savons pas. Or cette obscurité constituait pour moi la clé du problème : tout ce que nous pouvions désigner comme objectif, si légitime qu'il fût, ne me paraissait pas atteindre le fond de la question sociale. Et la leçon des États bureaucratiques était là pour rappeler que l'on ne sait pas désigner, élucider, faire retour... Impossible de s'en remettre à une bonne inspiration des « masses » qui auraient su à la fois déjouer le piège d'autrefois. Il y avait une leçon radicale à tirer du stalinisme pour ne pas se retrouver sur la même ligne de départ. C'est dans cet esprit que j'ai accueilli l'enseignement de Lefort qui a contribué de façon décisive à me mettre sur la piste des réponses que je cherchais dans les connaissances, et je n'ai pas besoin de m'y étendre : nécessité d'une explication par le politique des régimes totalitaires. Plus que tout, et c'est le sens dans lequel, pour ma part, j'ai creusé ces idées, m'apparaissait possible de comprendre enfin l'unité de l'histoire humaine, dans cette perspective, et une unité qui ne soit pas celle d'un développement d'ensemble. Je continue à croire que c'est du côté de la forme politique que l'on peut parvenir à discerner le noyau de cohérence du social, le principe du tenir-ensemble des sociétés. J'avais trouvé ce point aveugle de ce qu'avait été le mouvement révolutionnaire jusqu'à présent : la consistance propre de l'ordre politique. Dans ce premier moment, j'ai suivi Lefort dans l'interprétation qu'il tendait à donner de la division sociale d'où naît le politique, c'est-à-dire une interprétation ontologique – propriété de l'être-social. D'où une phase pessimiste et logiquement on ne peut guère qu'être accablé de découvrir ce même impitoyable de toutes les sociétés depuis qu'elles existent. Et avoir le tout de l'histoire humaine contre soi, cela n'encourage pas l'espoir d'une rupture à l'encontre de ce qui fut pesanteur archi-millénaire : l'impossibilité pour les sociétés de se constituer et se penser sans se couper d'elles-mêmes. Puis, peu à peu, j'en suis venu à reconnaître l'impossibilité dernière d'une détermination ontologique de ce fait politique, comme simultanément à penser qu'il ne devait pas être tenu pour intangible, mais précisément au contraire pour ce qu'une révolution digne de ce nom doit se proposer d'abolir. La tâche paraît vertigineuse il est vrai puisqu'il ne s'agit de rien d'autre que d'instaurer une société autrement cohérente que toutes celles qui l'ont précédée, et se tenant par un autre principe. Je dois dire de ce point de vue que la lecture de votre livre m'a considérablement marqué, par sa démonstration que je crois définitive de l'indétermination telle qu'on ne peut lui assigner une propriété qui serait à tout jamais son même ou son impossible, aussi bien. [...] [Votre livre] m'échappe toujours et je ne crois pas que je comprends ce que vous nommez « imagination radicale ». Mais je suis persuadé que vous avez nommé là *le* problème, et centré l'attention de qui veut lier sur l'essentiel. Vous lire m'a fait « bouger » à la fois en me plongeant dans l'incertitude à l'égard de choses dont je me tenais pour sûr, et à l'inverse en me rendant claires des idées dont je n'avais qu'une appréciation diffuse. Surtout il m'a apporté sur un point décisif : l'indécidable constitutif du fait humain social. C'est bien en ce sens un livre révolutionnaire : un livre qui rend sensible la dimension du possible.

Annexe II. Castoriadis, lettre à Jacques Derrida, 27 août 1969, archives IMEC

Cher ami,

Merci de votre mot, qui m'a fait bien plaisir, autant que la perspective de pouvoir parler avec vous de ce qui visiblement nous préoccupe l'un et l'autre, au premier chef. Je vous ai, moi aussi, lu cet été, et beaucoup. Je ne connaissais jusqu'ici de vous que *L'Écriture et la Différence*, et « La Pharmacie de Platon ». J'ai été ravi, et aussi rendu fort perplexe, de constater à quel point, parfois et sur les points les plus décisifs, je suis près de vous, et combien à d'autres égards, et à d'autres moments du discours, cette proximité extérieure se renverse en écart extrême. Au total, je m'en réjouis quand même, pensant que c'est peut-être là la condition optimale pour dialoguer. Ainsi, j'ai beaucoup admiré votre travail pour sortir de la carrière d'Elée, dont toutes les galeries se trouvent maintenant, grâce à vous balisées, cartographiées. Toutes, ou presque, mais aussi plus que presque, puisque c'est leur principe et leur système que vous avez éclairés. Admirable aussi la restauration de la catholicité du sens de la formulation d'Aristote pour toute la pensée du temps à ce jour et non pour une espèce de métaphysique, comme on l'aurait laissé croire ; aussi, le dégagement de la signification primordiale de l'espace et du temps. [...] Si je me risquais à enfermer dans un placard inévitablement ce qui dans votre travail rencontre chez moi un accord profond, et recoupe, si je peux le dire sans manquer à la modestie, des directions que je suis depuis longtemps, je vous dirais vrai lorsque vous écrivez qu'« il faut déconstruire jusqu'au concept de constitution », lorsque vous critiquez la logique de l'identité et laissez entendre que la « dialectique » n'y échappe pas, lorsque vous indiquez, montrez et démontrez la nécessité d'ébranler une certaine clôture et que cela ne reste pas chez vous, comme chez presque tous les autres, proclamation et programme, *volonté* de puissance, mais allie la puissance effective en donnant à voir et à penser la possibilité concrète d'un lien autre ou d'un non-enclos. Et pourtant, je ne peux pas ne pas me sentir infiniment éloigné de votre trace lorsque vous en parlez, si l'on peut la nommer ainsi, en signe, comme vous le faites, l'indication d'un renvoi indépendant de toute intention, alors tout n'est-il pas signe (*cf.* en particulier dans *La Voix et le Phénomène*, p. 23-27) ? Dire alors que le signe, présupposé de la vérité, ne peut être analysé en fonction du concept de vérité, ne revient-il pas à dire que la signification du monde est le présupposé de toute signification du discours (ce qui est certainement vrai), mais d'une façon qui désormais empêche de penser la différence de ces deux significations ? Ne sommes-nous pas alors dans le cercle dont vous avez écrit des choses si vraies, n'avons-nous pas remplacé le logo-centrisme par le grapho-centrisme, le verbe par le cosmogramme ? Je m'arrête, car aussi bien je pourrais continuer interminablement, en ajoutant simplement qu'il m'est agréable de pouvoir vous dire, au-delà des identités et des différences, combien votre lecture a été pour moi féconde et combien j'espère que l'occasion nous sera donnée de parler ensemble, de cela et de beaucoup d'autres choses.

Annexe III. Marcel Gauchet, lettre à Castoriadis, 3 juin (1975 ?), année non précisée

À propos de la radicalité de la rupture qui se joue en Grèce avec l'instauration de la division sociale. [...] Je vous disais ne pas concevoir comme absolument radicale cette institution créée d'une déchirure dans la société. Encore me faut-il commencer par préciser que je souscris entièrement à votre critique d'une prétendue logique de l'histoire. Rien dans l'organisation sociale antérieure ne porte la nécessité de cet avènement [...] mais il me paraît qu'il subsiste un difficile problème que je nommerais, pour parler hâtivement, le problème de l'« équivalence » de cette nouvelle formation sociale à l'ancienne. La caractéristique fondamentale de cette société historique qui advient, c'est son altérité interne : des classes, du pouvoir et du reste de la société. Ni l'une ni l'autre de ces caractéristiques n'apparaissent effectivement dans la société sauvage ou despotique. C'est une société sans étrangeté à soi [...] elle-même *instituée*. Je m'appuie ici sur Clastres, et cependant pas d'État parce que le système social empêche le détenteur de pouvoir de se détacher de la société. [...] L'avènement de l'histoire, c'est l'abolition de l'altérité séparant la société de la représentation de son ordre et de ses fins. Mais alors, plutôt que d'une rupture radicale, ne s'agirait-il pas d'un *déplacement* radical ? [...] Et ceci me permet de revenir à l'« ontologie » du social hâtivement esquissée plus haut : ne pensez-vous pas que la meilleure voie d'accès au questionnement de l'être du social passe par la considération que le social n'est pas, mais ne cesse de se donner à lui-même, qu'il y a institution continuée du social en tant que tel, par-delà la concrétion de ce mouvement en institutions singulières ? Question qui vient, je me dois de vous le signaler, dans le sillage de la lecture que je suis en train de faire et refaire des fragments de votre ouvrage sur l'imaginaire social, que Marc Richir m'a communiqué. Je n'ai pas besoin de longuement vous dire l'intérêt que je prends : ce que vous avez eu l'occasion de lire venant de moi vous apprend assez que les problèmes auxquels vous confrontez votre lecture touchent au plus près mes préoccupations.

Annexe IV. Marc Richir, lettre à Castoriadis, 16 juin 1976, archives IMEC

Cher Corneille, vous me dites que mon texte a provoqué, chez vous, et les autres membres parisiens du comité un second choc après celui de « La vision et son imaginaire ». À mon tour de vous dire que votre lettre a provoqué en moi un choc irréparable, dont les effets sont irréversibles : tant de malveillance, autant de mauvaise foi, une incompréhension aussi radicale de ce que j'ai voulu dire, le tout doublé d'ailleurs d'une superbe proprement incroyable, qui vous fait prendre le ton d'un maître d'école, me font douter que nous ayons jamais été amis. Votre critique s'articule en effet, à mes yeux, en deux temps : d'une part le parti pris que j'aurais adopté d'une attitude strictement spéculative, alors justement que ce n'est pas le cas, « laissant de côté le mouvement de l'effectivité », d'autre part le fait que mon texte ne serait qu'un tissu d'affirmations plus ou moins gratuites ou non-fondées, dénuées justement de toute rigueur spéculative [...] et il ne peut être question d'aucune discussion : ou bien en effet je reconnais que ce texte est mauvais, mal construit, « faux », etc., autrement dit je m'écrase et je dis : « oui Monsieur » et je dois totalement réécrire le texte, le changer de fond en comble, bref l'abandonner. [...] Ce ne sont ni des divergences ni des désaccords qui nous séparent : c'est un gouffre, un abîme [...] selon vous, j'ai perdu ce que j'appellerai la foi en le dogme sacré de la Révolution. Vous me dites quelque part qu'en me lisant, vous avez l'impression d'avoir écrit votre livre « pour les chiens ». À mon tour de vous rétorquer qu'à vous lire, j'ai l'impression d'avoir écrit ce texte pour les chiens. [...] Votre manière de caractériser mon texte comme « un bruit de l'histoire » ou comme « faisant partie du mouvement de la petite inquiétude de la société bourgeoise libérale » ferait inéluctablement penser à n'importe qui d'impartial à un quelconque éditorial de la *Pravda* ou du *Quotidien du Peuple*. Combien Soljenitsyne et ses compagnons ont-ils eu raison de penser que le marxisme, même quand on s'efforce d'en sortir, comme vous, a vicié nos mouvements de pensée les plus infimes et les plus spontanés ! Quand j'ai lu cela sous votre plume, j'en ai frémi, croyez-moi. [...] Pourquoi les Parisiens ne se déplaceraient-ils pas au moins pour une fois ? [...] Mettez-vous une fois au moins à la place de l'autre. [...] De ce côté-ci, Robert Legros se solidarise avec moi. Il faut donc constater la scission définitive et irréversible. Dans ces conditions, je pense qu'une réunion à laquelle je l'espère vous n'inviterez pas Gauchet (en présence de qui je ne veux pas me trouver pour des raisons de simple cordialité) de liquidation de *Textures* actuel est nécessaire.

Annexe V. « Ode à Corneille », signée « Pind(edg)are », inédit.

Muse, donne-moi voix que je chante, Au moment du geste fatal,
C'est qu'il est fils de Zeus, Aujourd'hui en ce mercredi,
Le berger vit un ris charmant et Minerve, À l'occasion de l'an septante,
Sur le visage de l'innocent, Et s'il devint disciple de Freud,
De Corneille Castoriadis, Il ne put commettre le crime,
C'est qu'il commit un crime affreux, L'énigme d'une vie fascinante,
Abandonnant la candide victime, Qu'il expie jour après jour,
En écoutant le triste discours, Aussitôt que Zeus eut conçu Athena,
Une louve adopta l'enfant maudit, Que lui conta le schizophrène,
Avec la belle il forniqua, Dont l'esprit jamais ne mollit,
Tout au long de la semaine, De cette union somptueuse,
Ayant grandi, devenu motard, Il naquit en un chaud lieu,
Le jeune loup croisa un fêtard, Mais il garde la résolution
Celui qui fut un jour Chaulieu, C'était Zeus déguisé en humain,
Dans son âme rebelle et fière, L'enfant du père eut l'humeur fulgurante,
À la recherche d'une catin, De préparer la Révolution,
Violente, exaltée, puissante, Inconscient d'être un Œdipe,
Qui fera des humains ses frères, Et de la mère souveraine,
L'adolescent voyant ce type, Le don de la raison sereine,
Frappa mortellement son Dieu-Père, Et partit dans un bruit d'enfer,
Mais un funeste présage, Amis réunis en attente,
Et ce présage, le voilà là, Pour fêter l'année septante,
Annoncer à Zeus en rage, De notre admirable Corneille,
Que de même que le Walhalla, Comprenez maintenant la merveille,
L'Olympe verrait son crépuscule, Si sa raison est belliqueuse,
Du fait de l'enfant minuscule, S'il refuse les mollesses aqueuses,
Zeus confia à un berger, S'il mêle l'ardeur à la sapience,
Avec l'ordre de l'égorger, S'il dévore toutes les sciences,
Le nourrisson porteur de mal, Si toute incongruité l'énerve.

Annexe VI. Daniel Mothé, lettre à Castoriadis, non datée, début années 1990, archives Castoriadis

Cher Corneille, faire le point après vingt-cinq années de rupture n'est pas facile car c'est un exercice qui tient autant du domaine de l'argumentation rationnelle que de l'affectif. La nature de cette rupture est particulière : elle n'est pas due à un désaccord mais à un constat d'impuissance me semble-t-il. [...] Les choses ont été fonction de l'appartenance sociologique des membres du groupe : les militants se sont investis dans des militances « mineures » ou des « à peu près » : le syndicalisme de l'École émancipée, la CFDT, la 3ᵉ composante du PS, l'écologie, etc. Les intellectuels se sont investis dans les débats concernant leur discipline. Toi, Lefort, Lyotard, etc., vous avez continué à exercer votre profession d'intellectuel « de haut niveau ». [...] Votre choix ne vous a pas demandé beaucoup d'investissement d'énergie, vous avez continué. [...] Quant aux autres, ils ont disparu de ces deux sphères. Mais plus les intellectuels débattaient, plus les militants militaient, plus me semble-t-il le fossé les séparait. [...] J'ai personnellement senti que ma militance était évaluée par toi par rapport à la proximité de tes écrits. [...] [Daniel Mothé signifie ensuite son désaccord quant au diagnostic porté sur la période, car autant Castoriadis déplore le reflux constant des luttes, la privatisation progressive de la société, autant Mothé, qui s'est engagé dans la sociologie de l'entreprise et des institutions locales, en tire au contraire des constats beaucoup plus optimistes sur les évolutions sociales en cours.] Le peuple est toujours là (tu t'en doutais bien). Est-il ou non celui qu'on attendait ? C'est là que nous commençons à diverger. [...] Est-il individualiste ? Non c'est injuste. Il consomme mais n'en prend pas un plaisir tel qu'il en fasse le sens de sa vie. [...] Il est de plus en plus conscient que les richesses dont il profite sont le fait d'une inégalité sociale mondiale. [...] Il ne croit pas à grand-chose mais est difficile à duper. Quel changement positif par rapport à trente ans en arrière. [...] Il ne croit plus en la violence comme solution mais est plus ouvert aux arguments qu'il est susceptible de comprendre et de réfuter. Ce n'est pas révolutionnaire, et qui pourrait s'en plaindre après tant de carnages perpétrés au nom de la révolution.

Index des noms

Table des matières

CPi

FIRMIN-DIDOT

Composition Facompo, Lisieux.
Achevé d'imprimer en août 2014
par CPI Firmin Didot
à Mesnil-sur-l'Estrée.
Dépôt légal : août 2014
Numéro d'imprimeur : 123931
Imprimé en France